Qiche Dipan Gouzao yu Weixiu

汽车底盘构造与维修

(第4版)

全国交通运输职业教育教学指导委员会　组织编写
周林福　封建国　主　　编

人民交通出版社股份有限公司
China Communications Press Co.,Ltd.

内 容 提 要

本书是“十四五”职业教育国家规划教材，主要内容包括：汽车底盘总体构造、离合器、手动变速器、自动变速器、万向传动装置、驱动桥、汽车行驶系统、汽车转向系统、汽车制动系统，共九个单元。本书通过对现代汽车底盘典型实例的分析，系统阐述了汽车底盘的构造和工作原理，汽车底盘及其总成的拆装、维护工艺、检修方法，常见故障的原因以及诊断和排除方法。

本书供高等职业院校汽车运用技术专业、汽车检测与维修专业教学使用。

图书在版编目(CIP)数据

汽车底盘构造与维修 / 周林福，封建国主编. —4版. —北京：人民交通出版社股份有限公司，2019.11

ISBN 978-7-114-15867-4

Ⅰ. ①汽…　Ⅱ. ①周…　②封…　Ⅲ. ①汽车—底盘—结构—高等职业教育—教材②汽车—底盘—车辆修理—高等职业教育—教材　Ⅳ. ①U463.1　②U472.41

中国版本图书馆CIP数据核字(2019)第227049号

书　　名：汽车底盘构造与维修(第4版)
著 作 者：周林福　封建国
责任编辑：时　旭
责任校对：张　贺
责任印制：刘高彤
出版发行：人民交通出版社股份有限公司
地　　址：(100011)北京市朝阳区安定门外外馆斜街3号
网　　址：http://www.ccpcl.com.cn
销售电话：(010)59757973
总 经 销：人民交通出版社股份有限公司发行部
经　　销：各地新华书店
印　　刷：北京市密东印刷有限公司
开　　本：787×1092　1/16
印　　张：22.25
字　　数：505千
版　　次：2005年9月　第1版
　　　　　2011年5月　第2版
　　　　　2014年10月　第3版
　　　　　2019年11月　第4版
印　　次：2024年7月　第4版　第7次印刷　总第29次印刷
书　　号：ISBN 978-7-114-15867-4
定　　价：59.00元

第4版前言

本套“十二五”职业教育国家规划教材自出版以来，受到全国广大高职院校的关注，获得师生的一致好评。为了紧跟汽车行业发展趋势，更好地适应汽车类专业实际教学需求，2018年7月，人民交通出版社股份有限公司组织十几所院校的汽车专业教师代表，在北京召开了“十二五”职业教育国家规划教材修订会议。经过认真研究讨论，吸收了教材使用院校教师的意见和建议，确定了各教材的修订方案。

本书是在第3版的基础上，在会议确定的修订方案指导下完成的，教材的内容修订主要体现在以下几个方面：

1. 原“单元一 汽车传动系概述”更改为“单元一 汽车底盘总体构造”，以此作为全书的第一单元，保留了第3版教材中原有单元二至单元九的内容设置，删除原“单元十 汽车底盘维护工艺”的内容。

2. 本书主要以乘用车底盘构造为基础，删减了原载货汽车和乘用车中不常用结构的内容，补充增加了最新电子控制方面的内容。其删减或增加内容的具体情况如下：

(1)“单元二 离合器”中删除了老旧车型中现不常见的结构，对离合器的维修调整做了适当修改；

(2)“单元三 手动变速器”中主要修改了第3版教材中错误的原理图；

(3)“单元四 自动变速器”中删除了液压控制系统部分的节气门阀、离心式调速器、强制降挡阀的全部内容；

(4)“单元五 万向传动装置”中做了适当修订；

(5)“单元六 驱动桥”中删除了双级主减速器及其差速器的具体阐述，但保留了该类型的结构图片，删除了原摩擦片式自锁差速器和滑块凸轮式自锁差速器的全部内容；

(6)“单元七 汽车行驶系统”中删除了对边梁式车架、中梁式车架、非独立悬架的详尽描述内容，按照现行国标要求对轮胎的标识内容做了相应修改；.

(7)“单元八 汽车转向系统”中删除了对曲柄指销式和循环球式方向机结构与原理的描述，删除了液压助力转向的相关描述，增加了电子助力转向系统结构的内容；

(8)“单元九 汽车制动系统”中删除了对鼓式制动器的双领蹄式、双向双领蹄式、双从蹄式、单向自增力式、双向自增力式等几种结构的描述，删除了动力制动系统、气压制动系统、气顶液制动系统、辅助制动系统和制动力分配调节等内容的相关描述，对驻车制动装置做了适当修改，增加了电子驻车制动(EPB)、驱动防滑控制系统(ASR)和电子稳定系统(ESP)的相关内容；

(9)部分知识点配有二维码链接动画资源，有助于学生更形象地理解相关内容。

本教材的修订工作由四川交通职业技术学院汽车工程系的老师完成。其具体分工如下：单元一至单元三由封建国完成，单元四至单元六由张性伟完成，单元七、单元八由聂万敏完成，单元九、单元十由张江红完成。全书由周林福、封建国担任主编。

限于编者水平，书中难免有疏漏和错误之处，恳请广大读者提出宝贵建议，以便进一步修改和完善。

编　者

2019 年 6 月

目　录

单元一　汽车底盘总体构造

学习目标

☞ **知识目标**

1. 简述汽车底盘的结构类型和功用；
2. 简述乘用车、载客汽车、载货汽车、特种货物运输车等汽车底盘的差异，讲明国产汽车底盘的特色，进而培养爱国主义精神；
3. 正确描述汽车底盘各大系统的常见布置形式。

☞ **能力目标**

1. 能判别汽车底盘的结构类型及车辆的驱动形式；
2. 能识别安装在汽车底盘上的各大总成；
3. 会分析各个总成之间的相互关系。

汽车底盘通常是指汽车各类总成零件的安装基体，以及使车辆在合适的路面或空间正常行驶的装置的统称。安装基体主要是指车架，按各类总成零件的功能作用来分，汽车底盘包括传动系统、行驶系统、转向系统、制动系统等系统。

1　传动系统

传动系统是将动力传输给驱动轮让汽车在路面上产生位移的系统。手动挡车辆主要包括离合器、手动变速器、传动轴、主减速器、半轴等零部件。自动挡车辆主要包括液力变矩器、自动变速器、传动轴、主减速器、驱动轴等零部件。

传动系统按其在车辆中的布置形式划分，在乘用车中常见的有 FF（发动机前置/前轮驱动）和 FR（发动机前置/后轮驱动）两种方式，如图 1-1 所示。

除此之外，乘用车中也有采用四轮驱动的方式（4WD）；载客汽车多采用后轮驱动，有 FR 驱动方式、MR（发动机中置/后轮驱动）驱动方式和 RR（发动机后置/后轮驱动）驱动方式；载货汽车、特种货物运输车多采用 FR 驱动方式。

离合器的作用是接通或切断发动机曲轴向变速器输入轴输出的动力传递，主要依靠机械方式来实现这种动力传递；液力变矩器的作用与离合器的作用一样，其实现方式是依靠存储在自动变速器和变矩器内部空腔中的液力介质来完成液力传动，它避免了离合器所带来的机械异响和车辆起步不平稳问题。

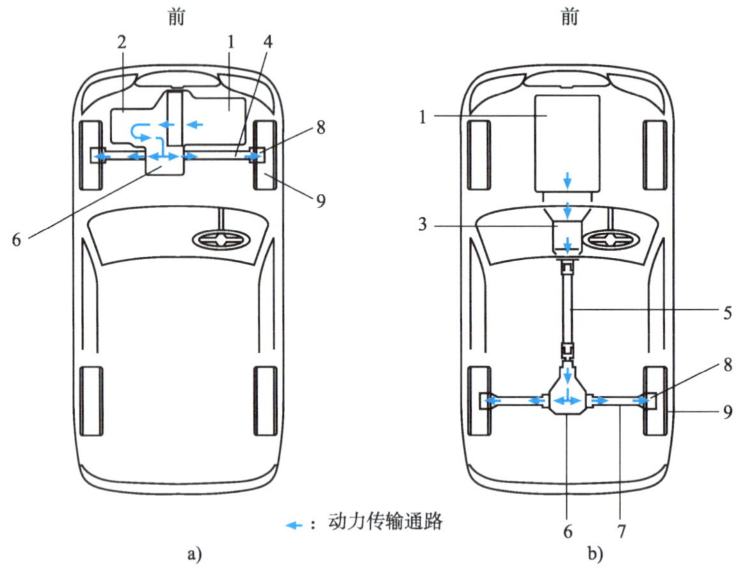

图 1-1　汽车传动系统的布置方式

a）FF 驱动方式；b）FR 驱动方式

1-发动机；2、3-传动桥（变速器）；4-驱动轴；5-传动轴；6-主减速器（含差速器）；7-半轴；8-车桥；9-轮胎和车轮

变速器的作用是根据行驶状况的需要改变转速（车速），同时兼具改变输出转矩的作用。

主减速器的作用是减速增矩和改变动力传递方向。

传动轴、半轴和驱动轴的作用是相同的，都起着传递动力的作用。

2　行驶系统

行驶系统是指能接受发动机经传动系统传来的转矩，并通过驱动轮与路面间的附着作用，从而产生牵引力（驱动力）使汽车发生位移，并完成承载、缓和冲击和振动等功能的部件的总称。这些部件包括车架、车桥、车轮和悬架等，如图 1-2 所示。

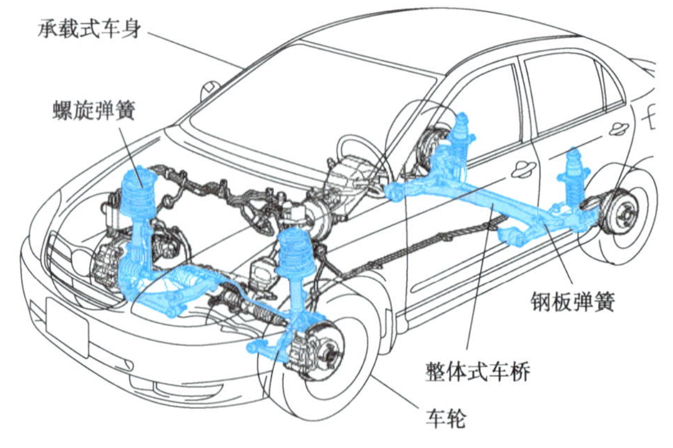

图 1-2　汽车行驶系统的组成

车架有边梁式车架和中梁式车架两大类。部分轿车和一些大型客车取消了车架，而以车身兼起车架的作用，这种车身称为承载式车身。

车桥主要用来安装车轮，它通过悬架与车架相连，其功用是传递车架与车轮之间各个方向的作用力以及这些作用力所产生的弯矩和转矩。车桥可以按不同的方式分类。按悬架结构的不同，可分为整体式车桥和断开式车桥；按安装在车桥上车轮作用的不同，又可分为转向桥、驱动桥、转向驱动桥、支持桥四种。

车轮是介于轮胎和车轴（或车桥）之间用于承受负荷（含垂直载荷和旋转载荷）的旋转组件，它包括轮毂、轮辋、轮辐等。

悬架按其结构类型的不同分为非独立悬架和独立悬架两大类。其主要作用是传递动力、缓和冲击和减振。

3 转向系统

转向系统是指能按驾驶员意图使车辆产生位移的部件的总称。转向系统包括转向操纵和转向助力两大部分。乘用车转向系统的组成如图 1-3 所示。

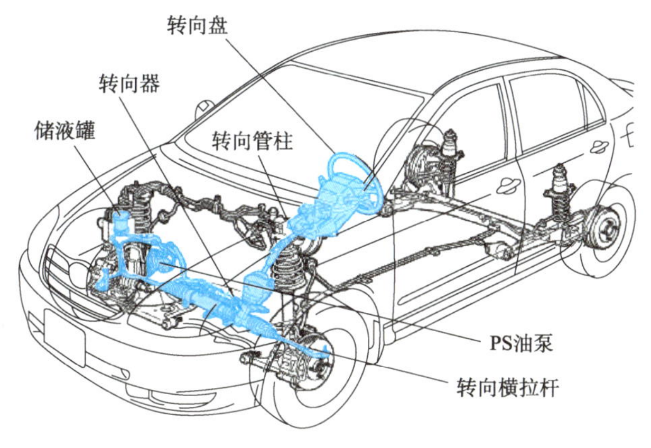

图 1-3　转向系统的组成

转向操纵部分由转向操纵机构、转向器和转向传动机构组成。转向操纵机构包括转向盘、转向管柱等组件；转向传动机构依据转向器布置方式的不同，包括转向垂臂、直拉杆、横拉杆及其球头销等组件。为了减轻驾驶员的劳动强度和改善车辆的转向轻便性，乘用车多采用转向助力系统，依据助力方式的不同，它可分为液压助力转向和电动助力转向两大类。

4 制动系统

制动系统是指能使车辆适时减速、停车和驻车的系统。按其功能划分，可分为行车制动和驻车制动两大部分；按动力介质划分，可分为液压制动、气压制动以及气液混合制动等。现今的乘用车，其行车制动都采用液压制动，其驻车制动有机械式和电子式两大类。乘用车制动系统的组成如图 1-4 所示。

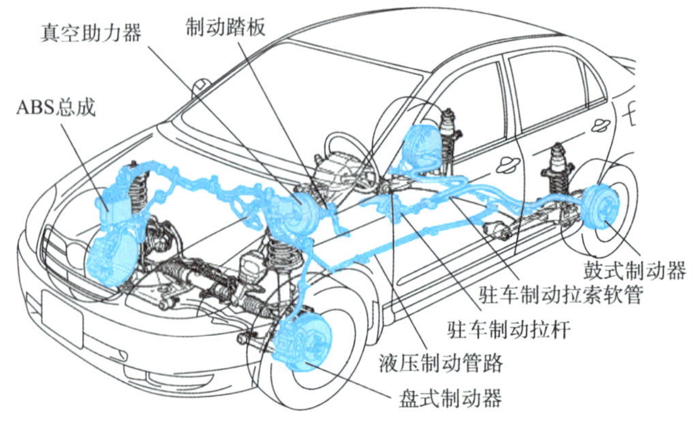

图 1-4　制动系统的组成

车辆的行车制动除常规的液压制动以外，为确保车辆的行车安全和操控稳定，所有车型都配置了防抱死制动系统（ABS），有的车型还配置了驱动防滑控制系统（ASR）或电子稳定系统（ESP）。

机械式驻车制动有手柄式、拉杆式和踏板式，都依靠机械的拉索传动来控制驻车制动器，又因驻车制动器布置位置的不同，分为中央驻车制动和后轮盘（鼓）式驻车制动。电子式驻车制动是依据电子开关信号（驻车制动开关）由电控单元指挥设置在后轮制动器处的执行器，从而实现驻车制动。

思考与练习

一、判断题

1. 汽车上所有零部件的安装基体都是以车架为基础的。　（　　）
2. 在汽车传动系统中半轴和驱动轴的作用是相同的。　（　　）
3. 独立悬架与整体式车桥配合使用。　（　　）
4. 转向横拉杆属于转向操纵机构的零部件。　（　　）
5. 盘式制动器和鼓式制动器的功能是一样的。　（　　）

二、简答题

1. 汽车底盘包括哪些系统？
2. 汽车传动系统由哪些总成组成？
3. 缓和冲击和振动的主要零部件有哪些？
4. 转向盘的助力方式有哪些？
5. 每个车轮的制动作用能否依据需要来适时控制？

单元二 离 合 器

学习目标

☞ 知识目标

1. 简述离合器的功用、要求、类型；
2. 简述离合器基本组成与工作原理；
3. 正确描述典型离合器的构造，理解降碳、减污在从动盘摩擦材料中的运用；
4. 简述离合器操纵机构的类型、构造与工作原理；
5. 正确描述离合器的自由间隙与离合器踏板自由行程的概念、相互关系及调整方法；
6. 正确描述离合器维修与故障诊断的基本理论知识。

☞ 能力目标

1. 会熟练拆、装离合器；
2. 能对离合器的主要零件进行检修；
3. 会做离合器的一、二级维护作业，熟练调整离合器；
4. 会分析离合器的一般故障原因并排除故障。

1 概 述

1.1 离合器的功用、要求和类型

1.1.1 功用

当汽车采用机械式传动系统时，在发动机与变速器之间均装设离合器，其功用是：

(1)保证汽车平稳起步。汽车由静止状态进入行驶过程，其速度由零逐渐增大，而在汽车开始起步前，发动机已经开始运转。有了离合器，则在汽车起步时，逐渐踩下加速踏板使发动机的输出转矩增加，与此同时使离合器逐渐接合，它所传递的转矩也就逐渐增大。于是发动机的转矩便可由小变大地传给传动系统。当驱动车轮上产生的牵引力足以克服汽车起步行驶阻力时，汽车便由静止开始运动并缓慢地加速，实现汽车平稳起步。

(2)便于换挡。汽车在行驶过程中,为了适应行驶条件的变化,变速器需要经常换用不同的挡位工作。而普通齿轮式变速器的换挡是通过拨动换挡机构来实现的,即在用挡位的某一齿轮副退出啮合,待换挡位的某一齿轮副进入啮合。换挡时,如果没有离合器将发动机与变速器之间的动力暂时切断,在用挡位齿轮副之间将因压力很大而难以脱开,而待换挡位待啮合的齿轮副将因两者圆周速度不等而难以进入啮合,即使能进入啮合也会产生很大的冲击和噪声,损坏机件。装设了离合器,换挡前先使其分离,暂时切断动力传递,然后再进行换挡操作,以保证换挡操作过程的顺利进行,并减轻或消除换挡时的冲击。

(3)防止传动系统过载。当汽车紧急制动时,车轮突然紧急降速。若发动机与传动系统刚性连接,将迫使发动机也随着急剧降速,其所有运动件将产生很大的惯性力矩(其数值可能大大超过发动机正常工作时所发出的最大转矩),这一力矩作用于传动系统,会造成传动系统过载而使其机件损坏。有了离合器,当传动系统承受荷载超过离合器所能传递的最大转矩时,离合器会自动打滑以消除这一危险,从而起到过载保护的作用。

1.1.2 对离合器的要求

根据离合器的功用,它应满足下列主要要求:

(1)具有合适的储备能力,既能保证传递发动机的最大转矩,又能防止传动系统过载。

(2)接合平顺柔和,以保证汽车平稳起步。

(3)分离迅速彻底,便于发动机起动和变速器换挡。

(4)具有良好的散热能力。由于离合器接合过程中,主、从动部分有相对的滑转,在频繁使用时会产生大量的热量,如不及时散出,会严重影响其使用寿命和工作的可靠性。

(5)操纵轻便,以减轻驾驶员的疲劳。

(6)从动部分的转动惯量应尽量小,以减小换挡时的冲击。

1.1.3 离合器的类型

汽车主要采用摩擦式离合器,根据分类方法不同,其类型较多。

(1)按从动盘数目的不同,分为单片式、双片式和多片式。

(2)按压紧弹簧形式及布置形式的不同,分为周布螺旋弹簧式、中央弹簧式、膜片弹簧式和斜置弹簧式等。

(3)按操纵机构的不同,分为机械式(杆式和绳式)、液压式、气压式和空气助力式等。

1.2 摩擦式离合器的工作原理

摩擦式离合器因其结构简单、性能可靠、维修方便,目前为绝大多数汽车所采用。

1.2.1 摩擦式离合器的组成

摩擦式离合器由主动部分、从动部分、压紧装置、分离机构和操纵机构5部分组成,如图2-1所示。

离合器盖用螺栓固定在飞轮的后端面上,压盘后端面边缘沿圆周周向分布的凸台伸入盖的窗孔中,并可沿窗孔轴向滑动。这样,曲轴旋转,便通过飞轮、离合器盖带动压盘一起转动,构成离合器的主动部分。双面带摩擦衬片的从动盘通过滑动花键套装在从动轴(变速器输入轴)上,轴前端通过轴承支承于曲轴后端的中心孔内,后端支承在变速器壳体上,是离合器的从动部分。沿圆周均布的压紧弹簧装在离合器盖和压盘之间,把压盘和从动盘压向飞轮,构成离合器的压紧装置。分离杠杆外端和中部分别铰接于压盘和离合器盖上。分离轴承和分离套筒压装成一体,松套在从动轴的轴套上。分离叉是中部有支点的杠杆。从分离杠杆到分离叉是分离机构,离合器踏板到拉杆调节叉是操纵机构,或两者合称为操纵机构。

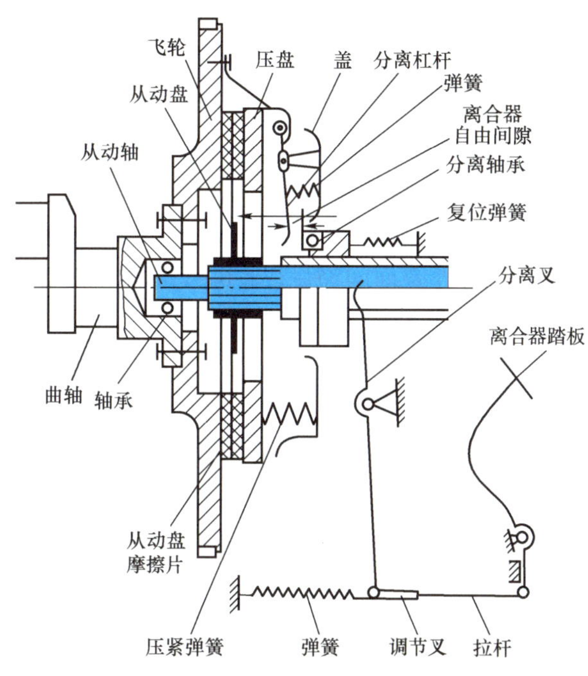

图 2-1　离合器的基本组成和工作原理示意图

1.2.2　摩擦式离合器的工作过程

(1)接合状态。离合器在接合状态时,压紧弹簧将压盘、飞轮及从动盘互相压紧。发动机的转矩经飞轮及压盘,通过摩擦面的摩擦作用传到从动盘,再经从动轴输入变速器。

离合器除了在结构与尺寸上保证传递最大转矩外,设计时还考虑到离合器在使用过程中因摩擦系数的下降、摩擦件磨损变薄和弹簧本身的疲劳致使弹力下降等因素的影响,造成离合器所能传递的最大转矩下降,因此,离合器所能传递的最大转矩 M_c 应适当地高于发动机的最大转矩 M_{emax},其间的关系为:

$$M_c = ZP\sum \mu R_c = \beta M_{emax}$$

式中:Z——摩擦面数;

P——压盘对摩擦片的总压紧力;

μ——摩擦系数;

R_c——摩擦片的平均摩擦半径;

β——后备系数。

轿车及轻型货车：$\beta = 1.25 \sim 1.75$；

中型及重型货车：$\beta = 1.60 \sim 2.25$；

带拖挂的重型货车及牵引车：$\beta = 2.0 \sim 4.0$。

但后备系数也不宜过高，以便在紧急制动时，能通过滑转来防止传动系统过载。

(2)分离过程。踩下离合器踏板时，拉杆拉动分离叉外端向右(后)移动，分离叉内端则通过分离轴承推动分离杠杆的内端向前移动，分离杠杆外端便拉动压盘向后移动，使其在进一步压缩压紧弹簧的同时，解除对从动盘的压力。于是离合器的主、从动部分处于分离状态而中断动力传递。

(3)接合过程。当需要恢复动力传递时，缓慢地抬起离合器踏板，分离轴承减小对分离杠杆内端的压力，压盘便在压紧弹簧作用下逐渐压紧从动盘，并使所传递的转矩逐渐增大。当所能传递的转矩小于汽车起步阻力时，汽车不动，从动盘不转，主、从动摩擦面间完全打滑；当所能传递的转矩达到足以克服汽车开始起步的行驶阻力时，从动盘开始旋转，汽车开始移动，但仍低于飞轮的转速，即摩擦面间仍存在着部分打滑的现象。再随着压力的不断增加和汽车的不断加速，离合器主、从动部分的转速差逐渐减小，直到转速相等、滑转现象消失、离合器完全接合为止，接合过程即结束。由上可知，汽车平稳起步是靠离合器逐渐接合过程中滑转程度的变化来实现的。

接合后，在复位弹簧的作用下，离合器踏板回到最高位置，分离叉内端回至最右位置。分离轴承则在复位弹簧的作用下离开分离杠杆，向右紧靠在分离叉上。

1.2.3 压盘的传动、导向和定心方式

压盘是离合器主动部分的重要组成零件之一，工作过程中既要接受离合器盖传来的动力，又要在离合器分离和接合过程中轴向移动。为了将离合器盖的动力顺利传递给压盘，并保证压盘只作沿轴线方向的平动而不发生歪斜，压盘应采用合适的传动、导向和定心方式。目前，根据车型的不同，压盘的传动、导向和定心方式有传动片式、凸台窗孔式、传动块式和传动销式。

1.3 离合器的自由间隙和离合器踏板的自由行程

离合器处于接合状态时，分离轴承与分离杠杆内端之间预留的间隙称为离合器的自由间隙(图2-1)，其作用是防止从动盘摩擦片磨损变薄后压盘不能向前移动而造成离合器打滑。

消除离合器的自由间隙和分离机构、操纵机构零件的弹性变形所需要的离合器踏板的行程称为离合器踏板的自由行程，其大小可以调整。

2 典型离合器构造

摩擦式离合器种类虽多，但其组成和工作原理基本相同，都由主动部分、从动部分、压紧装置、分离机构和操纵机构5大部分组成。

2.1 膜片弹簧式离合器

膜片弹簧式离合器在汽车上应用较多,乘用车和轻型载货汽车多采用这种离合器,如图2-2所示。

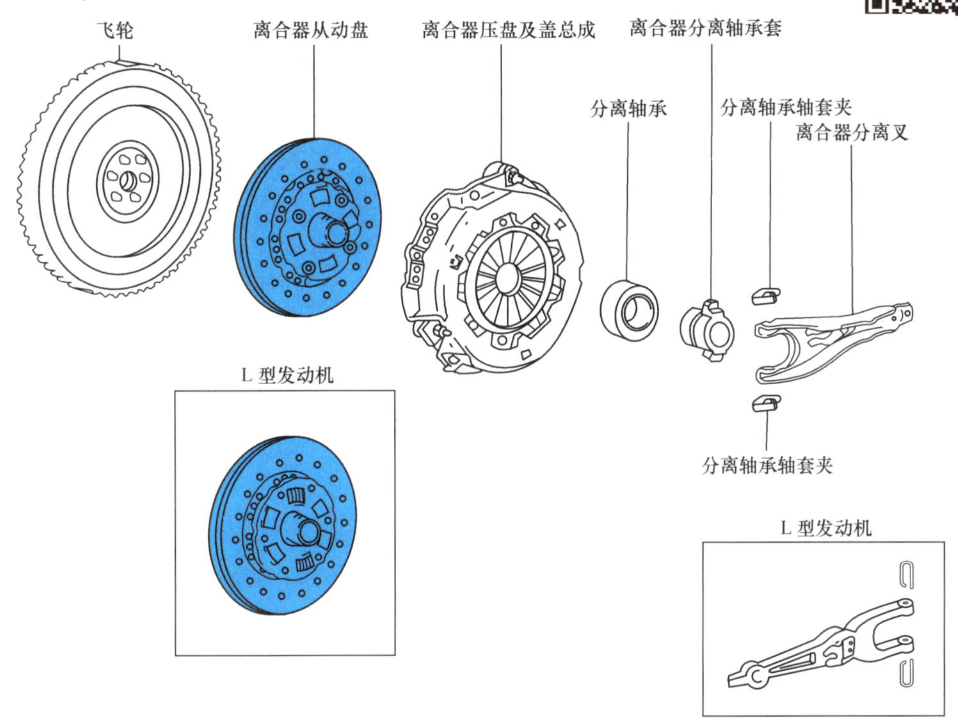

图 2-2　膜片弹簧式离合器的构造

2.1.1　主动部分

离合器主动部分由飞轮、离合器盖和压盘等组成。离合器盖是用低碳钢冲压制成的,其特点是质轻,维修拆装方便。为了保证离合器与飞轮同心,离合器盖通过定位销定位,固装在飞轮上。

为了散热,离合器盖的侧面制有通风口,当离合器旋转时,热空气就由此抽出,以加强通风。

压盘和飞轮的工作面要平整光洁。压盘承受很大的机械负荷,为防止变形,常用强度和刚度都较大且耐热性较好的高强度铸铁制成。

压盘和离合器盖之间是通过周向均布的3组或4组传动片来传递转矩的。传动片用弹簧钢片制成。每组两片,其一端用铆钉铆接在离合器盖上,另一端则用螺栓与压盘相连接。在离合器分离和接合过程中,依靠弹簧片的弯曲变形,使压盘前后移动。正常工作时,离合器盖通过传动片拉动压盘旋转,对压盘起传动、导向和定心的作用。

这种传动方式没有传动间隙,没有驱动部位的磨损问题,维修工作量小,传动效率高,且无冲击噪声及压盘定心性能变坏等问题。但传动片的反向承载能力较差,汽车反拖时,易折断传动片。

2.1.2 压紧装置与分离机构

压紧装置与分离机构由膜片弹簧、枢轴环、压盘、金属带及收缩弹簧等组成，如图2-3所示。

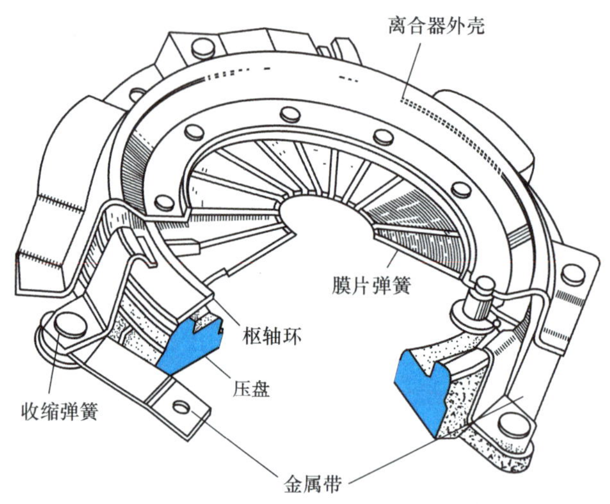

图2-3 离合器压紧装置与分离机构

膜片弹簧的形状像一个碟子，它是在一个具有锥形面的钢圆盘上，开有许多径向切口，形成一排有弹性的杠杆。在切口的根部都钻有孔，以防止应力集中。真正产生压紧力的，仅是钻孔以外的部分。

膜片弹簧离合器的主要特点是用一个膜片弹簧代替传统的螺旋弹簧和分离杠杆。开有径向槽的蝶形膜片弹簧，既起压紧机构的作用，又起分离杠杆的作用。这样，可使离合器的结构大为简化，缩短了离合器的轴向尺寸；并且由于膜片弹簧和压盘是环形接触，故可保证压盘上的压力均匀，接合平顺。由于膜片弹簧本身的特性，当摩擦衬片磨损变薄时，弹簧压力下降小，传动可靠性高，不易打滑而且维持离合器在分离状态时所需的力较小，操纵轻便。

两个枢轴环装在膜片弹簧外侧，一个安装在压盘和膜片弹簧之间，另一个安装在膜片弹簧和离合器之间。当膜片弹簧工作时，它作为枢轴而工作（即杠杆的支点）。收缩弹簧连接膜片弹簧和压盘，将膜片弹簧的运动传给压盘。

2.1.3 从动部分

从动部分的主要部件是从动盘。从动盘分为不带扭转减振器的从动盘和带扭转减振器的从动盘两种类型。

（1）不带扭转减振器的从动盘。它由2片摩擦衬片、从动盘钢片、弹簧钢片、从动盘毂等组成，如图2-4所示。

从动盘钢片通常是用薄弹簧钢板制成，并与从动盘毂铆在一起，其上开有辐射状的槽，可防止热变形。摩擦衬片应有较大的摩擦系数、良好的耐磨性和耐热性。摩擦衬片系用石棉（或加铜丝、铝丝等）、黏结剂及其他辅助材料经加热压合制成。摩擦衬片和从动盘钢片之间一般用铜或铝铆钉铆接,也有用树脂黏结的。

为了使离合器接合柔和、起步平稳,单片离合器从动盘钢片具有轴向弹性结构。从动盘钢片与后衬片之间的6块扇形波浪形弹簧钢片就起这个作用。钢片辐射状切槽之间的扇形面上有6个孔,其中两孔与前衬片铆接,弹簧钢片有两孔与后衬片铆接,扇形面中间的两孔将从动盘钢片和波浪形弹簧钢片铆接在一起,如图2-5所示。这样,从动盘在自由状态时,后衬片与钢片之间有一定间隙。在离合器接合时,弹性变形使压紧力逐渐增加,产生轴向弹性,接合柔和。

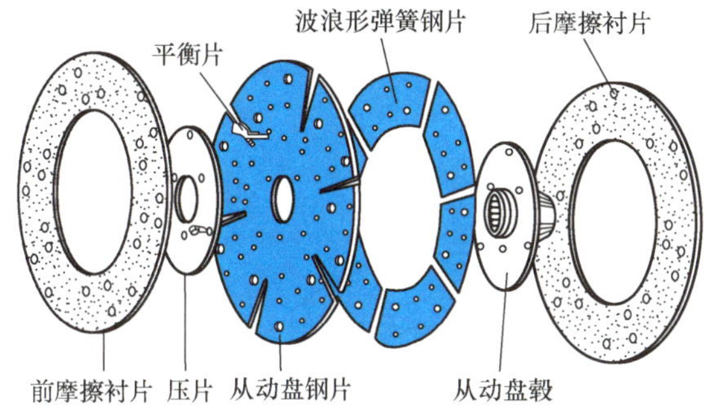

图2-4 不带扭转减振器的从动盘

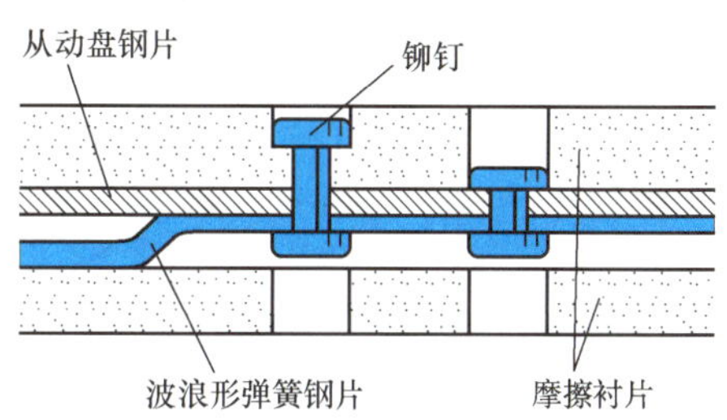

图2-5 从动盘的铆接结构示意图

(2)带扭转减振器的从动盘。由于发动机传到汽车传动系统的转速和转矩是周期性不断变化的,这会使传动系统产生扭转振动;另一方面由于汽车行驶在不平的道路上,使汽车传动系统出现角速度的突然变化,也会引起上述扭转振动。这些都会对传动系统零件造成冲击性荷载,使其寿命缩短,甚至损坏零件。为了消除扭转振动和避免共振,防止传动系统过载,多数离合器从动盘中装有扭转减振器。带扭转减振器的从动盘的结构如图2-6所示。

从动盘和从动盘毂通过弹簧弹性地连接在一起,构成减振器的缓冲机构,从动盘毂夹在从动钢片和减振器盘之间,在从动盘毂与从动盘钢片、从动盘毂与减振器盘之间还装有环状形摩擦片,它是减振器的阻尼耗能元件。从动盘毂、从动盘钢片和减振器盘上都有6个圆周均布的窗孔,减振弹簧装在窗孔中。特种铆钉将从动钢片和减振器盘铆接成一体,但铆钉中部和从动盘毂上的缺口存在一定的间隙,从动盘毂可相对从动盘钢片和减振器盘作一定量的转动。当从动盘不受转矩作用时,减振弹簧在从动盘毂与从动盘钢片和减振器盘之间不起传力作用,如图2-6b)所示。而从动盘受转矩作用时,由摩擦衬片传来的转矩,首先传到从动盘钢片,再经弹簧传给从动盘毂,这时弹簧被进一步压缩,如图2-6c)所示。因而,由发动机曲轴传来的扭转振动所产生的冲击即被弹簧缓和以及摩擦片吸收,而不会传到变速器以后的总成部件上;同样,汽车行驶于不平路面上所引起传动系统角速度的变化也不会影响发动机。

有些汽车上采用刚度不等(圈数不同)的弹簧,并将装弹簧的窗孔长度做成不同尺寸,从而使弹簧起作用的时间先后不一样而获得变刚度的特性,可避免传动系统的共振和降低传动系统的噪声。另外,也可采用橡胶弹性元件。

在安装离合器从动盘时,应具有方向性,以避免出现连接长度不足(花键毂处)、摩擦片悬空、顶分离轴承等现象,其安装方向因车型而异。

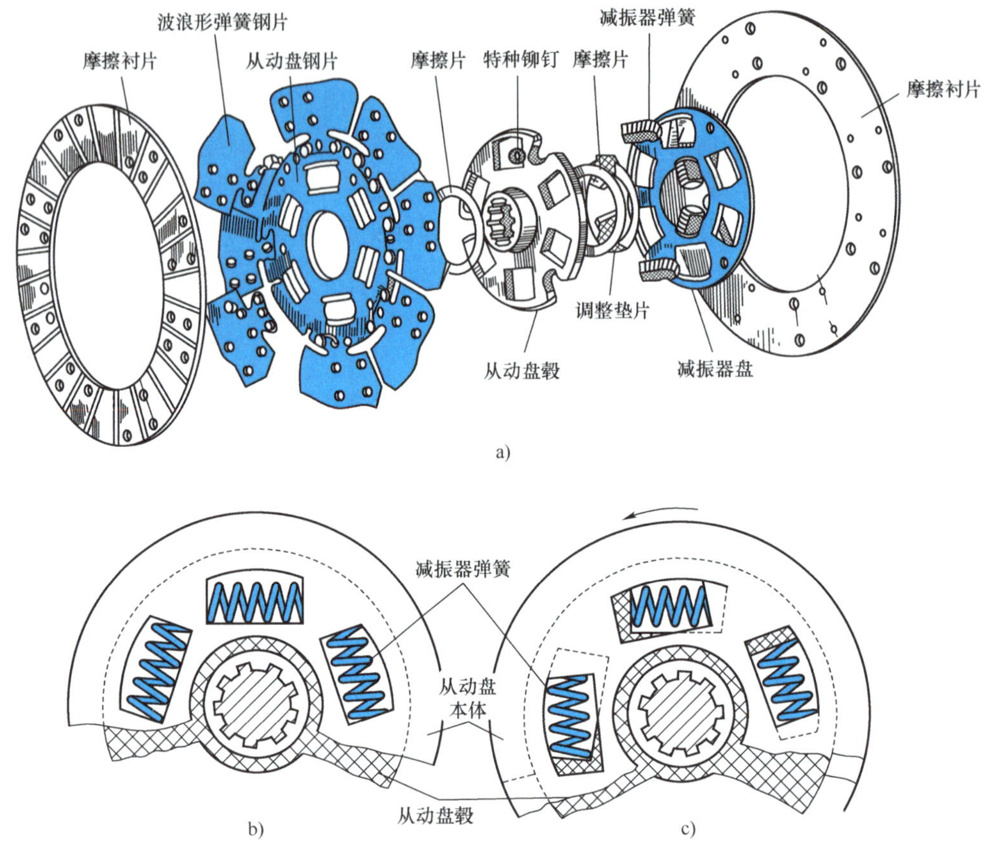

图2-6　带扭转减振器的从动盘组成及工作示意图

a)从动盘分解图；b)减振弹簧不传力；c)减振弹簧被压缩(传力)

2.1.4　膜片弹簧的弹性特性及其特点

图2-7所示为两种弹簧的特性曲线。曲线1为膜片弹簧特性曲线，呈非线性特性；曲线2为螺旋弹簧特性曲线，呈线性特性。

图中 a 点表示两种弹簧离合器的接合状态，其压紧力都为 p_a。分离时，两种弹簧都附加压缩变形量 ΔL_1，此时膜片弹簧的压力 p_b 小于螺旋弹簧的压力 p'_b，且 $p_b < p_a$，即膜片弹簧分离时的压力小于接合时的压力，因而具有操纵轻便的特点。

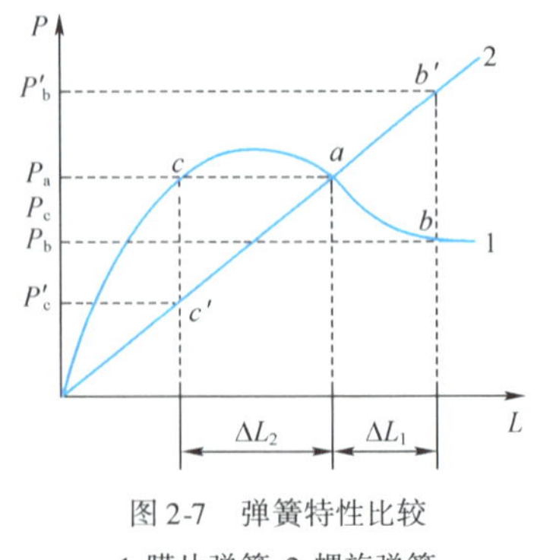

图2-7　弹簧特性比较

1-膜片弹簧；2-螺旋弹簧

当摩擦片磨损变薄使弹簧都伸长 ΔL_2 时，螺旋弹簧的压紧力由 p_a 直线下降为 p'_c，而膜片弹簧的压力 p_c 却几乎等于 p_a。因此，膜片弹簧离合器具有自动调节压紧力的特点。

另外，膜片弹簧不像多簧式的弹簧在高速下会因离心力产生弯曲而导致弹力下降，它的压紧力几乎与转速无关，即具有高速时压紧力稳定的特点。

综上所述，膜片弹簧式离合器具有结构简单、轴向尺寸小，压紧力分布均匀、弹性性能良好、能自动调节压紧力、操纵轻便、高速时压紧力稳定、分离杠杆平整勿需调整等优点，因而在中小型汽车上广泛使用。

2.2 单片周布弹簧式离合器

单片周布弹簧式离合器的构造如图2-8所示。

2.2.1 主动部分与从动部分

单片周布弹簧式离合器的主动部分、从动部分的结构与膜片弹簧式离合器基本相同。

2.2.2 压紧装置

周布弹簧式离合器的压紧装置由若干根螺旋弹簧组成,螺旋弹簧沿压盘周向对称布置,装在压盘与离合器盖之间,如图2-8所示。

为了减小压盘向弹簧传热,引起弹簧退火造成弹力降低,将压盘的弹簧座做成凸起的十字形筋条,以减小接触面积,或加隔热垫。

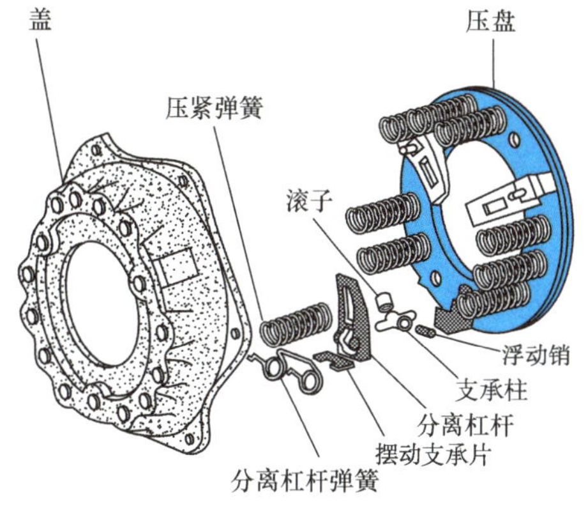

图2-8 单片周布弹簧式离合器

2.2.3 分离机构

(1)分离叉。分离叉与其转轴制成一体,轴的两端靠衬套支承在离合器壳上。

(2)分离杠杆。图2-8所示的离合器用的是薄钢板冲压制成的分离杠杆。它采用了支点移动、重点摆动的综合式防干涉机构,如图2-9所示,支承柱前端插入压盘相应的孔上。分离杠杆的中部通过浮动销支承在方孔的平面A上,并用扭簧使它们靠紧。凹字形的摆动支承片以刃口支承于分离杠杆外端和压盘凸块之间。这样就可利用浮动销在平面A上的滚动和摆动支承片的摆动来消除运动干涉。这种方式结构简单,且分离杠杆的工作高度可以通过螺母调整支点来调整。

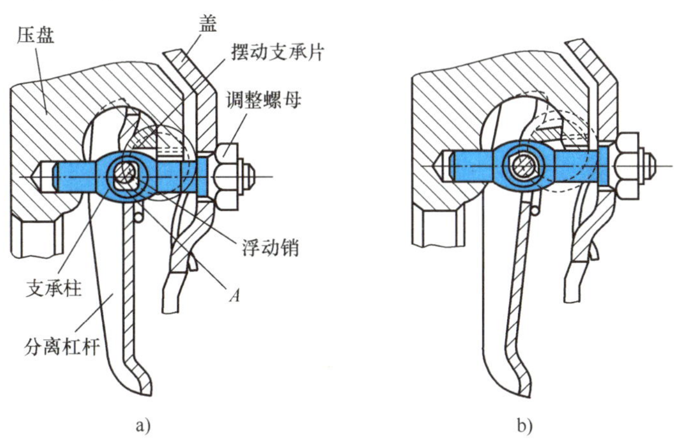

图2-9 综合式防干涉分离杠杆及其工作情况

a)接合位置;b)分离位置

2.3 双片中央弹簧式离合器

双片中央弹簧式离合器如图2-10所示,其压紧装置只有一根张力较强的压紧弹簧布置于离合器的中央。

压紧弹簧有螺旋圆柱形和螺旋圆锥形两种。由于锥形弹簧的轴向尺寸小,可以缩短离合器的轴向尺寸,因而较圆柱弹簧用得多。中央弹簧式离合器多用于重型汽车上。

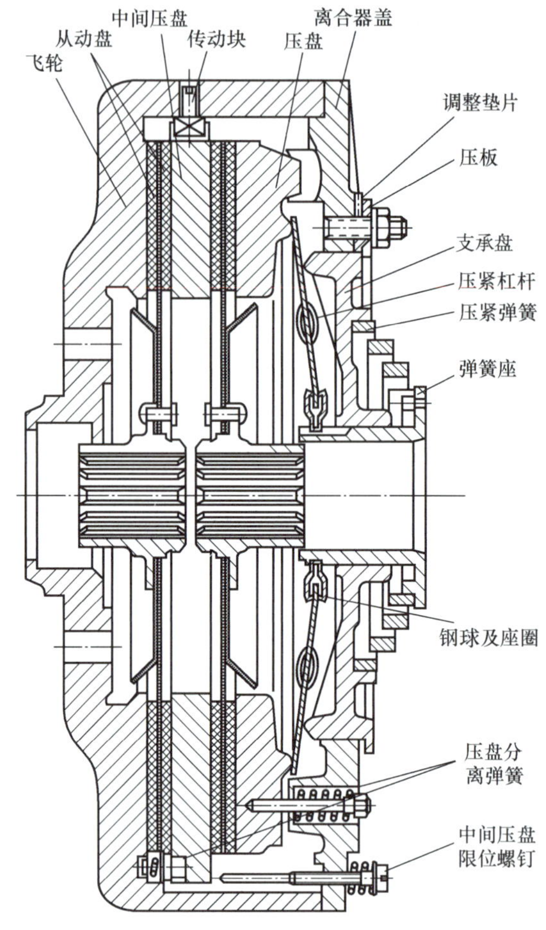

图 2-10　双片中央弹簧式离合器

2.3.1　双片离合器

双片离合器与单片离合器相比,主要区别是主动部分多了一个中间压盘和从动部分多了一个从动盘。即有两个从动盘和两个压盘,摩擦面数为 4 个,因此可使传递的转矩增大一倍。中间压盘不是通过离合器盖而是由飞轮直接驱动。采用传动块式传动方式(有的用传动销式或窗孔—凸台式)。周向均布的 3 个传动块径向压入飞轮内,形状为长方体的头部伸入中间压盘凸出部位的槽中,使压盘可以其槽侧面沿传动块侧面作轴向滑动,因此中间压盘便以传动块来传力、导向和定心。

2.3.2　压紧力放大

其压紧弹簧不是直接作用在压盘上,而是通过杠杆作用将弹簧的张力放大数倍后作用在压盘上,如图 2-10 中锥形弹簧的大端作用于固定在离合器盖的支承盘上,小端作用于弹簧座上,弹簧座的前端再经过钢球及座圈向后拉动压紧杠杆,压紧杠杆以支承盘的环台为支点，外端则将弹簧的张力放大后作用于压盘的环台上，使压盘向前压紧。显然压紧杠杆的杠杆比就是弹簧张力的放大倍数，所以可用较小的弹簧张力，获得较大的压盘压力。由上可知，它的压紧装置包括压紧弹簧、弹簧座及压紧杠杆等。离合器分离时，分离轴承向前推动弹簧座，在进一步压缩压紧弹簧的同时，压紧杠杆内端前移，外端解除对压盘的压力，压盘便在分离弹簧的作用下分离。当压盘后移而撤除压紧时，中间压盘便在其前压盘分离弹簧的作用下，使中间压盘与前从动盘分离。并由限位螺钉限制中间压盘的分离距离，这一距离既要保证前从动盘能彻底分离(不过小)，又要防止中间压盘移动过多，造成后从动盘不能分离。

2.3.3 压紧力的调整

中央弹簧式离合器的压紧力都是可调的。在压板和离合器盖之间有若干片厚度不等的调整垫片，当从动盘摩擦片磨损后，弹簧座要向后移动，增大了它与支承盘之间的距离，使弹簧伸长，压紧力下降。为了恢复原来的压紧力，只需适当减薄调整垫片，使支承盘前移，其弹簧座则在压紧杠杆的作用下向前移动数倍于(压紧杠杆的杠杆比)支承盘的移动距离，从而使弹簧座与支承盘间的距离恢复到原规定的值即可。由于弹簧座前移，便增大了与分离轴承的间隙，需要调整踏板自由行程。

3 离合器操纵机构

目前，汽车离合器广泛采用机械式或液压式操纵机构，在一些重型汽车上，则采用了这两种操纵机构为基础的油压和气压综合式操纵机构。

3.1 机械式操纵机构

机械式操纵机构有杆式传动和绳索式传动两种，图 2-11 是最简单的杆式传动操纵机构，它由踏板、连接杆、调节螺母及踏板复位弹簧等组成。调节螺母用螺纹与连接杆连接，从而可通过调节螺母来调节连接杆的工作长度，以实现离合器踏板自由行程的调整。

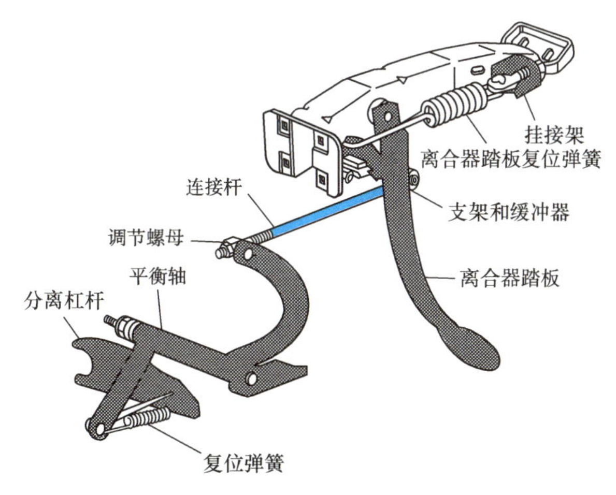

图 2-11 杆式传动操纵机构

绳索传动(图 2-12)可消除位移和变形等缺点，且可在一些杆式传动布置比较困难的情况下采用。它多用于微、轻型汽车中。有些绳索式操纵机构能自动调整离合器踏板的自由行程。

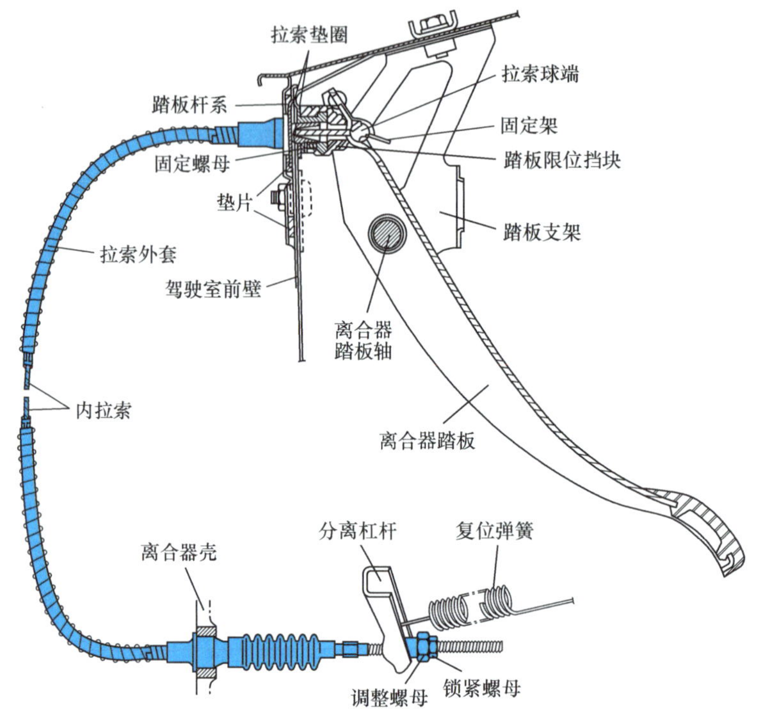

图 2-12　绳索式操纵机构

3.2　液压式操纵机构

液压式操纵机构一般是由离合器踏板、离合器主缸（又称总泵）、工作缸（又称分泵）、分离叉、分离轴承和管路系统组成，如图 2-13 所示。

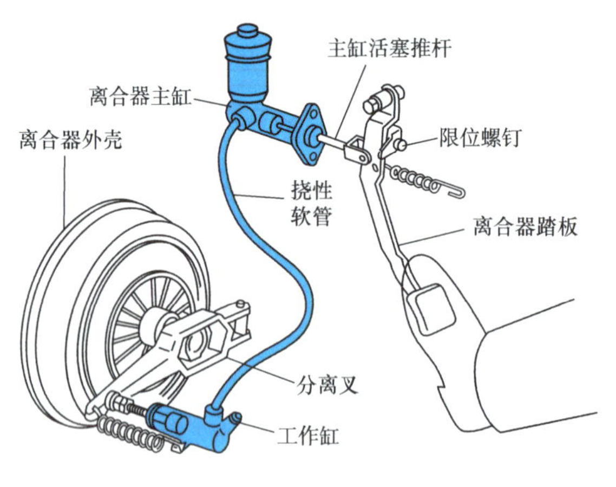

图 2-13　液压式离合器操纵机构的组成

3.2.1　主缸的构造和工作情况

主缸的构造如图 2-14 上部所示。主缸上部是储油罐，并有孔与主缸相通，阀杆后端

(图中右端)穿在活塞的中心孔中,并可以在孔中左右自由移动。后弹簧座紧套在活塞的前端并被轴向定位,它可以向右单向拉动阀杆,阀杆前端(图中左端)装有橡胶密封圈阀门,阀门后端与前弹簧座之间装有锥形复位弹簧。前弹簧座后端面上开有轴向中心孔,前端开有径向槽,主缸活塞复位弹簧安装在前后弹簧座之间。

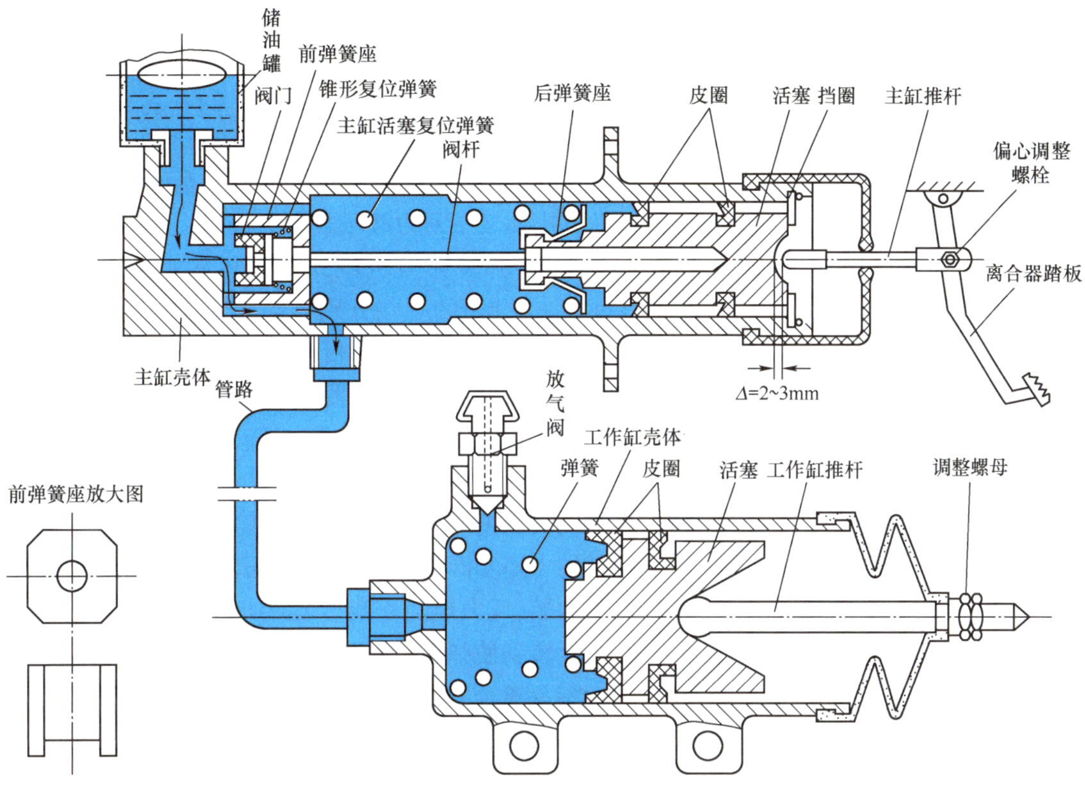

图 2-14 液压式操纵机构的构造和工作原理

当放松离合器踏板时,在主缸活塞复位弹簧弹力作用下,一方面使主缸活塞后移,另一方面使前弹簧座压靠在主缸体前端面上。活塞后移到位时抵靠在挡圈上,并通过后弹簧座拉动阀杆及杆端密封圈阀门压缩锥形复位弹簧后移,打开储油罐与主缸通孔,并通过前弹簧座径向和轴向槽,使管路与工作缸相通,整个系统无压力。

踩下离合器踏板时,活塞左移,在压缩复位弹簧的同时,放松了阀杆,锥形复位弹簧使杆端阀门压紧在主缸的前端,密封了主缸与储油罐之间的通孔,继续踩下离合器踏板,活塞继续左移,则缸内油液的压力升高,并通过管路输向工作缸。这种结构的优点是:

(1)活塞密封皮圈在光滑主缸内滑动,无刮伤皮圈的现象。

(2)由阀门控制回路的开启和关闭,油液通路断面大,回流通畅,离合器放松速度快。

(3)油路中的空气可随时排出。

3.2.2 工作缸的构造

如图 2-14 下部所示,工作缸内装有活塞、两皮圈、推杆和放气阀。两皮圈的刃口方向相反,其作用不同。左侧皮圈是用来密封工作缸内油液,防止向外泄漏;右侧皮圈的作用是在迅速抬起离合器踏板时，防止大气中的空气被吸入工作缸内。放气阀的作用是放净系统内的空气。

工作缸推杆和主缸推杆的长度一般做成可调的，或主缸推杆与离合器踏板采用偏心螺钉连接，以便调整离合器踏板的自由行程。

由系统的结构可知，液压传动的操纵机构摩擦阻力小，布置方便，其工作不受车身、车架变形及发动机位移的影响，适合远距离操纵和采用吊挂式离合器踏板。

3.3 助力式操纵机构

为了减小作用于离合器踏板上的操纵力，以减轻驾驶员劳动强度，又不致因传动机构杠杆比过大而加大踏板行程，可在机械式或液压式操纵机械基础上加设各种助力装置。常见的有弹簧助力机械式操纵机构和气压助力液压式操纵机构。

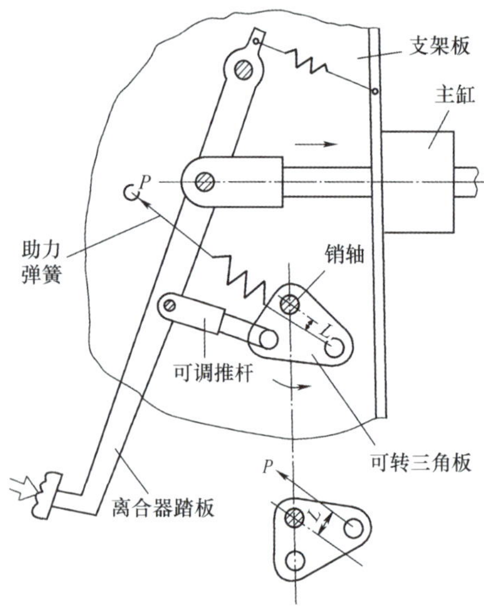

图2-15　离合器操纵机构弹簧助力装置

（1）弹簧助力机械式操纵机构。如图2-15所示，助力弹簧的两端分别挂在固定于支架和三角板上的两支承销上，三角板可以绕其轴销转动，当离合器踏板完全放松，离合器处于接合位置时，助力弹簧的轴线位于三角板销轴的下方。

当踩下离合器踏板时，通过可调推杆推动三角板绕其销逆时针转动。这时，助力弹簧的拉力对轴销的力矩实际上是阻碍离合器踏板和三角板运动的反力矩，反力矩随着离合器踏板下移而减小。当三角板转到使弹簧轴线通过轴销中心时，弹簧反力矩为零。离合器踏板继续下移到使助力弹簧的拉力对三角板轴销的力矩方向转为与离合器踏板力对离合器踏板轴的力矩方向一致时，就能起到助力作用。在离合器踏板处于最低位置时，这一助力作用最大。助力弹簧的助力作用由负变正的过程是可以允许的，因为在离合器踏板的前一段行程中，要消除自由间隙，离合器压紧弹簧的压缩力还不大，总的阻力也在允许范围内，在离合器踏板后段行程中，压紧弹簧的压缩量和相应的作用力继续增大到最大值。在离合器彻底分离以后，为了实现变速器换挡或车辆制动，往往需要将离合器踏板在最低位置保持一段时间，由此导致驾驶员疲劳，因而最需要助力作用。

（2）气压助力液压式操纵机构。它多用于重型车辆，这种助力方式因为采用了压缩空气，所以操纵轻便，且助力效果明显。

4　离合器的维修

4.1 离合器技术状况的变化

干摩擦片离合器在汽车行驶的过程中，较高频率的接合与分离，造成技术状况的变化，产生打滑、分离不彻底、发抖和发响等故障现象。

离合器上述故障说明在使用过程中，离合器各组成部分，如压盘、从动盘、压紧弹簧、分离机构和操纵机构都能出现损伤，需要进行维修才能恢复其技术状况。

4.2 离合器的维修

4.2.1 离合器的维护

对国产中型载货汽车的离合器，一级维护时，应检查离合器的自由行程。二级维护时，还要检查分离轴承和弹簧的弹力，如有离合器打滑、分离不彻底、接合不平顺和分离时发响、发抖等故障发生时，还要对离合器进行拆检，以及更换从动盘、中压盘、复位弹簧及分离轴承等附加作业项目。

对其他车型应根据用户手册推荐的行驶里程按离合器维护项目进行。

4.2.2 离合器的解体

(1)离合器解体注意事项。

①从飞轮上拆下离合器总成时，应首先检查有无拆装标记，无拆装标记时应补作后再进行拆装，以免组装后破坏原系统的平衡。

②离合器总成解体时，为防止离合器盖的变形和零件弹出，必须用专用拆装工具，并按对角线交替、均匀地拧松紧固螺栓。

(2)离合器解体。如图2-16所示，用专用工具压紧后，拧下连接螺栓或钻去铆钉，取下相关零件，放松专用工具即可。

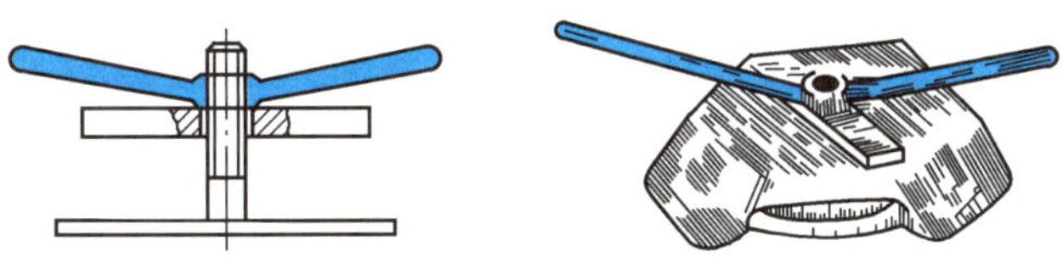

图2-16 离合器专用拆装工具

4.2.3 离合器主要零件的检修

(1)飞轮。飞轮的损伤有齿圈轮齿的磨损，飞轮后端面主要损伤形式有磨损、沟槽、翘曲和裂纹等。齿圈轮齿磨损需更换；磨损沟槽深度超过0.5mm，平面度误差超过0.12mm时应修平平面；当飞轮工作面摆差超过极限值时需更换飞轮，检查方法如图2-17所示。

(2)检查导向轴承。导向轴承通常是永久加以润滑而不需清洁或加注润滑油，检查方法是：一面用手转动轴承，一面向转动方向施加压力，如轴承卡住或阻力过大，则应更换导向轴承。更换导向轴承时，需用专用修理工具拆装(SST)，其方法如图2-18所示。

(3)压盘和离合器盖。离合器压盘和中压盘的主要耗损是工作表面的磨损，严重时会出现磨损沟槽。使用不当时，甚至引起烧蚀、翘曲或破裂现象。

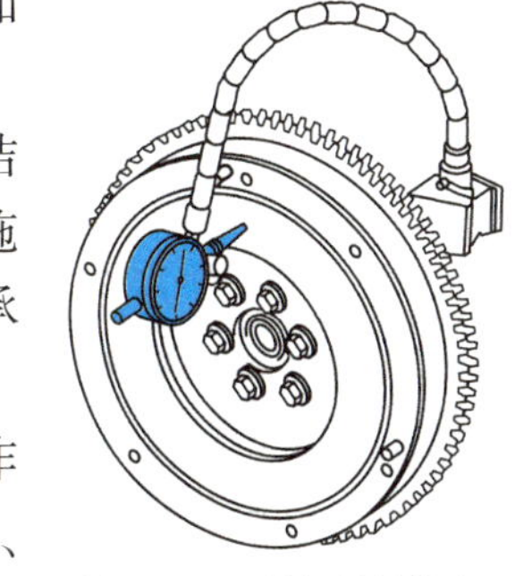

图2-17 飞轮摆差的检查

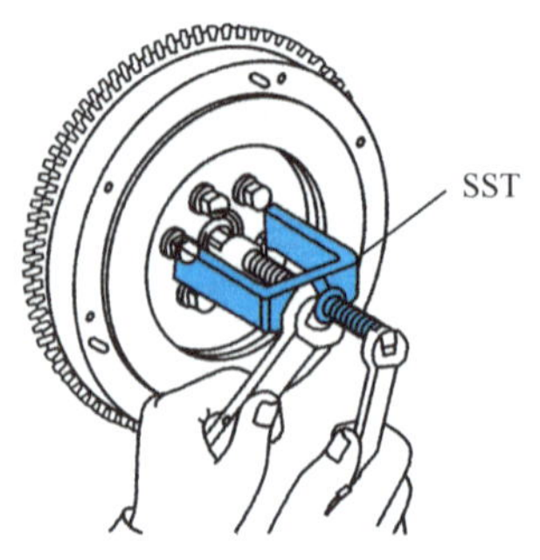

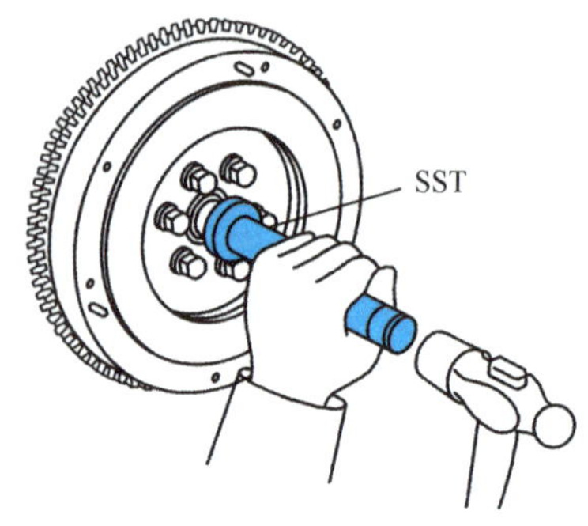

图 2-18　导向轴承的更换

工作表面的轻微磨损，可用油石修平，磨损沟槽超过 0.5mm，应修平平面，压盘的极限减薄量不得大于 1mm，修整后压盘的平面度误差不得大于 0.10mm，而且应进行静平衡试验。

压盘有严重的磨损或变形，甚至出现裂纹，磨削后厚度小于极限值时，应换用新件。

离合器盖与飞轮接合面的平面度公差为 0.50mm。如有翘曲、裂纹或变形，应换用新件。

(4) 从动盘。离合器从动盘的常见耗损有摩擦片的磨损、烧蚀、表面龟裂、硬化、油污、铆钉外露或松动；从动盘钢片翘曲、破裂，花键磨损；使用不当时，还会出现扭转减振器弹簧折断、钢片与花键毂铆钉松动等现象。

从动盘摩擦衬片表面有烧焦、开裂现象时，应换用新片。

从动盘摩擦衬片表面严重油污，应更换新摩擦衬片并检查曲轴后油封与变速器一轴的密封情况。

扭转减振器弹簧折断、花键磨损大时应更换，铆钉松动可重新铆接或更换。

从动盘摩擦表面严重磨损，如图 2-19 所示，用卡尺测量铆钉头深度，铆钉头深度小于 0.50mm时，应换用新片。新的或经修复的从动盘装配前应按图 2-20 所示方法检验其端面圆跳动，超过允许值应进行校正。

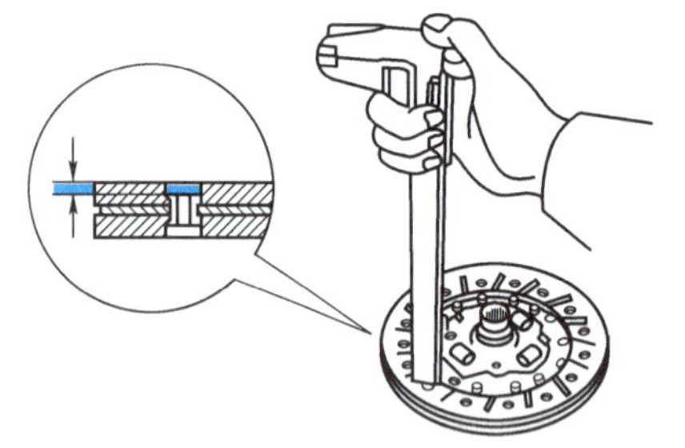

图 2-19　离合器摩擦片磨损检查

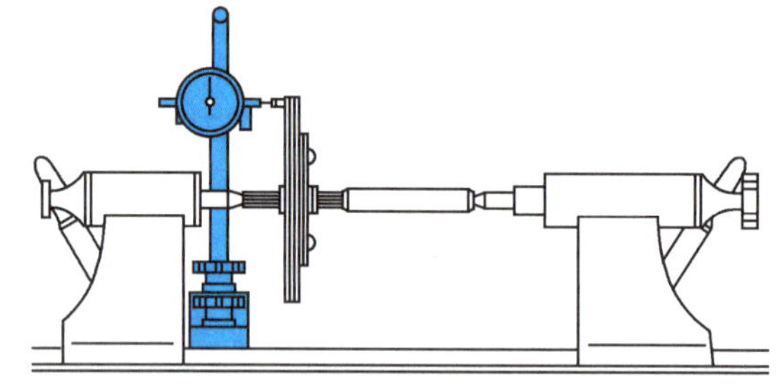

图 2-20　从动盘端面圆跳动的检查

(5) 膜片弹簧。膜片弹簧因长久负荷而疲劳，造成弯曲、折断或弹力减弱而影响动力的传递。如弯曲则必须校正，折断应予更换，磨损时如图 2-21 所示，用卡尺测量膜片弹簧的深度和宽度。例如华晨金杯海狮汽车的极限值为：深度 0.60mm，宽度 5.0mm，超过极限值应更换。

(6) 螺旋压紧弹簧。螺旋压紧弹簧的主要损伤有断裂或裂纹、弯曲变形、弹力减弱。自由长度减小值大于 2mm，在全长上的偏斜量超过 1mm，或出现裂纹，应予更换。

(7) 分离杠杆、分离轴承和分离叉。分离杠杆的端面磨损严重或变形，分离轴承运转不灵活或有噪声，应更换。有些离合器分离叉采用尼龙衬套支承，应检查其磨损情况，如果松旷会使离合器操纵沉重,应换用新件。

4.2.4 离合器的装配与调整

离合器的装配与调整是离合器修复后的重要工序,它直接影响离合器的正常工作。其装配顺序是,先装配离合器盖及压盘总成,然后将总成及从动盘安装到飞轮上。

(1)从动盘的装配。装配时用专用修理工具(SST)、校正杆或变速器输入轴插入离合器从动盘键槽,使离合器从动盘键槽中心对正,如图 2-22 所示,将离合器从动盘装在飞轮上。

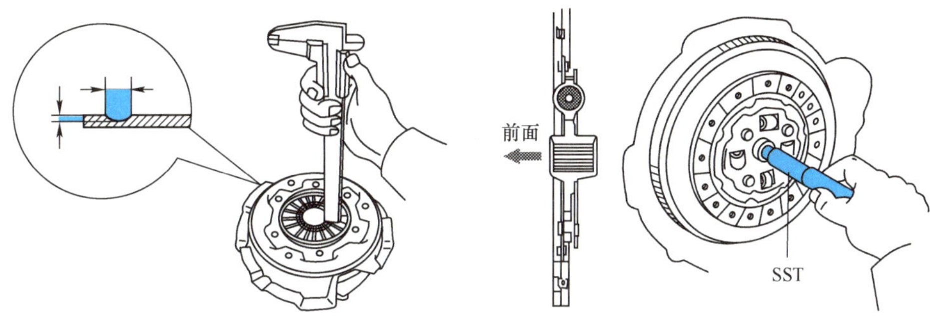

图 2-21 膜片弹簧的深度和宽度的测量　　图 2-22 从动盘的安装

装配时应仔细观察离合器从动盘的设计和制造品质,表面是否有油污,并注意从动盘安装方向。

(2)离合器盖的装配。首先对正离合器盖和飞轮上的装配记号,再均匀地以规定的拧紧力矩分几次拧紧各螺栓。

(3)膜片弹簧的检查与调整。膜片弹簧在使用中易出现弯曲,因此,有必要进行检查与调整,具体方法是在膜片弹簧装复后用一个测规和专用工具测量弹簧尖端和工具之间的间隙。最大允许间隙一般为 0.50mm,如过大则调整弹簧。

装配时,要在各活动部位,如分离叉支承衬套、分离轴承内腔、连接销等处,涂以润滑脂。

(4)螺旋弹簧式离合器的调整。

①分离杠杆高度的调整。

分离杠杆内端面高度不符合规定技术要求,必将导致出现离合器故障,因此,在维修中应依据离合器的具体结构来进行适当调整。

a. 膜片弹簧式离合器的分离杠杆,无需调整。

b. 部分乘用车及轻型货车所用螺旋弹簧式离合器,可通过调整设置在分离杠杆内端的调整螺钉或调整设置在分离杠杆支点处的调整螺钉来完成分离杠杆高度调整。其具体结构在此不予详述。

②中间压盘行程的调整。

部分中型货车用双片离合器,还应调整中间压盘的行程。其具体调整方法及部位可参阅相应维修手册,在此不予详述。

4.3 离合器操纵机构的维修

4.3.1 机械操纵式

机械操纵式操纵机构通过拉杆或钢索将离合器踏板的动作传给分离叉,实现离合器的分离与接合。

离合器从动盘和压盘磨损变薄后，接合时使压盘前移，分离杠杆与分离轴承之间的间隙减小或消失，进而阻滞压盘的前移，使从动盘打滑，加剧从动盘、压盘和飞轮工作面磨损。因此，一般在分离杠杆与分离轴承之间都预留有一定的间隙，一般为3～4mm。在使用中，上述间隙会随着压盘、从动盘和飞轮端面的磨损而减小，因而需要定期进行调整。

（1）拉杆式操纵机构。部分中型货车的离合器均采用拉杆式操纵机构，而且均用离合器踏板拉杆上的球面螺母来调整离合器踏板的自由行程。当自由行程小于标准值时，可将球面螺母退出以增加拉杆有效长度。这类车型的离合器踏板自由行程一般为30～40mm。

（2）钢索式操纵机构。个别采用钢索式操纵机构的离合器踏板自由行程，可通过如图2-23所示的调整螺母来完成调整。将螺母逆时针转动，离合器踏板自由行程加大。另外，调整时应注意分离叉传动臂到支架之间的距离 a 为200mm±5mm，如该距离不当，可将分离叉传动臂固定螺母松开，将传动臂从分离叉支承上取下，转过一个角度后装好，直至该距离达到标准为止。

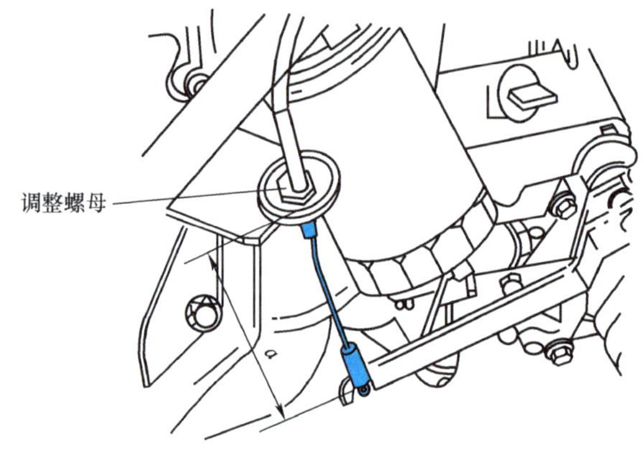

图2-23　钢索式操纵机构离合器踏板自由行程的调整

4.3.2　液压操纵式

现今大多数手动挡车辆多采用液压操纵式离合器。离合器主缸及工作缸的皮碗和密封圈、防尘罩，因磨损或老化而漏油应及时更换。缸筒、活塞磨损出沟槽或台阶，也应及时更换。

液压操纵式离合器的踏板自由行程，是主缸推杆与活塞之间的间隙和分离杠杆与分离轴承之间的间隙在离合器踏板上的总反映。因此，调整也应分两步进行。

这类离合器在使用中通常要检查调整离合器踏板的自由高度和自由行程，以及检查离合器踏板的分离点高度。

（1）离合器踏板自由高度的检查调整。掀开驾驶室地板垫，用钢直尺测量离合器踏板在自由状态下离合器踏板上平面与驾驶室金属底板间的垂直高度，该高度即为离合器踏板自由高度。该值应符合维修手册所规定的技术要求，若该值不符合要求，可调整设置在踏板上部位置处的限位螺钉来完成。

（2）离合器踏板自由行程的检查调整。在离合器踏板自由高度符合技术要求的前提下，用手轻压离合器踏板，让踏板下沉至手稍感受力时为止并保持踏板不动，再用钢直尺测量离合器踏板上平面与驾驶室金属底板间的垂直高度。离合器踏板自由高度减去所测垂直高度后的差值即为离合器踏板自由行程。该值应符合维修手册所规定的技术要求,若该值不符合要求,可调整与踏板连接在一起的离合器主缸活塞的推杆长度来完成。

(3)离合器踏板分离点高度的检查。离合器踏板分离点高度的检查是在发动机运行状态下来实施的。

①首先在车轮前后塞上三角木,拉紧驻车制动操纵杆或踩住制动踏板,变速器置于空挡,离合器踏板处于自由状态(未踩下),起动发动机让其怠速运转。

②轻推换挡杆至1挡或R挡,此时,变速器齿轮会发出轻微撞击声。

③在推着换挡杆的情况下,缓慢踩下离合器踏板,待变速器齿轮撞击声消失、换挡杆能顺利进入挡位时为止,停止踩压离合器踏板,此时再用钢直尺测量离合器踏板上平面与驾驶室金属底板间的垂直高度,该值即为离合器踏板分离点高度。该值应符合维修手册所规定的技术要求,若该值不符合要求,则应检查调整离合器分离杠杆高度或检查压盘、从动盘的磨损状况,并视情更换。

5 离合器的故障诊断

离合器的常见故障有离合器打滑、分离不彻底、接合不平顺和异响等。

5.1 离合器打滑

5.1.1 现象

汽车低挡起步时,离合器踏板松开后,汽车不能起步或起步不灵敏;汽车加速行驶时,行驶速度不能随发动机转速的升高而升高,且伴随有离合器发热、产生焦煳味或冒烟等现象;拉紧驻车制动操纵杆后低挡起步时,发动机不熄火。

5.1.2 原因

①离合器踏板没有自由行程,使分离轴承压在分离杠杆上;

②从动盘摩擦片油污、烧焦、磨损过多、表面不平、表面硬化或铆钉露头;

③压盘、飞轮变形或压盘过薄;

④压力弹簧过软或折断,膜片弹簧疲劳或破裂;

⑤飞轮与离合器盖之间的固定螺钉松动;

⑥分离轴承运动发卡而不能复位。

离合器打滑,动力不能有效地传递到驱动轮上,且使其过热、磨损加剧、烧焦、甚至损坏,必须及时排除故障。

5.1.3 故障诊断与排除方法

(1)经验诊断法:首先检查离合器踏板有无自由行程,再拆下离合器下盖继续检查。

①若有自由行程,则故障由从动盘摩擦片油污、烧焦、铆钉露头引起;

②若无自由行程,检查分离轴承是否复位;检查压力弹簧(或膜片弹簧)是否断裂;若弹簧断裂,则故障由此引起;若弹簧未断裂,则故障由从动盘摩擦片表面不平、表面硬化或弹簧疲劳引起。

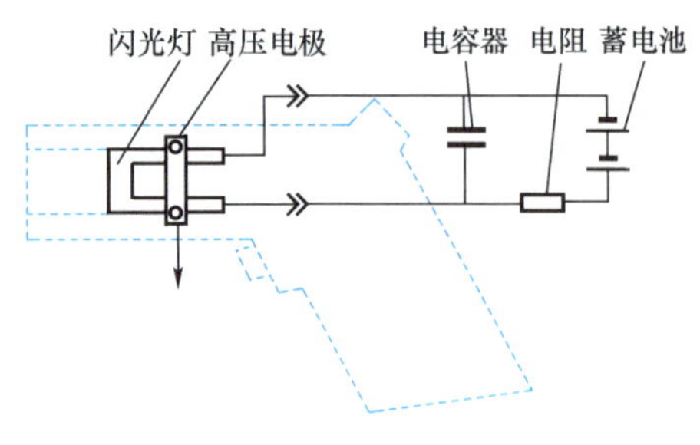

图 2-24 离合器打滑频闪测定仪

(2)频闪测定仪诊断法:用离合器打滑频闪测定仪诊断。

①频闪测定仪结构。由闪光灯、高压电极、电容器、电阻、蓄电池等组成,如图 2-24 所示。

②工作原理。诊断时发动机火花塞给频闪测定仪内高压电极输入电脉冲信号。火花塞跳火一次,闪光灯就亮一次,且闪光频率与发动机转速成正比。

(3)诊断方法。支起驱动桥或置驱动轮于滚筒式试验台上进行。

①汽车低挡起步,逐渐加挡到直接挡,使汽车驱动轮在原地运转。

②将闪光灯发出的光亮点投射到传动轴的某一点(可预先设置标记)上。若传动轴上某点与光亮不同步,则离合器打滑,且看到似乎传动轴相对于光亮点在缓慢转动;若传动轴上某点与光亮同步,则离合器不打滑。

若无频闪测定仪,可用发动机点火正时灯代替。

5.2 离合器分离不彻底

5.2.1 现象

发动机怠速运转时,踩下离合器踏板挂挡困难,且伴随齿轮撞击声;勉强挂入挡位,离合器踏板未抬起汽车就起步或发动机熄火;行驶中,换挡困难,且仍伴随有齿轮撞击声。

5.2.2 原因

①离合器自由行程过大;

②分离杠杆变形或某一分离杠杆折断;

③分离杠杆内端不在同一平面上或内端太低;

④从动盘正反装错;

⑤从动盘铆钉松脱、摩擦片破裂、钢片变形;

⑥双片离合器中间压盘支承弹簧弹力不均或个别弹簧折断、中间压盘调整不当;

⑦从动盘在花键轴上轴向运动卡滞;

⑧压紧弹簧弹力不均或个别弹簧折断;

⑨液压式离合器的液压系统油量不足(漏油)或有空气。

5.2.3 故障诊断与排除方法

(1)检查离合器踏板自由行程。若自由行程太大,则故障由此引起;否则,应继续检查液压传动系统(对液压式离合器):

①若油量不足(漏油)或管路中有空气,则故障由此引起;

②否则,拆下离合器下盖继续检查。

(2)检查分离杠杆内端高度。高度若是太低则故障由此引起;否则,检查分离杠杆是否在同一平面内:

①若不在同一平面内，则故障由此引起；

②若在同一平面内，则检查从动盘是否正反装错，若装错，则故障由此引起；否则，踩下离合器踏板继续检查。

(3)检查从动盘钢片。从动钢片是否有变形，铆钉是否松脱。若有其中一种情况，则故障由此引起；否则，故障由从动盘轴向运动发卡引起。其原因是：从动盘在花键轴上移动卡滞；双片离合器中间压盘支承弹簧弹力不均或个别弹簧折断。

5.3 离合器接合不平顺

5.3.1 现象

汽车起步时，严格执行操作规程，离合器接合时产生振抖，严重时整车都产生振抖现象。

5.3.2 原因

①分离杠杆内端高度不在同一平面内；

②压盘或从动片钢片翘曲变形；

③从动摩擦片表面不平，表面硬化、有油污或烧焦，铆钉露头、松脱、折断；

④从动片上的减振弹簧疲劳或折断，缓冲片破裂；

⑤分离轴承卡滞而不能复位；

⑥离合器压紧弹簧折断或弹力不均，膜片弹簧疲劳或破裂；

⑦离合器踏板复位弹簧折断或脱落；

⑧飞轮工作端面圆跳动严重(翘曲变形)；

⑨飞轮、离合器壳或变速器固定螺栓松动。

5.3.3 故障诊断与排除方法

①检查离合器踏板复位弹簧是否折断或脱落：若折断或脱落，则故障由此引起。

②检查分离轴承复位情况：不复位则故障由此引起；否则，拆下离合器下盖继续检查。

③检查飞轮、离合器壳或变速器固定螺栓是否松动：若松动，则故障由此引起；否则，继续检查。

④检查分离杠杆内端是否在同一平面内：若不在同一平面内，则故障由此引起；否则，继续检查。

⑤检查压紧弹簧是否断裂：若断裂，则故障由此引起；否则继续检查。

⑥检查从动盘摩擦片是否有油污、烧焦或铝质粉末物：若有，则故障由油污、烧焦或铆钉露头引起；否则，继续检查。

⑦检查从动盘钢片、压盘或飞轮是否有翘曲变形：若有翘曲变形，则故障由此引起；否则，故障在缓冲片(从动盘上)或缓冲弹簧疲劳或断裂，摩擦片表面不平、软化，铆钉松脱或折断。

5.4 离合器异响

5.4.1 现象

离合器分离或接合时，发出不正常声响。

5.4.2 原因

①分离轴承损坏或润滑不良导致干摩擦；

②分离杠杆与离合器盖的连接松旷或分离杠杆支承弹簧疲劳、折断或脱落；

③从动盘花键孔与轴配合松旷；

④从动盘摩擦片铆钉松动或露头；

⑤从动盘减振弹簧疲劳或折断；

⑥分离轴承与分离杠杆内端之间没有间隙；

⑦飞轮上的传动销与压盘上的传力孔或离合器盖上的驱动孔与压盘上的凸块配合间隙太大。

5.4.3 故障诊断与排除方法

诊断前，调整离合器，使之分离彻底。

①轻轻踩下离合器踏板，使分离轴承与分离杠杆内端刚刚接触时察听：若发出“沙沙”的响声，则故障由分离轴承缺油（润滑不良）引起；若无“沙沙”的响声，则拆下离合器下盖，将离合器踏板踩到底继续察听。

②离合器踏板踩到底，若发出“哗哗”的金属滑磨声，甚至看到离合器下部有火星冒出，则故障由分离轴承损坏引起；若发出连续的“喀啦、喀啦”声，分离不彻底时尤为严重，放松离合器踏板后响声消失，则故障由传动销与压盘孔配合松旷或离合器盖驱动窗孔与压盘凸块松旷引起。双片离合器特别容易产生此故障。否则，继续检查。

③在离合器处于刚接合或刚分离时察听，若发出“喀哒”的碰击声，则故障由摩擦片松动引起；若发出金属刮研声，则故障由从动盘摩擦片铆钉露头引起；若发出连续噪声或间断的碰击声，则故障由分离轴承与分离杠杆内端间隙太小或无间隙引起。否则，继续检查。

④在汽车起步或行车中加、减速时，若发出“抗”或“喀”的响声，则故障原因为：减振弹簧疲劳或断裂；从动片花键孔与轴配合松旷。

思考与练习

一、填空题

1. 离合器的功用是__________、__________、__________。

2. 按从动盘的数目不同，离合器分为__________、__________和__________。

3. 按压紧弹簧的形式及布置形式不同，离合器分为__________、__________、__________和__________。

4. 压盘的传动、导向和定心方式有__________、__________、__________和__________。

5. 离合器常见故障有__________、__________、__________和__________。

二、简答题

1. 摩擦式离合器由哪几部分组成？简述其工作原理。

2. 什么是离合器踏板的自由行程？为什么要有自由行程？如何测量？

3. 膜片弹簧离合器有何优点？

4. 离合器的操纵机构有哪些类型？各有何特点？离合器踏板的自由行程分别是怎样调整的？

5. 简述液压式操纵机械的组成和工作原理？

6. 离合器的二级维护作业内容有哪些？

7. 简述离合器主要零件的检修内容和方法。

8. 简述离合器的装配技术要求。

9. 分析离合器常见故障的原因及诊断排除方法。

10. 为什么汽车传动系统要设置摩擦式离合器？

11. 还有哪些传动装置可替代摩擦式离合器？

单元三　手动变速器

学习目标

☞ **知识目标**

1. 正确描述手动变速器的功用、类型及齿轮机构的变速传动原理；
2. 简述手动变速器的构造及典型变速器各挡的传动情况；
3. 正确描述同步器的功用、类型、构造与工作原理；
4. 正确描述手动变速器操纵机构的功用、要求及构造；
5. 正确描述分动器的功用、类型及工作原理；
6. 简述手动变速器的常见故障，并能进行诊断与排除；
7. 简述手动变速器的检修、磨合方法和步骤。

☞ **能力目标**

1. 会分析手动变速器的常见故障类型；
2. 会做手动变速器拆卸、检验、装配与磨合；
3. 会做手动变速器的一、二级维护作业，将污染治理、生态保护理念融入对油液检查更换作业中；
4. 能解决手动变速器一般故障的诊断与排除。

1 概　述

1.1 变速器的功用

目前，汽车上广泛采用的是活塞式内燃机，其转矩变化范围较小，而汽车实际行驶的道路条件非常复杂，要求汽车的牵引力和行驶速度必须能够在相当大的范围内变化；另外，任何发动机的曲轴总是沿同一方向转动，而汽车实际行驶过程中常常需要倒向行驶。为此，在汽车传动系统中设置了变速器，其具体功用是：

(1)改变传动比，扩大汽车牵引力和速度的变化范围，以适应汽车不同条件的需要。

(2)在发动机曲轴旋转方向不变的条件下，使汽车能够倒向行驶。

(3)利用空挡中断发动机向驱动轮的动力传递,以便发动机能够起动和怠速运转,并满足汽车滑行和暂时停车的需要。

(4)利用变速器作为动力输出装置驱动其他机构。如自卸车的液压举升装置,汽车吊的工作装置等。

1.2 变速器的分类

现代汽车上所采用的变速器有多种结构形式,通常可作如下分类。

1.2.1 按传动方式分类

变速器可分为有级式、无级式和综合式 3 种。

(1)有级式变速器。它采用齿轮传动,具有若干个定值传动比。轿车和轻、中型货车变速器多采用 3 ~ 5 个前进挡和 1 个倒挡(每个挡位对应 1 个传动比)。重型汽车变速器的挡位较多,有的重型车还装有副变速器。

齿轮式变速器具有结构简单、易于制造、工作可靠、传动效率高等优点。

(2)无级式变速器。它的传动比在一定的数值范围内可连续变化,多采用液力式。

(3)综合式变速器。它是由液力变矩器和行星齿轮式变速器组成的液力机械式变速器,其传动比可在最大值与最小值之间的几个间断的范围内作无级变化,目前应用较多。

1.2.2 按变速器操纵方式分类

变速器可分为强制操纵式、半自动操纵式和自动操纵式变速器 3 种。

(1)强制操纵式变速器。它是通过驾驶员用手操纵变速杆来选定挡位,并直接操纵变速器的换挡机构进行挡位变换。齿轮式有级变速器大多数都采用强制操纵的换挡方式。

(2)半自动操纵式变速器。这种变速器一般是通过驾驶员用手操纵换挡手柄选定挡位,同时导通变速器换挡机构的控制系统,在控制系统操纵下使换挡机构自动进行换挡。

(3)自动操纵式变速器。自动操纵式变速器(通常简称自动变速器)在某一传动比范围内(一般是在前进挡范围内),由变速器的自动控制系统根据发动机的负荷和车速的变化情况自动地选定挡位,并进行挡位变换,即自动地改变传动比。驾驶员只需要操纵加速踏板就可以控制车速。

本单元只介绍强制操纵式普通齿轮变速器及分动器。

1.3 普通齿轮变速器的工作原理

普通齿轮变速器又称定轴式变速器,它由外壳、轴线固定的几根轴和若干个齿轮组成,可实现变速、变矩和改变旋转方向。

1.3.1 变速原理

1 对齿数不同的齿轮啮合传动时,若小齿轮为主动齿轮,带动大齿轮转动,转速降低;若大齿轮驱动小齿轮时,转速升高。这就是齿轮传动的变速原理。汽车变速器就是根据这一原理,利用若干大小不同的齿轮副传动而实现变速的。设主动齿轮转速为 n_1,齿数为 z_1;从动齿轮转速为 n_2,齿数为 z_2。主动齿轮(输入轴)转速与从动齿轮(输出轴)转速之比值称为传动比，如图 3-1 所示，传动比用字母 $i_{1、2}$ 表示。即：

$$i_{1、2}=\frac{n_1}{n_2}=\frac{z_2}{z_1}$$

因而：

$$n_2=n_1\cdot\frac{z_1}{z_2}$$

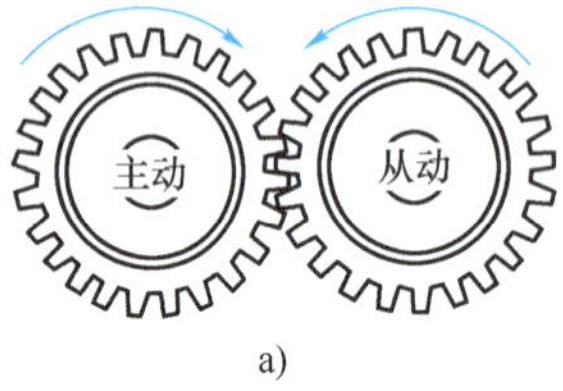

a)

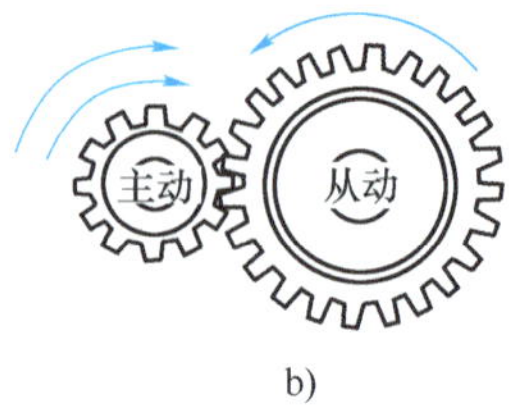

b)

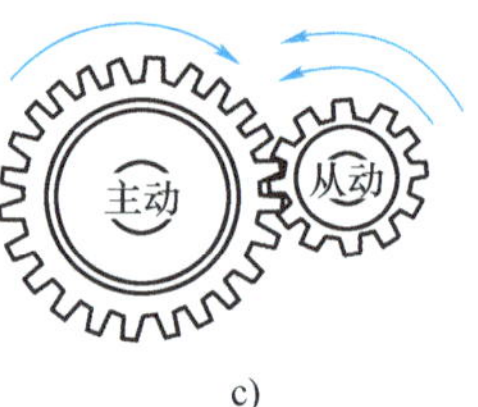

c)

图 3-1　齿轮传动比

a）同尺寸齿轮啮合，输出速度等于输入速度；b）小齿轮带动大齿轮，输出速度下降；c）大齿轮带动小齿轮，输出速度增加

如图 3-2 所示，发动机的转矩经输入轴Ⅰ输入，经两对齿轮传动，由输出轴Ⅱ输出，其中第 1 对齿轮中 1 为主动齿轮，2 为从动齿轮；第 2 对齿轮中 3 为主动齿轮，4 为从动齿轮，传动比计算过程如下：

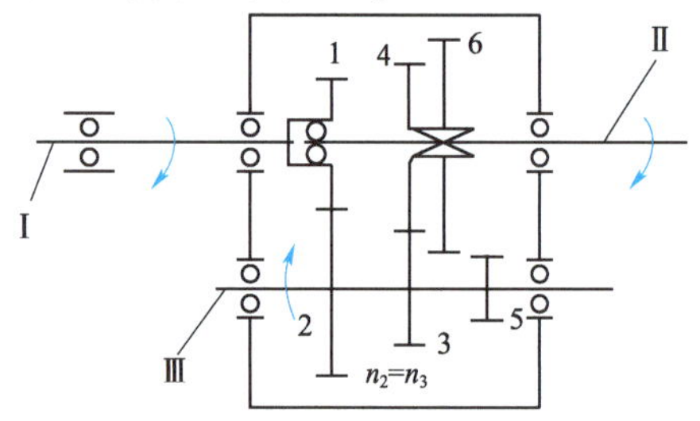

图 3-2　两级齿轮传动简图

1、2、3、4、5、6-齿轮

$$i_{1、2}=\frac{n_1}{n_2}=\frac{z_2}{z_1}\qquad 所以：\quad n_1=\frac{z_2}{z_1}\cdot n_2$$

$$i_{3、4}=\frac{n_3}{n_4}=\frac{z_4}{z_3}\qquad 所以：\quad n_4=\frac{z_3}{z_4}\cdot n_3$$

齿轮 2、3 在同一中间轴Ⅲ上，转速相同，即 $n_2=n_3$，总传动比为：

$$i_{1、4}=\frac{n_1}{n_4}=\frac{z_2\cdot z_4}{z_1\cdot z_3}=i_{1、2}\cdot i_{3、4}$$

同理，多级齿轮传动的传动比 i 为：

$$i=\frac{\text{所有从动齿轮齿数的连乘积}}{\text{所有主动齿轮齿数的连乘积}}=\text{各级齿轮传动比的乘积}$$

汽车变速器某一挡位的传动比就是这一挡位各级齿轮传动比的乘积。

由于 $i=n_{入}/n_{出}$，而由轴功率 $P=\frac{M\cdot n}{9549}$ 知，$\frac{n_{入}}{n_{出}}=\frac{M_{出}}{M_{入}}$，可见传动比既是变速比又是变矩比。降速则增矩，增速则降矩。汽车变速器就是利用这一关系通过改变速比来适应汽车行驶阻力变化的需要。

1.3.2　换挡原理

若将图 3-2 中的齿轮 3 与 4 脱开，再将齿轮 6 与 5 啮合，传动比变化，输出轴Ⅱ的转速、转矩也发生变化，即挡位改变。当齿轮 4、6 都不与中间轴上的齿轮 3、5 啮合时，动力不能传到输出轴，这就是变速器的空挡。

1.3.3　变向原理

如图 3-3 所示，外啮合的 1 对齿轮传动两齿轮旋向相反，每经一传动副，其轴改变一次转向。图 3-3a）所示的 2 对齿轮传动（1 和 2，3 和 4），其输出轴与输入轴转向相同，这是普通 3 轴式变速器前进挡的传动情况。图 3-3b）所示齿轮 4 装在中间轴与输出轴之间的倒挡轴上，

3 对传动副(1 和 2、3 和 4、4 和 5)传递动力,输出轴与输入轴的转向相反,这是 3 轴式变速器倒挡的传动情况。齿轮 4 称为倒挡轮或惰轮。

奇数对外啮合齿轮传动即可实现变向,汽车变速器多用 3 对齿轮传动。

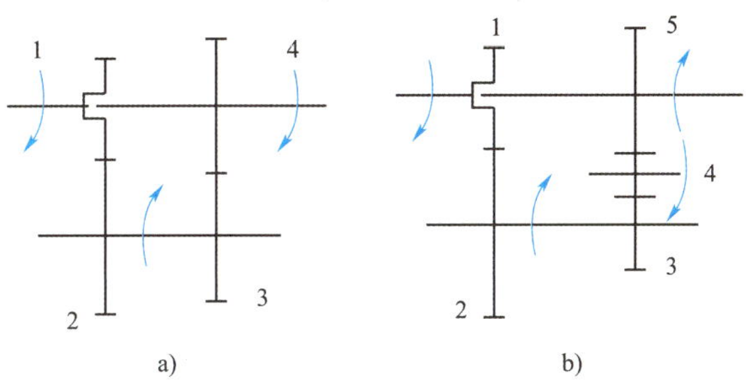

图 3-3　齿轮传动的转向关系

a)前进挡;b)倒挡

1、2、3、4、5-齿轮

2　普通齿轮变速器的变速传动机构

变速器包括变速传动机构和操纵机构两大部分。变速传动机构的主要作用是改变速比、旋转方向;操纵机构的作用是实现换挡。

变速传动机构是变速器的主体,按工作轴的数量(不包括倒挡轴)可分为 3 轴式变速器和 2 轴式变速器。

2.1　3 轴式变速器

变速传动机构主要由齿轮、轴、壳体和支承件等组成。

2.1.1　典型的 3 轴式 5 挡变速器(图 3-4)

2.1.1.1　变速器构造

该变速器通过壳体前端面的 4 个螺栓固定在离合器壳后端面上,它有 3 根主要轴,第一轴、第二轴和中间轴,故称 3 轴式。另外还有倒挡轴。结构简图如图 3-5 所示。

(1)第一轴。第一轴(输入轴)前后端以轴承分别支承在曲轴后端的内孔及变速器的前壁,其前部花键部分与离合器的从动盘连接,后部有常啮合齿轮 2,后端有一短齿轮为直接挡齿轮。第一轴轴承盖 26 的外圆面与离合器壳相应的孔配合,保证第一轴和曲轴的轴线重合。

(2)中间轴。中间轴 15 两端用轴承支承在壳体上,与中间轴常啮合齿轮 23,2、3、4 挡齿轮 20、21、22 用半圆键装在轴上,中间轴 1 挡、倒挡齿轮 18 与轴制成一体。

(3)第二轴。第二轴(输出轴)前后端分别用轴承支承于第一轴后端内孔和壳体上。第二轴 1 挡、倒挡滑动齿轮 12 与轴以花键形式配合传力,可轴向滑动。2、3、4 挡齿轮 11、7、6 分别以滚针轴承形式与轴配合,并与中间齿轮 20、21、22 常啮合,其上均有传力齿圈。第二轴前端花键上套装 4、5 挡花键齿毂 25,用卡环轴向定位,接合套 4 在花键齿毂 25 上轴向滑动实现挡位转换。花键齿毂 24 和接合套 9 实现 2、3 挡动力传递。在 2、4 挡齿轮后面分别装有承受轴向力的止推环。

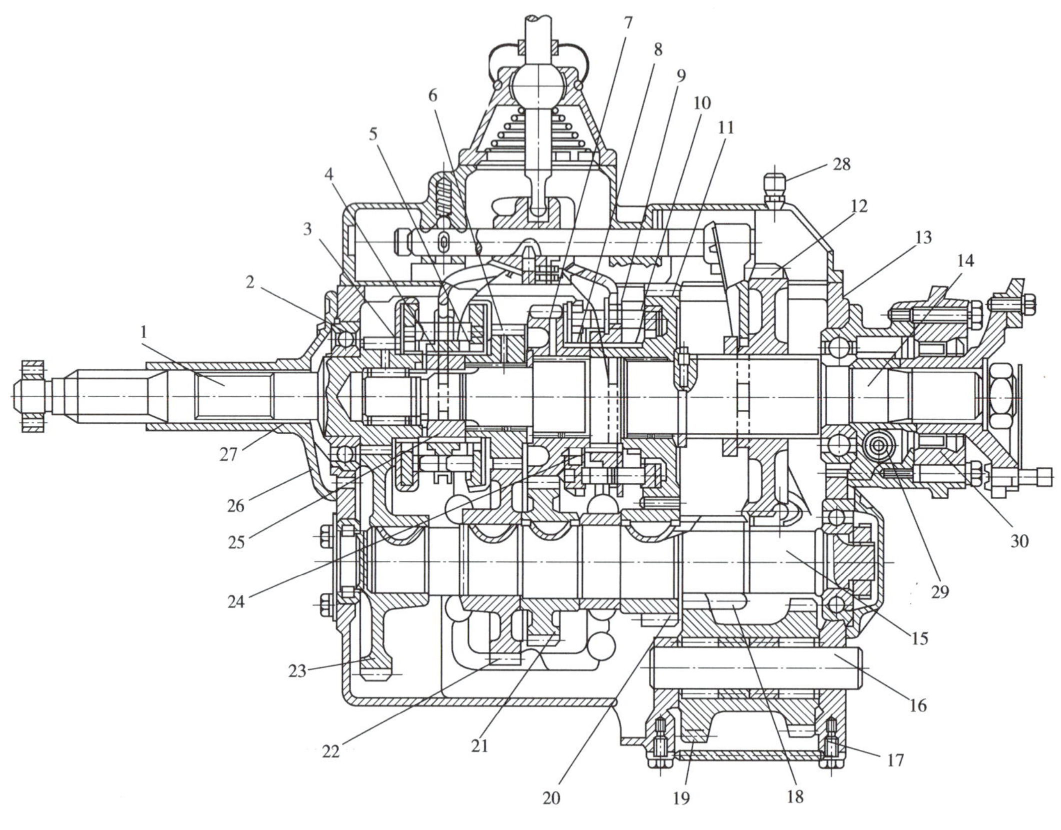

图 3-4　3 轴式 5 挡变速器

1-第一轴；2-第一轴常啮合齿轮；3-第一轴接合齿圈；4-接合套；5-4 挡齿轮接合套；6-第二轴 4 挡齿轮；7-第二轴 3 挡齿轮；8-3 挡齿轮接合齿圈；9-接合套；10-2 挡齿轮接合齿圈；11-第二轴 2 挡齿轮；12-第二轴 1 挡、倒挡滑动齿轮；13-变速器壳；14-第二轴；15-中间轴；16-倒挡轴；17-倒挡中间齿轮；18-中间轴 1 挡、倒挡齿轮；19-倒挡中间齿轮；20-中间轴 2 挡齿轮；21-中间轴 3 挡齿轮；22-中间轴 4 挡齿轮；23-中间轴常啮合齿轮；24-花键齿毂；25-花键齿毂；26-第一轴承盖；27-回油螺纹；28-通气塞；29-里程表传动齿轮；30-驻车制动器底座

后轴承盖内装有里程表驱动蜗杆与蜗轮，轴后端花键上装有凸缘，连接万向传动装置。

(4)倒挡轴。该轴固定在壳体上，倒挡齿轮 17、19 制成一体，以滚针轴承的形式套在倒挡轴上，齿轮 19 与中间轴齿轮 18 常啮合。

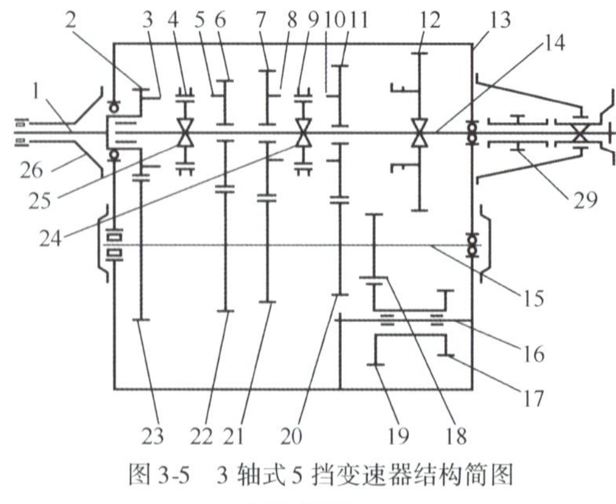

图 3-5　3 轴式 5 挡变速器结构简图

（图注同图 3-4）

2.1.1.2　各挡齿轮的传动情况（图 3-5）

(1)空挡。第二轴的换挡接合套、传动齿轮均处于中间空转的位置，动力不传给第二轴。

(2)1 挡。前移第二轴 1 挡、倒挡滑动齿轮 12 与中间轴 1 挡齿轮 18 啮合。动力经第一轴常啮合齿轮 2、中间轴常啮合齿轮 23、中间轴 1 挡齿轮 18 及第二轴 1 挡、倒挡滑动齿轮 12，传到第二轴使其顺时针旋转（与第一轴同向）。

(3)2 挡。后移接合套 9 与第二轴 2 挡齿轮上的齿圈啮合。动力经齿轮2、23、20、11，接合套9，花键毂24，传到第二轴使其顺时针旋转。

(4)3挡。前移接合套9与第二轴3挡齿轮7的齿圈啮合。动力经齿轮2、23、21、7，接合套9，花键毂24，传到第二轴使其顺时针旋转。

(5)4挡。后移接合套4与第二轴4挡齿轮6的齿圈接合。动力经齿轮2、23、22、6，接合套4、花键毂25，传到第二轴使其顺时针旋转。

(6)5挡。前移接合套4与第一轴常啮合传动齿轮2的齿圈啮合。动力直接由第一轴传到第二轴。传动比为1挡，此挡称为直接挡。第二轴的转速与第一轴相同。

(7)倒挡。后移第二轴上的1、倒挡齿轮12与倒挡中间齿轮17啮合。动力经齿轮2、23、18、19、17、12，传给第二轴使其逆时针旋转，汽车倒向行驶。

小型汽车的最高前进挡传动比多数都小于1，即第二轴的转速高于第一轴的转速，称为超速挡。低速挡用于行驶在坏路或爬坡，高速挡用于在好路加速行驶。

2.1.2　带有中间隔板的3轴式5挡变速器传动机构

带有中间隔板的3轴式5挡变速器的传动机构如图3-6所示。

2.1.2.1　构造

该变速器有5个前进挡和1个倒挡，有互相平行的输入轴、输出轴、中间轴和倒挡惰轮轴。

输入轴和输出轴轴线互相重合，后端用球轴承支承在变速器壳体上，其前端则用球轴承支承在曲轴尾端的中心孔内。输出轴的前端通过滚针轴承支承于输入轴的内孔中，后端通过滚珠轴承支承于壳体后壁上。输出轴上用花键套装着4挡齿毂和3挡、2挡、1挡、倒挡、5挡齿轮。在1挡齿轮与倒挡齿轮之间隔装中间压力板，输出轴中间滚珠轴承支承在中间压力板上，中间轴上固装着4挡齿轮、3挡齿轮、2挡齿轮、1挡齿轮、倒挡齿轮和5挡齿轮，它们分别与输入轴、输出轴上的齿轮啮合传递动力。两端分别用滚珠轴承支承在壳体上，中间用轴承支承在中间压力板上。变速器的动力变换是由3个同步器齿毂和齿毂套移动完成的。第1个同步器毂装在输出轴的1、2挡齿轮之间，两边装有同步器环；第2个同步器毂装在输出轴上，前面是4挡齿轮，后面是3挡齿轮；第3个同步器毂装在中间轴上5挡齿轮之前。

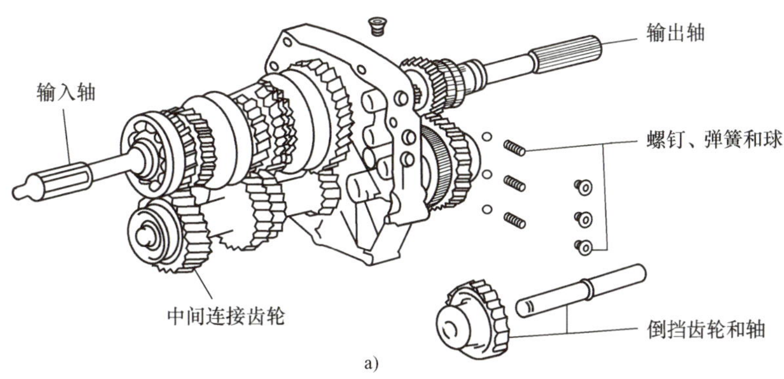

图　3-6

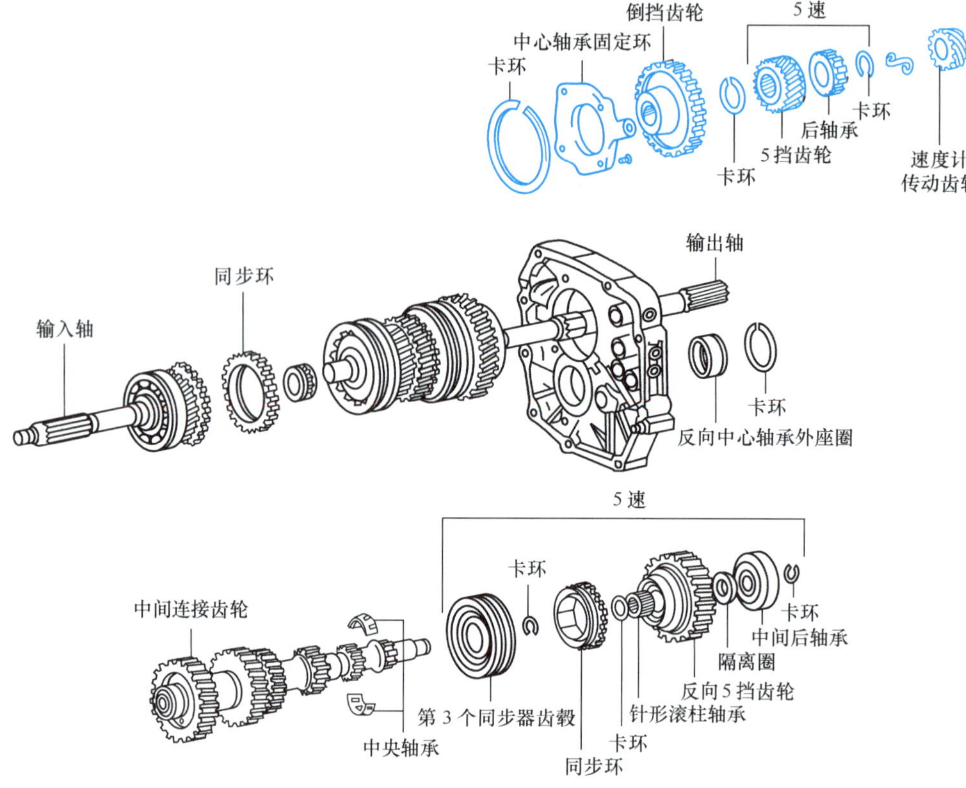

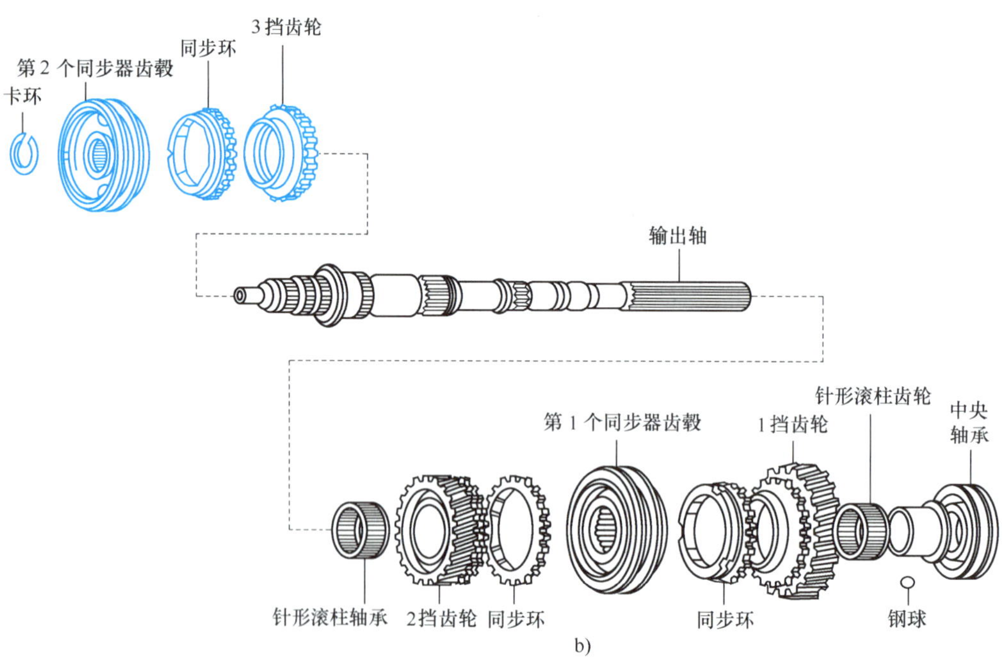

b)

图3-6 带有中间隔板的3轴式5挡变速器传动机构

a)总成图;b)零件图

2.1.2.2　动力传动情况

(1)1 挡、2 挡、3 挡和 5 挡动力传递路线(图 3-7)。

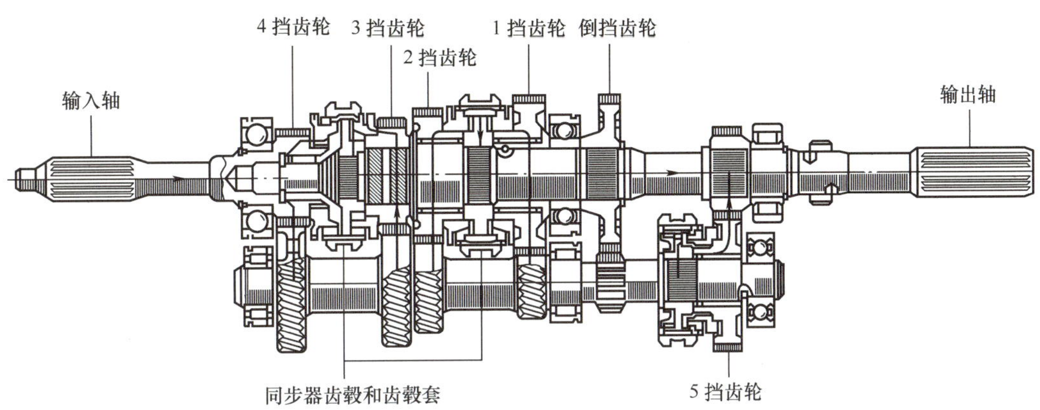

图 3-7　1 挡、2 挡、3 挡和 5 挡动力传递

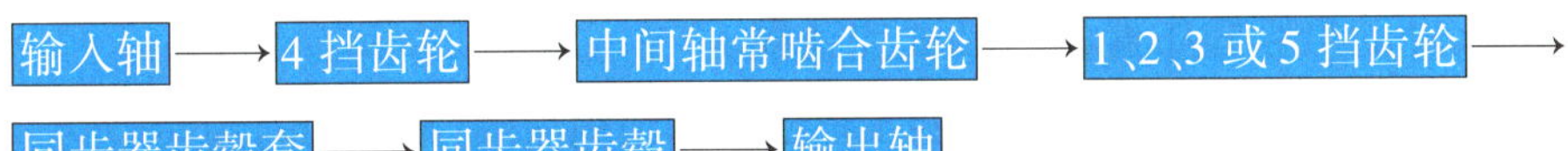

同步器齿毂套 → 同步器齿毂 → 输出轴

(2)4 挡传递路线(图 3-8)。

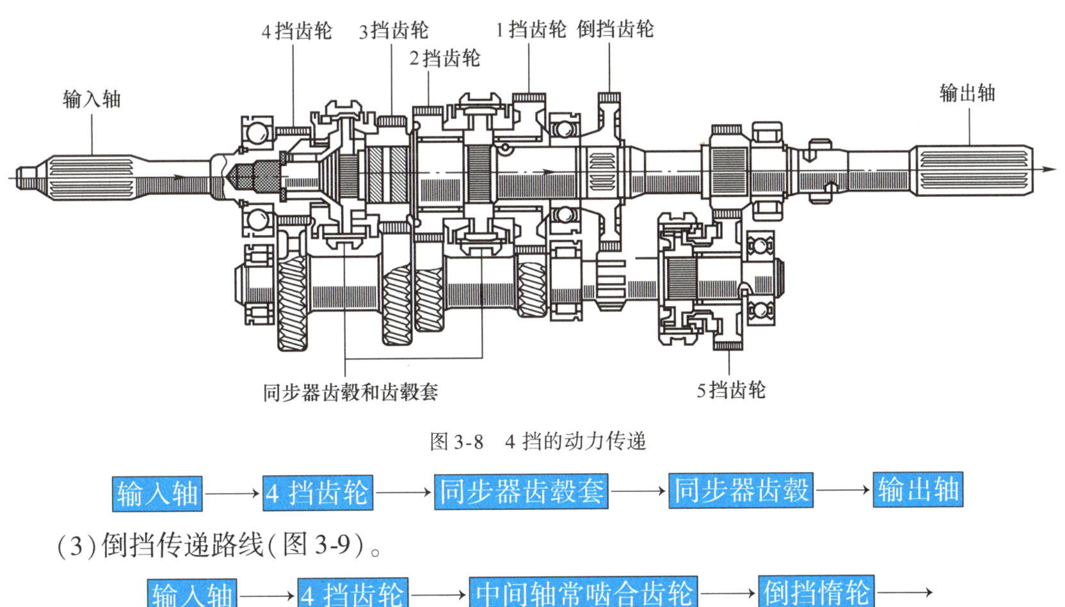

图 3-8　4 挡的动力传递

输入轴 → 4 挡齿轮 → 同步器齿毂套 → 同步器齿毂 → 输出轴

(3)倒挡传递路线(图 3-9)。

输入轴 → 4 挡齿轮 → 中间轴常啮合齿轮 → 倒挡惰轮 →

倒挡齿轮 → 输出轴

2.2　2 轴式变速器

2 轴式齿轮变速器主要应用于发动机前置前轮驱动或发动机后置后轮驱动的汽车上,

常称为变速驱动桥。其中前置发动机又有纵向布置和横向布置两种，与其配用的2轴式变速器也有两种不同的结构形式。

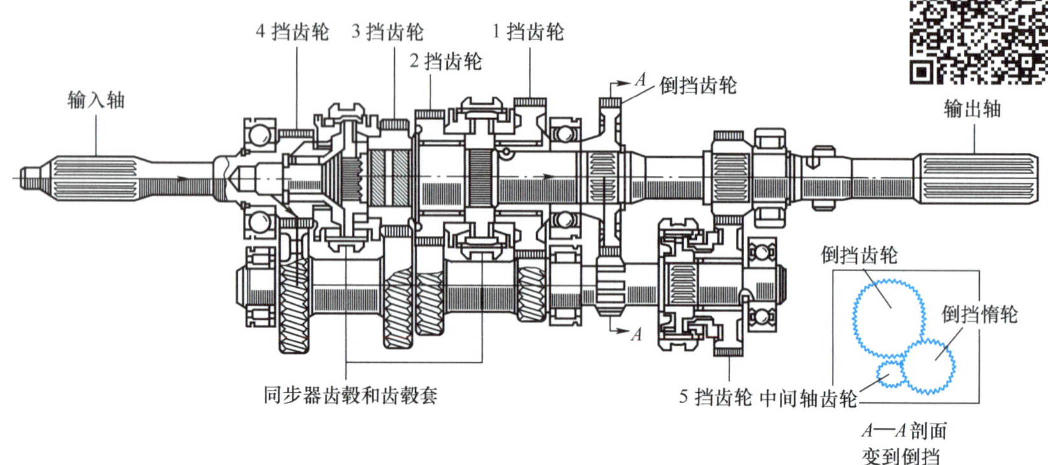

图3-9 倒挡动力传递

2.2.1 发动机纵向布置的2轴式变速器

图3-10a)所示为普通桑塔纳使用的4挡变速器结构简图；图3-10b)为桑塔纳2000型轿车使用的5挡变速器结构简图。

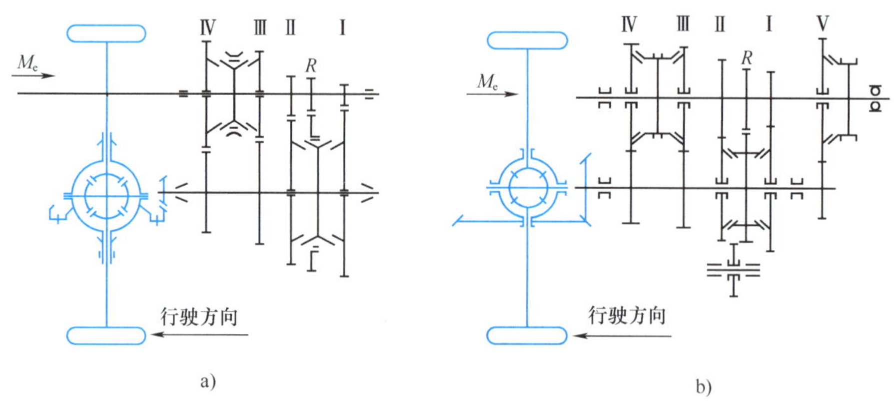

图3-10 桑塔纳轿车变速器结构简图

a)4挡变速器；b)5挡变速器

(1)发动机纵向布置的2轴式变速器结构。该变速器采用2轴布置形式，即输入轴总成和输出轴总成，取消了常规的中间轴。其中4挡变速器共有4个前进挡，全部采用同步器操纵换挡，两个锁环式惯性同步器分别安装在输入和输出轴上；而5挡变速器中的5个前进挡也全部采用同步器操纵换挡，而3个锁环式惯性同步器，1个安装在变速器输出轴上，两个安装在输入轴上。输入轴的1、2挡齿轮和倒挡齿轮与轴制成一体，其他均为带内衬套式齿轮。

(2)各挡动力传递过程，如图3-10所示。

(3)2轴式变速器结构特点。

①变速器采用2轴布置形式，取消了常规的中间轴，使结构合理，布置紧凑，自身质量小。

②变速器的前进挡均采用锁环惯性式同步器,使换挡轻便舒适。

③齿轮采用多齿数,小模数、大螺旋角、大齿形角、高齿顶,重叠系数增加,从而提高啮合效率,降低了变速器的噪声。

④结合齿都采用倒锥齿结构,可防止脱挡。

⑤选换挡两个动作由同一根轴完成,选挡复位采用一根扭力杆,结构简单,挡位清晰。

⑥为了防止操作失误,在5挡变速器中装有倒挡保险块,防止误挂倒挡。

⑦换挡操纵机构的所有连接处均采用塑料件,并有橡胶防尘罩,既灵活又不松动,既可防振,又可防尘。

⑧齿轮材料的选择。根据不同挡位的不同受力情况选用MnCr系列中的4种牌号:即16MnCr5、20MnCr5、25MnCr5、28MnCr5,这种材料切削性能好,变形小。

⑨先进的设计确保了产品的品质。

2.2.2　发动机横向布置的2轴式变速器

(1)发动机横向布置的2轴式变速器结构,如图3-11所示。它在所有前进挡齿轮和倒挡齿轮上完全采用同步器和常啮合斜齿轮。

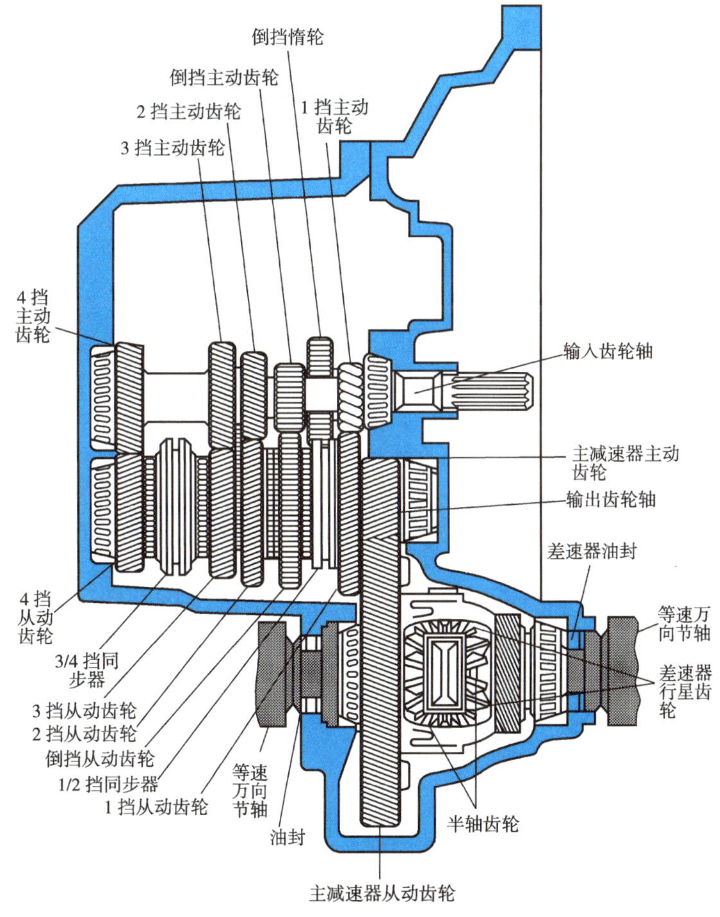

图3-11　发动机横向布置的2轴式4挡变速器结构

(2)动力传递路线分析:

①1 挡。如图 3-12 所示,1、2 挡同步器使 1 挡从动齿轮与输出齿轮轴接合后,将 1 挡从动齿轮锁定到输出齿轮轴上。输入齿轮轴上的 1 挡主动齿轮顺时针转动,逆时针地驱动 1 挡从动齿轮和输出齿轮轴。在输出齿轮轴端主减速器主动齿轮逆时针转动,顺时针地驱动主减速器从动齿轮。

②2 挡。从 1 挡向 2 挡换挡时,如图 3-13 所示,1、2 挡同步器分离输出齿轮轴上的 1 挡从动齿轮,并接合 2 挡从动齿轮。

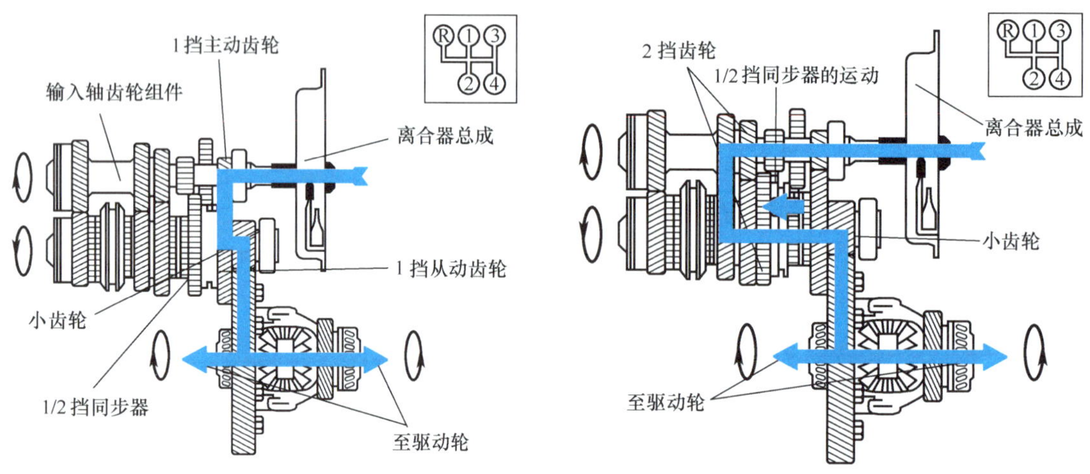

图 3-12　1 挡动力传递路线　　　　图 3-13　2 挡动力传递路线

③3 挡。当 1、2 挡同步器接合套返回空挡后,将 3、4 挡同步器锁到输出齿轮轴上的 3 挡从动齿轮上。动力传递路线如图 3-14 所示。

④4 挡。将 3、4 挡同步器接合套从输出齿轮轴 3 挡从动齿轮移开,移向 4 挡从动齿轮,将其锁在输出齿轮轴上。动力传递路线如图 3-15 所示。

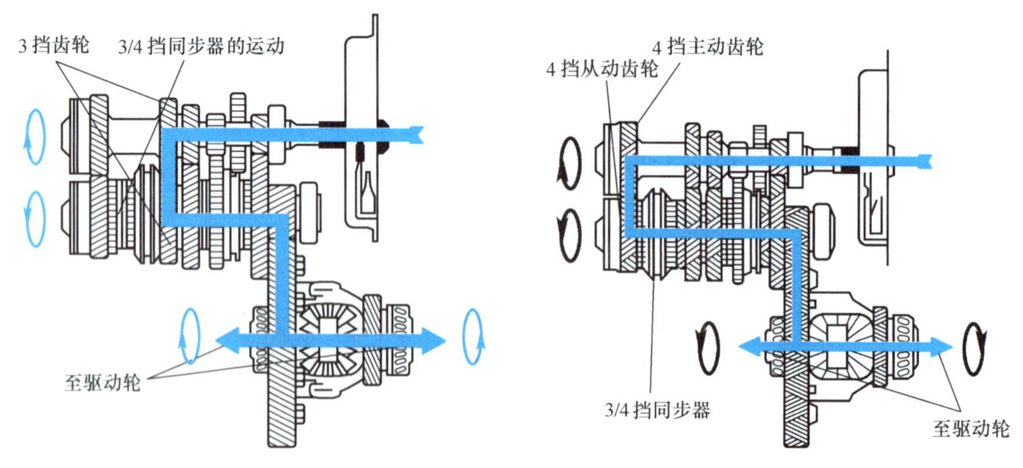

图 3-14　3 挡动力传递路线　　　　图 3-15　4 挡动力传递路线

⑤倒挡。当换挡杆位于倒挡位置时,倒挡惰轮换到与输入齿轮轴上倒挡主动齿轮和倒挡从动齿轮相啮合。倒挡从动齿轮是 1、2 挡同步器套,同步器套带有沿其外缘加工的直齿。倒挡惰轮

改变输出齿轮轴倒挡从动齿轮的转动方向，汽车就可以倒车。动力传递路线如图 3-16 所示。

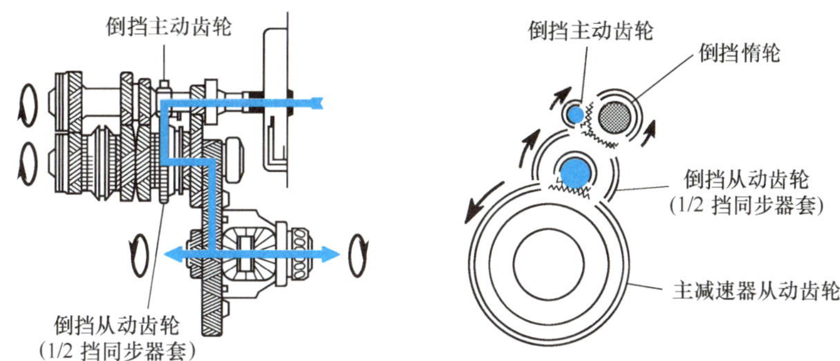

图 3-16 倒挡动力传递路线

3 同 步 器

3.1 无同步器的换挡过程

如图 3-17 所示是无同步器 5 挡变速器的 4、5 挡结构简图。下面介绍这两个挡位的换挡过程。

3.1.1 低挡换高挡（4 挡换 5 挡）

变速器在 4 挡工作时，接合套 3 与齿轮 4 上的接合齿圈接合，两者接合齿圆周速度 $V_3 = V_4$。欲换入 5 挡时，驾驶员先踩下离合器踏板，离合器分离，再通过变速操纵机构将接合套左移，处于空挡位置。此时仍是 $V_3 = V_4$，因 4 挡齿轮 4 的转速低于齿轮 2 的转速，圆周速度 $V_4 < V_2$。所以在换入空挡的瞬间，$V_3 < V_2$，为避免齿轮冲击，不应立即换入 5 挡，应先在空挡停留片刻。在空挡位置时，变速器输入端各零件已与发动机中断了动力传递且转动惯量较小，再加上中间轴齿轮有搅油阻力，所以 V_2 下降较快，如图 3-18a）所示；整个汽车的转动惯性大，导致接合套 3（与第二轴转速相同）的圆周速度 V_3 下降慢，因图 3-18a）中两直线 V_3、V_2 的倾斜度不同而相交，交点即为同步状态（$V_3 = V_2$）。此时将接合套左移与齿轮 2 上的齿圈啮合挂入 5 挡，不会产生冲击。但自然减速出现同步的时刻太晚，应在摘下 4 挡后，立即抬起离合器踏板，利用发动机怠速工况迫使第一轴更快地减速，V_2 下降较快，如图3-18a）中虚线所示，同步点出现得早，缩短了换挡时间。

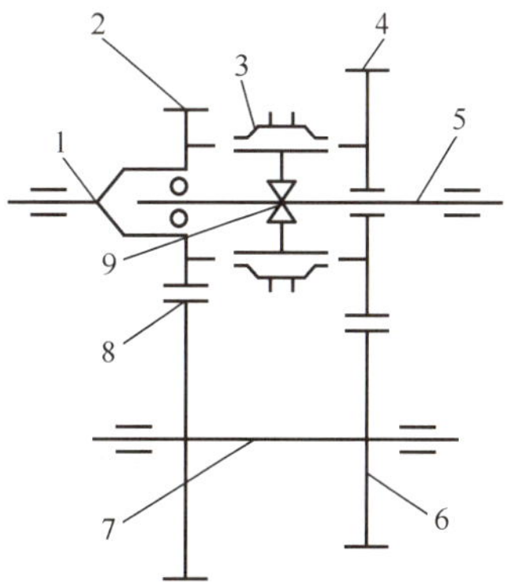

图 3-17 5 挡变速器 4、5 挡示意图
1-第一轴；2-第一轴常啮合传动齿轮；3-接合套；4-第二轴 4 挡齿轮；5-第二轴；6-中间轴 4 挡齿轮；7-中间轴；8-中间轴常啮合传动齿轮；9-花键毂

3.1.2 高挡换低挡（5 挡换 4 挡）

变速器在 5 挡工作时以及由 5 挡换入空挡的瞬间，接合套 3 与齿轮 2 接合齿圈圆周速度相同，即 $V_3 = V_2$，因 $V_2 > V_4$，故

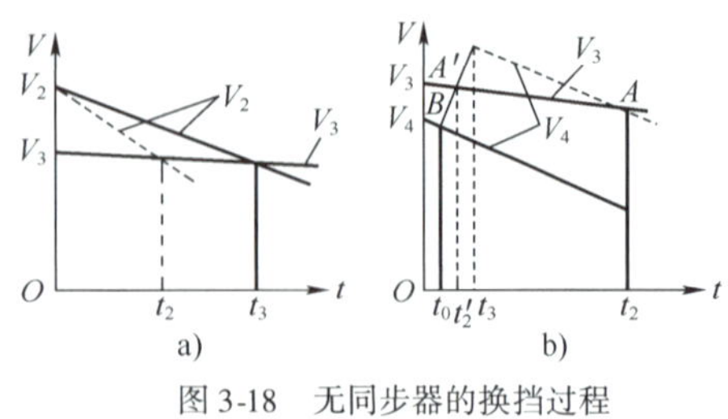

图 3-18　无同步器的换挡过程
a）低挡换高挡；b）高挡换低挡

$V_3>V_4$，如图 3-18b）所示。但在空挡时 V_4 下降得比 V_3 快，即 V_4 与 V_3 不会出现相交点，不可能达到自然同步状态。所以驾驶员应在变速器退回空挡后，立即抬起离合器踏板，同时踩下加速踏板，使发动机连同离合器从动盘和第一轴都从 B 点开始升速，让 $V_4>V_3$，如图 3-18b）中虚线所示，再踩下离合器踏板稍等片刻，$V_3=V_4$（同步点 A），即可换入 4 挡。

图 3-18b）中还有一次同步时刻 A'，利用这一点来缩短换挡时间，由于此点是踩加速踏板过程中出现的，要求有熟练的操作技能。

由此可见，欲使无同步器变速器换挡时不产生齿轮冲击，需采取较复杂的操作，不仅易使驾驶员疲劳，且降低齿轮的使用寿命。因此汽车变速器装有同步器，保证换挡迅速、平顺。

3.2　同步器的构造及工作原理

3.2.1　同步器的功用

同步器的功用是使接合套与待啮合的齿圈迅速同步，缩短换挡时间，且防止在同步前啮合而产生接合齿的冲击。

3.2.2　同步器的构造及工作原理

同步器由同步装置（包括推动件、摩擦件）、锁止装置和接合装置组成。目前所用的同步器几乎都采用摩擦惯性式同步装置，但锁止装置不同，可分为锁环式和锁销式惯性同步器。

3.2.3　锁环式惯性同步器

3.2.3.1　锁环式惯性同步器结构

如图 3-19 所示，花键毂 7 用内花键套装在第二轴外花键上，用垫圈、卡环轴向定位。花键毂 7 两端与第一轴齿轮 1 和第二轴齿轮 4 之间各有一个青铜制成的锁环（同步环）5 和 9。锁环上有短花键齿圈，其花键的尺寸和齿数，与花键毂、齿轮 1 和 4 的外花键齿相同。两个齿轮和锁环上的花键齿在靠近接合套 8 的一端都有倒角（锁止角），与接合套齿端的倒角相同。锁环有内锥面，与齿轮 1、4 的外锥面锥角相同。在环锁内锥面上制有细密的螺纹（或直槽），当锥面接触后，它能及时破坏油膜，增加锥面间的摩擦力。锁环内锥面摩擦副称为摩擦件，外沿带倒角的齿圈是锁止件，锁环上还有 3 个均布的缺口 12。3 个滑块 2 分别装在花键毂 7 上 3 个均布的轴向槽 11 内，沿槽可以轴向移动。滑块被两个弹簧圈 6 的径向力压向接合套，滑块中部的凸起部位压嵌在接合套中部的环槽 10 内。滑块和弹簧是推动件。滑块两端伸入锁环 5 的缺口 12 中，滑块窄，缺口宽，两者之差等于锁环的花键齿宽。锁环相对滑块顺转和逆转都只能转动半个齿宽，且只有当滑块位于锁环缺口的中央时，接合套与锁环才能接合。

3.2.3.2　同步器的工作原理

以 2 挡换 3 挡为例，如图 3-20 所示。

（1）空挡位置。接合套 8 刚从 2 挡退入空挡时，如图 3-20a）所示，第一轴齿轮 1、接合套 8、锁环 9 以及与其有关联的运动件，因惯性作用而沿原方向继续旋转（图示箭头方向）。设齿轮 1、接合套 8、锁环 9 的转速分别为 n_1、n_8、n_9，因接合套通过滑块前侧（图中下侧）推动锁环一起旋转，所以 $n_8 = n_9$，因 $n_1 > n_8$，故 $n_1 > n_9$。此时，锁环是轴向自由的，其内锥面与齿轮 1 的外锥面没有摩擦（图示虚线）。

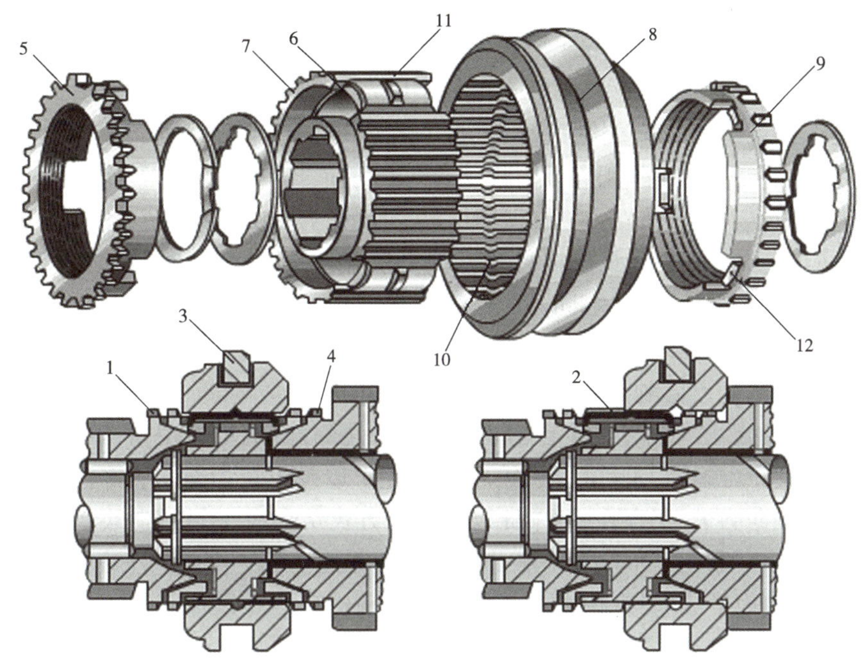

图 3-19　锁环式惯性同步器

1-第一轴齿轮；2-滑块；3-拨叉；4-第二轴齿轮；5、9-锁环；6-弹簧圈；7-花键毂；8-接合套；10-环槽；11-3 个轴向槽；12-缺口

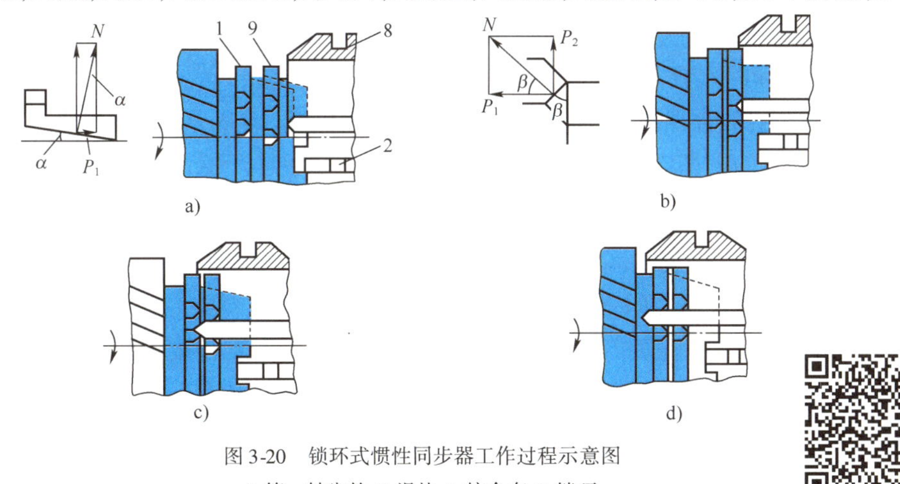

图 3-20　锁环式惯性同步器工作过程示意图

1-第一轴齿轮；2-滑块；8-接合套；9-锁环

a）接合套位于空挡位置；b）摩擦力矩的形成与锁止过程；c）接合套与锁环花键齿圈啮合；d）接合套与齿轮同步啮合

（2）摩擦力矩的形成与锁止过程。欲换入 3 挡（直接挡）时，推动接合套 8 连同滑块 2 一起向左移动，如图 3-20b）所示，滑块又推动锁环移向齿轮 1，使锥面接触。驾驶员作用在接合套上的轴向推力，使两锥面有正压力 N，又因两者有转速差（$n_1 > n_9$），所以产生摩擦力矩 M_1。通过摩擦作用，齿轮 1 带动锁环相对于接合套向前转动一个角度，使锁环缺口靠在滑块

的另一侧（上侧）为止，此时接合套的内齿与锁环上错开了约半个齿宽，接合套的齿端倒角面与锁环的齿端倒角面互相抵住，锁止作用开始，接合套暂不能前移进入啮合。

驾驶员的轴向推力使接合套的齿端倒角面与锁环的齿端倒角面之间产生正压力 N，N 可分解为轴向力 P_1 和切向力 P_2。P_2 形成一个企图拨动锁环相对于接合套反转的力矩，称为拨环力矩 M_2。P_1 使锁环和齿轮 1 的锥面进一步压紧，两锥面间的摩擦力矩 M_1 使齿轮 1 相对于锁环迅速减速而趋向与锁环同步，齿轮 1 以及与其相关联的零件产生一个与旋转方向相同的惯性力矩，又通过摩擦锥面以摩擦力矩的方式传到锁环上，阻碍锁环相对于接合套反向转动。可见锁环上同时作用着方向相反的两个力矩，即拨环力矩 M_2 和惯性力矩。在齿轮 1 和锁环 9 未同步之前，惯性力矩在数值上等于摩擦力矩 M_1。

在达到同步之前无论驾驶员施加多大的操纵力，都不会挂上挡；推力的加大只能同时增大作用在锁环上的两个力矩，缩短同步时间。由于锁止作用是靠齿轮 1 以及与其相关联的零件作用在锁环上的惯性力矩产生的，所以称为惯性式同步器。

（3）同步啮合。随着驾驶员施加于接合套上的推力加大，摩擦力矩 M_1 不断增加，使齿轮 1 的转速迅速降低。当齿轮 1、接合套 8 和锁环 9 达到同步时，作用在锁环上的惯性力矩消失。此时，在拨环力矩 M_2 的作用下，锁环 9、齿轮 1 以及与之相连的各零件都对于接合套反转一角度（因轴向力 P_1 仍存在，两锥面以静摩擦方式贴合在一起），滑块 2 处于锁环缺口的中央（图 3-20c）齿端倒角面不再抵触，锁环的锁止作用消除。接合套压下弹簧圈使滑块脱离接合套的内环槽而继续左移（但滑块不能左移），与锁环的花键齿圈进入啮合。由于作用在锁环齿圈的轴向力和滑块推力都不存在，锥面间的摩擦力矩消失。若接合套花键齿与齿轮 1 的齿端相抵触（图 3-20c）齿端倒角面上的切向分力拨动齿轮 1 相对于锁环和接合套转过一角度，让接合套与齿轮 1 进入啮合（图 3-20d），即换入 3 挡。

若由 3 挡换入 2 挡，上述过程也适用。不过，齿轮 4 应被加速到与锁环 5、接合套 8 同步（图 3-19），接合套进入啮合换入 2 挡。

考虑结构布置的合理性、紧凑性及锥面间摩擦力矩大小等因素，锁环式惯性同步器多用在小型汽车上，有的中型汽车变速器的中、高速也采用这种同步器。

3.2.4 锁销式惯性同步器

图 3-21 为 5 挡变速器的 4、5 挡同步器。

3.2.4.1 锁销式惯性同步器构造

两个带有内锥面的摩擦锥盘 2，以其内花键分别固装在带有接合齿圈的斜齿轮 1 和 6 上，随齿轮一起转动。两个有外锥面的摩擦锥环 3，其上有圆周均布的 3 个锁销 8，3 个定位销 4 与接合套 5 装在一起。定位销与接合套的相应孔是滑动配合，定位销中部切有一小段环槽，接合套钻有斜孔，内装弹簧 11，把钢球 10 顶向定位销中部的环槽，使接合套处于空挡位置，定位销随接合套能轴向移动。定位销两端伸入两锥环 3 内侧面的弧线形浅坑中，定位销与浅坑有周向间隙，锥环相对接合套在一定范围内作周向摆动。锁销中部环槽的两端和接合套相应孔两端切有相同的倒角（锁止角）；锁销与孔对中时，接合套才能沿锁销轴向移动；锁销两端铆接在锥环相应的孔中。可见，2 个锥环（即摩擦件，其上有螺纹槽）、3 个锁销（锁止件）、3 个定位销（推动件）和接合套（接合件）构成一个部件，套在花键毂 9 的齿圈上。

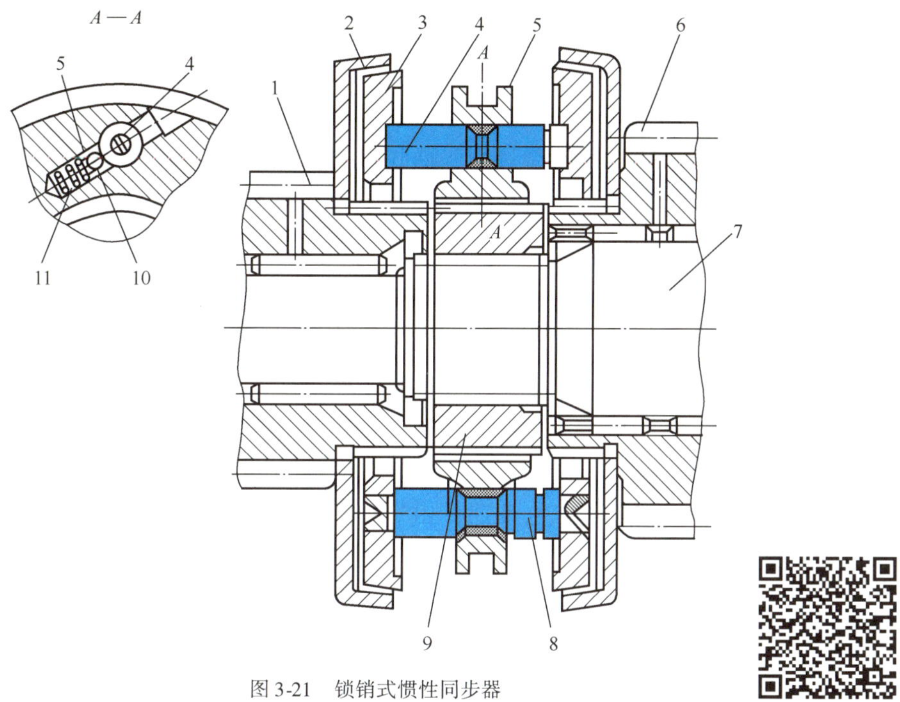

图 3-21　锁销式惯性同步器

1-第一轴齿轮;2-摩擦锥盘;3-摩擦锥环;4-定位销;5-接合套;6-第二轴 4 挡齿轮;7-第二轴;8-锁销;9-花键毂;10-钢球;11-弹簧

3.2.4.2　工作原理

锁销式惯性同步器的工作原理与锁环式惯性同步器类似,如图 3-22 所示。

当接合套 5 受到轴向推力 P_1 作用时,通过钢球 10、定位销 4 推动摩擦锥环 3(图 3-21)向前移动,即欲换入 5 挡。因摩擦锥环与锥盘有转速差,故接触后的摩擦作用使锥环和锁销相对于接合套转过一个角度,锁销与接合套上相应孔的中心线不再同心,锁销中部倒角与接合套孔端的锥面相抵住(图 3-22),在同步前,作用在摩擦面的摩擦力矩总大于切向分力 P_2 形成的拨销力矩,接合套被锁止不能前移,防止在同步前接合套与齿圈进入啮合。同步后惯性力矩消失,拨销力 P_2 使锁销、摩擦锥盘和相应的齿轮相对于接合套转过一个角度,锁销与接合套的相应孔对中,接合套克服弹簧 11 的张力压下钢球并沿锁销向前移动,顺利地换入 5 挡。

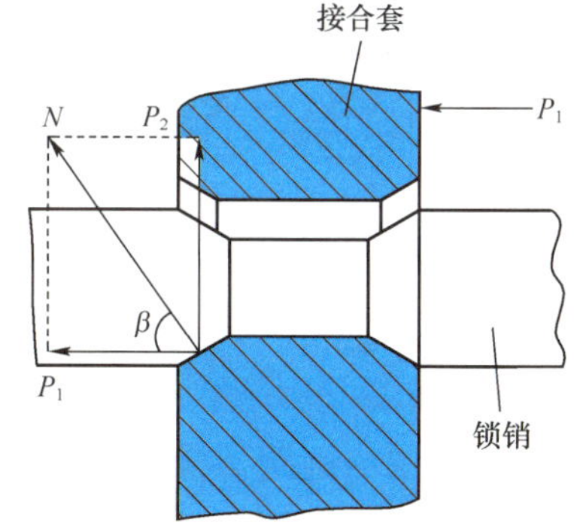

图 3-22　锁销式同步器的锁止原理

总之,锥环与锥盘的摩擦力矩较大,多用在中型和重型汽车上。

4　变速器的操纵机构

4.1　功用

变速器操纵机构的功用是保证驾驶员根据使用条件,将变速器换入所需要的挡位。

4.2 要求

要使操纵机构可靠的工作，应满足下列要求：

①设有自锁装置，防止变速器自动换挡和自动脱挡；

②设有互锁装置，保证变速器不会同时换入2个挡位，否则会产生运动干涉，甚至会损坏零件；

③设有倒挡锁，防止误挂倒挡，否则会损坏零件或发生安全事故。

4.3 类型

4.3.1 直接操纵式

直接操纵式变速器的变速杆及其换挡操纵装置都设置在变速器盖上，如图3-23所示，变速器布置在驾驶员座位的附近，变速杆由驾驶室底板伸出，驾驶员可直接操纵变速杆来拨动变速器盖内的换挡操纵装置进行换挡。它具有换挡位置容易确定、换挡快、换挡平稳等优点。大多数小轿车和长头货车的变速器都采用这种操纵形式。

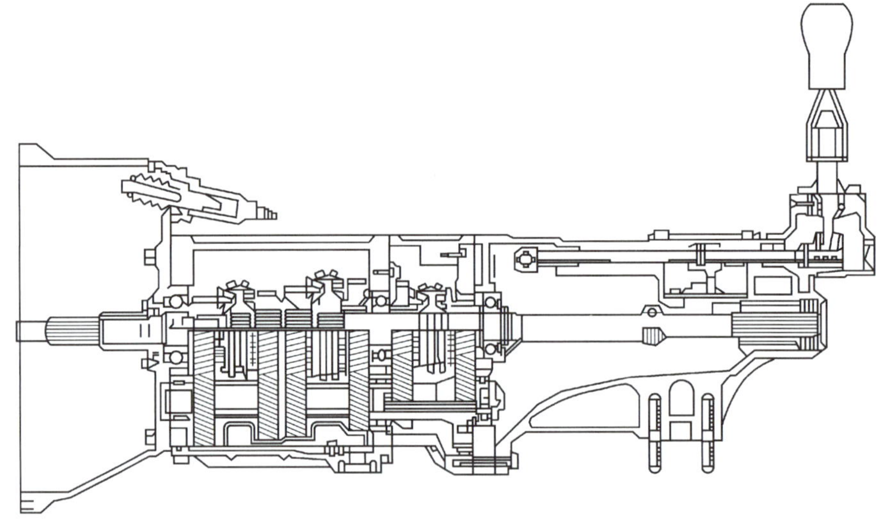

图3-23 直接操纵式换挡机构

4.3.2 远距离操纵式

平头汽车以及发动机后置的汽车，由于其总体布置的需要，变速器的安装位置离驾驶员座位较远，而变速杆不能直接布置在变速器盖上，为此在变速杆与变速器之间加装了一套传动杆件，构成远距离操纵的形式。

图3-24所示为变速杆安装在驾驶室底板上的远距离操纵机构的布置形式。其变速杆在驾驶员座位近旁穿过驾驶室底板安装在车架上，中间通过一系列的传动杆与变速器相连。

另外，有些小客车和轻型货车的变速器，将变速杆安装在转向柱管上，如图3-25所示。因此，在变速杆与变速器之间也是通过一系列的传动杆件进行传动，这是远距离操纵的另一种形式。它具有变速杆占据驾驶室空间小、乘坐方便等优点。

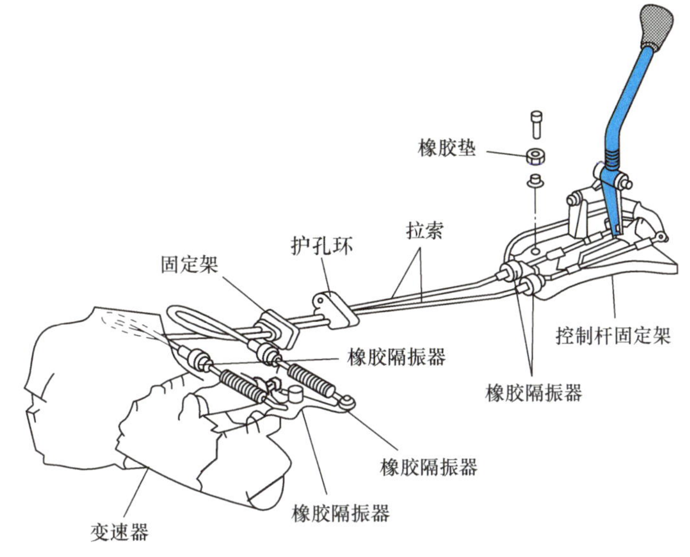

图 3-24　地板式换挡操纵机构

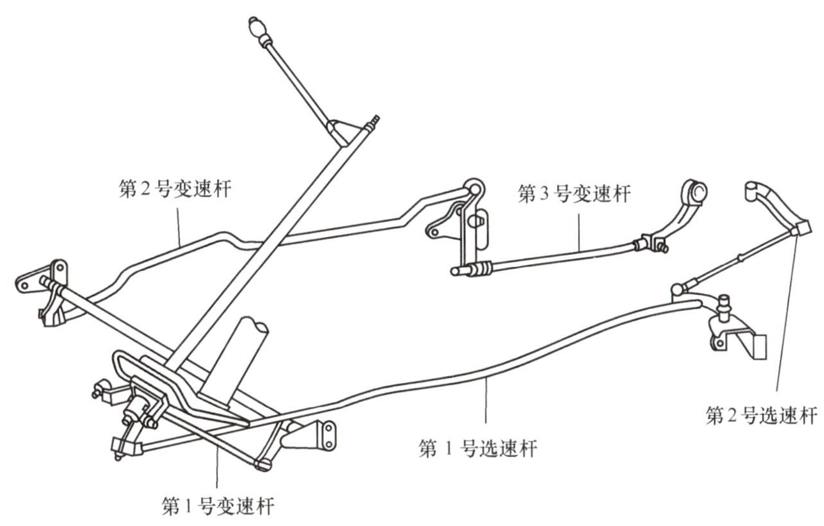

图 3-25　柱式换挡操纵机构

4.4 构造

变速器操纵机构通常由换挡拨叉机构和定位锁止装置两部分组成。

4.4.1　换挡拨叉机构

图 3-26 为 6 挡变速器操纵机构的结构示意图。变速杆 1 的上部为驾驶员直接操纵的部分,伸到驾驶室内,其中间通过球节支承在变速器盖顶部的球座内,变速杆能够以球节为支点前后左右摆动。变速杆的下端球头插在叉形拨杆 17 的球座内。叉形拨杆 17 由换挡轴 2 支承在变速器盖顶部支承座内,可随换挡轴 2 轴向前后滑动或绕轴线转动,其下端的球头则伸入到拨块 9、10、16 的顶部凹槽中。拨块 9、10、16 分别与相应的拨叉轴固定在一起,四根

拨叉轴 3、4、5、6 的两端支承在变速器盖上相应的轴承孔中，可以轴向滑动；四个拨叉 7、8、11、12 的上端通过螺钉固定在拨叉轴上（其中拨叉 11 的上端与拨块制成一体，顶部制有凹槽），各拨叉的下端的叉口则分别卡在相应挡位的接合套（包括同步器的接合套，或滑动齿轮的环槽）内。图 3-26 所示位置变速器处于空挡，各个拨叉轴和拨块都处于中间位置，变速杆及叉形拨杆均处于正中位置。变速器要换挡时，驾驶员首先向左右横向摆动变速杆，使叉形拨杆 17 下端球头置于所选挡位拨块的凹槽内，然后再向前或向后纵向摆动变速杆，使叉形拨杆 17 下端球头通过拨块带动拨叉轴及拨叉向前或向后移动，从而可实现换挡。

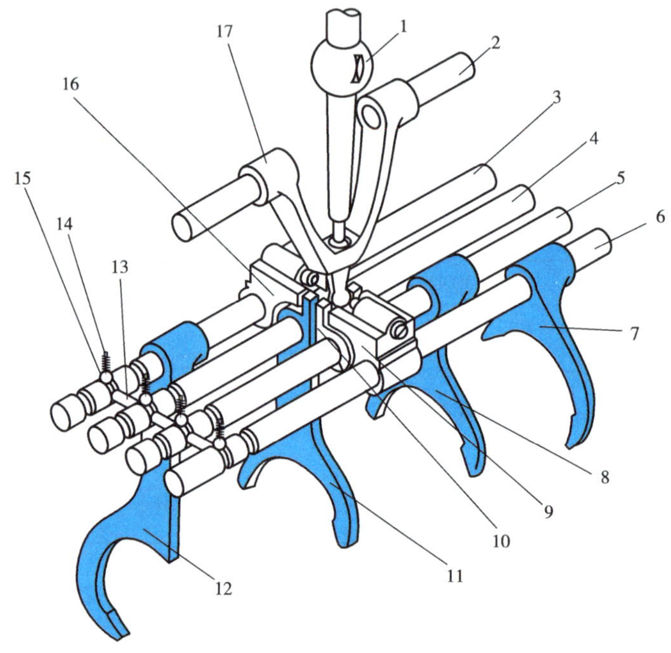

图 3-26　6 挡变速器操纵机构的结构示意图

1-变速杆；2-换挡轴；3-5、6 挡拨叉轴；4-3、4 挡拨叉轴；5-1、2 挡拨叉轴；6-倒挡拨叉轴；7-倒挡拨叉；8-1、2 挡拨叉；9-倒挡拨块；10-1、2 挡拨块；11-3、4 挡拨叉；12-5、6 挡拨叉；13-互锁销；14-自锁弹簧；15-自锁钢球；16-5、6 挡拨块；17-叉形拨杆

各种变速器由于挡位数及挡位排列位置不同，其拨叉和拨叉轴的数量及排列位置也不相同。例如，上述的 6 挡变速器的 6 个前进挡用了 3 根拨叉轴，倒挡独立使用了一根拨叉轴，共有 4 根拨叉轴；而 5 挡变速器具有 3 根拨叉轴，其 2、3 挡和 4、5 挡各占 1 根拨叉轴，1 挡和倒挡共用 1 根拨叉轴。

4.4.2　定位锁止装置

4.4.2.1　自锁装置

所谓自锁就是对各挡拨叉轴进行轴向定位锁止，以防止其自动产生轴向移动而造成自动挂挡或自动脱挡。大多数变速器的自锁装置都是采用定位钢球对拨叉轴进行轴向定位锁止。图 3-27 所示的自锁装置是在变速器盖的前端凸起部钻有 3 个深孔，在孔中装入自锁钢球及自锁弹簧，其位置正处于拨叉轴的正上方，每根拨叉轴对着钢球的表面沿轴向设有 3 个凹槽，槽的深度小于钢球的半径。中间的凹槽对正钢球时为空挡位置，前边或后边的凹槽对正钢球时则处于某一工作挡位置，相邻凹槽之间的距离保证齿轮处于全齿长啮合或是完全退出啮合。凹槽对正钢球时，钢球便在自锁弹簧的压力作用下嵌入该凹槽内，拨叉轴的轴向位置便被固定，其拨叉及相应的接合套或滑动齿轮便被固定在空挡位置或某一工作挡位置，而不能自行挂挡或自行脱挡。当需要换挡时，驾驶员通过变速杆给拨叉轴施加一定的轴向力，克服弹簧的压力而将自锁钢球从拨叉轴凹槽中挤出并推回孔中，拨叉轴便可滑过钢球进行轴向移动，并带动拨叉及相应的接合套或滑动齿轮轴向移动，当拨叉轴移至其另一凹槽与钢球相对正时，钢球又被压入凹槽，此时拨叉所带动的接合套或滑动齿轮便被拨入空挡或被拨入另一工作挡位。

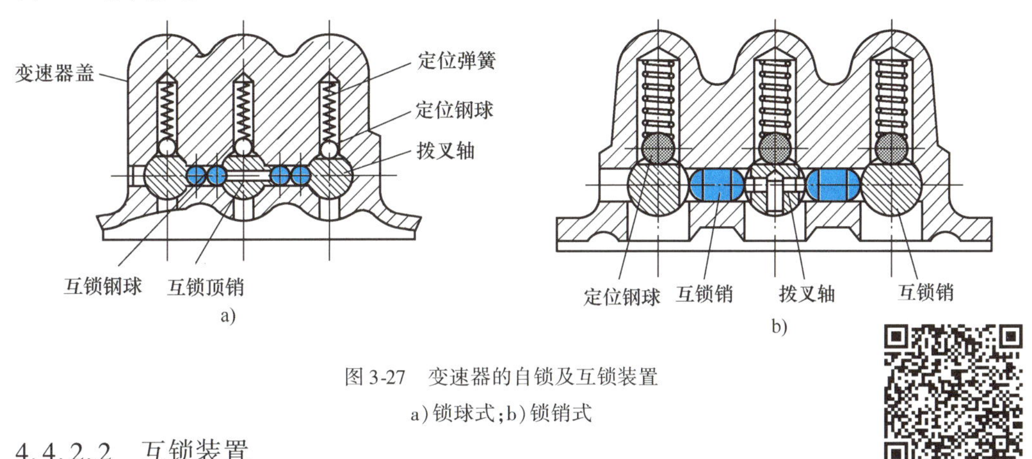

图 3-27　变速器的自锁及互锁装置

a）锁球式；b）锁销式

4.4.2.2　互锁装置

互锁装置的作用是阻止两个拨叉轴同时移动，即当拨动一根拨叉轴轴向移动时，其他拨叉轴都被锁止，从而可以防止同时挂入两个挡位。

（1）锁球（销）式 。图 3-27 所示属于这种形式。在 3 根拨叉轴所处的平面且垂直于拨叉轴的横向孔道内，装有互锁钢球（图 3-27a）或互锁销（图 3-27b）。互锁钢球（或互锁销）对着每根拨叉轴的侧面上都制有一个凹槽且深度相等。中间拨叉轴的两侧各压一个凹槽。任一个拨叉轴处于空挡位置时，其侧面凹槽正好对准互锁钢球（或互锁销）。两个钢球直径之和（或一个互锁销的长度）等于相邻两拨叉轴圆柱表面之间的距离加上一个凹槽的深度。中间拨叉轴上两个侧面之间有通孔，孔中有一根横向移动的顶销，顶销的长度等于拨叉轴的直径减去一个凹槽的深度。

以锁球式为例说明其互锁原理：当变速器处于空挡位置时，所有拨叉轴的侧面凹槽同钢球、顶销都在同一直线上。在移动拨叉轴 2 时（图 3-28a），轴两侧的钢球从其侧面凹槽中被挤出，两侧面外钢球分别嵌入拨叉轴 1 和拨叉轴 3 的侧面凹槽中，将拨叉轴 1 和拨叉轴 3 锁止在空挡位置。若要移动拨叉轴 3，必须先将拨叉轴 2 退回到空挡位置，拨叉轴 3 移动时钢球从凹槽挤出，通过顶销推动另一侧两个钢球移动，拨叉轴 1 和拨叉轴 2 均被锁止在空挡位置上（图 3-28b）。同理，移动拨叉轴 1 的工作情况如图 3-28c）所示。

由上述互锁装置工作情况可知，在一根拨叉轴移动的同时，其他两根拨叉轴均被锁止。但有的变速器互锁装置没有顶销，当某一拨叉轴移动时，只要锁止与之相邻的拨叉轴，即可防止同时换入两个挡。

有的 3 挡变速器，操纵机构有两根拨叉轴，将自锁和互锁装置合二为一（图 3-29）。两根空心锁销内装有自锁弹簧，在图示位置（空挡）时，两锁销内端面的距离 a 等于槽深 b，不可能同时拨动两根拨叉轴。自锁弹簧的预压力和锁销对拨叉轴起到自锁作用。

（2）转动钳口式。转动钳口式互锁装置如图 3-30 所示。变速杆下端球头置于钳口中，钳形板可绕 A 轴摆动。换挡时，变速杆先拨动钳形板处于某一拨叉轴的拨叉凹槽中，然后换入需要的挡位，其余两个换挡拨叉凹槽被钳形爪挡住，起到互锁作用。

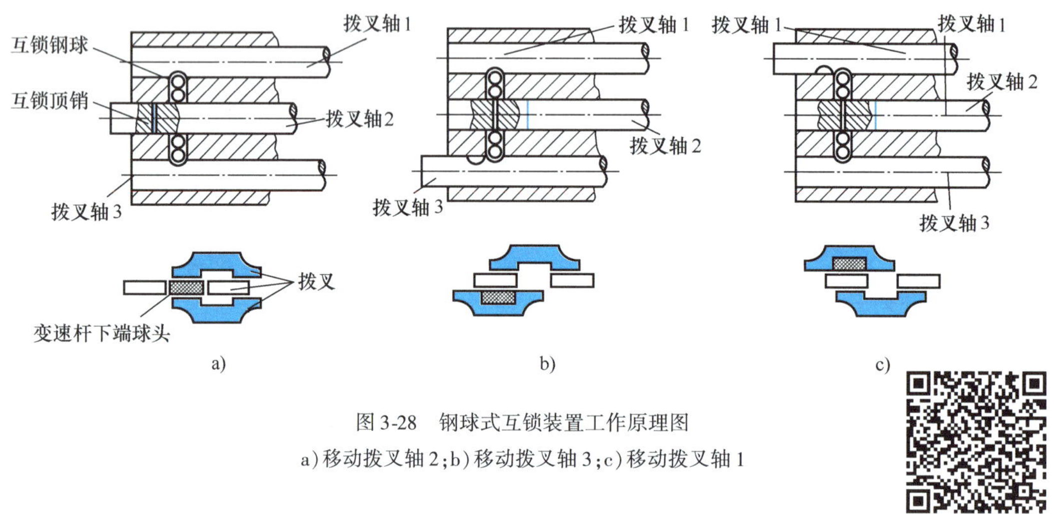

图 3-28　钢球式互锁装置工作原理图

a）移动拨叉轴 2；b）移动拨叉轴 3；c）移动拨叉轴 1

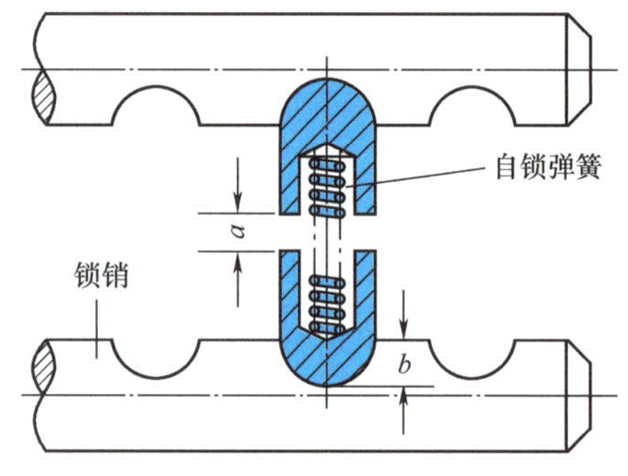

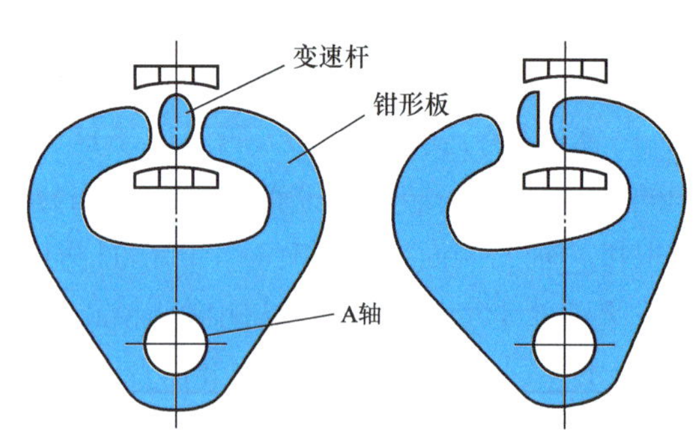

图 3-29　同时起自锁与互锁两重作用的锁止装置

图 3-30　转动钳口式互锁装置

总之，不论哪类互锁装置，其工作原理都是一致的，即每一次只能移动一根拨叉轴，其余拨叉轴均在空挡位置不动。

4.4.2.3　倒挡锁

倒挡锁的作用是使驾驶员必须对变速杆施加较大的力，才能挂入倒挡，起到提醒作用，防止误挂倒挡，提高安全性。多数汽车变速器采用结构简单的弹簧锁销式倒挡锁（图 3-31）。

它由倒挡拨块（5 挡变速器）中的锁销和弹簧组成。锁销杆部装有弹簧，杆部右端的螺母可调整弹簧的预压力和锁销的长度。欲换倒挡（或 1 挡）时，须用较大的力向一侧摆动变速杆，推动倒挡锁销压缩弹簧后，变速杆下端进入拨块才能实现换挡。只要换入倒挡，其拨叉轴就接通装在变速器壳上的电开关，警告灯亮、报警器响（有的汽车仪表板上有倒挡指示灯），有效地防止误挂倒挡。

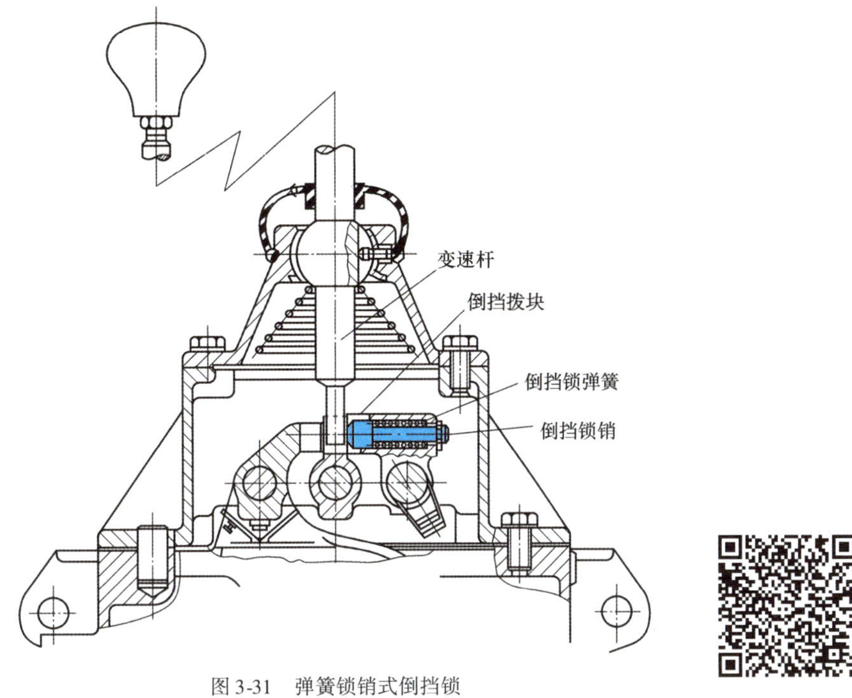

图 3-31　弹簧锁销式倒挡锁

5 分 动 器

5.1 功用

越野汽车因多轴驱动而装有分动器。它的功用是将变速器输出的动力分配到各驱动桥。其基本结构也是齿轮传动系统。输入轴直接或通过万向传动装置与变速器第二轴相连,其输出轴有若干个,分别经万向传动装置与各驱动桥连接。目前大多数越野汽车装用两挡分动器,兼起副变速器的作用。

5.2 构造

5.2.1　齿轮传动机构

分动器的齿轮传动机构由若干齿轮、轴和壳体等零件组成。有的还装有同步器。

5.2.1.1　3 个输出轴式分动器

图 3-32 为 3 轴式 2 挡分动器,其结构简化为图 3-33。分动器单独安装在车架上,其输入轴 1 用凸缘通过万向传动装置与变速器第二轴连接。输出轴 8、12、17 分别经万向传动装置通往后、中、前驱动桥。

分动器的降速增矩作用比变速器大,它的常啮合齿轮均为斜齿轮,轴的支承多采用锥轴承(图 3-32)。输入轴 1 前端通过锥轴承支承在壳体上,后端通过锥轴承支承在与轴 8 制成一体的齿轮 6 的中心孔内。齿轮 5 与轴 1 制成一体。齿轮 15 和 9 之间装有接合套 4,前桥输出轴 17 后端装有接合套 16,其右移使前桥输出轴 17 和中桥输出轴 12 相连接,即前桥驱动。

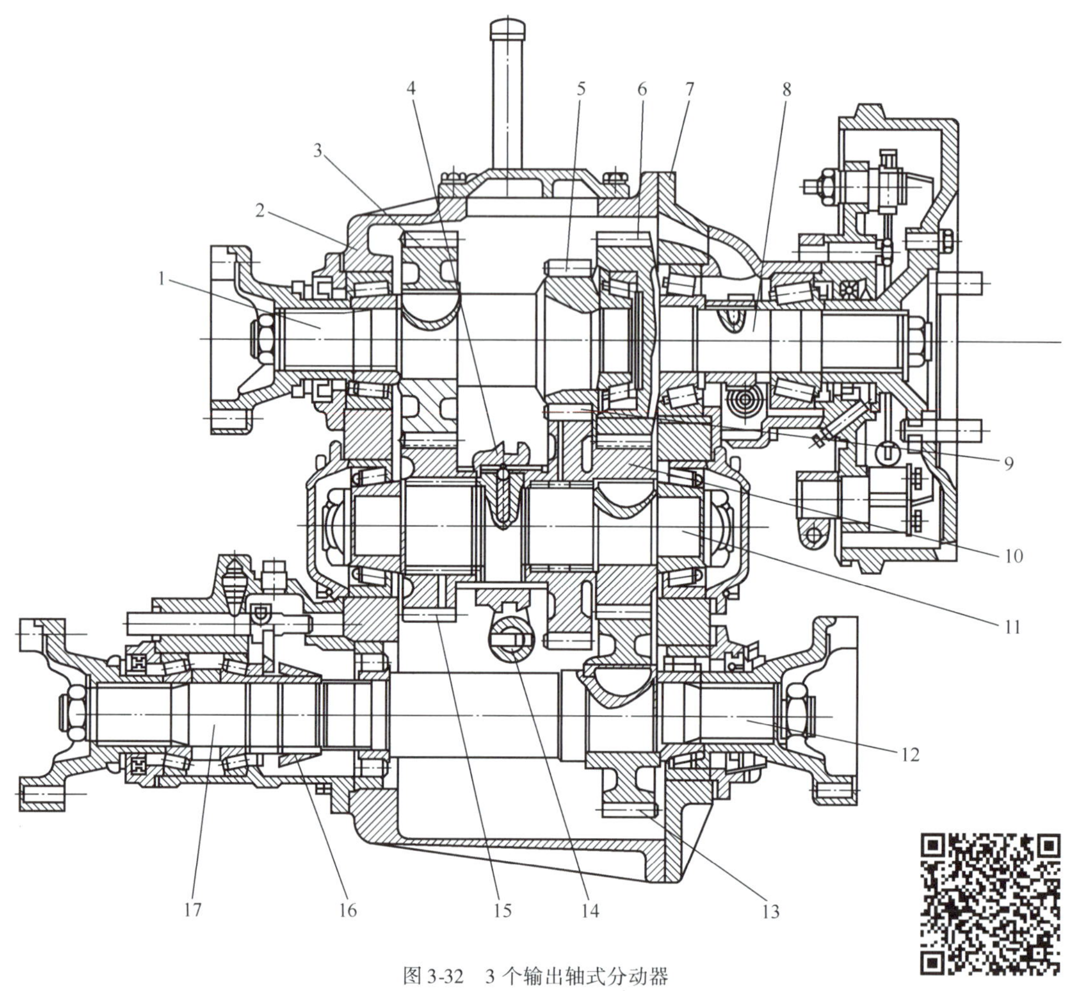

图 3-32　3 个输出轴式分动器

1-输入轴;2-分动器壳;3、5、6、9、10、13、15-齿轮;4-换挡接合套;7-分动器盖;8-后桥输出轴;11-中间轴;12-中桥输出轴;14-换挡拨叉轴;16-前桥接合套;17-前桥输出轴

为了调整轴承预紧度,在轴 8 两锥轴承之间(除装有里程表驱动齿轮和隔圈外)装有调整垫片;轴 1 前端、轴 11 两端、轴 12 后端和轴 17 前端的轴承盖处装有垫片,用于密封,也可调整轴承预紧度,另外,轴 11、12 两端轴承盖处的垫片可调整轴及齿轮的轴向位置,保证常啮合齿轮能在全齿长啮合。

图 3-33 所示的是分动器空挡位置。将接合套 4 左移与齿轮 15 的齿圈接合时为高速挡,动力经输入轴 1,齿轮 3、15 和中间轴 11 传到齿轮 10,再分别经齿轮 6、13 传到输出轴 8 和 12。因齿轮 6 和 13 齿数相同,故轴 8 和 12 转速相等。

将接合套 16 右移,轴 17 和 12 相连接,便接上了前驱动桥,再将接合套 4 右移与齿轮 9 的齿圈接合时为低速挡,动力由输入轴经齿轮 5、9 传到中间轴 11 和齿轮 10,再分别传到输出轴 8、12、17,3 轴的转速相同。

5.2.1.2　两个输出轴式分动器

两轴式分动器用于轻型越野汽车,即前、后桥都为驱动桥。齿轮传动机构常采用普通齿轮式和行星齿轮式两种。普通齿轮式的工作原理与前述 3 轴式分动器类似。只把行星齿轮式分动器介绍如下：

如图 3-34 所示，齿圈 4、行星轮 3 及行星架 5、太阳轮 6 组成行星齿轮机构。换挡齿毂 7 左移与太阳轮 6 的内齿接合为高速挡（传动比为 1）。动力由输入轴 1、太阳轮 6、齿毂 7，传到后桥输出轴 10。齿圈 4 固定在壳体 2 上，行星轮 3 及行星架 5 空转（不传力）。上述过程称为两轮驱动高挡（2H），此分动器也可实现四轮驱动高挡（4H）。

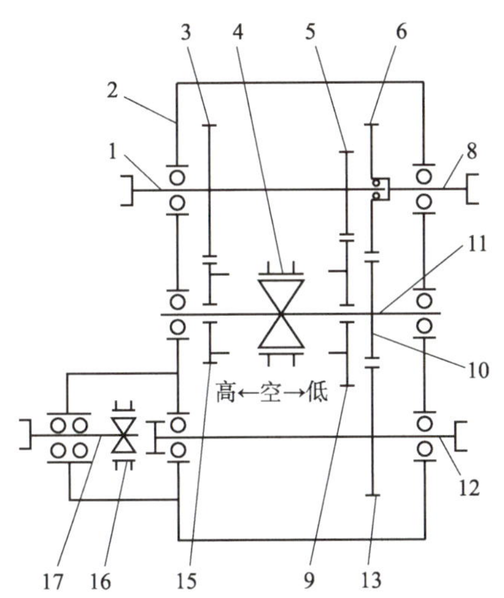

图 3-33　3 个输出轴式分动器的结构简图

1-输入轴；2-分动器壳；3、5、6、9、10、13、15-齿轮；4-换挡接合套；8-后桥输出轴；11-中间轴；12-中桥输出轴；16-前桥接合套；17-前桥输出轴

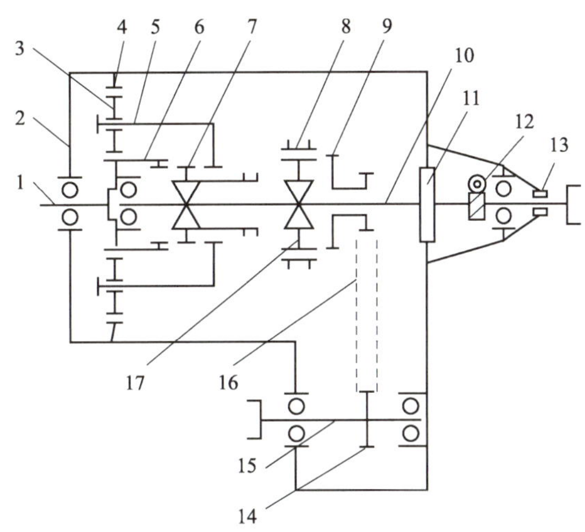

图 3-34　典型两轴式分动器的结构示意图

1-输入轴；2-分动器壳；3-行星轮；4-齿圈；5-行星架；6-太阳轮；7-换挡齿毂；8-接合套；9、14-齿轮；10-后桥输出轴；11-转子式油泵；12-里程表驱动齿轮；13-油封；15-前桥输出轴；16-锯齿式链条；17-花键毂

接合套 8 右移与齿轮 9 接合，齿毂 7 右移与行星架 5 接合，分动器处于四轮驱动低挡（4L）。动力传递情况：

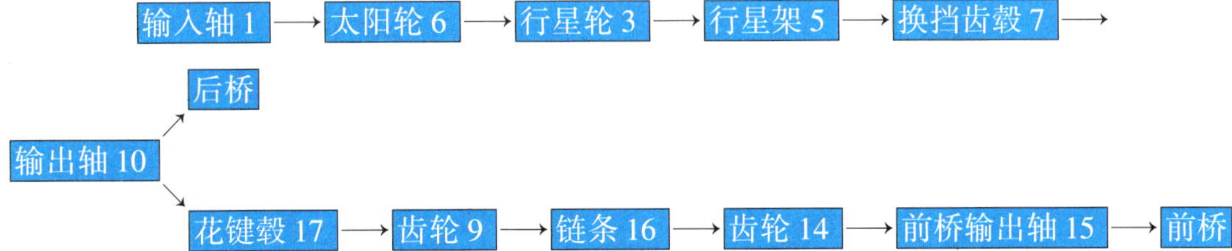

另外，分动器的行星齿轮机构及输出轴 10 所有零件采用压力润滑，油泵 11 的结构、工作原理与发动机润滑系统的转子式机油泵相似。

5.2.2　操纵机构

5.2.2.1　对操纵机构的要求

（1）因分动器换入低速挡时，输出转矩较大，为避免中、后桥超载，要求操纵机构必须保证：非先接上前桥，不得换入低挡；非先退出低挡，不得摘下前桥。为此，要有互锁装置。

（2）为防止自动换挡和脱挡，必须有自锁装置。

5.2.2.2 操纵机构的构造

操纵机构由操纵杆、杠杆机构(或摆板机构)、拨叉轴、拨叉、自锁及互锁装置等组成。

自锁装置的结构、工作原理与变速器自锁装置相同。

互锁装置有钉、板式,球销式和摆板滑槽凸面式。

(1)钉、板式互锁装置。这种装置在前桥操纵杆上装有螺钉或铁板,与换挡操纵杆互相锁止。多用于两拨叉轴距离较远的操纵机构。

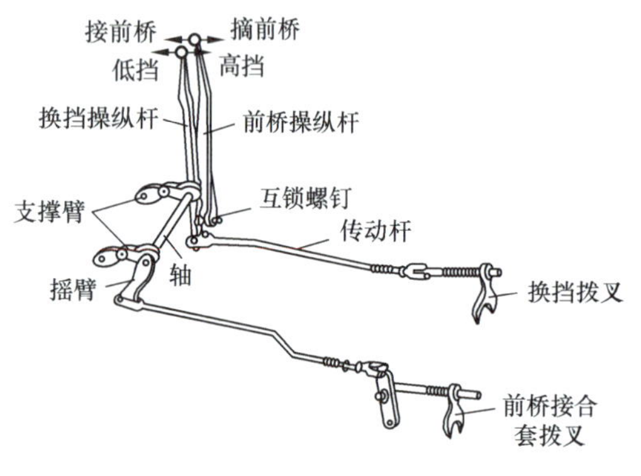

图 3-35 螺钉式互锁装置

图 3-35 所示的操纵机构采用螺钉式互锁装置。两个支承臂固定在变速器壳体上,轴与前桥操纵杆固定在一起可在支承臂上转动。换挡操纵杆松套在轴上。前桥操纵杆下端有互锁螺钉,其头部顶靠在换挡操纵杆的下部。只有前桥操纵杆向前移动接上前桥后,换挡操纵杆才能换低挡;同理,先退出低挡,才能摘下前桥驱动。这样可以避免中、后桥超载。

(2)球销式互锁装置。球销式互锁装置多用在两拨叉轴距离较近的情况下。如图 3-36 所示,两根拨叉轴之间装有互锁销,与轴上的凹槽对准时(即接上前桥驱动后),轴才能向左移动换入低挡,同理应先退出低挡后,才能摘下前桥驱动。

(3)摆板滑槽凸面式互锁装置。如图 3-37 所示,摆板绕转轴的中心线转动,转轴与操纵杆(只有一根)相连;滑槽驱动高低挡拨叉,凸面驱动接、摘前桥拨叉,两拨叉在同一根轴上前后移动,其中拨叉被一弹簧压靠在凸面上。各挡位两拨叉的相对位置已在图中表明,两运动关系是相互对应的,可见摆板兼起互锁作用。

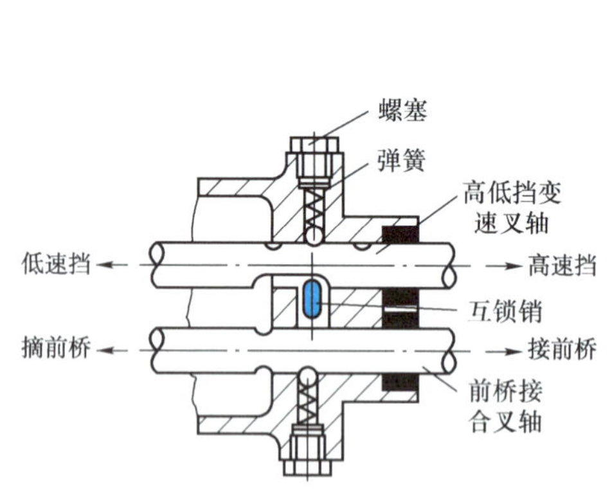

图 3-36 球销式互锁装置

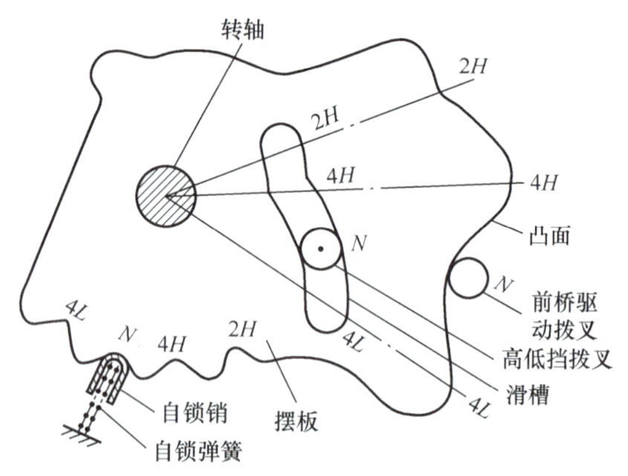

图 3-37 摆板滑槽凸面式互锁装置

总之,接上前桥驱动时,前、中、后桥的车轮同步转动,若前、后轮胎磨损不同,气压不等或路面情况不同,易产生滑转或滑移。故在好路上使用高速挡且不接前桥,以免增加功率消耗、轮胎和传动系统零件的磨损;在路况较差的条件下行驶时,为使汽车具备足够的牵引力,应接上前桥驱动用低速挡(或高速挡)行驶。

6　手动变速器的维修

6.1　手动变速器技术状况的变化

变速器在汽车行驶时，通过齿轮减速增矩将运动和动力传至万向传动装置。齿轮齿面间的接触，在理论上只是线接触，接触压力很大，使齿面磨损或产生疲劳剥落等现象。汽车行驶时需要根据行驶条件选择合适的挡位，对恶劣道路上行驶的车辆来讲，由于换挡频繁，又会产生冲击荷载，破坏零件的润滑条件，加之使用和维修不当，更加剧变速器零件的损伤，出现换挡困难、换挡异响、自行脱挡、噪声及渗漏等故障。因此，必须对变速器进行正确的维护，以维持变速器良好的技术状况，延长变速器的使用寿命。

6.2　手动变速器的一、二级维护

对乘用车进行一级维护时应检查变速器的润滑油量，清洗通气塞。二级维护时应检查变速器第二轴凸缘的螺母紧固情况。二级维护前的检查作业中，还要检查变速器是否有运转异响和了解变速器已经发生的有规律性的小修，从而判定齿轮、轴、轴承等零件的磨损情况，以及是否有断裂的可能。最后，确定是否需要在二级维护中增加拆检变速器及其他作业项目和作业深度。

其他车型变速器的维护，应按使用说明书的要求进行。

6.3　手动变速器主要零件的检修

6.3.1　变速器壳体

变速器壳体的主要损伤为：壳体的变形和裂纹，定位销孔、轴承孔、螺纹孔磨损等。

6.3.1.1　变速器壳体的裂纹

对受力不大的部位的裂纹，可用环氧树脂黏结修复；重要和受力较大部位的裂纹，可进行焊修。对与轴承孔贯通的和安装固定孔处裂纹不能修理，应更换变速器壳体。

6.3.1.2　变速器壳体的变形

变速器壳体是保证齿轮传动副精度的基础件。齿轮副的传动精度包括传递运动的准确性、传动的平稳性、荷载分布的均匀性和啮合侧隙等。变速器齿轮副能否可靠的传动，一方面取决于齿轮的制造精度，另一方面还与变速器壳体的品质有关。变速器壳体各轴的平行度和轴心距的准确性，决定齿轮副荷载的均匀性和啮合间隙。变速器壳体的变形，使得各轴轴线间的平行度误差、轴心距改变，导致齿轮副啮合精度破坏。轮齿表面的阶梯形磨损不但传动噪声加大，也会形成轴向力，当齿面上有冲击荷载时，就会形成变速器早期自动脱挡的故障。在汽车大修时，往往忽视变速器壳体的整形修复，以致不得不采用先换齿轮、再换轴、最后换壳的三步更换法，造成修理周期长、返工多、修理成本高的恶性循环。

变速器壳体的变形检查，对于3轴式变速器要用专用量具检查以下项目：

(1)上下两孔轴线间的距离。

(2)上下两孔轴线的平行度。

(3)上孔轴线与上平面间的距离。

(4)前后两端面的平面度。

2 轴式变速器壳体由前、后两部分组成,其变形主要是检查输入轴与输出轴的平行度及前后壳体接合面的平面度。

变速器壳体承孔磨损超限时,可在单柱立式镗床上,用长度规作定位导向镗削各承孔,以修正各轴线间的平行度。扩孔后再镶套,镶套的承孔一般应加大 3 ~ 4mm;如镶套无法修复,应予以更换。

6.3.1.3　壳体螺孔损伤

壳体上所有连接螺孔的螺纹损伤不得多于 2 个螺纹。螺纹孔的损伤可用换加粗螺栓或焊补后重新钻孔加工的方法修复。

6.3.2　变速器盖

变速器盖应无裂纹,与变速器壳体接合平面的平面度公差为 0.10 ~ 0.15mm;拨叉轴与承孔的间隙为 0.04 ~ 0.20mm。

6.3.3　齿轮与花键

(1)齿轮的啮合面上出现明显的疲劳麻点、麻面、斑疤或阶梯形磨损时,必须更换。齿面仅有轻微斑点或边缘略有破损时,可用油石修磨后继续使用。

(2)固定齿轮或相配合的滑动齿轮的端面损伤不得超过齿长的 15% 。

(3)齿轮齿面的啮合面中线应在齿高的中部,接触面积不得小于工作面的 60% 。

(4)齿轮与齿轮、齿轮与轴及花键的啮合间隙、径向间隙和轴向间隙应符合原厂规定。

6.3.4　轴

拨叉轴的直线度公差为 0.05mm,轴上定位凹槽的最大磨损量为 0.5mm ,超过此标准应换新轴。

第一轴、第二轴和中间轴,以两端轴颈的公共轴线为基准,中部的径向圆跳动公差为 0.03mm(轴长 120 ~ 250mm)或 0.06mm(轴长 250 ~ 500mm)。否则,应更换新轴。

6.3.5　轴承

轴承应转动灵活,滚动体与内外圈滚道不得有麻点、麻面、斑疤和烧灼磨损等缺陷,保持架完好,径向间隙不得大于 0.10mm。滚动轴承与承孔、轴颈或齿轮的配合,应符合技术条件要求。

6.3.6　同步器

目前多数变速器采用锁环式或锁销式惯性同步器。

6.3.6.1　锁环式惯性同步器的检修

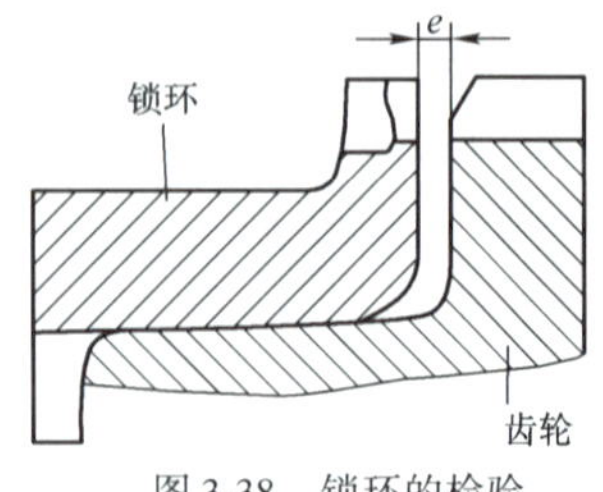

图 3-38　锁环的检验

锁环式惯性同步器零件的主要耗损是:锁环内锥面螺纹槽磨损,滑块磨损。锁环与滑块的磨损都会破坏换挡过程的同步作用,使换挡时发出机械撞击噪声。此外,滑块支承弹簧断裂弹力不足,使锁环失去自动对中性能;接合时会发生噪声,换挡过程延缓。

锁环的检验如图 3-38 所示。图中所示的间隙 e 与锁环内锥面螺纹的磨损程度有关。解放 CA1091 型变速器该间隙的标准值为1.2～1.8mm。锁环内锥面的磨损使该间隙变小，当此间隙小于0.3mm时应更换同步器。

同步器滑块顶部凸起磨损出现沟槽，会使同步作用减弱。因此，当滑块顶部磨出沟槽时，必须更换。

锁环的接合齿端磨秃，使锁环力矩减弱或消失，也会导致换挡困难。

6.3.6.2　锁销式惯性同步器的检修

锁销式惯性同步器零件的主要耗损是由于换挡操作不当、冲击过猛使锥盘外张，摩擦角变大造成同步效能降低，锥环锥面上的螺纹槽的磨损严重，使摩擦系数过低，甚至两者端面接触，使同步作用失效。铝制锥环外锥面上的螺纹槽深（常为0.4mm）需检查，若因螺纹磨损，锥环端面与锥盘面接触了，可用车削锥环端面修复，但车削总量不得大于1mm。若锥环外锥面螺纹槽的深度小于0.1mm，而锥环端面未与锥盘接触，应更换同步器总成。更换新总成时，可保留原有的锥盘，但两者的端面间隙不得小于3mm。同步器的锁销和支承销松动或有散架，会引起同步器突然失效。一般应更换新同步器。

6.4　变速器的装配与调整

变速器装配品质的好坏，对变速器的工作品质影响很大。在变速器装配时，应注意以下几个方面：

（1）装配前，必须对零件进行认真的清洗，除去污物、毛刺和铁屑等。尤其要注意第二轴齿轮上的径向润滑油孔的畅通。

（2）装配各部轴承及键槽时，应涂品质优良的润滑油进行预润滑。总成修理时，应更换所有的滚针轴承。

（3）对零件的工作表面不得用硬金属直接锤击，避免齿轮出现运转噪声。

（4）注意同步器锁环或锥环的装配位置。装配过程中，如有旧件时应原位装复，以保证两元件的接触面积。因此，在变速器解体时，应对同步器各元件做好装配记号，以免装错。

（5）组装中间轴和第二轴时，应注意各挡齿轮、同步器固定齿座、推力垫圈的方向及位置，以保证齿轮的正确啮合位置。

（6）安装第一轴、第二轴及中间轴的轴承时，只许用压套垂直压在内圈上，禁止施加冲击荷载，轴承内圈圆角较大的一侧必须朝向齿轮。

（7）装入油封前，需在油封的刃口涂少量润滑脂，要垂直压入，并注意安装方向。

（8）变速器装配后，要检查各齿轮的轴向间隙和各齿轮副的啮合间隙及啮合印痕。常啮齿轮的啮合间隙为0.15～0.40mm；滑动齿轮的啮合间隙为0.15～0.50mm。第一轴的轴向间隙≤0.15mm，其他各轴的轴向间隙≤0.30mm。各齿轮的轴向间隙≤0.40mm。

（9）装配密封衬垫时，应在密封衬垫的两侧涂以密封胶，确保密封效果。

（10）安装变速器盖时，各齿轮和拨叉均应处于空挡位置。必要时，可分别检查各个常用挡的齿轮副是否处于全齿长啮合位置。按规定的力矩拧紧各部螺栓。

6.5　变速器的磨合与试验

变速器装配后，应按规定进行变速器的磨合与试验，以改善零件摩擦表面的接触状况，检查变速器的修理和装配品质。

变速器的零件经过机械加工而成，由于设备、卡具或其他原因，加之形位误差和装配的影响，零件的实际接触面积远小于理论值。磨合的目的就是通过在各转速和负荷下，使工作表面逐渐加载，从而改善零件的接触状况，为零件正常承载做好准备。

变速器的磨合应在试验台上进行，进行无负荷和有负荷条件下的各种转速的运转。

磨合前，应按规定向变速器加注清洁的润滑油。磨合时，第一轴转速为1000～2000r/min，各挡磨合时间的总和不得少于1h。变速器进行有负荷试验时，其负荷为最大传递转矩的30%，严禁加入研磨用的磨料进行磨合。

在变速器磨合的过程中，油温应为15～65℃。变速器的变速机构和操纵机构轻便、灵活、迅速、可靠，不允许有自动脱挡现象；运转和换挡时不得有异响；变速杆不得有明显的抖动现象；所有密封部位不得有漏油现象。

变速器经磨合和试验后，应认真进行清洗，并按原厂规定加注润滑油。

7 手动变速器的故障诊断

变速器的常见故障主要有掉挡、乱挡和挂挡困难等。

7.1 掉挡

7.1.1 现象

汽车在加速、减速或爬坡时，变速杆自动跳回空挡位置。

7.1.2 原因

(1)自锁装置的钢球未进入凹槽内或挂入挡后齿轮未达到全齿长啮合。

(2)自锁装置的钢球或凹槽磨损严重，自锁弹簧疲劳过软或折断。

(3)齿轮在轴线方向磨损成锥形，在汽车行驶中因振动、速度变化的惯性等，在齿轮轴向方向产生推力，迫使啮合齿轮沿轴线方向脱开。

(4)第一、二轴轴承过于松旷，使第一、二轴和曲轴三者轴线不同心或变速器壳与离合器壳接合平面相对曲轴轴线的垂直度变动。

(5)第二轴上的常啮合齿轮轴向或径向间隙过大。

(6)各轴轴向或径向间隙过大。

7.1.3 故障诊断与排除方法

先确知掉挡挡位：走热全车后，采用连续加、减速的方法逐挡进行路试便可确定。

将变速杆挂入掉挡挡位，发动机熄火，小心拆下变速器盖，观察掉挡齿轮的啮合情况：

(1)未达到全齿长啮合，则故障由此引起。

(2)达到全齿长啮合，应继续检查。

(3)检查啮合部位磨损情况：磨损成锥形，则故障是由此引起。

(4)检查第二轴上该挡齿轮和各轴的轴向和径向间隙：间隙过大，则故障是由此引起。

(5)检查自锁装置，若自锁装置的止动阻力很小，甚至手感钢球未插入凹槽（把变速器盖夹在台虎钳上,用手摇动换挡杆),则故障为自锁效能不良;否则,故障为离合器壳与变速器接合平面与曲轴轴线垂直度变动等引起。

7.2　乱挡

7.2.1　现象

在离合器技术状况正常情况下,变速器同时挂上两个挡;或挂需要挡位时,却挂入了别的挡位。

7.2.2　原因

(1)互锁装置失效:如拨叉轴、顶销或钢球磨损过甚等。

(2)变速杆下端弧形工作面磨损过大或拨叉轴上拨块的导槽磨损过大。

(3)变速杆球头定位销折断或球孔、球头磨损过于松旷。

总之,乱挡的主要原因是变速操纵机构失效。

7.2.3　故障诊断与排除方法

(1)挂需要挡位时,却挂入了别的挡位:摇动变速杆,检查其摆转角度,若超出正常范围,则故障由变速杆下端球头定位销与定位槽配合松旷或球头、球孔磨损过大引起。变速杆摆转360°则为定位销折断。

(2)摆转角度正常,则检查是否挂不上或摘不下挡:若是,则故障由变速杆下端从导槽中脱出引起(脱出的原因是下端弧形工作面磨损或导槽磨损)。

(3)同时挂入两个挡:则故障由互锁装置失效引起。

7.3　挂挡困难

7.3.1　现象

离合器技术状况良好,且变速器操纵机构工作正常,挂挡困难。

7.3.2　原因

同步器故障。

7.3.3　故障诊断与排除方法

7.3.3.1　检查同步器锁环的内锥面螺旋槽的磨损

磨损严重,则同步器锁环内锥面和齿轮外锥面间隙变小,使锥面间的摩擦力减小,制动作用减弱;当间隙为零时,制动作用消失。

检查同步器的故障,主要检查此间隙。经验检查方法是:在齿轮内斜面涂上齿轮油,再将它与锁环配合面接触,当两者压紧并用手相对转动时,锁环不应从齿轮的斜面滑出为正常,如图3-39所示。

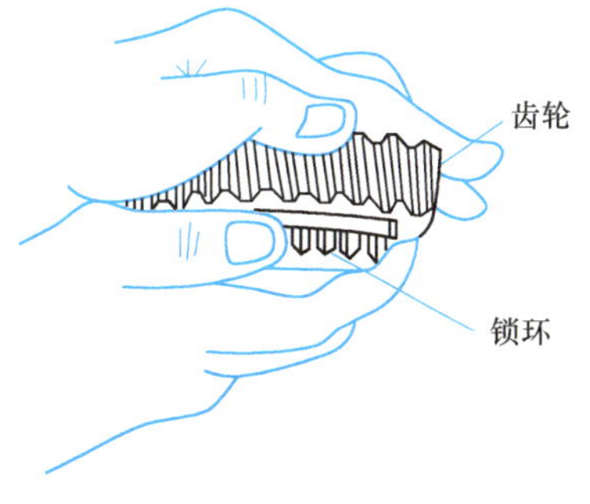

图3-39　锁环内锥面螺旋槽的经验检查方法

锁环与齿轮两锥面间隙的大小必须符合汽车制造厂

推荐数据。

7.3.3.2　检查同步器滑块在花键毂内的滑动

以锁环式惯性同步器为例,滑块中部凸起嵌在接合套中部内环槽中,接合套轴向移动带动滑块在花键毂轴向槽中滑动伸入锁环槽(缺口)中,才能挂上挡。如果滑块与这些槽磨损严重,滑块就难以和锁环正常咬合引起挂挡困难。所以必须用游标卡尺测量滑块与锁环槽和花键毂槽的配合间隙,其间隙大小必须符合汽车制造厂的规定。还要检查锁环与锥齿轮端部之间的间隙,如丰田卡罗拉的C50手动传动桥中所采用的卡环式同步器,将锁环置于齿轮锥面后用塞尺测量此间隙,3-4挡同步器为0.75～1.65mm,2-3挡同步器为0.60～1.40mm,若间隙小于最小值,则应更换锁环。

7.3.3.3　检查同步器花键毂与接合套的轴向移动

轴向移动应无阻卡现象。同步器技术状况良好而仍出现挂挡困难,则应检查变速器。主要原因有:

(1)拨叉轴弯曲、锁紧弹簧过硬,钢球损伤也会导致挂挡困难。

(2)第一轴花键损伤或第一轴弯曲。

(3)变速器操纵机构调整不当或损坏。

(4)齿轮油不足或过量、齿轮油不符合规格。

在运行中,空挡滑行,变速器内有"咯咯"响声,在挂挡的瞬间也伴有"咯咯咯"的响声,且挂挡明显困难,这主要是由同步器散架引起的。

7.4　变速器异响

7.4.1　现象

变速器发响是指变速器工作时发出的不均匀的碰撞声。由于变速器内相对运动的机件较多,故发出不均匀的响声也较复杂。

7.4.2　变速器发响的原因

(1)齿轮发响。齿轮轮齿因磨损过甚变薄,间隙过大,运转中有冲击;齿面啮合不良,如修理时没有成对更换齿轮,新、旧齿轮不能正确啮合;齿面有金属疲劳剥落或个别轮齿损坏折断;齿轮与轴上的花键配合松旷,或齿轮的轴向间隙过大;轴弯曲或轴承松旷引起齿轮啮合间隙改变。

(2)轴承响。轴承磨损严重,润滑油过稀、过稠或品质变坏;轴承内(外)座圈与轴颈(孔)配合松动;轴承弹子碎裂或有烧蚀麻点。

(3)其他原因发响。如变速器内缺油,润滑油过稀、过稠或品质变坏;变速器内掉入异物;某些紧固螺栓松动;里程表软轴或里程表齿轮发响等。

7.4.3　故障诊断与排除

在判断发响故障时,要根据响声的不均匀程度、出现的时机和发响的部位来判断响声的原因,然后予以排除。

(1)变速器发出金属干摩擦声,即为缺油或油的品质变差。应加油并检查油的品质,必要时更换。

(2)行驶时换入某挡若响声明显,即为该挡齿轮轮齿磨损;若发生周期性的响声,则为个别轮齿损坏。

(3)空挡时响,而踏下离合器踏板后响声消失,一般为第一轴前、后轴承或常啮合齿轮响;如换入任何挡都响,多为第二轴后轴承响。

(4)变速器工作时发生突然撞击声,多为轮齿断裂,应及时拆下变速器盖检查,以防机件损坏。

(5)行驶时,变速器只有在换入某挡时齿轮发响,在上述完好的前提下,应检查啮合齿轮是否搭配不当,必要时应重新搭配一对新齿轮。此外,若同步器齿轮磨损或损坏,应视情况修复或更换。

(6)换挡时齿轮互相撞击而发响,则是由于离合器不能分离或离合器踏板行程不正确,同步器损坏,怠速过大,变速杆调整不当或导向衬套过紧等导致的。遇到这种情况,先检查离合器能否分离开,再分别调整怠速或变速杆位置,检查导向衬套与分离轴承配合的松紧度。

如经上述检查排除后,变速器仍发响,应检查各轴轴承与轴孔配合情况,轴承本身的技术状态等,如完好,再查看里程表软轴及齿轮是否发响,必要时予以修理或更换。

7.5 变速器漏油

7.5.1 现象

变速器周围出现齿轮润滑油,变速器齿轮箱的油量减少,则可判断为润滑油泄漏。

7.5.2 原因及排除方法

(1)润滑油选用不当,产生过多泡沫,或润滑油量太多,此时需更换润滑油或调节润滑油量。

(2)侧盖太松,密封垫损坏,油封损坏,密封和油封损坏应更换新件。

(3)放油螺塞和变速器壳体及盖的固定螺栓松动,应按规定力矩拧紧。

(4)变速器壳体破裂或延伸壳油封磨损而引起的漏油,必须更换壳体或油封。

(5)里程表齿轮限位器松脱破损,必须锁紧或更换;变速杆油封漏油应更换油封。

思考与练习

一、选择题

1. 下列哪个齿轮传动比 $i_{1、2}$ 表示超速传动?(　　)

A. 2.15∶1　　B. 1∶1

C. 0.85∶1　　D. 以上都不表示

2. 下列哪种齿轮在高速运转时会产生噪声?(　　)

A. 直齿轮　　B. 斜齿轮　　C. A 和 B

3. 惰轮位于主动齿轮和从动齿轮之间，从动齿轮(　　)。

A. 转动方向与主动齿轮相同　　B. 转动方向与主动齿轮相反

C. 保持静止　　D. 使从动齿轮转动加快

4. 用来确保将主轴和变速齿轮锁在一起同速转动的部件称为(　　)。

A. 同步器　　B. 换挡杆系　　C. 换挡拨叉　　D. 分动器

5. 技师甲说，从动齿轮齿数除以主动齿轮齿数可以确定传动比。技师乙说，从动齿轮转速除以主动齿轮转速可以确定传动比。谁正确？(　　)

A. 甲正确　　B. 乙正确　　C. 两人均正确　　D. 两人均不正确

6. 变速器工作时的"咔哒"噪声可能是(　　)。

A. 输入轴磨损　　B. 同步器故障

C. 油封失效　　D. 齿轮磨损、折断、齿面剥落

7. 使用比维修手册规定要浓的润滑油可能导致(　　)。

A. 跳挡　　B. 换挡困难　　C. 齿轮锁止　　D. 齿轮滑移

8. 换挡操纵机构调整不当可能造成(　　)故障。

A. 齿轮撞击　　B. 换挡困难　　C. 跳挡　　D. 以上各项都是

9. 前进挡和倒挡有噪声，而空挡没有。故障可能是(　　)。

A. 输出轴损坏　　B. 输入轴轴承损坏

C. A 和 B　　D. 以上都不是

10. 汽车在减速或下坡时，变速器容易跳入空挡。技师甲说应检查换挡杆和内部杆系。技师乙说，离合器导向轴承可能有故障。谁正确？(　　)

A. 甲正确　　B. 乙正确　　C. 两人均正确　　D. 两人均不正确

二、简答题

1. 变速器有何功用？有哪些类型？
2. 2 轴式变速器有何特点？
3. 同步器的作用是什么？有哪些类型？由哪些部分组成？
4. 变速器操纵机构的定位锁止装置有哪些？各有何作用？
5. 分动器作用是什么？其操作特点是什么？

单元四　自动变速器

学习目标

☞ **知识目标**

1. 简述自动变速器的特点、类型及组成；
2. 正确描述液控和电控自动变速器的工作原理，将科技自立自强理念融入自动变速器 ECU 的学习中；
3. 正确描述自动变速器的典型结构及工作原理；
4. 正确描述自动变速器的故障诊断与性能试验内容及方法；
5. 正确描述自动变速器的维护与主要零件的检修。

☞ **能力目标**

1. 会对自动变速器进行拆卸、检验、装配与磨合；
2. 会做自动变速器的二级维护作业；
3. 会分析自动变速器一般故障的原因；
4. 能解决自动变速器一般故障的诊断与排除。

1　概　　述

1.1　自动变速器的发展概况

1940 年美国通用汽车公司在奥兹莫比尔（Oldsmobile）汽车上装了第一台现代意义的自动变速器。它是由液力耦合器和行星齿轮机构组成的全自动变速器，有 4 个挡位。从 20 世纪 50 年代起，美国三大汽车公司都开始批量生产自动变速器。

1968 年法国雷诺公司率先在自动变速器上使用了电子元件。

1982 年丰田公司生产出第一台由微机控制的电控自动变速器，它就是装备在佳美汽车上的丰田 A-140E 型自动变速器。

1983 年德国成功地研制了电喷发动机和电控自动变速器共用的电子控制单元。

1984 年美国的第一台电控自动变速器即 THM440-T4，由通用汽车公司推出。该横置式变速驱动桥(前轮驱动的自动变速器又称自动变速驱动桥)至今仍是通用汽车公司中的主导产品。

美国福特公司和克莱斯勒公司在20世纪80年代末也都推出了两种以上电控自动变速器。目前自动变速器在轿车上已普及。

1.2 自动变速器的特点

1.2.1 操作简化且提高了行车安全性

在汽车起步和运行时,自动变速器无需离合器操作和手动换挡操作,减少了驾驶员操作的劳动强度,可使驾驶员集中精力注意路面交通情况。因此,行车的安全性得以提高。

1.2.2 提高了发动机和传动系统的使用寿命

由于自动变速器在自动换挡过程中无动力中断,换挡平稳,减小了发动机和传动系统零件的动荷载;此外,液力变矩器这个“弹性元件”可以吸收动力传递过程中的冲击和动荷载。因此,采用自动变速器的汽车发动机和传动系统零件的寿命比采用机械式变速器的要长。

1.2.3 提高了汽车的动力性

自动变速器在起步时,由于液力变矩器可连续自动变矩,可使驱动轮上的牵引力逐渐增加,换挡时动力不中断,发动机可维持在稳定的转速。因此,可使汽车平稳起步性、加速性能和平均车速提高。

1.2.4 提高了汽车的通过性能

液力变矩器可以在一定的范围内自动变速来适应汽车行驶阻力的变化,在必要时又可自动换挡以满足牵引力的需要。因此,自动变速器的使用显著提高了汽车的通过性能。

1.2.5 减少了排气污染

由于自动变速器是液力传动和自动换挡,在换挡过程中发动机可保持在稳定的转速,发动机的燃烧条件不会恶化。因此,自动变速器的使用可减少发动机排气污染。

1.2.6 可降低燃料消耗

由于自动变速器换挡及时,换挡过程中发动机仍可在理想的状态下稳定运转。因此,在需要频繁换挡的市区行驶,自动变速器汽车就比较省油一些。尤其是现代汽车自动变速器采用电子控制换挡,可按照最佳油耗规律控制换挡,加之采用了超速挡和锁止离合器等,因此自动变速器汽车的油耗有了明显的下降。

自动变速器的缺点是结构较为复杂,成本较高,操作不规范会造成变速器严重损坏,维修技术要求较高。

1.3 自动变速器的组成及功用

1.3.1 液力变矩器

最初生产的自动变速器上使用的都是液力耦合器,现在液力耦合器主要使用在工程机械上。自动变速器目前只使用液力变矩器。

1.3.1.1　液力变矩器的组成

液力变矩器内有动力输入装置——泵轮，动力输出装置——涡轮，增矩装置——导轮，还有固定导轮的锁止离合器和单向离合器等。

1.3.1.2　液力变矩器的功用

(1)驱动油泵。大部分汽车自动变速器液力油泵由变矩器泵轮驱动毂直接驱动，少部分汽车由变矩器涡轮带动油泵轴间接驱动。

(2)低速区域内增矩。汽车起步时所需转矩很大，运行中逐渐减小。自动变速器低速时增矩，主要依靠变矩器。所以汽车在低速时速度上不去，中、高速后汽车加速良好，是典型的液力变矩器故障。

(3)变矩器和挠性板一起充当发动机的飞轮。液力变矩器前端安装在挠性板上，挠性板具有足够的弹性。以允许液力变矩器受热或受压时的膨胀以及冷却时收缩带来变矩器的前后移动。变矩器及其内部油液及挠性板的质量总和相当于发动机飞轮的质量。

(4)柔和地传递转矩。液体在传力的同时，可以比机械传动更有效地吸收振动。变矩器与摩擦式离合器不同之处是在停车时不用脱开传动系统，也能维持发动机的怠速运转。因为曲轴和泵轮是同步运转，曲轴转速低，泵轮转速也同样低。泵轮转速低，液流就无法驱动涡轮，动力就没有输出。

1.3.2　液压自动换挡控制系统

1.3.2.1　液压自动换挡控制系统的组成

液压自动换挡控制系统由自动变速器油泵、控制阀、伺服装置、蓄能器、制动器和离合器等组成。

1.3.2.2　液压自动换挡控制系统的作用

根据驾驶员的意图和工况的需要，它利用液压使离合器和制动器在一定条件下工作，并在单向离合器的配合下，使行星齿轮机构实现自动换挡。

1.3.3　自动变速器的电子控制装置

1.3.3.1　电控装置的组成

电控装置由传感器、自动变速器控制单元(TCU)以及执行器3部分组成。传感器包括节气门位置传感器、车速传感器、冷却液温度传感器、自动变速器油温传感器以及空挡起动开关、制动开关、强制降挡开关、超速挡开关、模式开关等。执行器则主要由各种作用的电磁阀组成。

1.3.3.2　电控装置的作用

在换挡控制方面用电信号代替油压信号。用微机处理代替换挡阀进行换挡控制，可实现换挡规律的最佳控制，使换挡及时、准确，更好地适应汽车的行驶要求，有利于改善发动机的工作状况，获得最佳的动力性、经济性，较好地降低排放污染。

1.3.4　行星齿轮机构

1.3.4.1　行星齿轮机构的组成

(1)行星齿轮机构由行星齿轮及行星架、太阳轮、齿圈组成，每一组行星齿轮机构又被称为1个行星排。

(2)四速的自动变速器一般有3个行星排,二速和三速的自动变速器都是2个行星排。

(3)两排行星齿轮共用一个太阳轮的称为辛普森(Simpson)机构。

(4)一长一短两排行星轮,一大一小两个太阳轮共用一个齿圈的称为拉威挪(Ravigneaux)结构。

1.3.4.2　行星齿轮机构传动特点和作用

行星齿轮机构是常啮合传动,啮合齿数多,且是同向、同轴线传动,结构紧凑。换挡时动力传递不中断,齿轮不承受换挡冲击(换挡冲击作用在离合器和制动器上),加速性好,简化了操作。其作用是改变汽车的转速和转矩。

1.3.5　冷却装置和自动变速器油滤清器

自动变速器冷却装置和发动机散热器装在一起,它由冷却器、输油管和回油管组成。滤清器有滤网、毛毡和纸质的3种,装在控制阀的下面。

1.3.5.1　冷却装置的作用

自动变速器油温以保持在80～90℃为最佳。但自动变速器油在传力过程中,因冲击和摩擦生热(离合器、制动器接合时表面工作温度通常在200℃左右),温度会不断升高。温度升高会降低传动效率。利用冷却器使自动变速器油保持在正常温度。

1.3.5.2　自动变速器油滤清器的作用

它可以将工作中产生的金属或非金属磨料及时分离。

1.4　自动变速器的分类

1.4.1　按照汽车驱动形式分类

自动变速器可分前轮驱动的自动变速器(又称变速驱动桥)和后轮驱动的自动变速器两大类。

1.4.2　按自动换挡的控制方式分类

自动变速器可分为液控自动变速器和电控自动变速器两种形式。

1.4.2.1　液控自动变速器

液控自动变速器通过机械手段将节气门开度和车速参数转化为液压控制信号,使阀体中各控制阀按照设定的换挡规律控制换挡执行机构动作,实现自动换挡。

1.4.2.2　电控自动变速器

电控自动变速器通过各种传感器将发动机转速、节气门开度、车速、发动机冷却液温度、自动变速器液压油温度参数转变为电信号,输入自动变速器ECU,ECU根据这些电信号确定自动变速器换挡控制信号。ECU输出的换挡信号控制相应的换挡电磁阀动作,并通过换挡阀产生相应的液压控制信号,使有关的换挡执行机构动作,实现自动换挡。

1.4.3　按前进挡挡位的多少分类

按自动变速器前进挡位数分有2挡、3挡、4挡、5挡、6挡、8挡自动变速器。目前自动变速器一般为4～6个挡,最高的那个挡一般是超速挡。

1.4.4　按齿轮变速部分的结构类型分类

按自动变速器齿轮变速部分结构的不同可分为：普通齿轮式（即非行星齿轮式）和行星齿轮式两种。行星齿轮根据其组合形式或结构的不同可分为辛普森式（Simpson）和拉威挪式（Ravigneaux）结构。由于行星齿轮自动变速器结构紧凑，又能获得较大的传动比，因此目前的自动变速器普遍采用行星齿轮结构形式。

1.5　电控自动变速器的基本控制原理

如图 4-1 所示，电控自动变速器上有各种传感器。节气门位置传感器向 TCU（自动变速器电子控制装置）传递发动机负荷信号；装在自动变速器输出轴上的车速传感器向 TCU 传递车速信号。TCU 根据这些信息接通换挡电磁阀负极，换挡电磁阀通过液压控制阀内的换挡阀控制行星齿轮机构中的离合器和制动器，实现换挡。

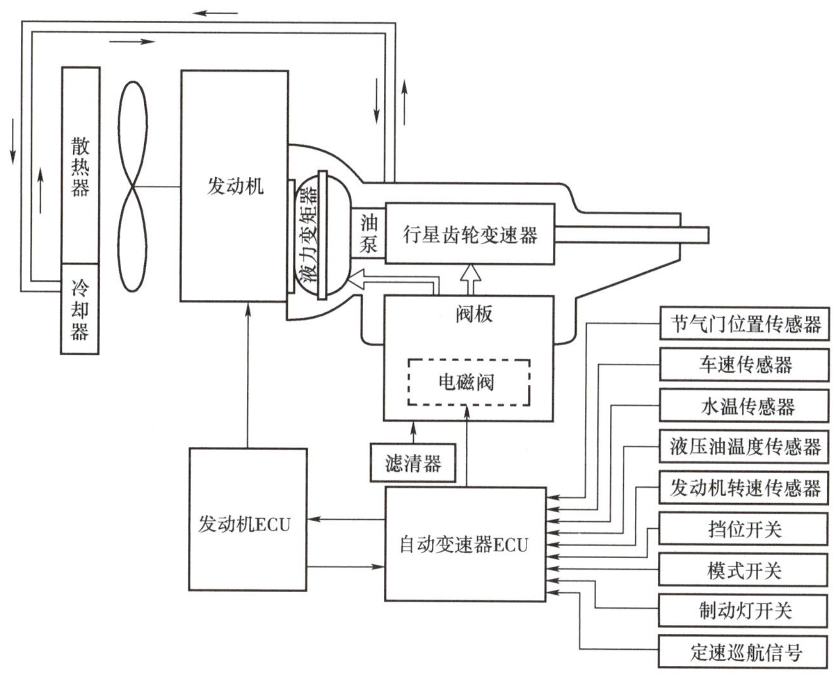

图 4-1　电控自动变速器基本原理示意图

2　液力传动装置

2.1　液力变矩器的组成

常用的汽车液力变矩器由泵轮、涡轮和导轮组成，如图 4-2 所示，称三元件液力变矩器。由若干曲面叶片组成的泵轮为主动件，它与飞轮连接；由若干曲面叶片组成的涡轮为从动件，它与自动变速器输入轴连接；由若干曲面叶片组成的导轮，介于两轮的液流之间，通过单向离合器与自动变速器的壳体导管连接。叶片的内圆有导流环，促进油液循环。泵轮的叶片数目多于涡轮的叶片数目，以防止传力时共振现象的发生。

液力变矩器的结构简图,如图 4-3 所示。

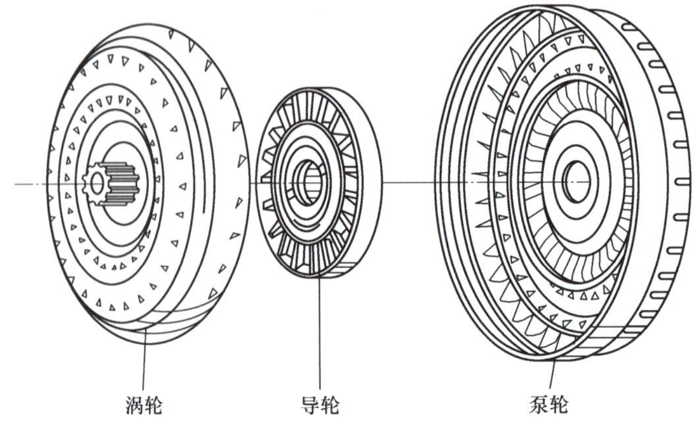

图 4-2　液力变矩器

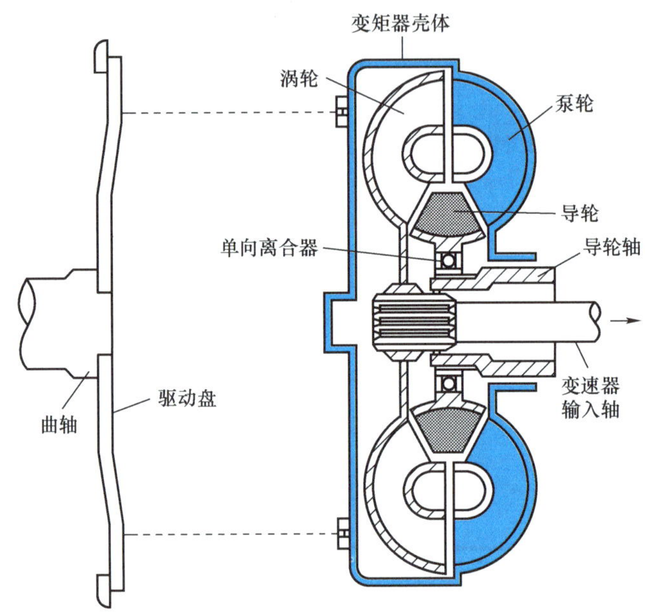

图 4-3　液力变矩器结构简图

2.1.1　泵轮

图 4-4 表示拆去涡轮和导轮后,只剩下泵轮的示意图。左边薄盘是与飞轮相当的驱动盘。由于液力变矩器较重,可当作飞轮使用,装在外缘的齿圈与驱动盘形成一体。驱动盘用螺栓与泵轮连接,液力变矩器左边与曲轴相连接。发动机转动时,液力变矩器随曲轴转动。其内部的自动变速器油(ATF)由于离心力向外侧射出,形成驱动力。

2.1.2　涡轮

如图 4-5 所示,涡轮是有很多叶片的圆盘,可以在液力变矩器内自由转动。涡轮轮毂的花键与输出轴(即自动变速器的输入轴)的花键相啮合。它是液力变矩器的输出元件,将液体的动能转变为机械能。

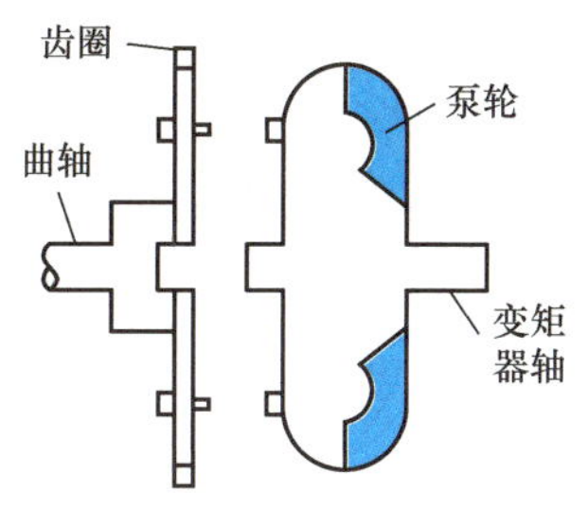

图 4-4　泵轮示意图

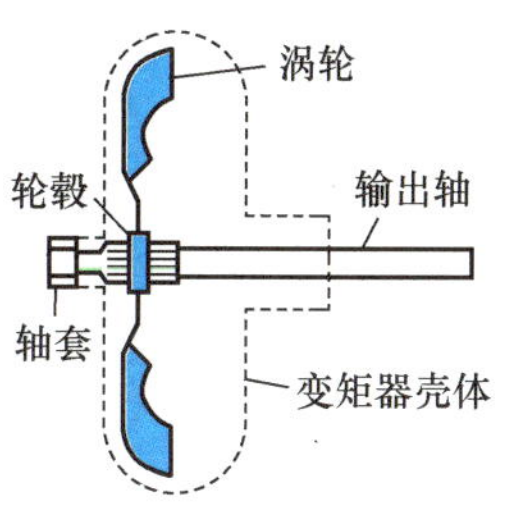

图 4-5　涡轮示意图

2.1.3　导轮

导轮是液力变矩器中的反作用元件,用来改变液体流动的方向。导轮安装在涡轮与泵轮之间,如图 4-3 所示。导轮与导轮轴之间装有单向离合器。

2.2　液力变矩器的工作原理

液力变矩器的基本工作原理就像两台对置的电风扇,一台电风扇不接电源,另一台电风扇接通电源。后者转动时,产生的气流可以吹动前者的扇叶使其转动。液力变矩器的泵轮相当于接通电源的电风扇,变矩器的涡轮相当于未接通电源的电风扇,变矩器内的 ATF 相当于空气。

发动机带动泵轮,泵轮转动把发动机的机械能转换成 ATF 的液体动能。当 ATF 高速进入涡轮,推动涡轮转动时,又把 ATF 的液体动能转换成机械能,由输出轴输出。

为了易于理解变矩器的工作原理和性能,先省去导轮,只分析泵轮、涡轮和 ATF 之间的工作关系。

图 4-6 是 ATF 在泵轮与涡轮间的流动示意图。发动机带动泵轮,泵轮叶片内 ATF 由于离心力的作用沿叶片外侧射出,并且流向涡轮。也就是 ATF 形成一环流(很像螺旋状旋转流动)来传递动力。

泵轮与涡轮之间形成的环流在中心部分产生紊流,造成动力损失。为消除这一损失,泵轮和涡轮的中央部分做成空心。

液力变矩器转动时,从泵轮中射出的 ATF 流入静止的涡轮所形成的环流,由于涡轮并不转动,从涡轮返回时,其方向与泵轮转动方向相反而阻碍泵轮的转动,降低了传动效率。泵轮转速增高时,环流作用使涡轮的转矩增大,涡轮开始缓慢地转动,并逐渐加快,缩小了与泵轮轮速的差别而提高了传动效率。这是变矩器没有导轮时的工作情况,其功能相当于液力耦合器。

若在泵轮和涡轮之间安装了导轮,ATF 的流动情况如图 4-7 所示。当涡轮转动时,从涡轮流出的 ATF 有剩余的动能,此动能施加在泵轮上可以增大转矩。泵轮与涡轮的转速相差越大,即泵轮转速越快而涡轮转速越慢时,由于单向离合器的作用,导轮固定在导轮轴上而不转动,转矩随之增大(约 2.5 倍)。当涡轮转速逐渐加快与泵轮转速接近时,从泵轮叶片流过的 ATF 变成从叶片背面流过,流动方向发生改变。由于单向离合器的作用,导轮在导轮轴上空转。

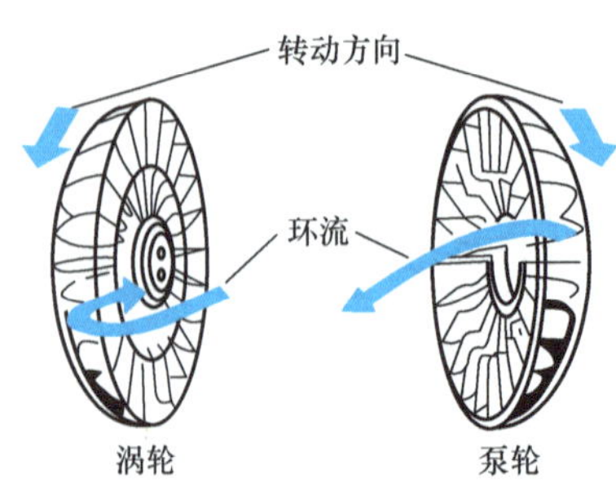

图 4-6　ATF 在泵轮与涡轮间的流动示意图

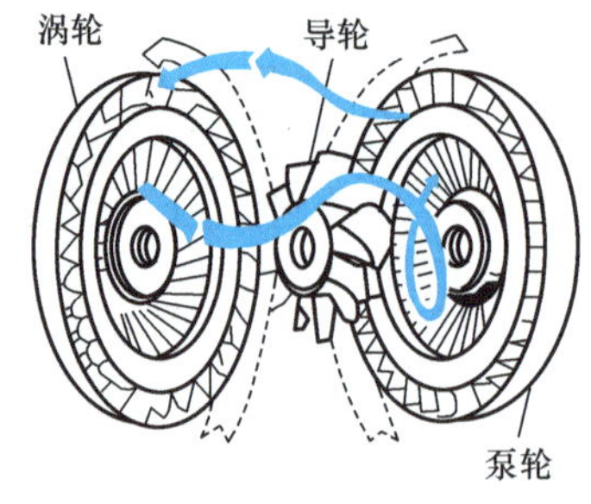

图 4-7　ATF 的流动情况(安装了导轮)

导轮空转开始点称为耦合点。开始空转后,变矩器丧失了变矩的功能而只有液力耦合器离合动力的功能。耦合点实际是转变变矩器功能的转折点,所以将导轮空转的范围称为耦合范围,导轮不空转的范围称为变矩范围。

2.3　液力传动的特性

液力传动的特性是指当发动机的转速(n_e)和转矩(M_e)一定,泵轮的转速(n_B)和转矩(M_B)也一定时,涡轮与泵轮之间的变矩比(K)、转速比(i)和传动效率(η)三者的变化规律。

变矩比　$(K)=\dfrac{\text{涡轮输出转矩}(M_W)}{\text{泵轮输入转矩}(M_B)}$,一般为 2 ~4。

转速比　$(i)=\dfrac{\text{涡轮转速}(n_w)}{\text{泵轮转速}(n_b)}\leqslant 1$,0.8 ~0.9 最佳。

转速比 i 只能小于 1,它不同于常用齿轮式变速器转速比(传动比)。

传动效率　$(\eta)=\dfrac{\text{涡轮输出功率}}{\text{泵轮输入功率}}=\dfrac{N_W}{N_B}<1$。

图 4-8 为液力传动特性曲线。从图中可以看出,自动变矩和传动效率之间存在矛盾。

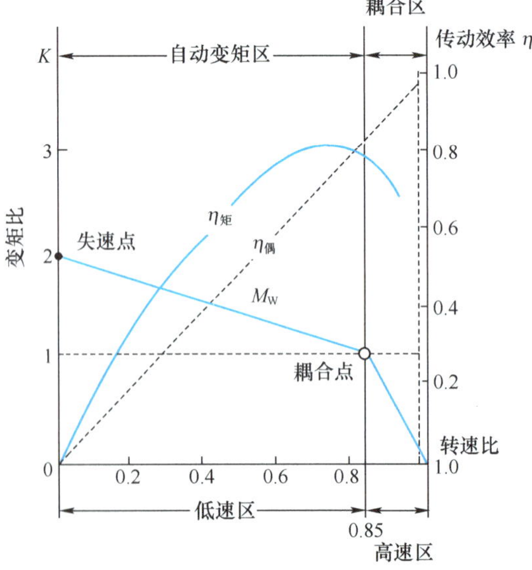

图 4-8　液力传动的特性曲线

2.3.1　变矩比(*K*)与转速比(*i*)的关系

变矩比(K)随转速比(i)的增大而减小,又随转速比(i)的减小而增大。这一特性,对行驶阻力变化较大的汽车最有利,即适应性强,在一定的范围内能自动无级变矩。例如:

(1)怠速时,液流速度慢,M_W 小,涡轮不动,汽车不能行驶。

(2)起步时,$n_w=0$,$n_B>n_w$,$K>1$,M_W 最大,能产生高能量来克服静止惯性。此时的变矩比(K)多为1.7~2.5,又称"起步变矩比",该点称为"失速点"。K 越大,说明汽车加速性能越好。

(3)逐渐加速时,n_W 增大,M_W 减小,达到耦合点时,$K=1$,$M_W=M_B$。再加速时,$M_W<M_B$,而汽车经常使用的转速比(i)多为0.8~1,需采取措施来改进耦合区的性能。例如:增设单向离合器或锁止离合器等。

2.3.2　变矩器的传动效率(η)与转速比(*i*)的关系

变矩器的传动效率(η)随 n_w 的增大而增大,在转速比为0.8时最高,转折点在耦合点附近($i=0.85$ 时)。由于导轮的存在,传动效率特性曲线呈抛物线形状,超过耦合点,在 $i=0.95$ 时迅速下降。

变矩器在低速区能自动变矩,而在高速区传动效率降低,即出现液力损失和功率损失,两轮的转速差可达4%~5%。为了进一步提高和扩大变矩器的高效率范围,改善变矩器的使用性能(提高传动效率,降低燃料消耗),在液力变矩器中加装单向离合器或锁止离合器。

2.4　单向离合器

单向离合器分为滚柱斜槽式单向离合器和楔块式单向离合器两种,图4-9为楔块式单向离合器,处在固定的内圈和转动的外圈之间。冲击导轮的油液力图使导轮逆泵轮的旋转方向转动。此时滚柱或楔块锁止,导轮不动,产生反作用力矩 M_D($M_D>0$),使 $M_w=M_B+M_D$,$K>1$ 而增矩。

当涡轮转速 n_w 高于耦合点转速时,射流冲击导轮的背面,力图使导轮顺泵轮的旋转方向转动,如果导轮是固定的,即出现 M_D 与 M_B 方向相反,$K<1$。而装有单向离合器后,单向离合器锁止作用解除,导轮可以顺时针自由转动,$M_D=0$,$K=1$,变矩器起耦合作用,传动效率(η)可达0.95。这样就扩大了高效率区的范围,改善了变矩器的性能,此种液力变矩器称为两相综合式变矩器,即变矩和耦合两个作用。

若单向离合器打滑不能锁止,涡轮的液流将直接反向冲击泵轮,加大了泵轮的阻力,使发动机负荷加大,转速降低。

单向离合器不仅应用在变矩器中,在行星齿轮机构中也普遍采用,其工作特点是:

(1)内圈固定,外圈转动时,顺时针转动锁止,逆时针转动自由。

(2)外圈固定,内圈转动时,顺时针转动自由,逆时针转动锁止。

2.5　锁止离合器

在涡轮的前面加装一个液压控制的摩擦式离合器,采用升压或降压的控制办法使其接合，转矩从泵轮通过摩擦片直接传给涡轮，传动效率达到100%。当汽车在良好的路面上高速行驶时，将其接合，此时即所谓的三相综合式变矩器（变矩、耦合、锁止）。当汽车起步或在坏路上行驶时，将其分离，液力变矩器起自动变矩的作用（多为60km/h以下车速时）。其工作原理如图4-10所示。自动变速器ECU根据发动机转速和车速信息来控制内、外油道：内油道进油，外油道回油，则锁止离合器分离，反之锁止。

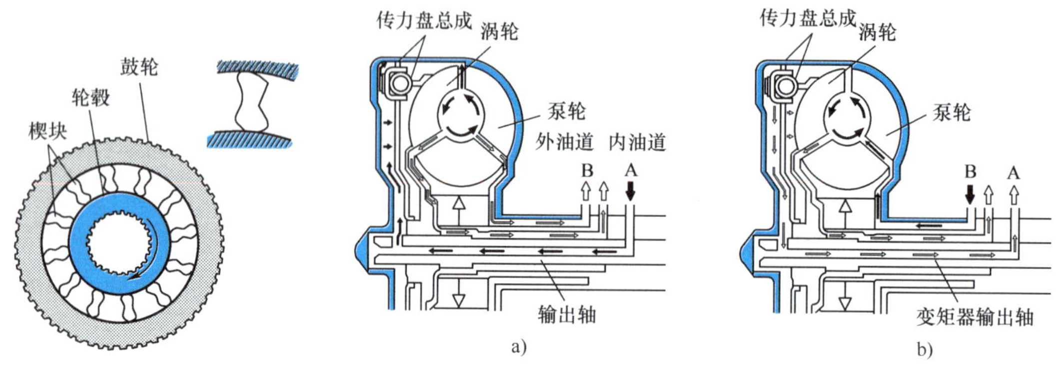

图4-9　单向离合器的构造和锁止原理

图4-10　带锁止离合器的液力变矩器的工作原理
a）分离状态；b）锁止状态

3　机械传动装置

3.1　行星齿轮结构式自动变速器

3.1.1　行星齿轮系统的组成

因为自动变矩和传动效率之间存在着矛盾及变矩器尺寸的限制，变矩比K不能太大，只能在2～4之间，此值远远满足不了汽车使用工况的需要。为此，变矩器后面再串联行星齿轮系统，使转矩再增大2～4倍。

自动变速器一般采用行星齿轮传动机构，它装在变矩器后面，把发动机的动力传递给传动轴。

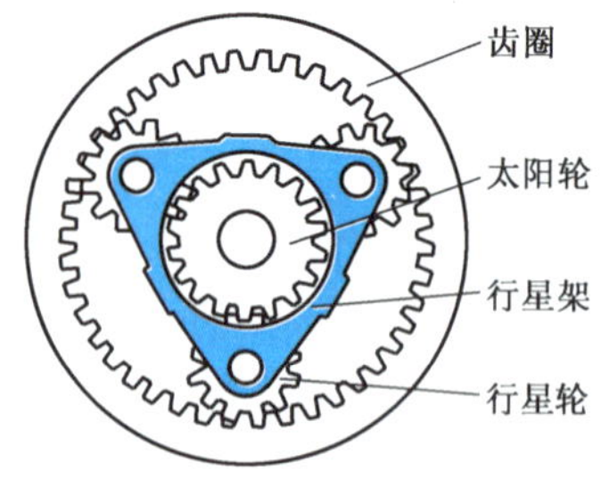

图4-11　简单的行星齿轮机构

简单行星齿轮机构如图4-11所示。它主要由太阳轮、行星轮及行星架、齿圈3个元件组成。位于行星齿轮机构中央位置的是太阳轮，太阳轮周围是行星轮。

行星轮装在行星架上自转，同时沿一定轨道围绕太阳轮公转。连接和支承行星轮的是行星架，外圈是齿圈。行星轮具体结构如图4-12所示。行星齿轮机构的3个元件中若1个元件固定，另1个元件作驱动，则剩下的1个元件就可以变速转动输出动力。这是行星齿轮自动变速器的基本工作原理。固定的方法是：内齿圈采用制动器，太阳轮采用单向离合器或制动器，行星齿轮的固定是指固定行星架,可采用制动器或单向离合器。

一般自动变速器行星齿轮传动系统由 2 ~3 排行星齿轮组成,每排包括太阳轮、齿圈、行星轮和行星架 3 个元件。行星排越多,自动变速器的挡位就越多。

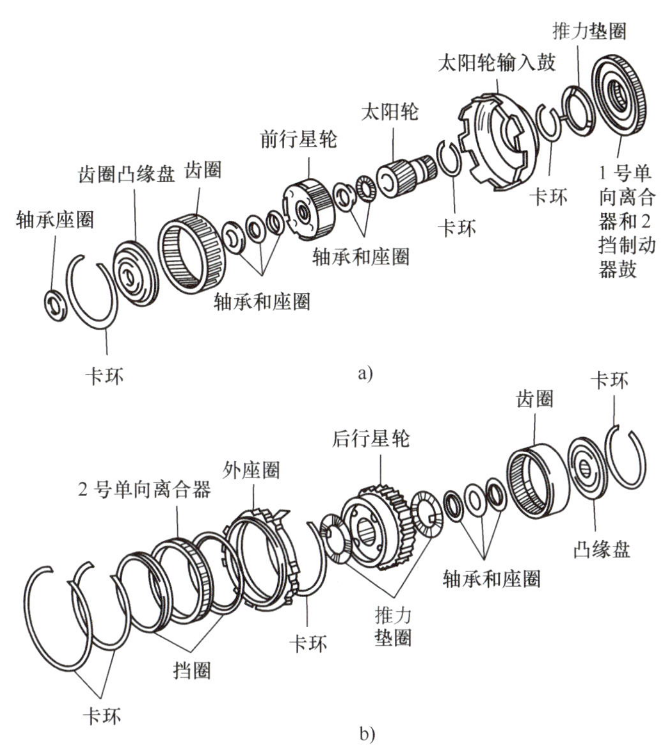

图 4-12　前、后行星齿轮机构分解图

a)前排行星齿轮分解图;b)后排行星齿轮分解图

3.1.2　行星齿轮系统的传动规律

行星齿轮系统为轴转式齿轮系统,与定轴式齿轮系统一样,也是降速增矩和升速降矩的原理,只不过由于自转和公转的存在,传动比的计算方法不同。行星轮系统的传动比取决于齿圈齿数和太阳轮齿数,与行星轮的齿数无关(惰轮)。

图 4-13 为行星齿轮组成的传动简图。设太阳轮的齿数为 z_1,齿圈齿数为 z_2,太阳轮、齿圈和行星架的转速分别为 n_1、n_2、n_3,并令齿圈与太阳轮的齿数比为行星轮机构参数,用 α 表示,即:

$$\alpha = \frac{z_2}{z_1} > 1$$

由机械原理可知,单排行星齿轮机构的运动特性方程式为:

$$n_1 + \alpha n_2 - (1 + \alpha) n_3 = 0$$

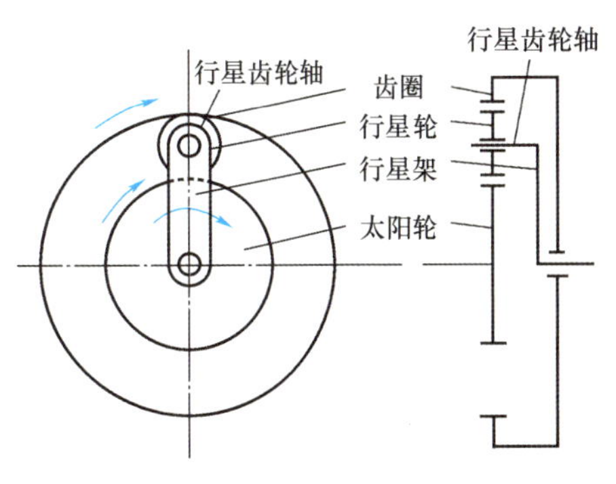

图 4-13　行星齿轮组传动简图

3.1.2.1　齿圈固定($n_2=0$)

(1)太阳轮(n_1)为主动,行星架(n_3)为从动,其传动比为:

$$i_{1,3}=\frac{n_1}{n_3}=1+\alpha>1$$

结论:前驶最大速比减速挡。

(2)行星架(n_3)为主动,太阳轮(n_1)为从动,其传动比为:

$$i_{3,1}=\frac{n_3}{n_1}=\frac{1}{1+\alpha}<1$$

结论:前驶快超速挡(少用)。

3.1.2.2　太阳轮固定($n_1=0$)

(1)行星架(n_3)为主动,齿圈(n_2)从动,其传动比为:

$$i_{3,2}=\frac{n_3}{n_2}=\frac{\alpha}{1+\alpha}<1$$

结论:前驶超速挡。

(2)齿圈(n_2)主动,行星架(n_3)为从动,其传动比为:

$$i_{2,3}=\frac{n_2}{n_3}=\frac{1+\alpha}{\alpha}=1+\frac{1}{\alpha}>1$$

结论:前驶最小速比减速挡。

3.1.2.3　行星架固定($n_3=0$)

(1)太阳轮(n_1)为主动,齿圈(n_2)从动,其传动比为:

$$i_{1,2}=\frac{n_1}{n_2}=|-\alpha|>1$$

结论:n_1 与 n_2 的符号相反,表示主动轴与从动轴的旋转方向相反,且传动比的绝对值大于1,是倒挡。

(2)齿圈(n_2)主动,太阳轮(n_1)为从动,其传动比为:

$$i_{2,1}=\frac{n_2}{n_1}=\left|-\frac{1}{\alpha}\right|<1$$

结论:n_1 与 n_2 的符号相反,表示主动轴与从动轴的旋转方向相反,且传动比的绝对值小于1,是快倒挡(汽车不用)。

3.1.2.4　太阳轮(n_1)和齿圈(n_2)均为主动,行星架(n_3)为从动

太阳轮(n_1)和齿圈(n_2)均为主动,行星架(n_3)为从动,则有:

$$n_1=n_2$$

$$n_3=\frac{n_1+\alpha n_2}{1+\alpha}=\frac{n_1+\alpha n_1}{1+\alpha}=n_1=n_2$$

其传动比为:

$$i_{1,3}=i_{2,3}=1$$

同样,如果以太阳轮和行星架为主动,齿圈为从动件;或以齿圈和行星架为主动件,太阳

轮为从动件,都可以得到 $n_1 = n_2 = n_3$。

结论:前驶直接挡。

3.1.2.5 太阳轮(n_1)为主动;行星架(n_3)和齿圈(n_2)不受约束

太阳轮(n_1)为主动,行星架(n_3)和齿圈(n_2)不受约束,即没有一个元件是固定的。此时行星齿轮组虽有输入,但没有输出。

结论:空挡。

为了更好地了解行星齿轮机构的传动规律,根据3元件齿数的多少,太阳轮(z_1)、齿圈(z_2)、行星架(z_c)(其中 z_c 只是想象中的行星架齿数,本身没有齿,因其行星齿轮是内外啮合,其数量必大于齿圈齿数)三者的大小关系即被确定 $z_c > z_2 > z_1$。如图4-14所示,了解这种关系,可判定不同组合的传动关系,确定降速挡或升速挡,进而掌握行星齿轮传动的规律。

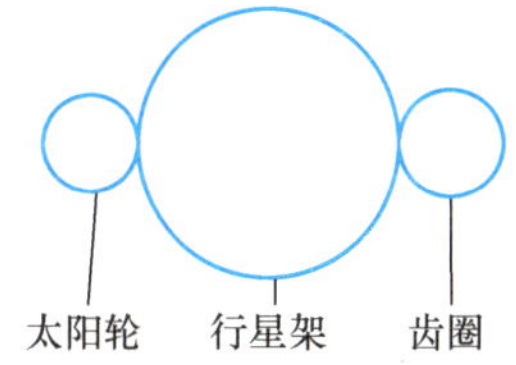

图4-14 行星齿轮机构3元件大小关系简图

3.1.3 典型自动变速器的结构

3.1.3.1 辛普森式(Simpson)自动变速器

在现代汽车自动变速器中,两排或多排行星齿轮机构连接在一起,用以满足汽车行驶及各种工况下所需要的多种传动比,辛普森式(Simpson)自动变速器一般是两排行星齿轮机构,它们共用一个太阳轮,如图4-15所示。

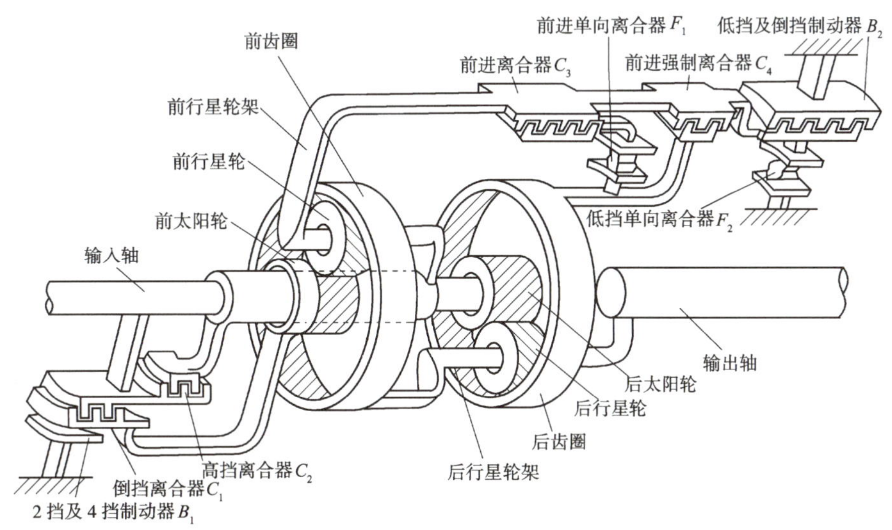

图4-15 双行星排辛普森式行星齿轮自动变速器

(1)汽车后轮驱动的自动变速器(FR式)。汽车后轮驱动的自动变速器形式很多,例如:沃尔沃的AW-70,切诺基AW-4,丰田皮卡、丰田大霸王的A-43D、A-46DE、A-46DF,丰田雷克萨斯的A-340H、A-340E、A-340F、A-341E,福特的AOD,宝马的4L30-E,通用的4L80-E,日产L4N71B等,这些自动变速器传动的零部件和各挡的传动路线也有很多相同之处。现以丰田雷克萨斯的A-340H、A-340E、A-341E自动变速器为例,说明其组成和动力传动路线。其组成如图4-16所示,动作元件执行情况见表4-1。

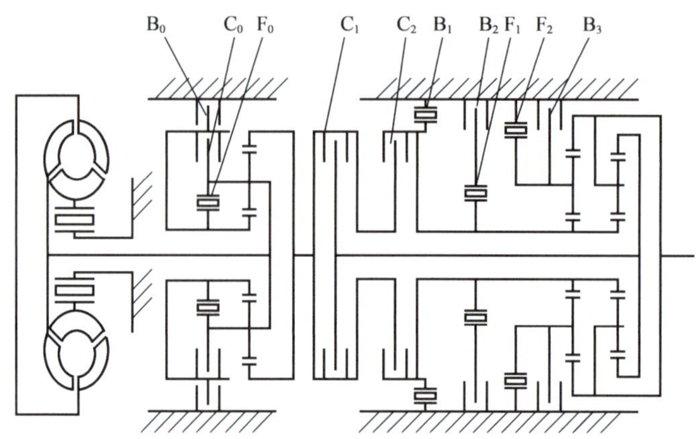

图4-16　丰田雷克萨斯的A-340H、A-340E、A-341E自动变速器结构简图

C_0-超速挡离合器；C_1-前进挡离合器；C_2-高挡、倒挡离合器；F_0-超速挡单向离合器；F_1-1号单向离合器；F_2-2号单向离合器；B_0-超速挡制动器；B_1-2挡滑行带式制动器；B_2-2挡制动器；B_3-低挡、倒挡制动器

丰田雷克萨斯的A-340H、A-340E、A-341E各挡工作元件　　表4-1

选位	挡位	C_0	C_1	C_2	B_0	B_1	B_2	B_3	F_0	F_1	F_2
D	1挡	接合	接合						锁止		锁止
	2挡	接合	接合				制动		锁止	锁止	
	3挡	接合	接合	接合			制动		锁止		
	4挡		接合	接合	制动		制动				
2	1挡	接合	接合						锁止		锁止
	2挡	接合	接合			制动	制动		锁止	锁止	
	3挡①	接合	接合	接合			制动		锁止		
L	1挡	接合	接合					制动	锁止		锁止
	2挡②	接合	接合			制动	制动		锁止	锁止	
R	R	接合		接合				制动	锁止		
N	N	接合									
P	P	接合									

注：①挡位只在1～2挡变化，3挡只降不升。

②挡位只保持1挡，2挡只降不升。

（2）汽车前轮驱动的自动变速器（FF式）。汽车前轮驱动的自动变速器形式较多，例如：丰田凯美瑞用的A-540H、A-540E、A-140E，日产千里马、日产蓝鸟RE4F02A等自动变速器等，现以丰田凯美瑞用的A-540H、A-540E为例，说明其组成和动力传动路线。其组成如图4-17所示，结构简图如图4-18所示，各挡工作情况见表4-2。

3.1.3.2　拉威挪式（Ravigneaux）自动变速器

该自动变速器有两个太阳轮，两排行星齿轮共用一个齿圈，一个行星架。行星齿轮传动系统提供齿轮减速、超速、直接驱动和倒挡的组合，如图4-19所示。

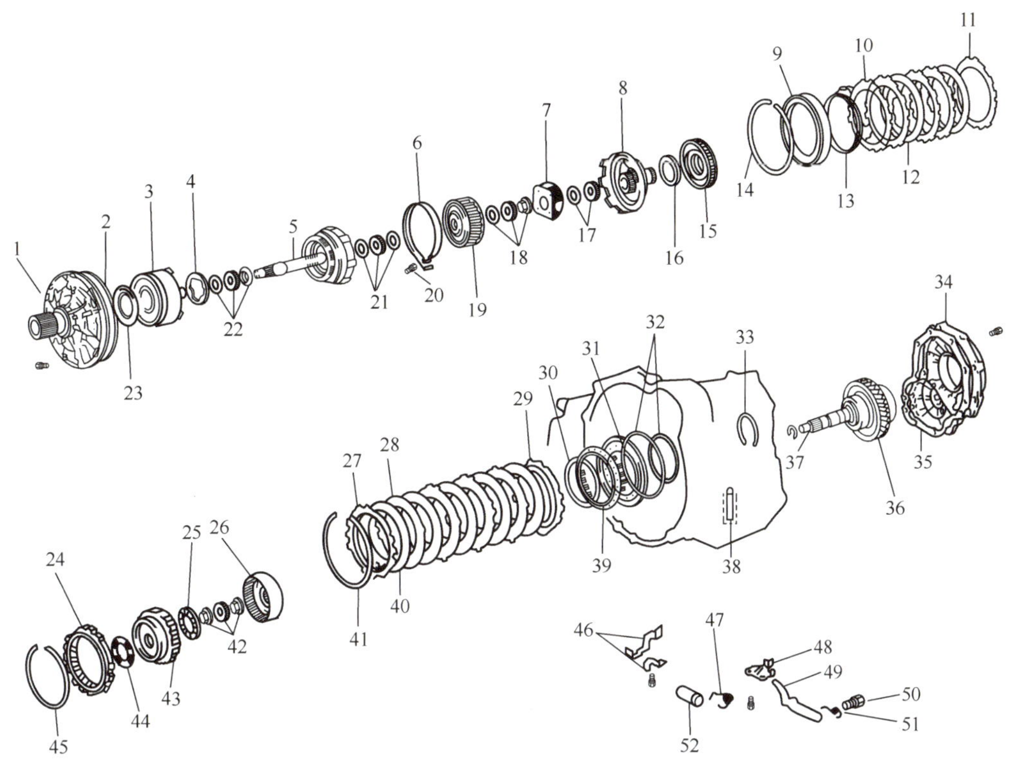

图 4-17 丰田凯美瑞用的 A-540H、A-540E 自动变速器组成

1-油泵;2、32-O 形圈;3-直接挡离合器;4-推力垫圈;5-前进挡离合器;6-2 挡滑行带式制动器;7-前行星齿轮;8-太阳轮和太阳轮毂;9-2 挡制动鼓;10、28-外花键片;11、27、29-凸缘盘;12、40-内花键片;13、39-复位弹簧;14、30、33、41、45-卡环;15-1 号单向离合器;16、23、25、44-推力垫圈;17、18、21、22、42-轴承和轴承座圈;19、26-齿圈;20、52-销子;24-2 号单向离合器;31-活塞;34-后盖;35-垫片;36-中间轴;37-油封;38-2 挡制动鼓垫片;43-后行星齿轮;46-2 挡滑行带式制动鼓导板;47-扭簧;48-支座;49-驻车锁止棘爪;50-速度阀压力适配器;51-弹簧;52-支承销

丰田凯美瑞 A-540H、A-540E 自动变速器各挡工作元件 表 4-2

选位	挡位	C_0	C_1	C_2	B_0	B_1	B_2	B_3	F_0	F_1	F_2
D	1 挡	接合		接合					锁止		锁止
	2 挡	接合		接合			制动		锁止	锁止	
	3 挡	接合	接合	接合			制动		锁止		
	4 挡		接合	接合	制动		制动				
2	1 挡	接合		接合					锁止		锁止
	2 挡	接合		接合		制动	制动		锁止	锁止	
	3 挡①	接合	接合	接合			制动		锁止		
L	1 挡	接合		接合				制动	锁止		锁止
	2 挡②	接合		接合		制动	制动		锁止	锁止	
R	R	接合	接合					制动			

注:①挡位只在 1-2 挡变化,3 挡只降不升。

②挡位只保持 1 挡,2 挡只降不升。

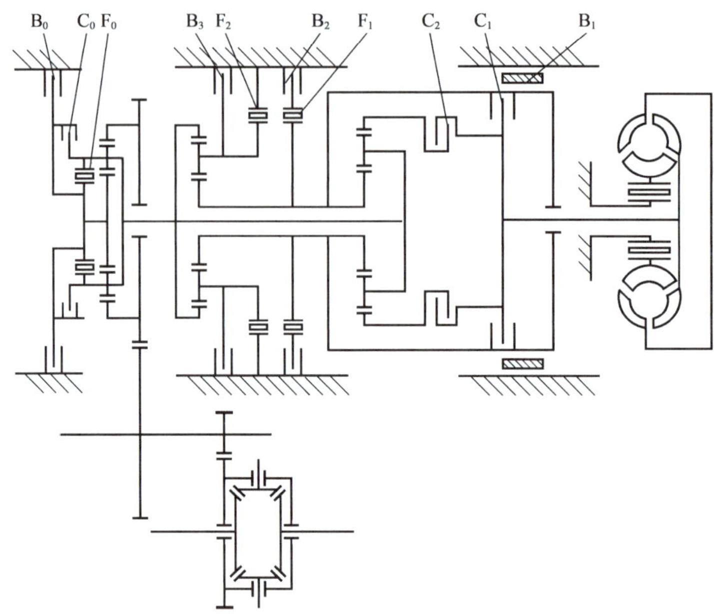

图 4-18　丰田凯美瑞用 A-540E 自动变速器结构简图

C_0-超速挡离合器；C_1-高挡离合器；C_2-前进挡离合器；F_0-超速挡单向离合器；F_1-1 号单向离合器；F_2-2 号单向离合器；B_0-超速挡制动器；B_1-2 挡滑行带式制动器；B_2-2 挡制动器；B_3-低挡、倒挡制动器

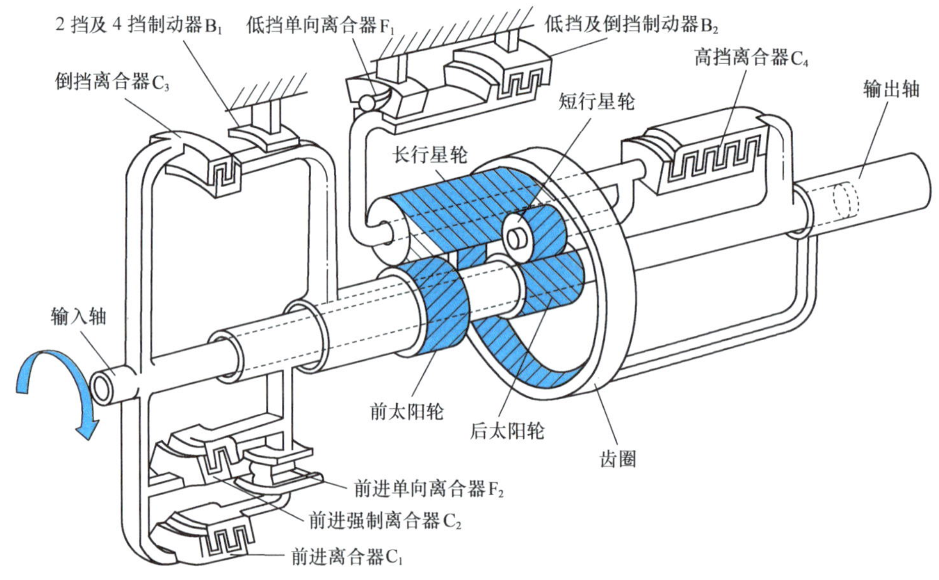

图 4-19　拉威挪式行星齿轮自动变速器

拉威挪式自动变速器有以下优点：

(1) 由于齿轮的接触面积较大，转矩加载能力增加。

(2) 拉威挪(Ravigneaux)式结构紧凑。

(3) 可以由太阳轮、行星架或齿圈作为输出元件。

目前应用拉威挪(Ravigneaux)式自动变速器的汽车类型较多，例如：韩国现代公司使用的 KM175、KM176 和 KM177 型自动变速器，福特的 ATX、AOD 自动变速器，通用的 3L30 自动变速器等。

现以韩国现代公司使用的 KM175、KM176 和 KM177 型自动变速器为例来分析其组成及工作情况。

KM175、KM176 和 KM177 三个型号的自动变速器在结构上是完全一样的,只是在驱动方式上不一样:KM175 是前轮驱动,而 KM176 和 KM177 是四轮驱动。

韩国现代公司的 KM175、KM176 和 KM177 型自动变速器结构简图如图 4-20 所示,各挡元件工作见表 4-3 所示。

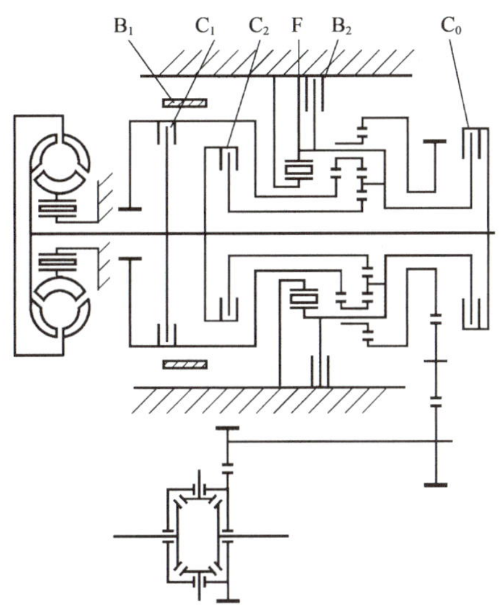

图 4-20 韩国现代公司 KM175、KM176 和 KM177 型自动变速器结构简图

C_0-高挡离合器;C_1-直接挡、倒挡离合器;C_2-前进挡离合器;F-1 挡单向离合器;B_1-强制降挡带式制动器;B_2-低挡、倒挡制动器

KM175、KM176 和 KM177 型自动变速器各挡工作元件 表 4-3

选位	挡位	C_0	C_1	C_2	B_1	B_2	F
D	1 挡			接合			锁止
	2 挡			接合	制动		
	3 挡	接合	接合	接合			
	4 挡	接合			制动		
2	1 挡			接合			锁止
	2 挡			接合	制动		
L	1 挡			接合		制动	
R	R		接合			制动	
N、P	N 和 P	所有离合器、制动器均松开不起作用					

3.2 普通齿轮结构式自动变速器

很多本田汽车采用本田 CA、F4 和 G4 自动变速器。这些自动变速器的每一个挡位上都有一组离合器加以控制。离合器接合前,常啮合齿轮空转,接合后动力才输出。按轴数不同可分为:双平行轴式和 3 平行轴式两种。以 3 平行轴式为例,其具体结构如图 4-21 所示。结

构简图如图4-22所示，执行元件的工作情况见表4-4。

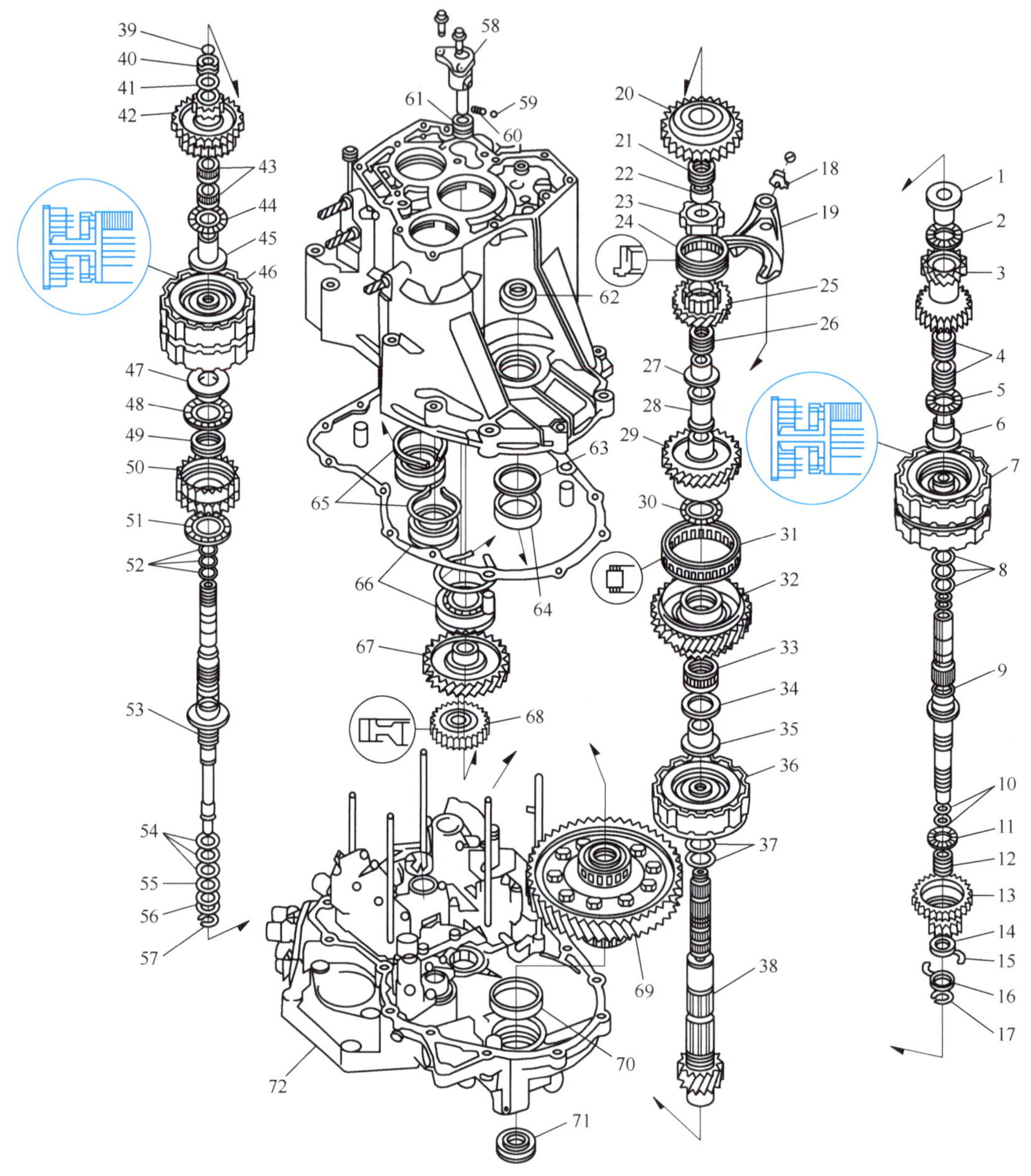

图4-21　本田雅阁(Accord)自动变速器分解图(3平行轴式)

1-2挡齿轮挡圈;2-滚针推力轴承;3-副轴2挡齿轮;4、12、21、26、33、43、49、56、61-滚针轴承;5、11、30、41、44、48、51-推力滚针轴承;6-2挡齿轮挡圈;7-1、2挡离合器;8、37、52-O形圈;9-副轴;10-密封环;13-副轴1挡齿轮;14-隔圈;15-开口销;16-开口环座圈;17-弹性挡圈;18-锁紧垫圈;19-倒挡换挡叉;20-惰轴惰轮;22-输出轴(惰轴)倒挡齿轮挡圈;23-倒挡选挡毂;24-倒挡选挡器;25-输出轴(惰轴)4挡齿轮;27-4挡齿轮挡圈;28-隔圈;29-输出轴(惰轴)3挡齿轮;31-单向离合器;32-输出轴(惰轴)1挡齿轮;34-推力垫圈;35-1挡齿轮挡圈;36-1挡保持离合器;38-输出轴(惰轴);39-卡环;40-挡圈;42-主轴4/倒挡齿轮;45-4挡齿轮挡圈;46-3/4挡离合器;47-3挡齿轮挡圈;50-主轴3挡齿轮;53-主轴;54、55-密封主轴圈;57-定位环;58-倒挡惰轮轴座;59-钢球;60-弹簧;62、71-差速器油封;63-推力垫片;64、70-轴承外圈;65-弹性挡圈;66-自动变速器壳体球轴承;67-输出轴(惰轴)2挡齿轮;68-倒挡惰轮;69-差速器总成;72-变矩器壳体

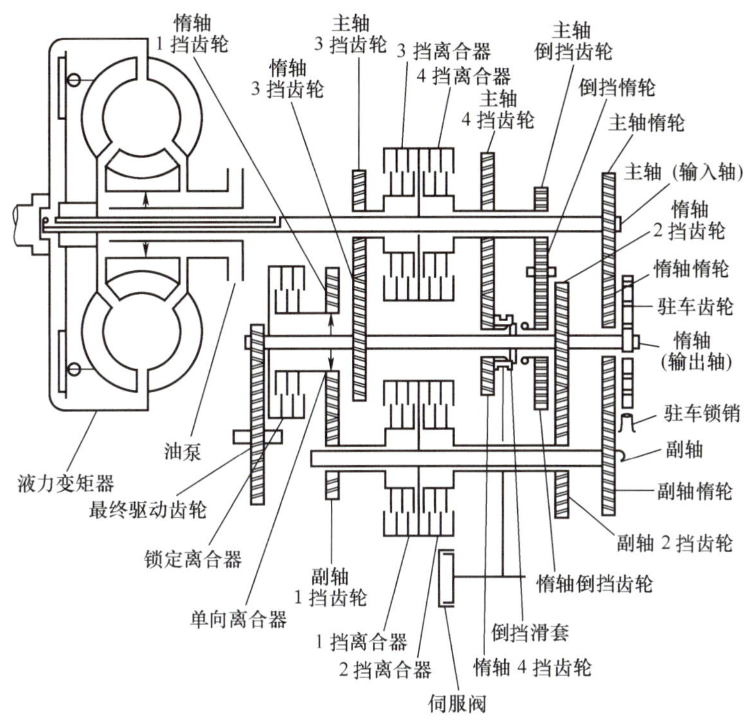

图 4-22　本田雅阁(Accord)自动变速器简图(3 平行轴式)

本田 CA/F4/G4 自动变速器执行元件　　　　表 4-4

挡　位	工作挡	1 挡离合器	1 挡单向离合器	2 挡离合器	3 挡离合器	4 挡离合器	倒挡齿轮
D4	1 挡	接合	锁止				
	2 挡			接合			
	3 挡				接合		
	4 挡					接合	
D3	1 挡	接合	锁止				
	2 挡			接合			
	3 挡				接合		
2	2 挡			接合			
R	倒挡					接合	工作

各挡动力传递路线如下。

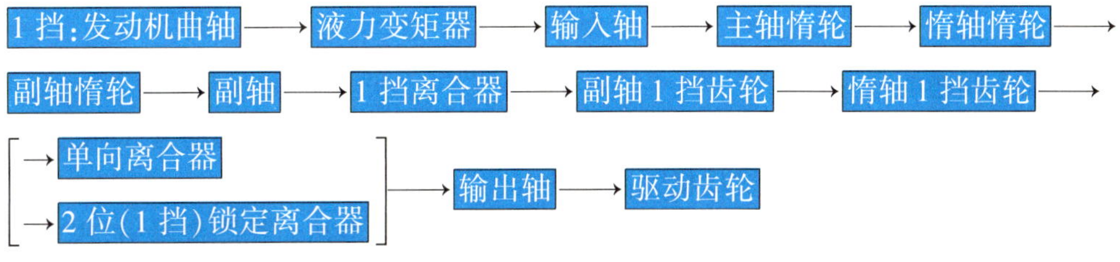

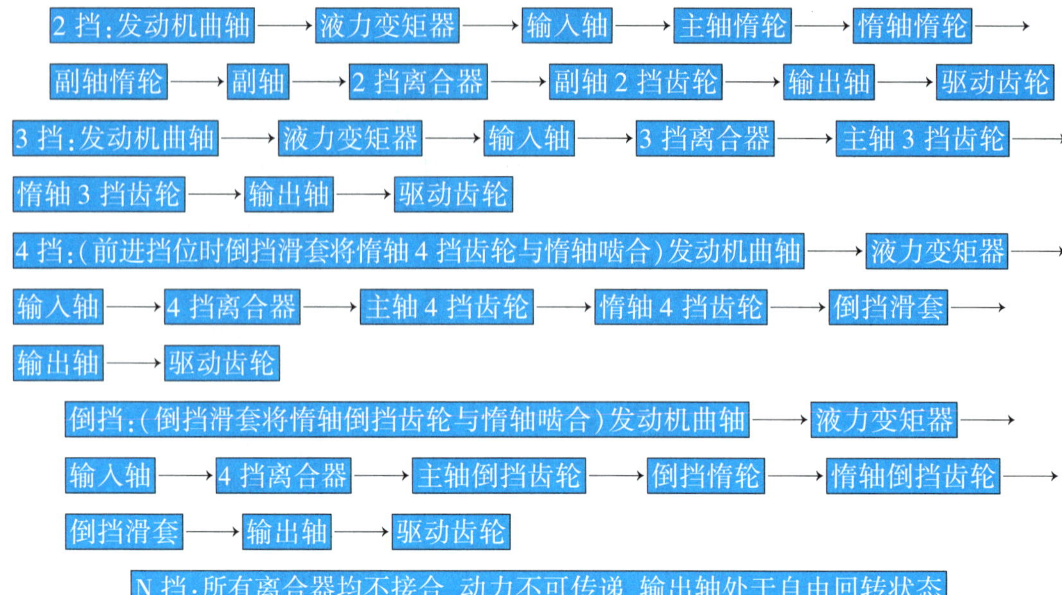

P 挡:所有离合器均不接合,动力不可传递,换挡杆带动驻车锁销将输出轴上固装的驻车齿轮锁止,输出轴及车轮不可回转

4 控制系统

4.1 液压控制系统

液压控制系统是液力自动变速器的控制中心,是液力自动变速器最复杂、最重要的组成部分,具有动力传递、操纵控制和冷却、过滤等功能。

4.1.1 液压控制系统的组成

液压控制系统主要有油泵、主油路调压阀、手控制阀,另外还有冷油器、滤油器、变矩器阀、缓冲阀、限流阀、止回阀等。主要元件如图 4-23 所示。

4.1.2 液压控制系统的构造和工作原理

4.1.2.1 液力油泵

(1)作用。液力油泵定压、定量地向变矩器、液压操纵系统、齿轮系统、冷油器供油,以便完成传动、控制、润滑、降温等任务。

(2)构造。液力油泵多为泵轮驱动齿轮式内转子泵,在转速为 1000r/min 时,其排量可达 15 ~ 20L/min。

(3)几个问题的说明:

①发动机不工作时,油泵不泵油,自动变速器内无控制油压,推车起动时,即使在 D 挡或 R 挡上,输出轴实际上是空转,发动机无法起动。

②如车辆被牵引时,发动机不工作,油泵也不工作,无压力油。长距离牵引,齿轮系统无

润滑油,磨损加剧。为此牵引距离不得超出 80km,牵引速度不得高于 30km/h。

③自动变速器齿轮系统有故障或严重漏油时,牵引车辆应将传动轴脱开。如系前轮驱动的,可使前轮悬空牵引。

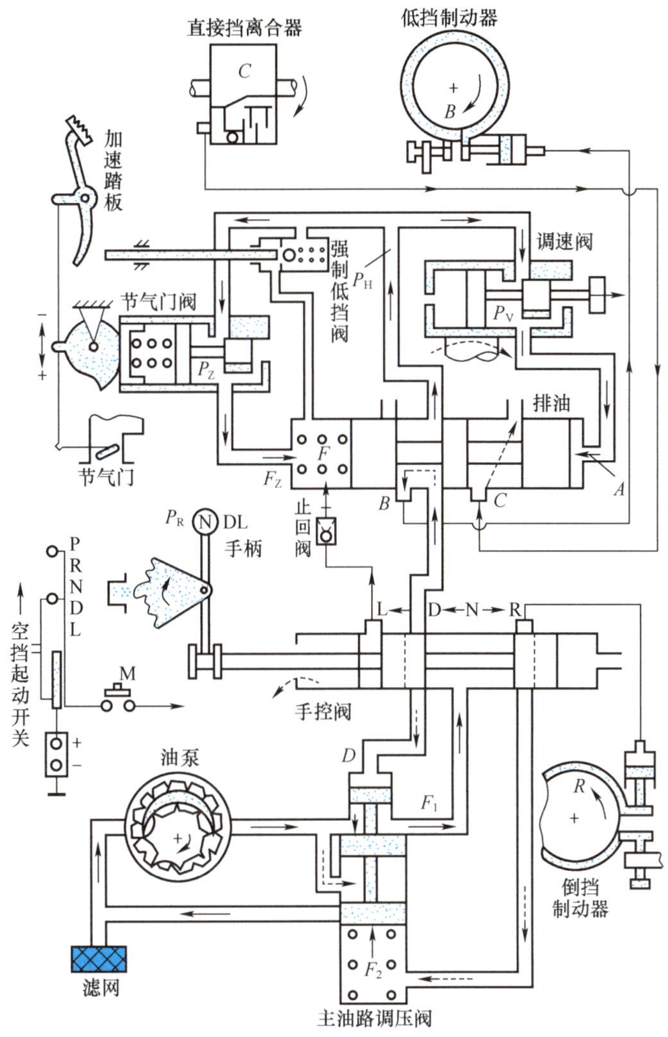

图 4-23　液压自动换挡控制系统简图

4.1.2.2　主油路调压阀

(1)主油路调压阀的作用。利用弹簧和滑阀配合,使主油路油压(p_H)稳定,并控制在一定范围内(因机而异):在前进挡时 p_H 为 0.3 ~ 0.8MPa;怠速、高速时 p_H 为 1.2 ~ 1.4MPa;在倒挡时 p_H 为 1.6 ~ 1.8MPa。

(2)主油路调压阀的构造和工作原理。主油路油压(p_H)是控制系统最基本、最重要的"压力源"。其压力的高低决定于其弹簧的预紧力,可在壳体外进行调节,或拆下油底壳进行调节(因机而异),如图 4-24 所示。

阶梯式滑阀可用来接受多油路油压的变化,使主油路油压调节得灵敏、及时、合理,满足各工况的需要。其工作原理是:因为 B 的面积大于 A 的面积,产生一个油压力差 ΔF,方向向下，当 $\Delta F < F$（F 为弹簧弹力）时，排油孔关闭，不泄油；当 $\Delta F > F$ 时，排油孔开始泄油，从而保证了油压的稳定。若在滑阀上下两端通过手控阀分别施加两个独立的外来油压，此油压升高或降低时，主油路油压就发生变化，满足各工况的需要。例如：加上外油压 p_D 时，主油路油压下降，即手控阀挂入 D 挡；加上外油压 p_R 时，即手控阀挂入 R 挡，主油路油压升高。

4.1.2.3　离合器

（1）离合器的作用。离合器用来连接输入轴、中间轴、输出轴和行星齿轮系的元件，实现转矩的传递。

（2）离合器的构造。一般为多片摩擦式离合器，图 4-25 所示是液压控制的执行元件，它的特点是：径向尺寸小，接合柔和，能传递较大的转矩。

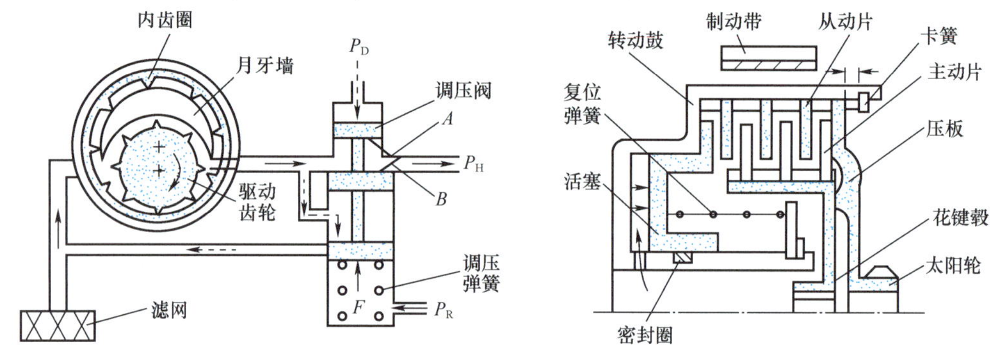

图 4-24　油泵和主油路调压阀　　图 4-25　离合器原理图

主动片与花键毂的齿键连接，为输入端，可轴向移动。主动片上有钢基粉末冶金层或合成纤维层。

从动片与转动鼓的花键连接，也可轴向移动，可输出转矩。

（3）活塞、密封圈及复位弹簧。它们用来压紧离合器片和保持分离状态。

（4）接合时，活塞在油压作用下前移，使主、从动片贴合，太阳轮输出转矩。分离时，复位弹簧推动活塞复位，油液经换挡阀排出，流回自动变速器油底壳。

4.1.2.4　制动器

制动器在自动变速器中作为执行机构，常见的有带式和湿式多片式制动器两种形式。

（1）制动器的作用。制动器将行星排中太阳轮、齿圈、行星架 3 个元件之一加以固定，使之不能旋转，产生不同的转向或速比。

（2）制动器的构造和工作原理。

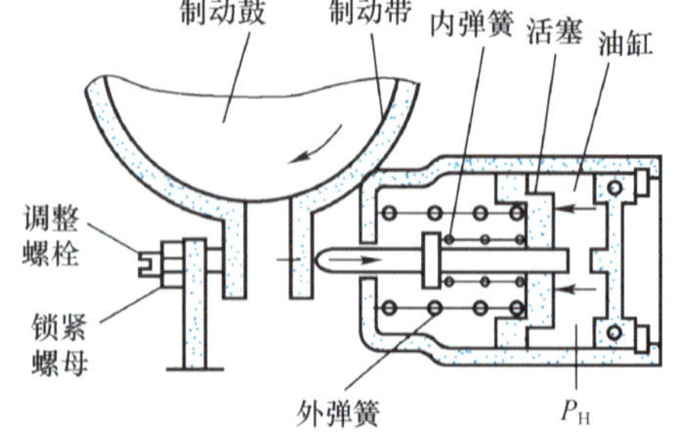

图 4-26　带式制动器原理图

①带式制动器主要由制动带、制动鼓、油缸、活塞和调整件等组成，如图 4-26 所示。带式制动器的工作原理为通过活塞的位移，改变制动带的直径使其与制动鼓抱紧或放松。其调整点多在制动带的支撑端，可在体外调整或拆下油底壳调整。一般是把螺钉拧紧后，再退回 2～3 圈，即产生合适的制动带、制动鼓间隙。带式制动器轴内尺寸小，接触面有摩擦材料，工作的平顺性差，控制油路中多配有缓冲阀。

②多片式制动器。其结构与多片式离合器相同,不同之处是制动器从动片的外圆花键齿与固定的自动变速器外壳连接,可轴向移动,以便接合时将主动件制动,接合的平顺性好,间隙不需调整,其缺点是轴向尺寸大。

4.1.2.5　手控阀

(1)手控阀的作用。手控阀是提供选挡操纵手柄位置信号,控制液压系统接通不同的操纵油路,使自动变速器按照驾驶员的操纵意图工作。

(2)手控阀结构与工作原理。手控阀结构如图4-27所示,选挡操纵手柄通过连杆与手控阀滑阀的一端相连。

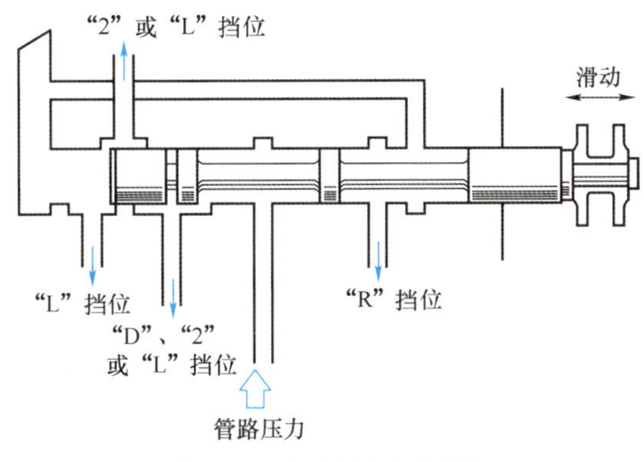

图4-27　手控阀结构示意图

当选挡手柄位于空挡或停车挡时,由手控阀通往操纵油路的油道被关闭,操纵油路中无油压。若手柄位于前进挡或其他位置时,滑阀沿阀体移动到相应的位置,接通操纵油路,液压系统按照驾驶员选择的挡位完成相应的工作。

4.1.2.6　变矩器阀

变矩器阀又称二次调压阀,是一个简单的减压阀。它与主油路相通,不受手控阀的控制。其作用如下:

(1)控制变矩器的油压在0.4MPa左右,以保证大流量、大负荷工况的传力需要。

(2)把油液送到冷却器进行降温,将油温控制在80~90℃,油压不超过0.2MPa,由单向节流阀控制。

(3)担负各运动部件的压力润滑,节流后的油压为0.2MPa。

4.2　自动变速器电控系统

4.2.1　自动变速器电控系统的组成、功用及工作原理

自动变速器的电控系统由传感器、控制单元(TCU)和执行器组成,如图4-28所示。

传感器包括:节气门位置传感器(TPS)、1号车速传感器(反映发动机的转速)、2号车速传感器(反映汽车行驶速度)、发动机冷却液温度传感器、自动变速器油温度传感器(部分自动变速器内有)等。

电控系统中还有许多开关:如空挡起动开关(NSW)、超速挡(O/D挡)开关、行驶模式选择开关(包括经济模式开关、运动模式开关、雪地驾驶开关、巡航电控开关)、强制降挡开关及制动灯开关等。

执行器则是由各种功用的电磁阀组成。汽车自动变速器中采用2～8个电磁阀。最常用的电磁阀有1号、2号换挡电磁阀、锁止离合器电磁阀、主油压控制电磁阀等。

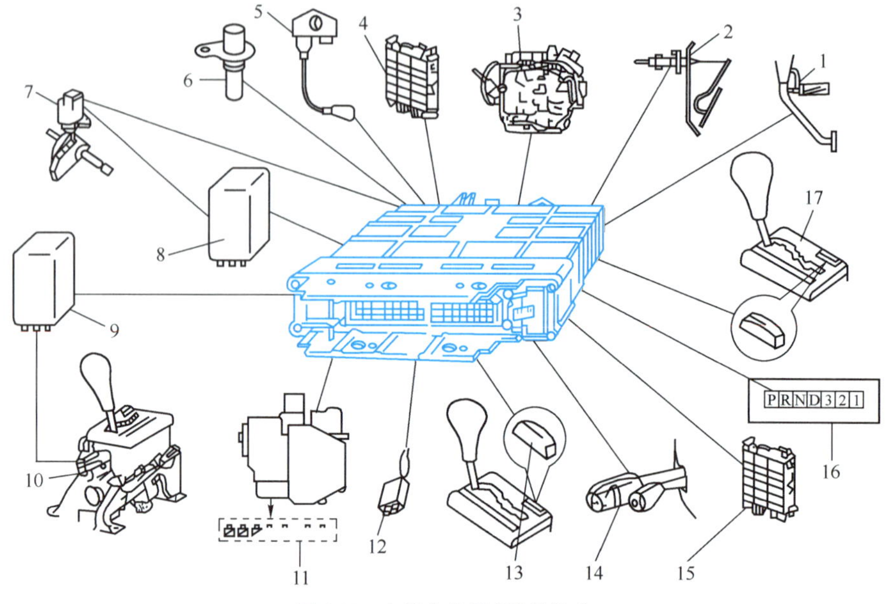

图4-28　电控自动变速器的组成

1-制动灯开关;2-强制降挡开关;3-变速驱动桥温度传感器;4-发动机转速信号输入装置(发动机控制装置);5-节气门位置传感器;6-车速传感器;7-多功能开关;8-起动机锁定和备用灯继电器;9-换挡锁控制继电器;10-换挡锁电磁阀;11-阀体中的电磁阀;12-诊断插座;13-运动模式指示灯;14-巡航控制开关;15-发动机控制装置;16-仪表板上的换挡显示;17-经济/运动模式状态开关

车型不同,传感器的数量、电控开关数量以及电磁阀的数量也不相同。但传感器的性能指标,例如精度、响应特性、可靠性、耐久性、适应性等必须满足要求。图4-29为自动变速器电控系统的元件布置图。

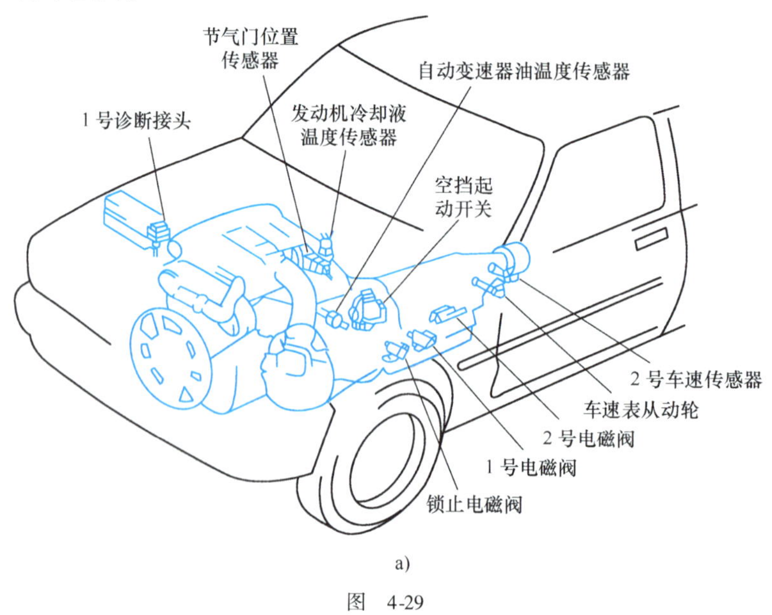

a)

图　4-29

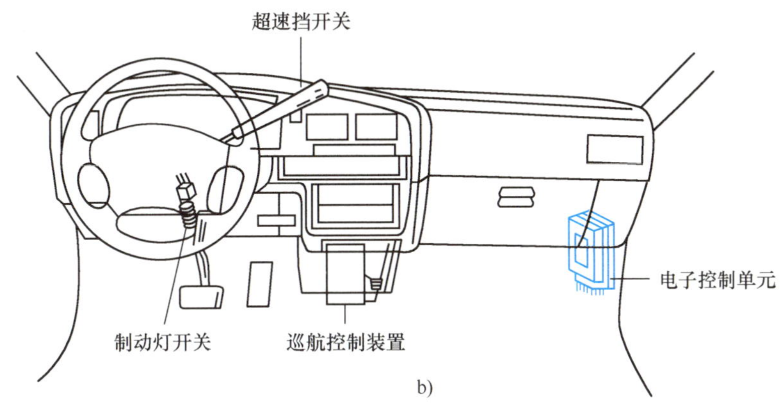

图 4-29　自动变速器电控元件布置图

a）发动机室内元件位置；b）驾驶室内控制装置

电控自动变速器工作原理如图 4-1 所示，传感器提供车速、节气门开度等信号。电控单元以此为依据确定换挡或锁止时刻，然后将相应的控制信号输出给电磁阀。电磁阀可通过控制液压控制阀的工作完成电子控制单元下达的换挡、锁止命令。电子控制系统还带有自诊断装置，并且具有在发生故障时使车辆继续行驶的失效防护功能。

4.2.2　自动变速器电控系统的结构与原理

4.2.2.1　传感器的结构与原理

（1）节气门位置传感器。节气门位置传感器将节气门开启角度转换为电压信号送至电子控制装置，作为决定换挡点和变矩器锁止机构的基本信号之一，按其结构形式可分为直接型和间接型两种。直接型节气门位置传感器如图 4-30 所示，间接型节气门位置传感器如图 4-31 所示。

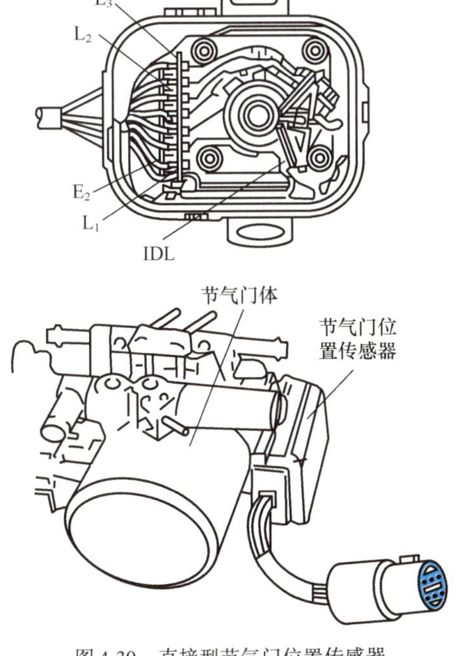

图 4-30　直接型节气门位置传感器

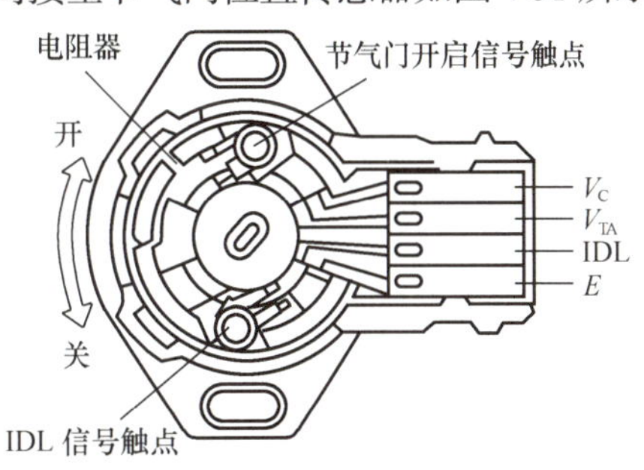

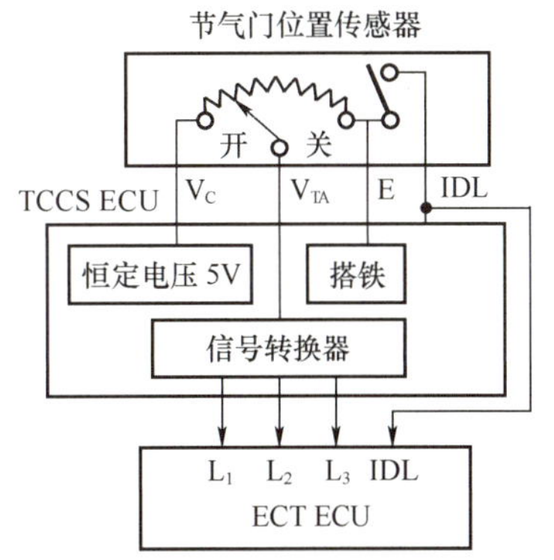

图 4-31　间接型节气门位置传感器

(2)车速传感器。电控自动变速器取消了离心调速器,利用车速传感器提供速度信号。

常见的车速传感器有两种类型:一种是安装在自动变速器壳体上的常开式舌簧开关,如图4-32所示。带有磁铁的转子固定在自动变速器输出轴上,汽车行驶时,转子随输出轴一同旋转。每当转子的磁铁经过舌簧开关一次,开关随即关闭、开启一次。电控单元通过开关关闭、开启的频率确定汽车的行驶速度。另一种是缠绕在磁芯上的线圈式传感器,如图4-33所示,它的位置相对于自动变速器输出轴或速度表蜗杆旋转一周,该线圈将产生交变电压。电子控制单元以产生交变电压的频率为依据确定行驶速度。电控自动变速器一般有两个车速传感器。电控单元通常采用自动变速器上的2号车速传感器发出的信号,而1号传感器(大多数位于仪表板速度表后方)则作为备用件。

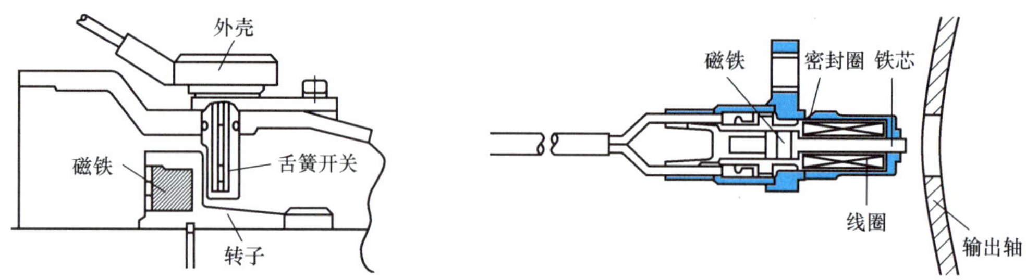

图4-32　舌簧开关式车速传感器

图4-33　电磁线圈式车速传感器

(3)空挡起动开关。空挡起动开关及其电路如图4-34所示,它是一个多功能开关,通过多个接头与电控单元相连,将选挡操纵手柄信号送至电控单元。空挡起动开关具体功能如下:

①确保只有当选挡操纵手柄位于P位或N位时,发动机才能起动;

②当操纵手柄位于D位,自动变速器可由一挡按顺序升至高挡;

③当操纵手柄位于2位时,允许自动变速器从3挡降至1挡,或由1挡升至2挡;

④当操纵手柄位于1位时,自动变速器被锁止在1挡;

⑤当操纵手柄位于R位时,自动变速器接通倒车灯。

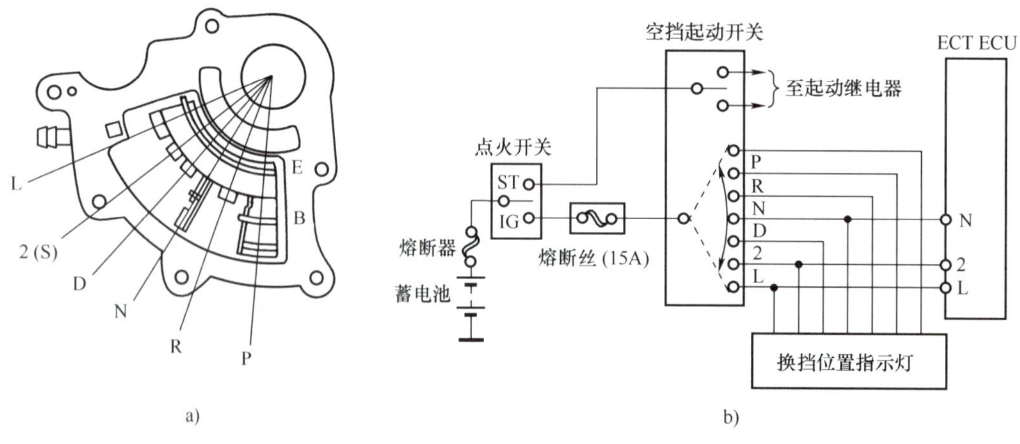

图4-34　空挡起动开关及其电路

a)空挡起动开关;b)空挡起动开关电路

(4)行驶模式选择开关。行驶模式选择开关位于仪表板或选挡操纵手柄支架附近。其形式主要有:

①经济行驶模式(Economy Mode 简称"E"或"ECO")。选择了经济行驶模式就选择了节油的工况,自动变速器内的离合器和制动器按照省油的原则,自动地转换至3挡或4挡。

②跑车挡模式(Sport 简称"S")。选择跑车挡模式,提高自动变速器的换挡点,使汽车动力性能充分发挥。

③动力行驶模式(Power Mode)。选择动力行驶模式,电控单元将推迟升挡时间,即只有在发动机转速和节气门开度均较高的情况下才能升挡。同时,自动变速器降挡时间提前。当汽车在山区路段行驶或带有拖车时适合选用这种模式。

④正常驾驶模式(Normal)。选择了该模式就恢复了自动变速器在D位上的正常工作。

⑤冬季驾驶模式(Winter)。在冰雪道路上,为防止汽车在光滑路面上起步时打滑,选择冬季驾驶模式,汽车在3挡起步,这样可以避免驱动力大于附着力而造成的驱动车轮原地打滑的现象。

(5)超速挡开关(O/D开关)。超速挡开关一般设在换挡杆手柄上,超速切断指示灯安装在组合仪表板上,其工作情况如图4-35所示。

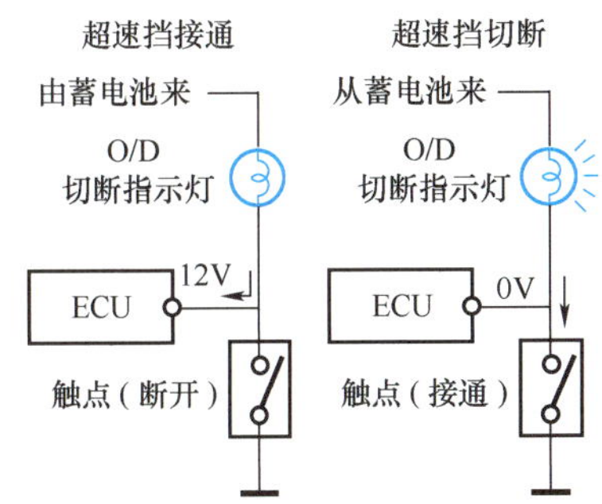

图4-35 超速挡开关和超速挡切断指示灯的工作

(6)制动灯开关。制动灯开关位于制动踏板支架上,它的主要作用是在驾驶员踩下制动踏板后自动接通制动灯,同时确保液力变矩器锁止离合器处于分离状态,避免出现"失速"现象。

(7)巡航电控开关(或巡航电控装置)。该装置在工作时向自动变速器的电控装置传递在相应车速下控制超速挡工作的输入信号。当巡航电控装置工作,汽车以超速挡行驶,若车速降到低于设定车速约4km/h时,超速挡关闭,以防车速进一步下降。一旦超过了巡航电控装置设定的车速,重新恢复超速挡。

(8)强制降挡开关。它位于加速踏板下边,控制从4挡强制降到3挡,超车时使用。超车时前车让位不减速,迅速踩下加速踏板,汽车强制从4挡降到3挡,原有的惯性力还在,降挡又增加了转矩,牵引力大于行驶阻力,使汽车超速前进。

4.2.2.2 自动变速器电控单元(TCU)

目前,电控自动变速器的TCU,有的是独立的,但相当多的TCU与发动机电控单元(ECU)组成一体,例如:雷克萨斯LS400高级轿车用的自动变速器、丰田A340E型自动变速器均属于后者。因为自动变速器的TCU和发动机的ECU所采用的有些传感器信号是通用的,且TCU与ECU进行联系的项目较多。电控单元是电子控制系统的控制中心,由接收器、控制器和输出装置3部分组成。其主要功能是:

(1)控制换挡时刻。控制单元存有各种程序。在选挡操纵手柄位置确定的情况下,控制单元根据传感器的输出信号,按照相应换挡程序控制电磁阀的通、断。由于采用与标准信号对比的方法,尽可能地减少了干扰因素,因此能够更为精确地掌握换挡时机。

(2)控制超速行驶。只有当选挡操纵手柄位于 D 位且超速开关打开时,汽车才有可能升入超速挡。当汽车以巡航方式在超速挡行驶时,若实际行驶车速低于设定车速 4km/h 以上,巡航控制单元将向电控单元发出信号,要求自动退出超速挡。这种控制功能还可以防止自动变速器在发动机冷却液温度低于60℃时进入超速挡工作。

(3)控制锁止离合器。电控单元存有在不同行驶模式下控制锁止离合器工作的程序。根据车速传感器和节气门位置传感器发出的信号,电控单元可以控制锁止电磁阀的开和关,从而控制锁止离合器的接合与分离。

电控单元在以下几种情况可以强制解除锁止。当汽车采取制动或节气门全闭时,为防止发动机失速,电控单元切断通向锁止电磁阀的电路,强行解除锁止。在自动变速器升降挡过程中,电控单元暂时解除锁止以减少换挡冲击。如果发动机冷却液温度低于60℃,锁止离合器处于分离状态,加速自动变速器预热,提高总体驾驶性能。

(4)控制换挡品质。在换挡时,电控单元发出延迟发动机点火的信号,通过控制发动机转矩保证换挡平顺。另外,电控单元还可以通过调压电磁阀调节行星齿轮机构的工作压力,使执行元件柔和的接合,进一步提高换挡品质。

(5)自我诊断。当电控系统的元件发生故障时,电控单元将故障信息储存起来,即使发动机熄火也不会消失。可利用超速挡开关指示灯或专用检测仪,从诊断接头处读出故障码,找到发生故障的部位。故障排除后,必须通过特定的程序清除故障码。

(6)失效保护功能。电控系统的电磁阀和车速传感器都具有备用功能。在电控系统出现故障的情况下配合手动换挡机构使车辆继续行驶。例如克莱斯勒 A-604 自动变速器,当其电控系统出现故障后,电控单元自动切断电子控制回路,汽车被限制在一定车速范围内(通常是 2 挡)行驶,不能升降挡。

由此可见,电控单元安全、可靠的工作是保证自动变速器正常工作的前提条件。因此,电控单元必须安装在干净、通风良好的地方。

4.2.2.3 电控自动变速器的执行器

电控自动变速器中的执行器就是电磁阀。在电控系统中各种作用的电磁阀的故障率是最高的,往往是维修检查的重点。

(1)电磁阀的作用。根据 TCU 的命令接通或切断液压回路,实现换挡时机、锁止油压、节气门油压、主油压及发动机制动等的控制。

(2)电磁阀的类型及工作原理:

①按电磁阀控制形式分类。

间接控制方式:电磁阀装在控制阀上,绝大部分自动变速器采用这种方式。

直接控制方式:电磁阀位于行星齿轮系统执行机构的油路中,直接控制通向执行元件的自动变速器油。只有少数几种自动变速器采用这种方式,如本田车和后轮驱动的日产车。

②按电磁阀作用不同分类。

一般分为 3 类,即换挡电磁阀,锁止电磁阀和调压电磁阀。

换挡电磁阀:TCU 控制换挡电磁阀负极接通的时间。根据 2 号车速传感器、节气门位置传感器的信号(升入超速挡时还需参考发动机冷却液温度传感器和自动变速器油温度传感器的信号)接通负极后,电磁阀通电,执行油压便经换挡电磁阀作用在换挡阀上,进而接通换挡阀的油路,使离合器和制动器工作,从而完成换挡工作。

调压电磁阀:在一些电子控制自动变速器中,主油路油压可用脉冲式电磁阀控制,其结构如图 4-36 所示。

电磁阀线圈通电时,阀被打开,液压油从泄油孔排出,主油路中液压随之下降。电磁阀断电时,阀在弹簧力的作用下关闭,主油路的液压又会上升。控制脉冲电磁阀的信号电压和频率不变,但占空比(图 4-37)可变。占空比增加,电磁阀通电时间相对增加,经泄油阀泄出的液压油就增加,油路中的液压就会相应下降。自动变速器 TCU 就是通过输出占空比不同的脉冲信号来控制电磁阀的动作,使油路中的液压稳定、下降或上升。

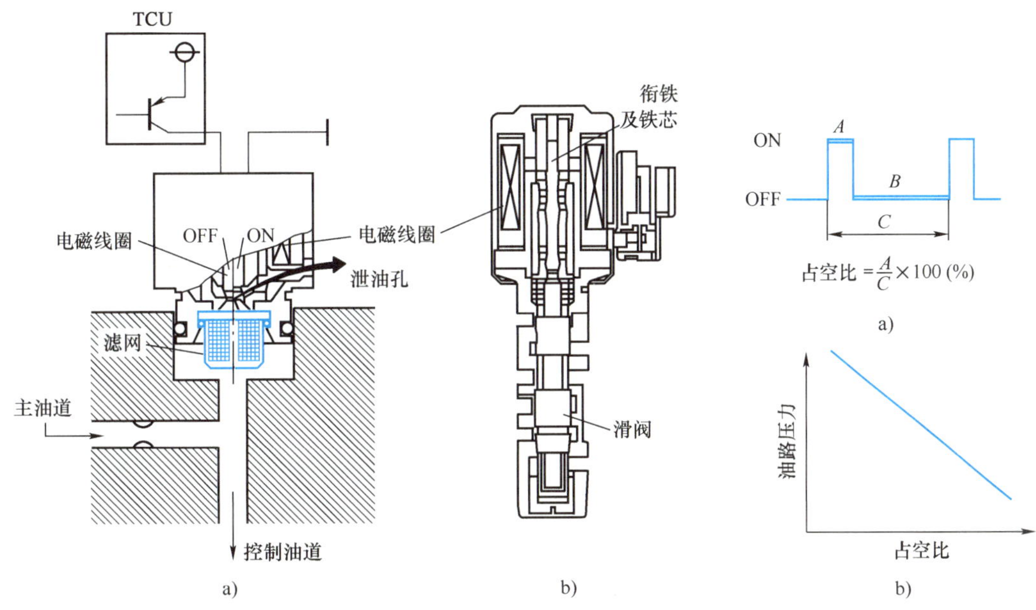

图 4-36 脉冲式电磁阀的结构
a)普通脉冲式电磁阀;b)滑阀式脉冲电磁阀

图 4-37 脉冲式电磁阀的信号
a)占空比的定义;b)占空比与油路压力的关系

主油压电磁阀是通过对节气门油压的控制,进而完成对主油压和换挡时机的控制。

一部分控制油压通过节流孔形成节气门油压。主油压电磁阀则是以通断频率 50Hz(每秒 50 次)来调节节气门油压,具体的通断频率是根据 TCU 的指令,即循环断电比来进行调节的。

随着节气门开度的增大和减小,断电比在 20% ~90% 间变化。节气门开度增大时,断电比增大,泄油量减少,节气门油压较高。节气门开度减少时,断电比减少,泄油量增多,节气门油压较低。

形成节气门油压后,再作用在主调压阀调压弹簧一侧,形成反馈调节,调节控制的油压为调节主油压,实现了对主油压的再控制。

经主油压电磁阀调节后的节气门油压作用在执行机构,即换挡阀有附加弹簧的一侧,参与换挡时机的控制。

TCU 通过对主油压电磁阀的控制，得到更加精确的节气门油压，再以油压控制相应挡位上离合器的动作。经主油压电磁阀调节过的换挡时的油压，较液压控制自动变速器要小，这样可减少换挡时的冲击，提高换挡品质。适当降低主油压，还可降低油泵负荷，减少发动机油耗。

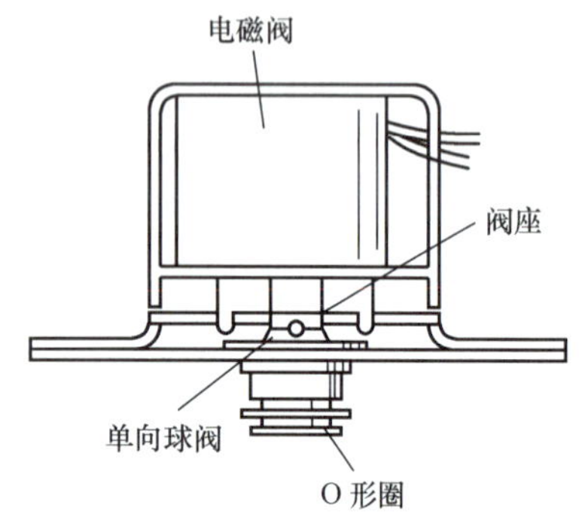

图 4-38　典型的锁止电磁阀

自动变速器油温度较低时，油液黏度较大。在自动变速器温度低于 60℃时，主油压电磁阀根据 TCU 的指令提高节气门油压，进而将调节主油压控制在比常用油压偏低的状态。使自动变速器不能升入 4 挡（速控油压大于节气门油压和附加弹簧时，自动变速器才能升挡）。

锁止电磁阀：锁止电磁阀是通过对执行油压进行控制，以提高乘坐的舒适性。典型的锁止电磁阀如图 4-38 所示。

在锁止电磁阀被 TCU 接通负极后，通断频率可达到 50Hz，通过对锁止离合器（TCC）即锁止电磁阀通断频率的控制，达到控制变矩器锁止油压的目的。

当 TCU 接通锁止电磁阀的搭铁回路时，锁止离合器压盘与变矩器壳之间自动变速器油被排出，来自第二调压阀的锁止离合器接合油压，压紧锁止离合器压盘与变矩器壳之间的接触，锁止电磁阀通过在锁止过程中通断频率的控制，和第二调压阀及锁止离合器的其余阀的控制，提高锁止离合器接合的平稳性。

③按电磁阀通断形式分类。

所谓按通断形式分类，就是根据 TCU 在没有发出指令前（接通负极）电磁阀是否保持畅通，分为常开式和常闭式两种。

常闭式（正向蓄电池电压）：没接上负极前应保证完全密封；接上负极动作时，电磁阀柱塞离开阀座，打开泄油孔，主油路油压降低。

常开式（反向蓄电池电压）：在没接上负极前，即电磁没有动作时，柱塞离开滑座，打开泄油孔，主油路压力降低；电磁阀接上负极时，柱塞关闭泄油孔，应保证完全密封。

一些早期生产的自动变速器和一些微型汽车的自动变速器上只有 1 个电磁阀。而德国大众公司、美国通用汽车公司和福特公司等生产的一些自动变速器上最多的装有 8 个电磁阀。如果自动变速器上只有 1 个电磁阀，该电磁阀是自动变速器 3 挡和 4 挡的换挡电磁阀或变矩器的锁止电磁阀。

拆下该电磁阀，在没有电压情况下，用嘴吹油路接头，根据气流畅通与否可分辨出是哪种电磁阀：气流畅通的是锁止电磁阀，气流不畅通的是换挡电磁阀。

电磁阀在自动变速器液压控制阀中的安装位置，因自动变速器形式不同而有所差异，下面以常见的装有 4 个、5 个和 7 个电磁阀的自动变速器为例，说明其在液压控制阀中的安装位置。图 4-39 为装有 4 个电磁阀的自动变速器电磁阀的安装位置图。

1 号和 2 号电磁阀为换挡电磁阀；3 号电磁阀为锁止离合器电磁阀；4 号电磁阀为主油压电磁阀。

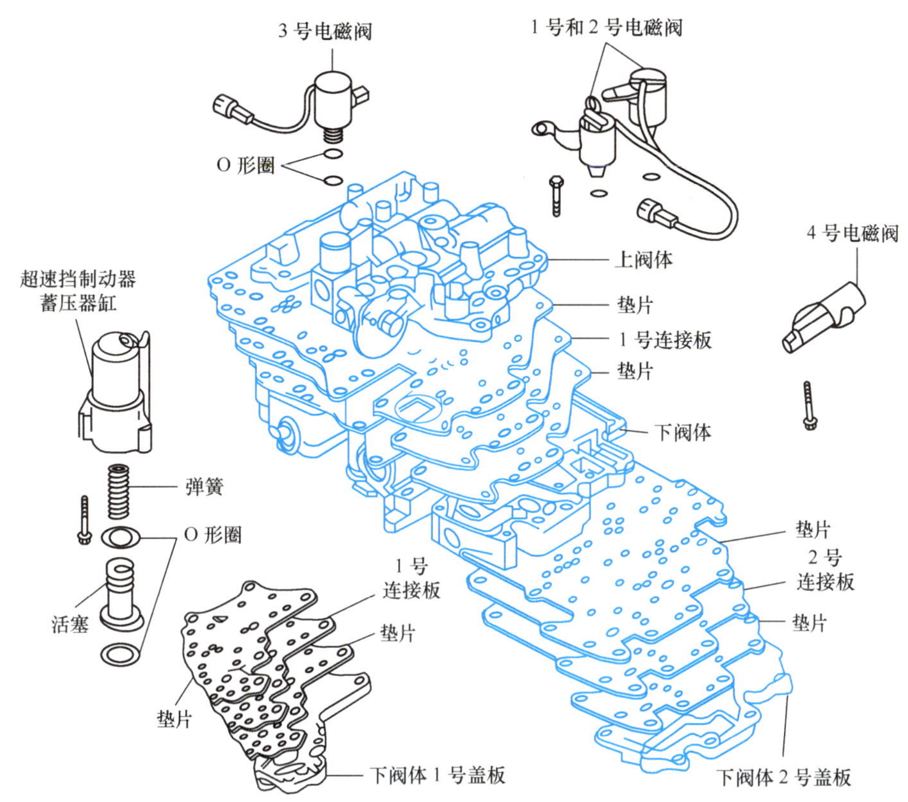

图4-39 4个电磁阀在控制阀上的位置图

图4-40为装有5个电磁阀的自动变速器中电磁阀的位置图。

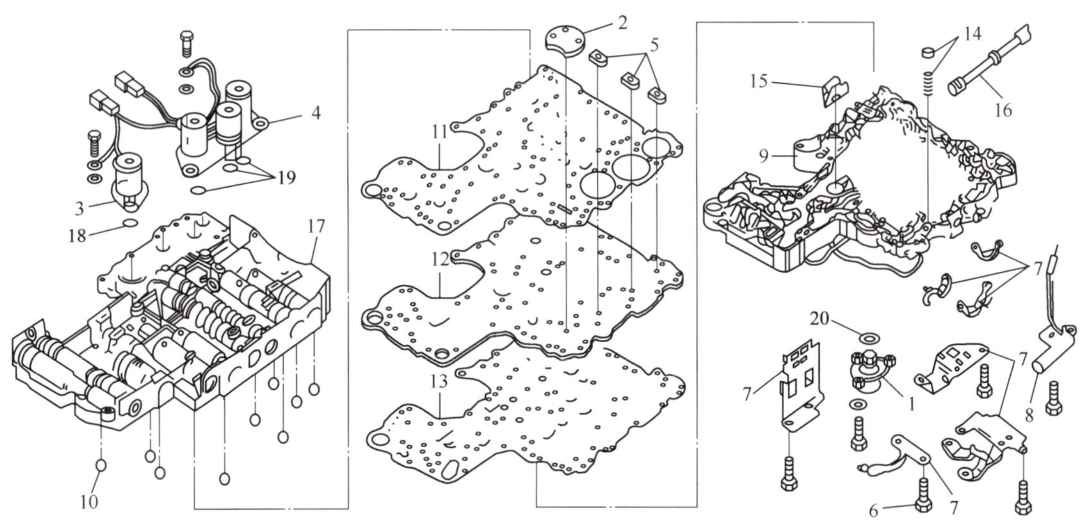

图4-40 5个电磁阀在控制阀上的位置图

1-锁止电磁阀;2-侧板;3-主油压电磁阀;4-超越离合器电磁阀和换挡电磁阀A(元件板上前两个是换挡电磁阀,后一个是超越离合器电磁阀);5-挡盘;6-紧固螺栓和螺母;7-支座;8-自动变速器油温传感器(四轮驱动);9-下阀体;10-钢珠;11-上密封垫;12-分隔板;13-下密封垫;14-节流孔止回阀及弹簧;15-先导阀滤清器;16-手控制阀;17-上阀体;18、19、20-O形圈

图4-41是装有7个电磁阀的自动变速器中电磁阀的位置图。

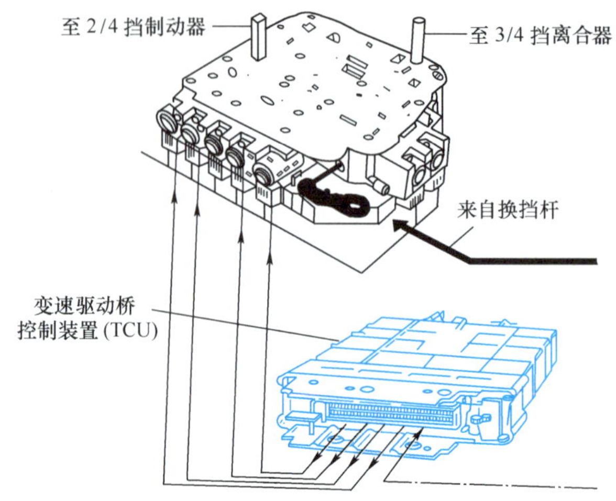

图4-41　7个电磁阀在控制阀上的位置图

奔驰等高档汽车的自动变速器中还装有强制降挡电磁阀。打开点火开关，将加速踏板踩到底，在车下应能听到强制降挡电磁阀工作发出的“咔”声，如听不到说明该电磁阀发生卡滞或其他原因造成该阀没有工作。强制降挡电磁阀卡滞在降挡端时，汽车便不能升挡，自动变速器只有1挡。

4.2.3　自动变速器电控系统的失效保护功能

4.2.3.1　TCU的失效保护功能

电子控制单元(TCU)因接口接触不良、发生腐蚀或其他故障，导致电阻值增大，造成控制单元电源电压不足；或者测出自动变速器有故障，如离合器或制动器打滑，主油压或其他油压因内部泄漏导致油压下降，TCU便会采取自我保护措施，自动切断电子控制回路，于是自动变速器只有P挡、N挡、R挡和2挡，不能升降挡。

4.2.3.2　传感器的失效保护功能

(1)节气门位置传感器的失效保护。节气门位置传感器出现故障，TCU根据怠速开关状态进行控制。

怠速开关断开时(加速踏板踩下)，按节气门开度的1/2进行控制。

怠速开关闭合时(加速踏板放松)，按节气门完全关闭进行控制。

(2)2号车速传感器的失效保护。部分汽车自动变速器的1号车速传感器有一根线通TCU，作为备用线路，在2号车速传感器失效后，投入工作，自动变速器仍可自动换挡，但有些汽车自动变速器的1号车速传感器只负责里程表。

当车速传感器发生故障后，TCU无法进行自动换挡控制，于是可能出现两种不同的失效保护方法：

①大部分汽车的自动变速器按换挡手柄位置决定挡位；

②另有部分汽车的自动变速器无论换挡杆在任何前进挡位都固定在1挡。

(3)输入轴转速传感器的失效保护。部分高档汽车装有输入轴转速传感器、扭力转换电磁阀及扭力转换缓冲电磁阀。当输入轴转速传感器发生故障时,扭力转换电磁阀及扭力转换缓冲电磁阀失去控制,此时换挡冲击有所增大。

(4)自动变速器油温传感器失效保护。美国汽车的自动变速器上普遍装有自动变速器油温传感器(装在控制阀上)。自动变速器油温传感器失效后,TCU按自动变速器油温为80℃进行控制。

4.2.3.3 执行器的失效保护功能

(1)换挡电磁阀的失效保护。换挡电磁阀失效后,有两种不同的保护措施:

①部分汽车自动变速器只要有一个换挡电磁阀发生故障,即停止所有换挡电磁阀的工作,汽车在前进方向上只有一个固定的2挡。

②另外,有些汽车的自动变速器,当一个换挡电磁阀发生故障后,TCU仍可控制其他换挡电磁阀工作,除了发生故障的该电磁阀所负责的挡位不工作外,其余的挡位仍可实现自动换挡。

(2)锁止离合器电磁阀的失效保护。锁止离合器电磁阀失效后,TCU停止对液力变矩器内锁止离合器的控制,使锁止离合器始终处于分离状态。

5 自动变速器的维修

5.1 自动变速器的二级维护

5.1.1 检查、更换自动变速器油

5.1.1.1 检查油位

检查油位的正确步骤是:

(1)发动机和自动变速器达到正常的工作温度(T=70~80℃)。

(2)车辆停稳,拉紧驻车制动器操纵杆,在N位起动发动机。

(3)使发动机怠速运转。将手柄依次推入所有挡位,并在各挡位停留片刻。最后推至P位。

(4)从自动变速器加油管中拉出油尺,擦拭干净,插入原位。

(5)拉出油尺检查油位(W:正常工作温度标准范围;HOT:温度过热范围;COOL:温度过冷范围)。

5.1.1.2 检查自动变速器油品质

判断自动变速器油的品质可以从颜色、气味和是否含有杂质等方面入手。自动变速器的颜色应当是鲜红色。但是某些Dexron-Ⅱ型自动变速器油在使用初期颜色会变暗,这是正常现象。如果呈棕色或黑色,说明油液中含有烧蚀的摩擦材料等大量杂质。若油液呈红色或白色,表明发动机散热器的油冷却器出现泄漏冷却液的故障。

合格的自动变速器油应该有类似新机油的气味。烧焦的味道意味着执行元件打滑或自动变速器过热。如果有清漆味则说明油液氧化或变质。若油液带有泡沫,可能是由于油泵进油道渗入了空气。

一旦自动变速器油出现上述现象中的任何一种,就应该立即更换。

5.1.1.3　更换自动变速器油

自动变速器油主要存在于油底壳、液力变矩器、执行元件油缸及油道当中。在常规维护时通常只换油底壳的油液。

5.1.2　检查、调整节气门连杆机构

节气门连杆机构位于节气门与节气门阀之间，传递节气门开度信号，控制节气门阀的输出油压。如果节气门连杆机构不能提供正确反映发动机负荷的信号，会造成换挡点不符合自动换挡规律的故障，换挡品质也将受到影响。节气阀有机械式和真空式两种类型。机械式主要调整节气门拉索，如图4-42所示；真空式还要检查真空调节器。

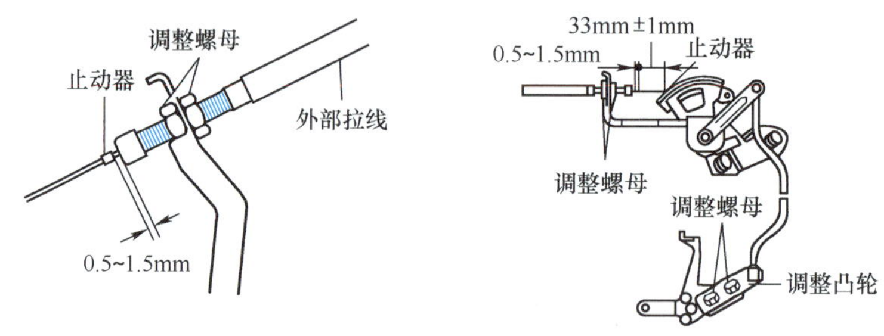

图4-42　节气门拉索的调整

5.1.3　检查和调整手控连杆机构

检查和调整手控连杆机构的重点部位是手控连杆机构位于自动变速器壳体外的部分。调整步骤：

(1)用千斤顶顶起汽车。

(2)选挡操纵手柄推至P位，然后转动驱动轴。如果驱动轴无法转动，说明手控连杆机构工作可靠。如果驱动轴可以被转动，表明手控连杆机构需要进行调整。

(3)找到手控连杆机构的调整部位，将其放松。

(4)调整手控连杆机构，然后将调整部位拧紧。

(5)重复步骤(2)，检查驱动轴是否已可靠锁止。

(6)采取可靠的行车制动。

(7)将选挡操纵手柄推至各个挡位，起动发动机。如果发动机只有在N位或P位才能起动，说明空挡起动开关工作正常。否则，需要检查空挡起动开关。

5.1.4　调整制动间隙

制动间隙的调整有内部调整和外部调整两种方式，调整原理基本相同。先将制动带支承座上的调整螺钉旋入，完全消除制动间隙，再反向旋出若干圈，使制动间隙调整到规定范围(一般内部调整为旋出2.5圈；外部调整为旋出3.5圈)。

5.1.5　检查发动机怠速

不同型号发动机的怠速转速各不相同，怠速过高会造成换挡冲击。当汽车换至前进挡时，车辆出现蠕动现象。如果怠速过低，当选挡操纵手柄从N位或P位换到其他位置时，车身将振动，甚至熄火。因此，必须检查发动机怠速。

5.2　自动变速器的检修

5.2.1　检修程序

自动变速器的检修程序可分为两类:一类应用于液控自动变速器;另一类应用于电控自动变速器。

5.2.1.1　液控自动变速器的检修程序:

(1)初步检查。

(2)失速试验。

(3)时滞试验。

(4)道路试验。

(5)液压试验。

(6)主要零部件检修。

5.2.1.2　电控自动变速器的检修程序:

(1)初步检查。

(2)读取故障码。

(3)手动换挡试验。

(4)机械系统试验[同液控自动变速器的(2)~(5)项]。

(5)电控系统检查。

(6)故障诊断表。

(7)车上修理与车下修理。

5.2.2　自动变速器的检验

检验的目的是发现故障部位,以确定修理方法。

5.2.2.1　初步检查

初步检查的目的是检验自动变速器是否还具备正常工作的能力。它主要包括发动机怠速、自动变速器液位、节气门全开、节气门阀拉索、空挡起动开关及超速挡开关的检验等。

5.2.2.2　失速试验

(1)目的:检查发动机输出功率的大小,变矩器性能的好坏(主要是导轮)和自动变速器的离合器和制动器是否打滑。

(2)方法及步骤,如图4-43所示。

①用驻车制动和行车制动将车轮制动死;

②手柄分别处在D位或R位的位置;

③油温应在正常状态(50~80℃);

④发动机怠速运转,猛踩一脚加速踏板,使节气门全开,时间不超过5s,试验次数不多于3次;

⑤读出发动机的转速值,该转速称为失速转速,一般为2000r/min左右。

(3)性能分析:

①当发动机转速为2000r/min时为正常状态。

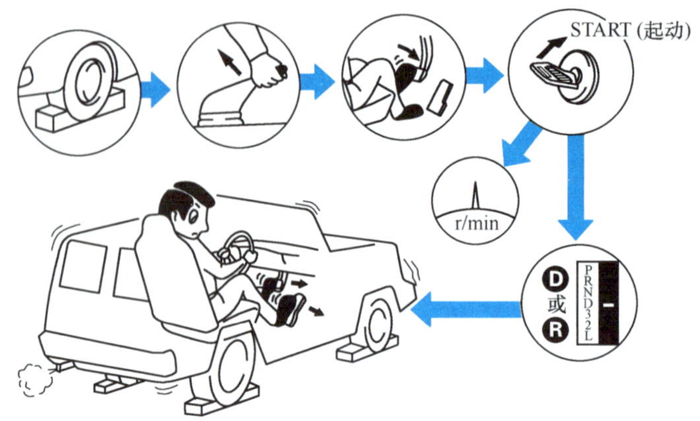

图 4-43　失速试验

②当 D 位和 R 位转速相同,低于规定值时,说明发动机功率不足;如发动机转速低于规定值但高于 600r/min 时,说明变矩器导轮的单向离合器打滑。

③当 D 位和 R 位转速相同,都超过规定值时,说明油泵油压过低、油量不足、油质过差、主油路压力过低等原因,造成离合器和制动器打滑;如果转速过高,高于规定值 500r/min 以上,是变矩器损坏失效(叶片损坏)。

④只在 D 位高于规定值时,说明在 D 位位下工作的离合器或制动器打滑,控制油压过低,油泵或主调压阀故障。

⑤只在 R 位高于规定值时,说明在 R 位位下工作的离合器或制动器打滑,控制油压过低,油泵或主调压阀故障。

5.2.2.3　时滞试验

(1)目的:进一步检查离合器、制动器磨损情况和控制油压是否正常。

(2)方法及步骤,如图 4-44 所示。

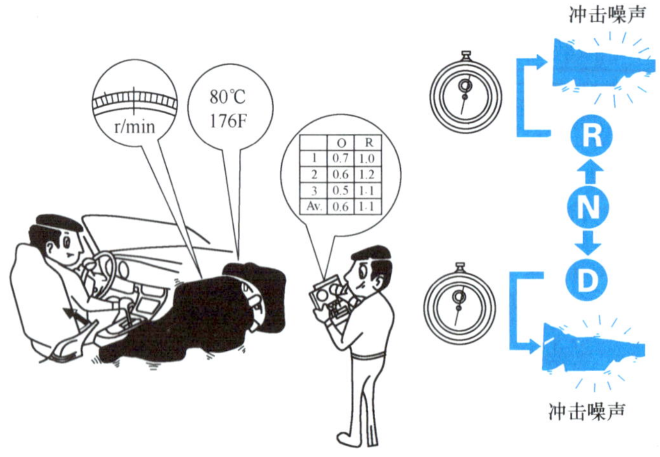

图 4-44　时滞试验

①手柄在 N 位位置,拉紧驻车制动器操纵杆和踩下行车制动器,起动发动机,检查发动机怠速,使发动机保持怠速运转,油温正常;

②分别从 N 位换入 D 位和 R 位，间隔时间为 1min，以便使离合器、制动器恢复全开状态；

③用秒表测量有振动感时经历的时间（换挡冲击）。

（3）性能分析：

标准值：N→D：1.2s；N→R：1.6s。

①时滞过长：片间和带鼓间隙过大或控制油压过低；

②时滞过短：片间和带鼓间隙调整不当或控制油压过高；

③每次试验间隔时间为 1min，取 3 次平均值为据。

5.2.2.4　液压试验

（1）目的：测量控制管路中的液压，用来判断各种泵、阀工作性能的好坏，以便调整或换件修理。

（2）方法及步骤，如图 4-45 所示。

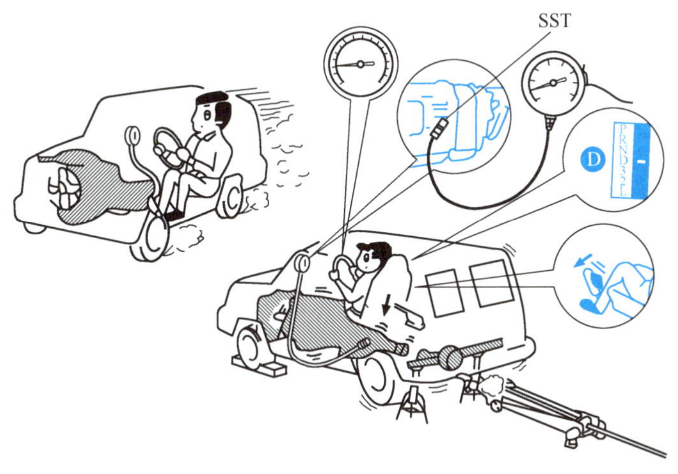

图 4-45　油压试验

主要测量主油路油压、速控阀油压、节气门阀油压、R 位制动器油压等。一般在壳体上有各自的测压孔，其多少因机而异。以主油路油压的试验方法为例：

①拉紧驻车制动器操纵杆，起动发动机，达到正常油温（50～80℃）；

②测出 D 位和 R 位在怠速时油压数值，与规定值比较。

（3）性能分析：

①D 位、R 位都过高：主油路调压阀有故障，可更换新弹簧或调节垫片的数量；

②D 位、R 位都过低：主油路调压阀有故障，调整或更换弹簧，如仍偏低，为油泵故障；

③只有 D 位过低：D 位油路有漏泄或前离合器漏油；

④只有 R 位过低：R 位油路有漏泄或后离合器漏油。

5.2.2.5　道路试验

（1）目的：进一步检查自动变速器的使用性能和换挡性能，集中在换挡点（升挡、降挡）、换挡冲击、振动、噪声、打滑等方面。

（2）方法：路试前必须排除发动机和底盘的故障，油温正常。凭感觉和车速表及转速表检查 D 位、O/D 位、R 位、P 位的性能，试验后的结果要与示功图对照。

5.2.3　自动变速器主要零件的检修

5.2.3.1　拆卸与分解

一般自动变速器的拆卸步骤：

(1)拆下蓄电池负极接线；拆下节气门拉索；拆下空挡起动开关等。

(2)举起车辆，放出自动变速器油。

(3)拆下传动轴、排气管夹和排气管等。

(4)拆下变速杆、里程表软轴、速度计从动齿轮和两根自动变速器油冷却管，拆下起动机，用千斤顶支承自动变速器。

(5)拆下发动机后部的检修孔盖，转动曲轴，依次拆下液力变矩器安装螺栓，使变矩器紧固在自动变速器上，然后拆下自动变速器固定螺栓，把自动变速器向后拉出，放在固定架或工作台上。

(6)一般分解步骤：先放一油盆在液力变矩器下面，拆下液力变矩器，放入油盆中；拆下油底壳、油管及滤清器；再分别拆下阀体、油泵、行星齿轮机构及执行机构等。

5.2.3.2　主要零件的检修

(1)液力变矩器的检修。检查传动板是否有破裂、严重磨损及较大变形，用千分表测量，如图 4-46 所示，如果超过 0.20mm 或者齿圈损坏，则应更换传动板。检查其轴套的径向摆差，如图 4-47 所示，如超过 0.30mm，应校正变矩器的安装位置，如摆差无法校正时，应更换液力变矩器。

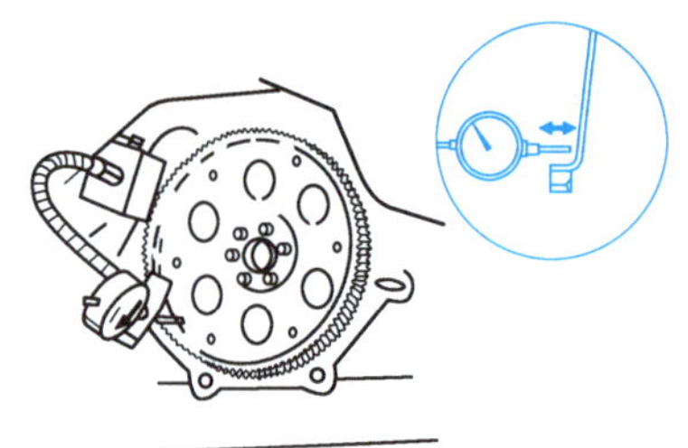

图 4-46　液力变矩器传动板的径向摆差测量

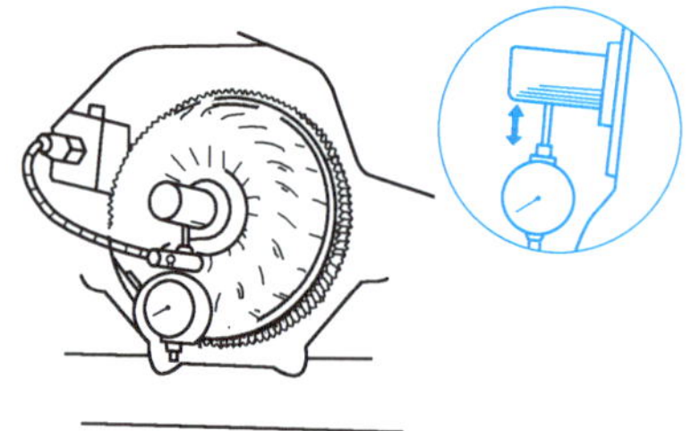

图 4-47　液力变矩器轴套径向摆差的测量

(2)延伸壳及内部零件。检查延伸壳、速度计齿轮和输出轴有无破裂、磨损或损坏，如有损坏则必须更换。检查延伸壳后油封是否漏油，如有泄漏或拆装时油封损坏则必须予以更换，检查停车锁爪能否正常工作。

(3)阀体和调速器。阀体和调速器要用专用设备进行检测，在一般情况下损坏较少。可根据故障现象修理或更换总成。

主油路调压阀与阀孔配合间隙极小，液压油稍有变质，即会发生漏油、卡滞等故障，导致主油路油压不正常，直接影响自动变速器的使用性能。另外，弹簧预紧力是否正常，也是影响油压高低的因素之一。因此，主油路油压的高低必须作定期的检验，通常在壳体上都制有测压孔。

(4)执行机构。离合器和制动器主要检查摩擦片和钢片的磨损，摩擦片可根据其颜色来判定磨损情况，若磨损严重则必须予以更换。活塞密封圈拆卸后，予以更换，并按规定的方向装复。

检修时需检查离合器的自由间隙。离合器片厚 1.5 ~ 2.0mm；平均每片间的间隙为 0.3 ~ 0.5mm；总间隙因片数不同，一般为 2 ~ 5mm，可通过压紧复位弹簧，测量压板与卡簧间的间隙来取得。如间隙过大，说明离合器片已磨薄，传力时打滑；如间隙过小，造成分离不彻底，可更换薄卡环或薄压板进行调整。

离合器片是易损件，极易磨损。行驶中打滑是故障的象征。摩擦片打滑带来了油液温度的急剧上升。如冷却器和散热器在一起，冷却液温度也将明显上升，甚至沸腾。

单向离合器的测试，固定内圈，外圈顺时针方向可转动，逆时针方向必须锁止；固定外圈，内圈逆时针方向可转动，顺时针方向必须锁止。

(5) 行星齿轮机构。行星齿轮机构主要检查齿轮磨损、啮合情况。在自动变速器所有零件中，行星齿轮机构的寿命是最长的，它们不承受任何换挡冲击，在正常使用的条件下它的工作寿命不低于 40 万 km。主要检查以下内容：

①行星齿轮和轴有无变黑现象，如变黑，说明在工作时严重超载，行星架或行星轮轴可能会发生变形。

修理时可更换行星齿轮机构总成（齿轮应成对更换），或更换行星架和行星轮轴。行星轮轴端部有旋转刀口时，用螺丝刀将轴拆下。安装时要用凡士林把轴与套筒的滚针轴承粘好。

②检查行星齿轮端部的工作间隙，行星齿轮和行星架的轴向间隙正常值为 0.2 ~ 0.7mm，用厚薄规检测，该处间隙超过 0.8mm，应更换行星齿轮机构或行星架。

行星齿轮和行星架工作间隙过大，是造成行星齿轮在工作中产生异响的主要原因，行星齿轮和行星架工作间隙的检测方法如图 4-48 所示。

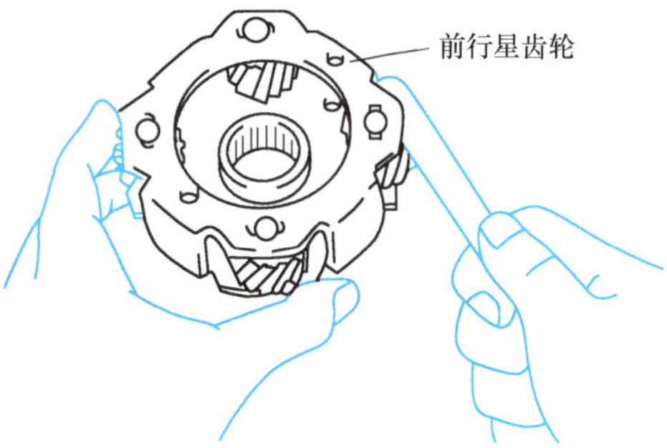

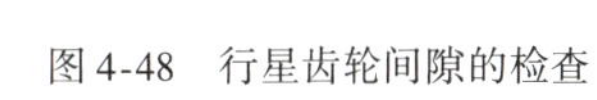

图 4-48　行星齿轮间隙的检查

(6) 油泵的检修。油泵各零件之间的间隙分别为：

①齿轮平面与壳体的间隙为 0.02 ~ 0.05mm；

②被动齿轮外圆与壳体的间隙为 0.10 ~ 0.15mm；

③主动齿轮与月牙板之间的间隙为 0.10 ~ 0.30mm；

④从动齿轮与月牙板之间的间隙为 0.05 ~ 0.10mm。

油泵是用变矩器泵轮套筒的凸爪驱动。为此，泵轮的转动摆差不能大于 0.30mm。否则，油泵的月牙板等处损坏，油泵即报废。

5.3　自动变速器的装配

自动变速器大修完后，按下列原则进行装配：

(1) 将所有零件清洗干净，按序摆放。

(2) 更换的离合器和制动器摩擦片应该放在盛有自动变速器油的容器中浸泡 30min 以

上再进行装配。

(3)认准各种推力轴承和密封圈、油封的编号及安装位置，推力轴承涂上凡士林，密封圈和油封刃口涂上自动变速器油。

(4)装配自动变速器时应遵循从后向前逐次装配的原则。

(5)将自动变速器壳体前端向上，依次装配行星齿轮变速机构，并调整各执行元件之间的间隙。

(6)安装油泵、阀体、油底壳及前后自动变速器壳体。

(7)安装液力变矩器和所有外围零件。

(8)按照与从车上拆下的相反顺序将自动变速器装车，连接操纵机构和电气线路。

5.4 自动变速器的使用

5.4.1 车辆的起动

装有自动变速器的汽车在起动时，要将变速杆置于P位或N位，然后起动发动机。发动机起动后，按常规预热、升温，待冷却液温度及变速器油温达到正常值后再起步。

5.4.2 自动变速器各挡位的功用

自动变速器变速杆的布置如图4-49所示。

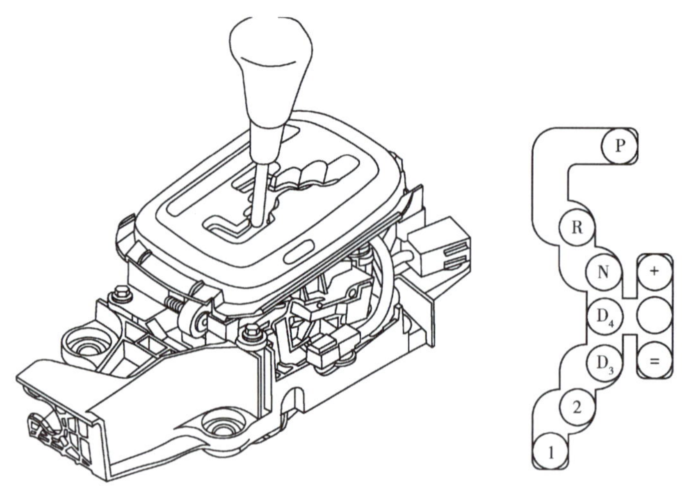

图4-49　自动变速器变速杆

P位：停车挡，位于挡位面板最前端。变速杆处于该位置时，自动变速器的输出轴被机械锁止，驱动轮不能转动，防止汽车移动。此时，所有换挡执行元件均不工作，行星齿轮机构处于空挡状态。

R位：倒挡，位于挡位面板第二位。变速杆处于该位置时可倒车。

N位：空挡，位于倒挡和前进挡之间。变速杆位于空挡时，所有换挡执行元件均不工作，行星齿轮机构处于自由状态，变速器向外没有动力输出。

D位：前进挡，位于空挡之后。变速杆位于前进挡时，汽车将会根据发动机转速、车速、节气门开度等条件的变化，在1、2、3、4挡之间自动的变换。D位是汽车行驶过程中使用最多的挡位。

S 位和 L 位:前进低挡。变速杆在 S 位(有些汽车标注为 3 位)时,自动变速器在 1、2、3 挡之间自动变换;变速杆在 L 位(有些汽车标注为 2 位或 1-2 位)时,自动变速器只在 1、2 挡之间变换。有些自动变速器还有 1 位,则固定在 1 挡。前进低挡主要用于不良路面行驶或坡道行驶。

5.4.3 自动变速器控制开关的使用

(1)超速挡开关(O/D 开关)。变速杆在 D 位时,打开超速挡开关,自动变速器随车速的提高而升挡,最高可升 4 挡;关闭超速挡开关,自动变速器只能升至 3 挡,同时仪表板上的“O/D OFF”指示灯点亮。

(2)行驶模式开关。驾驶员可根据个人的驾驶习惯选择行驶模式。在爬坡或超车时选择动力模式,可使汽车获得最大的动力性;在良好路面行驶时选择经济模式,可使汽车获得最佳的经济性;在冰雪路面行驶时选择雪地模式,可以避免车辆起步时驱动轮打滑。按下不同的行驶模式开关,即可选择相应的行驶模式。

5.4.4 自动变速器使用注意事项

(1)在将变速杆从 P 位换至其他任何挡位或从其他任何挡位换至 P 位,从任何挡位换至 R 位,按“D 位→S 位→L 位”顺序换挡等任一情况时,必须按下变速杆手柄端部的锁止按钮,方可移动变速杆。

(2)禁止在汽车行驶中将变速杆换入 N 位或在下坡时空挡滑行。否则,由于发动机怠速运转,使自动变速器的油泵泵油量减小,造成变速器机件润滑不良而损坏。

(3)当汽车没有完全停稳时,不允许从前进挡换至倒挡,也不允许从倒挡换至前进挡。一定要在汽车停稳后才能将变速杆换至 P 位。

(4)汽车行驶过程中,要根据路况和行驶条件选择合适的挡位,充分发挥自动变速器的性能,不要在任何情况下都采用 D 位行驶。

(5)装有自动变速器的汽车因故障熄火不能行驶时,严禁用其他车辆牵引,否则会因油泵没有工作而造成零部件烧蚀。

6 自动变速器的故障诊断

自动变速器出现故障但无故障码输出时,就应根据故障的现象来分析可能出现的原因,以正确的方法查找故障的确切部位。诊断前,应先通过与用户的交流对故障的整个过程有全面的了解,这有利于对故障进行正确判断,特别是车辆以往的使用、维护、修理情况及故障开始发生的一些情况。诊断时,一般先用直观法检查,主要依靠“望、听、摸、闻”等方法。所谓“望”,是指看清自动变速器的型号,看静止状态时自动变速器的情况,如是否漏油,油底壳是否变形,轴是否松动等;所谓“听”,是指利用一些工具、设备及经验来判定异响产生的部位;所谓“摸”,主要是感觉自动变速器温度的变化和电器元件的温度;所谓“闻”,就是判断自动变速器有无异常的气味,如果有异常气味可能是导线过热熔化,自动变速器油烧焦等。

下面以自动变速器常见故障为例,分析其故障现象、产生的原因和诊断方法。

6.1 自动变速器油易变质

6.1.1 故障现象

更换后的自动变速器油在较短的时间内就会变质,且自动变速器油温过高(有焦味或可从加油口看到冒烟)。

6.1.2 故障原因

(1)使用不当造成油温过高而导致自动变速器油过早变质,如过于频繁地急加速、经常超负荷行驶、经常超速行驶等。

(2)自动变速器油本身品质不佳,使用的自动变速器油品质达不到使用要求或受到了污染。

(3)自动变速器到冷却器的油管有堵塞,冷却器的限压阀卡滞,使自动变速器油得不到及时冷却而温度过高。

(4)自动变速器中离合器或制动器的间隙过小,在不工作时摩擦打滑,造成油温过高而变质。

(5)主油路的油压过低,使得离合器和制动器在工作时打滑而造成油温过高。

6.1.3 故障诊断与排除

使汽车以中、低速行驶5~10min,当自动变速器达到正常工作温度时,在发动机运转的情况下检查自动变速器油冷却器的温度,冷却器正常的温度应为60℃左右。

(1)如果冷却器温度过低,说明自动变速器至冷却器通道有堵塞,应检修其油管和冷却器限压阀。

(2)如果冷却器温度过高,说明离合器和制动器间隙太小,应拆检自动变速器。

(3)如果冷却器温度正常,则需检测主油路的压力是否正常。

若上述检查均为正常,则可能是自动变速器使用不当或自动变速器油本身的问题,应将自动变速器油全部放出,加入规定牌号的自动变速器油。

6.2 汽车不能行驶

6.2.1 故障现象

操纵手柄置于任一前进挡或倒挡,汽车均不能行驶。

6.2.2 故障原因

(1)因泄漏而使自动变速器油过少,从而导致变矩器不能传递动力或自动变速器换挡执行机构不能正常工作。

(2)油泵损坏或油泵进油滤网严重堵塞,导致自动变速器主油路不能建立正常油压而使汽车不能行驶。

(3)操纵手柄与手控阀之间的连接杆或拉索松脱,使得操纵手柄置于倒挡或前进挡时,手控阀仍然在空挡或停车挡位置。

(4)液控系统中的主油路或主油路油压调节器有堵塞,从而导致变矩器不能传递动力或自动变速器换挡执行机构不能正常工作。

(5)自动变速器机械系统有损坏而不能传递动力。

(6)变矩器损坏而不能传递动力。

6.2.3　故障诊断与排除

先检查自动变速器的油面高度,如油面过低,应检查自动变速器油底壳、冷却器及油管接头处有无破损漏油;如油面正常,应检查自动变速器操纵手柄与手控阀摇臂之间有无松脱。如无松脱,应检查主油路的油压。拆下主油路测压孔上的螺塞,起动发动机,将操纵手柄置于倒挡或前进挡,看测压孔有无液压油流出。

(1)如果测压孔无液压油流出,或虽有油流出但流量很小(油压很低),应打开自动变速器油底壳,检查油泵的滤网有无堵塞。若滤网无堵塞,则需拆开自动变速器检查油泵、油压调节器及有关的油路。

(2)如果在冷车起动时有一定的油压,而在温度上升后油压明显下降,则说明是油泵磨损严重,应更换油泵。

(3)如果测压孔有大量油喷出,说明自动变速器不传递动力不是由于主油路无油压造成的。这时,可拆下自动变速器油底壳,检查手控阀摇臂轴与摇臂之间是否松脱。若没有松脱,则需拆检自动变速器齿轮系统。如果自动变速器齿轮系统无故障,则需检查或更换液力变矩器。

6.3　自动变速器打滑

6.3.1　故障现象

在汽车起步踩下加速踏板时,发动机转速上升很快但车速上升缓慢;在加速时,发动机转速很高但车速不能很快提高;在上坡时,汽车行驶无力,但发动机的转速却很高。

6.3.2　故障原因

(1)自动变速器油平面过低而造成主油路的油压过低,导致离合器和制动器打滑。

(2)离合器或制动器摩擦片(或制动带)磨损严重或已烧焦而引起打滑。

(3)油泵磨损严重或主油路有泄漏而造成主油路的油压过低。

(4)自动变速器中单向离合器打滑。

(5)离合器或制动器活塞密封圈损坏而漏油,导致油压过低。

6.3.3　故障诊断与排除

6.3.3.1　检查自动变速器油平面和油的品质

如果是油平面过低,添加自动变速器油至油平面适当后再检查自动变速器是否打滑。

如果自动变速器油呈棕黑色或有烧焦味,则可能是离合器或制动器摩擦片已烧坏,应拆检自动变速器。

如果油平面和油质均正常,则进行下一步检查。

6.3.3.2　进行道路试验

根据其打滑的规律判断故障的部位。以 4 个前进挡辛普森式行星齿轮自动变速器为例，打滑的规律和可能的故障部位如下：

(1)若在前进挡时都有打滑现象而在倒挡时不打滑，则为前进挡离合器打滑。

(2)在 D 位和 1 挡打滑而在 L 位时的 1 挡不打滑，则为前进单向离合器打滑。

(3)若在 D 位和 L 位的 2 挡都打滑，则为 2 挡制动器打滑。

(4)若在 D 位的 2 挡打滑而在 2 位时的 2 挡不打滑，则为 2 挡单向离合器打滑。

(5)若在 D 位和 L 位下的 2 挡都打滑，则为 2 挡制动器打滑。

(6)若只是在 3 挡时有打滑现象，则为倒挡及高挡离合器打滑。

(7)若只是在超速挡时有打滑现象，则为超速挡制动器打滑。

(8)若在倒挡和高挡时都有打滑现象，则为倒挡及高挡离合器打滑。

(9)若在倒挡和 1 挡时有打滑现象，则为低挡及倒挡制动器打滑。

(10)若在前进挡和倒挡时均有打滑现象，则可能是主油路的油压过低。

6.3.3.3　检查主油路的油压

在拆检自动变速器前，先检测一下主油路的油压。如果油压正常，更换已打滑(磨损过度或已烧焦)的换挡执行元件即可；如果油压过低，则应检查油泵滤网、油泵、主油路和主油路油压调节阀等。

6.4　换挡时有较大的冲击

6.4.1　故障现象

在自动变速器操纵手柄从停车挡或空挡挂入前进挡或倒挡时，汽车会有明显的振动，而在汽车行驶时，自动变速器升挡的瞬间，汽车也会有明显的冲击。

6.4.2　故障原因

(1)发动机的怠速过高而引起换挡时的冲击。

(2)节气门拉索调整不当或节气门位置传感器有故障，使主油路的油压过高导致换挡冲击。

(3)主油路油压调节器工作不良而使主油路的油压过高导致换挡冲击。

(4)主油路油压电磁阀或其线路不良而使主油路油压异常。

(5)蓄能器工作不良(如活塞卡住)而使换挡瞬间油压过高导致换挡冲击。

(6)止回阀损坏或止回阀钢球漏装而导致换挡执行元件接合过快。

(7)换挡执行元件打滑。

(8)升挡过迟而引起换挡冲击。

(9)自动变速器电控单元有故障。

6.4.3　故障诊断与排除

6.4.3.1　检查发动机的怠速

正常的发动机怠速一般为 750r/min 左右。如果怠速过高，应将其调整至规定的怠速，再检验换挡冲击故障是否消失。

6.4.3.2 检查节气门拉索或节气门位置传感器

如果节气门拉索过紧或过松，应利用调整螺母调整拉索长度，直至符合要求为止。

6.4.3.3 进行路试

判断自动变速器有无打滑或升挡过迟故障。

6.4.3.4 检查发动机怠速时的主油路油压

如果怠速时的主油路油压过高，应拆检主油路油压调节器；如果怠速时主油路油压正常，则应拆检前进挡离合器或倒挡及高挡离合器的进油止回阀是否损坏。

6.4.3.5 检查换挡时的主油路油压

正常情况下，在换挡时，主油路的油压会有瞬间的下降。如果在换挡时主油路的油压有瞬时下降，但有换挡冲击，可能是换挡执行元件的间隙太小而造成换挡冲击；如果换挡时主油路的油压没有下降，则应检查以下内容：

(1)检查主路油油压电磁阀的线路有无故障。若正常，进行下一步检查。

(2)检查主油路油压电磁能否正常工作。若正常，进行下一步检查。

(3)检查在换挡时，电脑(TCU)有无向主油路油压电磁阀输出信号。若换挡时TCU无信号输出，则需更换TCU再试；若TCU有信号输出，进行下一步检查。

(4)拆检自动变速器蓄能器，看其有无损坏。

6.5 不能升挡

6.5.1 故障现象

汽车行驶中，自动变速器始终在1挡，不能升入2挡，或虽能升入2挡，但不能升入3挡和超速挡。

6.5.2 故障原因

(1)节气门拉索或节气门位置传感器有故障。

(2)车速传感器工作不良。

(3)2挡制动器或高挡离合器有故障。

(4)换挡阀卡滞。

(5)挡位开关工作不良。

(6)换挡执行元件打滑。

(7)自动变速器电控单元工作不良。

6.5.3 故障诊断与排除

(1)进行故障自诊断操作，如果有故障码输出，则按所显示的故障码检查故障；如果无故障码输出(或按所显示的故障码排除后故障现象仍未消除)，则应进行下一步检查。

(2)检查节气门拉索或节气门位置传感器的工作情况，不符合技术要求，予以调整。

(3)检查车速传感器及其线路，如果工作不良，应予以更换。

(4)检查空挡起动开关是否良好。如果有故障，予以调整或更换。

(5)如果上述检查均未发现故障,则需拆检自动变速器,检查换挡执行元件是否磨损严重及有无泄漏。

(6)如果上述检查均正常,则需检查自动变速器电控单元有无故障。

6.6 无超速挡

6.6.1 故障现象

汽车在行驶中不能升入超速挡。

6.6.2 故障原因

(1)超速挡开关或超速挡电磁阀工作不良。

(2)超速挡制动器打滑。

(3)超速行星排的离合器或单向离合器卡死。

(4)空挡起动开关工作不良。

(5)自动变速器油温传感器工作不良。

(6)节气门位置传感器工作不良。

(7)3 挡、4 挡换挡阀卡滞。

(8)自动变速器电控单元有故障。

6.6.3 故障诊断与排除

(1)进行故障自诊断操作,如果有故障码输出,则按所显示的故障码检修故障;如果无故障码输出(或按所显示的故障码排除后,故障现象仍未消除),则进行下一步检查。

(2)检查自动变速器油温传感器。主要检测油温传感器在不同温度下的电阻,如果与标准值不符,则应更换油温传感器。

(3)检查空挡起动开关的信号。如果没有信号或信号与操纵手柄的位置不符,应调整或更换挡位开关。

(4)检查节气门位置传感器的输出信号。如果与标准值不符,应调整或更换节气门位置传感器。

(5)检查超速挡开关。当超速挡开关接通时(ON)时,触点断开,从蓄电池来的 12V 电压信号送入 TCU,允许变速器使用超速挡,这时超速指示灯应不亮;当超速挡开关断开(OFF)时,触点闭合,并将 0 电压信号送给 TCU,超速挡停止工作,这时超速挡指示灯应亮起。如果不是这样,则需检查超速挡开关电路或更换超速挡开关。

(6)检查超速挡电磁阀工作情况。打开点火开关(不起动),在按下超速挡开关按钮时,听超速挡电磁阀有无工作的响声。如果超速挡电磁阀不工作,应检查其线路或更换超速挡电磁阀。

(7)检查空载下能否升挡。用举升机将驱动轮悬空,看在空载的情况下,自动变速器能否升入超速挡。

如果空载下能升入超速挡,且升挡后车速正常,说明控制系统正常,可能是由于超速挡制动器在有负载时打滑而不能升入超速挡。

如果空载下能升入超速挡,但升挡后车速偏低,发动机转速下降,则说明超速行星排中的离合器或单向离合器卡滞。

如果空载下不能升入超速挡,则为液压控制系统或电子控制系统有故障。

(8)液压控制系统有故障,需拆开自动变速器检查3挡、4挡换挡阀有无卡滞,若有应予以修理或更换;如果是电子控制系统的故障,应检查传感器、电磁阀、自动变速器电控单元及其线路。

6.7 自动变速器异响

6.7.1 故障现象

汽车在行驶过程中自动变速器有异响,停车挂空挡后异响消失。

6.7.2 故障原因

(1)自动变速器油平面过高或过低。

(2)油泵磨损严重。

(3)变矩器锁止离合器、导轮单向离合器等损坏产生异响。

(4)行星齿轮损坏产生异响。

(5)自动变速器换挡执行元件损坏产生异响。

6.7.3 故障诊断与排除

检查自动变速器油平面的高度。如果过高,应将自动变速器油抽出至符合要求为止;如油平面过低,应添加自动变速器油至正常的高度。

用举升机将汽车举起,起动发动机,分别在空挡、前进挡和倒挡时检查自动变速器的异响情况。

如果在任何挡位下自动变速器前部始终有连续的异响,则可能是油泵或液力变矩器有故障,应拆检油泵和液力变矩器。

如果在挂入空挡后自动变速器异响就消失,则为自动变速器行星齿轮机构发出的异响,应拆检自动变速器。

自动变速器在使用过程中,除以上故障外,还有无倒挡、频繁跳挡、无发动机制动作用、不能强制降挡等故障。

6.8 电控自动变速器的故障自诊断

电控自动变速器的电脑(TCU)通常都具有自诊断功能。在进行故障自诊断测试时,为防止由于蓄电池电压低而引起系统不正常工作,应首先检查蓄电池电压是否正常。

6.8.1 故障码的读取

自动变速器故障码的读取一般有3种方式,即诊断插座跨接式、按键屏幕式和专用的测试诊断仪。以丰田车系自动变速器为例。

6.8.1.1 使用跨接线方式

(1)将点火开关置于接通位置。

(2)将 OD 开关(超速挡)也置于接通位置。

(3)用跨接线跨接诊断插座的“ECT”脚与“E1”脚,此时应注意仪表板上的“OD OFF”指示灯的闪烁情况。

(4)若“OD OFF”灯每隔 0.25s 闪烁一次表示系统正常。

(5)若系统有故障,则“OD OFF”灯便闪烁由两位数字组成的故障码。十位数字的故障码,“OD OFF”灯每隔 0.5s 闪烁一次,十位数字闪烁完毕后,间隔 1.5s 后便转换成每 0.5s 闪烁一次的个位数故障码的闪烁。而故障码与故障码之间,暂停 2.5s。

6.8.1.2 按键屏幕式

(1)将点火开关接通。

(2)同时按住“SELECT”与“INPUTM”按键 3 ~ 5s。

(3)按“SET”键 3s 以上,屏幕便显示故障信息,若同时存在两个以上的故障码,则故障码之间的间隔为 5s。

注意:诊断时,不要踩加速踏板,否则将会退出自诊断测试。

6.8.1.3 用专用测试诊断仪读取故障码

(1)关闭点火开关,连接测试诊断仪。

(2)将点火开关处于 ON 位。

(3)按起动钮 2 ~ 4s,进入自动变速器电控系统,读取故障码。

(4)记录故障码。

(5)关闭点火开关,取下测试诊断仪。

6.8.2 清除故障码

在自动变速器故障排除后,应将储存的故障码清除,为此,应将 EFI 熔断丝取下,待 10 ~ 15s 后装好,故障码便全部清除。专用测试诊断仪故障码的清除用故障码清除功能完成。

6.8.3 故障代码举例

(1)丰田车系电控自动变速器的故障码见表 4-5、表 4-6。

丰田二轮驱动型电控自动变速器的故障码 表 4-5

故障码	内容	故障码	内容
42	1 号车速传感器或线路不良	63	2 号电磁阀或线路不良
61	2 号车速传感器或线路不良	64	锁定电磁阀或其线路不良
62	1 号电磁阀或线路不良	65	4 号车速传感器或线路不良

丰田四轮驱动型电控自动变速器的故障码 表 4-6

故障码	内容	故障码	内容
44	后车速传感器或线路不良	64	锁定电磁阀或其线路不良
61	车速传感器或线路不良	73	轴间差速器 1 号控制电磁阀不良
62	1 号电磁阀或线路不良	74	轴间差速器 2 号控制电磁阀不良
63	2 号电磁阀或线路不良		

(2)通用车系4L80E/4T80E自动变速器的故障码见表4-7。

通用车系4L80E/4T80E自动变速器的故障码　　表4-7

故障码	内容	故障码	内容
12	系统正常	53	蓄电池电压过高
14	发动机温度高	58	变速器温度过高
15	发动机温度低	59	变速器温度过低
21	节气门电压信号过高	68	超速传动速比不对
22	节气门电压信号过低	73	主油压阀控制不良
24	车速信号不良	81	换挡阀B组电磁阀不良
28	压力开关不良	82	换挡阀A组电磁阀不良
39	液力变矩器不良	83	TCC电磁阀不良

(3)奥迪车系096与097型自动变速器的故障码见表4-8。

奥迪车系096与097型自动变速器的故障码　　表4-8

故障码	内容	故障码	内容
4444	系统正常	1314	多功能换挡开关不良
1111	搭铁不良	1323	强迫降挡开关不良
1113	第一组电磁阀回路不良	1332	E/S(经济/跑车)
1121	第二组电磁阀回路不良	1333	变速器油温传感器不良
1123	第三组电磁阀回路不良	2131	制动灯开关回路不良
1124	阀体或离合器组不良	2122	发动机转速信号不良
1131	第四组电磁阀回路不良	2212	节气门位置传感器不良
1133	第五组电磁阀回路不良	2234	变速器TCU输入电压过低
1141	第六组电磁阀回路不良	2314	变速器TCU与发动机TCU连接不良
1143	第七组电磁阀回路不良	4314(仅097型)	排挡杆锁定电磁阀控制回路不良
1231	变速器车速传感器不良		

7 无级变速器(CVT)

7.1 概述

7.1.1 无级变速器的发展

无级变速器(Continuously Variable Transmission,CVT)即连续可变传动,可以实现传动

比的连续改变,从而得到传动系统与发动机工况的最佳匹配。无级变速器在操作上类似自动变速器,设置有停车挡、倒车挡、空挡、前进挡,如图 4-50 所示,但是 CVT 的前进挡有无数个速比。

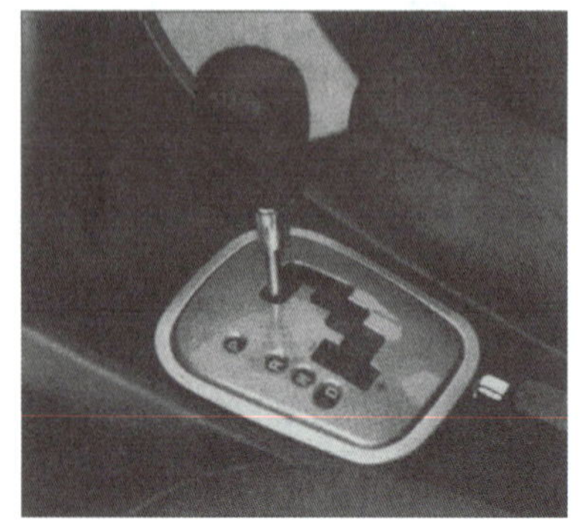
图 4-50　无级变速器挡位图

无级变速器和普通自动变速器的最大区别是省去了复杂而又笨重的齿轮组合,只用了两组带轮,如图 4-51 所示,通过改主、从动带轮间的 V 形槽宽度来改变它们与传动带的接触半径实现变速。该带轮系统可以在最高挡位和最低挡位间提供无限的可变性,而没有不连续的换挡动作。这使得汽车前进自动换挡时十分平稳,没有突跳的感觉。无级变速器可以实现传动比的连续改变,从而获得传动系统与发动机工况的最佳匹配,提高整车的燃油经济性和动力性,改善驾驶员的操纵方便性和乘员的乘坐舒适性,是理想的汽车传动装置。

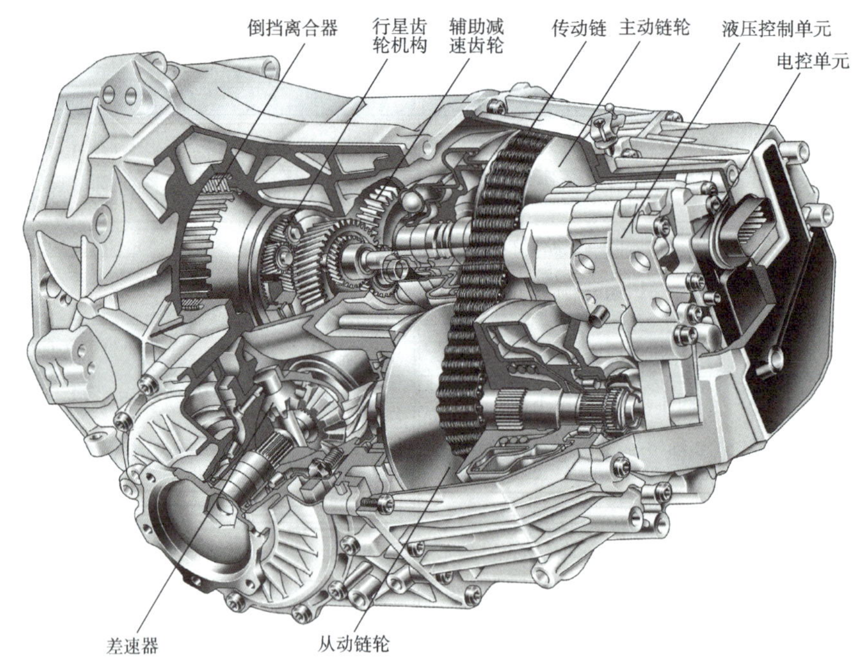

图 4-51　奥迪 01V 汽车无级变速器

20 世纪 70 年代中期,荷兰 Van Doorne's Transmissie B. V 公司(VDT 公司)开发出一种金属带式无级自动变速器,称为 VDT-CVT。这种无级自动变速器克服了以前其他传动形式的缺点,实现了真正意义上的无级变速传动。VDT－CVT 自 1987 年商品化以来,到目前为止,世界上几乎所有的汽车生产厂家,都接受了这项技术,并在此基础上开发出自己的无级变速器。

目前无级变速器技术发展迅速,各大汽车厂家都在加强这一领域的研发。随着科技的不断进步,无级变速器技术的不断成熟,无级变速器有替代手动变速器(MT)和有级自动变速器(AT)的趋势。尤其是在混合动力汽车上,无级变速器具有广泛的前景。

7.1.2　无级变速器的优点

无级变速传动具有常规变速传动无法比拟的优点。

(1)由于无级变速传动与有级变速传动有着很大差别,由计算机控制速比连续的变化,不会出现手动变速器换挡时速比的跳跃,因此乘客感到的只是汽车的平稳加速,而不会感到换挡冲击,使驾驶更平稳。

(2)汽车的操纵性大大简化,降低了驾驶员的劳动强度,非常适合非专业驾驶员。

(3)由于传动机理不同,无级变速传动也表现出较高的传动效率和优良的使用特性。对于典型的5挡有级自动变速器,不同挡位的传动效率有很大的差异,平均传动效率为60%左右。一般的手动变速器的传动效率为97%。无级变速器的传动效率达90%~97%。

(4)无级变速器可以在相当宽的范围内实现无级变速,从而获得传动系统与发动机工况的最佳匹配,提高整车的燃油经济性和动力性。

(5)无级变速器的速比工作范围宽,能够使发动机以最佳工况工作,从而改善了燃烧过程,降低了废气的排放量。

(6)无级变速器结构简单,零部件数目比有级自动变速器少,一旦汽车制造商开始大规模生产,无级变速器的成本将会比有级自动变速器小。由于采用该系统可以节约燃油,随着大规模生产以及系统、材料的革新,无级变速器零部件(如传动带或传动链、主动轮、从动轮和液压泵)的生产成本,将降低20%~30%。

7.2　无级变速器的结构和工作原理

无级变速器按其结构的不同,有钢带式、环形和液压式。其中,钢带式无级变速器在轿车上的应用最为广泛。

7.2.1　钢带式无级变速器

钢带式无级变速器由电子控制系统、液压控制系统和机械传动系统三部分组成。电子控制系统和液压控制系统的作用与有级自动变速器(AT)相似,根据车辆的实际运行情况,确定并实现变速器的最佳传动比。

钢带式无级变速器与其他形式变速器的机械传动部分不同,主要有三个基本部件:高功率金属带、可变输入(主动)钢带轮、输出(从动)钢带轮,如图4-52所示,此三部件是实现无级变速的关键元件。另外无级变速器也有液力变矩器和行星齿轮机构,这些结构与其他变速器相似。

7.2.1.1　钢带轮

主动带轮、从动带轮都由锥角为11°的斜面的固定带轮与可移动式带轮构成。在可移动式带轮的背面设有伺服油缸,可移动式带轮通过球笼式花键在轴上滑动,起到改变带轮槽宽的作用。钢带位于两个圆锥之间的凹槽中,如图4-53所示。

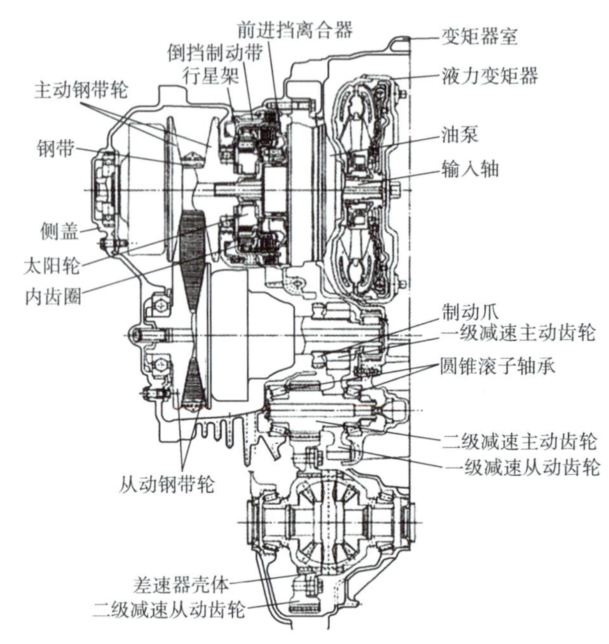

图 4-52　天籁 RE0F09A 型无级变速器

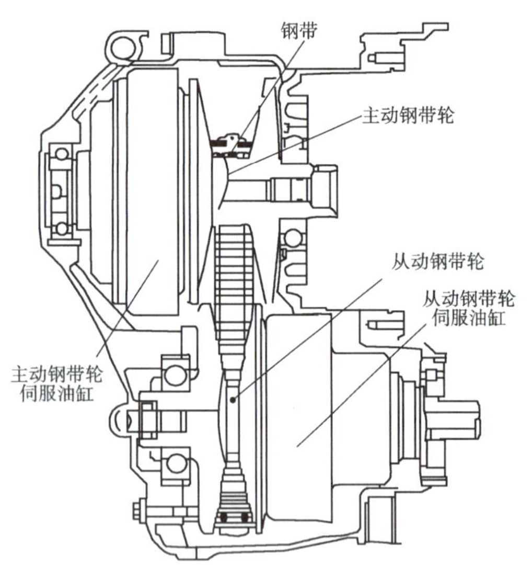

图 4-53　钢带轮

钢带轮中心与钢带在凹槽中的接触位置之间的距离称为节圆半径。当可移动钢带轮远离固定钢带轮时，V 形槽变宽，钢带位于较低处，节圆半径减小，围绕钢带轮转动的钢带半径也变小。反之，节圆半径增大，围绕钢带轮转动的钢带半径也变大。当一个钢带轮的半径增加时，另一个钢带轮的半径将减小以保持钢带的张力，主动钢带轮的节圆半径与从动钢带轮的节圆半径之比决定了挡位的高低。随着两个钢带轮的半径的改变，将产生从低到高无数个传动比。例如，当主动轮伺服油缸进油，从动轮伺服油缸回油时，主动钢带轮可移动带轮被往右推，其节圆半径增大，而从动钢带轮可移动带轮也右移，其节圆半径减小，此时从动钢带轮的旋转速度将增大，从而产生较高的“挡”；而当从动轮伺服油缸进油，主动轮伺服油缸回油时，从动钢带轮的可移动带轮被往左推，其节圆半径增大，而主动钢带轮的可移动带轮也左移，其节圆半径则减小，此时从动钢带轮的旋转速度将减小，从而产生较低的“挡”。电控单元根据发动机负荷（油门开度），主动带轮转速和从动带轮转速（车速）来改变主动带轮、从动带轮的工作压力，控制带轮的槽宽来调整钢带轮的节圆半径，使传动比（以天籁为例）从低速状态（变速比 2.371）到超速传动状态（变速比 0.439）进行连续无级的变化。

7.2.1.2　钢带

钢带由大约400个钢片与两根12层重叠的钢板环构成，如图4-54所示。此钢带与橡胶带不同，橡胶带是通过张力作用传递动力，而钢带是通过钢片的压缩作用来传递动力。钢片为了传递动力，需要与带轮的倾斜面之间发生摩擦力。摩擦力通过以下原理产生：可移动带轮的油压发挥作用夹紧钢片，钢片被挤向一侧，钢板环被拉紧，钢板环产生张力，固定带轮一侧的钢片被夹在带轮之间，钢带与带轮之间产生摩擦力。即：通过压缩作用传递动力的钢片与为传递动力而产生摩擦力的钢板环分别承担作用力。由于钢板环的张力是由整体分散承担，所以具有应力变化较小、持久性强的特点。

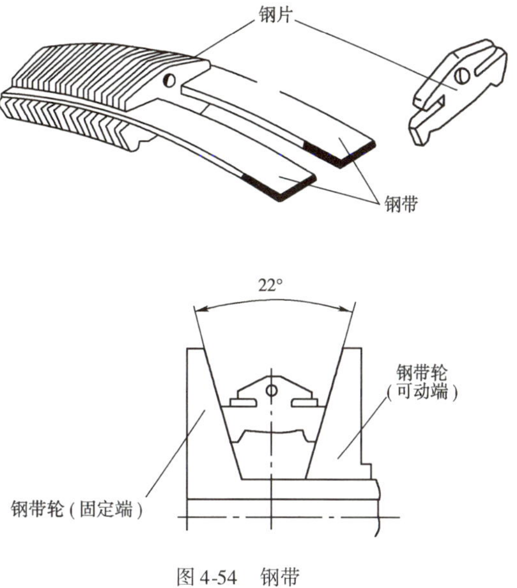

图4-54　钢带

金属带工作时不会滑动而且耐用，使无级变速器可以承受更大的扭矩。此外，它们也比橡胶钢带驱动的无级变速器噪声更低。

7.2.1.3　行星齿轮

行星齿轮机构安装在液力变矩器和主动带轮之间，其主要作用是实现前进挡和倒挡的切换，如图4-55所示。P挡和N挡时，前进挡离合器和倒挡制动器都不工作，输入轴空转。D挡时，前进挡离合器接合，倒挡制动器不工作，齿圈与太阳轮连成一体，行星齿轮机构闭锁，太阳轮的转速和方向与输入轴相同。R挡时，前进挡离合器不工作，倒挡制动器工作，行星架被固定，动力经齿圈传给行星轮，再由行星轮传给太阳轮，因此间经历了一次外啮合(行星齿轮与太阳轮之间)，故方向与输入轴相反，即倒挡。

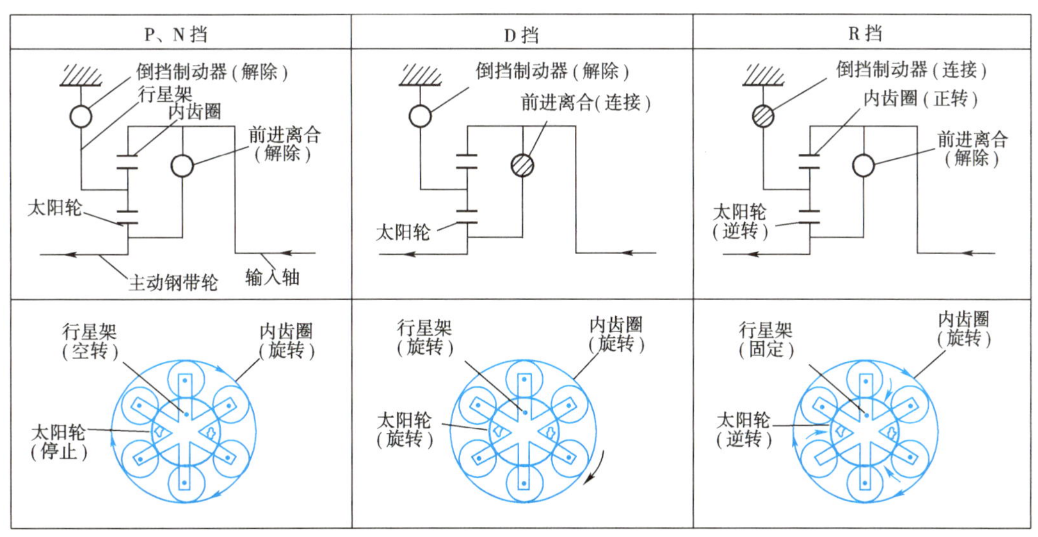

图4-55　行星齿轮传动示意图

7.2.2 环形无级变速器

环形无级变速器中(图4-56)用转盘和动力滚子代替了钢带和钢带轮。一个转盘连接到发动机上,相当于主动钢带轮,另一个转盘连接到驱动轴上,相当于从动钢带轮。滚子位于两个转盘之间,将动力从一个转盘传送到另一个转盘。

图4-56 环形无级变速器

发动机动力传递到输入转盘,输入转盘的旋转运动经滚子传递到输出转盘(图4-57)。通过连续改变动力滚子的倾斜角度,CVT可以实现平顺而连续的传动比变化。动力滚子与两个转盘的摩擦圆的大小比值对应输入转盘和输出转盘的转速比,即传动比。当输出转盘与输入盘的摩擦半径相等时,输出转盘与输入转盘转动速度相等,传动比等于1,直接挡;当输出转盘的摩擦圆半径大于输入盘的摩擦半径时,输出转盘的旋转比输入转盘慢,传动比小于1,相当于传统变速器的低速挡。反之,当输出转盘的摩擦圆半径小于输入盘的摩擦半径时,输出转盘的旋转比输入转盘快,传动比大于1,相当于传统变速器的高速挡。

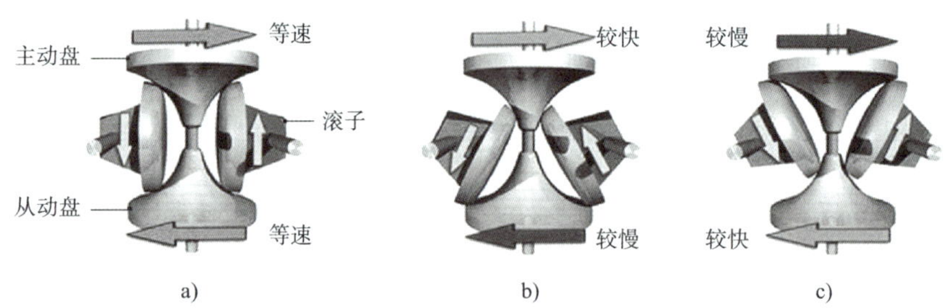

图4-57 滚子的运转

a)直接挡;b)低速挡;c)高速挡

由于转盘和滚子的刚度都比较大,可以用来传递更大的功率和转矩,故环形CVT适用于较大排量的汽车上。

7.2.3 液压式无级变速器

液压无级变速器使用变排量泵来改变流入液压马达的液体量,如图4-58所示。在这类变速器中,发动机驱动液压泵工作,将发动机动力转化为液体流能量。然后,通过液压马达,将液体流能量转换为机械的旋转运动。

通常,液压变速器与行星齿轮组和离合器组合形成混合型系统,称为液压机械变速器。

液压机械变速器可以用三种不同的模式将动力从发动机传输到车轮上。在低速时,动力通过液压传输;在高速时,动力通过机械传输。介于这两种极端情况时,变速器则采用液压和机械两种方式传输动力。液压机械变速器是重型车的理想选择,多用于农用拖拉机和适合各种地形的车辆。

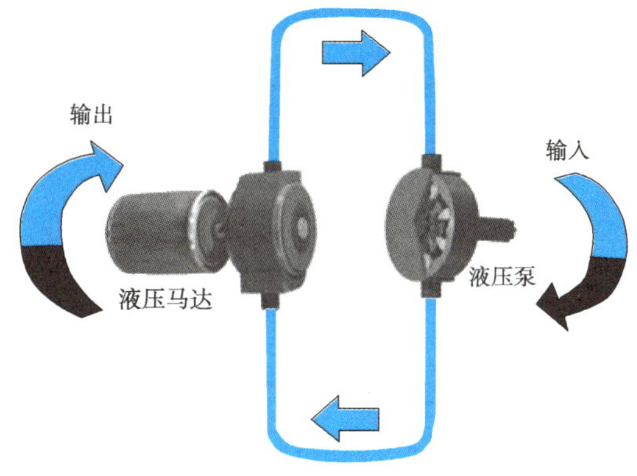

图 4-58 液压式无级变速器

7.3 典型无级变速器控制原理

以本田钢带式无级变速器为例,其控制对象除如前所述的前进挡离合器、倒挡离合器、主动钢带轮、从动钢带轮外,还有起步离合器(图 4-59)。

各挡油路控制如下:

(1)P、N 挡。

如图 4-60 所示,ATF 泵排出的油液,在 PH 调节阀处,经高压调节形成高压(PH)压力,PH 压力在离合器减压阀处,形成离合器减压(CR)压力,并传递给主动带轮压力控制阀和从动带轮压力控制阀。主动带轮压力控制阀将 CR 压力转变为主动带轮控制(DRC)压力,并将 DRC 压力提供给 PH 控制换挡阀和主动带轮控制阀。同样,从动带轮压力控制阀也将从动带轮控制(DNC)压力提供给 PH 控制换挡阀和从动带轮控制阀。动力系统控制模块对主动带轮压力控制阀和从动带轮压力控制阀进行控制,将 DNC 压力调节至高于 DRC 压力时,从动带轮受到的从动带轮(DN)压力要高于作用于主动带轮上的主动带轮(DR)压力,此时带轮传动比低。

手动阀换入 P 挡或 N 挡位后,通向前进离合器和倒挡制动器的液压油口被封闭,前进离合器和倒挡制动器不工作。

(2)D 挡。

如图 4-61 所示,在 N 挡位下,主动带轮和从动带轮具有相同的液流回路,并且带轮保持在低传动比。手动阀换入 D 挡后,开启前进挡离合器(FWD)压力至前进挡离合器的油口。FWD 压力传递至前进挡离合器,前进挡离合器接合。前进挡离合器驱动输入轴和主动带轮轴。动力系统控制模块接通起步离合器压力控制电磁阀,向换挡限制阀提供离合器控制(CC)压力。CC 压力在换挡限止阀处形成起步离合器(SC)压力,并且将 SC 压力传递至起步离合器,使起步离合器接合,车辆起步。

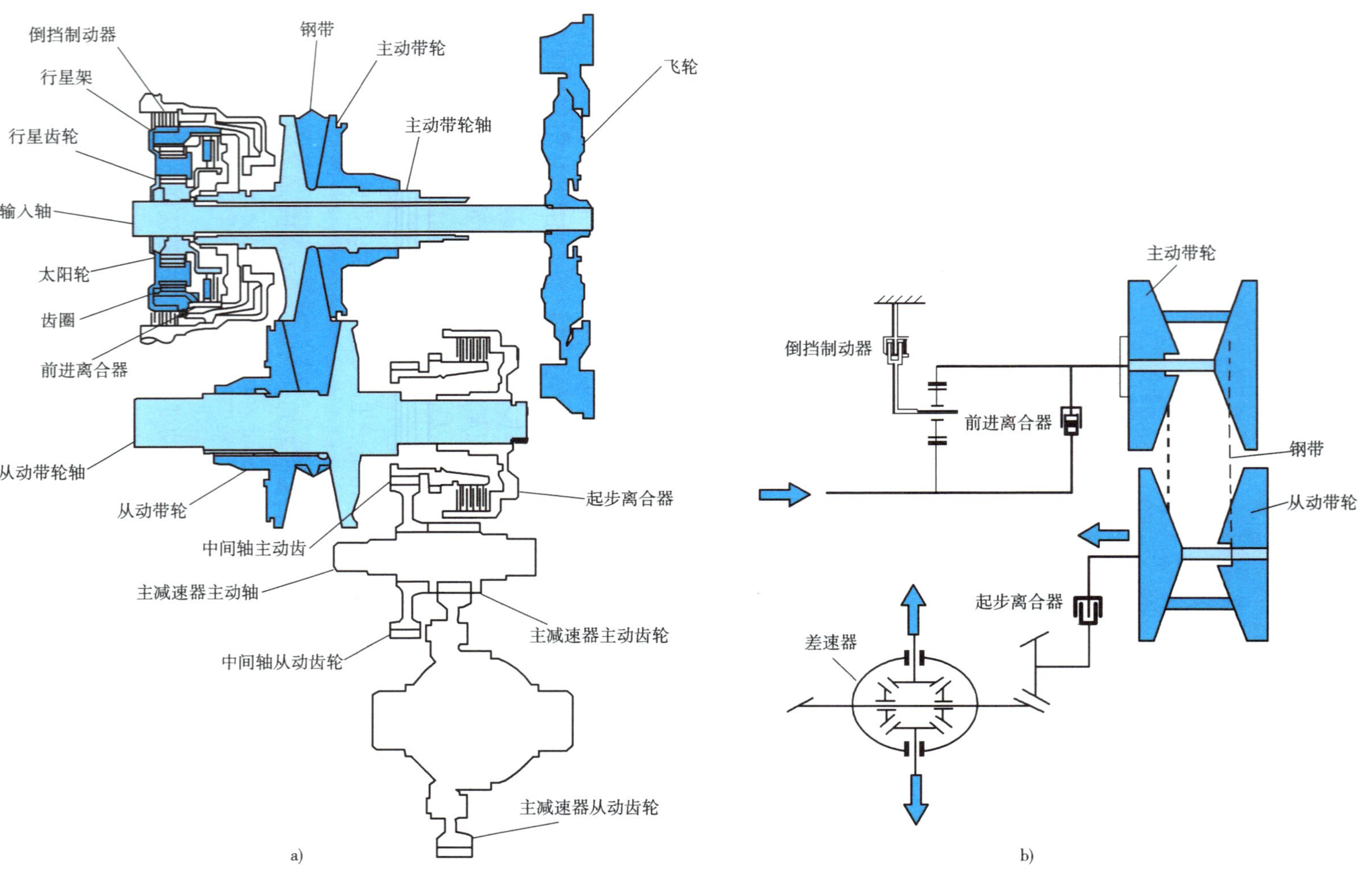

图4-59　本田钢带式无级变速器
a)结构图；b)传动示意图

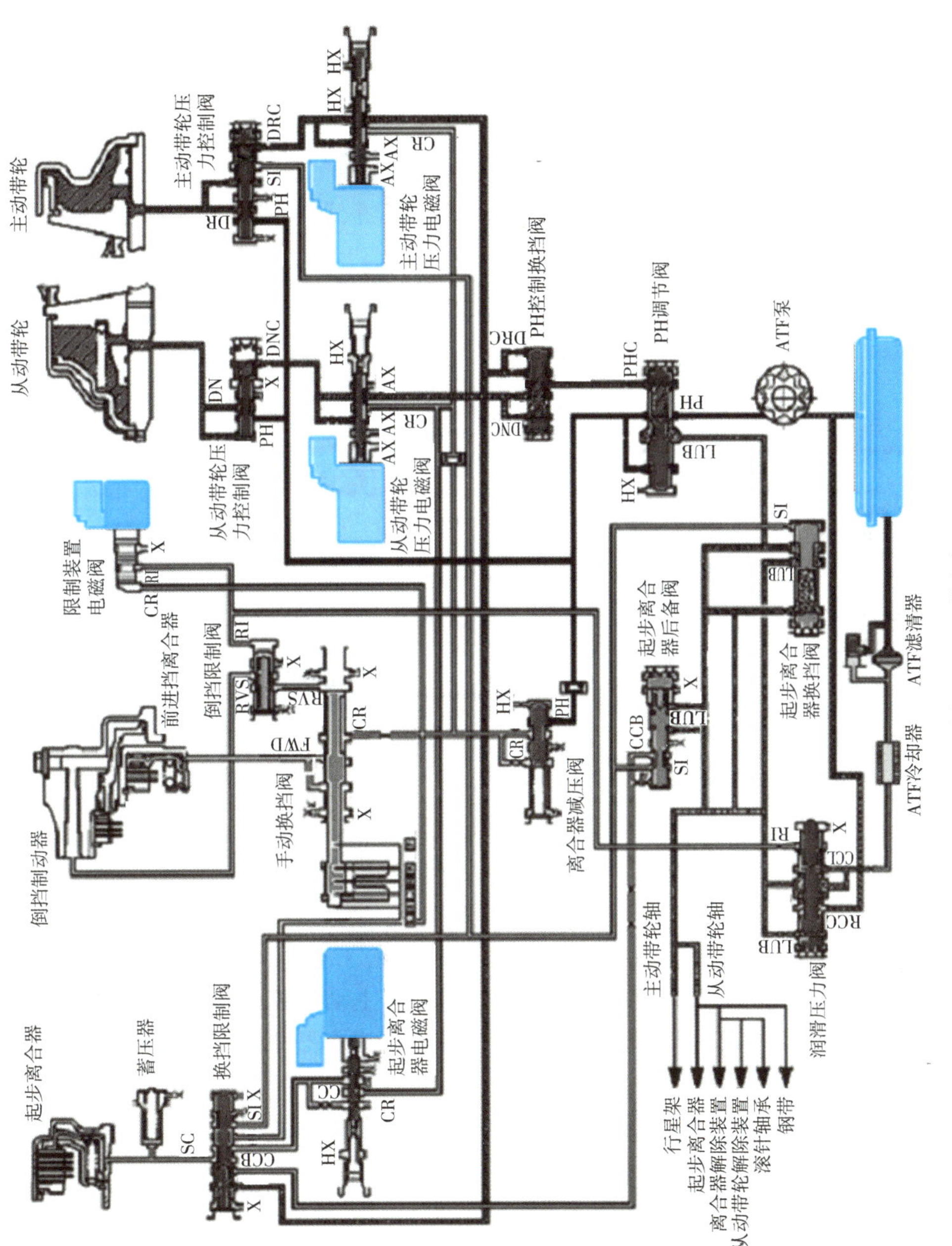
主动带轮
从动带轮
主动带轮压力控制阀
主动带轮压力电磁阀
从动带轮压力控制阀
从动带轮压力电磁阀
PH控制换挡阀
PH调节阀
ATF泵
限制装置电磁阀
前进挡离合器
倒挡限制阀
倒挡制动器
手动换挡阀
离合器减压阀
起步离合器后备阀
起步离合器换挡阀
ATF滤清器
ATF冷却器
起步离合器
蓄压器
换挡限制阀
起步离合器电磁阀
主动带轮轴
从动带轮轴
润滑压力阀
行星架
起步离合器
离合器解除装置
从动带轮解除装置
滚针轴承
钢带

图4-60　P、N挡油路

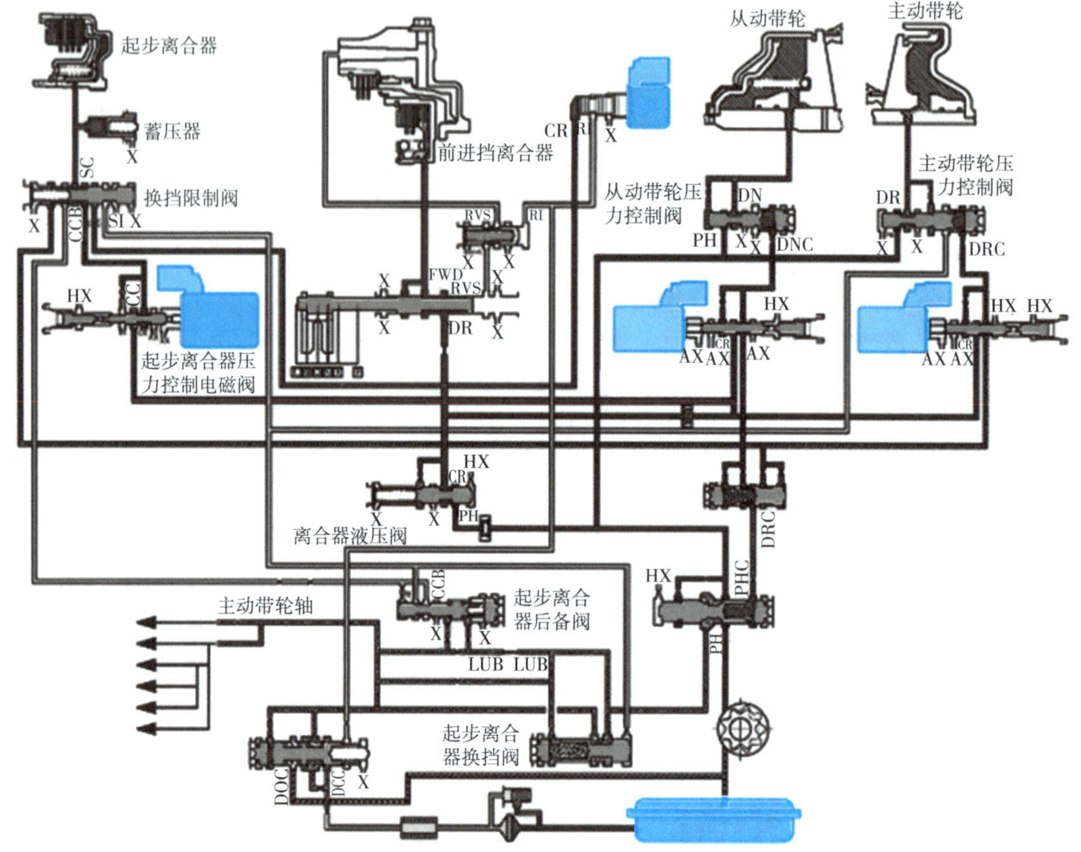

图 4-61 D 挡油路

车速达到规定值时，动力系统控制模块激活主、从动带轮压力控制阀。主动带轮压力控制阀调节 DRC 压力，而从动带轮压力控制阀则调节 DNC 压力，以便向带轮施加相同大小的压力，受到相同压力的主动带轮和从动带轮将以相同的带轮直径连接钢带，此时，带轮传动比正好处于中间值，前进挡离合器和起步离合器仍然受到液压作用，车辆以中速行驶。

车速进一步提高后，主、从动带轮压力电磁阀对 DRC、DNC 采取的控制，将使 DR 压力高于 DN 压力，即主动带轮受到的压力将高于从动带轮。主动带轮采用较大带轮直径连接钢带，而从动带轮则相反，此时具有高带轮传动比，前进挡离合器和起步离合器仍然受到液压作用，此时车辆以高速行驶。

电子控制系统发生故障的情况下，变速器将建立一条临时液压回路，以允许车辆继续行驶。此时主动带轮压力控制阀处的主动带轮控制（DRC）压力将超过规定值，使 DRC 压力通向换挡限制阀，换挡限制阀左移，来自离合器减压阀的离合器减压（CR）压力形成换挡限制阀处的换挡锁定装置（SI）压力；SI 压力通向起步离合器换挡阀和起步离合器后备阀，并在起步离合器后备阀处成为离合器控制（CCB）压力；CCB 压力变成换挡限制阀处的起步离合器（SC）压力，而 SC 压力将通向起步离合器，使起步离合器接合，车辆即可起步。

（3）R 挡。

手动阀换入 R 挡位后，开启倒挡制动器（RVS）压力通向倒挡保护阀的油口。限制装置电磁阀由动力系统控制模块断开(OFF),倒挡保护装置(RI)压力施加于倒挡保护阀的右端;倒挡保护阀左移,并开启 RVS 压力通向倒挡制动器的油口。离合器减压(CR)压力变成 RVS 压力,并通过倒挡保护阀传递至倒挡制动器;倒挡制动器工作,锁定行星架;同时,液压也作用于起步离合器。

在车辆以 10km/h 的速度向前行驶时,如果选择了 R 挡位,动力系统控制模块将输出信号,以接通(ON)限制装置电磁阀,倒挡保护阀右端的倒挡保护装置(RI)压力即被释放。倒挡保护阀右移,并封闭相应油口,从而截止由手动阀通向倒挡制动器的倒挡制动器(RVS)压力。倒挡制动器没有受到 RVS 压力作用,动力无法传递至倒挡方向。

7.4 无级变速器故障诊断

无级变速器常见故障有车辆不动、失速、加速性能不良、转速不稳、振动、异响等,故障原因包括前进挡离合器打滑、倒挡制动器打滑、起步离合器打滑、钢带打滑等,按照机械系统、液压系统、电子控制系统等的分类方法分别分析,然后制订检查的方案。

若车辆无法起步、加速性能不良、转速不稳只发生在前进挡时,原因可能是前进挡离合器打滑;只发生在倒挡时,则可能是倒挡离合器打滑;若前进挡和倒挡时都发生,则可能是起步离合器打滑或钢带打滑。

前进挡离合器、倒挡制动器打滑的故障原因及诊断方法与前述自动变速器相同,主要从摩擦片本身和相应挡位的控制油压两个方面去分析查找。起步离合器打滑则除了检查自身摩擦片磨损程度外,还要检查系统油压(油泵或 PH 调节阀)。而钢带打滑时,则应检查钢带自身(钢片是否变形、钢片磨损是否正常、钢带韧性是否正常),钢带轮(磨损是否正常、能否自由滑动),以及带轮控制油压。

8 直接换挡变速器(DSG)

8.1 直接换挡变速器概述

直接换挡变速器又称双离合器变速器(Double Clutch Transmission,DCT),大众公司称其为DSG(Direct-Shift Gearbox)。如图 4-62 所示,其结构原理基于手动变速器,采用了 2 个离合器和 6 个或 7 个前进挡的传统齿轮变速器作为动力的传送部件,主要与高转矩的发动机配合使用。

直接换挡变速器有以下特点:

(1)变速器没有变矩器,也没有离合器踏板。

(2)变速器在传动过程中的能耗损失非常有限,大大提高了车辆的燃油经济性。

(3)变速器的反应非常灵敏,具有很好的驾驶乐趣。

(4)车辆在加速过程中不会有动力中断的感觉,使车辆的加速更加强劲、圆滑,百公里加速时间比传统手动变速器还短。

(5)变速器的动力传送部件是 1 台 3 轴式 6(或 7)前进挡的传统齿轮变速器,增加了速比的分配。

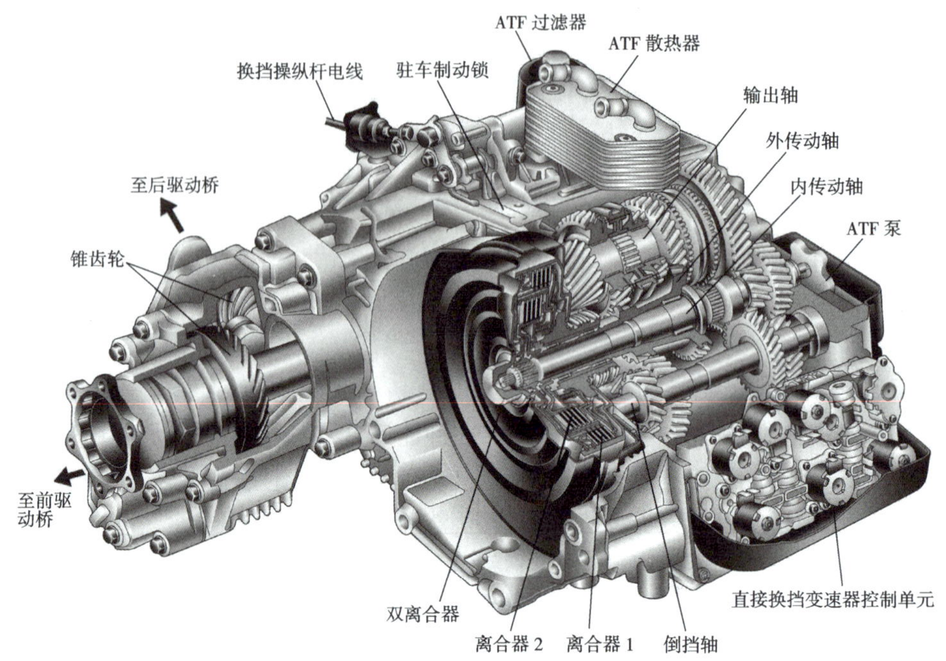

图 4-62　沃尔沃 S40 汽车直接换挡变速器

(6)双离合器的使用,可以使变速器同时有 2 个挡位啮合,使换挡操作更加快捷。

(7)有手动和自动 2 种控制模式,在行驶中,2 种控制模式之间可以随时切换,除了换挡杆可以控制外,转向盘上还配备有手动控制的换挡按钮。

(8)选用手动模式时,如果不做升挡操作,即使将加速踏板踩到底,直接换挡变速器也不会升挡。

(9)换挡逻辑控制可以根据驾驶员的意愿进行换挡控制。

(10)在手动控制模式下,可以跳跃降挡。

直接换挡变速器能够满足消费者对车辆节油和驾驶运动感的双重要求,在降低油耗的同时,车辆性能也没有任何损失,并且与传统的自动变速器一样换挡顺畅,不影响牵引力,加速性能比手动变速器更好。以大众 Golf GTI 轿车为例,带有直接换挡变速器的车型从 0 ~ 100km/h 加速只需 6.9s。在加速性能提高的同时,其百公里油耗只有 8.0L,与手动挡车型相当。

8.2　直接换挡变速器的结构

直接换挡变速器由双离合器、齿轮传动机构、换挡操纵机构、液压控制机构和电子控制机构组成。

8.2.1　双离合器

双离合器是两组离合器片集合而成的装置,如图 4-63 所示。离合器的结构与自动变速器的湿式多片离合器相似,但是尺寸要大得多,其动作由控制模块通过电磁阀来控制。两个离合器的接合与分离状态是相反的,不会发生两个离合器同时接合的情况。

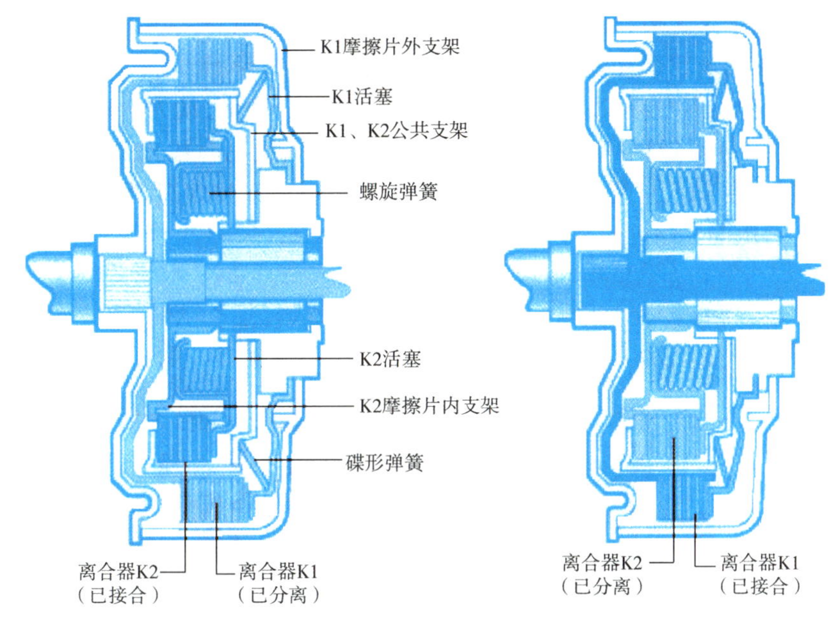

图 4-63　双离合器

传统的手动变速器使用一个离合器，换挡过程分为三个动作：离合器分离—变速拨叉拨动同步器换挡—离合器接合，这三个动作是分先后进行的，驾驶员须踩下离合器踏板，使不同挡的齿轮作出啮合动作，而动力就在换挡期间出现间断。传统的自动变速器靠液力变矩器配合行星齿轮组进行换挡，它与手动变速器相比，除了在自动控制上的差异外，机械方面最大的差异就是行星齿轮组的齿轮处于常啮合状态，通过对某些齿轮的接合或制动，产生不同的传动比。

直接换挡变速器很像一台手动变速器，它有同步器，但不同的是它用“双”离合器控制与发动机动力的通断，这两个自动控制的离合器，由电子控制，液压推动。在某一挡位时，离合器 K1 接合，一组齿轮啮合输出动力，在接近换挡时，下一组的齿轮已被预选，而与之相连的离合器 K2 仍处于分离状态；在换入下一挡位时，处于工作状态的离合器 K1 分离，将使用中的齿轮脱离动力，同时离合器 K2 接合已被预选的齿轮，进入下一挡。在整个换挡期间两组离合轮流工作，确保最少有一组齿轮在输出动力，故动力没有出现间断的状况。

发动机旋转使油产生离心力，这个离心力作用使离合器接合过程中所需的压力增加，为了使离合器接合更加顺利，必须对这个由离心力引起的压力进行补偿。利用离合器 K1 的碟形弹簧与 K1 活塞和 K2 外片支架形成的腔，K2 复位弹簧固定片与 K2 活塞之间形成的腔，为这两个空腔内充油，在发动机高速旋转过程中离心力作用下产生的平衡油压来补偿。离合器经常被控制在大约 10r/min 的微量打滑状态，这种极低的打滑量，称为“微量打滑”，这有利于改善离合器的状态，用于调节离合器控制。

8.2.2　齿轮传动机构

以迈腾轿车装备的 DQ250 变速器为例（以下同），要配合以上运作，DSG 的齿轮传动路线被分为两条：两根同轴心的传动轴，一条是实心的内传动轴，而另一条则是空心的外传动轴。内传动轴连接1、3、5挡，而外传动轴则连接2、4、6及倒挡（图4-64），倒挡齿轮通过中间轴齿轮和内传动轴的齿轮啮合。两个离合器各自负责一条传动轴的啮合动作：若当前挡位为1、3、5中某一挡时，离合器K1是接合的，离合器K2是分离的，动力由离合器K1传递；相反，若当前挡位为2、4、6或倒挡时，则离合器K2是接合的，而离合器K1则是分离的，动力由离合器K2传递，其传动示意图如图4-65所示。这套变速器长度很短，相当于传统6速变速器长度的一半，适用于发动机前置前轮驱动的车型。

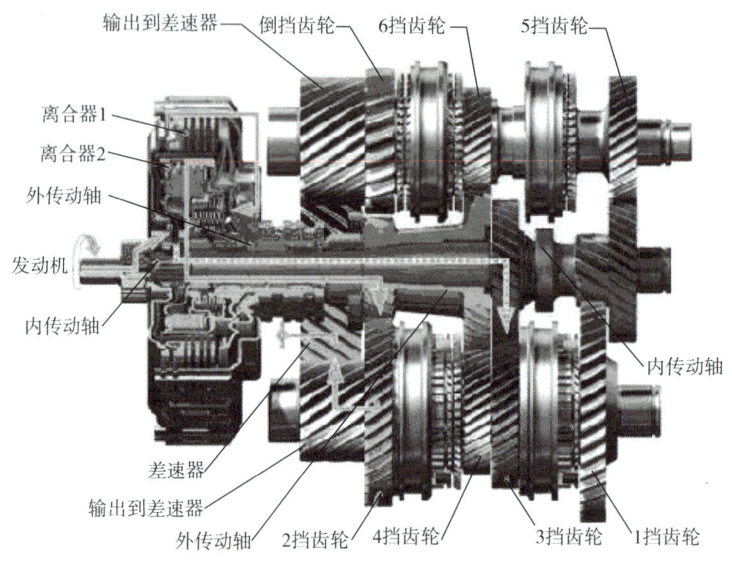

图4-64 大众直接换挡变速器

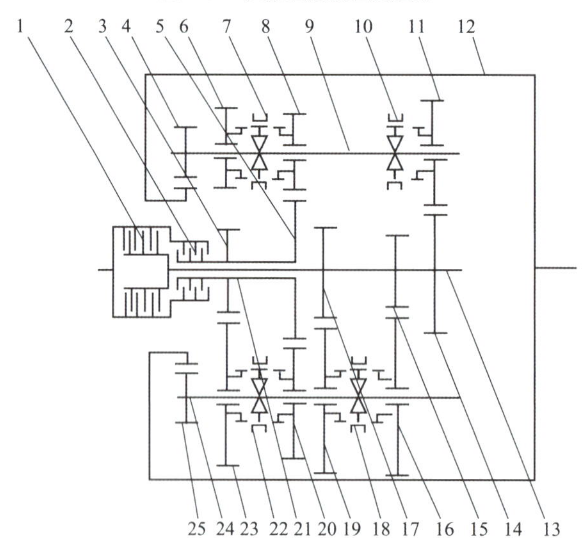

图4-65 DQ250直接换挡变速器传动示意图

1-离合器1；2-离合器2；3-2挡、倒挡主动齿轮；4-输出挡1的输出齿轮；5-4、6挡主动齿轮；6-倒挡从动齿轮；7-6挡、倒挡同步器；8-6挡从动齿轮；9-输出轴1；10-5挡同步器；11-5挡从动齿轮；12-差速器齿轮；13-内传动轴；14-5挡主动齿轮；15-1挡主动齿轮；16-1挡从动齿轮；17-3挡主动齿轮；18-1、3挡同步器；19-3挡从动齿轮；20-4挡从动齿轮；21-外传动轴；22-2、4挡同步器；23-2挡从动齿轮；24-输出轴2；25-输出轴2上的输出齿轮

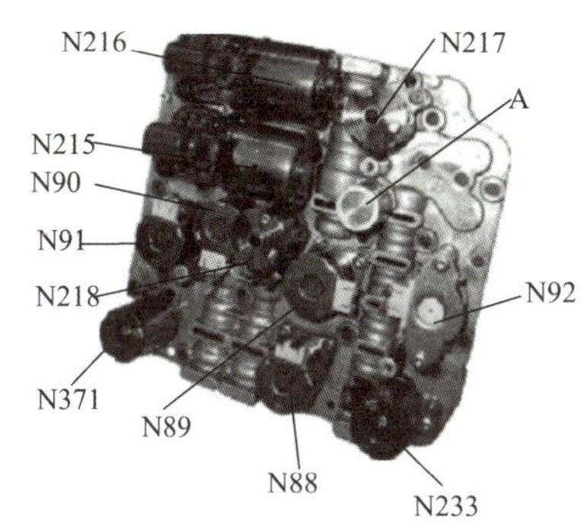

图 4-66　DQ250 直接换挡变速器液压控制单元

N88、N89、N90、N91-换挡电磁阀；N92-多路转换器电磁阀；N215-离合器 K1 调压阀；N216-离合器 K2 调压阀；N217-主油路调压阀；N218-冷却油路调压阀；N233、N371-安全阀；A-卸压阀

8.2.3　电子液压控制系统

电子液压控制系统位于变速器顶部，根据车辆行车状态，推动各电磁阀及其组件的运作，两个离合器的液压压力由专门的电磁阀调节，另有一些压力调节阀及开关阀监控油压冷却系统。电子控制系统负责计算出将被预选的合适挡位及管理其他控制杆，如图 4-66 所示。

驾驶员可以利用换挡杆或转向盘上的换挡片进行手动换挡，换挡过程中离合器的操作完全由 DSG 电控单元控制。不论在行驶中使用手动模式，还是 D 挡或 S 挡的自动换挡模式，只要轻拍驾驶盘上的换挡片，DSG 立即切换至手动模式，没有传统自动变速器急加速时的滞后感。但由于没有液力变矩器的缓冲，换挡加速不如传统变速器柔和，因此适用于注重加速性能和操控性能的跑车，而不适用于追求舒适性的豪华轿车。

8.3　直接换挡变速器的工作原理

直接换挡变速器的工作过程比较特别，在 1 挡起步时，离合器 K1 接合，动力通过内传动轴到 1 挡齿轮，再输出到差速器齿轮。此时，2 挡的齿轮也进入啮合状态，但是，因与其相连的离合器 K2 仍处于分离状态，等待换挡命令，故这条路线上还无动力传递，只是预先选好挡位，为接下来的升挡作准备。

DSG 在降挡时，同样有 2 个挡位是接合的，假设 4 挡正在传递动力，则 3 挡作为预选挡位而接合。DSG 的升降由变速器控制模块进行判断的：踩加速踏板时，变速器控制模块判定为升挡，做好升挡准备；踩制动踏板时，变速器控制模块判定为降挡过程，做好降挡准备。

一般升挡总是逐渐进行的，而降挡过程则不同，经常会跳跃地降挡。直接换挡变速器在手动控制模式下也可以进行跳跃降挡，在跳跃降挡时，如果起始挡位和最终挡位属于同一个离合器控制，则会通过另一离合器控制的挡位转换一下；如果起始挡位和最终挡位不属于同一个离合器控制，则可直接跳跃，降至所选挡位。例如，从 6 挡降到 3 挡时，6 挡齿轮在外传动轴上，由离合器 K2 控制动力的通断，而 3 挡齿轮在内传动轴上，由离合器 K1 控制，此时，连续按三下降挡按钮，变速器就会从 6 挡直接降到 3 挡。但是，如果要使变速器从当前的 6 挡直接降到 2 挡，因 6 挡和 2 挡齿轮都在外传动轴上，此时则变速器会先降到 5 挡（内传动轴上），然后再从 5 挡降到 2 挡。切换到手动模式时，驾驶员可以利用换挡杆或转向盘上的换挡拨片进行换挡，换挡中，离合器的操作完全交由变速器控制模块控制，驾驶员无须分神。因为采用了双离合器，换挡时就没有了动力传递中断现象，加速性能表现比手动变速器更快。如果要想得到更舒适的享受，可将换挡杆放入 D 挡，即可当作传统的自动变速器使用，轻松自在。而自动挡的模式除了一般的 D 挡以外，还提供了一个运动模式供驾驶员选择，感受更好的加速性。

8.4 换挡操纵机构

变速器的4个换挡轴由液压控制单元控制，由控制单元内的4个电磁阀完成，通过为换挡轴施加压力来控制拨叉动作。每个拨叉轴的两端通过1个有轴承的钢制圆筒支承，圆筒的末端被压入活塞腔（图4-67）。换挡油压通过油道传输到活塞腔内作用在圆筒后端，形成推力，完成换挡。换挡轴压力通过保持换挡轴持续的时间进行调节。当一个挡位工作时，其相应推力一直存在。同时在每个拨叉上面都有一个独立的拨叉行程传感器，用以监测、反馈拨叉的行程以及所处的状态。为了防止自动脱挡，在每组拨叉的主臂上还有一个挡位锁止机构，用来锁止所在挡位。

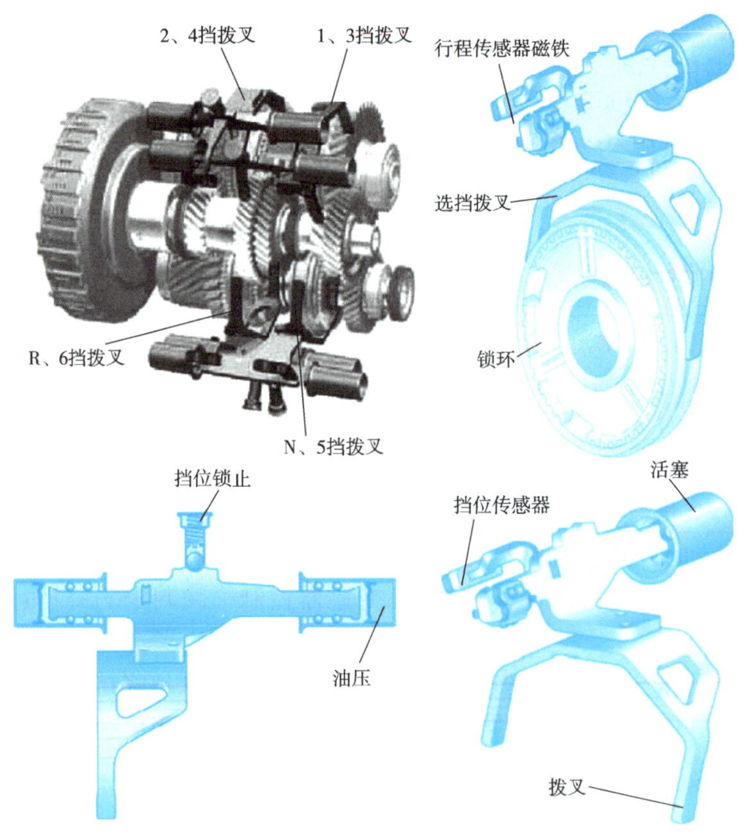

图4-67　DQ250直接换挡变速器换挡拨叉机构

8.5 直接换挡变速器的控制系统

（1）换挡杆的操作与控制。

换挡杆的操作方式和自动变速器换挡杆一样，直接换挡变速器也提供Tiptronic挡位模式，在换挡手柄上有明显的DSG标识。P挡锁止电磁阀通电时P挡解锁，断电时候锁止，如果换挡杆位于N位置的时间超过2s，换挡杆就被锁止，无法在无意间移动到其他位置，而踩下制动踏板时换挡杆锁止解除。如图4-68所示，点火开关打开，F319闭合，转向柱电子装置控制单元J527向电磁铁N376供电。电磁铁克服弹簧力将锁销推到锁止位置，此时锁销可以防止点火钥匙转回和拔下。该换挡杆同样具有应急开启模式。

(2)控制单元。

该变速器的控制部分由电子-液压控制单元和电子控制单元组成。其中电子-液压控制单元内包括阀体、执行电磁阀等,电子控制单元里面包括一些传感器、变速器电控单元等。它们安装在一起,装于变速器内,浸于变速器油中。

(3)液压油路。

该变速器的液压油路及元件如图4-69所示。

(4)电磁阀。

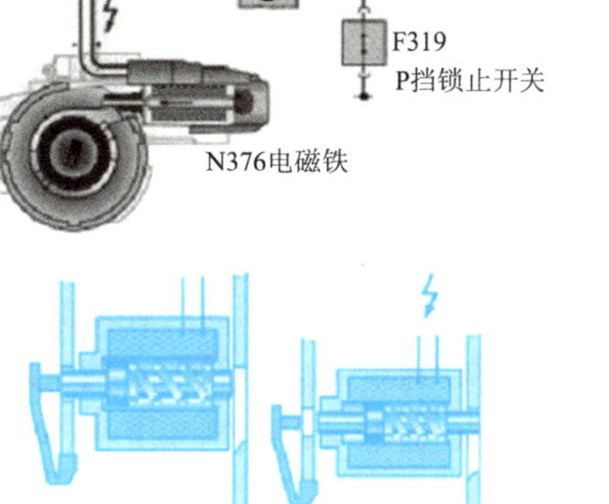

图4-68 DQ250直接换挡变速器P挡锁止原理

电子-液压控制单元上面共有11个电磁阀和1个泄压阀(图4-66),电磁阀有两种类型,开关阀:N88、N89、N90、N91、N92;调节阀:N215、N216、N217、N218、N233、N371。

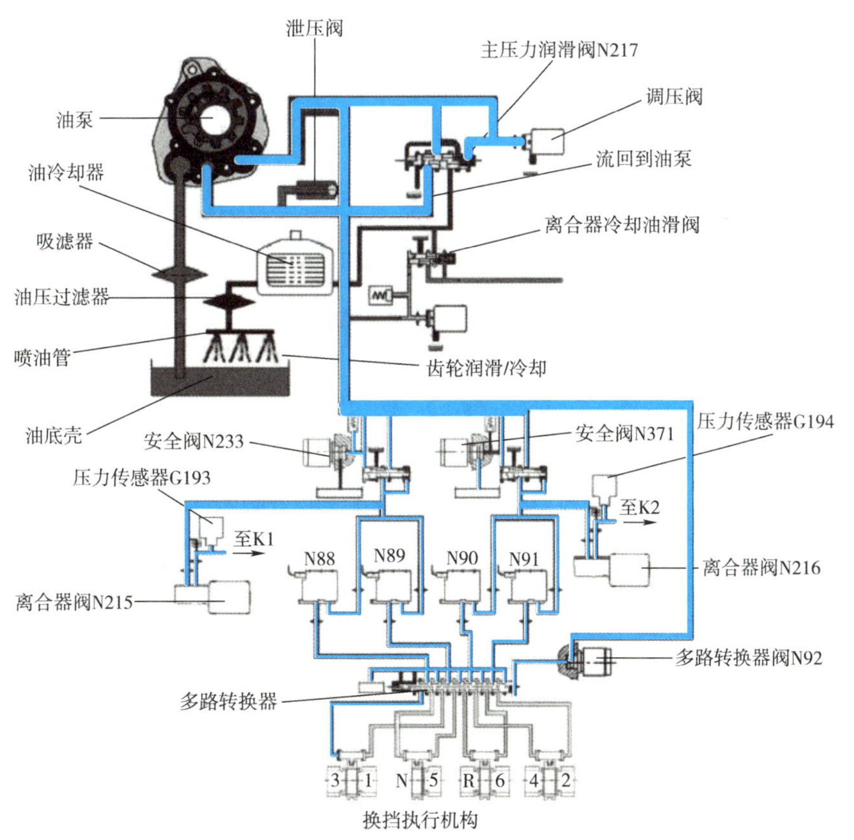

图4-69 DQ250直接换挡变速器液压油路

①开关阀。

开关电磁阀N88、N89、N90和N91均为换挡执行机构阀,这些阀是阀门通过多路转换器阀控制至所有换挡执行机构的油压。未通电时电磁阀处于闭合位置,使得压力油无法到达换挡执行机构处。电磁阀 N88 控制 1 挡和 5 挡的选挡油压;N89 控制 3 挡和空挡的选挡油压;N90 控制 2 挡和 6 挡的选挡油压;N91 控制 4 挡和倒车挡的选挡油压。开关阀 N92 控制液压部分接通不同的油道即多路控制器,当该电磁阀未动作时,接通 1、3、5 和倒挡供油油路;当该电磁阀动作时,接通 2、4、6 和空挡供油油路(图 4-70)。该电磁阀如失效将处于空闲位置,无法被油压激活,会出现换挡错误,甚至车辆有熄火的危险,关于 N92 如图 4-70 所示。通过控制 N92 通电与否,同时控制 N88-N91 电磁阀,便形成了对各个挡位的控制:N92 不通电时,N88、N90 通电可以控制 1、6 挡(图 4-71 所示),N89、N91 通电可以控制 3、R 挡;N92 通电时,N88、N90 通电可以控制 5、2 挡,N92 通电 N89、N91 通电可以控制 N、4 挡。

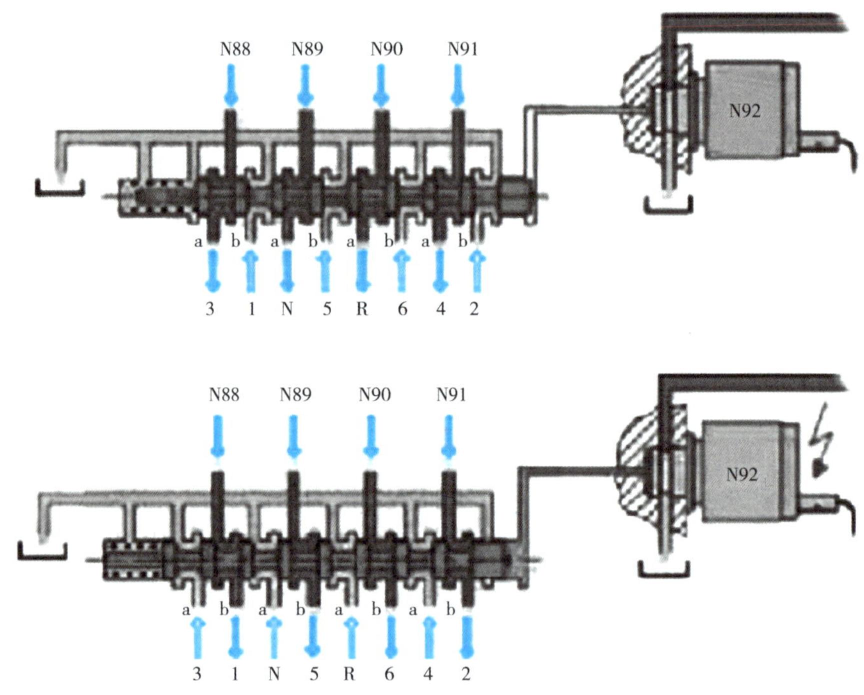

图 4-70　DQ250 直接换挡变速器多路控制器

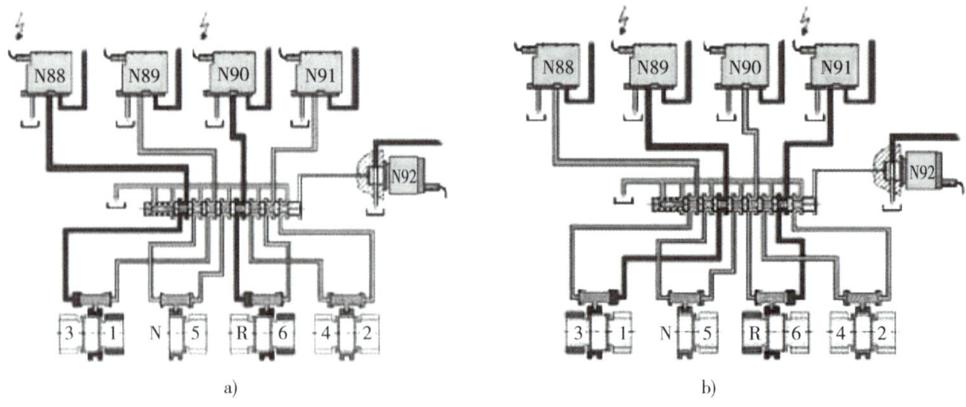

图　4-71

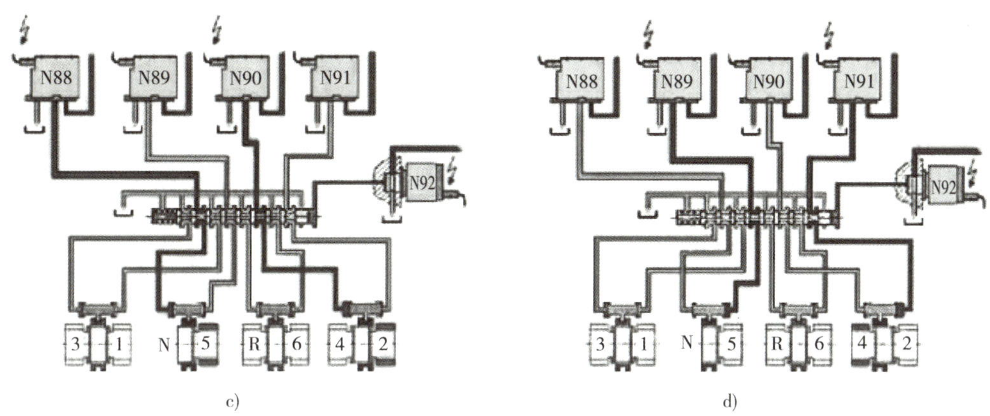

图 4-71　DQ250 直接换挡变速器电磁阀的动作

a)1、6 挡时电磁阀控制情况;b)3、R 挡时电磁阀控制情况;c)5、2 挡时电磁阀控制情况;d)N、4 挡时电磁阀控制情况

②调节阀。

主油压力控制阀 N217:控制整个液压系统内的压力,其最重要的任务是根据发动机转矩来控制离合器油压,其调节参数为发动机转矩及发动机温度,控制单元根据当前的工作情况连续的调节主油压,如该阀失效则系统以最大油压工作,油耗上升,换挡噪声大。

压力控制阀 N215 和 N216:分别控制多片式离合器 K1 和离合器 K2 的压力,离合器压力控制的基础是发动机转矩,控制单元根据摩擦片的可变摩擦系数来对压力进行控制,如该阀失效则相应的变速器挡位无法实现,组合仪表上会有故障显示。

离合器冷却压力控制阀 N218:反比例阀,通过滑阀控制冷却油的流量,控制单元通过采集 G519 离合器油温度传感器的信号来控制该阀,如该阀失效则系统以最大流量对多片式离合器进行冷却,低温下会出现换挡困难,油耗也会增加。组合仪表上也会有故障显示。

安全控制电磁阀 N233 和 N371:分别控制变速器外传动轴和内传动轴对应的齿轮,它们失效后,相应变速器部分挡位无法实现:N233 失效变速器只能以 2 挡行驶,N371 失效,变速器只能以 1 挡和 3 挡行驶,均可以看到故障提示信息。

(5)主要的传感器。

①传感器 G182 和 G509。变速器输入转速传感器(G182)用于计算离合器的打滑率,为实现该功能,控制单元还必须采集输入轴转速传感器 G501 和输入轴转速传感器 G502 的信号,根据离合器的打滑情况,控制单元可以精确地控制离合器。若该传感器失效,控制单元以发动机转速传感器信号来替代。温度传感器(G509)的信号,用于调节离合器冷却油的流量并采取其他措施来保护变速器,离合器温度也可通过控制单元在应急情况下依据变速器运行参数运算出来。

②传感器 G501 和 G502。输入轴转速传感器 G501 和 G502 分别监测离合器 K1 和 K2 的输出转速,识别离合器的打滑率,与输出转速传感器配合,监测是否挂上正确挡位。如果 G501 失效,变速器只有 2 挡,G502 失效,变速器只有 1 挡和 3 挡。

③传感器 G195 和 G196。输出轴转速传感器 G195 和 G196 的作用是识别车速和车辆行

驶方向(通过两个传感器位差的变化实现),若该传感器失效,控制单元用 ABS 的车速信号和 ESP 中的行驶方向信号代替。

④传感器 G193 和 G194。离合器 K1 压力传感器 G193 和离合器 K2 压力传感器 G194 集成安装在电子-液压控制单元上。该压力传感器由一对层状结构的导电极板组成,上部极板附在陶瓷隔膜上,压力变化时该隔膜弯曲变形,另一个极板强力黏接在陶瓷衬底上,对压力变化无反应。只要压力发生变化,上部隔膜就会弯曲变形,上下隔膜之间的距离就会改变,从而根据油压产生一个信号。控制单元利用该传感器信号来识别作用于离合器 K1 和离合器 K2 的液压油压力,如果传感器 G193 失效,变速器只能以 2 挡行驶,如果传感器 G194 失效,则变速器只能以 1 挡和 3 挡行驶。

⑤传感器 G93 和 G510。变速器油温传感器 G93 和变速器控制单元温度传感器 G510 的作用分别是检测变速器油的温度和控制单元本身的温度,两者互相比较、检测,保证数据的稳定和准确,当油温超过 138℃时,减小发动机输出转矩。当油温超过 145℃时,停止向离合器供油,离合器处于断开位置。

⑥换挡元件传感器。换挡元件传感器用来识别拨叉位置,每个传感器监测一个换挡轴,控制单元以此信息利用油压来推动换挡轴运动,形成挡位。G487 监测 1、3 挡,G488 监测 2、4 挡, G489 监测 6、R 挡,G490 监测 5、N 挡,若某个传感器失效,受其影响的换挡装置关闭,相应的挡位也无法接合。

8.6 直接换挡变速器的应用

直接换挡变速器在国产车上广泛应用,但是不同品牌,其名称不同,除了大众的 DSG 外,三菱的 SST,保时捷的 PDK,宝马的 DKG、福特的 Powershift,奥迪的 S-TRONIC 等都是直接换挡变速器。大众的两款 DSG 双离合变速器 DQ250 和 DQ200 中,DQ250 有 6 个挡位,能承受最大转矩为 350N · m,主要用于大排量或注重操控性的车型,如高尔夫 GTI 和 09 款迈腾;而 DQ200 则是七速双离合变速器,可承受最大转矩为 250N · m,主要用于中低排量的车型,如第六代高尔夫、速腾等。DQ200 与 DQ250 各前进挡位齿比见表 4-9。

DQ200 与 DQ250 各前进挡位齿比 表 4-9

变速器型号	1 挡	2 挡	3 挡	4 挡	5 挡	6 挡	7 挡
DQ200	3.764	2.272	1.531	1.121	1.176	0.951	0.795
DQ250	3.461	2.150	1.464	1.078	1.093	0.921	—

大众 DQ200 与 DQ250 除了挡位不同外,离合器的形式也不同,一个采用湿离合器(DQ250),一个采用干式离合器(DQ200)。

DQ200 干式双离合器通过从动盘上的摩擦片来传递转矩,湿式双离合器的转矩则是通过浸没在油中的湿式离合器摩擦片来传递转矩的。干式离合器由于不需要液力系统以及其自身所具有的传递转矩的高效性,很大程度地提高了燃油经济性。以 77kW 的发动机为例,配备 DQ200 干式双离合器的要比配备 DQ250 湿式双离合器的变速器节省超过 10% 的燃油。

干式双离合器除了传递效率更高外,还省去了过滤器、油冷器以及变速器壳体中的高压油管等零部件,其变速器油只用于变速器齿轮和轴承的润滑和冷却。因此,7 速的 DQ200 变速器仅需要1.7L变速器油，而6速的DQ250则需要6.5L。

但是，干式双离合器由于摩擦热量大，散热效果差，工作温度高，其转矩传递受到了限制，因此7速变速器DQ200只能适用于最大转矩小于250N·m的"中小型"发动机。此外，由于湿式双离合器的外形尺寸比干式双离合器要大，不利于整车动力总成的布置，这也是DQ200适用于中小排量车型的潜在原因之一。

8.7　大众直接换挡变速器常见故障诊断

8.7.1　湿式直接换挡变速器DQ250(02E)的故障

(1)故障现象。

起步、停车及换挡过程中有顿挫感，发动机转速自行升高或无法加速，故障灯闪烁且仅个别挡位能够行驶，换挡时存在异响等。

(2)原因分析。

对于大众02E型湿式控制双离合变速器所出现的问题，主要是由双离合变速器技术的"先天"缺陷，以及使用环境等"后天"使用不当所引起的。单从该变速器的控制策略来看，DSG技术固然是好的，但国内的控制要求及使用环境满足不了DSG的运行要求。在道路拥堵的城市里使用时，变速器会频繁地进行挡位切换，使得湿式双离合器频繁地接合与分离，并形成不同的摩擦过程，从而导致变速器的油液温度急剧升高。在极端情况下，电脑启动备用程序(如高温保护)功能，所以就会导致上述故障现象。

(3)故障诊断及排除。

此类故障主要是因双离合器的控制失准导致的。首先是对变速器软件进行刷新，如果不能解决问题，再更换电子-液压控制单元、双离合器总成或变速器总成。

8.7.2　DSG200的故障

(1)故障现象。

干式DQ200(0AM)型DSG变速器(7速)的故障现象有：在换挡时有明显的一声或几声"咔咔"的响声；换挡时顿挫感及制动感特别明显；低速行驶时发动机转速突然升高而自行加速；故障指示灯时常点亮并闪烁，同时变速器可能只能处于一个固定的低速挡位，而不能自动换挡；仅能在奇数挡位即1、3、5、7挡之间切换，而无偶数挡，并且有时重新起动发动机后故障现象会消失。

(2)故障原因。

高温会产生很多的副作用，比如热衰退现象，物质分解、沉着和黏附的现象，过度磨损或因热胀冷缩而出现卡死现象等。

DQ200(0AM)使用了摩擦系数仅次于纳米铜和有机钼的硼酸盐(0.05~0.07)，它是节能型润滑油，能减少汽车动力损失。因此，经过改进之后的DQ200只用了1.7L ATF就在性能方面轻松地超越了DQ250，实现了更高的传递效率和更多的挡位配备。硼酸盐可在260~300℃的条件下长期使用。因此，理论上ATF是不会因变速器的温度高而产生变质的。另外硼酸盐还有黏度越低极压抗磨性能越好以及无磷、无毒、无污染、清净分散性好、不腐蚀橡胶件等特点。不过,其他滑润油是通过与金属发生化学反应生成硬化膜结构来实现抗磨的,而硼酸盐润滑油则是通过电泳的方式来形成一层沉积膜——硼结晶。只要电泳的状况存在,且这种添加剂的用量足够,这种能维持金属几何尺寸的结晶现象就会一直处于增厚状态。而 DSG 变速器的滑阀箱所具备的高压条件,为其提供了优良的电泳效果及“结晶”条件。这些细微增加的厚度会对精密的部件造成影响。些许的厚度对于高速运动的部件来说可能会造成运转不稳定和部件损害的情况。变速器机电控制模块对精密的 DSG 双离合变速器的控制也是如此,些许配合的不到位,就可能产生严重的后果。硼酸盐型润滑油的油膜厚度本身就超过了其他润滑油油膜的 10 倍以上。当“硼结晶”达到一定条件之后,滑阀箱的油路阀门卡死,从而出现车辆抖动、突然加速、挡位卡死、故障灯闪烁等。而短暂的动力中断和发动机动力下降则是因为变速器的温度保护作用所致。

(3)故障诊断与排除。

理论上来说,此类故障与前述自动变速器类似,可能与机械、液压、电子控制系统等有关,但目前大众公司对于此类故障,只允许通过电脑升级,从软件上来解决。

8.7.3 其他故障及原因

(1)2 挡加油时抖动。

2 挡给油抖动是由于离合片表面烧灼点也称为离合摩擦片硬点造成的,特别是在转弯或者发动机转矩(转速)不足时。同样是 DSG200 变速器,但是明锐 1.8T +7 速 DSG 的车 2 挡抖动情况大大低于 1.4T +7 速 DSG,其原因是在于 1.8T 发动机的转矩和功率较大,达到最大转矩的转速低于 1.4T 发动机,大转矩弥补了这个不足,所以其抖动现象十分罕见,而绝大多数出现在 1.4T +7 速 DSG 配置的车型上。

大部分车主在 1 万 km 左右后开始有 2 挡加速抖动感,这是因为离合片由于某种形式的磨损,离合器压片、摩擦片表面出现硬点,造成离合器压片和摩擦片接合时发生抖动。此类问题往往不是变速器技术的原因,而是操作不当引起的。

7 速 DSG 变速的两组离合器,K1 给 1、3、5、7 挡传动,K2 给 2、4、6、R 挡传动。抖动最容易发生在 2 挡,2 挡是堵车时最常用的挡位。2 挡离合器片经常处于不均匀摩擦的状态,D 挡行车时,1 挡换 2 挡瞬间完成,如果此时踩加速踏板稍大就会立即跳入 3 挡,然后急踩制动踏板又回到 2 挡,堵车时就是在不断地重复此操作。K2 离合器片容易出现硬点,2 挡处于起步阶段需要转矩较大,当离合片出现不平时,抖动现象十分明显。若轻踩加速踏板缓缓给油(让离合片充分接合),则不会出现抖动或者抖动明显减轻;或者大幅度踩加速踏板让 2 挡立刻升入 3 挡,也不会出现抖动或者抖动明显减轻。因此,在堵车严重的时候,用 S 挡,不堵车了就立刻换回 D;堵车时轻踩加速踏板,缓收加速踏板,给 2 挡离合片的接合一个充分的时间。

(2)7 速 DSG 金属敲击声。

7 速 DSG 内部无油液浸泡,过减速带时可能会有金属碰撞声音。而 6 速 DSG 因为变速器内部充满油液,所以此现象较为罕见。首先要排除是否是变速器的故障(如果变速器内有传感器损坏,诊断仪可以读出相应故障码)。如果排除变速器本身问题,则为离合片烧灼点造成表面不平,在转矩不足时造成抖动。7 挡双离合器是非常精密的备件,如不正确的装配和振动都会导致离合器自身调节,从而使 K1 和 K2 的间隙过小出现分离不彻底而产生抖动的现象。

思考与练习

一、思考题

1. 什么是无级变速器?

2. 什么是自动变速器?

3. 无级变速器就是自动变速器吗?

二、选择题

1. 甲说:所有的离合器和制动器的工作状态都可以用失速的测试方法进行检查。乙说:高速挡离合器、制动器的工作状态不可以用失速的测试方法进行检查。(　　)

A. 甲正确　　B. 乙正确　　C. 两人都正确　　D. 两人都不正确

2. 甲说:所有的汽车都可以作失速试验。乙说:车况极差、过于陈旧的汽车不易作失速试验。(　　)

A. 甲正确　　B. 乙正确　　C. 两人都正确　　D. 两人都不正确

3. 甲说:变矩器锁止离合器的控制故障通常是电控系统造成的。乙说:绝大部分变矩器的锁止离合器是靠液压锁止的。(　　)

A. 甲正确　　B. 乙正确　　C. 两人都正确　　D. 两人都不正确

4. 甲说:自动变速器油加少了会造成打滑,乙说:油加多了会造成换挡粗暴。(　　)

A. 甲正确　　B. 乙正确　　C. 两人都正确　　D. 两人都不正确

5. 甲说:自动变速器油多了车跑不快,乙说:油加少了车也跑不快。(　　)

A. 甲正确　　B. 乙正确　　C. 两人都正确　　D. 两人都不正确

6. 甲说:所有后轮驱动的变矩器的输出端都有 2 个凹槽或 2 个扁台,用来驱动油泵的驱动键。乙说:部分变矩器输出端是六方或花键形。(　　)

A. 甲正确　　B. 乙正确　　C. 两人都正确　　D. 两人都不正确

7. 甲说:离合器可用于固定行星齿轮机构的一个元件。乙说:离合器可用于固定行星齿轮机构的两个元件。(　　)

A. 甲正确　　B. 乙正确　　C. 两人都正确　　D. 两人都不正确

8. 自动变速器很多故障起因于(　　)。

A. 油位不正确　　B. 油漏和真空泄漏

C. 电路故障　　D. 上述各项

9. 在大多数汽车上,何时检查油位?(　　)

A. 油冷态时　　B. 发动机在正常油温且关机时

C. 发动机在正常油温且运转时　　D. 无关紧要

10. (　　)造成不正确换挡。

A. 节气门阀故障　　B. 调速器故障

C. A 和 B　　D. A 和 B 都不是

三、简答题

1. 液力耦合器和液力变矩器有何区别？各由哪些主要部件组成？
2. 自动变速器由哪几部分组成？试述其功用。
3. 液压控制系统的功用是什么？由哪几部分组成？
4. 自动变速器常见故障有哪些？
5. 自动变速器性能试验包括哪些内容？
6. 自动变速器的行星齿轮机构如何检修？
7. CVT 变速器有何特点？举例说明哪些车型采用了 CVT 变速器。
8. DSG 变速器有何特点？举例说明哪些车型采用了 DSG 变速器。

单元五　万向传动装置

学习目标

☞ **知识目标**

1. 简述万向传动装置的功用、组成，将加快建设制造强国、质量强国理念融入其应用中；
2. 简述万向节的功用、类型、构造及速度特性；
3. 正确描述万向传动装置的布置形式及装配特点；
4. 正确描述传动轴与中间支承的构造。

☞ **能力目标**

1. 会分析万向传动装置常见故障的产生原因，能排除故障；
2. 会做万向传动装置的一、二级维护，检修与装配工作。

1　概　　述

1.1　万向传动装置的功用及组成

在发动机前置后轮驱动的汽车上，变速器常与发动机、离合器连在一起安装在车架上，而驱动桥则通过弹性悬架与车架连接，变速器输出轴轴线与驱动桥输入轴轴线很难布置为重合，并且在行驶过程中，弹性悬架受路面冲击而产生振动，使两轴相对位置经常发生变化。因此，变速器的输出轴与驱动桥的输入轴不能刚性连接，必须采用万向传动装置。

万向传动装置的功用是能在轴间夹角及相互位置经常发生变化的转轴之间传递动力。

万向传动装置主要由万向节、传动轴组成（图 5-1），对于传动距离较远的分段式传动轴，为了提高传动轴的刚度，还设置有中间支承。

1.2　万向传动装置在汽车上的应用

万向传动装置在汽车上的应用主要有几个方面：

(1) 变速器（或分动器）与驱动桥之间（图 5-1）。

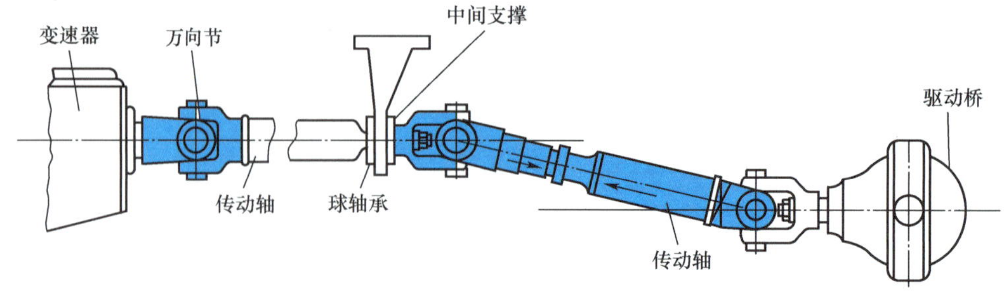

图 5-1　变速器与驱动桥之间的万向传动装置

(2)越野汽车变速器与分动器之间:为了消除车架变形及制造、装配误差等引起的其轴线同轴度误差对动力传递的影响,须装有万向传动装置。

(3)汽车的转向驱动桥中:汽车的转向驱动桥的半轴是分段的,转向时两段半轴轴线相交且交角变化,因此要用万向节。

(4)断开式驱动桥的半轴中:主减速器壳在车架上是固定的,桥壳是上下摆动的,半轴是分段的,须用万向节。

(5)汽车的转向操纵机构中:某些汽车的转向轴装有万向传动装置,有利于转向机构的总体布置。

2 万 向 节

万向节按其速度特性分为普通万向节、准等速万向节和等速万向节。按其刚度大小,可分为刚性万向节和柔性万向节。

2.1　普通万向节

普通万向节又称十字轴式刚性万向节,如图 5-2 所示,它是目前汽车传动系统中应用最广的一种万向节,它允许相邻两轴在最大交角为 15° ~20°的情况下工作。

2.1.1　构造

万向节叉上的孔分别套在十字轴的 4 个轴颈上。当主动叉转动时,从动叉随之转动,同时又绕十字轴中心在任意方向摆动,在十字轴轴颈与万向节叉孔之间装有滚针和套筒,采用滚针轴承,是为了减小摩擦损失,提高传动效率。用带有锁片的螺钉和轴承盖来将套筒固定在万向节叉上,进行轴向定位。为了减小摩擦、润滑轴承,十字轴内钻有油道,如图 5-3 所示,且与注脂嘴、安全阀相通。

为避免润滑脂流出及尘垢进入轴承,十字轴轴颈的内端套装带金属壳的毛毡油封(或橡胶油封)。安全阀的作用是当十字轴内腔润滑脂压力超过允许值时,阀打开润滑脂外溢,使油封不会因油压过高而损坏。十字轴式万向节的损坏程度是以十字轴的轴颈和滚针轴承的磨损为标准的,润滑和密封直接影响着万向节的使用寿命。为了提高它的使用寿命,现代汽车多采用橡胶油封,当油腔内的润滑油压力大于允许值时,多余的润滑油从油封内圆表面与十字轴轴颈接触处溢出,故无需安装安全阀。

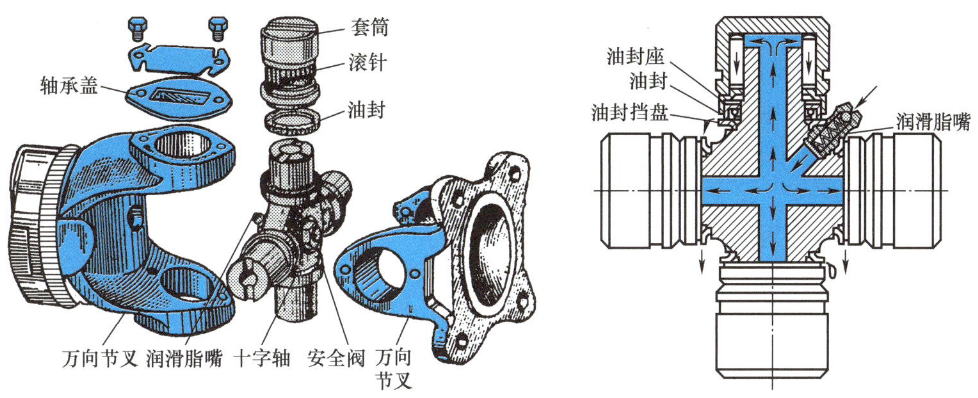

图 5-2　十字轴式刚性万向节

图 5-3　十字轴润滑油道及密封装置

万向节轴承的常见定位方式，除上述盖板式外，还有内、外弹性卡环固定式。

2.1.2　普通万向节的速度特性

当十字轴式刚性万向节的主动叉是等角速转动时，从动叉是不等角速的，其运动情况用图 5-4 来分析。

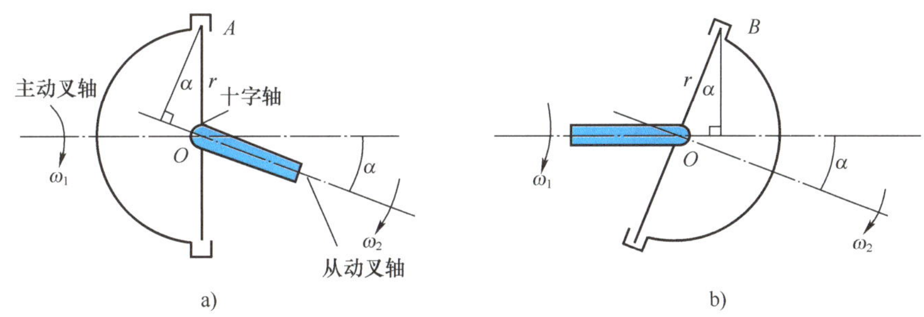

图 5-4　十字轴式刚性万向节传动的角速度分析

a) A 点的瞬时圆周速度；b) B 点的瞬时圆周速度

r-十字轴旋转半径（$r = OA = OB$）；α-两叉轴夹角

假设主动叉轴以等角速 ω_1 旋转，当万向节处于图 5-4a）所示位置时，A 点的瞬时圆周速度为：

$$V_A = \omega_1 r = \omega_2 r\cos\alpha$$

所以：　$$\omega_2 = \frac{\omega_1}{\cos\alpha}$$　此时 $\omega_2 > \omega_1$

当主动叉轴转过 90°至图 5-4b）所示位置时，十字轴上 B 点的瞬时圆周速度为：

$$V_B = \omega_1 r\cos\alpha = \omega_2 r$$

所以：　$$\omega_2 = \omega_1\cos\alpha$$　此时 $\omega_2 < \omega_1$

综上所述，当主动叉轴以等角速旋转时，从动叉轴是不等角速的，从图 5-4a）转到图 5-4b）位置，从动叉轴的角速度由最大值 $\omega_1/\cos\alpha$ 变至最小值 $\omega_1\cos\alpha$。主动叉轴再转 90°，从动叉轴的角速度由最小值变至最大值。可见从动叉轴角速度变化的周期为 180°。从动叉轴不等速程度随轴间夹角 α 的加大而加大，而主、从动轴的平均转速是相等的，即主动轴转一圈从动轴也转一圈。所谓不等速是指在转动一圈内的角速度而言。

单个普通万向节的不等速性会使从动轴及与其相连的传动部件产生扭转振动，产生附加的交变荷载，影响零部件使用寿命。

在图5-4的位置中，从第一个万向节写出传动轴的角速度：

$$\omega = \frac{\omega_1}{\cos\alpha_1}$$

从第二个万向节写出传动轴的角速度：

$$\omega = \frac{\omega_2}{\cos\alpha_2}$$

由于：

$$\alpha_1 = \alpha_2$$

所以：

$$\omega_1 = \omega_2$$

即输出轴与输入轴角速度相等。因此，当输入轴和输出轴与传动轴的夹角相等（$\alpha_1 = \alpha_2$）；传动轴两端的万向节叉在同一平面内时，用两个万向节加一根传动轴就可以实现等角速度传动。

为实现等角速传动，可将两个普通万向节按图5-5所示的排列方式安装。

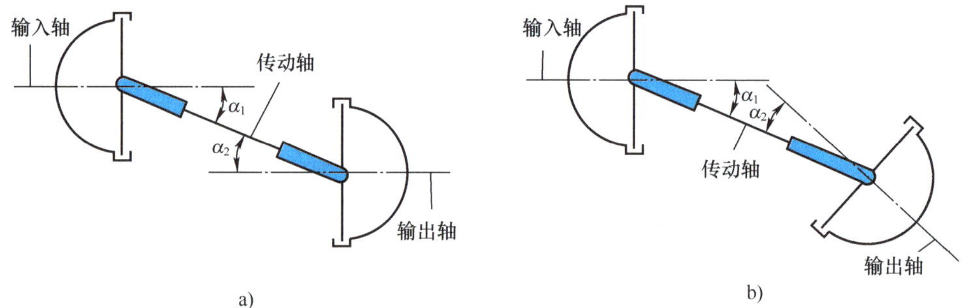

图5-5　双万向节的等速排列方式

a）平行排列；b）等腰三角形排列

平行排列。第1个万向节的从动叉和第2个万向节的主动叉与传动轴相连，且传动轴两端的万向节叉在同一平面内；输入轴、输出轴轴线平行，如图5-5a）所示。

等腰三角形排列。输入轴、输出轴同传动轴3轴线成等腰三角形，如图5-5b）所示。

通过正确的装配工艺可以保证与传动轴两端相连接的万向节叉在同一平面内。变速器与主减速器的相对位置不是固定的，对于条件 $\alpha_1 = \alpha_2$，采用驱动轮独立悬架时，才有可能通过整车的总体布置来实现。若驱动轮采用非独立悬架时，由于弹性悬架的振动，主减速器输入轴与变速器输出轴的相对位置不断变化，不可能在任何情况下都保证 $\alpha_1 = \alpha_2$，此时万向传动装置只能做到使传动的不等速尽可能小。

所谓等速传动是对传动轴两端的输入轴和输出轴而言。对传动轴来说，只要夹角不为零，它就不等角速转动，与传动轴的排列方式无关。

2.2　准等速万向节和等速万向节

转向驱动桥和独立悬架的驱动桥，因受轴向尺寸限制、转向轮偏转角大等原因，两个普通万向节传动装置难以适应，故采用各种形式的准等速和等速万向节。

2.2.1　准等速万向节

准等速万向节是根据两个普通万向节实现等速传动的原理制成的。常见的有双联式和三销式万向节。

(1)双联式万向节。它实际上是一套传动轴长度减缩至最小的双万向节传动装置。图5-6所示的双联叉相当于两个在同一平面内的万向节叉。要使万向节叉轴的角速度相同，应保证 $\alpha_1=\alpha_2$。为此有的双联式万向节装有分度机构(多为球销之类零件组成)，使双联叉的对称线平分所连两轴的夹角。目前，汽车转向驱动桥采用的双联式万向节为使结构简化，省去了分度机构，在结构上将内半轴(图5-7)或外半轴用轴承组件定位在壳体上，保证汽车直线行驶时万向节中心点位于主销轴线与半轴线的交点。

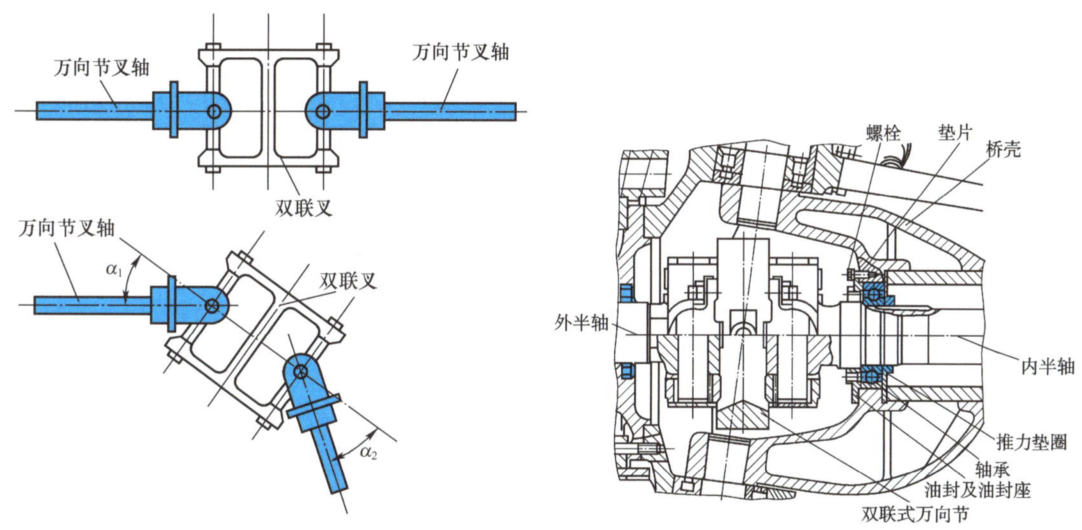

图5-6　双联式万向节的原理图

图5-7　双联式万向节在转向驱动桥上的安装

当外半轴(与转向轮相连)相对内半轴在一定角度范围内摆动时，双联叉也被带动相应角度，使两个十字轴中心连线与两万向节叉轴线的交角(参阅图5-6中的 α_1、α_2)差值很小，内外半轴的角速度接近相等，其差值在容许范围内，故双联式万向节具有准等速性。轮胎的弹性变形可以吸收这微小的不等速，不会导致轮胎滑磨。

双联式万向节允许有较大的轴间夹角，且结构简单，制造方便。

(2)三销轴式万向节。三销轴式万向节是由双联式万向节演变而来的准等速万向节，如图5-8所示，由2个偏心轴叉和2个三销轴以及6个滑动轴承和密封件等组成。每一偏心轴叉的两叉孔通过轴承和1个三销轴大端的两轴颈配合，2个三销轴的小端轴互相插入对方的大端轴承孔内，形成了 Q_1-Q'_1、Q_2-Q'_2、R-R'3根轴线。传递转矩时，由主动偏心轴叉经轴 Q_1-Q'_1、R-R'、Q_2-Q'_2 传到从动偏心轴叉。

与主动偏心轴叉相连的三销轴的2个轴颈端面和轴承座之间装有推力垫片。其余轴颈端面均无推力垫片，且端面与轴承座之间留有较大的空隙，保证转向时三销轴式万向节无运动干涉现象。

三销轴式万向节的最大特点是允许相邻两轴有较大的交角，最大可达45°。采用此万向节的转向驱动桥可使汽车获得较小的转弯半径，提高了汽车的机动性。

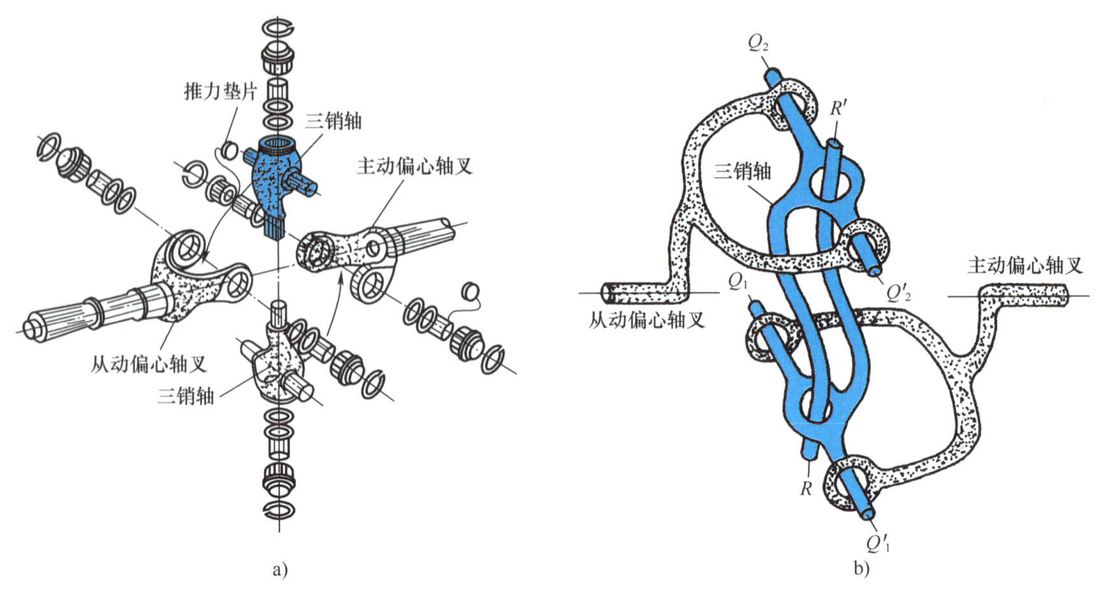

图 5-8　三销轴式万向节

a)零件形状;b)装配示意图

2.2.2　等速万向节

等速万向节的基本原理是传力点永远位于两轴交点的平分面上。图 5-9 所示是等速万向节的工作原理图。两个大小相同锥齿轮的接触点 P 位于两齿轮轴线交角 α 的平分面上,由 P 点到两轴的垂直距离都等于 r。P 点处两齿轮的圆周速度相等,两齿轮的角速度也相等。可见,若万向节的传力点在其交角变化时,始终位于两轴夹角的平分面上,就能保证等速传动。

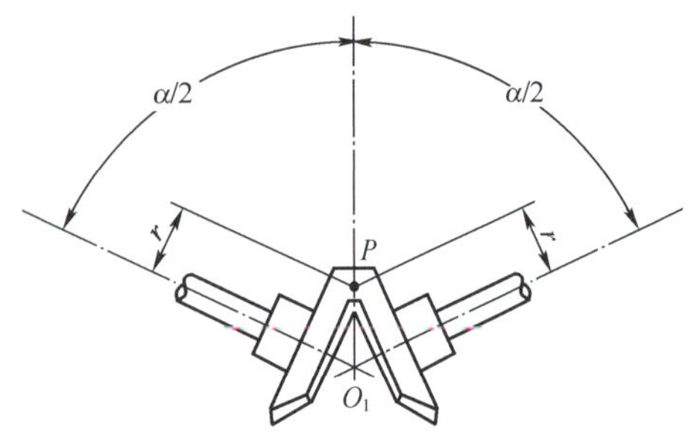

图 5-9　等速万向节的工作原理

等速万向节的常见结构形式有球笼式和组合式。

(1)球笼式等速万向节。如图 5-10 所示,星形套与主动轴用花键固接在一起,星形套外表面有 6 条弧形凹槽滚道,球形壳的内表面有相应的 6 条凹槽,6 个钢球分别装在各条凹槽中,由球笼使其保持在同一平面内。动力由主动轴、钢球、球形壳输出。有的万向节采用直槽滚道,使万向节本身可轴向伸缩,省去其他万向节传动中的滑动花键,且滚动阻力小,最适合于断开式驱动桥。

球笼式万向节工作时 6 个钢球都参与传力,故承载能力强、磨损小、寿命长。它被广泛应用于各种型号的转向驱动桥和独立悬架的驱动桥。

(2)组合式等速万向节。如图 5-11 所示 ,球叉上的 3 个直槽与 3 个传力球配合传力;3 个球销制成一体,并分别定位在球笼上;连接卡簧上的 3 个爪分别卡入球叉的 3 个菱形槽内,以防止球笼脱离球叉。中心球座在弹簧作用下,始终与球叉内凹面接触,起到定心作用。

传力路线:半轴→球叉→传力球→球销→球笼→输出。

该万向节结构紧凑,多为一次性使用。

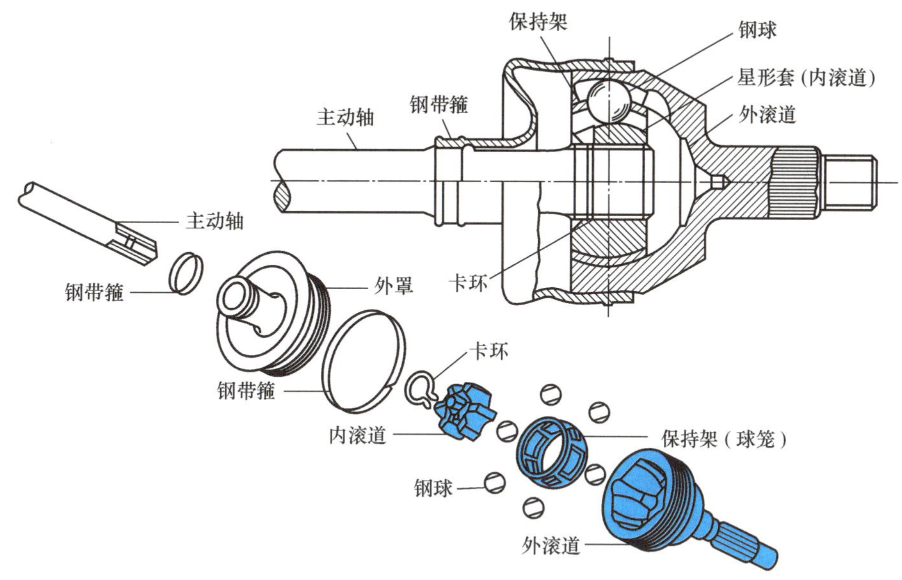

图 5-10　球笼式等速万向节

2.3　柔性万向节

柔性万向节如图 5-12 所示,它依靠其中弹性件的弹性变形来保证在相交两轴间传动时不发生机械干涉。弹性件采用橡胶盘、橡胶金属套筒、六角形橡胶圈等结构。因弹性件的弹性变形有限,故柔性万向节适用于两轴间夹角不大(3°~5°)和微量轴向位移的万向传动装置。如有的汽车发动机与变速器之间,变速器与分动器之间装有柔性万向节,以消除制造安装误差和车架变形对传动的影响。

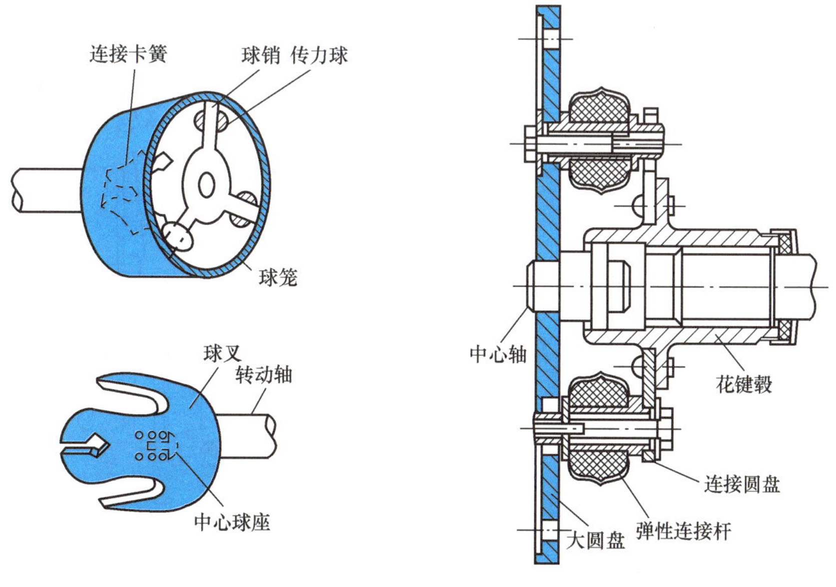

图 5-11　组合式等速万向节　　图 5-12　柔性万向节

3 传动轴与中间支承

3.1 传动轴

3.1.1 功用

传动轴是万向传动装置中的主要传力部件。通常用来连接变速器(或分动器)和驱动桥,在转向驱动桥和断开式驱动桥中,则用来连接差速器和驱动轮。

3.1.2 构造

传动轴通常是一壁厚均匀的管轴,传动轴有实心轴和空心轴之分。为了减轻传动轴的质量,节省材料,提高轴的强度、刚度及临界转速,传动轴多为空心轴,一般用厚度为1.5～3.0mm且厚薄均匀的钢板卷焊而成,超重型货车则直接采用无缝钢管。转向驱动桥、断开式驱动桥或微型汽车的传动轴通常制成实心轴。

传动轴过长时,自振频率降低,易产生共振。故将其分成两段并加中间支承,如图5-13所示,中间传动轴前端焊有万向节叉,后端焊有花键轴,其上套装带内花键的凸缘盘;主传动轴前端焊有花键轴,其上套装滑动叉并在花键轴上可轴向滑动,使传动轴可以伸缩,适应变速器与驱动桥相对位置的变化,花键部分用润滑脂润滑,并用油封(即橡胶伸缩套)防漏,为了防水、防尘,滑动叉前端装有带小孔的堵盖,后端与轴管间装有可伸缩的橡胶套,其两端用带开口销的带箍卡紧。传动轴两端用十字轴万向节分别与输入轴和输出轴连接。

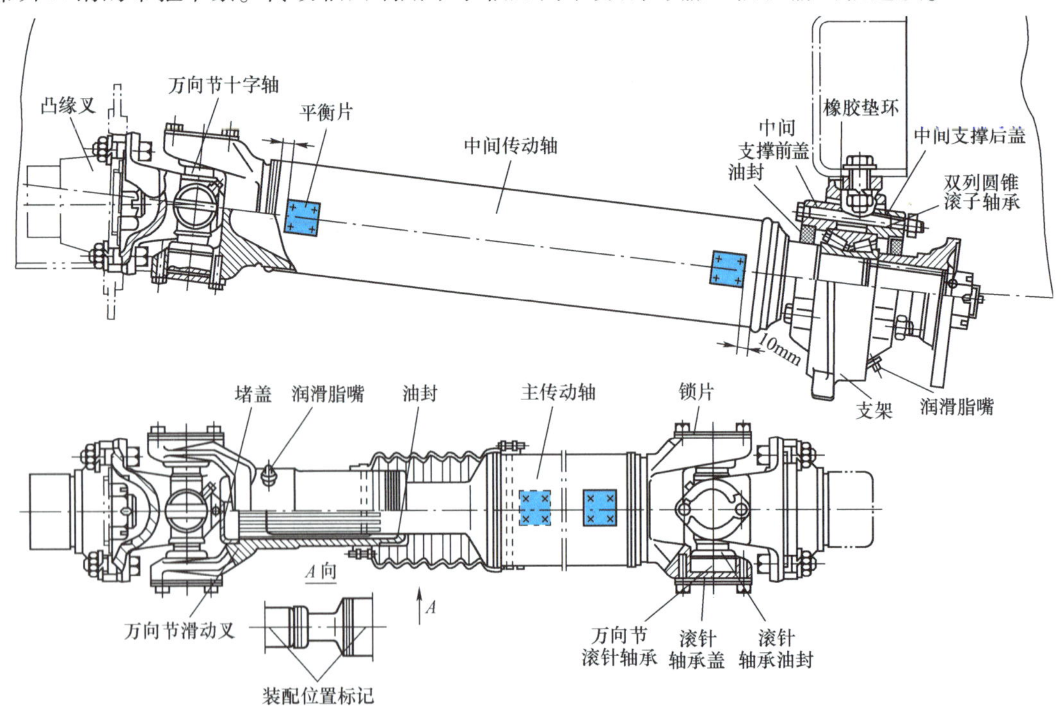

图5-13　中型货车的传动轴和中间支承

传动轴两端的连接件装好后，应进行动平衡试验。中间传动轴是以前端凸缘叉的止口和后端油封颈处定位，主传动轴是以两端凸缘叉止口定位进行动平衡检验，在质量轻的一侧补焊平衡片，使其不平衡量不超过规定值。为防止装错位置和破坏平衡，滑动叉、轴管都刻有带箭头的记号，装配时应使记号对准，此时两端万向节叉也正好在同一平面内。为保持平衡，油封上两个带箍的开口销应装在间隔 180°位置上，万向节的螺钉、垫片等零件，不应随意改换规格。为加注润滑脂方便，万向节和滑动叉上的润滑脂嘴应在一条直线上，且万向节上的润滑脂嘴应朝向传动轴。

为了减少传动轴中花键连接的轴向移动阻力和磨损，有的传动轴在花键槽内设置滚动元件，改滑动摩擦为滚动摩擦。

3.1.3　布置形式及万向节的装配特点

因驱动桥与车架是弹性连接的，因此普通万向传动装置不可能在任何情况下都保证等速传动，考虑到满载时传动系统负荷已很大，应尽量消除由于不等速传动产生的惯性附加荷载。轻载或空载时传动系统的负荷小，质量小，惯性冲击附加负荷也小，角速度差不大，可由传动系统的弹性变形来吸收。下面介绍的传动轴的几种排列方法，一般是基于汽车满载在水平路面行驶时，近似等速的情况。

3.1.3.1　越野汽车的传动轴

越野汽车传动轴的布置包括从变速器到分动器，又从分动器到各驱动桥，如图 5-14 所示。后桥传动轴分为中间传动轴和主传动轴，中间支承装在中驱动桥上。满载时变速器输出轴与分动器的各输出轴、中桥和后桥的输入轴以及中间支承的轴线近似平行。每一传动轴（中间支承可认为是一传动轴）两端的万向节叉应装在同一平面内，满足平行排列或等腰三角形排列（如前桥传动轴）的等速条件。

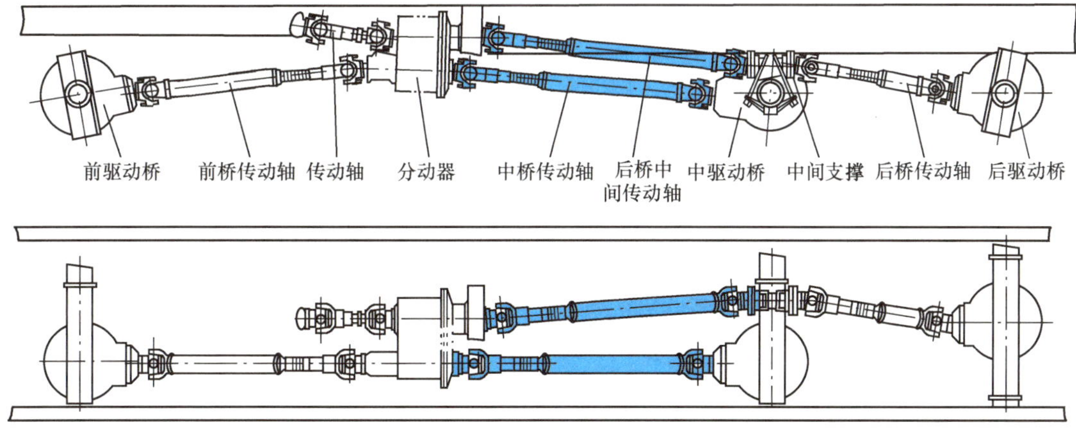

图 5-14　三桥越野汽车传动轴的布置

3.1.3.2　普通汽车传动轴

(1)单节式传动轴。普通汽车最简单的传动轴只有一节，其两端用普通万向节分别与变速器和驱动桥连接。装配时传动轴两端的万向节叉在同一平面内就能保证满载时实现等速传动。

(2)双节式传动轴。如图5-15所示,传动轴分为两段,即中间传动轴和主传动轴,与3个万向节组成万向传动装置,其装配方法有两种:

①某些汽车变速器输出轴与中间传动轴不在一条直线上,当汽车满载时两节传动轴近似在一直线上,中间万向节不起改变角速度的作用,前端万向节从动叉与后端万向节主动叉在同一平面内,即满足等速传动的条件(图5-15a)。

②有些汽车的中间传动轴与变速器输出轴近似在一条直线上,只要主传动轴满足等速传动条件即可(图5-15b)。

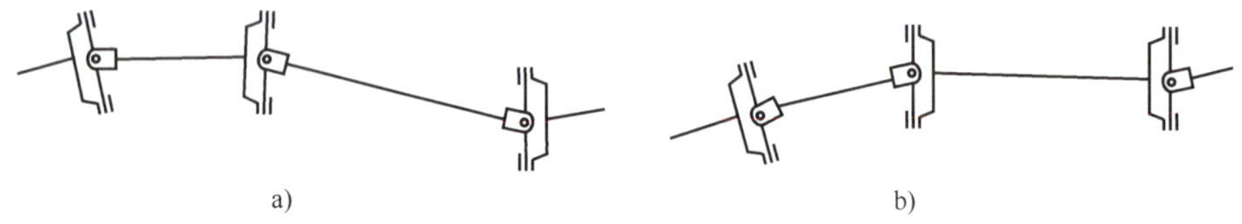

图5-15　双节式传动轴万向节装配形式

a)变速器输出轴与中间传动轴不在一条直线上;b)变速器输出轴与中间传动轴近似在一条直线上

3.1.3.3　三节式传动轴

某些汽车的轴距长,传动轴制成三节,如图5-16所示,以提高其刚度。前两节为中间传动轴,分别用中间支承于车架。每节传动轴两端的万向节叉都应分别在同一平面内。

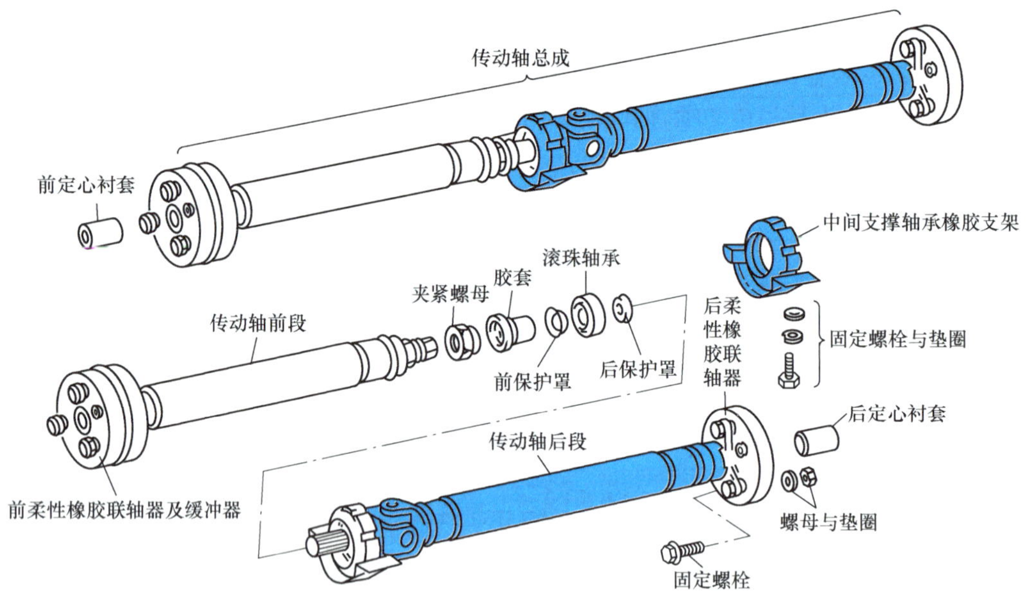

图5-16　三节式传动轴

3.2　中间支承

双节式传动轴的中间支承通常装在车架横梁上,能补偿传动轴轴向和角度方向的安装误差,以及汽车行驶过程中因发动机窜动或车架变形等引起的位移。

中间支承常用弹性元件来满足上述要求,它主要由轴承、带油封的盖、支架、弹性元件等组成。图 5-13 中的中间支承由支架和轴承等组成，双排锥轴承固定在中间传动轴后部的轴颈上。带油封的轴承盖之间装有弹性元件橡胶垫环，用 3 个螺栓紧固。紧固时，橡胶垫环会径向扩张，其外圆被挤紧于支架的内孔。

有的汽车采用摆动式中间支承，如图 5-17 所示，它可绕支承轴摆动，改善了发动机轴向窜动时轴承的受力状况。橡胶衬套能适应传动轴轴线在横向平面内少量的位置变化。

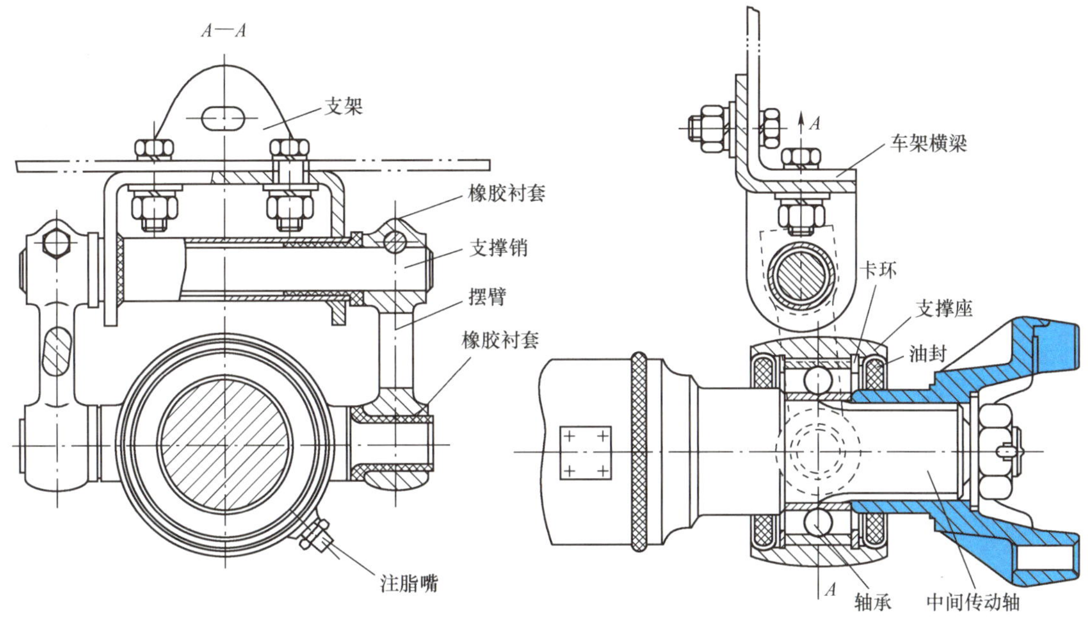

图 5-17　摆动式中间支承

3.3　断开式驱动桥的万向传动装置

有的轿车和越野汽车采用断开式驱动桥和独立悬架。其主减速器壳体固定在车架或车身上，车轮可随悬架的变形作上下摆动，故在车轮和主减速器间需用万向传动装置，如图 5-18所示。

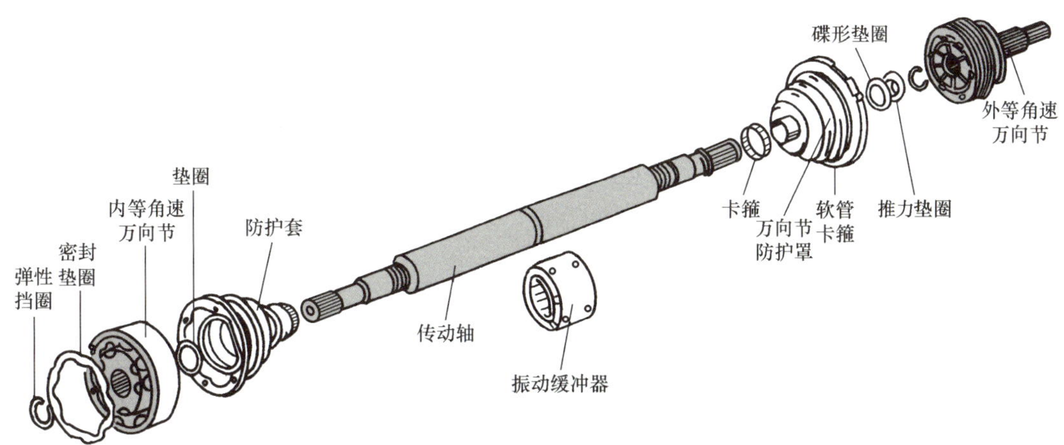

图 5-18　断开式驱动桥的万向传动装置

4 万向传动装置的维修

在使用过程中，汽车轴距长，传动轴制成多节，工作条件恶劣，润滑条件差，行驶在不良的道路上，冲击荷载的峰值往往会超过正常值的一倍以上，万向传动装置不仅要在高速下承受较大的转矩和冲击负荷，还要适应车辆在行驶中随着悬架的变形，传动轴与变速器输入轴及主减速器输出轴之间的夹角的不断变化；传动轴的长度也会随着悬架的变形而变形，使伸缩节不断滑磨。万向传动装置在汽车的底部，泥土、灰尘极易侵入各个机件，在这些情况下，万向传动装置会出现各种耗损，造成传动轴的弯曲、扭转和磨损逾限，产生振动、异响等故障，破坏万向传动装置的动平衡特性、速度特性，传动效率降低，使万向传动装置技术状况变坏，从而影响汽车的动力性和经济性。

4.1 万向传动装置的维护

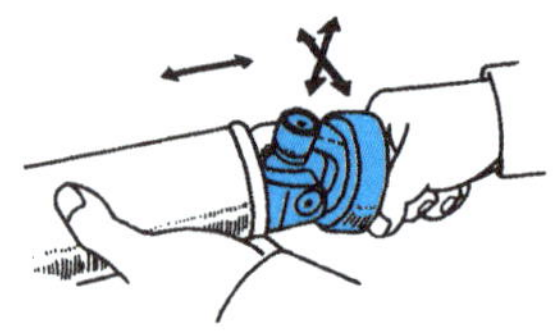

图 5-19 传动轴十字轴配合间隙的检查

乘用车一级维护时应进行润滑和紧固作业。对传动轴的十字轴、传动轴滑动叉、中间支承轴承等加注润滑脂(通常为锂基 2 号润滑脂)；检查传动轴各部螺栓和螺母的紧固情况，特别是万向节叉凸缘连接螺栓和中间支承支架的固定螺栓等，应按规定的力矩拧紧。

二级维护时，应按图 5-19 所示的方法检查传动轴十字轴轴承的间隙。十字轴轴承的配合应用手不能感觉出轴向移动量。对传动轴中间支承轴承，应检查其是否松旷及运转中有无异响，当其径向松旷超过规定或拆检轴承出现黏着磨损时，应更换中间支承轴承。

拆卸传动轴时，要防止汽车的移动。同时按图 5-20 所示的方法，在每个万向节叉的凸缘上做好标记，以确保作业后原位装复，否则极易破坏万向传动装置的平衡性，造成运转噪声和强烈振动。

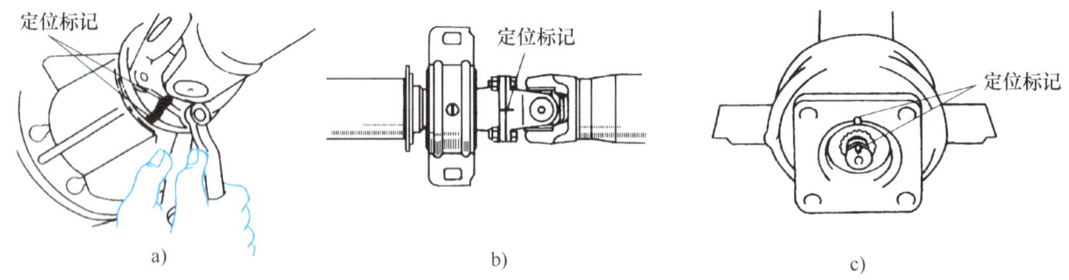

图 5-20 传动轴拆卸前的标记

a)前部装配标记；b)中间传动轴装配标记；c)后部装配标记

拆卸传动轴时，应从传动轴后端与驱动桥连接处开始，先把与后桥凸缘连接的螺栓拧松取下，然后将与中间传动轴凸缘连接的螺栓拧下，拆下传动轴总成。接着，松开中间支承支架与车架的连接螺栓，最后松下前端凸缘盘，拆下中间传动轴。

4.2 万向传动装置的检修

4.2.1 传动轴

传动轴轴管的损伤形式有裂纹、严重凹瘪。

传动轴轴管全长上的径向圆跳动公差应符合表5-1的规定。

传动轴轴管的径向圆跳动公差(mm)　　表5-1

轴长	≤600	600~1000	>1000
径向圆跳动公差	0.6	0.8	1.0

轿车传动轴径向圆跳动公差应比表5-1相应减小0.2mm。中间传动轴支承轴颈的径向圆跳动公差为0.10mm。当传动轴轴管的径向圆跳动超过表5-1的规定时,应对传动轴进行校正或更换。

传动轴花键与滑动叉花键、凸缘叉与所配合花键的侧隙:轿车应不大于0.15mm,其他类型的汽车应不大于0.30mm,装配后应能滑动自如。

4.2.2 万向节叉、十字轴及轴承

万向节叉和十字轴的损伤形式有裂纹、磨损等。

当十字轴轴颈表面有疲劳剥落、磨损沟槽或滚针压痕深度在0.10mm以上时,应更换。

当滚针轴承的油封失效、滚针断裂、轴承内圈有疲劳剥落时,应更换。

十字轴与轴承的最小配合间隙应符合原厂规定,最大配合间隙应符合表5-2的规定。十字轴及轴承装入万向节叉后的轴向间隙:剖分式轴承承孔为0.10~0.50mm;整体式轴承承孔为0.02~0.25mm;轿车为0~0.05mm。

十字轴轴承的配合间隙(mm)　　表5-2

十字轴轴颈直径	≤18	18~23	>23
最大配合间隙	符合原厂规定	0.10	0.14

4.2.3 中间支承

中间支承的常见损伤形式是橡胶老化、轴承磨损所引起的振动和异响等。

中间支承的橡胶垫环开裂、油封磨损过甚而失效、轴承松旷或内孔磨损严重时,均应更换新的中间支承。

中间支承轴承经使用磨损后,需及时检查和调整,使其恢复良好的技术状况。以解放CA1091型汽车为例,其传动系统中间支承为双列圆锥滚子轴承,有2个内圈和1个外圈,2内圈中间有1个隔套,供调整轴向间隙用。

磨损使中间支承轴向间隙超过0.30mm时,将引起中间支承发响和传动轴严重振动,导致各传力部件早期损坏。

调整方法:拆下凸缘和中间轴承,将调整隔板适当磨薄,传动轴承在不受轴向力的自由状态下,轴向间隙在0.15~0.25mm之间,装配好后用195~245N·m的转矩拧紧凸缘螺母,保证轴承轴向间隙在0.05mm左右,即转动轴承外圈而无明显的轴向间隙为宜,最后从润滑脂嘴注入足够的润滑脂,以减小磨损。

4.2.4 传动轴管焊接组合件

传动轴管焊接组合件经修理后，原有的动平衡已不复存在。因此，传动轴管焊接组合件（包括滑动套）应重新进行动平衡试验。传动轴两端任一端的动不平衡量：轿车应不大于10g · cm；其他车型应不大于表5-3的规定。传动轴管焊接组合件的平衡可在轴管的两端加焊平衡片，每端最多不得多于3片。

传动轴管焊接组合件的允许动不平衡量　　表5-3

十字轴轴颈直径（mm）	≤58	58～80	>90
最大允许动不平衡量（g · cm）	30	50	100

4.2.5 等速万向节

等速万向节常见的损伤形式是球形壳、球笼、星形套及钢球的凹陷、磨损、裂纹、麻点等。如有则更换。

检查防护罩是否有刺破、撕裂等损坏现象，如有则更换。

5 万向传动装置的故障诊断

万向传动装置由于经常受汽车在复杂道路上行驶的影响，使传动轴在其角度和长度不断变化情况下传递转矩，常见的故障有传动轴振动、噪声，起动撞击及滑行异响等。产生这些故障的原因是零件的磨损、动平衡被破坏、材料质量不佳和加工缺陷等。

5.1 传动轴噪声

5.1.1 现象

汽车在行驶过程中，传动轴产生振动并传递给车身，引起车身振动和噪声，握转向盘的手感觉麻木，其振动一般和车速成正比。

5.1.2 原因及故障诊断

5.1.2.1 传动轴动不平衡

（1）原因：

①传动轴上的平衡块脱落。

②传动轴弯曲或传动轴管凹陷。

③传动轴管与万向节叉焊接不正或传动轴未进行过动平衡试验和校准。

④伸缩叉安装错位，造成传动轴两端的万向节叉不在同一平面内，使传动轴失去平衡。

（2）故障诊断与排除方法：

①检查传动轴管是否凹陷：有凹陷，则故障由此引起；无凹陷，则继续检查。

②检查传动轴管上的平衡片是否脱落：若脱落，则故障由此引起；否则继续检查。

③检查伸缩叉安装是否正确：不正确，则故障由此引起；否则继续检查。

④拆下传动轴进行动平衡试验:动不平衡,则应校准以消除故障;弯曲应校直。

5.1.2.2　传动轴弯曲、扭转变形

传动轴弯曲、扭转变形也会引起振动和噪声。高速行驶时还有使花键脱落的危险,检查传动轴直线度误差,若超过极限,应更换或进行校正。

5.1.2.3　万向节松旷、异响、严重磨损

(1)万向节松旷:

①原因:凸缘盘连接螺栓松动;万向节主、从动部分游动角度太大;万向节十字轴磨损严重。

②故障诊断与排除方法:

a. 用榔头轻轻敲击各万向节凸缘盘连接处,检查其松紧度。太松旷则故障由连接螺栓松动引起,否则继续检查;

b. 用双手分别握住万向节主,从动部分转动,检查游动角度。游动角度太大,则故障由此引起。

(2)万向节和伸缩叉响:

①原因:

a. 万向节凸缘盘连接螺栓松动;

b. 万向节轴承磨损松旷;

c. 伸缩叉磨损松旷。

②故障诊断与排除方法:

a. 检查万向节凸缘盘连接螺栓。若松动,则故障由此引起;

b. 用两手分别握住万向节,伸缩叉的主、从动部分,检查游动角度。万向节游动角度太大,则异响由此引起;伸缩叉游动角度太大,则异响由此引起。

(3)万向节严重磨损。对于普通十字轴万向节,如果严重磨损,应更换十字轴轴承;对于等速万向节,应更换整个万向节。

5.1.2.4　变速器输出轴花键齿磨损严重

花键齿磨损严重,超过规定极限值,应更换相关部件。

5.1.2.5　中间支承松旷、磨损

(1)原因:

①滚动轴承缺油烧蚀或磨损严重。

②中间支承安装方法不当,造成附加荷载而产生异常磨损。

③橡胶圆环损坏。

④车架变形,造成前后连接部分的轴线在水平面内的投影不同线而产生异常磨损。

(2)故障诊断与排除方法:

①给中间支承轴承加注润滑脂,响声消失,则故障由缺油引起;否则继续检查。

②松开夹紧橡胶圆环的所有螺钉,待传动轴转动数圈后再拧紧,若响声消失,则故障由中间支承安装方法不当引起。否则,故障可能是由橡胶圆环损坏,或滚动轴承技术状况不佳,或车架变形等引起。

5.2 起动撞击和滑行异响

原因及排除方法：

①万向节产生磨损或损伤，应更换零件。

②变速器输出轴花键磨损，应修理或更换相关零件。

③滑动叉花键磨损、损伤，应更换零件。

④传动轴连接部位松动，拧紧螺栓即可消除故障。

思考与练习

一、选择题

1. 所有普通十字轴式刚性万向节“传动的不等速性”是指主动轴匀角速度旋转时，(　　)。

A. 从动轴的转速不相等　　B. 从动轴在一周中的角速度是变化的

C. 从动轴的转速是相等的　　D. 从动轴在一周中的角速度是相等的

2. 普通刚性万向节传动时，产生不等速旋转，对于这种不等角速度的变化程度，甲认为：“它与主动轴和从动轴之间的夹角有关，夹角越大，不等速程度越严重。”乙认为：“它与发动机转速有关，与夹角的大小无关，发动机转速越高，不等速程度越严重。”谁正确？(　　)

A. 甲对　　B. 乙对　　C. 甲乙都对　　D. 甲乙都不对

3. 为了传动轴管焊接组合件的平衡，可在轴管的两端加焊平衡片，每端最多不得多于(　　)片。

A. 2　　B. 3　　C. 4　　D. 5

二、判断题（正确画√、错误画×）

1. 在装配传动轴时，应按规定的力矩拧紧螺栓、螺母。　　(　　)

2. 万向传动装置只用于汽车的传动系统上。　　(　　)

三、简答题

1. 汽车传动系统中为什么要设万向传动装置？它由哪几部分组成？

2. 等速万向节有哪些结构形式？各有何特点？

3. 万向传动装置常见故障有哪些？

单元六 驱 动 桥

学习目标

☞ **知识目标**

1. 简述驱动桥的功用、组成部分及动力的传递路线；
2. 正确描述单级主减速器的构造及调整项目；
3. 正确描述行星齿轮差速器的工作原理及构造；
4. 简述半轴的支承形式及受力分析；
5. 简述桥壳的作用及特点。

☞ **能力目标**

1. 会分析驱动桥常见故障的产生原因及排除方法；
2. 会做驱动桥的维护，主要零件的检修；
3. 会做差速器、主减速器的装配与调整工作，培养在学习中敢担当、能吃苦的好品质。

1 概 述

1.1 驱动桥的功用、组成

1.1.1 功用

驱动桥的功用是将万向传动装置输入的动力经降速增矩、改变动力传递方向后，分配到左右驱动轮，使汽车行驶，并允许左右驱动轮以不同的转速旋转。

1.1.2 组成

驱动桥由主减速器、差速器、半轴和桥壳组成，如图 6-1 所示。

1.2 驱动桥的类型

1.2.1 整体式

整体式驱动桥（图 6-1）采用非独立悬架。其驱动桥壳为一刚性的整体，驱动桥两端通过悬架与车架连接,左右半轴始终在一条直线上,即左右驱动轮不能相互独立的跳动。当某一侧车轮通过地面的凸出物或凹坑升高或下降时,整体驱动桥及车身都要随之发生倾斜,车身波动大。

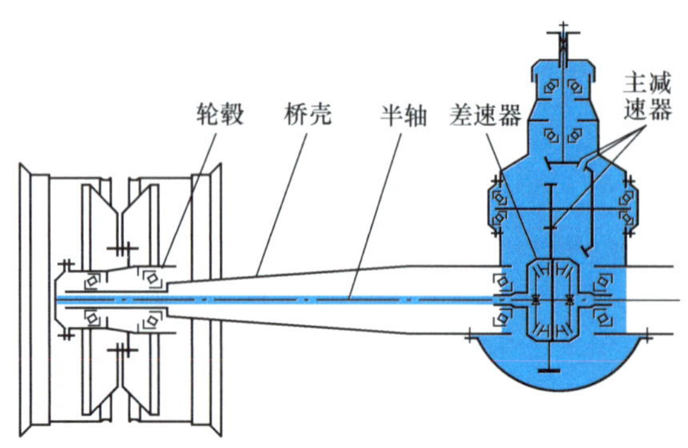

图 6-1　汽车整体式驱动桥示意图

1.2.2　断开式

断开式驱动桥(图 6-2)采用独立悬架。其主减速器固定在车架上,驱动桥壳制成段并用铰链连接,半轴也分段并用万向节连接。驱动桥两端分别用悬架与车架连接。这样,两侧的驱动轮及桥壳可以彼此独立地相对于车架上下跳动。

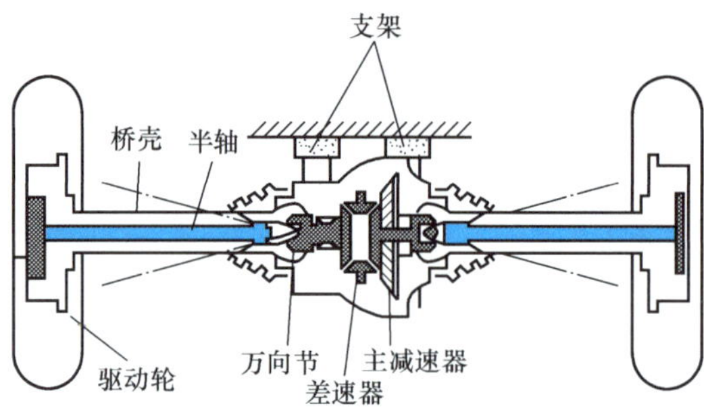

图 6-2　断开式驱动桥示意图

2　主减速器

2.1　主减速器的功用、类型

2.1.1　功用

主减速器的功用是将输入的转矩增大、转速降低,并将动力传递的方向改变后(有些发动机横向布置的除外)传给差速器。

2.1.2　类型

(1)按参加传动的齿轮副数目分类,可分为单级式主减速器和双级式主减速器。有些重型汽车又将双级式主减速器的第二级圆柱齿轮传动设置在两侧驱动轮处,称为轮边减速器。

(2)按主减速器传动速比个数分类,可分为单速式主减速器和双速式主减速器。单速式的传动比是一定值,而双速式则有两个传动比(即两条传动路线)供驾驶员选择。

(3)按齿轮副结构形式分类,可分为圆柱齿轮式(又可分为定轴轮系和行星轮系)主减速器和锥齿轮式(又可分为螺旋锥齿轮式和双曲面锥齿轮式)主减速器。

2.2 主减速器的构造与工作原理

2.2.1 单级主减速器

单级主减速器结构简单,质量小,体积小,传动效率高且动力性能满足中型以下货车及轿车的要求。因此,单级主减速器在这些车型上得以普遍采用。

在发动机纵向布置的汽车上,由于需要改变动力传递方向(一般为90°),单级主减速器采用一对锥齿轮传动。

图6-3所示为丰田陆巡(Land Cruiser200)、霸道(Prado)GRT150、GRT200系列车型用的单级主减速器。它由主、从动锥齿轮及其支承调整装置、主减速器壳等组成。其主减速器传动比 i_0 为:

$$i_0 = \frac{\text{从动锥齿轮齿数}}{\text{主动锥齿轮齿数}} \tag{6-1}$$

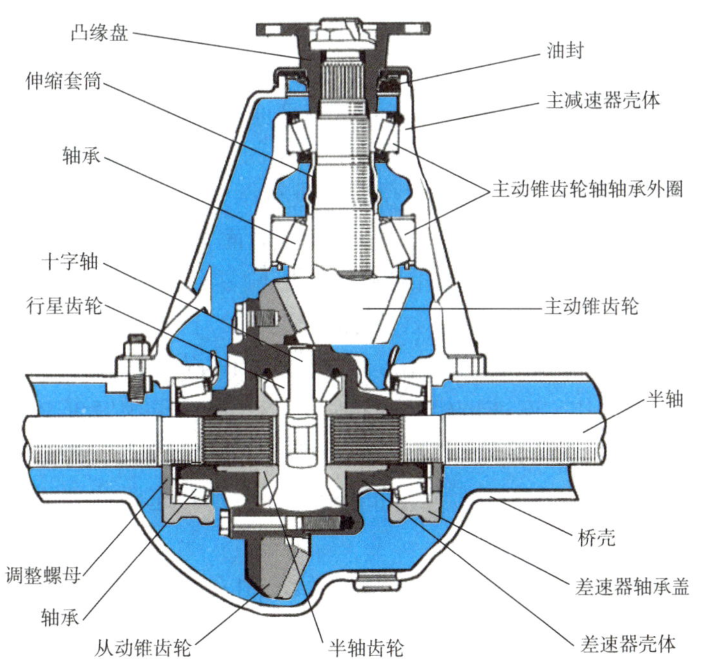

图6-3 丰田 Land Cruiser(Prado)单级主减速器

主动锥齿轮与主动轴制成一体。为保证主动锥齿轮有足够的支承刚度,改善齿轮的啮合条件,轻型汽车或轿车用单级主减速器的主动锥齿轮及轴在轴端方向采用2个相向布置的圆锥滚子轴承来支承,形成悬臂梁式支承方式。布置在主动锥齿轮侧的圆锥滚子轴承内圈压装在轴上，主动锥齿轮轴上的2个轴承外圈压装在主减速器壳体内相应的承孔内，从凸缘盘端装入的伸缩套筒与两轴承内圈直接接触，拧紧凸缘盘锁止螺母（达到规定力矩）时，通过凸缘盘的传力作用压紧两轴承内圈，而且依靠伸缩套筒的弹力作用自动调节两圆锥滚子轴承预紧度。主动锥齿轮轴承的润滑是依靠从动锥齿轮和差速器壳旋转时飞溅起来的润滑油进行润滑，润滑油经由主减速器壳体上依靠从动锥齿轮侧的通道先到达前端轴承（凸缘盘侧），再到达主动锥齿轮侧的轴承，然后进行润滑。凸缘盘端依靠油封来防止润滑油外泄。改变凸缘盘与其锁止螺母之间的调整垫片厚度可改变主动锥齿轮轴的轴向位置，增加垫片厚度主动轴则向前移，减小垫片厚度主动轴则向后移。若伸缩套筒因过热使其弹性性能下降后，改变垫片厚度同样也改变了轴承的预紧度，增加垫片厚度预紧度减小，减小垫片厚度预紧度增加。因此，每当对主减速器的主动锥齿轮轴进行拆检维修后组装时，应当考虑此类问题，做到对伸缩套筒必须换新。从动锥齿轮通过螺栓紧固在差速器壳上，两半差速器壳体也通过连接螺栓紧固，这两种紧固螺栓除按规定力矩要求实施紧固外，还在每相邻2颗螺栓间装有锁止片，螺栓紧固后必须锁止锁止片。差速器壳通过在其两端相背布置的圆锥滚子轴承支承在主减速器壳体上的轴承座孔内，轴承座孔内制有螺纹（是将轴承盖按规定力矩紧固后再来加工螺纹的），因此，两侧轴承盖不能互换，拆卸时应做好装配记号，安装装配时应对齐记号。差速器轴承的预紧度通过紧贴于轴承外圈的蝶形调整螺母来调整，改变蝶形螺母位置可改变差速器壳的位置。两个轴承盖每半差速器壳内装有半轴齿轮，两壳体中间压装有行星齿轮十字轴，十字轴上装配行星齿轮，行星齿轮与半轴齿轮啮合。为保证行星齿轮与半轴齿轮之间的正常啮合，在半轴齿轮背面装有铜质调整垫片，在行星齿轮背面装有球面形调整垫片，装配时应正确调整行星齿轮与半轴齿轮之间的配合间隙。主、从动锥齿轮间的啮合间隙及啮合印痕的调整可通过改变主动锥齿轮轴或差速器壳的相对位置来进行调整。

锥齿轮、圆锥滚子轴承在传动过程中，在其接触面上的接触压力将分解成径向荷载（径向力）和轴向荷载（轴向力）。径向力的大小影响零件的强度，即影响零件的磨损；轴向力的大小，将影响零件的轴向位移（或称轴向窜动）。因此，圆锥滚子轴承一般都成对使用，装配时应使其具有一定的预紧度，以减小锥齿轮在传动过程中因轴向力而引起的轴向位移，提高轴的支承刚度，保证齿轮副的正常啮合。但轴承预紧度又不宜过大，否则，摩擦磨损增大，传动效率下降。减少主动轴锁止螺母处调整垫片厚度将增加主动锥齿轮轴轴承预紧度，反之亦然。拧入差速器轴承的蝶形螺母，则差速器轴承预紧度增加，反之，轴承预紧度减小。

为了使齿轮传动工作正常、磨损均匀、延长其使用寿命，必须保证齿轮副正确的啮合。为此，需要对锥齿轮的啮合进行调整。锥齿轮啮合的调整是指齿面啮合印痕和齿侧啮合间隙的调整。正确的啮合印痕和啮合间隙是通过锥齿轮轴的轴向移动，从而改变主、从动锥齿轮的相对位置来得到的。所以，主减速器又设置了齿轮啮合的调整装置。主、从动锥齿轮的啮合印痕可通过增减调整垫片的厚度来调整：增加垫片厚度，主动轴及主动锥齿轮前移，反之则后移。啮合间隙则通过拧动轴承调整螺母来调整：一端螺母拧入，另一端螺母拧出，即可使从动锥齿轮轴向移动。

应该说明的是:为了保证齿轮啮合调整的正确性,圆锥滚子轴承预紧度的调整必须在齿轮啮合调整之前进行,且当两者采用同一调整装置时,齿轮啮合的调整应保持原已调整好的轴承预紧度不变。如上述齿轮啮合间隙的调整,为保证已调整好的轴承预紧度不变,一端螺母的拧入圈数应等于另一端螺母的退出圈数,一般采用先退后进,退多少则进多少。

轻型汽车、轿车用主减速器的主从动锥齿轮采用双曲面锥齿轮,有些车型的主、从动锥齿轮采用螺旋锥齿轮,目前主减速器中基本不用直齿锥齿轮。前两者相比,双曲面锥齿轮的主从动齿轮轴线不相交,使主动锥齿轮轴线可低于(也可高于)从动锥齿轮轴线,在保证一定离地间隙的情况下,与之相连的传动轴的位置也相应降低,从而使汽车质心降低,提高了行驶的稳定性。其次,双曲面齿轮发生根切的最少齿数较少(最少可为5个),因此主动齿轮在满足传动比和强度要求的条件下尺寸可尽量小一些,相应从动锥齿轮的尺寸也可减小,从而减小了主减速器壳外形轮廓尺寸,有利于车身布置和提高最小离地间隙。此外,双曲面齿轮的啮合系数大,同时参加啮合的齿数多,传动平稳,噪声小,承载能力大。所以,双曲面锥齿轮不仅在轿车上得到广泛应用,而且在中、重型汽车上的应用也日益增多。

双曲面齿轮的缺点是啮合面间相对滑动速度大,接触压力大,摩擦面的油膜易被破坏,因而对润滑油要求高,必须使用专门的双曲面齿轮油。另外,双曲面齿轮螺旋角较大,传动时轴向力大,易造成轴的支承定位件的损坏而引起轴向窜动。因此对这些机件的强度、刚度要求高,相应地调整精度要求也较高。

某些发动机纵向前置前轮驱动轿车用单级主减速器如图6-4所示。因采用发动机纵向前置前轮驱动,整个传动系统都集中布置在汽车前部,因此其主减速器装于变速器壳体内,没有专门的主减速器壳体。由于省去了变速器到主减速器之间的万向传动装置,所以变速器输出轴即为主减速器主动轴。

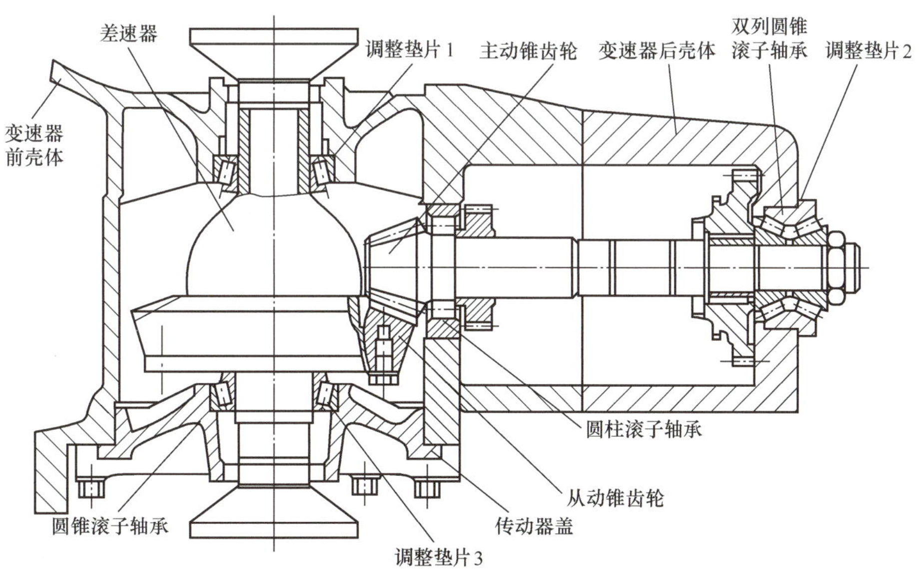

图6-4 发动机纵向前置前轮驱动轿车用单级主减速器

主减速器由主、从动锥齿轮组成。主动锥齿轮与变速器输出轴制为一体,用双列圆锥滚子轴承和圆柱滚子轴承支承在变速器壳体内。环状的从动锥齿轮靠凸缘定位,并用螺钉与差速器壳连接。差速器壳由一对圆锥滚子轴承支承在变速器壳体上。

主动锥齿轮轴上的轴承预紧度无需调整。圆锥滚子轴承的预紧度可通过调整垫片1和3来调整。齿轮啮合的调整通过调整垫片1、2、3进行，即增减垫片厚度，使主、从动锥齿轮轴向移动。

若发动机横向前置，由于主减速器主动齿轮轴线与差速器轴线平行，因此主减速器采用一对斜齿轮传动即可，无需改变动力的传递方向。

2.2.2 双级主减速器

当汽车主减速器需要有较大的传动比时，若采用单级主减速器，由于主动锥齿轮受强度、最小齿数的限制，其尺寸不能太小，相应地从动锥齿轮直径将较大。这不仅使从动齿轮刚度降低了，而且会使主减速器壳及驱动桥壳外形轮廓尺寸增大，难以保证足够的离地间隙，这时需采用双级主减速器。比如图6-5所示的解放CA1092型汽车双级主减速器。

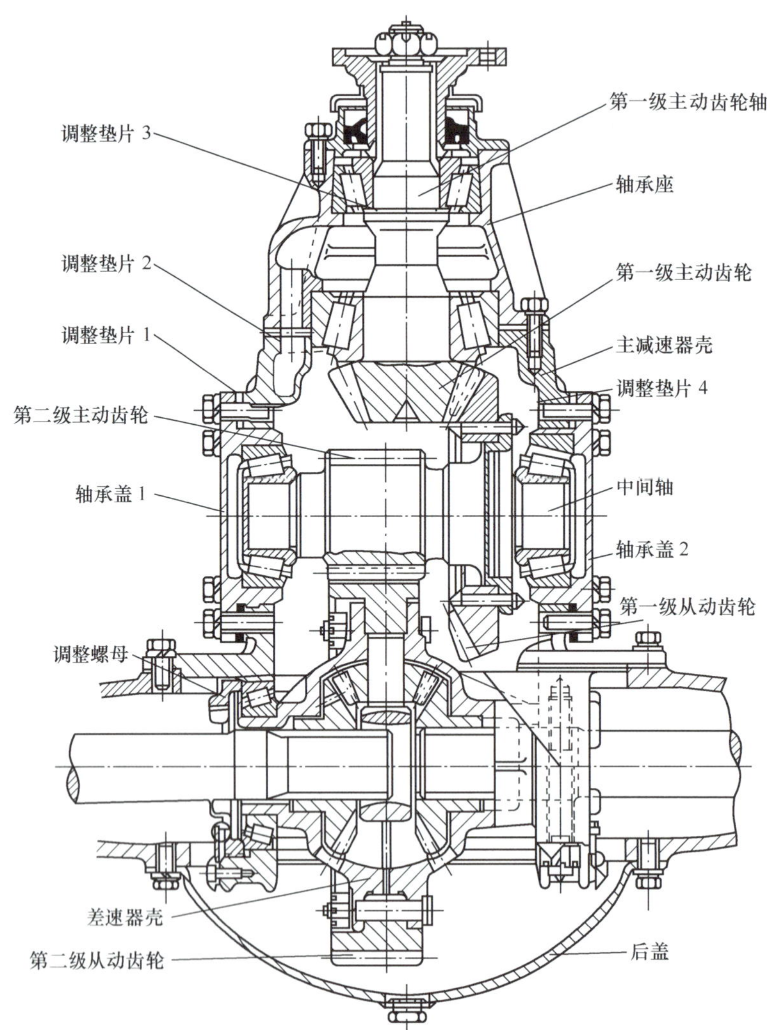

图6-5 解放CA1092型汽车双级主减速器

2.2.3 双速主减速器

为了提高汽车的动力性和经济性,有些汽车的主减速器具有两个挡(两个传动比)。可根据行驶条件的变化改变挡位,这种主减速器称为双速主减速器。

图6-6所示为行星齿轮式双速主减速器示意图。它由一对锥齿轮、一套行星齿轮机构及其操纵机构组成。行星齿轮机构的内齿圈与从动锥齿轮组成一体,并用两个圆锥滚子轴承支承在主减速器壳体上。有内齿圈的行星架与差速器壳连成一体,行星架轴上松套着行星齿轮。在左半轴上松套着接合套,可由气压控制的拨叉操纵。接合套上制有短接合齿和长接合齿(即中心齿轮)。主减速器壳体上制有固定齿圈。

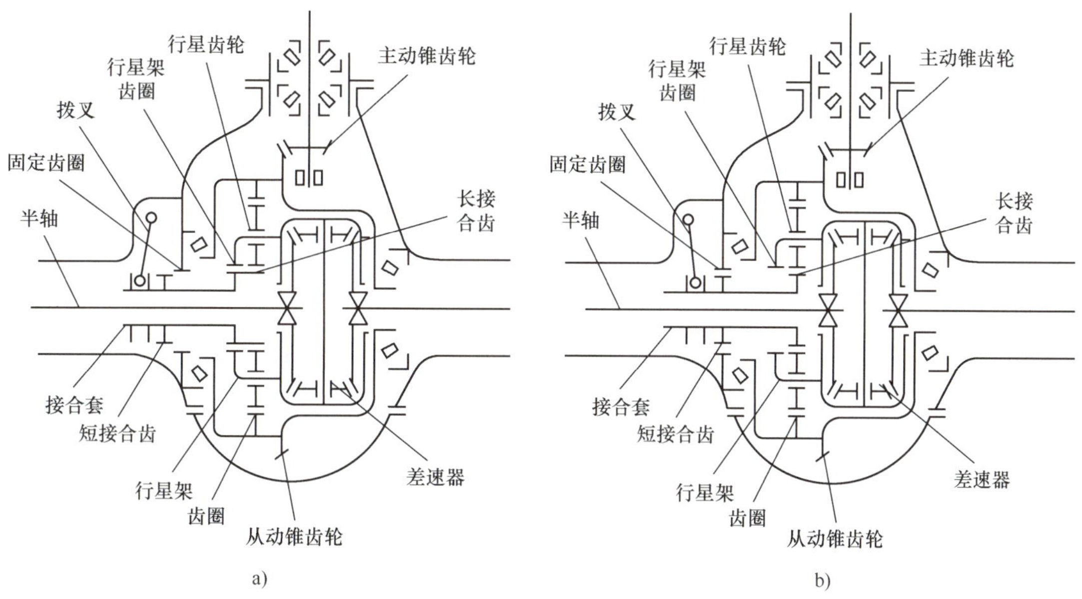

图6-6 行星齿轮式双速主减速器

a)高速挡单级传动;b)低速挡双级传动

当需要在高速挡行驶时,通过拨叉使接合套的长套圈左移,将行星架内齿圈与行星齿轮连成一体(图6-6a),行星齿轮不能自转,因此行星齿轮机构不起减速作用,即差速器壳与从动锥齿轮一起以相同转速旋转,传动比等于1(即直接传动)。这时,主减速器相当于单级锥齿轮传动,主减速器的传动比等于锥齿轮传动的传动比。

当需要在低速挡行驶时,通过操纵拨叉拨动接合套右移,使接合套上的短接合齿与主减速器壳体上的固定齿圈套合,接合套即被固定。此时接合套上的长接合齿(随接合套一起被固定)与内齿圈脱离而仅与行星齿轮啮合(图6-6b)。与从动锥齿轮连在一起的齿圈带动行星齿轮转动,行星架及与之相连的差速器壳将因行星齿轮的自转而降速。此时行星齿轮机构的传动比为:

$$i_0 = 1 + \frac{\text{中心齿轮 } D \text{ 的齿数}}{\text{齿圈的齿数}} \tag{6-2}$$

主减速器则为双级传动,传动比为两级传动比的乘积。

3 差 速 器

3.1 差速器的功用、类型

3.1.1 功用

差速器的功用是将主减速器传来的动力传给左、右两半轴，并在必要时允许左、右半轴以不同转速旋转，以满足两侧驱动轮差速的需要。

3.1.2 类型

差速器的类型按其工作特性均可分为普通齿轮式差速器和防滑差速器两大类。

3.2 普通齿轮式差速器的构造及工作原理

普通齿轮式差速器有锥齿轮式和圆柱齿轮式两种。由于锥齿轮式差速器结构简单、紧凑，工作平稳，因此目前应用最为广泛。

在乘用车载轻型货车上，常采用如图 6-7 所示的差速器结构。该类差速器因传递的转矩较小，故可用两个行星齿轮，相应的行星齿轮轴为一根直轴。差速器壳为一整体框架结构。行星齿轮轴装入差速器壳后用止动销定位。半轴齿轮背面也制成球面，其背面的推力垫片与行星齿轮背面的推力垫片制成一个整体，称为复合式推力垫片。螺纹套用来紧固半轴齿轮。

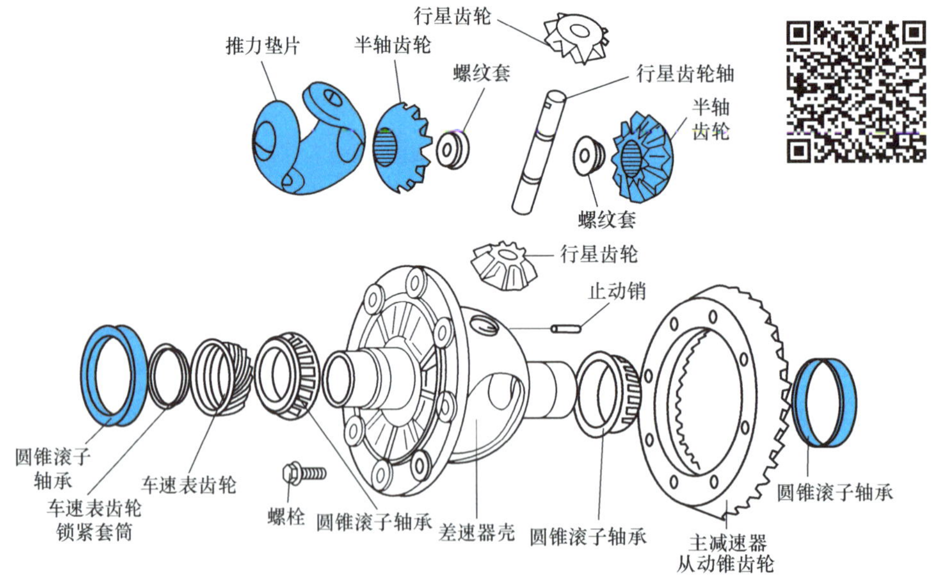

图 6-7　乘用车用差速器结构

如图 6-8 所示为行星锥齿轮差速器的运动原理图。差速器壳与行星齿轮轴连成一体并由主减速器从动齿轮带动一起转动，是差速器的主动件，设其转速为 n_0。半轴齿轮 1 和 2 为从动件，设其转速分别为 n_1 和 n_2。A、B 两点分别为行星齿轮与半轴齿轮 1 和 2 的啮合点。

C 点为行星齿轮的中心。A、B、C 点到差速器旋转轴线的距离相等。

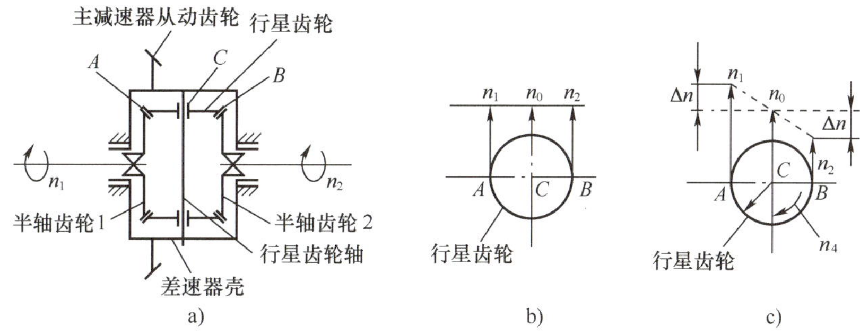

图 6-8 差速器运动原理

a)差速器简图;b)差速器不起作用;c)差速器起作用

当两侧驱动轮没有滑转和滑移趋势,即两侧车轮转速相等,汽车直线行驶时两侧车轮所受的行驶阻力相等,通过半轴及半轴齿轮反作用于行星齿轮两啮合点 A、B 的力也相等。这时行星齿轮相当于一个等臂的杠杆保持平衡,即行星齿轮不自转,而只能随行星齿轮轴及差速器壳一起公转。所以,两半轴无转速差(图 6-9b),差速器不起差速作用。

即: $$n_1 = n_2 = n_0$$

且: $$n_1 + n_2 = 2n_0 \tag{6-3}$$

当两侧车轮有滑转和滑移趋势时,两侧车轮所受的行驶阻力不再相等,通过半轴及半轴齿轮反作用于行星齿轮两啮合点的力也不相等。这样,将破坏行星齿轮的平衡,即行星齿轮除了随差速器壳一起公转外,还要绕行星齿轮轴自转。设其自转速度为 n_4,则半轴齿轮 1 的转速加快,而半轴齿轮 2 的转速减慢。因 $AC = CB$,所以半轴齿轮 1 转速的增加值等于半轴齿轮 2 转速的减小值。设半轴齿轮转速的增减值为 Δn,则两半轴的转速分别为:

$$n_1 = n_0 + \Delta n \tag{6-4}$$

$$n_2 = n_0 - \Delta n \tag{6-5}$$

这就是差速器的差速作用。即汽车在转弯或其他情况下行驶,两侧车轮有滑转和滑移趋势时,行星齿轮即发生自转,借行星齿轮的自转,使两侧车轮以不同的转速在地面上滚动。

显然,此时仍有: $$n_1 + n_2 = 2n_0$$

上式即为行星锥齿轮差速器的运动特性方程式。它表明,差速器无论差速与否,两半轴齿轮转速之和始终等于差速器壳转速的两倍,而与行星齿轮自转速度无关。

由式(6-3)还可得知:

①当任何一侧半轴齿轮的转速为零时,另一侧半轴齿轮的转速为差速器壳转速的两倍;

②当差速器壳转速为零时,若一侧半轴齿轮受其他外来力矩而转动,则另一侧半轴齿轮即可以相同的转速反向转动。

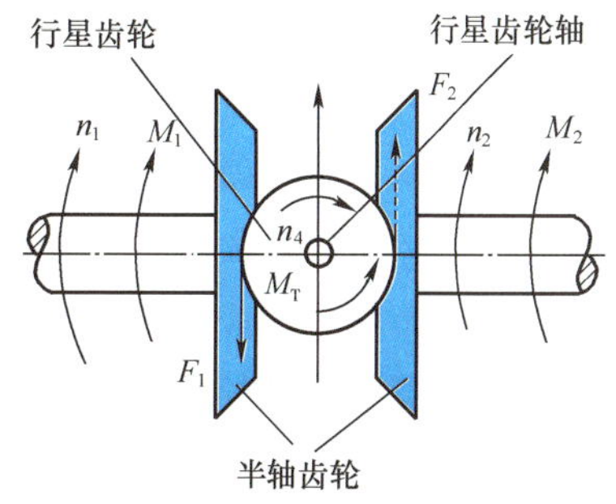

图 6-9 差速器转矩分配示意图

图 6-9 为行星锥齿轮差速器的转矩分配示意图。设主减速器传至差速器壳的转矩为 M_0,经行星齿轮轴和行星齿

轮传给两半轴齿轮，两半轴齿轮的转矩分别为 M_1 和 M_2。

当行星齿轮不自转时，即 $n_4=0$，$M_T=0$（M_T 为行星齿轮自转时，其内孔和背面所受的摩擦力矩），行星齿轮相当于一个等臂杠杆，均衡拨动两半轴齿轮转动。所以，差速器将转矩 M_2 平均分配给两半轴齿轮，即 $M_1=M_2=M_0/2$。

当行星齿轮按图6-9中 n_4 方向自转时（即 $n_1>n_2$），行星齿轮所受摩擦力矩 M_T 与其自转方向相反，从而使行星齿轮分别对半轴齿轮1和2附加作用了大小相等而方向相反的两个圆周力 F_1 和 F_2。F_1 使传到转得快的半轴齿轮1上的转矩 M_1 减小，而 F_2 却使传到转得慢的半轴齿轮2的转矩 M_2 增加。且 M_1 的减小值等于 M_2 的增加值，等于 $M_T/2$。所以，当两侧驱动轮存在转速差时（$n_1>n_2$）：

$$M_1=\frac{M_0-M_T}{2} \tag{6-6}$$

$$M_2=\frac{M_0+M_T}{2} \tag{6-7}$$

即转得慢的车轮分配到的转矩大于转得快的车轮分配到的转矩，差值为差速器的内部摩擦力矩 M_T。由于 M_T 很小，可忽略不计，则 $M_1=M_2=M_0/2$，可见，无论差速器差速与否，行星锥齿轮差速器都具有转矩等量分配的特性。

上述普通锥齿轮式差速器转矩等量分配的特性对于汽车在好路面上行驶是有利的。但汽车在坏路面上行驶时却会严重影响其通过能力。例如，当汽车的一个驱动轮处于泥泞路面因附着力小而原地打滑时，即使另一驱动轮处于附着力大的路面上未滑转，汽车仍不能行驶。这是因为附着力小的路面只能对驱动车轮作用一个很小的反作用力矩，而驱动转矩也只能等于这一很小的反作用力矩。由于差速器等量分配转矩的特性，附着力好的驱动轮也只能分配到同样小的转矩，以至于总的牵引力不足以克服行驶阻力，汽车便不能前进。

为了提高汽车通过坏路面的能力，可采用防滑差速器。当汽车某一侧驱动轮发生滑转时，差速器的差速作用即被锁止，并将大部分或全部转矩分配给未滑转的驱动轮，充分利用未滑转车轮与地面之间的附着力，以产生足够的牵引力使汽车继续行驶。

3.3 防滑差速器

汽车上常用的防滑差速器（Limited Slip Differential，LSD），有人工强制锁止式和自锁式差速器两大类。前者通过驾驶员操纵差速锁，人为地将差速器暂时锁住，使差速器不起差速作用。后者是在汽车行驶过程中，根据路面情况自动改变驱动轮间的转矩分配。自锁式差速器又有摩擦片式、滑块凸轮式和托森式等多种结构形式。

3.3.1 强制锁止式差速器

强制锁止式差速器就是在行星锥齿轮差速器上装设了差速锁。差速锁由接合器及其操纵机构两大部分组成。图6-10和图6-11所示为丰田陆地巡洋舰（Prado）GRJ150、GRJ200系列车型带差速锁的主减速器结构图。

当汽车在好路面上行驶不需要锁止差速器时，接合器的固定接合套与滑动接合套不嵌合，即处于分离状态，此时为普通行星锥齿轮差速器。

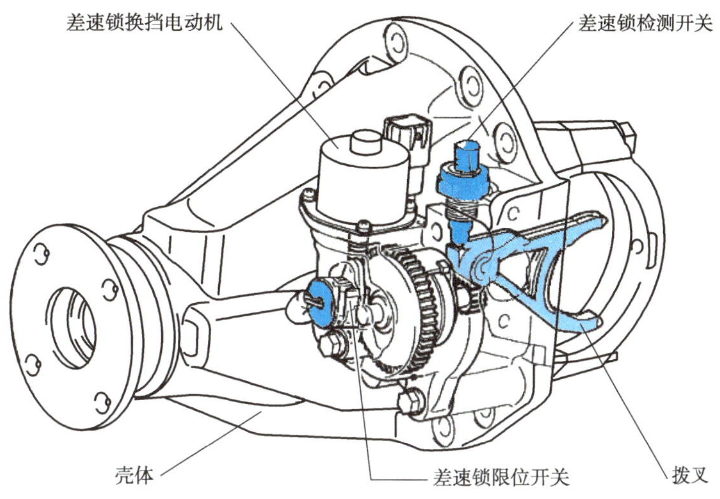

图 6-10　丰田 Land Cruiser(Prado)带差速锁的主减速器结构图 1

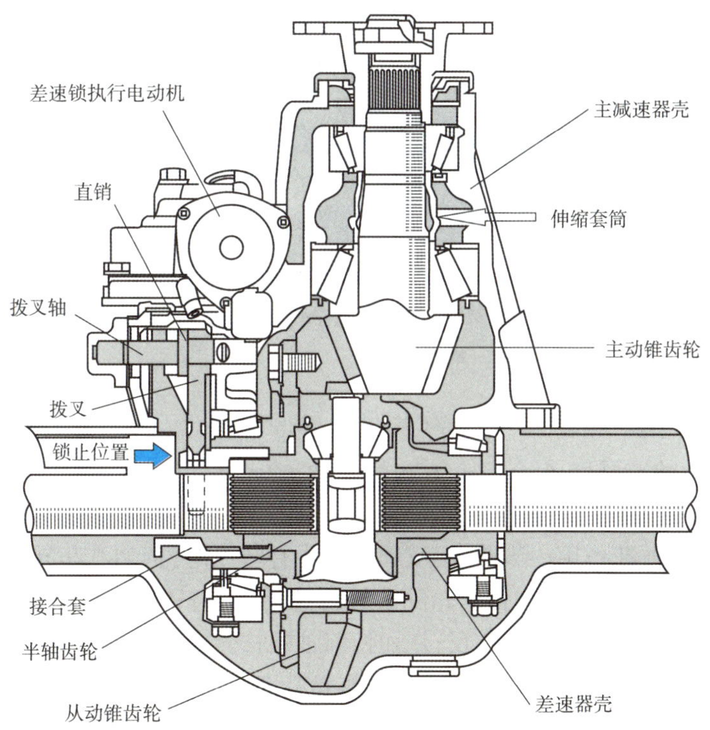

图 6-11　丰田陆地巡洋舰(Prado)带差速锁的主减速器结构图 2

当汽车通过坏路面需要锁止时,通过驾驶员的操纵,将半轴与差速器壳连成一个整体,则左右两半轴被联锁成一体随壳一起转动,即差速器被锁止,不起差速作用。这样,转矩可全部分配给好路面上的车轮。与此同时,差速锁指示灯开关接通,驾驶室内指示灯亮,以提醒驾驶员差速器处于锁止状态,汽车驶出坏路面后应及时摘下差速器锁。

强制锁止式差速器结构简单,易于制造;但操纵不便,一般要在停车时进行。通过操纵驾驶室中央仪表台上差速锁按钮至锁止位置，四轮驱动控制 ECU 将驱动电压输送至差速锁换挡执行电动机，并将差速锁换挡拨叉移至锁止侧。此时，四轮驱动控制 ECU 通过差速锁限位开关检测换挡执行电动机的位置，通过差速锁检测开关检测换挡拨叉的锁止位置，当到达锁止位置时，四轮驱动控制 ECU 停止驱动电压的输出。在差速锁还未到达锁止位置时，差速锁指示灯处于闪烁状态，锁止后指示灯常亮。当差速锁按钮开关关闭时，四轮驱动控制 ECU 给换挡电动机输出驱动电压（其电流流向与锁止时相反），使换挡拨叉移至松开侧，到达松开位置时，四轮驱动控制 ECU 停止输出驱动电压，差速锁指示灯熄灭。

3.3.2 托森差速器

图 6-12 所示为奥迪轿车的前、后桥之间采用的新型托森差速器。"托森"表示"转矩—灵敏"，它是一种轴间自锁差速器，装在变速器后端。转矩由变速器输出轴传给托森差速器，再由差速器直接分配给前驱动桥和后驱动桥。

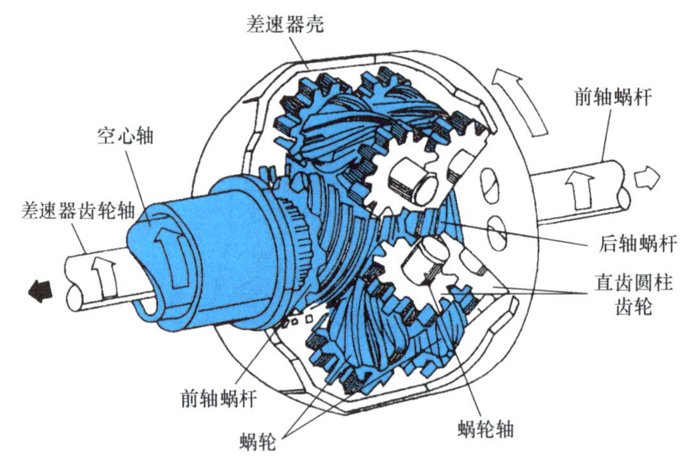

图 6-12　托森差速器

托森差速器由差速器壳、6 个蜗轮、6 根蜗轮轴、12 个直齿圆柱齿轮及前轴蜗杆、后轴蜗杆组成。当前、后驱动桥无转速差时，蜗轮绕自身轴自转。各蜗轮、蜗杆与差速器壳一起等速转动，差速器不起差速作用。当前、后驱动桥需要有转速差，例如汽车转弯时，因前轮转弯半径大，差速器起差速作用。此时，蜗轮除公转传递动力外，还要自转。由于直齿圆柱齿轮的相互啮合，使前后蜗轮自转方向相反，从而使前轴蜗杆转速增加，后轴蜗杆转速减小，实现了差速。托森差速器起差速作用时，由于蜗杆蜗轮啮合副之间的摩擦作用，转速较低的后驱动桥比转速较高的前驱动桥所分配到的转矩大。若后桥分配到的转矩大到一定程度而出现滑转时，则后桥转速升高一点，转矩又立刻重新分配给前桥一些，所以驱动力的分配可根据转弯的要求自动调节，使汽车转弯时具有良好的驾驶性。当前、后驱动桥中某一桥因附着力小而出现滑转时，差速器起作用，将转矩的大部分分配给附着力好的另一驱动桥（最大可达 3.5 倍），从而提高了汽车通过坏路面的能力。

除了上述自锁差速器外，还用于轿车或轻型货车的摩擦片式自锁差速器和用于中型汽车中、后驱动桥之间的滑块凸轮式自锁差速器。

4 半轴与桥壳

4.1 半轴

4.1.1 半轴的功用及构造

(1)功用。半轴的功用是将差速器传来的动力传给驱动轮。因其传递的转矩较大,常制成实心轴。

(2)构造。半轴的结构因驱动桥结构形式的不同而异。整体式驱动桥中的半轴为一刚性整轴,而转向驱动桥和断开式驱动桥中的半轴则分段并用万向节连接。半轴内端一般制有外花键与半轴齿轮连接。半轴外端结构形式,有的直接在轴端锻造出凸缘盘;也有的制成花键与单独制成的凸缘盘滑动配合;还有的制成锥形并通过键和螺母与轮毂固定连接。

4.1.2 支承形式

现代汽车常采用全浮式半轴支承和半浮式半轴支承两种半轴支承形式。

(1)全浮式半轴支承。全浮式半轴支承广泛应用于各型货车上,其结构如图6-13所示,全浮式半轴支承示意图如图6-14所示。

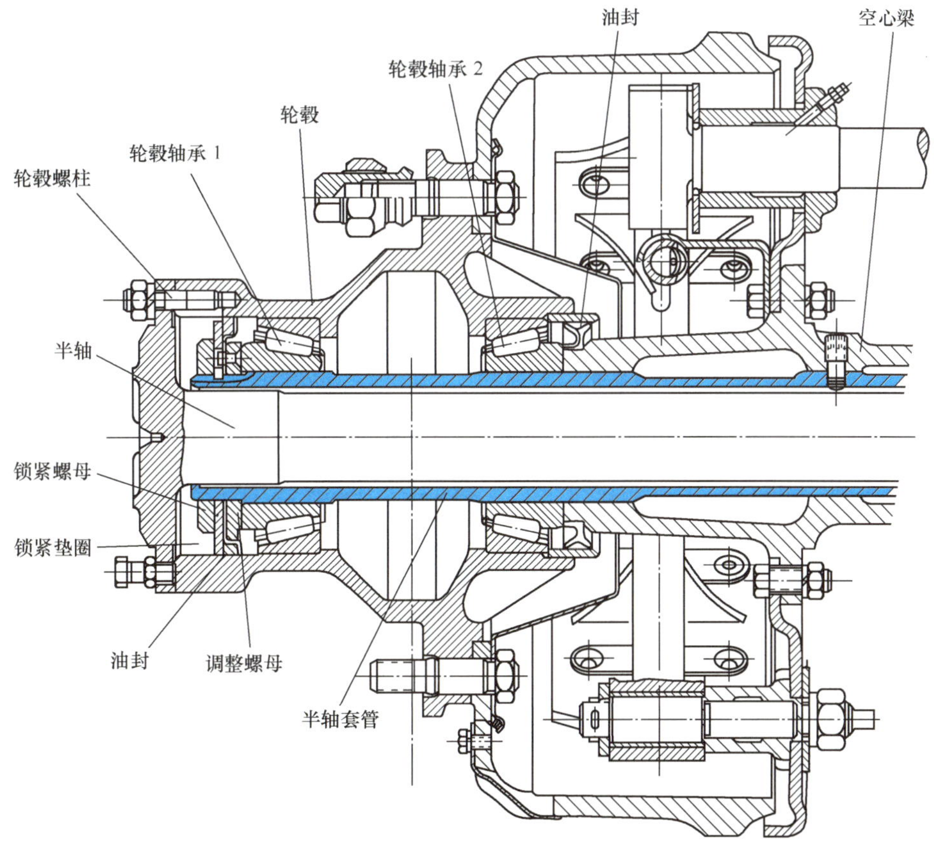

图6-13 全浮式半轴支承形式的驱动桥

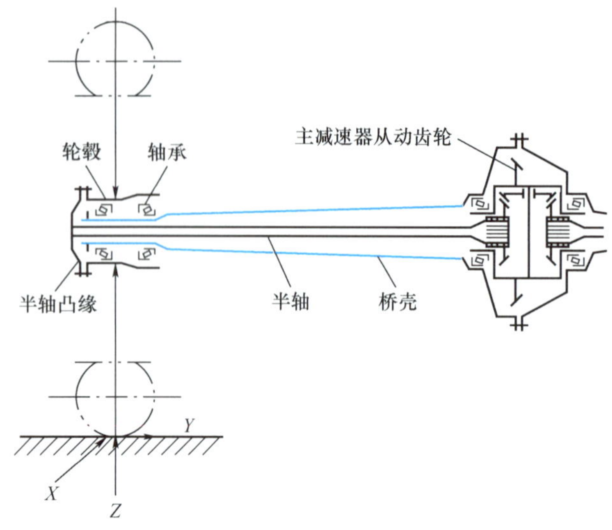

图 6-14　全浮式支承半轴示意图

(2)半浮式半轴支承。图 6-15 所示为半浮式半轴支承形式的驱动桥。半轴外端制成锥形,锥面上铣有键槽,最外端制有螺纹。轮毂以其相应的锥孔与半轴上锥面配合,并用键连接,用锁紧螺母紧固。半轴用一个圆锥滚子轴承直接支承在桥壳凸缘的座孔内。车轮与桥壳之间无直接联系,而支承于悬伸出的半轴外端。因此,地面作用于车轮的各种反力都须经半轴外端的悬伸部分传给桥壳,使半轴外端不仅要承受转矩,而且还要承受各种反力及其形成的弯矩。半轴内端通过花键与半轴齿轮连接,不承受弯矩,故称这种支承形式为半浮式半轴支承。

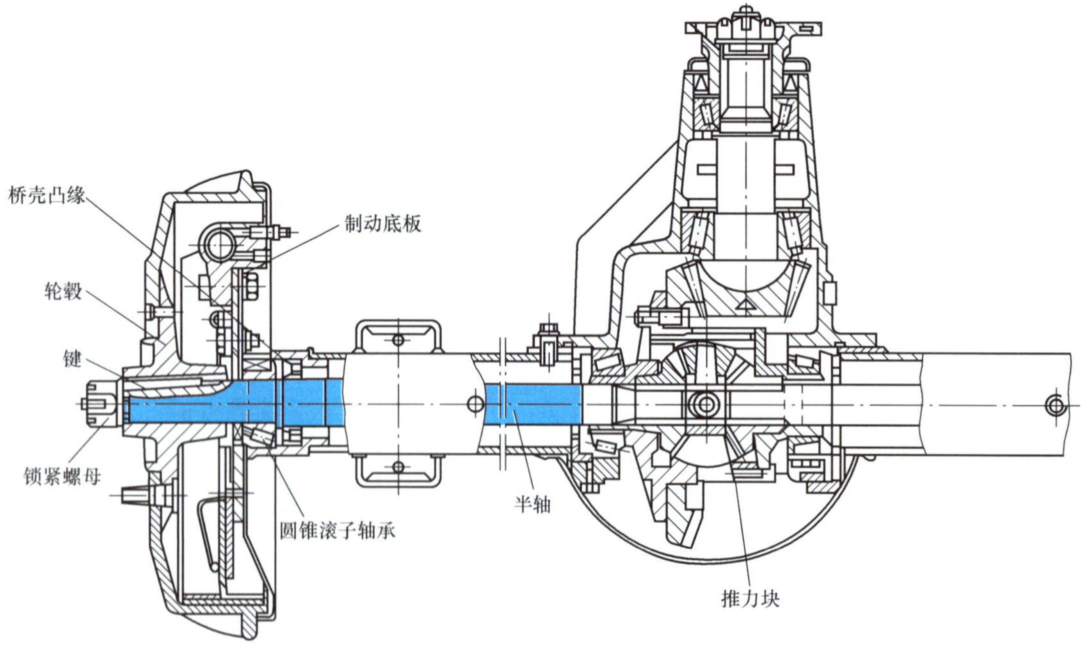

图 6-15　半浮式半轴支承形式的驱动桥

为了对半轴进行轴向限位,差速器内装有止推块,以限制其向内的轴向窜动;而半轴向外的轴向窜动则通过制动底板对轴承限位来限制。

半浮式半轴支承结构简单,但半轴受力情况复杂且拆装不便,多用于反力、弯矩较小的各类轿车上。

4.2 桥壳

4.2.1 功用

驱动桥壳既是传动系统的组成部分,同时也是行驶系统的组成部分。作为传动系统的组成部分,其功用是安装并保护主减速器、差速器和半轴;作为行驶系统的组成部分,其功用是安装悬架或轮毂,和从动桥一起支承汽车悬架以上各部分质量,承受驱动轮传来的反力和力矩,并在驱动轮与悬架之间传力。桥壳应具有足够的强度和刚度,质量小,便于主减速器的拆装和调整。

4.2.2 类型

驱动桥壳可分为整体式桥壳和分段式桥壳两种类型。

(1)整体式桥壳。图6-16所示为整体式铸造驱动桥壳。它由空心梁、半轴套管、主减速器壳及后盖等组成。空心梁用可锻铸铁铸成,中部有一环形大通孔,前端用以安装主减速器及差速器总成。后端用来检视主减速器、差速器的工作情况,后盖用螺钉装于后端面,后盖上装有检查油面用的螺塞。空心梁上凸缘盘用以固定制动底板,两端压入钢制半轴套管,并用止动螺钉限定位置。半轴套管外端轴颈用以安装轮毂轴承,为了对轴承进行限位及调整轴承预紧度,最外端还制有螺纹。

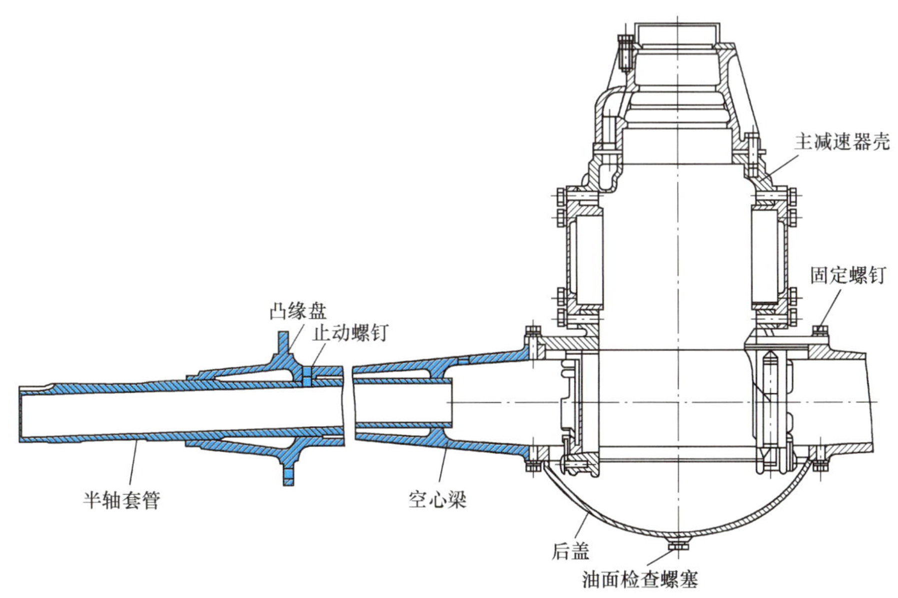

图6-16 整体式桥壳

这种铸造的整体式桥壳具有较大的强度和刚度,且便于主减速器的拆装和调整;缺点是质量大,铸造品质不易保证。因此,整体式桥壳适用于中型以上货车。

(2)分段式桥壳。分段式桥壳一般分为两段,如图6-17所示。由螺栓将两段连成一体。它主要由主减速器壳、盖以及两根钢制半轴套管组成。

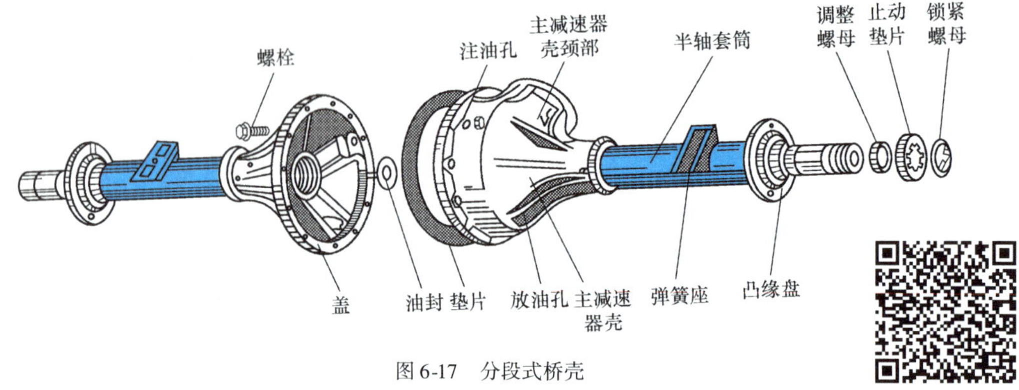

图6-17　分段式桥壳

分段式桥壳最大的缺点是拆装、维修主减速器及差速器十分不便,必须把整个驱动桥从车上拆下来,现已很少应用。

5　驱动桥的维修

汽车行驶时,驱动桥的受力情况十分复杂。各传递动力的零件,由于接近最终传动,其所受的各种应力远远大于传动系统的其他部位。后轮驱动的汽车,其驱动桥壳要承受相当一部分的载质量;以前轮为驱动轮的轿车,半轴暴露在外,两端万向节的防尘套长期使用后的老化都会影响驱动桥的技术状况,造成传动间隙增大而出现异响、主减速器和差速器壳体温度过高、漏油等现象,影响汽车的正常使用。在汽车维修时,应对驱动桥进行有针对性的作业。

5.1　驱动桥的维护

国产中型载货汽车后桥的维护在一、二级维护中占有重要的位置。

5.1.1　一级维护

一级维护时,对驱动桥和车轮应进行下述的维护作业:

(1)检查后桥壳是否有裂纹及不正常的渗漏。如有渗漏,应查明原因,予以排除。

(2)检查各部分螺栓、螺母的连接是否可靠。

(3)后桥壳体内的润滑油量是否合适,其油面应不低于检视孔下沿15mm处。

(4)后桥壳的通气塞应保持畅通。

(5)用推动轮毂来检查轴承的松紧度时,应无明显手感的松旷量。

(6)检视轮胎和半轴上的外露螺栓、螺母,不得有松动。

5.1.2　二级维护

二级维护除进行一级维护的所有项目外,还应要进行以下内容:

(1)检查半轴。半轴应无弯曲、裂纹,键槽无过度磨损。如有可视的键槽磨损时,应进行左右半轴的换位。

(2)拆下轮毂,检查半轴套管是否有配合松旷和裂纹,各螺纹的损伤不得超过 2 牙。

(3)检视后桥壳是否有裂纹。

(4)放油后,拆下后桥壳盖,清除油污并检视齿轮、轴承及各部螺栓紧固情况,必要时可以更换齿轮和轴承。

(5)检视主减速器的油封有无漏油,凸缘螺母是否松动,检查主减速器连接螺栓的松紧度。

(6)检查轮毂轴承的紧固情况,必要时按技术条件的要求校紧。

二级维护时,还要根据有无下列现象,决定后桥维护的附加作业项目:

主减速器有无异响,主减速器的啮合间隙是否过大。如有上述现象,说明轮齿磨损或啮合间隙过大,应调整啮合间隙并检查齿面接合状况。

检查后桥在正常工作时的油温是否超过 60℃ 并伴有异响。如有此现象说明齿轮啮合不当或轮齿有折齿,也可能是由于轴承预紧度过大,应拆检主减速器和差速器。

上述作业结束后,装复后桥壳后盖,按规定加注符合原厂规定的齿轮油至规定油面。

5.2 驱动桥主要零件的检修

国产汽车驱动桥的检修内容如下:

5.2.1 后桥壳和半轴套管

(1)桥壳和半轴套管不允许有裂纹存在,半轴套管应进行探伤处理。各部螺纹损伤不得超过 2 牙。

(2)钢板弹簧座定位孔的磨损不得大于 1.5mm,超限时先进行补焊,然后按原位置重新钻孔。

(3)整体式桥壳以半轴套管的两内端轴颈的公共轴线为基准,两外轴颈的径向圆跳动误差超过 0.30mm 时应进行校正,校正后的径向圆跳动误差不得大于 0.08mm。

(4)分段式桥壳以桥壳的结合圆柱面、结合平面及另一端内锥面为基准,轮毂的内外轴颈的径向圆跳动误差超过 0.25mm 时应进行校正,校正后的径向圆跳动误差不得大于 0.08mm。

(5)桥壳承孔与半轴套管的配合及伸出长度应符合原厂规定,如半轴套管承孔磨损严重,可将座孔镗至修理尺寸,更换相应的修理尺寸半轴套管。

(6)滚动轴承与桥壳的配合应符合原厂规定。如配合处过于松旷,可用刷镀修复承孔。

5.2.2 半轴

(1)半轴应进行隐伤检查,不得有任何形式的裂纹存在。

(2)半轴花键应无明显的扭转变形。

(3)以半轴轴线为基准,半轴中段未加工圆柱体径向圆跳动误差不得大于 1.3mm;花键外圆柱面的径向圆跳动误差不得大于 0.25mm;半轴凸缘内侧端面圆跳动误差不得大于

0.15mm。径向圆跳动超限,应进行冷压校正;端面圆跳动超限,可车削端面进行修正。

(4)半轴花键的侧隙增大量较原厂规定不得大于0.15mm。

(5)对前轮驱动汽车的半轴总成(带两侧等角速万向节)还应进行以下作业内容:

①外端球笼万向节用手感检查应无径向间隙,否则应予更换。

②内侧三叉式万向节可沿轴向滑动,但应无明显的径向间隙感,否则换新。

③防尘套是否有老化破裂,卡箍是否有效可靠。如失效,换新。

5.2.3 轮毂

(1)轮毂应无裂纹,否则更换。轮毂各部位螺纹的损伤不得多于2牙。

(2)轮毂与半轴凸缘及制动鼓的结合端面对轴承承孔公共轴线的端面圆跳动公差均为0.15mm,超值可车削修复。

(3)轮毂轴承承孔与轴承的配合应符合原厂规定。承孔磨损逾限可用刷镀或喷焊修理。

5.2.4 主减速器壳

(1)壳体应无裂损,各部位螺纹的损伤不得多于2牙。否则应换新。

(2)差速器左、右轴承承孔同轴度公差为0.10mm。

(3)主减速器壳纵轴线对横轴线的垂直度公差:当纵轴线长度在300mm以上,其值为0.16mm;纵轴线长度小于或等于300mm,其值为0.12mm;纵、横轴线应位于同一平面(对曲线齿轮结构除外),其位置度公差为0.08mm。

(4)减速器壳与侧盖的配合及圆柱主动齿轮轴承与减速器壳(或侧盖)的配合应符合原厂规定。

5.2.5 主减速器锥齿轮副

(1)齿轮工作表面不得有明显斑点、剥落、缺损和阶梯形磨损。

(2)主动锥齿轮:轮齿锥面的径向圆跳动公差为0.05mm;前后轴承与轴颈、承孔的配合应符合原厂规定;从动锥齿轮的铆钉连接应牢固可靠;用螺栓连接的,连接螺栓的紧度应符合原厂规定,紧固螺栓锁止可靠。

(3)齿轮必须成对更换。

5.2.6 差速器

(1)差速器壳产生裂纹,应更换。

(2)差速器壳与行星齿轮、半轴齿轮垫片的接触面应光滑、无沟槽。如有小的沟槽可用砂纸打磨,并更换新半轴齿轮垫片。

(3)行星齿轮、半轴齿轮不得有裂纹,工作表面不得有明显斑点、脱落、缺损。

(4)差速器壳体与轴承;差速器壳与行星齿轮轴的配合应符合原厂规定。

5.2.7 滚动轴承

(1)轴承的钢球(或柱)和滚道上不得有伤痕、剥落、严重黑斑或烧损变色等缺陷,否则应更换。

(2)轴承架不得有缺口、裂纹、铆钉松动或钢球(或柱)脱出等现象,否则应更换。

5.3 差速器的装配与调整

差速器装配时,应按下述顺序进行,并注意各步骤的注意事项。

5.3.1 装差速器轴承

安装差速器轴承内圈时,应用压力机平稳地压入,不得用手锤敲击,以免损伤轴承的工作表面或刮伤轴颈表面,破坏配合性质。

5.3.2 装齿轮

在与行星齿轮和半轴齿轮配合的工作表面上涂以机油,先装入垫片和半轴齿轮,然后装入已装好行星齿轮及垫片的十字轴,并使行星齿轮与半轴齿轮啮合。

在行星齿轮上装入另一侧半轴齿轮及垫片,扣上另一侧的差速器壳,装入另一侧壳体时,应使两侧壳体上的位置标记对正,以免破坏齿轮副的正常啮合。

5.3.3 从动齿轮的安装和差速器的装合

将主减速器从动齿轮装在差速器壳体上,将固定螺栓按规定方向穿过壳体,套入垫片,用规定力矩交替拧紧螺母,锁死锁片。

5.4 主减速器的装配与调整

主减速器装配中的调整包括主、从动锥齿轮轴承预紧度的调整(含差速器轴承预紧度的调整),主、从动锥齿轮啮合印痕和啮合间隙的调整等项目。主减速器的调整品质是决定主减速器锥齿轮副使用寿命的关键。因此,在进行调整作业时,必须遵守主减速器的调整规则:

(1)先调整轴承的预紧度,再调整啮合间隙,最后调整啮合印痕。间隙的大小直接影响印痕的位置。

(2)主、从动锥齿轮轴承的预紧度必须按原厂规定的数值和方法进行调整与检查,在主减速器调整过程中,轴承的预紧度不得变更,始终都应符合原厂规定值。

(3)在保证啮合印痕合格的前提下,调整啮合间隙。啮合印痕、啮合间隙和啮合间隙的变化量都必须符合技术条件,否则应成对更换齿轮副。

(4)准双曲线锥齿轮、奥利康锥齿轮(等高齿)和格利森锥齿轮(圆弧非等高齿)啮合印痕的技术标准不尽相同,调整方法亦有差异。前两种齿轮往往以移动主动锥齿轮调整啮合印痕,以移动从动锥齿轮调整啮合间隙;而对格利森齿轮的调整则无特殊的要求。

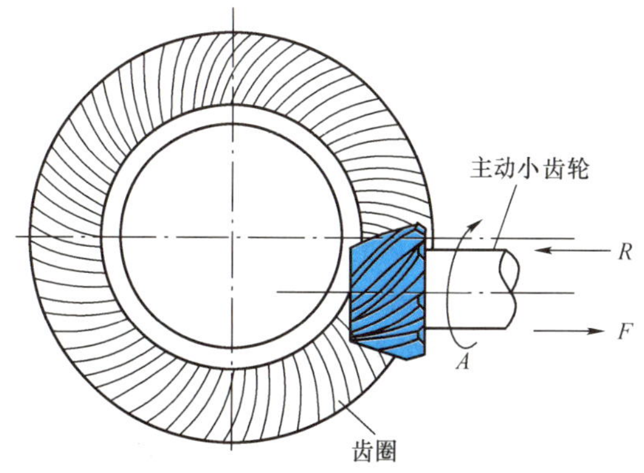

图 6-18 圆锥齿轮副的轴向力

5.4.1 轴承预紧度的调整

主减速器主、从动锥齿轮的支承对其能否正常工作至关重要。其原因在于:一是主动齿轮采用锥齿轮,而锥齿轮在传动中对啮合的精度要求很高;二是主减速器锥齿轮副在工作中会有如图 6-18 所示的轴向力。当主动锥齿轮沿 A 方向旋转并带动从动锥齿轮转动时，自身会受到一个向前的推力。当车辆滑行时，主动锥齿轮又会受到一个向后的拉力。装配时，先给轴承一定的预紧度，形成相当的预紧应力，这有利于加强主动锥齿轮的刚度，提高齿轮在工作中的自动定心能力，抑制齿轮的径向抖动和轴向窜动，保护润滑油膜，从而提高锥齿轮副的啮合精度，保证啮合间隙。通过改善锥齿轮副的啮合精度，减轻齿轮工作面的磨损和传动噪声，可以延长锥齿轮副的使用寿命。

5.4.2 主动锥齿轮轴承预紧度的调整

主动锥齿轮轴承预紧度的调整方法有两种，如图 6-19 所示。

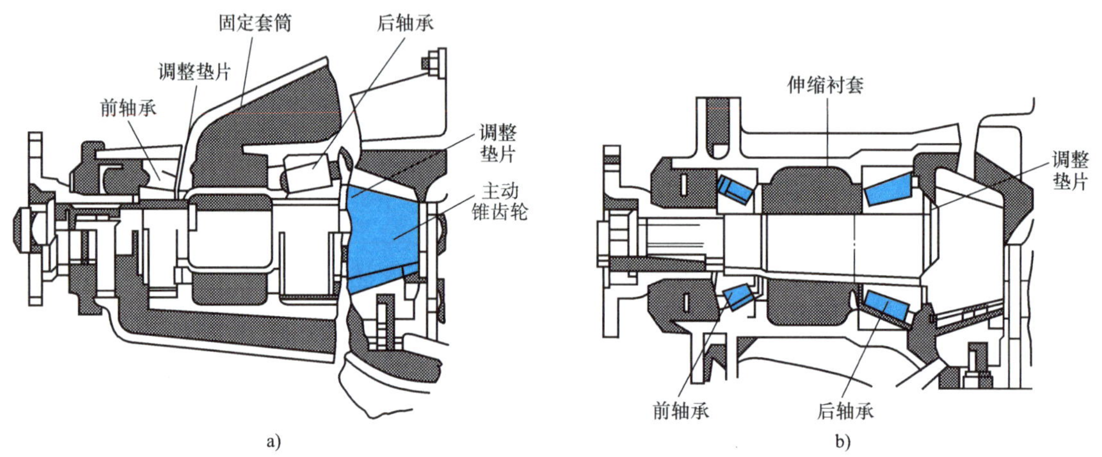

图 6-19　主动锥齿轮轴承预紧度的调整方法

a）方法一；b）方法二

第一种方法，如图 6-19a）所示，是在前轴承内圈下加减调整垫片来调整主动锥齿轮轴承预紧度。当按规定拧紧万向节凸缘螺母时，垫片越薄，轴承内外圈压得越紧，即预紧度越大。国产汽车主动锥齿轮轴承预紧度多数采用这种方法进行调整，其技术参数应符合相关车型维修手册的规定。若力矩大于标准值，说明轴承的预紧度过大，应增加调整垫片的厚度。

第二种方法，如图 6-19b）所示，是用一个弹性隔套来调整主动锥齿轮轴承的预紧度。装配时，在前后轴承内圈之间放置一个可压缩的弹性薄壁隔套，按规定力矩拧紧凸缘盘固定螺母时，隔套产生弹性变形，其张力自动适应对轴承预紧度的要求。但采用这种方法因隔套的弹性衰退，每次都必须换用新的隔套，轿车的主减速器大多采用这种方法。丰田皇冠 GRS182 系列车型后桥单级主减速器总成（其结构如图 6-20 所示）的主动锥齿轮轴承预紧度调整就属于这类方法。其具体方法是：

（1）主动锥齿轮轴轴承预紧度的预调。

①若安装新的圆锥滚子轴承，可用专用压力机（千斤顶式即可）和专用工具（SST）将锥轴承外圈安装在主减速器壳内，如图 6-21a）所示为安装主动轴后轴承外圈，图 6-21b）所示为安装主动轴前轴承外圈。

②用压力机和 SST 将主动锥齿轮轴后圆锥滚子轴承的内圈安装在主动轴的齿轮侧，如图 6-22所示。

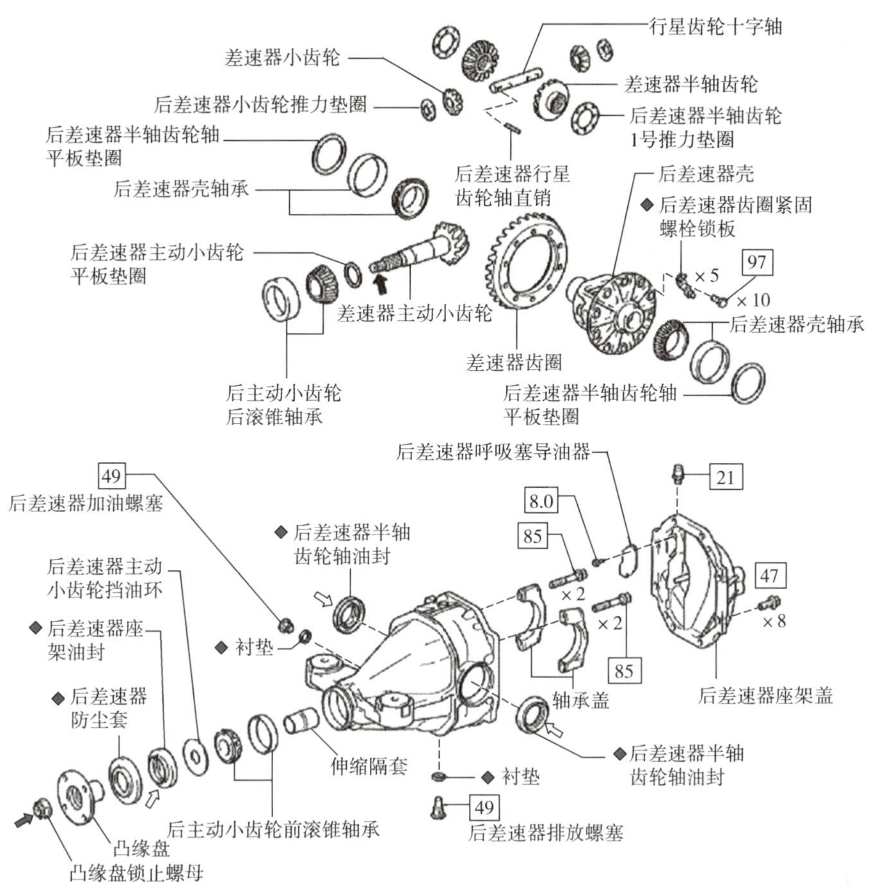

图6-20 丰田皇冠后桥单级主减速器

N·m 规定的拧紧力矩;◆不可重复使用零件;⇦ MP润滑脂;➡准双曲线齿轮油

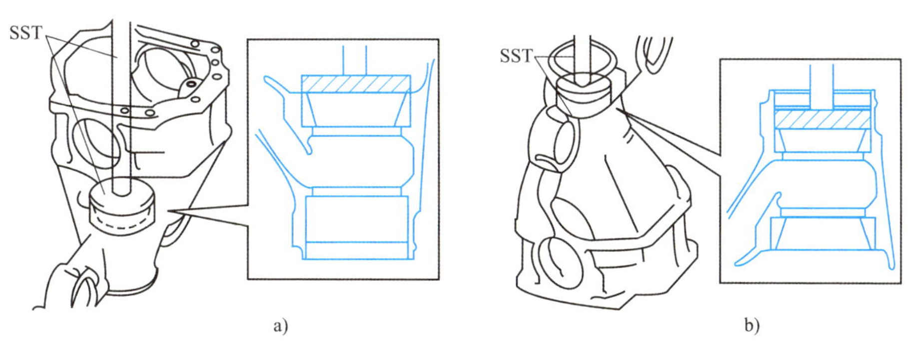

图6-21 主减速器主动锥齿轮轴轴承外圈的安装

a)主动轴后轴承外圈的安装;b)主动轴前轴承外圈的安装

③将主动锥齿轮轴(带后轴承内圈)装入主减速器壳内和装入前轴承内圈,注意应在轴承内圈和前、后两轴承外圈接合面上涂抹双曲线齿轮油(LSD),如图6-23所示。

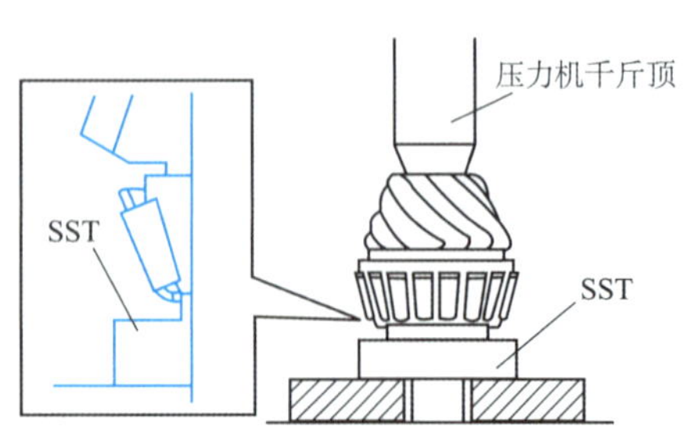

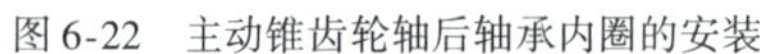
图6-22　主动锥齿轮轴后轴承内圈的安装

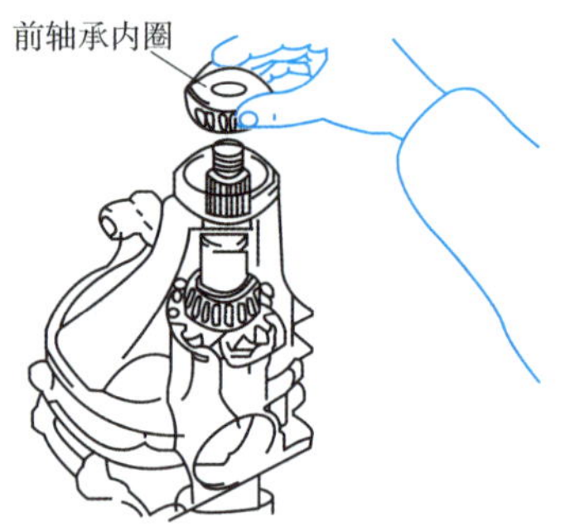

图6-23　前轴承内圈的安装

④安装挡油板(靠前轴承内圈),如图6-24所示。

⑤安装配对凸缘盘(与主动轴配对),并使用SST预紧主动轴锁紧螺母(图6-25),再用扭力扳手和SST将主动轴锁紧螺母拧紧至大约98N·m,随后顺时针转动几次主动锥齿轮轴,使主动轴转动灵活。注意安装时应在主动轴与其锁紧螺母的螺纹处涂抹专用SLD,锁紧螺母应一点一点地拧紧,防止拧得过紧而损坏螺纹,同时应注意因轴承隔套(伸缩套筒)还未安装,应确保主动锥齿轮轴有轻微松动。

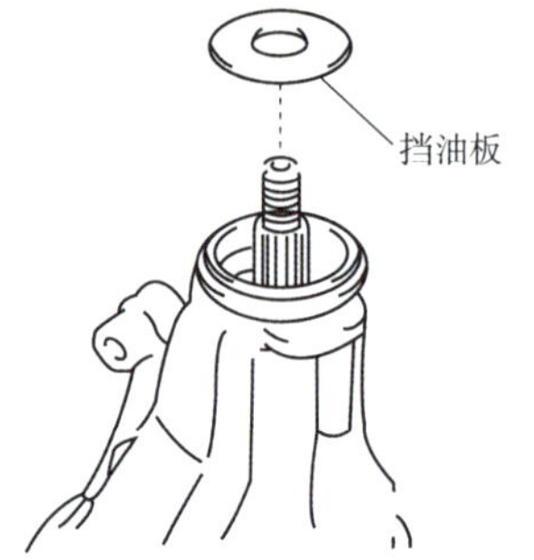

图6-24　挡油板的安装

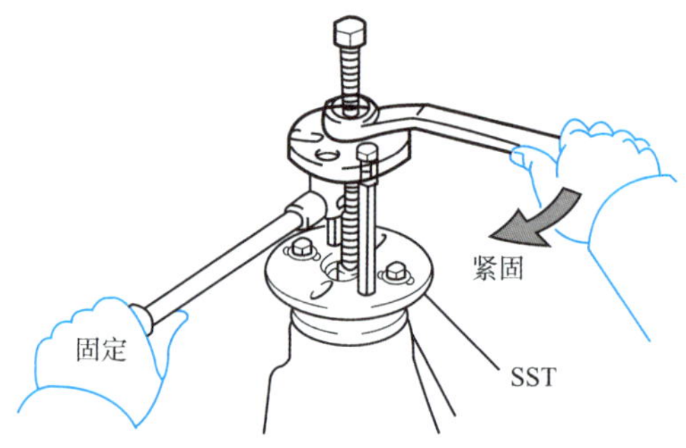

图6-25　凸缘盘锁紧螺母的紧固

⑥使用扭力扳手检查主动锥齿轮轴的起动力矩(锥轴承的预紧力或称预紧度),如图6-26所示。安装新轴承时,其起动力矩应在0.88~1.47N·m范围内;若安装重新使用的锥轴承,其起动力矩应在0.39~0.69N·m范围内。注意记录好该起动力矩,以供测量总起动力矩时使用。

在组装时,主动锥齿轮轴的圆锥滚子轴承若是重新使用的,则按上述方法的第③步骤至第⑥步骤进行调整即可。

主动锥齿轮轴轴承预紧度的预调整后,再组装差速器总成并进行其轴承预紧度的调整,随之检查调整主、从动锥齿轮间的啮合印痕,当啮合印痕符合要求后,再完成主动轴轴承预紧度的最终调整。

(2)主动锥齿轮轴轴承预紧度的最终调整。

完成主、从动锥齿轮间啮合印痕的检查调整后,再按下述步骤实施主动锥齿轮轴轴承预紧度的最终调整:

①先拆下差速器总成,再用SST拆卸凸缘盘锁止螺母(同图6-25所示),取下主动轴前轴承挡油板和前轴承内圈。

②安装轴承隔套,如图 6-27 所示;再安装前轴承内圈和前轴承挡油板,同图 6-30 和图 6-31所示。

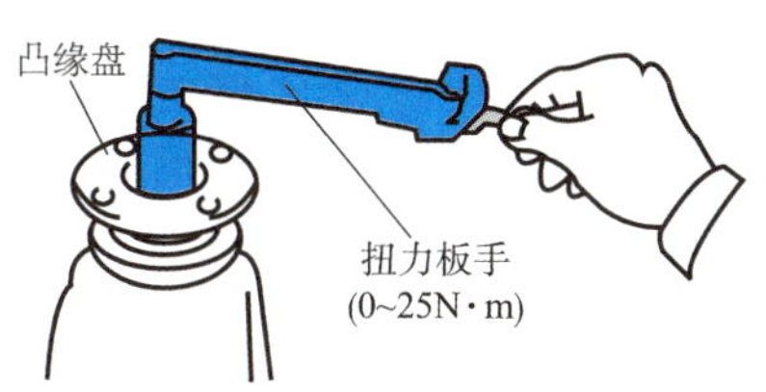

图 6-26 主动锥齿轮轴轴承预紧度的检查

图 6-27 轴承隔套的安装

③使用 SST 和手锤安装油封,如图 6-28 所示。其油封敲入深度应为 1.55 ~2.45mm。

④使用 SST 和压力机安装油封防尘罩,如图 6-29 所示。

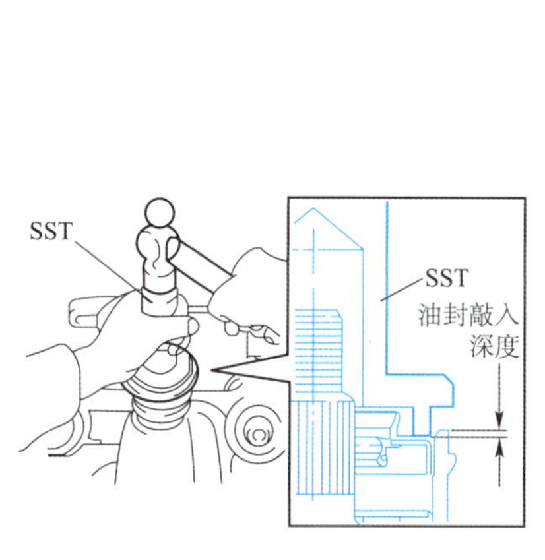

图 6-28 油封的安装

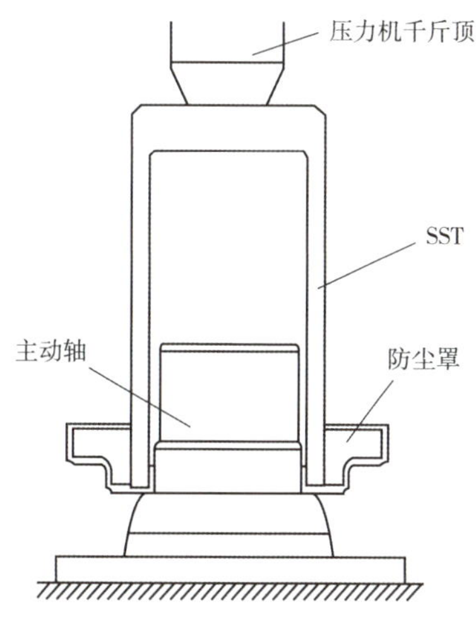

图 6-29 防尘罩的安装

⑤安装、紧固凸缘盘,同预紧方法,只是凸缘盘锁紧螺母的拧紧力矩应为 338N · m。

⑥检测主动轴锥轴承预紧度,方法同图 6-33 所示。若安装新轴承,则要求其起动力矩为 0.98 ~1.57N · m;若是装配重复使用的轴承,其起动力矩则为 0.49 ~0.78N · m。注意:如果预载小于规定的最小值,则将主动轴的锁紧螺母再拧紧 5° ~10°,再检查预载,使其达到规定值;如果主动轴锁止螺母的拧紧力矩已超过规定的最大值,而预载仍小于规定的最小值,则应拆下锁止螺母,检查其螺纹有无滑牙现象,有滑牙时则需更换主动轴,无滑牙时,则应更换隔套。

5.4.3 从动锥齿轮轴承预紧度的调整与齿隙调整

从动锥齿轮轴承预紧度的调整因主减速器的结构类型的不同而不同。

单级主减速器从动锥齿轮轴承预紧度的调整与其差速器壳轴承预紧度的调整采用同一套装置,即将差速器总成组装好后安装在主减速器壳体所对应的承孔内,再通过调节蝶形调整螺母来调整其轴承预紧度。以丰田 Crown GRS182 系列车型后桥用单级主减速器为例,其一般方法是:

(1)正确组装差速器总成,并确保半轴齿轮与行星齿轮间的啮合间隙符合规定技术要求(在0.05～0.20mm范围内)。其检测方法如图6-30所示,将磁力百分表测杆垂直预压(0.50～1.00mm范围内)在半轴齿轮的轮齿表面,固定行星齿轮后再转动半轴齿轮实施测量。组装时应注意差速器内的半轴齿轮、行星齿轮、调整垫片等零件若是换新则必须成对更换,若是使用原有零件则需确保调整垫片上带凹坑的储液面还有效,无磨光现象,如图6-31中所示零件;组装时应在齿轮、十字轴、调整垫片等零件上涂抹双曲线齿轮油,两半差速器壳体对齐十字轴孔后扣合时,应保证半轴齿轮、行星齿轮均能转动。将扣合好的差速器壳体(此时未安装连接螺栓)夹持在台虎钳上检查半轴齿轮啮合间隙时,台虎钳不宜拧得过紧。若间隙不符合要求时,可改变调整垫片厚度来实施调整。

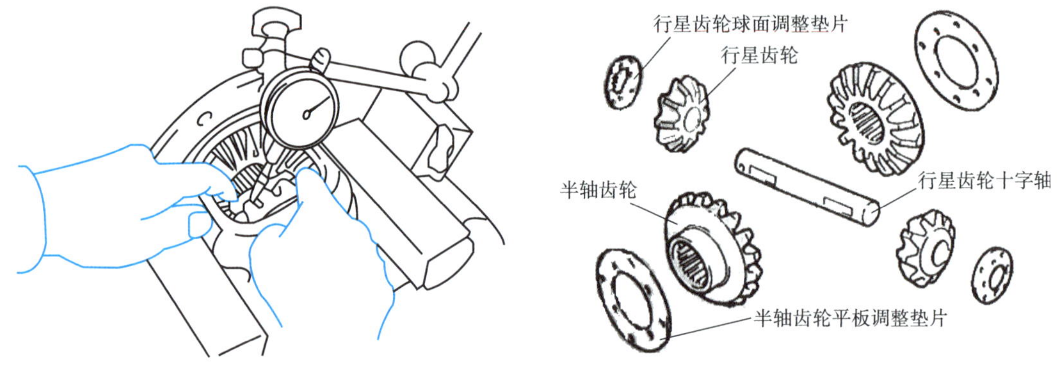

图6-30　半轴齿轮啮合间隙检查

图6-31　半轴齿轮和行星齿轮

(2)安装、紧固已调好的差速器总成,并对其紧固螺栓实施锁止,其规定力矩为97N·m,如图6-32所示。

(3)使用SST和压力机压装差速器轴承内圈,如图6-33所示。若使用原有零件则无需该步骤。

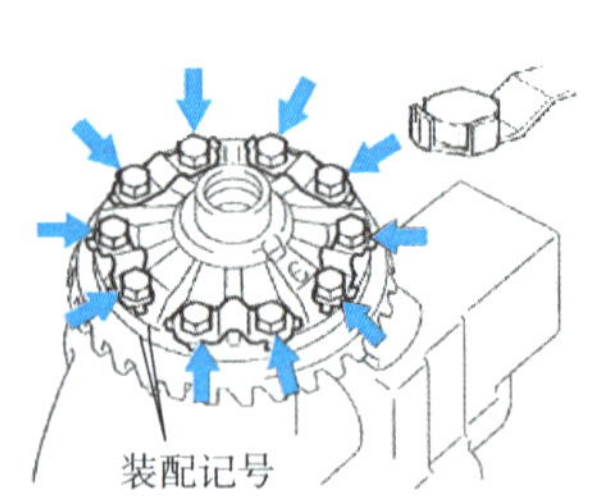

图6-32　差速器壳的安装紧固

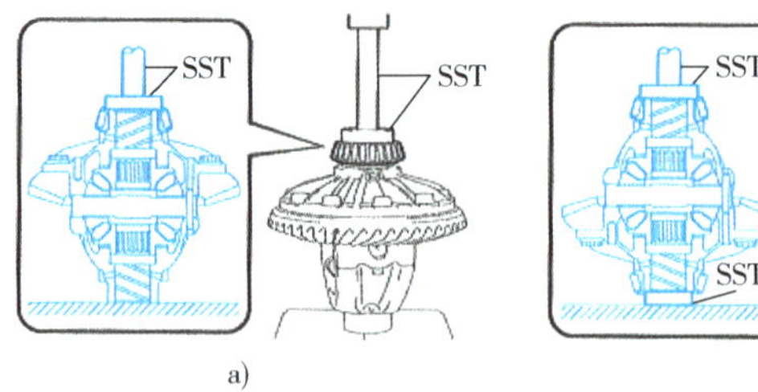

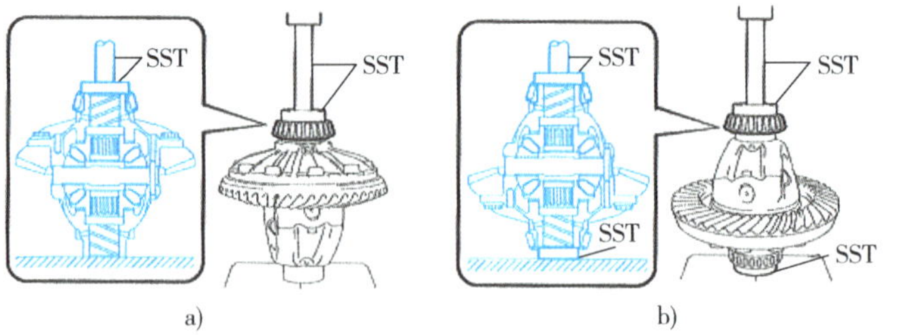

图6-33　差速器轴承内圈的安装

a)从动锥齿轮侧轴承内圈的安装;b)差速器侧轴承内圈的安装

(4)将已调整好的差速器总成装入主减速器壳体内,并在其轴承座孔内正确安装轴承外圈和轴承盖,其轴承盖紧固螺栓的规定力矩为85N·m,首先用磁力百分表检查从动齿圈的偏摆量(其最大值为0.07mm),从而判断差速器总成的组装是否符合要求,其检查方法如图6-34所示;再通过加减差速器壳两端紧靠于轴承外圈的平板调整垫圈来调节主从动锥齿轮的齿隙(啮合间隙),当齿隙(齿隙标准为0.13～0.18mm)达到标准要求时,再将适当厚度的平板调整垫圈用塑料锤敲入主动齿轮侧轴承外圈与其承孔间,并确保差速器总成无窜动(轴向间隙为 0 或接近于 0),此时,差速器轴承预紧度即符合要求。齿隙的检测方法如图 6-35所示,主、从动锥齿轮间的齿隙调整方法如图 6-36 所示,先按图 6-36a)调整齿隙,再按图 6-36b)加入调整垫圈来保证轴承预紧度,并注意若装用新的差速器壳轴承,则选择较薄的平板调整垫圈,若装用重新使用的轴承,则选择已拆卸的相同厚度的平板调整垫圈。

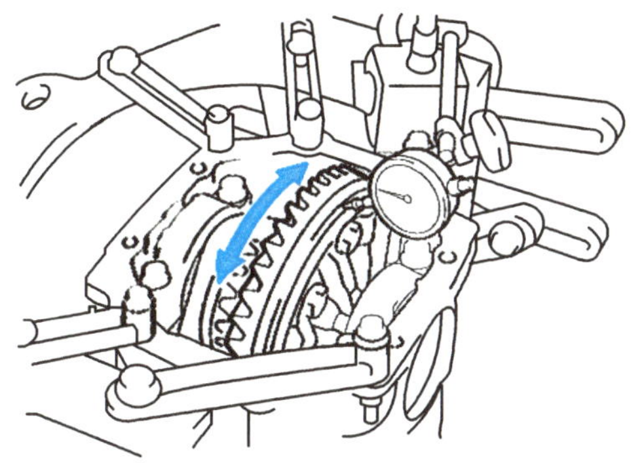

图 6-34 丰田皇冠差速器从动齿圈偏摆检查

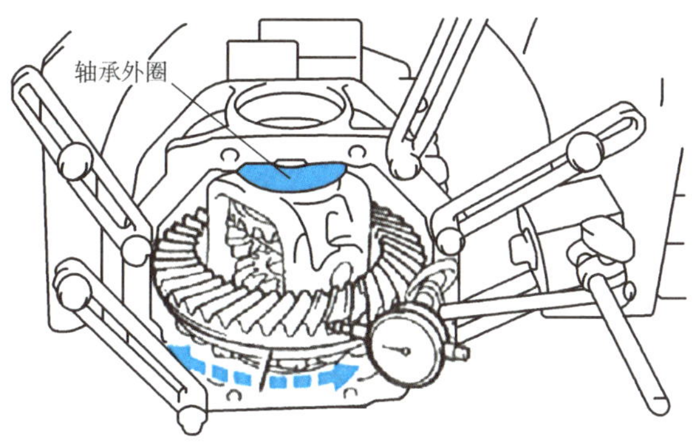

图 6-35 丰田皇冠主减速器主从、动锥齿轮齿隙检查

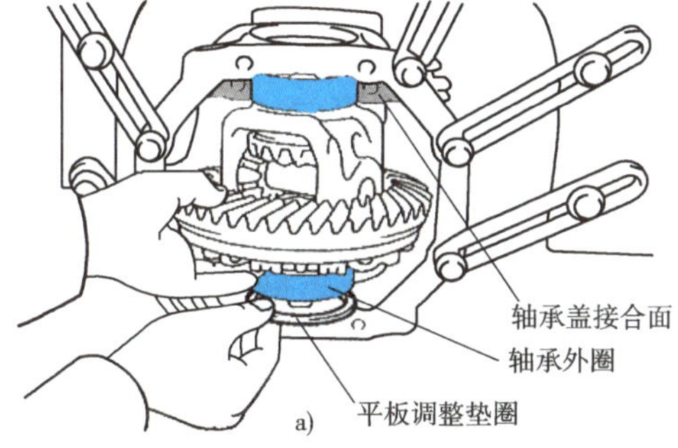

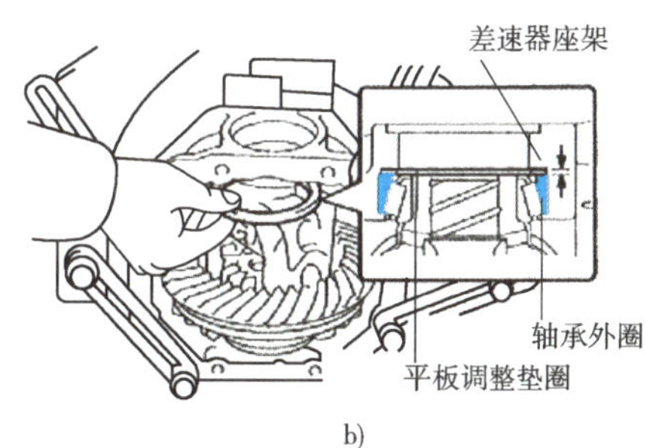

图 6-36 丰田皇冠主减速器主、从动锥齿轮齿隙调整

a)用平板调整垫圈调整主、从动锥齿轮齿隙;b)用平板调整垫圈调整差速器轴承预紧度

(5)按图 6-26 所示方法测量主动锥齿轮轴和差速器的总预载(起动力矩)来判断差速器轴承的预紧力。其具体技术要求已在主动锥齿轮轴轴承预紧度的最终调整内容中叙述。

注意:另一种单级主减速器差速器壳轴承预紧度的调整方法与此有所差异。如丰田陆地巡洋舰(Prado)单级主减速器的差速器轴承预紧度调整方法是:

将已调整好半轴齿轮齿隙的差速器总成装入主减速器壳体内,使主、从动锥齿轮零间隙啮合,在轴承座孔内正确安装轴承外圈,对齐蝶形螺母的螺纹并手动拧入,使其紧贴轴承外圈(零间隙贴合),以保证差速器总成无轴向窜动;再将轴承盖对齐装配记号,按其规定力矩拧紧轴承盖紧固螺栓,保证轴承盖接合面贴合良好,用手能转动蝶形螺母,如图 6-37 所示,注意此时未安装调整螺母锁止片。再按图 6-38 所示方法在从动锥齿轮侧的轴承端安装磁力百分表,并使百分表测杆垂直预压在轴承外圈端面上,再拧入齿圈对面轴承的调整螺母,当百分表指针刚开始偏摆时(0.02 ~0.03mm),差速器轴承便开始承受轴向预紧力,主、从动锥齿轮间也产生了适当间隙。注意此时的轴承预紧力已经基本符合要求,但最终还需在主、从动锥齿轮啮合间隙调整好后，通过检查总起动力矩来作进一步判定，若总起动力矩小于规定力矩的最小值，则再拧入齿圈对面轴承的调整螺母来加大预紧力。这类主减速器主、从动锥齿轮齿隙的检查方法如图6-39所示。将磁力百分表垂直安装于从动锥齿轮的轮齿表面，并固定主动轴，再转动从动齿圈，测量主、从动锥齿轮之间的啮合间隙。当齿隙不符合要求时，在确保不改变其轴承预紧度的情况下，轴向移动差速器总成来给予调整，即采用“先退后进，退多少则进多少”的原则实施调整。

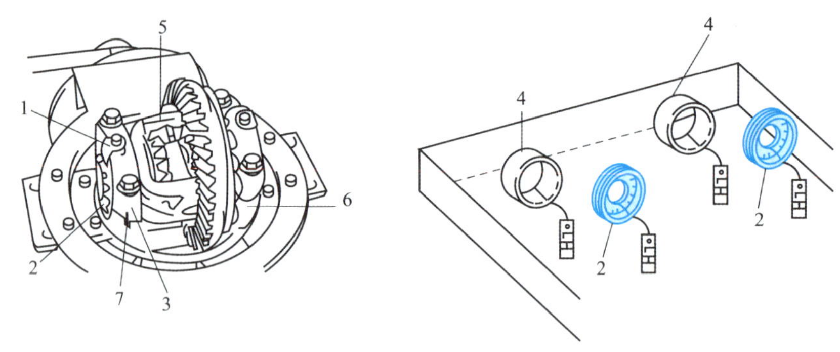

图6-37　差速器轴承盖的装配

1-调整螺母锁止片；2-蝶形调整螺母；3-轴承盖；4-轴承外圈；5-差速器壳体；6-主减速器壳体；7-装配记号

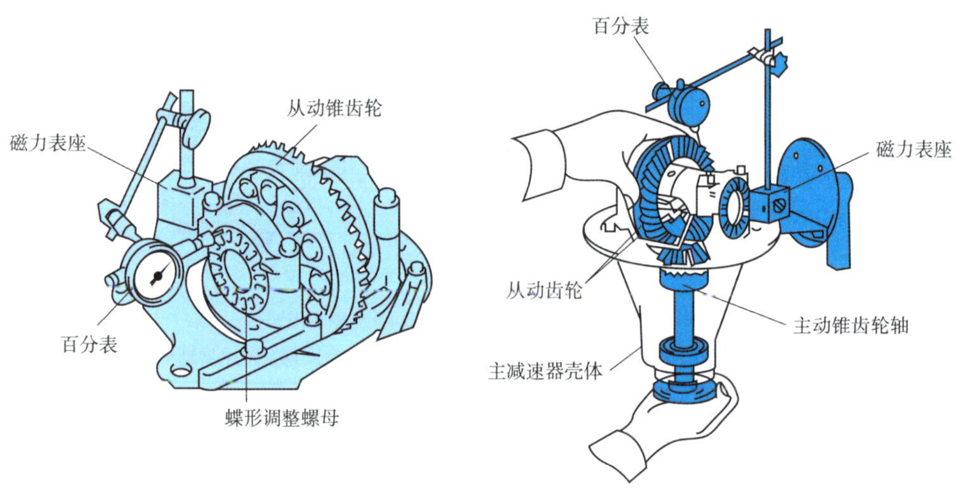

图6-38　差速器轴承预紧度的检查

图6-39　主、从动锥齿轮的齿隙检查

此外，有些汽车采用分开式后桥，其从动锥齿轮轴承预紧度可通过轴承与差速器壳之间的垫片厚度来进行。增加垫片的厚度，轴承预紧度增加。

5.4.4　主、从动锥齿轮啮合印痕的调整

主、从动锥齿轮应沿齿长方向接触，其位置控制在轮齿的中部偏向小端，离小端端部2～7mm，接触痕迹的长度不小于齿长的50%，齿高方向的接触印痕应不小于齿高的50%，一般应距齿顶0.80～1.60mm，齿侧间隙为0.15～0.50mm，但每一对锥齿轮啮合副其啮合间隙的变动量不得大于0.15mm。或者说，轮齿接触印痕面积应占齿面面积的70%以上。

如果主、从动锥齿轮的啮合状况不符合要求时，应按图6-40所示的方法进行调整。

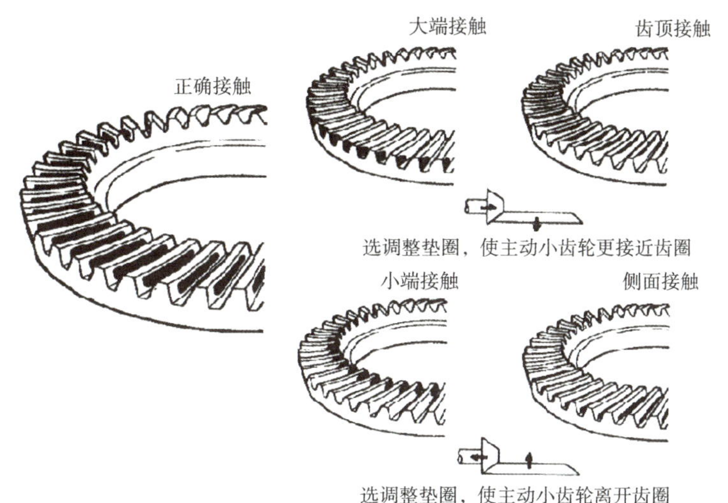

图 6-40　主、从动锥齿轮啮合印痕调整示意图

这种方法可简化为如下口诀：大进主，小出主；顶出从，根入从。注意：调整移动主、从动锥齿轮任一个零件，除了影响其啮合印痕的变化以外，同时也影响其啮合间隙，或者说，啮合间隙的大小将影响啮合印痕的位置，二者相互影响，互相牵连。

(1) 当啮合印痕靠向从动锥齿轮的轮齿大端面时，将主动轴移入。其方法是拆卸主动轴后，在主动锥齿轮与其后轴承内圈之间增加调整垫片的厚度，如图 6-41所示。移入主动轴的同时，啮合间隙减小，其啮合印痕将向小端移动，也同时向齿根方向移动，因此，这时也应适当地退出从动锥齿轮。

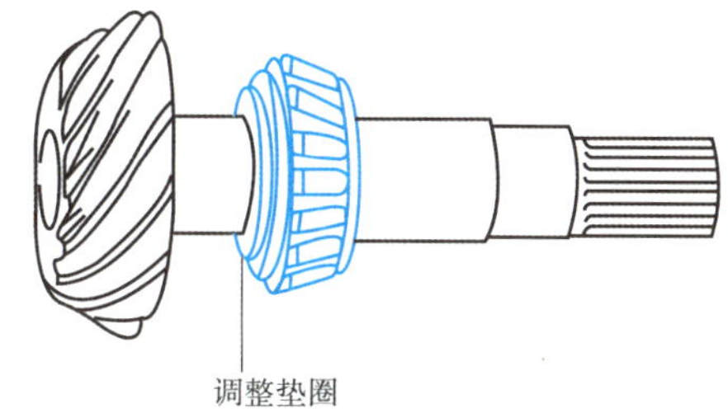

图 6-41　主动锥齿轮轴及调整垫圈

(2) 当啮合印痕靠向从动锥齿轮的轮齿小端面时，将主动轴移出。其方法是拆卸主动轴后，减小调整垫片厚度。同样，主动轴移出时其啮合间隙增大，啮合印痕向齿圈轮齿大端面移动，也向齿顶方向移动，因此，也应适当移入从动锥齿轮。

(3) 当啮合印痕偏向从动锥齿轮轮齿的齿顶方向时，将从动齿圈移出，以便主动齿的移入，此时，印痕将向齿根方向移动。

(4) 当啮合印痕偏向从动锥齿轮轮齿的齿根方向时，将从动齿圈移入，但此时啮合间隙减小，因此仍需移出主动齿，进而使啮合印痕从齿根向齿顶方向移动。

总之，在保证啮合间隙符合标准技术要求的前提下来调整啮合印痕的位置。

5.5 驱动桥的磨合试验

驱动桥装配后进行磨合试验的目的在于改善零件相互配合表面的接触状况和检查修理装配的品质。

驱动桥的修理和装配品质可从 3 个方面进行检验：齿轮的啮合噪声、轴承区的温度和渗漏现象。

驱动桥装合后，应按规定加注润滑油进行磨合试验。磨合转速一般为 1400 ~ 1500r/min。

在此转速下进行正、反转试验，各项试验的时间不得少于10min。

在试验过程中，各轴承区的温升不得超过25℃，齿轮的啮合不允许有敲击声和高低变化的响声，各结合部位不允许有漏油现象。试验后，应进行清洗并换装规定的润滑油。

为了扩大各运动副的实际接触面积，减小接触应力以形成正常的工作表面，并检查修理品质和装配品质，对装配后的驱动桥除进行无负荷试验外，还应进行有负荷的运转试验。但是考虑到目前多数汽车修理企业的实际情况，未作出要求。不少汽车修理企业利用对车辆制动器施加负荷进行试验，其目的主要是用来诊断故障的，不宜作长时间的运转，否则会引起制动系统技术状况的恶化。

5.6 轮毂轴承的润滑与调整

轮毂轴承的润滑和调整状况对车辆的动力性、经济性和行驶安全性都有很大的影响。一、二级维护中都有轮毂轴承的作业项目。

5.6.1 轮毂轴承的润滑

目前，轮毂轴承采用空毂的润滑方式。在二级维护时，拆检轮毂轴承后，应对其进行润滑。采用汽车通用的锂基润滑脂2号，轴承缝隙间应充满润滑脂，加油时可采用专用加注机，也可以边转动轴承边涂抹润滑脂。轮毂内腔不需加注其他的润滑油。

5.6.2 轮毂轴承的调整

将加注好润滑脂的内轴承装入半轴套管上，装入轮毂和外轴承，边拧调整螺母边正反两个方向转动轮毂，使轴承滚子正确就位。以规定力矩（其技术参数请参阅相关维修手册）拧紧调整螺母，然后装上油封和锁紧垫圈，并使调整螺母上的销子穿入锁紧垫圈的孔内，最后将锁紧螺母以规定力矩拧紧。

6 驱动桥的故障诊断

驱动桥的主减速器、差速器、半轴、轴承和油封等长期承受冲击荷载，使其各配合副加剧磨损，各零部件损坏，导致驱动桥过热、异响和漏油等故障发生。

6.1 过热

6.1.1 现象

汽车行驶一段里程后，用手探试驱动桥壳中部或主传动器壳，有无法忍受的烫手感觉。

6.1.2 原因

（1）齿轮油变质、油量不足或牌号不符合要求；

（2）轴承调整过紧；

（3）齿轮啮合间隙和行星齿轮与半轴齿轮啮合间隙调整太小；

（4）推力垫片与主减速器从动齿轮背隙过小；

（5）油封过紧和各运动副、轴承润滑不良而干（或半干）摩擦。

6.1.3 故障诊断与排除方法

检查驱动桥中各部分受热情况：

(1)局部过热：

①油封处过热,则故障由油封过紧引起；

②轴承处过热,则故障由轴承损坏或调整不当引起；

③油封和轴承处均不过热,则故障由推力垫片与主减速器从动齿轮背隙过小引起。

(2)普遍过热：

①检查齿轮油油面高度:油面太低,则故障由齿轮油油量不足引起；否则检查齿轮油规格、黏度或润滑性能。

②检查结果不符合要求,则故障由齿轮油变质或规格不符引起;否则检查主减速器齿轮啮合间隙的大小。

③松开驻车制动器,变速器置于空挡,轻轻转动主减速器的凸缘盘;若转动角度太小,则故障由主减速器齿轮啮合间隙太小引起;若转动角度正常,则故障由行星齿轮与半轴齿轮啮合间隙太小引起。

6.2 漏油

6.2.1 现象

从驱动桥加油口、放油螺塞处或油封、各接合面处可见到明显漏油痕迹。

6.2.2 原因

(1)加油口、放油螺塞松动或损坏；

(2)油封磨损、硬化,油封装反,油封与轴颈不同轴,油封轴颈磨成沟槽；

(3)接合平面变形、加工粗糙,密封衬垫太薄、硬化或损坏,紧固螺钉松动或损坏；

(4)通气孔堵塞；

(5)桥壳有铸造缺陷或裂纹。

6.2.3 故障诊断与排除方法

根据漏油痕迹部位判断漏油的具体原因。

6.3 后轮毂的安装与轮毂轴承调整

各种类型的汽车后轮毂锁紧装置虽有差异,但后轮毂的安装与轮毂轴承的调整方法大同小异。调整前,先把清洗润滑好的轮毂和轮毂轴承装在半轴套管上,再装上制动鼓、调整螺母。调整方法是:装上调整螺母后,边拧紧调整螺母,边向两个方向反复转动轮毂,使轮毂轴承的滚子与内外圈的滚道正确接合,用规定力矩拧紧调整螺母,然后再把调整螺母按规定退回,并使调整螺母上的止动销插入锁紧垫片上相邻的孔或将锁紧垫片上的凸起插入推力垫圈的凹口中。调整好后,轮毂应以能自由转动而无明显摆动现象为宜。最后,按规定力矩拧紧锁紧螺母。

思考与练习

一、选择题

1. 驱动桥的一级维护作业有(　　)。

　A. 左右半轴的换位　　B. 加注润滑油

　C. 异响　　D. 检查轴承预紧力

2. 驱动桥壳的类型有(　　)。

　A. 半浮式　　B. 整体式

　C. 分段式　　D. 全浮式

3. 半轴常见的损伤形式有(　　)。

　A. 裂纹　　B. 垂直度误差

　C. 扭曲　　D. 平面度误差

二、判断题(正确画√、错误画×)

1. 主减速器的功能是升速降矩。(　　)
2. 行星锥齿轮差速器具有转矩等量分配的特性。(　　)
3. 防滑差速器起作用,可以提高汽车通过坏路面的能力。(　　)
4. 驱动桥壳是传动系统的组成部分,不是行驶系统的组成部分。(　　)

三、简答题

1. 驱动桥的功用是什么?它由哪几部分组成?有哪些类型?
2. 单级主减速器的构造是怎样的?有哪些调整项目?
3. 驱动桥为什么设差速器?画简图并叙述行星锥齿轮差速器的工作原理。
4. 常用的半轴支承形式有哪几种?分析其受力情况。
5. 分析驱动桥过热的现象、原因及排除方法。
6. 分析驱动桥漏油的原因。
7. 后轮毂的安装与轮毂轴承调整的具体方法是什么?
8. 驱动桥壳弯曲如何检查?
9. 主减速器装配中,如何调整轴承预紧度、啮合印痕、啮合侧隙?为什么?
10. 为什么某些轿车主减速器采用行星齿轮?试分析其结构特点及工作原理。

单元七 汽车行驶系统

学习目标

☞ **知识目标**

1. 简述汽车行驶系统的功用、组成和类型,汽车行驶的基本原理;
2. 正确叙述车桥、车架的功用、构造、转向轮定位参数的内容,熟悉车轮与轮胎的构造与规格,将高科技轮胎的运用向绿色低碳发展;
3. 正确叙述悬架中弹性元件、减振器、导向装置的类型、构造、工作原理;
4. 正确叙述非独立悬架、独立悬架的类型、特点、工作过程;
5. 正确叙述电子控制悬架的功能、结构、工作原理。

☞ **能力目标**

1. 会做行驶系统各总成的拆装、检修、维护工作;
2. 会做车轮与轮胎装配、平衡与换位的工作;
3. 会做车轮定位的检查工作;
4. 会分析行驶系统常见故障产生的原因,并提出相应的措施。

1 概　　述

1.1 功用

汽车行驶系统的功用是接受发动机经传动系统传来的转矩,并通过驱动轮与路面间附着作用,产生路面对汽车的牵引力,以保证整车正常行驶;传递并承受路面作用于车轮上的各向反力及其形成的力矩;缓和各种冲击及振动,保证汽车平顺行驶,并且与汽车转向系统很好地配合工作,实现汽车行驶方向的正确控制,以保证汽车操纵稳定性。

1.2 组成

轮式汽车行驶系统一般由车架、车桥、车轮和悬架组成,如图 7-1 所示。

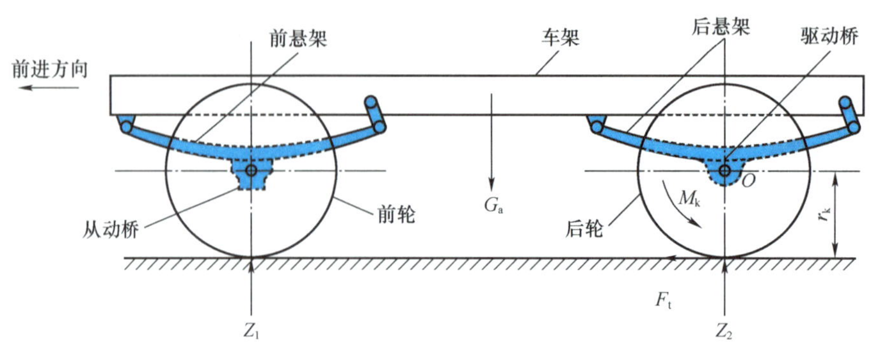

图 7-1　轮式汽车行驶系结构

车架是全车装配与支承的基础，它将汽车的各相关总成连接成一个整体并与行驶系统共同支承汽车的质量。车轮分别装在前桥和后桥上，支承着车桥和汽车。为了减少汽车在行驶中受到的各种冲击与振动，车桥与车架之间通过悬架系统弹性连接，在一些轿车中，为了提高其舒适性，采用断开式车桥，两侧车轮的心轴分别通过各自的弹性元件与车架连接，受外力作用时互不干扰，故称为独立悬架系统。

1.3　汽车行驶系统的类型

汽车行驶系统根据其结构形式的不同，可以分为以下几种：

(1)轮式行驶系统：行驶系统中直接和地面接触的是车轮，称这种行驶系统为轮式行驶系统。这种车被称为轮式汽车。

(2)半履带式行驶系统：前桥装有滑橇或车轮，用来实现转向，后桥上装有履带，以减少对地面的单位压力(比压)，控制汽车下陷，同时履带上履刺也加强了附着作用，具有很高的通过能力，主要用在雪地或沼泽地带行驶。这样的行驶系统被称为半履带式行驶系统。这种车称为半履带式汽车。

(3)全履带式行驶系统：如果汽车前后桥上都装有履带，则称为全履带式行驶系统。这种车被称为全履带式汽车。

(4)车轮—履带式行驶系统：行驶系统中直接与路面接触部分有车轮和履带，则称为车轮—履带式行驶系统。这种车被称为车轮—履带式汽车。

1.4　汽车行驶系统的受力分析

汽车行驶系统的受力情况，如图 7-1 所示，汽车的总重力 G_a 通过前、后车轮传到地面，引起地面作用于前轮和后轮上的垂直反力 Z_1 和 Z_2。当驱动桥中半轴将驱动转矩 M_k 传到驱动轮上时，产生路面作用于驱动轮边缘上的向前的纵向反力，被称作驱动力，用 F_t 表示。驱动力用以克服驱动轮本身的滚动阻力，其余大部分则依次通过驱动桥壳、后悬架传到车架，用来克服作用于汽车上的空气阻力和坡道阻力；还有一部分驱动力由车架经过前悬架传至从动桥，作用于自由支承在从动桥两端转向节上的从动轮中心，使前轮克服滚动阻力向前滚动。于是，整个汽车便向前行驶了。如果行驶系统中处于牵引力传递路线上的任一个环节中断，汽车将无法行驶。

由图 7-1 还可看出，驱动力 F_t 是作用于轮缘上的，因而对车轮中心造成了一个反力矩。此反力矩力图使驱动桥壳中部（主减速器壳）的前端向上抬起。当采用断开式驱动桥时，主减速器是直接固定在车架上的，因而此反力矩也就直接由主减速器壳传给车架。当采用非断开式驱动桥时，反力矩则由主减速器壳经半轴套管传给后悬架，再由后悬架传给车架。反力矩传到车架上的结果，使得车架连同整个汽车前部都有向上抬起的趋势，具体表现为前轮上的垂直荷载减少而后轮上的垂直荷载增加。

汽车在制动时，同样产生一个与转矩相反的制动转矩，作用于车轮上，产生一个与汽车行驶方向相反的制动力，迫使汽车减速或停车。汽车产生后部向上抬起，前部下沉的趋势，从而使作用于后轮上垂直荷载减小，前轮上垂直荷载增大。紧急制动时，作用尤其明显。

汽车在弯道上或路面弓度较大的道路上行驶时，由于离心力或汽车质量在横向坡道上的分力作用，使汽车具有侧向滑动的趋势，路面将阻止车轮侧滑而产生作用于车轮的侧向力，此力由行驶系来传递和承受。

2　车　　架

2.1　功用、要求与类型

2.1.1　功用

车架是跨接在各车桥之间的桥梁式结构，是整个汽车的安装基础。其功用是支承连接汽车的各零部件并保证其正确的相对位置，承受来自车内外的各种荷载。

2.1.2　要求

车架的结构形式应满足以下要求：

（1）应具有足够的强度和适合的刚度。

（2）质量应尽可能小。

（3）对轿车和客车的车架来讲，其结构应简单，并有利于降低汽车的质量和获得较大的转向角，以提高汽车行驶的稳定性和机动性。

（4）车架应布置得离地面近一些，以使汽车重心位置降低，有利于提高汽车的行驶稳定性。

2.1.3　类型

目前汽车的车架结构形式主要为两种类型：边梁式车架和中梁式车架。部分轿车和一些大型客车取消了车架，而以车身兼起车架的作用，这种车身称为承载式车身。

2.2　结构

（1）边梁式车架：由 2 根位于两边的纵梁和若干根横梁组成，用铆接法或焊接法将纵梁与横梁连接成坚固的刚性构架。

（2）中梁式车架：中梁式车架主要由 1 根位于中央贯穿前后的纵梁和若干根横向悬伸托架组成，因此也称为脊骨式车架。

(3)承载式车身:承载式车身既将所有部件固定在车身上,所有的力也由车身来承受,如图7-2所示。

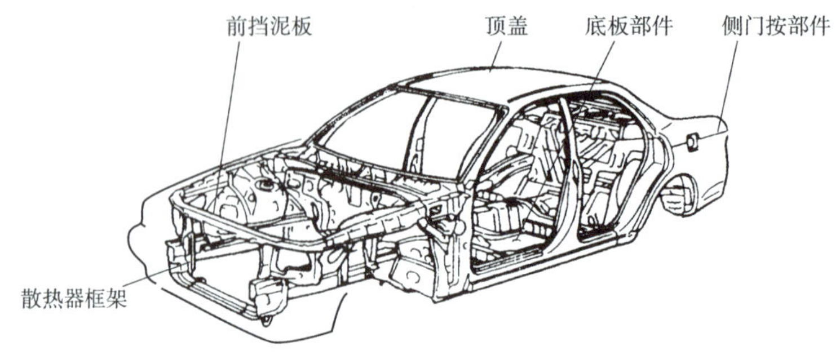

图7-2 轿车承载式车身

承载式车身由于无车架,可以减轻整车质量,使地板高度降低,使上、下车更为方便。但是,车辆底部振动和噪声会直接传入车内。为此各汽车厂家也在积极采取隔声和防振措施进行改善。

3 车 桥

3.1 功用与类型

3.1.1 功用

车桥通过悬架和车架(或承载式车身)相连,两端安装汽车车轮,其功用是传递车架(或承载式车身)与车轮之间各方向作用力及其产生的弯矩和转矩。

3.1.2 类型

根据车辆悬架类型以及传动系统(前置发动机前轮驱动、前置发动机后轮驱动、四轮驱动等)的不同,车桥的类型为:

(1)按悬架的结构不同,车桥分为整体式、断开式车桥。整体式车桥的中部是刚性实心或空心梁,与非独立悬架配用;断开式车桥为活动关节式结构,与独立悬架配用。

(2)按车桥上车轮的作用不同,分为转向桥、驱动桥、转向驱动桥、支持桥四种类型。

在后轮驱动的汽车中,前桥不仅用于承载,还起到转向作用,称为转向桥;后桥不仅用于承载,还起到驱动作用,称为驱动桥。

越野车和前轮驱动汽车的前桥,除了承载和转向的作用外,还兼起驱动的作用,称为转向驱动桥。

只起支承作用的车桥称为支持桥。支持桥除了不能转向外,其他功能和结构与转向桥相同。

3.2 构造

3.2.1 转向桥

汽车转向桥的结构大致相同,其主要由前轴、转向节和主销等部分组成。转向桥可以与独立悬架匹配,也可以与非独立悬架匹配。

(1)与非独立悬架匹配的转向桥。汽车非独立悬架的结构大体相同,主要由前轴、转向节、主销等几个部分组成。图7-3所示为非独立悬架汽车转向桥。前轴的工字梁在两端加粗的拳部有通孔,通过主销和转向节连接。转向节前端用内外两个推力滚子轴承,与轮毂和制动毂连接,并通过锁止螺母、前轮毂轴承调整螺母与转向节安装成一体。轮毂与车轮用螺栓连接,其内端轮毂轴承采用润滑脂润滑。为防止润滑脂侵入制动鼓,影响制动功能,在内端轴承内侧装有油封和油封垫圈,外轴承外端用轮毂盖加以防尘。内外轮毂轴承的预紧度是需要调整的,方法是将调整螺母拧紧使轮毂转动困难,再将调整螺母退回1/6~1/4圈,感到轮毂转动灵活即可。调好后用锁止垫圈、锁圈和锁紧螺母锁紧即可。前轴工作时主要承受垂直弯矩,因而前轴采用工字形断面以提高前轴的抗弯强度,同时减轻自重,另外在车辆制动时,前轴还要承受转矩和弯矩,因此从弹簧处逐渐由工字形断面过渡到方形(或圆形)断面,以提高扭转刚度,同时保持断面的等强度。在前轴上平面加工有钢板弹簧座,其平面略高于前轴平面,并通过U形螺栓将钢板弹簧固定。左右两端安装转向节,转向节两耳部有通孔,通过主销与前轴两端相接。车轮可绕转向主销偏转,从而实现汽车转向。转向节内端两耳部通孔内压入减摩青铜衬套,销孔端部用盖板封住,并通过转向节上的润滑脂嘴注入润滑脂。下耳于前轴拳部之间装有推力轴承,减少转向阻力,使转向轻便;上耳于前轴拳部之间装有调整垫片,用来调整转向节叉的轴向间隙。靠近转向节根部有一方形凸缘,用以固定制动底版。左转向节两耳上端的锥形孔用来安装转向节上臂,下端的锥形孔分别用以安装左右转向梯形臂。为使转向灵活,转向节下拳耳与前轴拳部之间装有推力轴承。

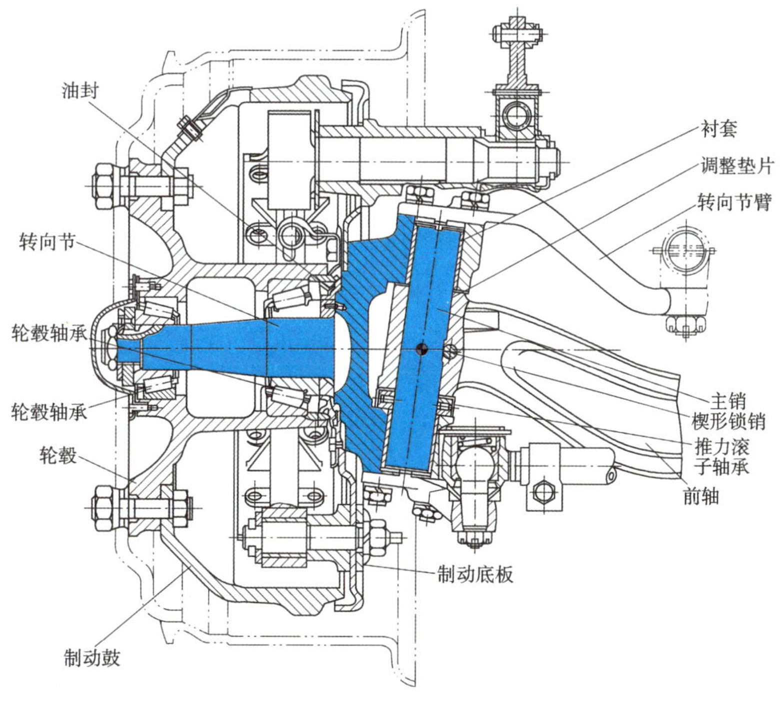

图7-3　非独立悬架汽车转向桥

(2)与独立悬架匹配的转向桥。断开式转向桥的作用与非断开式转向桥一样,所不同的是断开式转向桥与独立悬架匹配。有关独立悬架的结构、工作原理将在后面讲解。

3.2.2 转向驱动桥

转向驱动桥(图7-4)同一般驱动桥一样,有主减速器和差速器。但由于在转向时转向车轮需要绕主销偏转一个角度,故与转向轮相连的半轴必须分成内外两段(内半轴和外半轴),其间用万向节(一般多用等角速万向节)连接,同时主销也因而分制成两段。转向节轴颈部分制成中空的,以便外半轴穿过其中。

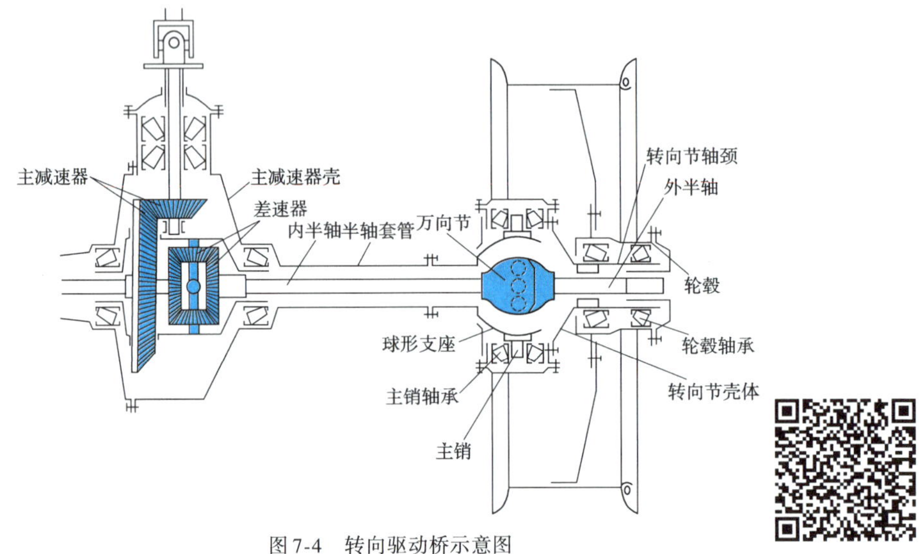

图7-4　转向驱动桥示意图

6×6汽车的前桥即为转向驱动桥,其构造如图7-5所示。内半轴与外轴通过三销轴式等角速万向节连接在一起。当前桥驱动时,转矩由差速器、内半轴、等角速万向节、外半轴、凸缘盘传到车轮轮毂上。

转向节通过两个滚针轴承和球碗及钢球支承在转向节支座上,分成两段的主销与转向节支座固装成一体,其上下段的轴线必须在一直线上。主销轴承用轴承盖(左边的上轴承盖与转向节臂是一体)压紧在转向节外壳上。下轴承盖内装有1个钢球及2个球碗,以承受主销的轴向荷载。上轴承盖内装有一个推力螺钉,并通过球碗顶住主销,以防止主销轴向窜动。拧紧推力螺钉的预紧力不要太大,否则会使转向沉重。转向节支座下端面与主销下轴承座油封罩间应有一定间隙(1~2mm),间隙过小(如小于0.2mm)可能引起转向沉重,此时应在钢球下球碗的下面加装垫片(厚1mm)。转向节支座用螺钉与半轴套管相连接。转向节制成转向节外壳和转向节轴颈两段,用螺钉连接成一体。轮毂通过2个锥轴承装在转向节轴颈上。轮毂轴承用调整螺母、锁止垫圈、锁紧螺母固定。在转向节轴颈内压装一个青铜衬套,以便支承外半轴。

当通过转向节臂推动转向节时,转向节便可绕主销转动使前轮偏转。

4×4汽车的前桥也是转向驱动桥,如图7-6所示。汽车转向时,转向节臂带动转向节及主销绕主销轴线相对于球形支座转动。为了保证前轮滚动和转向时互不干涉,上、下两端主销轴线必须在一条直线上,并通过万向节的中心。设置推力垫圈19以防止万向节轴向窜动,用以调整主销轴向间隙和转向节上、下位置的调整垫片5和16,其厚度应相同,以使万向节中心位于转向节外壳轴线上。

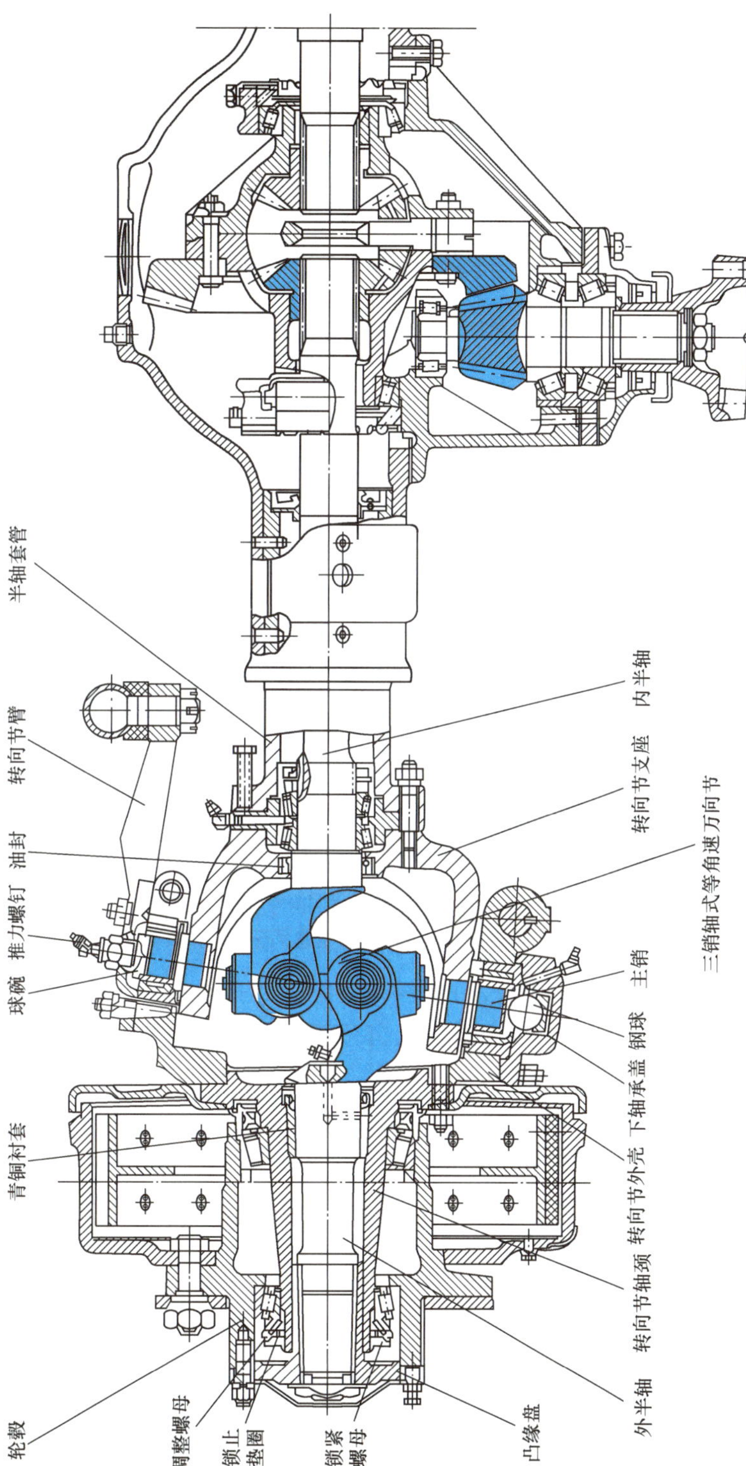

图7-5　6×6汽车转向驱动桥

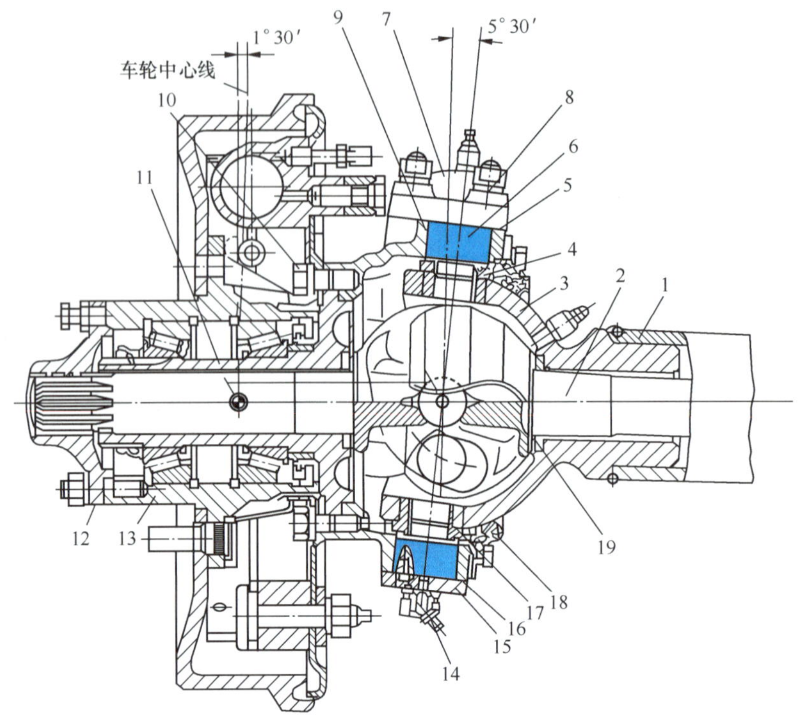

图7-6 4×4汽车的转向驱动桥

1-半轴套管；2-半轴；3-球形支座；4-主销座；5、16-调整垫片；6-主销；7-转向节臂；8-锥形衬套；9-转向节外壳；10-螺栓；11-转向节轴颈；12-半轴凸缘；13-轮毂；14-止动销；15-下盖；17-主销衬套；18-密封圈；19-推力垫圈

润滑脂由上、下主销盖处的润脂嘴注入，进入主销中心油道后，通过两个侧孔进入主销与衬套之间，实现润滑；润滑万向节的润滑脂由球形支座3上的润脂嘴注入，为了防止润滑脂外漏及外界尘污侵入，球形支座上套有油封和密封圈18。

镶有翻边铜衬套17的两个主销座4分别压入在球形支座3的上、下两端。衬套17的翻边起推力作用。主销6的上、下两段分别插在主销座的孔内。转向节外壳9则套在主销外端加粗部分上。转向节臂7和下盖15用螺钉分别固定在转向节外壳的上、下两端，用销钉14防止主销相对于转向节外壳转动。

目前，许多现代轿车采用了发动机前置前轮驱动的布置形式，其前桥既是转向桥又为驱动桥。此种类型的转向驱动桥多采用麦弗逊式独立悬架。其特点是结构简单，布置紧凑，具有良好的接近性，便于维修，而且转弯直径小，机动性好。

3.2.3 车轮定位

3.2.3.1 转向轮定位

为了保证汽车直线行驶的稳定性和操纵的轻便性，减少轮胎和其他机件的磨损，转向车轮、转向节、前轴三者与车架的安装应保持一定的相对位置关系，这种安装位置称为转向车轮定位。

(1)主销后倾角 γ。主销后倾角是转向轴线向后倾斜的角度。主销后倾角是从汽车纵向平面观察时，测量转向轴线至垂直线之间的角度而得，用 γ 表示，如图7-7所示。

从垂直线向后倾斜,称为正主销后倾角;向前倾斜则称为负主销后倾角。转向轴线的中心线与地面有一个交点,轮胎与路面接触面有一个中心点,该点到转向轴中心线之间的距离 L 称为主销后倾移距。

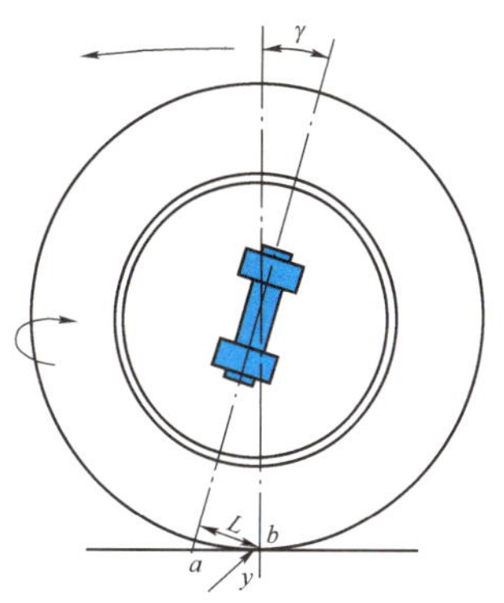

图 7-7　主销后倾

主销后倾角 γ 能形成回正的稳定力矩。如果车辆具有正主销后倾角,当汽车直线行驶时,若转向轮偶然受到外力作用而稍有偏转(例如向右偏转,如图中箭头所示),将使汽车行驶方向向右偏离。这时,由于汽车本身离心力的作用,侧向推力就会对车轮形成绕主销轴线作用的力矩 yL,其方向正好与车轮偏转方向相反。在此力矩作用下,将使车轮恢复到原来中间的位置,从而保证了汽车稳定的直线行驶。但此力矩不宜过大,否则在转向时为了克服此稳定力矩,驾驶员须在转向盘上施加较大的力(即所谓转向盘沉重)。

主销后倾角 γ 越大,车速越高,力矩 yL 越大,转向轮偏转后自动回正的能力也越强。一般 γ 角不超过 2°~3°。主销后倾角一般是将前轴连同悬架安装在车架上,使前轴向后倾斜而形成的。

(2)主销内倾角 β。在汽车的横向平面内(汽车的前后方向),主销上部向内倾斜一个角度,这个主销轴线与垂线之间的夹角 β 称为主销内倾角,车辆向左或向右转向时,车轮会围绕主销轴线转动,该轴线称为转向轴线。在减振器上支承轴承和下悬架臂球节之间,画一条假想直线,也是转向轴线,如图 7-8a)所示。

主销内倾角 β 有使车轮自动回正的作用,如图 7-8b)所示。当转向车轮在外力作用下由中间位置偏离左右一个角度时,车轮的最低点将陷入路面以下 h 处,但实际上车轮边缘不可能陷入路面以下,而是将转向轮连同整个汽车前部向上抬起一个相应的高度 h,这样汽车本身的重力有使转向轮恢复到原来中间位置的效应,即能自动回正,主销内倾角越大或转向轮偏转角越大,汽车前部就被抬起得越高,转向轮自动回正的作用就越大。

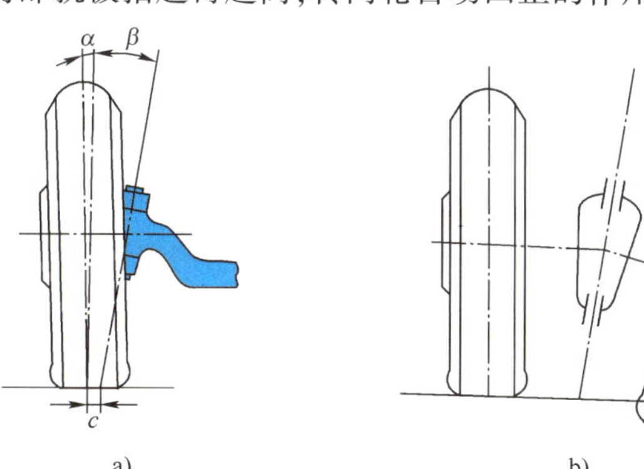

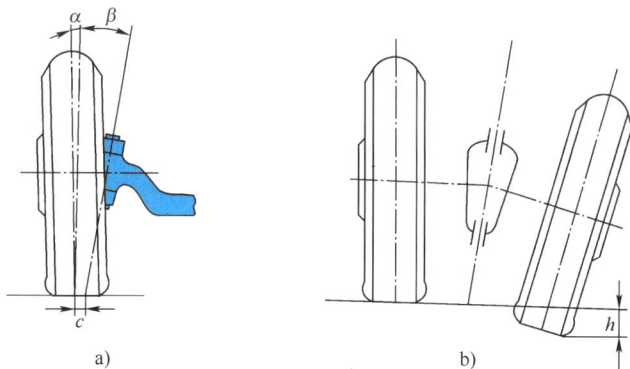

图 7-8　主销内倾

a)转向车轮直行状态;b)转向车轮在外力作用下偏转时的状态

主销内倾角的另一个作用是使转向轻便,如图 7-8a)所示,由于主销的内倾使得主销轴线与路面的交点到车轮中心平面与地面交线的距离 c 减小,转向时路面作用在转向轮上的阻力矩减小(因力臂 c 减小),从而可降低转向时驾驶员加在转向盘上的力使转向操作轻便,同时也可以减小因路面不平而从转向轮传到转向盘上的冲击力。但 c 值也不宜过小，即内倾角不宜过大，否则在转向时，车轮绕主销偏转的过程中，轮胎与路面间将产生较大的滑动，因而增加了轮胎与路面的摩擦阻力，这不仅使转向变得很沉重，而且加速了轮胎的磨损。故一般内倾角 β 不大于 8°，距离 c 一般为 40～60mm。但在一些发动机前置、前轮驱动的轿车上，为了使汽车具有良好的行驶稳定性，其主销内倾角均较大，如丰田普瑞维亚车为 11°20′；天津夏利 TJ7100 型轿车为 12°±30′。

主销内倾角通过前梁的设计来保证，由机械加工来实现。加工时将前梁两端的主销轴线上端内倾斜就形成了内倾角。

悬架类型不同，转向轴线结构有可能不同。对于非独立悬架，车桥每端都装有一个主销。转向主销轴线就相当于其他类型悬架中的转向轴线。在独立悬架中，上球节与下球节之间的连线便构成了主销轴线。

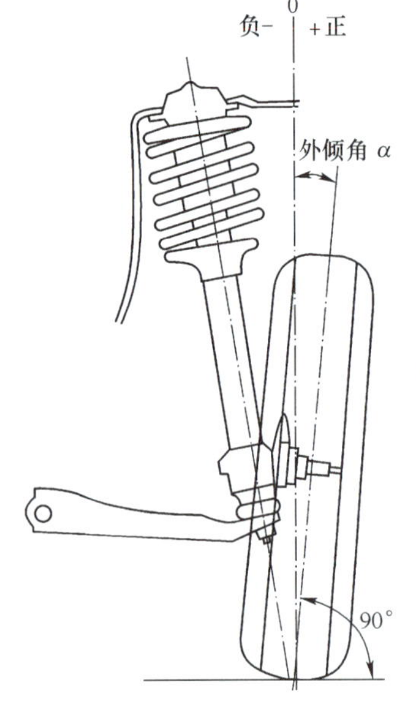

图 7-9　前轮外倾

(3)前轮外倾角 α。向汽车前后方向看车轮，轮胎并非垂直安装，而是稍微倾斜。在汽车的横向平面内，前轮中心平面向外倾斜一个角度 α，如图 7-9 所示，称为前轮外倾角。轮胎呈现“八”字形张开时称为负外倾，而呈现“V”字形张开时称正外倾。前轮外倾角 α 具有提高转向操纵轻便性和车轮工作安全性的作用。如果空车时车轮的安装正好垂直于路面，则满载时车桥将因承载变形而可能出现车轮内倾，这样将加速汽车轮胎的偏磨损。另外，路面对车轮的垂直反作用力沿轮毂的轴向分力将使轮毂压向轮毂外端的小轴承，加重了外端小轴承及轮毂紧固螺母的负荷，降低它们的使用寿命，严重时会损坏外端的锁紧螺母而使车轮松脱，造成交通事故。因此，为了使轮胎磨损均匀和减轻轮毂外轴承的负荷，安装车轮时预先使其有一定的外倾角，以防止车轮内倾。

外倾角也不宜过大，否则也会使轮胎产生偏磨损。

前轮的外倾角是在转向节的设计中确定的。设计时使转向节轴颈的轴线与水平面成一角度，该角度即为前轮外倾角 α。在使用不同斜交轮胎的时期，由于使轮胎倾斜触地便于转向盘的操作，所以外倾角设计得比较大。随着汽车装用的扁平子午线轮胎不断普及，并由于子午线轮胎的特性(轮胎花纹刚性大，胎体比较软，外胎面宽)，若设定较大外倾角，会使轮胎偏磨，缩短轮胎的使用寿命。现在的汽车一般都将外倾角设定为 1°左右。为改善前桥的稳定性，早期汽车的车轮采用正外倾角，使轮胎与地面成直角，防止在中间高于两边的路面上行驶时，轮胎不均匀磨损。在现代汽车中，由于悬架和车桥比过去的坚固，加之路面平坦，所以，采用正外倾角的必要性少了。结果，在车轮调整上，倾向于采用接近零度的外倾角。某些车辆甚至采用负外倾角，以改善转向性能。

(4)车轮前束。俯视车轮，汽车的两个前轮的旋转平面并不完全平行，而是稍微带一些角度，这种现象称为前轮前束。在通过两前轮中心的水平面内，两前轮的前边缘距离 B 小于两前轮后边缘距离 A，$A-B$ 之差称为前轮前束，如图 7-10 所示。像内八字一样前端小后端大的称为前束,而像外八字一样后端小前端大的称为后束或负前束。

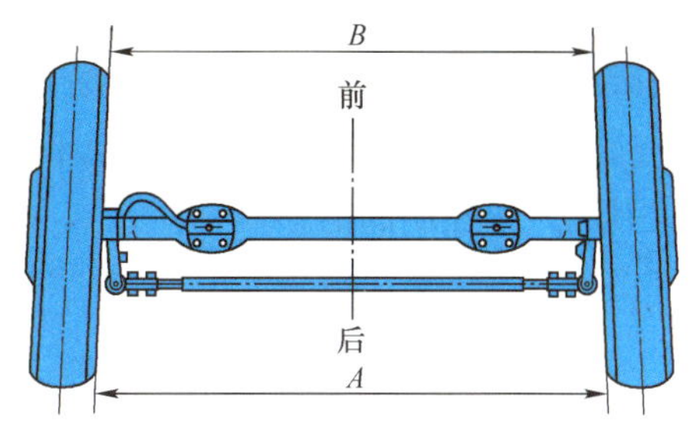

图 7-10　车轮前束

前轮前束的作用是为了消除由车轮外倾而引起的前轮“滚锥效应”。即车轮有了外倾角后,在滚动时,就类似于圆锥滚动,从而导致两侧车轮向外滚开。由于转向横拉杆和车桥的约束使车轮不可能向外滚开,车轮将在地面上出现边滚边向内滑移的现象,从而增加了轮胎的磨损。为了消除车轮外倾带来的这种不良后果,在安装车轮时,使汽车两前轮的中心平面不平行,两轮前边缘距离 B 小于后边缘距离 A。这样可使车轮在每一瞬时滚动方向接近于向着正前方,从而在很大程度上减轻和消除了由于前轮外倾而产生的不良后果。

前轮前束可通过改变横拉杆的长度来调整。调整时,可根据各生产厂所规定的测量位置,使两轮前后距离差 $A-B$ 符合规定的前束值。测量位置通常取两轮胎中心平面处的前后差值,也可以选取两车轮刚圈内侧面处的前后差值。一般前束值为 0 ~ 12mm,有时汽车为与负前轮外倾角相配合,其前束也取负值即负前束(如上海桑塔纳轿车前束为 -3 ~ -1mm)。

车辆安全检测时需要检查侧滑,这是查看直线行驶时轮胎的横向侧滑率,也就是车轮外倾角与前轮前束的配合情况。检查标准规定,采用前束或后束发生的侧滑率,在汽车直线行驶 1km 时,应在 5m 以内(实际用仪器测量,行驶 1m,应在 5mm 以内)。这样,汽车在直线行驶状态下,轮胎稍微发生横向侧滑是属于正常的。

3.2.3.2　后轮定位

(1)后轮外倾角。像前轮外倾角一样,后轮外倾角也对轮胎磨损和操纵性有影响。理想状态是 4 个车轮的运动外倾角均为零,这样轮胎和路面接触良好,从而得到最佳的牵引性能和操纵性能。

后轮外倾角不是静态的,它随悬架的上下移动而变化。车辆加载后悬架下沉就会引起车轮外倾角改变。为了对荷载进行补偿,采用独立后悬架的大多数车辆常有一个较小的正后轮外倾角。滑柱筒破坏或错位、滑柱弯曲、上控制臂衬套破坏、上控制臂弯曲、弹簧压缩或悬架过载都会使后轮外倾角产生变成负外倾角的趋势。转向节弯曲、下控制臂弯曲会使后轮外倾角过大。后轮驱动车辆在转矩过大、严重超载或道路损坏的情况下,即使是刚性的后桥壳也会变弯。

(2)后轮前束。如同前轮前束一样,后轮前束也是后轮定位的一个重要项目。如果前束不当,后轮轮胎也会被擦伤,另外也会引起转向不稳定及制动效能降低。像后轮外倾角一样,后轮前束也不是一个静态量。悬架摇动和反弹时它就要起变化。滚动阻力和发动机转矩对它也有影响。对于前驱动车辆,前驱动轮宜前束,后从动轮宜负前束。后驱动车辆则相反:前轮宜负前束,独立悬架的后驱动轮应尽可能为前束。

如果后轮前束不符合技术要求,就要影响轮胎磨损和转向稳定性,其影响程度与前轮前束相同。前束测量值在规定范围内,并不意味着车轮一定正确定位,尤其对后轮前束测量值来说更是如此。如果一侧后轮前端向内偏斜量相等,那么前束值将在规定的范围内。但由于后轮与纵轴线不平行，车辆还会跑偏。当汽车在路面上行驶时，最理想的状态是所有车轮的运动前束量均为零。对于安装防抱死制动系统的车辆尤其如此。因此，当在滑湿路面上制动时，不正确的前束会影响制动平衡性，无防抱死制动系统时，地面驱动力受到干扰而可能引起无法控制的滑移。

4 车轮与轮胎

车轮与轮胎是汽车行驶系统中的重要组成部分，位于车身与路面之间。其功用是支承汽车和装载质量；传递汽车与路面之间的各种力和力矩；缓冲车轮受路面颠簸时引起的振动；保持汽车的行驶方向等。

4.1 车轮

4.1.1 功用与组成

车轮是介于轮胎和车轴之间承受负荷的旋转组件，它由轮毂、轮辋、轮辐所组成。

4.1.2 分类

按照轮辐的结构不同，车轮可分为辐板式和辐条式车轮。辐板式车轮多用于载货汽车和部分轿车的非全尺寸备胎；现代轿车多采用辐条式车轮。

4.1.3 构造

4.1.3.1 辐板式车轮

这种车轮如图 7-11 所示，由挡圈、轮辋、辐板和气门嘴伸出口组成。车轮中用以连接轮毂和轮辋的钢质圆盘称为辐板，大多是冲压制成的，少数和轮毂铸成一体，后者主要用于重型汽车。

轿车的辐板所用板料较薄，常冲压成起伏多变的形状，以提高其刚度。货车辐板式车轮如图 7-12 所示。辐板上的孔可以减轻质量，有利于制动鼓的散热，方便于接近气门嘴，同时可作为安装时的把手处。6 个孔加工成锥形，以便在用螺栓把辐板固定在轮毂上时对正中心。

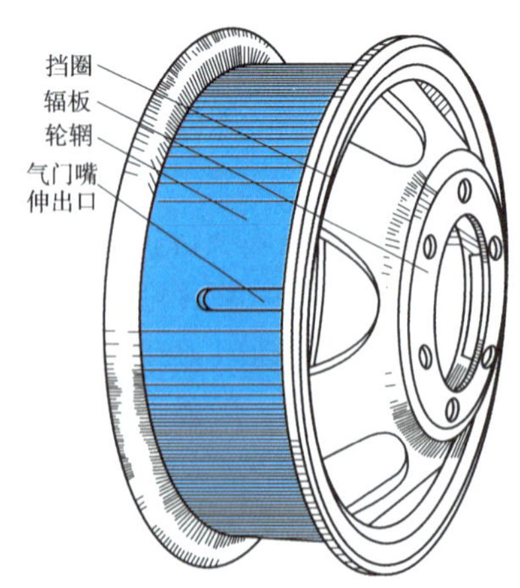

图 7-11　辐板式车轮

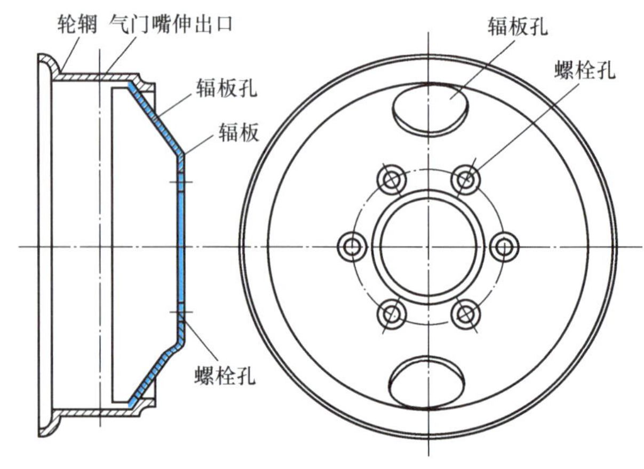

图 7-12　货车辐板式车轮

4.1.3.2　辐条式车轮

这种车轮的轮辐是钢丝辐条或者是和轮毂铸成一体的铸造辐条,如图 7-13 所示。钢丝辐条车轮由于价格昂贵、维修安装不便,故仅用于赛车和某些高级轿车上,如图 7-13a)所示。铸造辐条式车轮用于装载质量较大的重型汽车,如图 7-13b)所示。在这种结构的车轮上,轮辋是用螺栓和特殊形状的衬块固定在辐条上,为了使轮辋和辐条很好的对中,在轮辋和辐条上都加工出配合锥面。

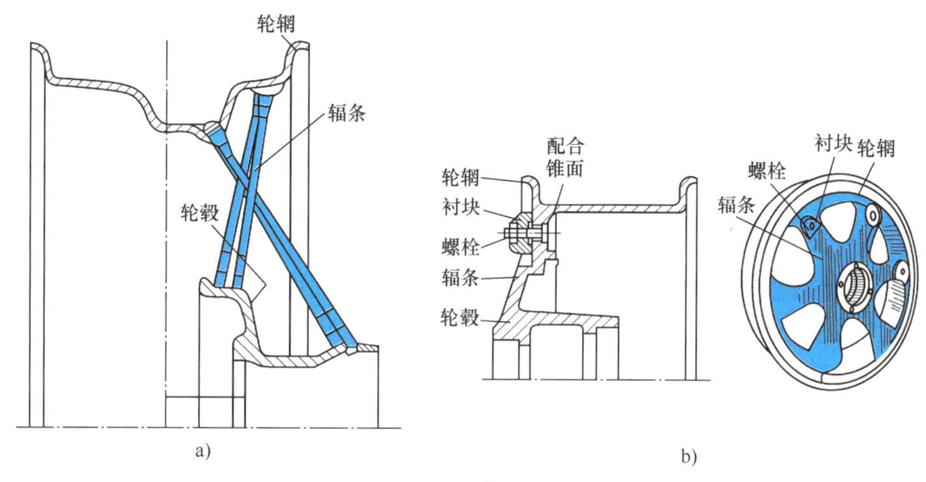

图 7-13　辐条式车轮

a)钢丝辐条;b)铸造辐条

4.1.3.3　轮辋

(1)分类与构造。轮辋常见形式主要有两种:深槽轮辋和平底轮辋,如图 7-14 所示。此外,还有对开式轮辋、半深槽轮辋、深槽宽轮辋、平底宽轮辋、全斜底轮辋等。

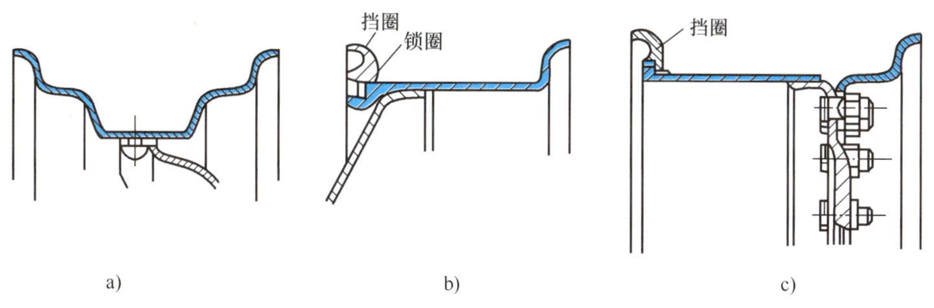

图 7-14　轮辋断面

a)深槽轮辋;b)平底轮辋;c)对开式轮辋

①深槽轮辋:这种轮辋主要用于轿车(如红旗牌轿车)及轻型越野车。它有带肩的凸缘,用以安放外胎的胎圈,其肩部通常略向中间倾斜,其倾斜角一般是 5°±10°。倾斜部分的最大直径称为轮胎胎圈与轮辋的着合直径。为便利外胎的拆装,断面的中部制成深凹槽。深槽轮辋的结构简单,刚度大,质量较小,对于小尺寸弹性较大的轮胎最适宜,但是尺寸较大、较硬的轮胎则很难装进这样的整体轮辋内,如图 7-14a)所示。

②平底轮辋:这种轮辋的结构形式很多,是我国货车常用的一种形式。挡圈是整体的,而用一个开口锁圈来防止挡圈脱出,在安装轮胎时,先将轮胎套在轮辋上,而后套上挡圈,并

将它向内推，直至越过轮辋上的环形槽，再将开口的弹性锁圈嵌入环形槽中。东风 EQ1090E 和解放 CA1091 型汽车均采用这种形式的轮辋，如图 7-14b）所示。

③对开式轮辋：这种轮辋由内外两部分组成，其内外轮辋的宽度可以相等，也可以不相等，二者用螺栓连成一体。拆装轮胎时拆卸螺栓上的螺母即可。挡圈是可拆的。有的无挡圈，而由与内轮辋制成一体的轮缘代替挡圈的作用，内轮辋与辐板焊接在一起，如图 7-14c）所示。

除了深槽轮辋和平底轮辋以外，还有半深槽轮辋，一般用于轻型货车上。

由于轮辋是轮胎的装配和固定基础，当轮胎装入不同轮辋时，其变形位置与大小也发生变化。因此，每种规格的轮胎，最好配用规定的标准轮辋，必要时也可配用规格与标准轮胎相近的轮辋（容许轮辋）。如果轮辋使用不当，会造成轮胎早期损坏，特别是使用于过窄的轮辋上时。

近几年来，为了适应提高轮胎负荷能力的需要，开始采用宽轮胎。实验表明，采用宽轮辋可以提高轮胎的使用寿命，并可改善汽车的通过性和行驶稳定性。

（2）国产轮辋轮廓类型及其代号。目前，轮辋轮廓类型有 7 种，深槽轮辋：代号 DC；深槽宽轮辋：代号 WDC；半深槽轮辋：代号 SDC；平底轮辋：代号 FB；平底宽轮辋：代号 WFB；全斜底轮辋：代号 TB；对开式轮辋：代号 DT，如图 7-15 所示。

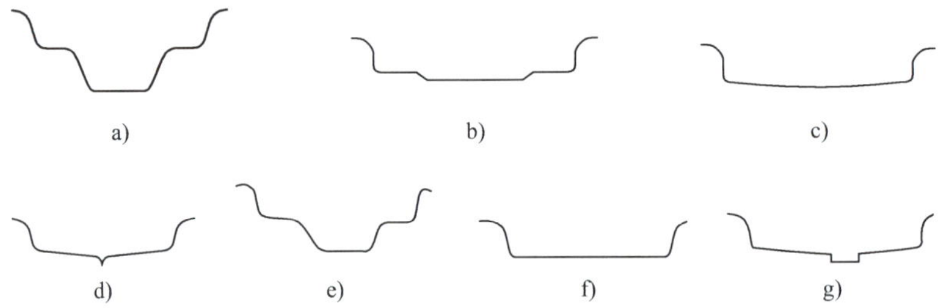

图 7-15　轮辋轮廓类型及代号

a）深槽轮辋（DC）；b）半深槽轮辋（SDC）；c）平底宽轮辋（WFB）；d）对开式轮辋（DT）；e）深槽宽轮辋（WDC）；f）平底轮辋（FB）；g）全斜底轮辋（TB）

轮辋的结构形式，根据其主要由几个零件而组成分为：1 件式轮辋、2 件式轮辋、3 件式轮辋、4 件式轮辋和 5 件式轮辋。1 件式轮辋，具有深槽的整体式结构，如图 7-16a）所示。2 件式轮辋，它可以拆卸为轮辋体和弹性挡圈两个主要零件，如图 7-16b）所示。3 件式轮辋，它可以拆卸为轮辋体、挡圈和锁圈 3 个主要零件，如图 7-16c）所示。4 件式轮辋，它可以拆卸为轮辋体、挡圈、锁圈和座圈 4 个主要零件，也可以为轮辋体、锁圈和两件挡圈，如图 7-16d）所示。5 件式轮辋可以拆卸为轮辋体、挡圈、锁圈、座圈和密封环 5 个主要零件，如图 7-16e）所示。

国产轮辋的规格代号。轮辋规格用轮辋名义宽度和轮辋名义直径以及轮缘高度代号（用拉丁字母作代号）来表示。轮辋名义宽度和名义直径均以英寸数表示（当新设计轮胎以 mm 表示直径时，轮辋直径用 mm 表示）。直径数字前面的符号表示轮辋结构形式代号，符号“×”表示该轮辋为一件式轮辋，符号“-”表示该轮辋为两件或两件以上的多件式轮辋。在轮辋名义宽度代号之后的拉丁字母表示轮缘的轮廓（如 E、F、JJ、KB、L、V 等）。有些类型的轮辋(如平底宽轮辋),其名义宽度代号也代表了轮缘轮廓,不再用字母表示。最后面的代号表示了轮辋轮廓类型代号。

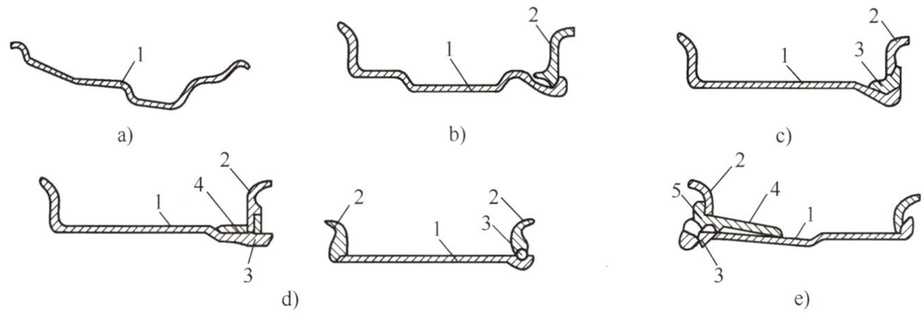

图 7-16　轮辋结构形式

a)1 件式轮辋;b)2 件式轮辋;c)3 件式轮辋;d)4 件式轮辋;e)5 件式轮辋

1-轮辋体;2-挡圈;3-锁圈;4-座圈;5-密封环

例如,奥迪 A6 型汽车前轮辋为 7J×16。表明该轮辋名义宽度为 7 英寸,名义直径为 16 英寸,轮缘轮廓代号为 J 的一件式深槽式轮辋。对于平底式宽轮辋只有表示轮辋名义宽度和名义尺寸的数字,而没有表示轮缘轮廓的拉丁字母代号。

4.2 轮胎

轮胎安装在轮辋上,直接与路面接触。

4.2.1　功用和类型

(1)轮胎的功用是:支承车辆的全部质量;轮胎与路面直接接触,将车辆的驱动力和制动力传至路面,从而控制其起动、加速、减速、停车和转向;减弱由于路面不平所造成的振动。

(2)轮胎的类型:

按照轮胎的花纹分:普通花纹轮胎、越野花纹轮胎和混合花纹轮胎。

按照轮胎胎体帘布层分:斜交轮胎和子午线轮胎。

按照轮胎的充气压力分:高压胎(0.5~0.7MPa)、低压胎(0.15~0.45MPa)和超低压胎(0.15MPa 以下)。低压胎弹性好、断面宽、接地面积大、壁薄散热好,提高了汽车行驶的平顺性、稳定性,提高了轮胎的使用寿命,所以汽车上几乎全部都使用低压胎。

按照保持空气方法的不同分为:有内胎轮胎和无内胎轮胎。

4.2.2　充气轮胎的结构

普通充气轮胎由外胎、内胎和垫带组成,使用时安装在汽车车轮的普通可拆卸轮辋上,如图 7-17 所示。

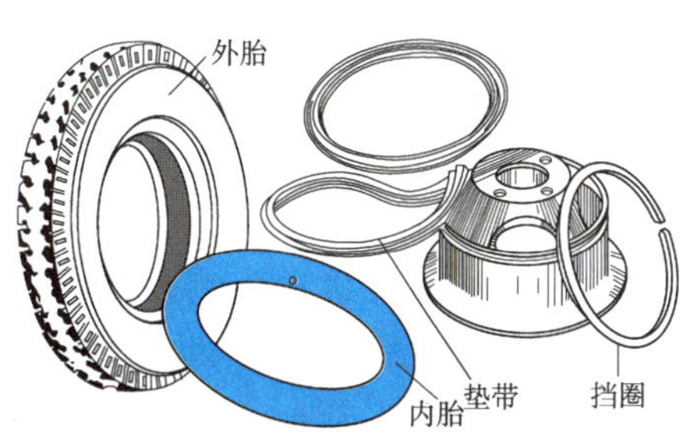

图 7-17　普通充气轮胎结构

(1)外胎:外胎是轮胎的框架。它必须具有足够的刚性,以阻止高压空气外泄,又必须具有足够的弹性,以吸收荷载的变化和冲击。它由许多层与橡胶黏结在一起的轮胎帘线(多股平行的高强度材料层)构成。

外胎由胎面、帘布层、缓冲层、胎圈 4 部分组成,如图 7-18 所示。

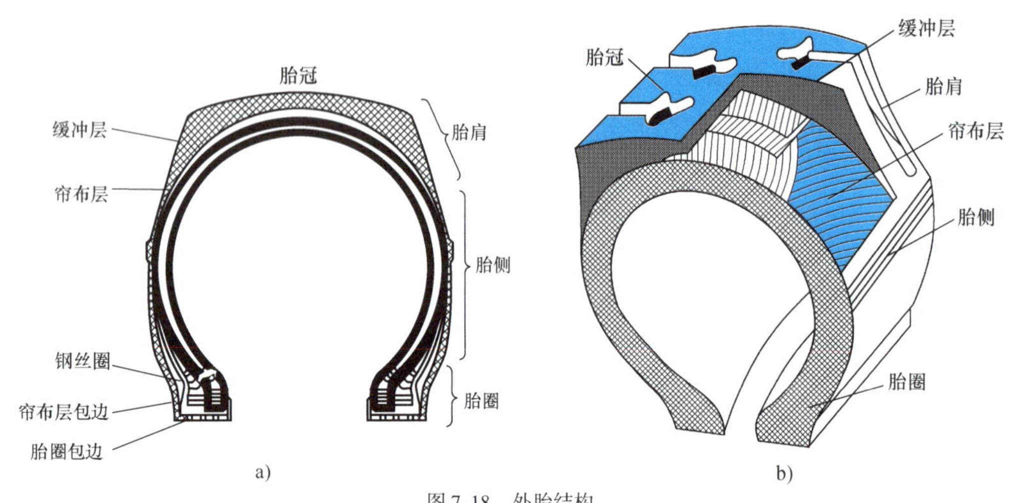

图 7-18　外胎结构

a)外胎剖视图;b)外胎名称图

①胎面。胎面的外部是橡胶层,保护胎体免受路面造成的磨损。胎面由胎冠、胎侧、胎肩组成。胎面与路面直接接触,产生摩擦阻力、驱动力和制动力。

胎冠又称行驶面,它与路面接触,直接承受冲击和磨损,并与路面间产生很大的附着力,故胎冠应具有较高的强度、刚度、弹性和耐磨性。为增加轮胎的附着力,避免轮胎纵横向打滑,以及良好的排水性能,胎冠制有各种花纹。轮胎花纹主要有普通花纹,如图 7-19a)所示;混合花纹,如图 7-19b)所示;越野花纹,如图 7-19c)所示。花纹按方向可分为横向花纹和纵向花纹。横向花纹轮胎耐磨性高,防纵向滑移性能好,不易夹石,但散热性能和防横向移动性能较差滚动阻力较大。纵向花纹轮胎散热性能好,滚动阻力小,防横向滑移性能好,而且操纵性能好、噪声小,但防纵向滑移动性能差,在泥泞路面和雨天行驶时,排水性能差,并且容易夹石,适用于高速行驶的车辆。越野花纹轮胎粗而深,附着力大,因此,越野花纹轮胎适用于在松软和坏路面上行驶,但是如果在正常的路面上行驶,反会造成胎面过早磨损。越野花纹轮胎又分为无向花纹和有向花纹(人字花纹)轮胎两种。有向花纹轮胎在安装时必须注意花纹方向,用作驱动轮时花纹的尖端应与车轮旋转方向一致(人字向后),这样车轮在软路面上行驶时,泥土从花纹间排除,提高了轮胎在软路面上的附着力;用作从动轮时,应当反向安装,这样可减少滚动阻力和轮胎磨损。如果驱动轮方向装反,汽车在泥泞的软路上行驶时,泥土会堵满花纹,使轮胎成为泥轮而打滑。

胎肩是较厚的胎冠与较薄的胎侧间的过渡部分,一般也制有各种花纹,以提高该部位的散热性能。

胎侧是贴在胎体帘布侧壁的薄橡胶层。它的主要作用是保护胎体侧部帘布层免受损伤。覆盖轮胎两侧,并保护胎体免受外部损坏。作为面积最大、弹性最强的轮胎部件,胎侧在行驶过程中,不断地在荷载作用下弯曲变形。胎侧上标有厂家名称、轮胎尺寸及其他资料。

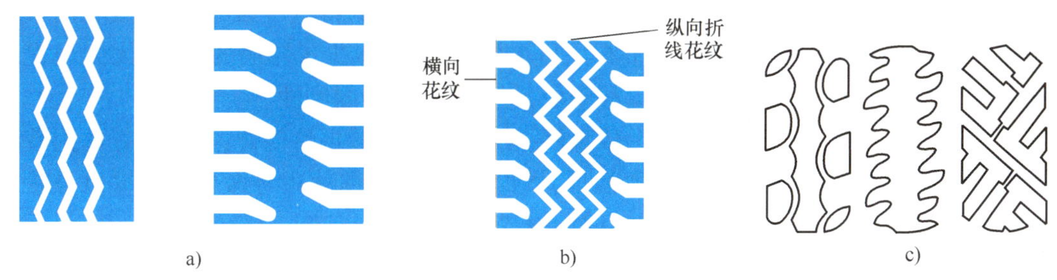

图7-19　胎面花纹

a)普通花纹;b)混合花纹;c)越野花纹

②帘布层。胎体是外胎的骨架,由帘布层和缓冲层组成,其作用是承受负荷,保持轮胎外缘尺寸和形状。而帘布层又是外胎的骨架,主要材料有棉线、人造丝、尼龙、聚酯纤维和钢丝等。为了保持外胎的形状和尺寸,使其具有足够的强度,帘布层由成双数的多层帘布用橡胶贴合而成,相邻的帘线交叉排列。帘布层数增多,轮胎的强度增大,而弹性下降。在帘布层与胎面之间,还有用上述材料制成的缓冲层。

按照胎体帘布层的排列方式不同,有斜交轮胎、子午线轮胎,如图7-20所示。

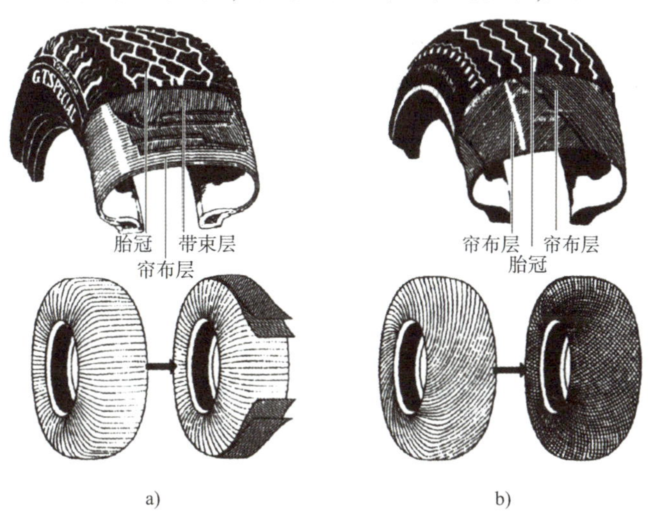

图7-20　轮胎的结构形式

a)子午线轮胎;b)普通斜交轮胎

斜交轮胎是一种较老式的结构,广泛的使用于国产老式的载货汽车。由于胎体帘布层中帘线与胎面中心线呈小于90°角排列,并且一侧胎边穿过胎面到另一侧胎边,层层相叠,成为胎体的基础,所以称为斜交轮胎。其特点是:行驶中轮胎噪声小,外胎面较柔软,在低速行驶时乘坐舒适性好,价格也便宜。后来发展起来的带束斜交轮胎,即在斜交轮胎的基础上增加了沿圆周缠绕的斜交帘布层上的束带,这样使胎面更牢固,与地面接触时更加平整,减少了轮胎变形,使汽车行驶平稳,牵引效果好,防穿透性有所改善,延长了轮胎的使用寿命。

目前,轿车上几乎都装用子午线轮胎。用钢丝或纤维植物制作的帘布层,其帘线与胎面中心的夹角接近90°角,并从一侧胎边穿过胎面到另一侧胎边,帘线在轮胎上的分布好像地球的子午线,所以称为子午线轮胎,如图7-20b)所示。由于子午线轮胎具有帘布呈子午线环形排列，胎体与带束层帘布线形成许多密实的三角网状结构的特点。因此，子午线轮胎帘布线的强度得到了充分的利用，从而使帘布层可大量的减少，减少了轮胎的质量；大大地提高了胎面的刚性，减少了胎面与路面的滑移现象，提高了轮胎的耐磨性。

与普通斜交轮胎相比，子午线轮胎质量轻，轮胎弹性大，减振性能好，具有良好的附着性能，滚动阻力小，承载能力大，行驶中胎温低，胎面耐穿刺，轮胎使用寿命长。其缺点是轮胎成本高，胎侧变形大，容易产生裂口，并且侧向稳定性差。

③缓冲层。缓冲层是夹在胎体与胎面之间的纤维层，它可增强胎体与胎面的附着力，同时也有助于减弱路面传至胎体的振动。缓冲层广泛地用于斜交轮胎中。大客车、货车及轻型卡车所有的轮胎都采用尼龙缓冲层；小客车所有的轮胎则采用聚酯缓冲层。

④胎圈。为防止各种施加在轮胎上的作用力扯开轮辋，轮胎上设有固定边缘，即各层侧边都缠绕有坚固的钢丝，称为胎圈。轮胎内的加压空气迫使胎缘胀紧在轮辋边沿，使其牢固定位。

(2)内胎：是装入外胎内部的一个环形橡胶管，外表面很光滑，上面装有气门嘴，以便充气。

(3)垫带：是一个环形橡胶带，它垫在内胎和轮辋之间，保护内胎不被轮辋和胎圈磨损。

4.2.3 无内胎轮胎

无内胎轮胎就是没有内胎和垫带，充入轮胎的气体直接压入无内胎的轮胎中，要求轮胎与轮辋之间有良好的密封性。其结构如图7-21所示。

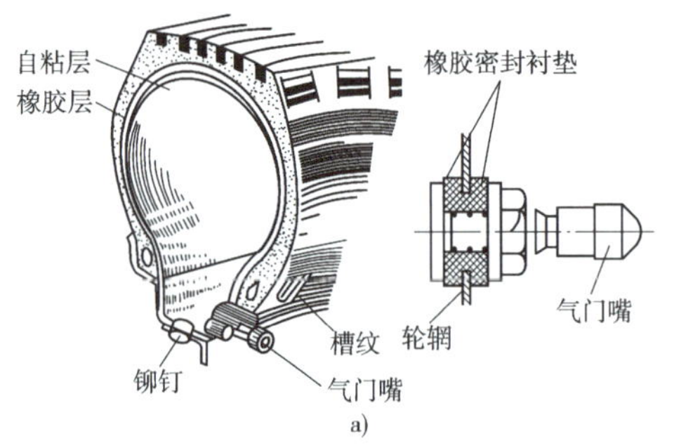

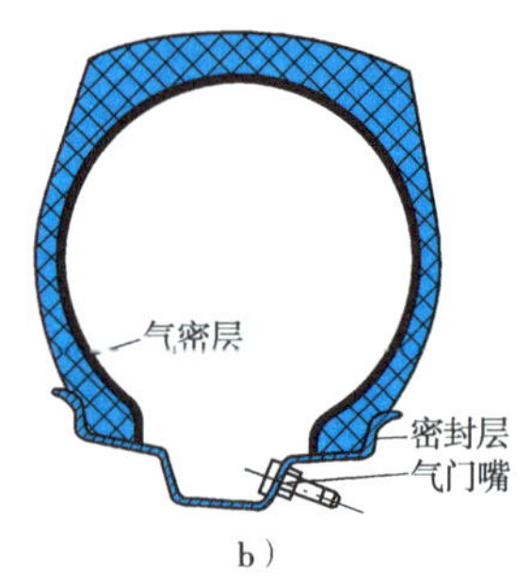

图7-21 无内胎轮胎

a)结构图；b)剖面图

与有内胎轮胎所不同的是，无内胎轮胎为了保证密封性，在其内壁上附加了一层约为2～3mm的橡胶密封层，它是用硫化的方法黏附上去的。在密封层正对着胎面下面还贴有一层自粘层，自行将刺穿的孔上做出多道同心的环形槽纹，作用是在轮胎内空气压力的作用下，槽纹使轮圈紧紧地粘在轮辋边缘上，从而保证轮胎和轮辋之间的气密性；另外，气门嘴用橡胶密封垫直接固定在轮辋上，铆接轮辋和轮辐的铆钉外面涂上一层橡胶从内部塞入。

无内胎轮胎穿孔时压力不会急剧下降，仍然能继续安全行驶。无内胎轮胎中由于没有内胎故不存在内外胎的摩擦和夹卡而引起的损坏；它可以直接通过轮辋散热，所以轮胎工作温度低，使用寿命长；无内胎轮胎结构简单，质量较小。缺点是轮胎爆破失效时，途中修理比较困难。无内胎轮胎近年来应用非常广泛，轿车几乎均使用无内胎轮胎。

一些高档轿在无内胎轮胎的基础上发展出了汽车防爆胎，其学名为“缺气保用轮胎”，其实缺气保用胎并非真的不会爆胎，但它有较厚的胎壁，当轮胎瞬间失压后，可凭借较厚的胎壁支撑汽车行驶，挽救汽车因缺气的原因导致爆胎及转向盘失控。

4.2.4　应急轮胎

汽车上装用的备胎是在汽车上的某一条轮胎爆破或漏气时才使用的。汽车的备胎随着时间的流逝发生着变化，以前汽车装备的备胎与正规轮胎规格大小相同，最近的轿车装备的备胎大都是 T 型备胎。

T 型备胎的 T 是英语“Temporary”的开头字母，意思为“应急”或“临时”。轮胎爆破或漏气时，装上它后可以保证汽车行驶到维修站，并尽快修复故障轮胎或换上正规轮胎，因此被称为应急轮胎。

这种应急轮胎比正规轮胎的尺寸小，是高压轮胎，其性能不如标准轮胎。因此，装用这种备胎时，需要在行驶中避免高速行驶或紧急制动，而且最好不要用在驱动轮。但是，它具有可以缩小装备空间，加大行李舱，减轻车重的优点。另外，这种应急轮胎成本低。唯一的不足是爆破的轮胎无法装入原来存放备胎的地方，但行李舱内是空的还可以。

此外，对于行李舱空间小的运动车，一般采用折叠备胎或紧凑性备胎。这种备胎也是应急之，必须避免高速行驶，轮胎的侧面（胎侧）为折叠结构，收装空间比 T 型备胎小。

折叠备胎在折叠状态下不能使用，需要专用的压缩机和气瓶充气，待轮胎膨胀后才可使用。收装时，只要将空气放掉，按原状折好，轮胎外径骤然变小。

随着轮胎技术的发展，特种轮胎越来越多。如果在雪地上行驶可以装用防滑轮胎及防滑钉轮胎。这样在冰雪道路上行驶，就不需要装用防滑链，从而避免装卸防滑链的麻烦，还不会影响乘坐的舒适性和油耗，而且减少了装用防滑链后带来的轮胎损伤，增强了在不连续的冰雪道路上行驶的方便性。

4.2.5　轮胎的规格与标记

（1）轮胎的规格。轮胎的规格可用外胎直径 D、轮辋直径 d、断面宽 B 和断面高 H 的名义尺寸代号表示。根据《轿车轮胎规格、尺寸、气压与负荷》（GB/T 2978—2014）规定（载货汽车参考 GB/T 2977—2016），确定轮胎的规格、尺寸、气压与负荷等信息。

①斜交轮胎规格：我国采用国际标准，斜交轮胎的规格用 $B-d$ 表示，载货汽车斜交轮胎和轿车斜交轮胎的尺寸 B 和 d 均用 in 为单位，B 是轮胎名义断面宽度代号，d 是轮辋名义直径代号。

②子午线轮胎规格：国产子午线轮胎规格用 BRd 表示，其中 R 代表子午线轮胎（即“Radial”的第一个字母）。国产轿车子午线轮胎断面宽 B 已全部改用米制单位 mm；载货汽车轮胎断面宽 B 有英制单位 in 和米制单位 mm 两种。轮辋直径 d 的单位仍用 in。

随着轮胎的扁平化，仅用断面宽 B 和轮辋直径 d 已不能完全表示轮胎的规格。即在断面宽 B 相同的情况下，断面高 H 随不同扁平率而变化。轮胎按其高宽比（扁平率）来划分系列，目前国产轿车子午线轮胎有 80、75、70、65、60、55、50、45、40、35、30、25 等 12 个系列和 T 型轮胎（临时使用的轿车备用轮胎），其数字分别表示断面高 H 占断面宽 B 的百分比。显然，数字越小，胎越矮，即轮胎越扁平。

例 1

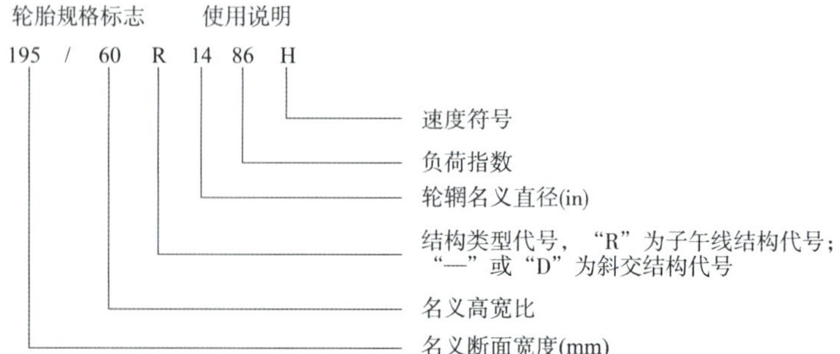

增强型轮胎应增加负荷识别标志“EXTRALOAD（或 XL）”或“REINFORCED（或 REINF）”。

T 型临时使用的备用轮胎应增加规格附加标志“T”，如 T135/90D16。

最高速度超过 240km/h 的轮胎，结构类型代号可用“ZR”代替“R”。

对于速度超过 300km/h 的轮胎，结构类型代号应用“ZR”来替换“R”，在括号内由速度符号“Y”和相应的负荷指数组成使用说明，如 245/45ZR17（95 Y）。

轮胎实际最大负荷能力和速度能力应在轮胎制造商的技术文件说明书上予以声明。

符合缺气保用轮胎要求的可在结构代号后面标记“F”来识别，如“RF”或“ZRF”

例 2

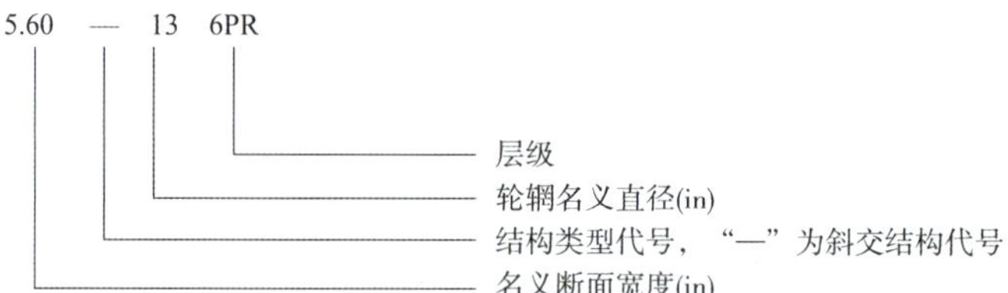

③无内胎轮胎规格：按国家标准 GB/T 2977—2008 规定，载货汽车子午线轮胎规格用 BRd 表示。有些子午线轮胎，采用在规格中加“TL”标志。例如：轮胎 195/70SR14TL 表示轮胎的断面宽度为 195mm，扁平率为 70%，即 $H/B \times 100\% = 70$，表示轮胎速度等级为 S 级，子午线轮胎，轮辋直径为 14in（英寸），最后“TL”表示无内胎轮胎。

（2）速度等级。近年来，汽车和轮胎的性能都有很大的提高，要求轮胎的速度性能和汽车的最高速度相匹配。为此，轮胎需表明其速度等级。国际标准化组织（ISO）制定的，并且已为一些国家所采用的速度标号标志的特点是对各种速度均给一个代号。该表规定的速度等级代号既适用于轿车轮胎，也适用于货车轮胎，但是他们的含义不完全相同。对于轿车轮胎（P 到 S 级），是指不许超过的最高速度；对于货车轮胎（F 到 N 级），是指随负荷降低可以超过的参考速度，见表 7-1。

我国参照采用了国际标准化组织（ISO）规定的速度标志。根据《轿车轮胎规格、尺寸、气压与负荷》（GB 2978—2014）规定，轿车轮胎采用表 7-1 中速度标志符号及对应的最高行驶速度。同时还要求对于不同轮辋直径的轮胎，最高行驶速度应符合以下规定。

例如轿车子午线轮胎 185/70SR13 规格中的 S 即表示速度等级为 S，允许的最高行驶速度为 180km/h。

速 度 标 志 表　　　　表 7-1

速度符号	最高速度(km/h)	速度符号	最高速度(km/h)	速度符号	最高速度(km/h)
C	60	K	110	S	180
D	65	L	120	T	190
E	70	M	130	V	240
F	80	N	140	W	270
G	90	P	150	Y	300
H	210	Q	160	—	—
J	100	R	170	—	—

(3)负荷能力。轮胎的负荷能力是指在一定行驶速度和相应充气压力时的最大载质量。

目前,国际上普遍采用负荷指数来表示子午线轮胎的负荷能力,将负荷指数用阿拉伯数字标记在轮胎的侧面,如 195/160 R 14 86 H 中的 86 就是负荷指数。

子午线轮胎在最大负荷下的行驶速度与其速度等级和气压有着密切的关系。当行驶速度超过 160km/h 时轿车子午线轮胎最低气压调整方法见表 7-2。由表 7-2 可知当行驶速度超过 160km/h 时其速度越高轮胎气压也越高。

当行驶速度超过 160km/h 时轿车子午线轮胎最低气压调整方法　　　　表 7-2

行驶速度(km/h)	最大负荷下的各种速度符号的轿车轮胎基于不同行驶速度的基本气压(kPa)								
	Q	R	S	T	U	H	V	W	Y
160	250	250	250	250	250	250	250	250	250
170		260	260	260	260	260	260	250	250
180	—	—	260	260	260	260	260	250	250
190	—	—	—	270	270	270	270	250	250
200	—	—	—	—	270	270	270	260	250
210	—	—	—	—	—	280	280	270	250
220	—	—	—	—	—	—	280	280	250
230	—	—	—	—	—	—	280	290	260
240	—	—	—	—	—	—	280	300	270
250	—	—	—	—	—	—	—	300	280
260	—	—	—	—	—	—	—	300	290
270	—	—	—	—	—	—	—	300	300
280	—	—	—	—	—	—	—	—	300
290	—	—	—	—	—	—	—	—	300
300	—	—	—	—	—	—	—	—	300

注:1. 可使用线性插值法,求得在上列的各速度之间的速度所对应的基本气压值。

2. 对于增强型轮胎,应在上述数值基础上相应增加 40kPa。

3. 基本气压低于 250kPa 时可参照调整。

当行驶速度超过210km/h时轿车轮胎的负荷能力变化百分率见表7-3，由表7-3可知当行驶速度超过210km/h时轿车轮胎的速度越高其负荷能力越低。

当行驶速度超过210km/h时轿车轮胎的负荷能力变化百分率　　表7-3

行驶速度（km/h）	不同速度符号的轿车轮胎基于不同行驶速度的负荷能力变化百分率（%）			
	H	V	W	Y
210	100	100	100	100
220	—	97	100	100
230	—	94	100	100
240	—	91	100	100
250	—	—	95	100
260	—	—	90	100
270	—	—	85	100
280	—	—	—	95
290	—	—	—	90
300	—	—	—	85

注：可使用线性插值法，求得在上列各速度之间的速度下对应的负荷能力变化百分率。

（4）胎侧标志。根据国际的有关规定，也方便使用者维修与购置，所以每条外胎两侧上必须模刻上规格、制造厂商和厂名（或地点）、标准轮辋、生产编号、骨架材料及结构代号；轿车轮胎还须标有速度级别代号和胎面磨耗标志位置的符号；载重汽车轮胎还须标有层级；胎面花纹有行驶方向的，还须有行驶方向标志。

①轮胎规格、速度级别代号和层级等的含义如前所述。

②轮辋的种类，通常可分为平式、半深式和深式3种。标准轮辋指每种规格的轮胎应配用的轮辋。其型号的表示方法是，一般前面的数字表示宽度（英寸），中间的英文字母表示边缘高度与弧度半径，最后的数字表示直径（英寸）。而在直径前面的符号，平式轮辋一般用“－”、深式及半深式用“×”表示。

③生产编号是用生产年、月和连续顺序号组成的一串数字来表示。

④骨架材料指帘布材料，一般用字母表示。

⑤胎面磨耗标志或称防滑标记，即是稍微高出轮胎花纹沟槽底部的凸台。随着轮胎行驶里程增加、轮胎磨损、花纹沟槽变浅，此时露出凸台。说明轮胎花纹即将磨尽，若不更换，可能造成行驶中轮胎打滑，引发交通事故。因此，为了便于检查轮胎的磨损，通常在磨耗标志对应的胎肩处标记出“△”或“TWI”等符号。

5 普通悬架

5.1 功能、组成与类型

5.1.1 功用

悬架系统连接车身和车轮，具有以下功用：

(1)对不平整路面所造成的汽车行驶中的各种颤动、摇摆和振动等,与轮胎一起,予以吸收和减缓,从而保障乘客和货物的安全,并提高驾驶稳定性。

(2)将路面与车轮之间的摩擦所产生的驱动力和制动力,传输至底盘和车身。

(3)支承车桥上的车身,并使车身与车轮之间保持适当的几何关系。

5.1.2　组成

悬架一般由弹性元件、导向装置、减振器和横向稳定杆组成,如图7-22所示。

弹性元件:弹性元件用来承受并传递垂直荷载、缓和不平路面、紧急制动、加速和转弯引起的冲击或车身位置的变化。常见的弹性元件包括钢板弹簧、螺旋弹簧、扭杆弹簧、油气弹簧、空气弹簧和橡胶弹簧。

减振器:减振器用来衰减弹性系统引起的振动。减振器的类型有筒式减振器、阻力可调式减振器和充气式减振器。减振器用于限制弹簧的自由振荡,提高乘坐舒适性。

横向稳定器:有些轿车和客车上,为防止车身在转向等情况下发生过大的横向倾斜,在悬架系统中加设横向稳定杆,目的是提高侧倾刚度,使汽车具有不足转向特性,改善汽车的操纵稳定性和行驶平顺性。横向稳定器用于防止汽车横向摆动。

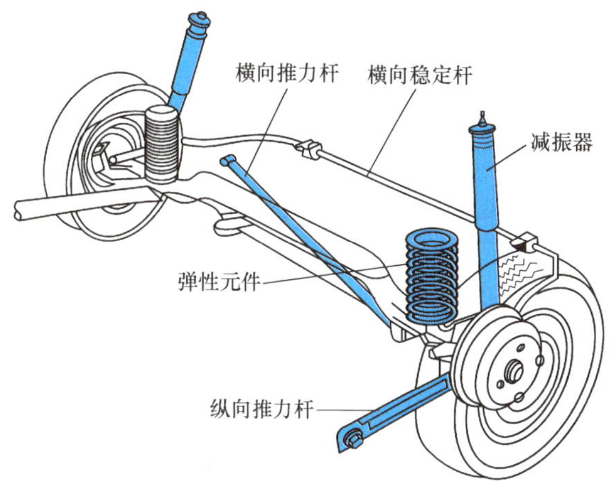

图7-22　悬架系统组成示意图

导向装置:导向装置用来使车轮按一定运动轨迹相对车身运动,同时起传递力的作用。通常导向装置由控制摆臂式杆件组成,有单杆式导向装置和连杆式导向装置。钢板弹簧作为弹性元件时,它本身兼起导向作用,用于使上述部件定位,并控制车轮的横向和纵向运动,可不另设导向装置。

5.1.3　类型

(1)按照控制形式不同,悬架可分为被动式悬架和主动式悬架两大类。目前多数汽车上采用被动式悬架。被动式悬架的定义是,汽车姿态(状态)只能被动取决于路面、行驶状况和汽车的弹性元件、导向装置以及减振器这些机械零件。20世纪80年代,主动悬架开始在一部分汽车上应用,目前使用主动悬架的高级汽车越来越多。主动悬架可以根据路面和行驶工况自动调整悬架的刚度和阻尼,从而使车辆能主动地控制垂直振动及其车身或车架的状态。该系统通常由传感器、控制单元、执行机构组成。

(2)按悬架系统结构不同,悬架分为非独立悬架和独立悬架。非独立悬架(整体桥悬架或刚性悬架)因其结构简单,工作可靠,而被广泛应用于货车的前、后悬架。在轿车中,非独立悬架仅用于后桥。非独立悬架的特点是两侧车轮安装于一整体式车桥上,车轮连同车桥一起通过弹性元件悬挂在车架或车身上,一侧车轮受到冲击时会直接影响到另一侧车轮。非独立悬架由于簧载质量比较大,特别是汽车高速行驶,悬架受到较大的冲击荷载时,汽车平顺性较差,如图7-23a)所示。

悬架的结构，特别是导向机构的结构，随所采用的弹性元件的不同而有差异，而且有时差别很大。采用螺旋弹簧、气体弹簧时需要有较复杂的导向机构。而采用钢板弹簧时，由于钢板弹簧本身可兼起导向机构的作用，并有一定的减振作用，使得悬架结构大为简化。因而在非独立悬架中，大多数采用钢板弹簧作为弹性元件。

独立悬架的特点是两侧车轮分别独立地与车架或车身弹性连接，当一侧车轮受到冲击时，其运动不会直接影响到另一侧车轮。独立悬架所采用的车桥是断开式的，这样可使发动机安装位置降低，有利于降低汽车重心，并使结构紧凑。独立悬架允许前轮有较大的跳动空间，这样便于选择较软的弹性元件使平顺性得到改善。同时，独立悬架簧载质量小，可提高汽车车轮的附着性能，如图 7-23b）。

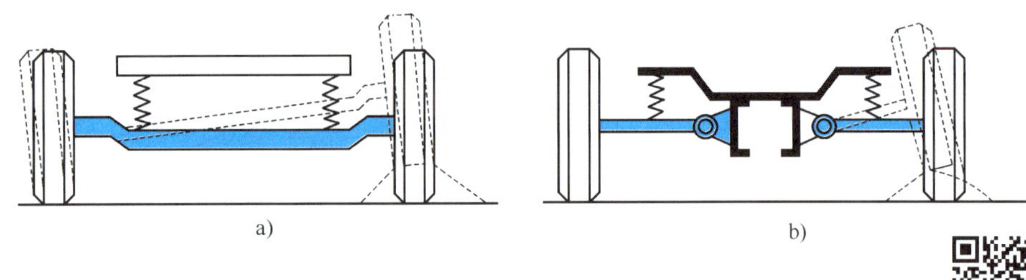

图 7-23　非独立悬架与独立悬架

a）非独立悬架；b）独立悬架

独立悬架的特点如下：

①可以降低非悬挂质量。车轮的方向稳定性良好，从而乘坐舒适性和操作稳定性好。

②在独立悬架系统中，弹簧只支承车身，不用帮助使车轮定位（这由联动装置完成），这样就可以使用较软的弹簧。

③由于左、右车轮之间没有车轴连接，地板和发动机的安装位置可以降低，这意味着车辆的重心降低，乘客车厢和行李舱增大。

④结构相当复杂。

⑤轮距和前轮定位随车轮的上、下运动而改变。

5.2　弹性元件

为了缓和冲击，在汽车行驶系统中，除了采用弹性的充气轮胎之外，在悬架中还必须装有弹性元件，使车架（或车身）之间作弹性联系。悬架采用的弹性元件常见的有钢板弹簧、螺旋弹簧、空气弹簧和油气弹簧。

5.2.1　钢板弹簧

钢板弹簧由一组弯曲弹簧钢片从短至长依次叠放而组成，如图 7-24 所示。这些重叠钢板在中心点用 U 形中心螺栓或铆钉固定在一起。此外，为了防止钢板滑出原位，还用夹箍（弹簧夹）在几个地方将其固定。将最长的一条钢板（主钢板）的两端弯成弹簧卷耳（内装青铜或塑料、橡胶、粉末冶金制成的衬套），用于将弹簧装在车架或构件（如侧梁上）上。

中心螺栓用以连接各弹簧片，并保证装配时各片的相对位置。中心螺栓距两端卷耳中心的距离可以相等（称对称式钢板弹簧），也可以不相等（称非对称式钢板弹簧）。

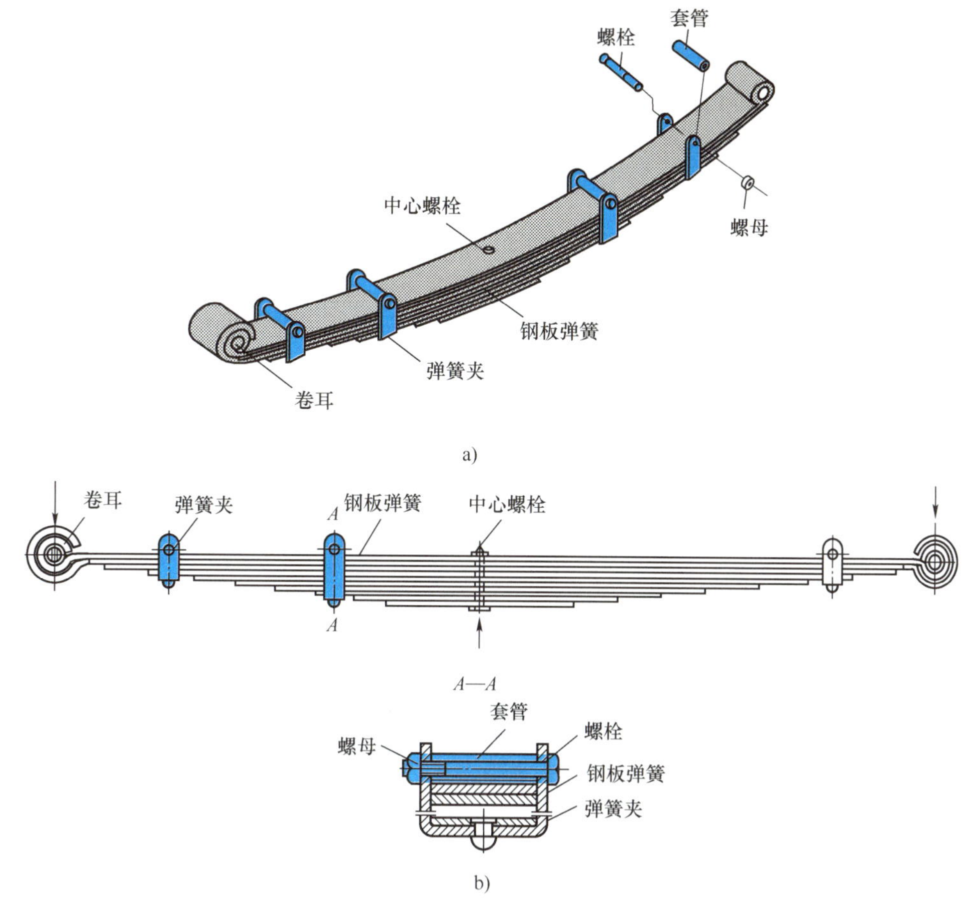

图 7-24 钢板弹簧

a)钢板弹簧总成图;b)钢板弹簧装配图

当钢板弹簧安装在汽车悬架中,所承受的垂直荷载为正向时,各弹簧钢板都受力变形,有向上拱起的趋势。这时,车桥和车架便互相靠近。当车桥与车架互相远离时,钢板弹簧所受的正向垂直荷载和变形逐渐减小,有时甚至会反向。

主片卷耳受力严重,是薄弱处。为改善主片卷耳的受力情况,常将第二片钢板末端也弯成卷耳,包在主片卷耳的外面(又称包耳)。为了使得在弹簧变形时各片有相对滑动的可能,在主片卷耳与第二片包耳之间留有较大的空隙。

连接各片的构件,除中心螺栓以外,还有若干个夹箍(弹簧夹),其主要作用是当钢板弹簧反向变形(反跳时),使各片不致互相分开,以免主片单独承载。此外,还可防止各片横向错动。弹簧夹用铆钉接在与之相连的最下面弹簧片的端部。弹簧夹的两边用螺栓连接,在螺栓上有套管顶住弹簧夹的两边,以免将弹簧片夹得过紧。在螺栓套管与弹簧片之间有一定间隙(不小于 1.5mm),以保证弹簧变形时,各片可以相互滑动。

钢板弹簧在荷载作用下变形时,各片之间有相对滑动而产生摩擦,可以促进车架振动的衰减。但各片间的干摩擦,将使车轮所受的冲击在很大程度上传给车架,即降低了悬架缓和冲击的能力,并使弹簧各片加速磨损,这是不利的。为了减少弹簧片的磨损,在装合钢板弹簧时，各片间须涂上较稠的润滑剂（石墨润滑脂），并应定期进行维护。为了在使用期间内长期储存润滑脂和防止污染，有时将钢板弹簧装在护套内。

一般来说，钢板弹簧越长就越软，而钢板数目越多，其承载能力就越强，但钢板数目多，弹簧会变硬而有损乘坐舒适性。

5.2.2 螺旋弹簧

螺旋弹簧广泛地用于独立悬架，特别是前轮独立悬架。将特殊的弹簧钢杆卷成螺旋状，就成了螺旋弹簧，可做成等螺距或变螺距。前者刚度不变，后者刚度是可变的。在螺旋弹簧上施加荷载时，随着弹簧的收缩，整条钢杆扭曲。这样便储存了外力的能量，缓冲了振动，如图 7-25 所示。

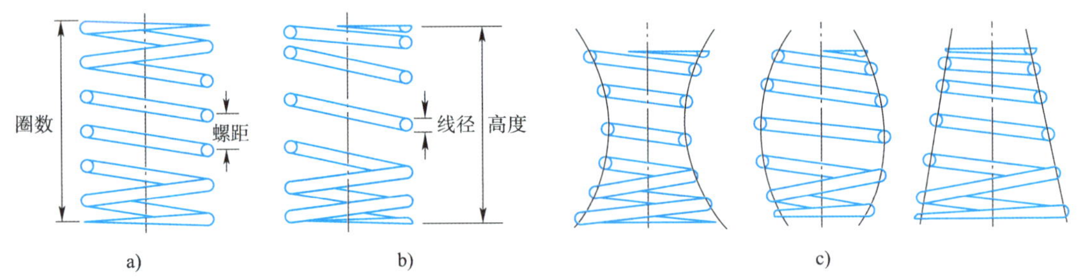

图 7-25 螺旋弹簧

a）等螺距弹簧；b）变螺距弹簧；c）非线形弹簧

螺旋弹簧本身没有减振作用，因此在螺旋弹簧悬架中必须另装减振器。此外，螺旋弹簧只能承受垂直荷载，故必须装设导向机构以传递垂直力以外的各种力和力矩。

（1）变刚度弹簧。如果用直径均匀的弹簧钢杆制成螺旋弹簧，则整条弹簧依荷载量的改变而均匀弯曲。这样，如果使用软弹簧，则其硬度不足以负重载；如使用硬弹簧，则在轻载时，又会颠簸。

如果使用直径恒定变化的钢杆，弹簧两端的弹簧常数便会低于弹簧中间的弹簧常数。因此，在轻载时，弹簧两端收缩，吸收路面振动；另一方面，弹簧中间部分有足够硬度来承担重载。

（2）节距不均匀弹簧、锥形弹簧。

（3）螺旋弹簧的特点：

①螺旋弹簧无需润滑，防污能力强；

②螺旋弹簧单位质量的能量吸收率较高；

③螺旋弹簧本身无减振作用，必须另装减振器；

④螺旋弹簧只能承受垂直荷载，必须装设导向装置。

5.2.3 扭杆弹簧

扭杆弹簧（通常简称为扭杆）是用其自身扭转弹性抵抗扭曲力的弹簧钢杆。扭杆的一端固定在车架或车身其他构件上，另一端连在受到扭力荷载的部件上。

扭杆弹簧也用于制造稳定杆，如图 7-26 所示。

扭杆弹簧特点：

（1）与其他弹簧相比，其单位质量的能量吸收率较高，所以可减轻悬架的质量。

(2)可简化悬架系统的配置。

(3)与螺旋弹簧一样,扭杆弹簧也不能控制振荡,所以需要与减振器一起使用。

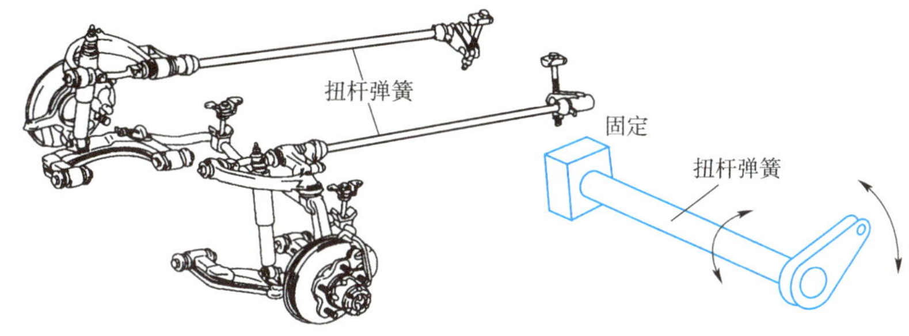

图7-26　扭杆弹簧

5.2.4　橡胶弹簧

当橡胶弹簧由于外力而变形时,便产生内部摩擦,以吸收振动。橡胶弹簧的优点包括:可以制成任何形状;使用时无噪声;不需要润滑。但橡胶弹簧不适于支承重荷载。所以,橡胶弹簧主要用作辅助弹簧,或用作悬架部件的衬套、垫片、垫块、挡块及其他支承件,如图7-27所示。

5.2.5　气体弹簧

气体弹簧主要有空气弹簧和油气弹簧两种。气体弹簧是以空气作弹性介质,即在一个密闭的容器内装入压缩空气(气压为0.5~1MPa),利用气体的可压缩性实现弹簧的作用。空气弹簧又可分为囊式和膜式两种,这种弹簧随着荷载的增加,容器内压缩空气压力升高,其刚度也随之增加;荷载减小,刚度也随空气压力降低而下降,因而这种弹簧具有理想的变刚度特性。

囊式空气弹簧由夹有帘线的橡胶制成的气囊和密闭在其中的压缩空气构成。气囊外层由耐油橡胶制成单节或多节,节数越多弹簧越软,节与节之间围有钢质腰环,防止两节之间摩擦。气囊上下盖板将空气封于囊内。

膜式空气弹簧由橡胶片和金属压制件组成。它比气囊空气弹簧的弹性曲线更为理想,固有频率更低些,且尺寸小,便于布置,因而多用于轿车上。但其造价较贵,寿命较短,如图7-28所示。

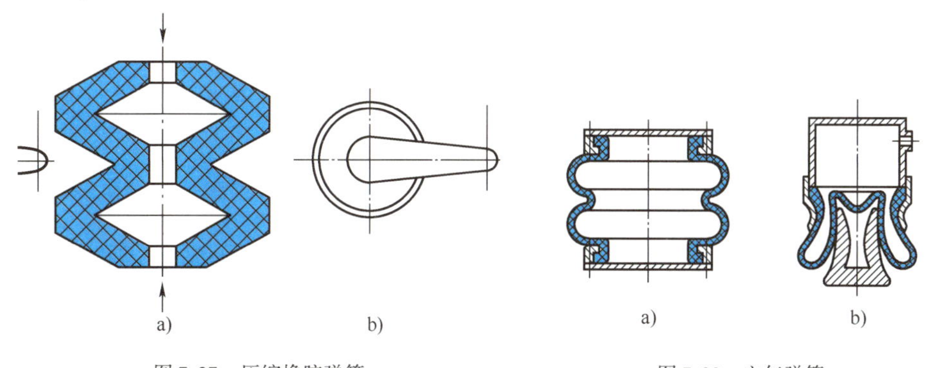

图7-27　压缩橡胶弹簧
a)受压缩荷载;b)受扭转荷载

图7-28　空气弹簧
a)囊式空气弹簧;b)膜式空气弹簧

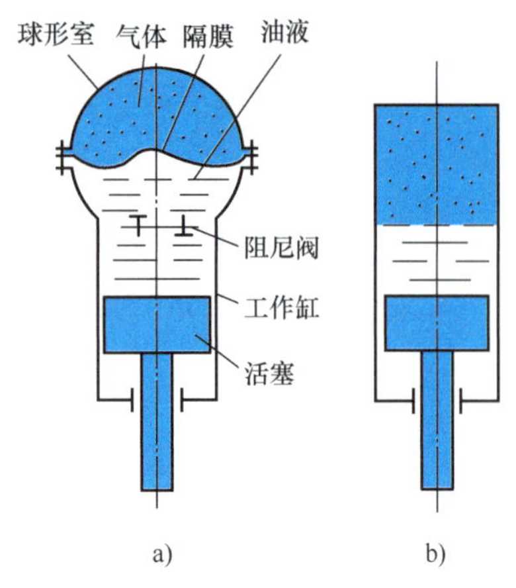

图 7-29　油气弹簧
a）油气分隔式；b）油气不分隔式

油气弹簧以气体（如氮等惰性气体）作为弹性介质，用油液作为传力介质，利用气体的可压缩性实现弹簧作用，如图7-29所示。

球形室固定在工作缸上，室内腔用橡胶隔膜将油与气隔开，充入高压氮气的一侧为气室，与工作缸相同而充满油液的一侧为油室。工作缸内装有活塞和阻尼阀及阀座。

当汽车受到荷载增加时，活塞向上移动，使工作缸内油压升高，打开阻尼阀进入球形室下部，推动隔膜向气室方向移动，气室受到压缩压力升高，使油气弹簧刚度增加。当荷载减小时，气室内的高压氮气伸张，使隔膜向下方（油室）移动，油液通过阻尼阀流回工作缸，活塞下移使油压降低。随着汽车行驶中的状态变化，工作缸内的油压与气室内的氮气压力也随之变化，活塞便相应地处于工作缸中的不同位置。因此，油气弹簧有可变刚度的特性。

油气弹簧具有良好的行驶平顺性，而且体积小，质量轻。但是对密封性要求很高，维护相对麻烦。目前这种弹簧多用于重型汽车和部分小型客车上。

由于空气弹簧和油气弹簧只能承受垂直荷载，因此采用这种弹簧的悬架也必须加设导向装置和减振器。

5.3 减振器

汽车在行驶中 4 个车轮在垂直方向上会受到不同力的作用，悬架系统中的弹性元件受冲击会相应产生振动，因此需要在悬架中与弹性元件并联安装减振器，以衰减振动，提高汽车行驶的平顺性，如图 7-30 所示。

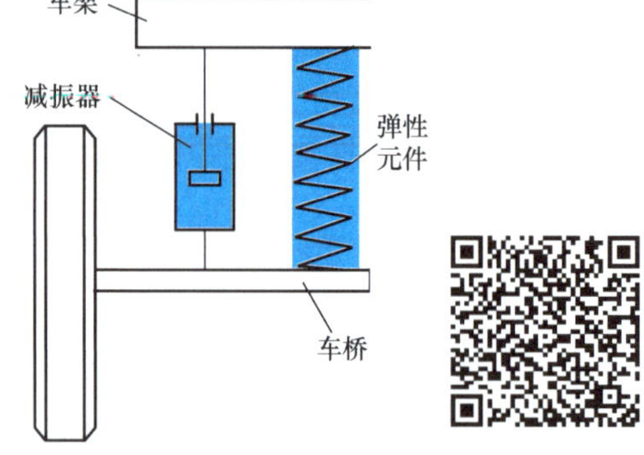

图 7-30　减振器与弹性元件的相互位置

汽车悬架系统中通常采用液力减振器，其工作原理是当车架或车身与车桥间受振动出现相对运动时，减振器内的活塞上下移动，减振器内的油液便反复地从一个腔经过不同的阀门流入另一个腔内。此时，孔壁与油液间的摩擦和油液分子间的内摩擦消耗了振动的能量，而对振动形成阻尼力，使汽车振动能量转化为油液热能，再由减振器吸收散发到大气中。在油液通道截面等因素不变时，阻尼力随车架与车桥之间的相对运动速度的增减而变化，并与油液黏度、孔道的多少及孔道的大小等因素有关。

弹性元件与减振器承担着缓冲和减振的任务，若阻尼力过大，振动衰减变得过快，使悬架的弹性元件的缓冲作用变差，甚至使减振器连接件及车架损坏。一般汽车在行驶中可能处于3种状态：第1种是在良好的路面上行驶，此时要求弹性元件充分发挥作用；第2种是相对于汽车承受中等强度的振动，这种情况减振器起主导作用；第3种情况是车辆受到剧烈振动，这时与轮胎的接地性有密切关系。减振器要想在以上3种情况下与弹性元件均能协调工作，必须满足以下要求：

(1)在悬架压缩行程中(车桥和车架相互靠近)，减振器阻尼力较小，以便充分发挥弹性元件的弹性作用，缓和冲击。这时，弹性元件起主要作用。

(2)在悬架伸张行程中(车桥和车架相互远离)，减振器阻尼力应较大，以迅速减振，此时减振器起主要作用。

(3)当车架或车身与车桥间的相对运动速度过大时，要求减振器能自动加大流液量，使阻尼力始终保持在一定限度之内，以避免车架或车身承受过大的冲击荷载。

在汽车悬架系统中广泛采用的液力减振器是筒式减振器，由于其在压缩和伸张行程中均能起减振作用，因此又称为双向作用筒式减振器。

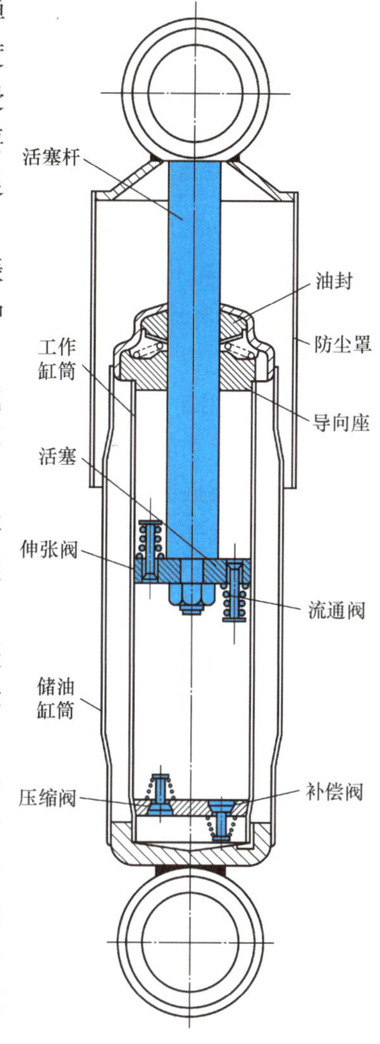

图7-31　双向作用筒式减振器

双向作用筒式减振器的工作原理如图7-31所示。外面的钢筒是防尘罩，上部有一圈环与车架(车身)连接。中间的钢筒是储油缸，内部装有一定量的减振器油，下部有一圈环与车桥相连。最里面的钢筒是工作缸，内部装满减振器油。在工作缸的内部，通过与防尘罩和上部圆环制成一体的活塞杆，其底端固定着活塞。活塞上装有伸张阀和流通阀，在工作缸的下部底座上装有压缩阀和补偿阀。为了使减振器能够满足工作要求，流通阀和补偿阀的弹簧相对比较软，较小的油压便可以打开或关闭。而压缩阀和伸张阀的弹簧相对比较硬，只有当油压增大到一定的程度时，才能打开；而只要油压稍有下降，阀门立刻关闭。

双向作用筒式减振器的工作过程如下：压缩行程时，减振器被压缩，汽车车轮移近车身，减振器内的活塞向下移动，下腔的容积减小，油压升高。大部分油液冲开流通阀流入上腔，由于上腔被活塞杆占去了一部分空间，因而上腔增加的容积小于下腔减小的容积，于是另一部分油液就推开压缩阀，流回到储油缸内。油液通过阀孔时，所形成的节流作用就产生了对悬架受压缩运动的阻尼作用。在伸张行程时，减振器受拉伸，车轮远离车身，这时减振器的活塞向上移动，上腔油压升高，流通阀被关闭，上腔内的油液压开伸张阀流入下腔。由于活塞杆的存在，自上腔流来的油液不足以充满下腔增加的容积，促使下腔产生一定的真空度，这时储油缸中的油液推开补偿阀流进下腔进行补充。这些阀的节流就对悬架在伸张运动时起到阻尼作用。

由于伸张阀弹簧的刚度和预紧力设计得大于压缩阀，在同样力的作用下，伸张阀及相应的常通缝隙通道的截面积总和小于压缩阀及相应常通缝隙通道的截面积总和，这使得减振器伸张行程产生的阻尼力大于压缩行程时产生的阻尼力，从而达到迅速减振的要求。

另外，有些车型的悬架系统采用充气式减振器和阻尼力可调式减振器。充气式减振器的缸筒上部装有一个浮动活塞，在浮动活塞和缸筒一端形成一个封闭气室，内部装有高压氮气。浮动活塞（封气活塞）的下面是油液，活塞上装有大断面的 O 形密封圈，其作用是把油和气完全隔开。工作活塞上装有压缩阀和伸张阀，此二阀可随活塞运动速度的大小而自动改变通道截面积。由于油液的来回流动，产生阻尼力，达到衰减振动的目的。

与双向作用筒式减振器相比，充气式减振器有以下优点：

（1）采用浮动活塞而减少了一套阀的系统，使结构简化，质量减轻。

（2）由于减振器里充有高压氮气，能减少车轮受突然冲击时的振动，并可消除噪声。

（3）由于充气式减振器的工作缸和活塞直径都大于相同条件的双向作用筒式减振器，因而其阻尼更大，工作可靠性更强。

（4）充气式减振器内部的高压气体和油液被浮动活塞隔开，消除了油的乳化现象。

充气式减振器的不足之处是油封要求高，充气工艺复杂，不易维修，当缸筒受外界较大冲击而变化时，则不能工作。

5.4 横向稳定器

现代轿车悬架很软，即固有频率很低。汽车高速行驶转弯时，车身会产生较大的侧向倾斜和侧向角振动。为了提高悬架的侧倾角刚度，减小侧倾，常在悬架中加设横向稳定器，如图7-32 所示。

由弹簧钢制成的横向稳定杆呈 U 形，安装在汽车紧靠悬架的前端或后端（有的轿车前后都装有横向稳定器）。稳定杆的中部自由支承在 2 个固定于车架上的橡胶套筒内，而套筒固定在车架上，稳定杆两侧纵向部分的末端通过支杆与悬架下摆臂上的弹簧支座相连。

当车身受到振动而两侧悬架变形相同时，横向稳定杆在套管内自由转动，此时横向稳定杆不起作用。当两侧悬架变形不等，车身相对路面发生倾斜时，弹性的稳定杆产生扭转内力矩就阻碍了悬架弹簧的变形，从而减小了车身的侧倾和侧向角振动。即车架的一侧移近弹簧下支座，稳定杆的同侧末端就相对车架向上抬起，而另一侧车架远离弹簧座，相应一侧横向稳定杆的末端应相对车架下移。同时，横向稳定杆中部对于车架没有相对运动，而稳定杆两边的纵向部分向不同方向偏转，于是稳定杆被扭转。

5.5 非独立悬架与独立悬架

非独立悬架由于结构简单，工作可靠，被广泛用于一般货车和客车上，而用在轿车上往往只作为后悬架。钢板弹簧被用作非独立悬架的弹性元件，由于它起导向装置的作用，并有一定的减振作用，使得悬架系统大为简化。

独立悬架采用断开式车桥，两侧车轮分别通过独立悬架与车架或车身相连，每侧车轮可单独运动,互不干扰。轿车和载质量在1000kg以下货车的转向轮广泛采用独立悬架,这样可以满足行驶平顺性、操纵稳定性等方面的要求。但是,独立悬架结构复杂,制造成本高,维修不方便。

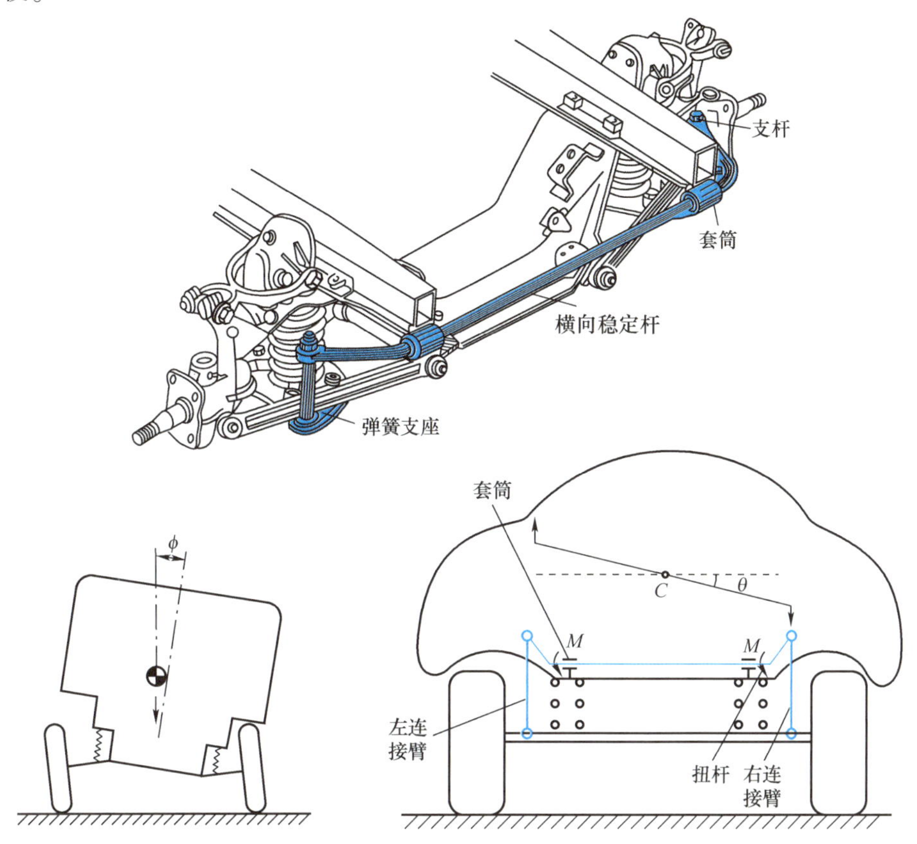

图7-32　横向稳定器结构示意图

独立悬架中的弹性元件往往都使用螺旋弹簧和扭杆弹簧,钢板弹簧和其他形式的弹簧很少使用。根据悬架导向装置的不同,独立悬架可分为双横臂、单横臂、纵臂式、单斜臂、多杆式及滑柱连杆式(麦弗逊式)等多种。目前采用较多的是不等长双臂式、滑柱连杆式和斜置单臂式。

5.5.1　非独立悬架

(1)钢板弹簧式非独立悬架。适用于各类型货车和部分乘用车。轻型货车和乘用车多采用图7-33或图7-34悬架。重型货车多采用图7-35悬架。

(2)螺旋弹簧非独立悬架。螺旋弹簧非独立悬架常用于轿车的后悬架,由于使用螺旋弹簧作为弹性元件,仅仅能承受垂直荷载,因此,其悬架系统需要安装导向装置和减振器,如图7-36所示。导向装置包括纵向推力杆和横向导向杆。纵向推力杆用以传递牵引力、制动力等纵向力及其力矩;横向导杆用以传递悬架系统的横向力。当后桥与车身之间的距离发生变化时,横向导杆也可绕其铰接点作上、下横向摆动。两个减振器的上端铰接在车身支架上、下端铰接在车桥的支架上。

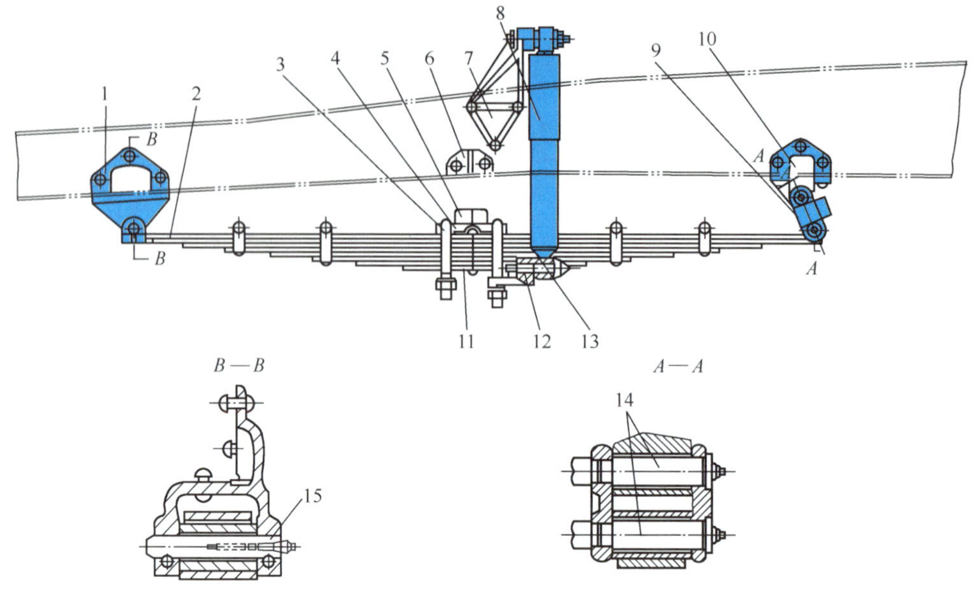

图 7-33　钢板式非独立悬架(一)

1-钢板弹簧前支架;2-钢板弹簧前端;3-U 形螺栓;4-盖板;5-缓冲快;6-限位块;7-减振器上支架;8-减振器;9-吊耳;10-吊耳支架;11-中心螺栓;12-减振器下支架;13-减振器连接销;14-前板簧吊耳销;15-钢板弹簧销

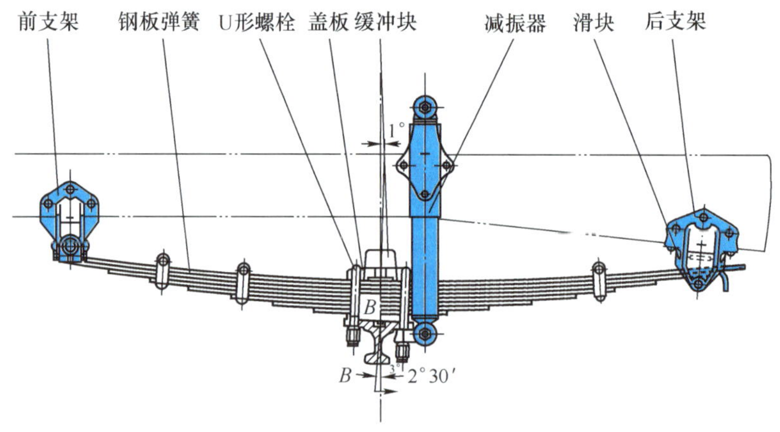

图 7-34　钢板式非独立悬架(二)

某些轿车的导向装置为多杆式,如奥迪后悬架的导向装置为 4 杆式,如图 7-37 所示。其螺旋弹簧和减振器中心线与汽车的垂直平面呈 25°角。这样可以以较小的弹簧变形量而获得较大的车轮跳动行程。其后轮设置了前束角(8′+5′)和外倾角(-58′+10′)。由于后轮是从动轮,汽车驱动力 F 通过纵臂作用于后轴。如果没有车轮前束角,当汽车行驶时,在驱动力 F 作用下后轴将产生一定的弯曲,使后轮出现前张现象,如图 7-38 所示。由于设置了车轮前束,从而抵消了这种前张。另外,车轮外倾是负值,可增加车轮接地的跨度,同时负的外倾角可用来抵消当汽车高速行驶且驱动力较大时,车轮出现的前张,从而减小轮胎的磨损。需要注意,后轮前束角、外倾角均不可调整。奥迪车的螺旋弹簧截面直径是渐变的,因此是变刚度的,这样可提高弹簧的寿命。

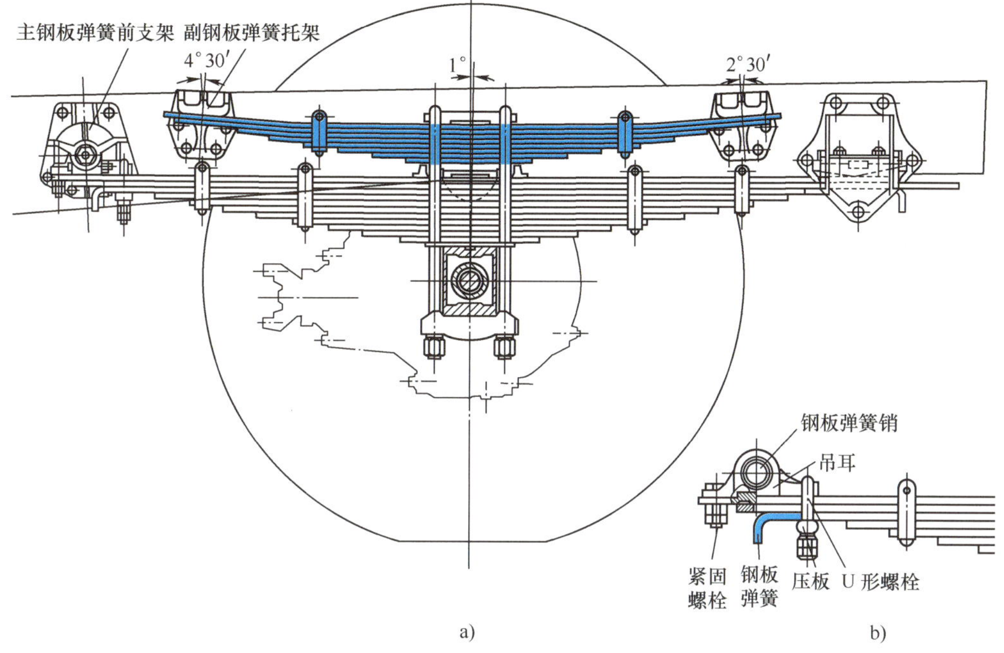

图 7-35　装副钢板弹簧的货车悬架

a) 主副钢板弹簧的总体布局；b) 固定吊耳局部剖视图

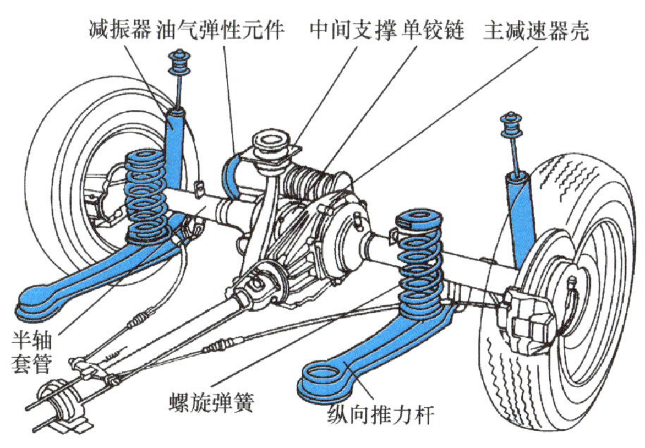

图 7-36　螺旋弹簧非独立悬架

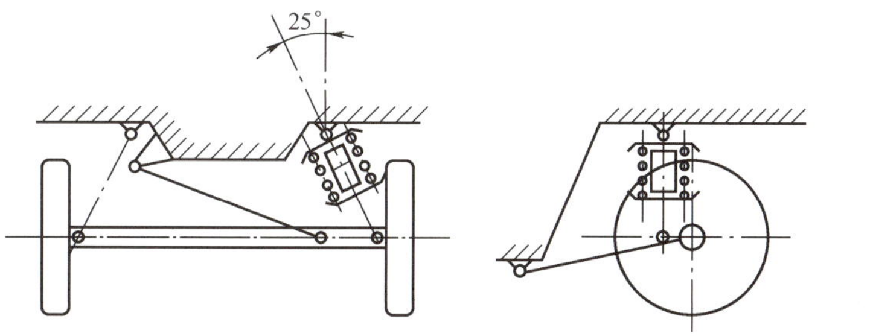

图 7-37　奥迪轿车后悬架结构原理图

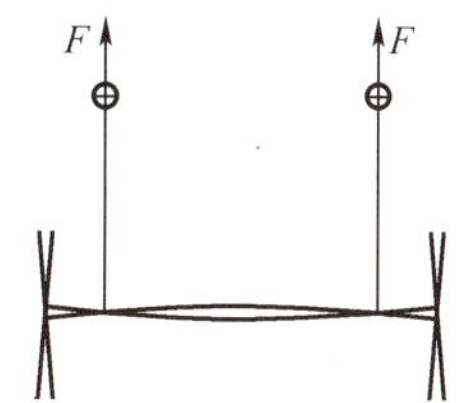

图 7-38　奥迪轿车后悬架后轴变形图

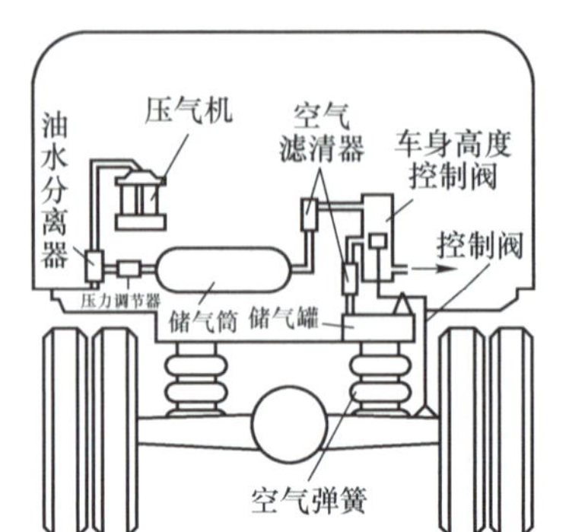

图7-39　空气弹簧非独立悬架

(3)空气弹簧非独立悬架(图7-39)。为了提高行驶的平顺性,适应荷载和路面的变化,要求悬架刚度随之变化。当空车时车身被抬高,满载时车身则被压得很低。对于轿车,要求在好路上降低车身高度,提高行驶速度;在坏路上提高车身高度,可以增大通过能力。因此,对于不同类型的汽车提出不同的要求,而空气弹簧非独立悬架可以满足其要求。

囊式空气弹簧的上下端分别固定在车架和车桥上,经压气机产生的压缩空气经油水分离器和压力调节器进入储气筒。压力调节器可使储气筒中的压缩空气保持一定压力。储气罐和空气弹簧中的空气压力由车身控制阀控制。空气弹簧只承受垂直荷载,因而必须加设导向装置。车轮受到的纵向力和横向力及其力矩由悬架中的纵向推力杆和横向推力杆来传递。

空气弹簧非独立悬架多用于重型车和高级轿车中。现代电子控制主动或半主动悬架多采用空气弹簧作为弹性元件。

5.5.2　独立悬架

(1)双横臂式独立悬架(图7-40)。不等臂双横臂式独立悬架。上摆臂和下摆臂的一端分别通过摆臂轴与车架连接,另一端分别通过上、下球头销与转向节相连接。上摆臂与上球头销铆接成一体,内部装有螺旋弹簧,能自动消除球头销与销座间磨损后的间隙。下摆臂与

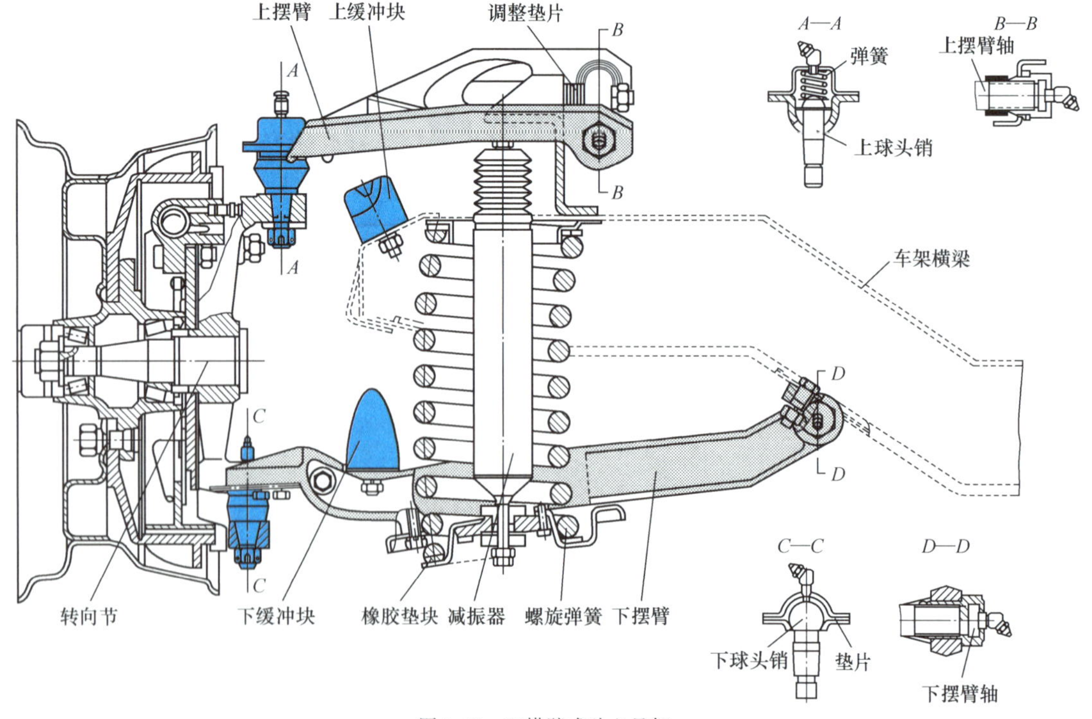

图7-40　双横臂式独立悬架

下球头销是可以拆卸的,通过减少垫片来消除球头销处的磨损间隙。螺旋弹簧的两端分别通过橡胶衬垫与车架和下摆臂上支承盘相连。垂直力是通过转向节、小球头销、小摆臂和螺旋弹簧传递给车架。而纵向力、侧向力及其力矩是由转向节,上、下摆臂(导向机构),上、下球头销传递给车架。由于此种悬架使用上下球头销来代替主销,故属于无主销式悬架。

上、下两摆臂选择合适的长度比例,可使车轮在跳动中与主销的角度及轮距变化不大。双横臂的臂也有制成V字形(或称A字形)的,上、下两个V形摆臂的一端以一定的距离分别与车轮连接,另一端则与车架连接。

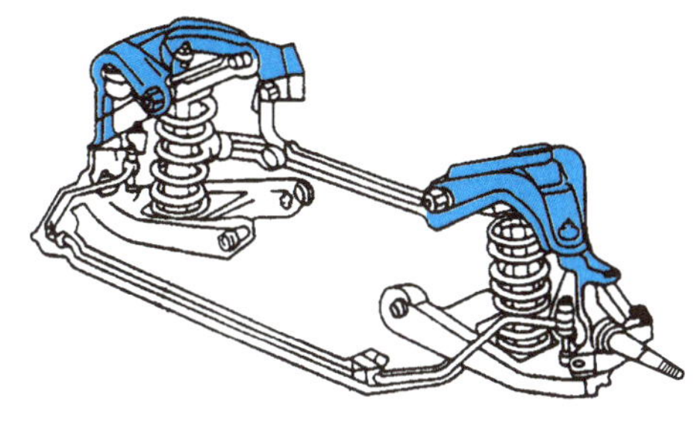
图7-41　双横臂式独立悬架(螺旋弹簧在摆臂之间)

不等臂双横臂悬架的上臂比下臂短,当汽车车轮上下运动时,上臂比下臂运动弧度小。这将使轮胎上部轻微地内外移动,而底部影响很小,处于正常位置。

双横臂悬架的螺旋弹簧有的安装于上、下摆臂之间,也有的安装于上摆臂与车架之间(图7-41)。

双横臂独立悬架也有采用扭杆弹簧作为弹性元件的,其扭杆弹簧可以纵向也可以横向安装(图7-42)。南京依维柯S系列轻型货车的前悬架属于不等长双横臂式扭杆弹簧独立悬架。

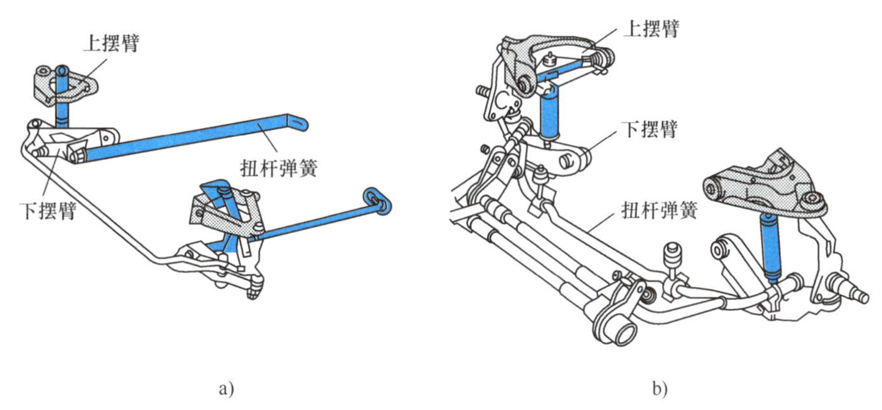

图7-42　扭杆弹簧双横臂式独立悬架

a)扭杆弹簧纵向安装;b)扭杆弹簧横向安装

(2)麦弗逊式独立悬架(图7-43)。麦弗逊式独立悬架广泛应用于发动机前置前轮驱动轿车的前悬架中。这种悬架由减振器、螺旋弹簧、横摆臂和横向稳定杆等组成。螺旋弹簧与减振器装于一体,减振器作为引导车轮跳动的滑柱,有的还兼起转向主销作用。悬架有一下横摆臂,其上端以橡胶做支承,允许滑柱上端有少许角位移。采用这种悬架的汽车前端空间大,有利于发动机布置,并可降低整车的重心。东风雪铁龙世嘉轿车的麦弗逊式前悬架(图7-44),筒式减振器的上端用螺栓和橡胶垫圈与车身连接,减振器缸筒下端与转向节固定于一体,转向节通过球铰链与横摆臂连接。车轮受到的侧向力大部分由横摆臂承受,部分由减振器承受。麦弗逊式悬架没有传统的主销实体,主销的轴线为上、下铰链的中心连线,

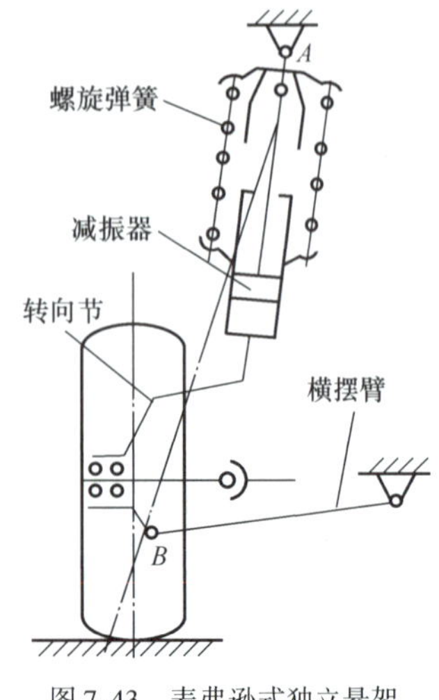

图7-43　麦弗逊式独立悬架结构示意图

螺旋弹簧套装在减振器筒上。当车轮上下运动时，主销轴线的角度和轮距都会发生变化，但是，只要适当地调整杆系布局，可以将这些变化控制在很小的范围内。

捷达轿车与富康轿车的前悬架都是麦弗逊式独立悬架。这种悬架带有三角形下横臂以及横向稳定杆。

(3)多杆式独立悬架。独立悬架中的弹性元件多采用螺旋弹簧，对于侧向力、纵向力的承受和传递，就需加设导向装置即杆件来完成，因而一些轿车上为减轻自重和简化结构采用多杆式悬架。上连杆通过支架与车身相连，其外端与第三连杆相连，上连杆的两端都装有橡胶隔振套。第三连杆的上端通过推力轴承与转向节连接。下连杆与普通的下摆臂相同，其内端通过橡胶隔振套与前横梁相连接，外端通过球铰与转向节相连。主销轴线从下球铰一直延伸到上面的轴承处。多杆悬架系统具有良好操纵稳定性，可有效地降低轮胎的磨损，延长其使用寿命。多杆式独立悬架系统总成如图7-45所示。

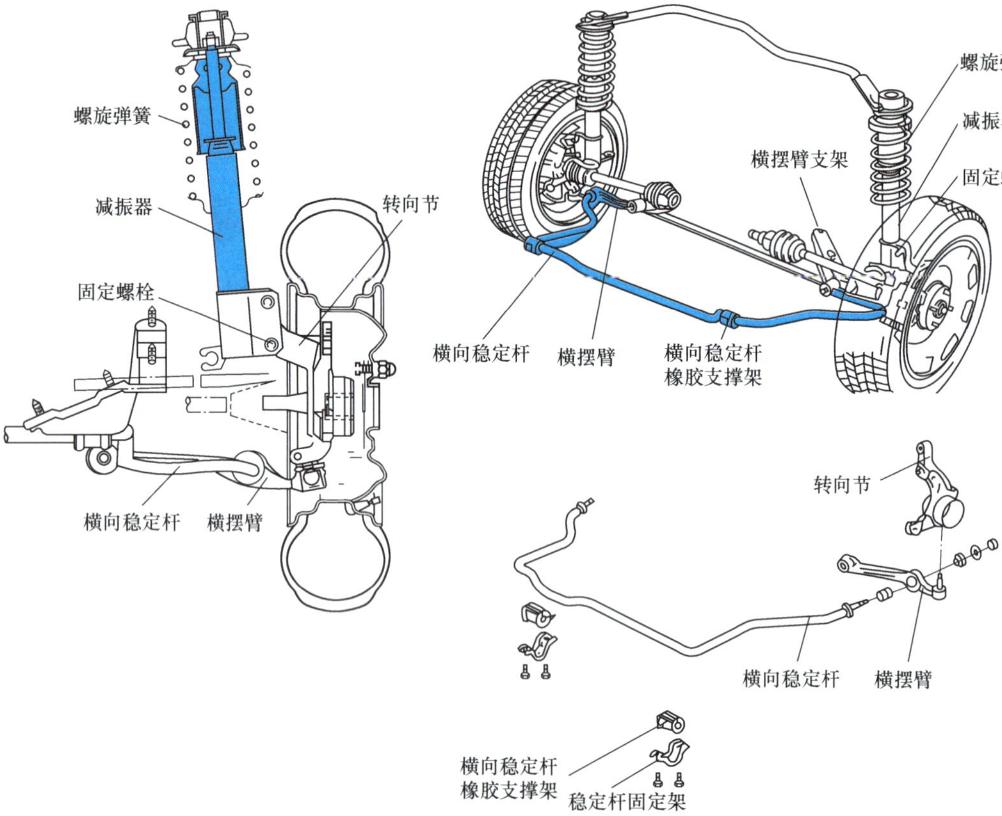

图7-44　东风雪铁龙世嘉轿车的麦弗逊式前悬架

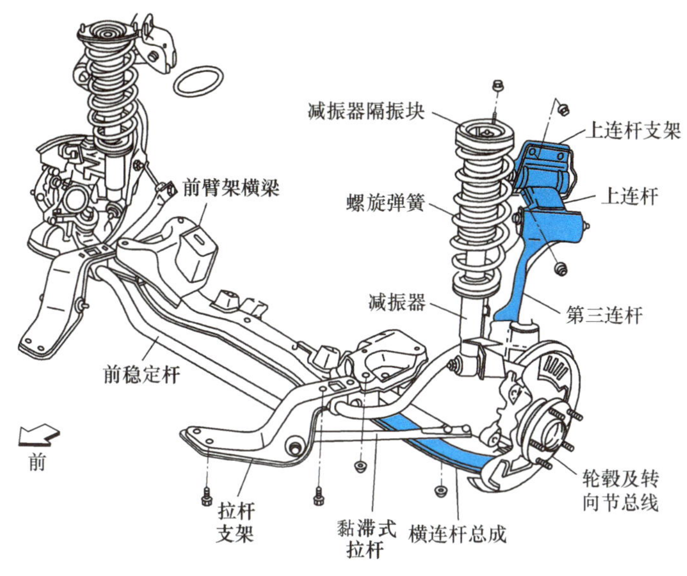

图 7-45　多杆式独立悬架

6　电子控制悬架

6.1　被动悬架与主动悬架

汽车的悬架一般由弹性元件、减振器和导向元件组成。其作用是连接车身与车轮，以适当的刚性支承车轮，并吸收路面的冲击，改善车辆的舒适性和平顺性；稳定汽车行驶，改善操纵性。悬架作用中的平顺性与操纵稳定性有着相互矛盾的关系。若想改善汽车的舒适性和平顺性而采用较软的弹性元件，那么就会增加转弯时的侧倾及加速或制动时的前后颠簸，从而使操纵稳定性变差。同样，若想改善汽车的操纵稳定性而采用较硬的弹性元件，那么将增加汽车对路面不平度的敏感性，从而降低平顺性。如何调整两者之间的关系，有时竟是非常困难的事，只能根据汽车的用途加以调整。对于传统悬架，当其结构确定后，就具有固定的悬架刚度和阻尼系数，在汽车行驶的过程中不能人为地控制加以调节，因此称为被动悬架。

随着电子技术的发展，出现了电控悬架。它是通过电子控制单元（ECU）来控制相应的执行元件，改变悬架特性以适应各种复杂的行驶工况对悬架系统的不同要求，从而使舒适性、平顺性和操纵稳定性同时得到改善。电控悬架可以调节悬架刚度和阻尼系数，突破被动悬架的局限区域，因此，电控悬架是一种主动悬架。电控悬架在其电子控制装置的控制下，能根据从外界接收的信息或车辆本身状态的变化，进行动态的自适应性调节，即电控悬架没有固定的悬架刚度和阻尼系数，这样可以随着道路条件的变化和行驶需要自动的调节，从根本上解决平顺性和操纵稳定性之间的矛盾，提高汽车的使用性能。

根据调节悬架的刚度和阻尼系数，悬架分为半主动悬架系统和全主动悬架系统。

半主动悬架是对悬架的刚度和阻尼系数其中之一能进行实时调节控制的悬架。为了减少执行机构需要的功率，半主动悬架系统通常不考虑调节悬架刚度，而只对悬架的阻尼系数进行调节。半主动悬架系统又根据调节阻尼系数的特点分为有级式半主动悬架和无级式半主动悬架两种。由于半主动悬架控制系统较简单，而且能达到与全主动悬架相近的性能，固应用较广泛。

全主动悬架系统是对悬架的刚度和阻尼系数均能进行实时调节，可以同时提高车辆的平顺性和操纵稳定性。全主动悬架系统，采用油气悬架和空气悬架取代被动悬架的弹性元件和减振器。目前，全主动悬架系统根据控制的介质可分为主动空气悬架、主动油气悬架和主动液力悬架3种。全主动悬架一般包括控制机构和执行机构。控制机构是由ECU和传感器等组成的闭环控制系统，通过传感器监测道路条件、汽车的运行状态和驾驶员的需求，按照设定的控制规律向执行机构（空气弹簧、动力源等）适时地发出控制信号，以调节悬架刚度和阻尼系数。

全主动悬架虽然改善了被动悬架的不足之处，但是全主动悬架需要复杂的控制系统和较大外部动力源驱动，即全主动悬架与被动悬架之间是半主动悬架。

6.2 电控悬架的功用

电控悬架的功用可以概括为下面两点：

(1)弹簧弹性系数（刚度）与阻尼系数（减振力）的控制；

(2)调整高度。

常用的电控悬架实际是电子控制油气悬架或空气悬架，它用空气弹簧代替金属弹簧，利用液压减振器和空气弹簧中存在的压缩空气进行减振器阻尼系数与悬架刚度的有级调节和车高的自动调节控制。电控悬架系统具有车高调节、悬架刚度和减振器阻尼系数“软—中—硬”有级转换控制的功用。

电控悬架通过改变悬架刚度和阻尼系数来提高汽车的操纵稳定性和平顺性。当汽车在高低不平的路面上行驶时，电控悬架使弹簧刚度和阻尼系数根据需要变成“中等”或“坚硬”状态，以控制汽车车身跳动或前后抖动，从而改善汽车行驶的平顺性和乘坐的舒适性；当汽车急转弯时，电控悬架使弹簧刚度和阻尼系数变成“坚硬”状态，以控制车身的横向倾斜或摇摆；当汽车急加速行驶或汽车紧急制动时，电控悬架使弹簧刚度和阻尼系数变成“坚硬”状态，防止车身出现后部下沉（下坐）或车身的前倾（栽头），使汽车的姿态变化减至最小，改善操纵稳定性。除此之外，电控悬架还具有调整汽车高度的功能。汽车上的乘员和行李质量发生变化，电控悬架能使汽车始终保持一恒定的高度；当汽车在很差的道路上行驶时，能使汽车高度增加，提高车辆的通过性；当汽车高速行驶时，又使车高降低，以减少空气阻力，提高操纵稳定性；当汽车驻车时，电控悬架会降低车高，改善汽车驻车的安全性。

6.3 电控悬架的组成与工作原理

电控悬架由传感器、电子控制单元（ECU）、执行器等组成。

传感器包括车高传感器、车速传感器、节气门位置传感器、转向传感器和制动开关、停车灯开关、车门开关等，这些传感器将相关信号转变成电信号传给电控单元，电控单元通过运算处理，控制空气弹簧等执行器进行适应性调节，保持车辆平顺性和操纵稳定性。空气压缩机产生的压缩空气送入空气弹簧的空气室中，ECU 根据汽车高度信号，控制压缩机和排气阀充气或排气，使空气弹簧伸长或压缩而达到控制车辆高度的目的。同时，ECU 根据车速、转向、加速、制动、车高等信号，通过控制阀改变空气弹簧主、副气室间的流通面积，进行弹簧刚度的调节；并通过控制减振器中的旋转阀及通、断油孔改变节流孔的数量，使阀体中减振液的流通快慢发生变化，从而改变减振器的阻尼系数。

6.3.1　传感器

(1)车高传感器(图 7-46)。在每个悬架上都装有一只车高传感器，通过它监测车身与悬架下臂之间的距离变化，而检测汽车高度和因道路不平坦引起的悬架位移量，其工作原理如下。

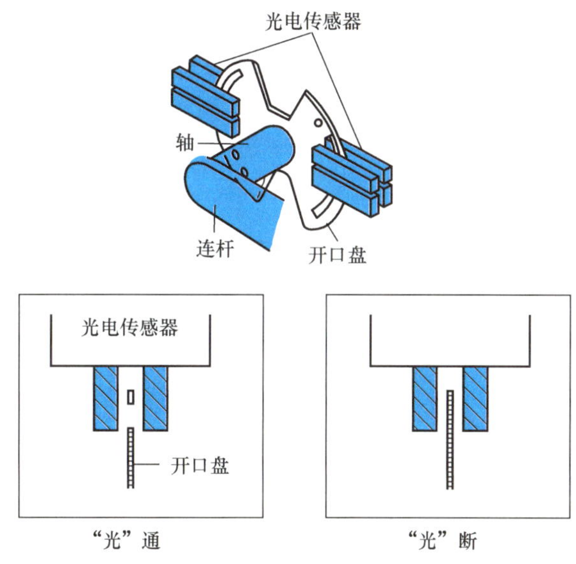

图 7-46　车高传感器

车高传感器由一个开口圆盘与连杆组合成一个组件一起上下旋转，两个光电传感器在开口圆盘的两侧，车高变化时由于开口圆盘位置的变化，使发光二极管发出的光线被开口圆盘遮挡或通过，从而检测出不同的车高信号，并将它们转换送至 ECU。

(2)转向传感器(图 7-47)。转向传感器装在转向器上，用来检测转向时的转向角度和汽车转弯的方向，主要为转弯时提高操纵稳定性防止侧倾，向 ECU 提供车态信号。其外形和工作原理如下。

转向传感器由 1 个有槽圆盘和 2 个光电传感器组成。有槽圆盘随转向一起转动，并在圆盘上开有 20 个孔，圆盘的两侧有发光二极管和光敏晶体管组成的光电传感器，它们两者之间的光线变化随着圆盘遮挡转换成“通”或“断”信号。当操纵转向盘时，有槽圆盘随着一起转动而引起发光二极管发出光线的“通”或“断”信号，这种信号是与转向盘转动成正比的数字信号，并通过判断两个光电传感器信号的相位差判断转弯方向。此时，当 ECU 判定转向盘的转动角度和车速大于设定值时，ECU 会使弹簧刚度和减振力增加。

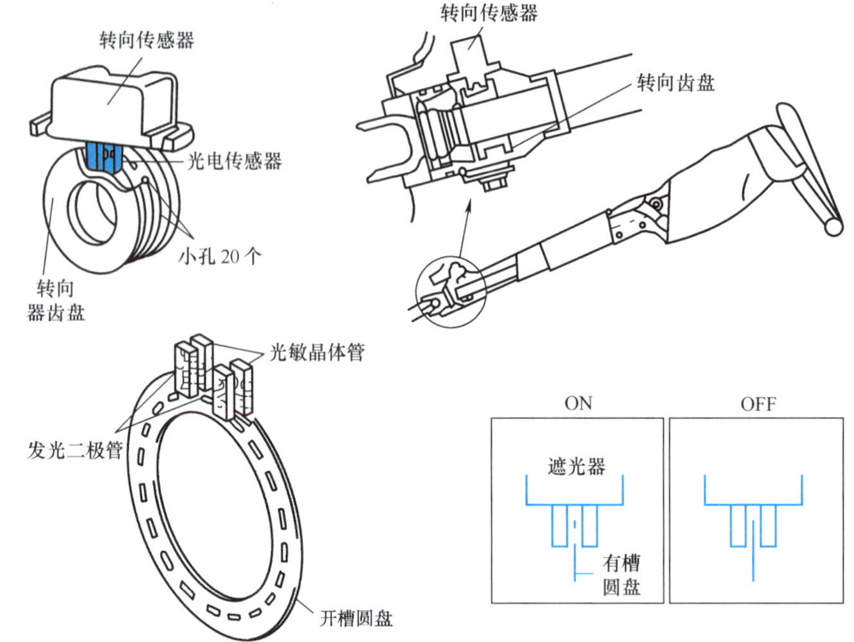

图7-47 转向传感器

(3)其他传感器和开关。车速传感器安装在车轮上，用于检测转速信号。ECU利用此信号，计算出车身的侧倾程度。

节气门开度传感器可以间接检测汽车加速度信号。ECU利用此信号作为防下坐控制的一个工作状态参数。

车门传感器是为了防止行驶过程中车门未关闭而设置的。

高度控制开关用来选择汽车高度，ECU检测高度控制开关的状态使汽车高度上升或下降。有的车辆上还有高度控制ON/OFF开关，用于停止车高控制。

模式选择开关用来选择悬架的"软""中"或"硬"状态，ECU检测到开关的状态后，操纵悬架控制执行器，从而改变减振器的弹簧刚度和阻尼系数。

踩下制动踏板时，停车灯开关便接通，ECU接收这个信号作为防栽头控制用的一个起始状态。

6.3.2 电子控制单元

电子控制单元(ECU)包括一个8位微型计算机、输入接口电路和输出驱动电路。其功能主要有以下几项：

(1)传感器信号放大。用接口电路将输入信号中的干扰信号除去，然后放大、变换极值、比较极值，变换为适合输入控制装置的信号。

(2)输入信号的计算。电子控制装置根据预先写入只读存储器ROM中的程序对各输入信号进行计算，并将计算结果与内存的数据进行比较后，向执行机构发出控制信号。

(3)驱动执行机构。电子控制装置用输出驱动电路将输出驱动信号放大，然后输送到各执行机构。

(4)故障检测。电子控制装置用故障检测电路来检测传感器、执行器、线路等的故障,当发生故障时,将信号送入控制装置,便于使悬架系统安全工作,也容易确定故障所在位置。

6.3.3　执行器

(1)空气弹簧。电控悬架用空气弹簧代替传统悬架的螺旋弹簧或钢板弹簧,空气弹簧在其气室内装入空气而具有弹性功能,关键是用 ECU 对汽车行驶的状态进行车高、弹簧刚度和阻尼系数的调节,使车辆的性能得到提高。

空气弹簧由主气室、副气室、弹性刚度执行机构、阻尼转换执行机构和液压减振器等组成,如图 7-48 所示。弹簧刚度执行机构在主气室与副气室之间,在减振器的上部安有阻尼转换执行机构,减振器的内部有阻尼旋转阀,因此弹簧刚度是通过主气室与副气室进行调节的,阻尼系数是通过减振器进行调节的。

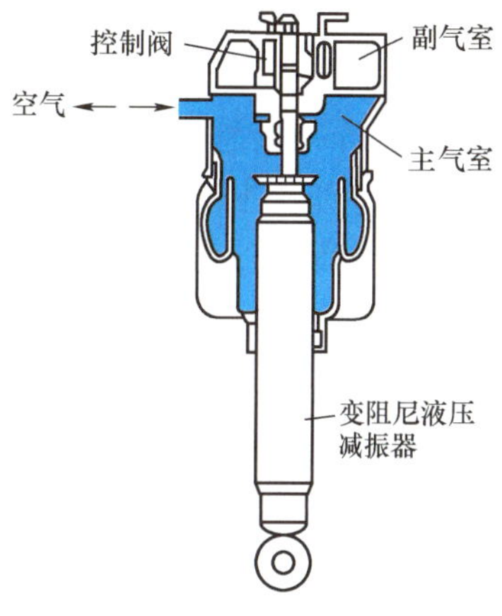

图 7-48　空气弹簧结构

弹簧刚度的调节:弹簧刚度小,即弹簧柔软,振动就较小,乘坐舒适性、平顺性就越好;弹簧坚硬,操纵稳定性得到提高。弹簧刚度通过弹簧刚度执行机构来调节:开闭主气室与副气室的隔板,改变气室的容积而改变弹簧的刚度,增大容积使刚度变小,减小容积可增加刚度。ECU 根据车辆状态信号及时调节弹簧刚度,高速行驶转换为大刚度,低速行驶转换为小刚度。在制动时使前弹簧刚度增加,在加速时使后弹簧刚度增加,在转弯时使左右弹簧刚度调节以减少侧倾。例如,有的车辆可以实现弹簧刚度的"软—中—硬"的有级转换控制:在城镇公路或高速公路行驶,弹簧刚度调节为"软";在高速行驶(速度大于110km/h)或在弯曲道路上行驶时,弹簧刚度调节为"中";而在加速、转弯情况时,弹簧刚度调节为"硬",以减少汽车高度的变化,提高操纵稳定性。一般地,减小空气弹簧刚度会使汽车增大侧倾、下坐或栽头,因此弹簧刚度的控制多数情况下是和汽车高度和阻尼系数的调节相结合使用的,以便于从总体上改善平顺性。

车高控制:汽车高度可以根据乘员人数、载质量变化和汽车的状态自动调节(图7-49)。

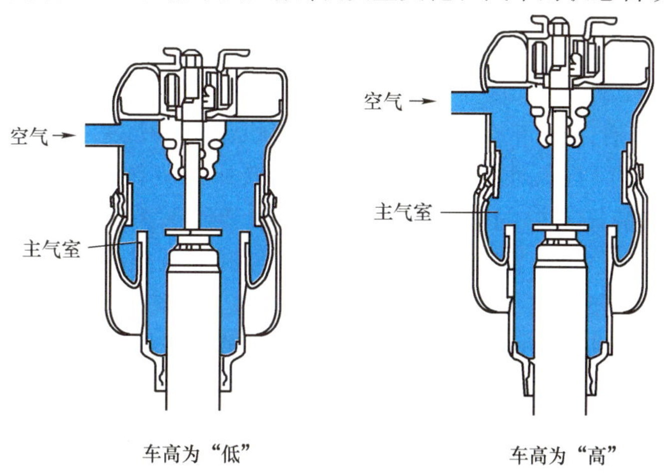

图 7-49　车高控制原理

当乘员人数或载质量变化时，汽车高度自动保持一定使汽车行驶平稳；当在高低不平的路面上行驶时，为防止发生车架与车身之间的撞击，ECU 控制悬架弹簧的行程在一定的范围内；当高速行驶时，为减少空气阻力而降低车高；当汽车停车后，乘员下车或货物卸完后车高会增加，为保持汽车外形的美观，ECU 会控制空气弹簧在几秒钟将少量空气排出，而降低车高保持标准车高。因此，车高控制可以归纳为以下功能：自动高度控制、高速行驶时车高控制、驻车时车高控制。

车高控制主要是利用空气弹簧中主气室空气量的多少来进行调节。当 ECU 接到车高传感器、车速传感器、车门开关等传来的信号，经过处理判断，若是增加车高，则控制执行机构向空气弹簧主气室充气增加空气量，使汽车高度增加；若是降低车高，则控制执行机构打开排气装置向外排气，使空气弹簧主气室的空气量减少而降低汽车高度。

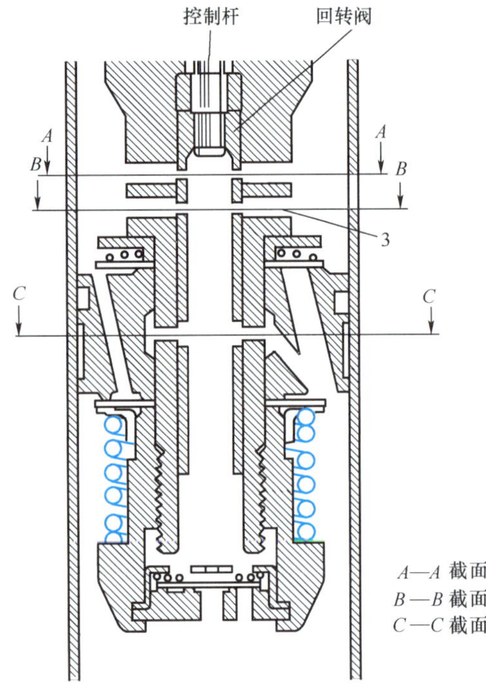

图 7-50　减振器的结构原理图

（2）减振器。电控悬架中的减振器一改过去固定阻尼系数的特点，变为连续变化阻尼系数和有级变化阻尼系数两种。目前，电控悬架多用后者，又称为半主动阻尼控制。这种阻尼控制是在减振器结构中采用简单的控制阀，通过在最大、中等、最小的通流面积之间的变换，改变减振液的流通快慢，达到阻尼系数的有级调节。减振器的结构原理如图7-50 所示。在空气悬架的下边，与控制杆连接的回转阀上有 3 个阻尼孔（油孔），回转阀外面的活塞杆上有 2 个阻尼孔（油孔），控制机构可以带动控制杆使回转阀旋转，从而改变阻尼孔的开闭组合，实现阻尼系数“软中硬”的有级转换。具体的调节过程（图7-51）：当需要将阻尼系数调节为“软（低）”状态时，控制杆带动回转阀旋转一角度，3 个截面的阻尼孔全部开通，悬架的阻尼系数最小；若需要将阻尼系数调节为“中（运动）”状态时，同样控制杆带动回转阀又旋转一角度，此时只有截面中的小阻尼孔开通，而 2 个截面中阻尼孔被关闭，悬架阻尼系数处于中间；若需要将阻尼系数调节为“硬（高）”状态时，同样控制杆带动回转阀又旋转一角度，此时 3 个截面的阻尼孔全部关闭，仅靠减振器中的止回阀产生阻尼，悬架阻尼系数为最大。因此，电控悬架 ECU 根据转向操作、节气门位置、速度、加速度等信号调节悬架阻尼系数的“软中硬”，控制汽车制动、加速、急转弯时产生的汽车姿态变化，从而提高汽车的平顺性和操纵稳定性。

（3）阻尼转换执行机构（图 7-52）。阻尼转换机构装在减振器的上部，由直流电动机、减速齿轮、控制杆、电磁铁和挡块等组成。电控悬架 ECU 根据接收到的信号，使直流电动机驱动扇形的减速齿轮左右制动，通过控制杆带动减振器中的回转阀旋转，有级地改变阻尼孔的开闭，从而改变阻尼系数（即减振阻力）。

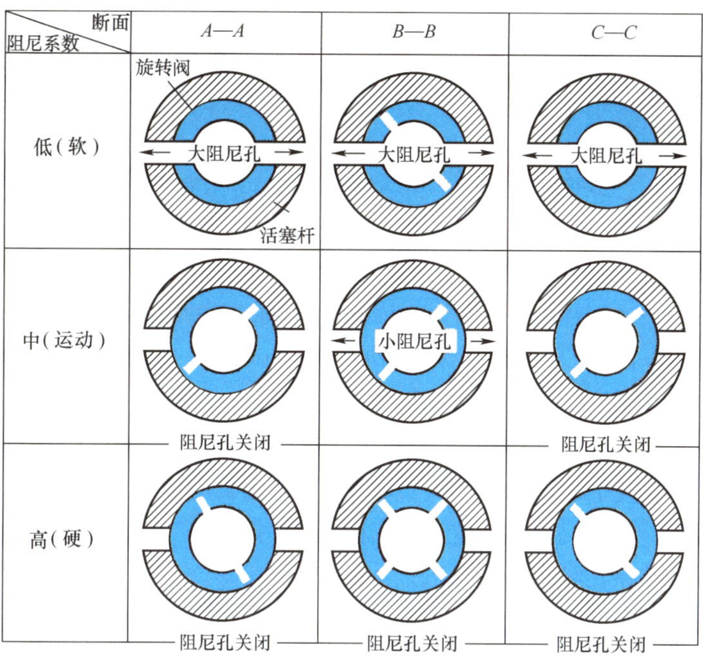

图 7-51　阻尼系数调节原理图

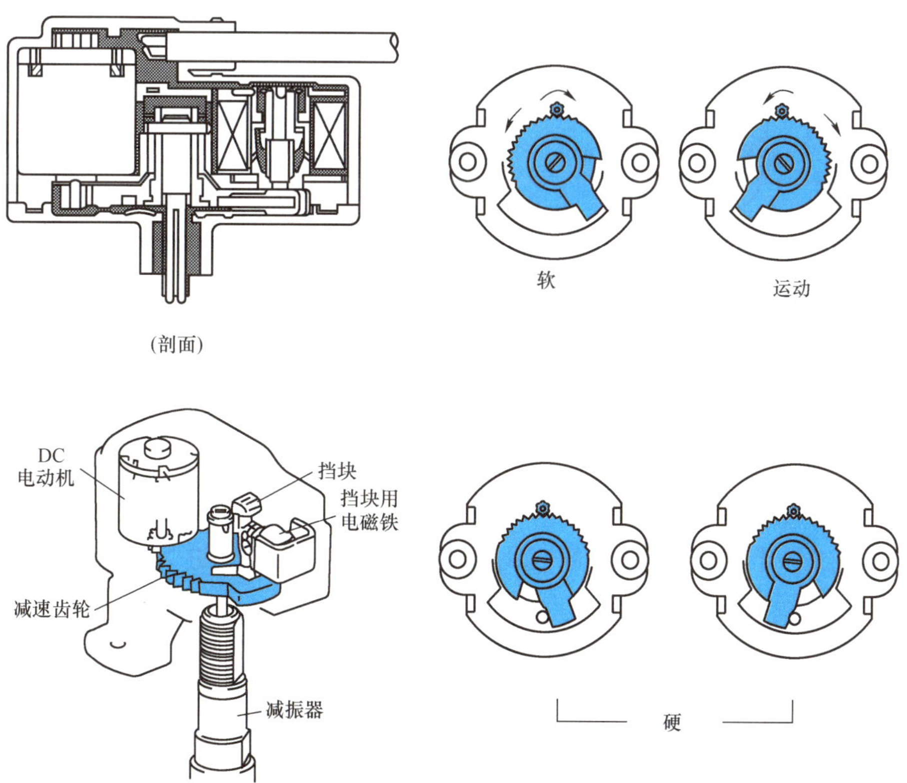

图 7-52　阻尼转换执行机构

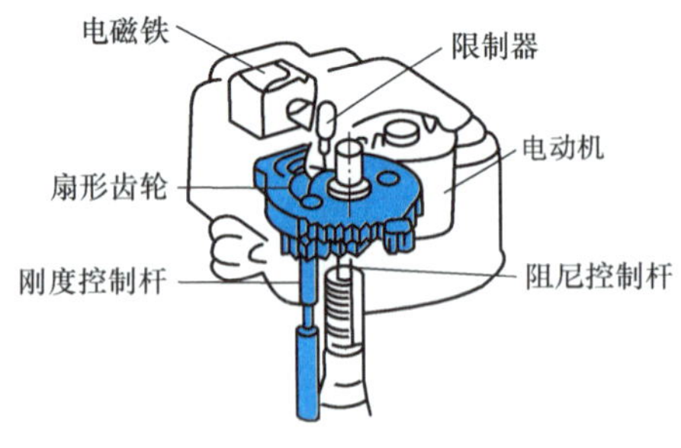

图7-53 弹簧刚度执行机构

(4)弹簧刚度执行机构(图7-53)。弹簧刚度执行机构由刚度控制阀和执行机构等组成。执行机构位于减振器的顶部,与阻尼系数控制机构组装在一起。刚度控制阀(图7-54)装在空气弹簧副气室的中部,由空气阀、阀体和空气阀控制杆组成,空气阀在截面上有一个空气孔,外部的阀体在截面上有不同大小的空气孔。

当空气阀由电动机驱动的控制杆带动旋转到"软"的位置时,空气弹簧主气室的气体经过空气阀的中间孔,阀体侧面的大空气孔(大通流孔)与副气室的气体相通,此时参与工作的气体容积最大,因此悬架刚度处于最小状态;当空气阀被旋转到"中"位置时,主气室与副气室的气体,经过空气阀的中间孔与阀体侧面的小空气孔相互流通,主、副气室之间的气体流量较小,因此悬架刚度处于中等状态;当空气阀被旋转到"硬"位置时,主气室与副气室的空气通道被空气阀挡住,此时仅仅靠主气室中的气体承担缓冲任务,因此悬架刚度处于最大状态。

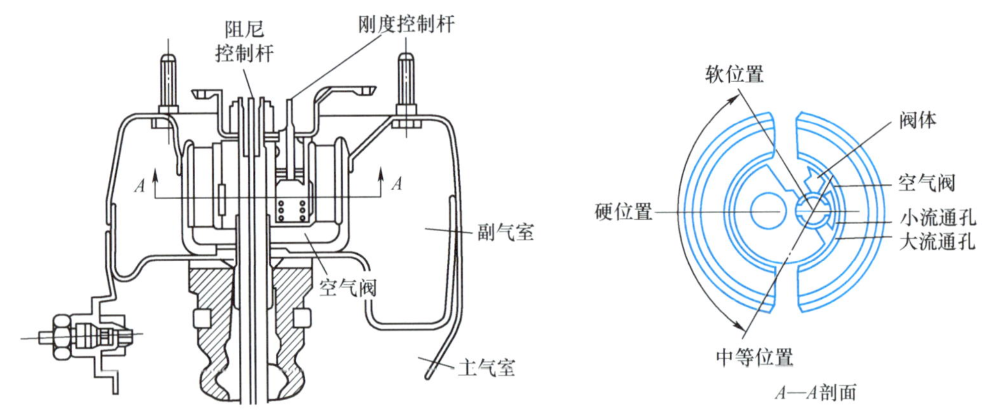

图7-54 刚度控制阀

6.4 空气压缩机和高度控制阀

在电控悬架中除上面讲述的一些装置外,还有空气供给装置与调节高度的空气压缩机、高度控制等装置。汽车的高度控制执行机构除上面讲过的空气悬架中的主气室外,还有空气压缩机和空气阀等。空气压缩机(图7-55)由驱动电动机、排气阀、干燥器等组成。高度控制阀(图7-56)是一个二位二通电磁阀,通过向空气弹簧的主气室内进气和排气,从而控制汽车的高度。

电控悬架ECU根据车高传感器送来的信号和控制模式指令,向高度控制阀下令。当车高需要升高时,高度控制阀打开,压缩空气进入空气弹簧的主气室,车身升高;高度控制阀关闭时,空气弹簧主气室的空气量保持不变,车身维持一定的高度不变;当车身需要降低时,压缩机停止工作,高度控制阀打开,此时排气阀也打开,悬架的主气室中的空气通过高度控制阀、管路,最后由排气阀排出,车身高度下降。

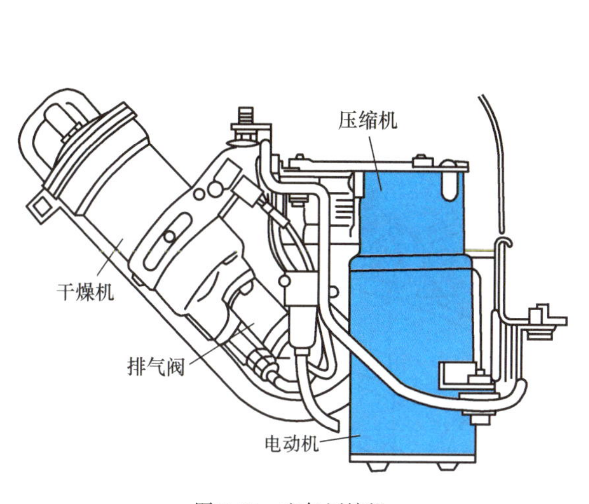

图 7-55　空气压缩机

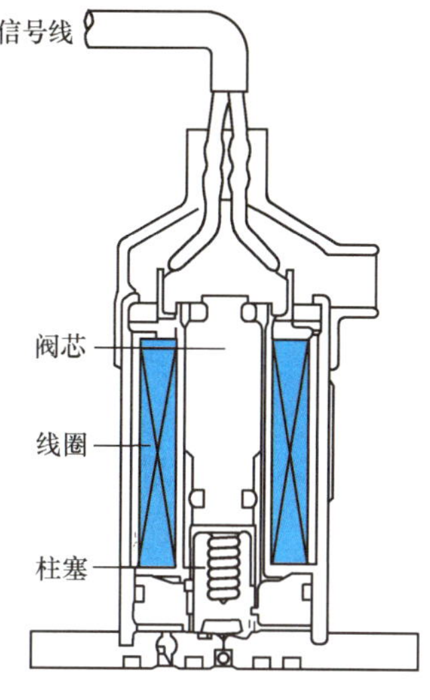

图 7-56　高度控制阀

6.5　电控悬架的控制逻辑

电控悬架在控制悬架刚度和阻尼系数均有 3 种控制模式，即“标准、运动、高”模式，而每一种模式又可以根据悬架高度和阻尼系数的大小依次有“软（低）、中、硬（高）”3 种状态。模式的选择一般根据路面情况通过模式选择开关由驾驶员用手来操纵。若选择“标准”模式时，悬架处于低刚度和阻尼系数的“软”状态；当选择“运动”模式时，悬架处于中等刚度和阻尼系数的“中”状态。而在某些模式下，状态之间的转换是 ECU 根据接收的信号自动调节的，从而使汽车维持最佳状态，提高平顺性和操纵稳定性。

同样，车高控制也有“标准、运动、高”3 种模式，而且每一种模式又可以根据汽车高低分为“低、中（标准）、高”3 种状态。如果选择“标准”或“运动”模式时，汽车高度由 ECU 根据车速在“低”与“中（标准）”之间转换；当选择“高”模式时，汽车的高度会根据车速和路况在“高”与“中（标准）”之间转换。另外，在一般的情况下，车身高度不受乘员人数和载质量增加、减少的影响，由 ECU 控制在所选模式的经常状态高度。

6.6　丰田 TEMS 系统组成、功能、构造和工作原理

TEMS 是 TOYOTA ELectronic Modulated Suspensin 的英文缩写，其组成如图 7-57 所示。

6.6.1　选择器开关

选择器开关安装在中间操纵盒内，用于由驾驶员选择想要的减振力方式：NORMAL（标准）或 SPORT（跑车）。

施加在 TEMS ECU 的 SW-S 端子上的电压，在“跑车”方式时是 12V，“标准”方式时是 0V。TEMS ECU 就据此判断驾驶员选择的是什么方式。电路如图 7-58 所示。

点火开关转至 ON 时，选择器开关的 LED（发光二极管）亮。

6.6.2　传感器

（1）转向传感器（图 7-59）。

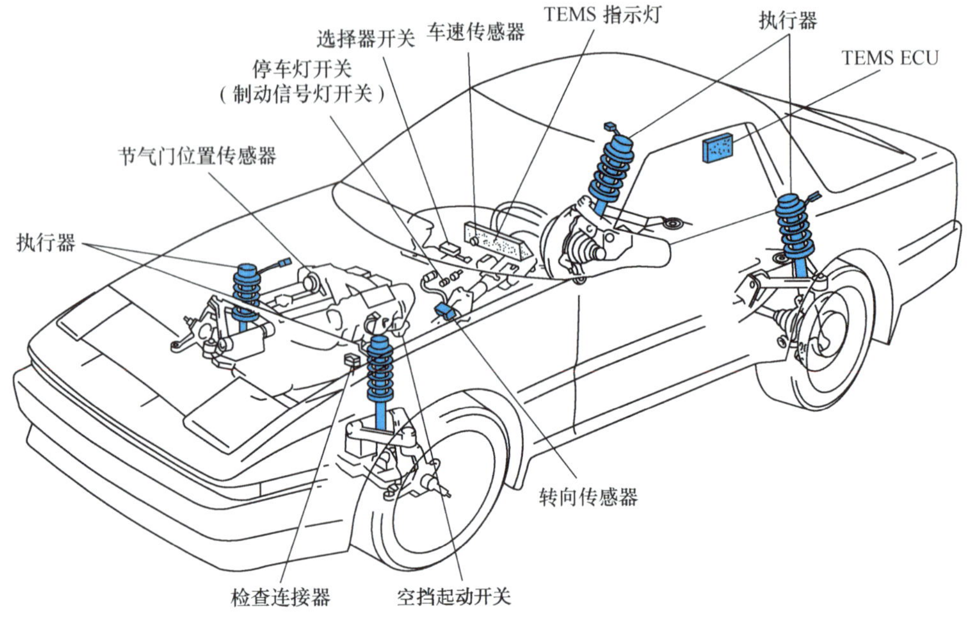

图 7-57 TEMS 组成图

①构造。转向传感器由转向传感器组件和开缝盘组成，用于检测转向盘最大转向角和已转动的转角。转向传感器组件有 2 个发光二极管和 2 个光电晶体管，固定在转向柱管上。开缝盘固定在转向盘主轴上，并随其转动。

开缝盘沿其周边有 20 条缝，在转向传感器组件的 2 个发光二极管与 2 个光电晶体管之间转动。

光电晶体管是这样一种晶体管：在通常情况下切断电流；但在感知到光线时，允许电流流过。

②工作原理。当转向盘转动时，开缝盘也转动。2 个发光二极管由于电流从 TEMS ECU 的 V_s 端子流出而发光。当开缝盘上的缝在 2 个发光二极管和 2 个光电晶体管之间通过时，从发光二极管发出的光线交替被切断和允许通过。光电晶体管也就由来自发光二极管的光线反复接通和关断。

这样，晶体管（Tr_1 和 Tr_2）就按照来自光电晶体管的信号，发生通—断信号。所以，电流按照来自光电晶体管的通—断信号从 TEMS ECU 的 SS_1 和 SS_2 端子流至 Tr_1 和 Tr_2。TEMS ECU 就根据这些信号的变化，判断转向盘最大转向角和转动方向。

（2）停车灯开关（图 7-60）。停车灯开关安装在制动踏板支架上。制动踏板踩下时，这个开关接通，其结果是 12V 电压施加在 ECU 的 STP 端子上。ECU 利用这一信号判断是否使用了制动器。

（3）车速传感器（图 7-61）。车速传感器包括一个磁铁和一个簧片开关，组合在速度里程表内。磁铁与速度里程表软轴一起转动，每转一圈，簧片开关就产生 4 个信号脉冲。这些信号被传送至 TEMS ECU 的 SPD 端子，将车速告诉 ECU。

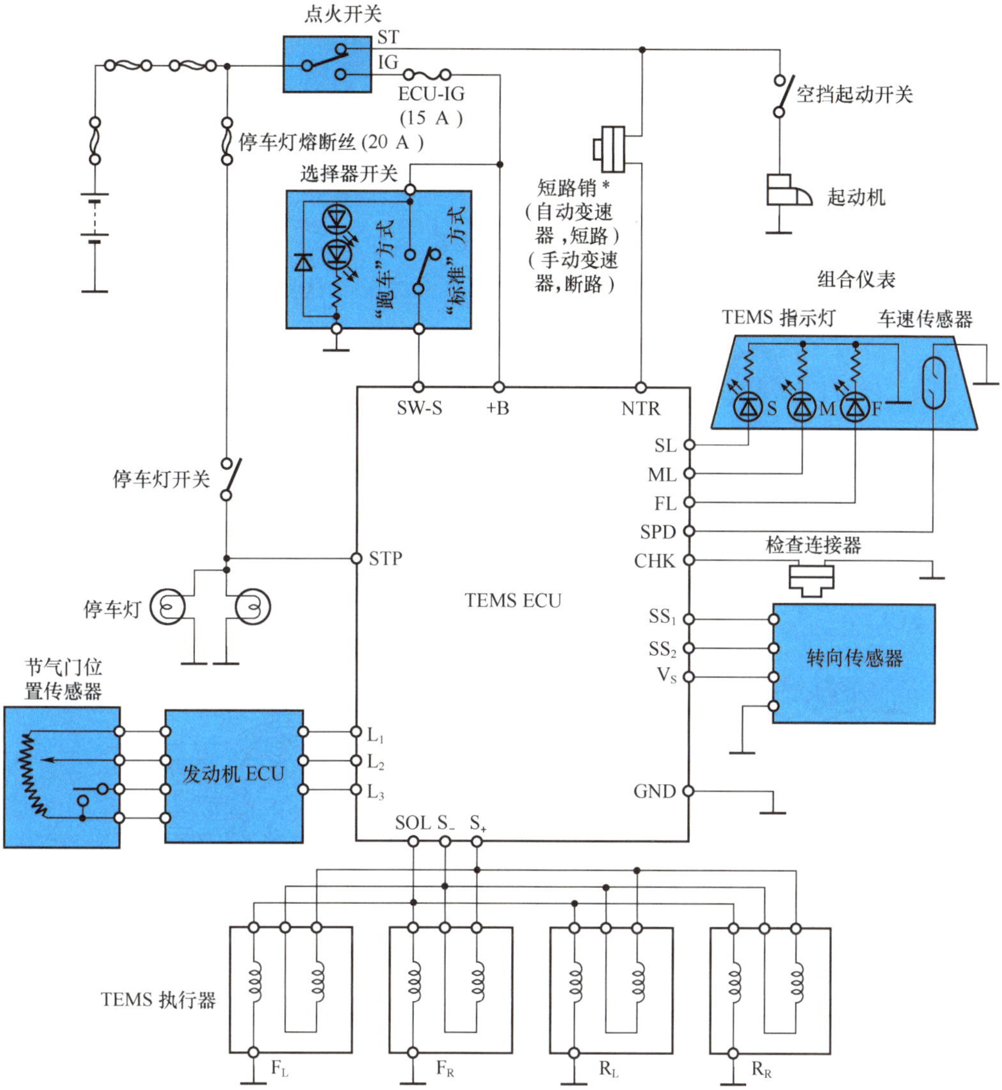

点火开关
ST
IG
ECU-IG
(15 A)
空挡起动开关
停车灯熔断丝 (20 A)
选择器开关
短路销 *
(自动变速器，短路)
(手动变速器，断路)
起动机
"跑车"方式
"标准"方式
组合仪表
TEMS 指示灯
车速传感器
SW-S
+B
NTR
S
M
F
SL
ML
FL
SPD
停车灯开关
检查连接器
CHK
STP
TEMS ECU
停车灯
SS_1
SS_2
V_S
转向传感器
节气门位置传感器
发动机 ECU
L_1
L_2
L_3
GND
SOL S_- S_+
TEMS 执行器
F_L
F_R
R_L
R_R

图 7-58　电路图

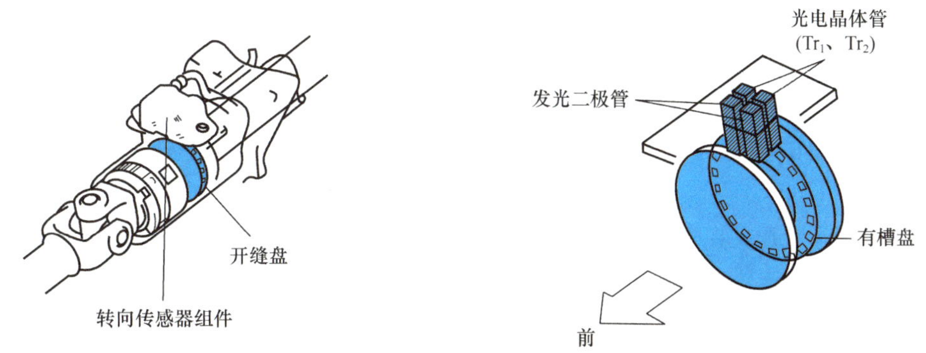

图 7-59　转向传感器

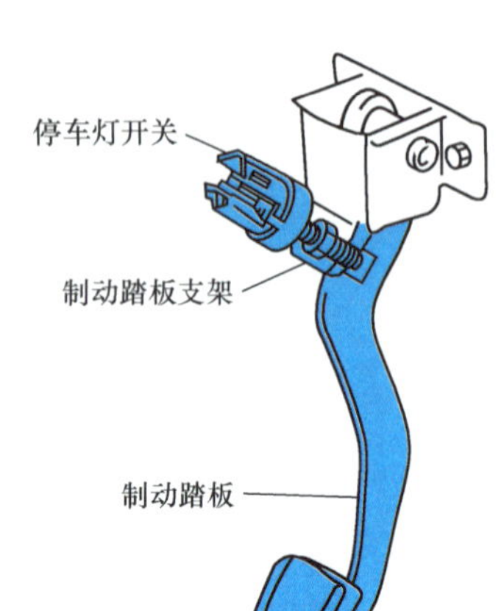

图7-60　停车灯开关

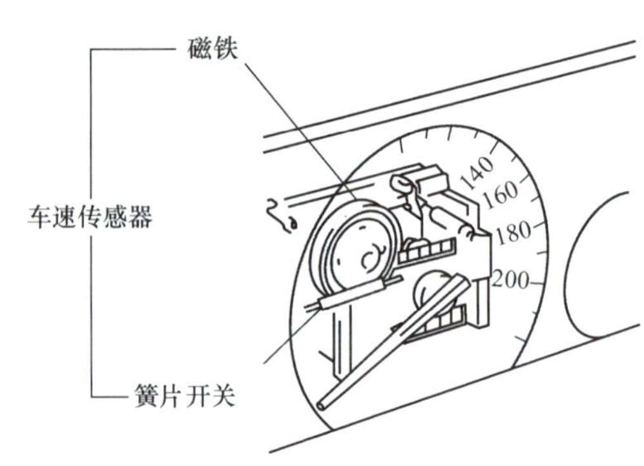

图7-61　车速传感器

(4)节气门位置传感器(图7-62)。节气门位置传感器安装在节气门阀体上,以电子方式测量节气门开度(节气门打开多大),并将这些数据以电压信号形式,经发动机ECU传送至TEMS ECU。

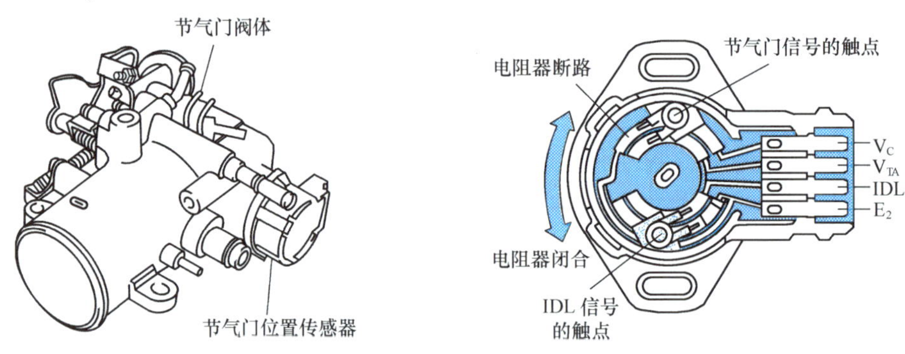

图7-62　节气门位置传感器

发动机ECU将一恒定5V电压施加在这个传感器的 V_C 端子上。

当触点根据节气门开度沿可变电阻器滑动时,电压与之成比例地施加在 V_{TA} 端子上。

发动机ECU将这一 V_{TA} 电压转换为代表节气门开度的8个信号中的一个,告诉TEMS ECU节气门的开度。

(5)空挡起动开关(图7-63仅限于A/T车辆)。空挡起动开关安装在自动变速器上,用于测量变速器的换挡位置(挡位)。当换挡位置在“N”或“P”挡位时,这个开关接通,使TEMS ECU的NTR端子的电压变为0。这使ECU有可能判断换挡位置是“N”还是“P”挡位。

(请注意:这个开关在现有车型上不用作TEMS传感器。)

6.6.3　执行器

(1)构造。执行器位于每个气动缸的顶部。这些执行器驱动减振器的旋转滑阀,改变减振器的减振力。

这些执行器是电磁驱动的，所以能对频繁变化的行驶情况作出准确反应。电磁铁包括4个定子铁芯和2对定子线圈，如图7-64所示。

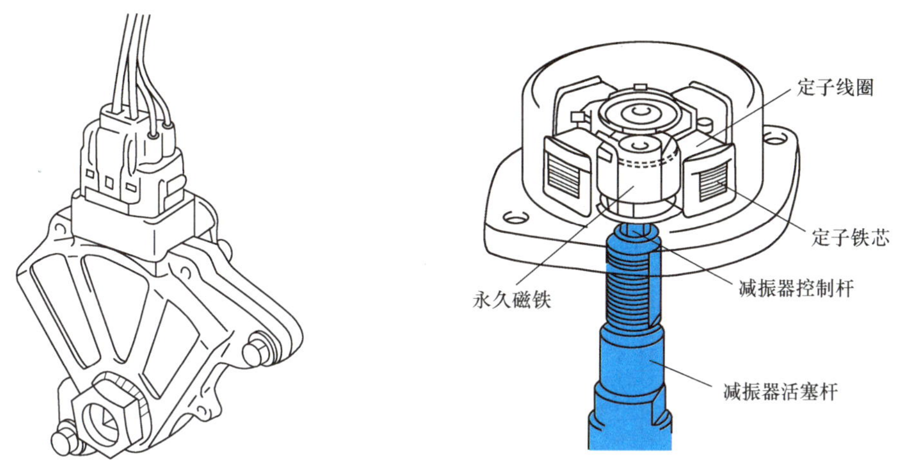

图7-63　空挡起动开关

图7-64　执行器结构

电流流至每对定子线圈，使连接至减振器控制杆的永久磁铁转动。

ECU将定子铁芯的极性从N改变为S，或相反改变，或改变为非极性状态。定子线圈所产生的磁力的吸引力，使永久磁铁转动。

（2）工作原理（图7-65）。4个执行器各自安装在一个减振器上，用并联方法连接，同时工作。ECU励磁电磁线圈，每次约0.15s。

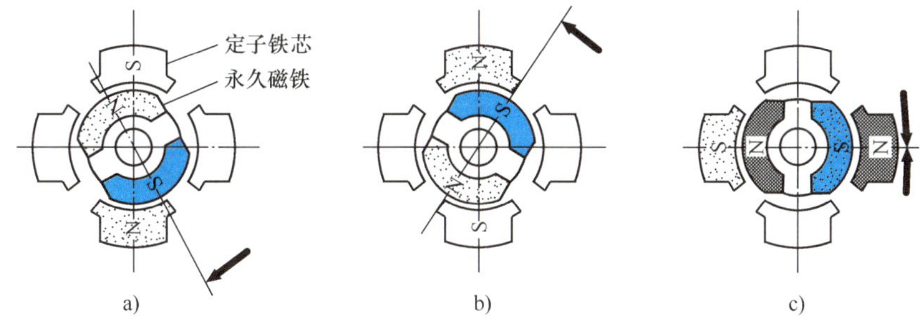

图7-65　执行器工作原理

a）永久磁铁顺时转动至中位；b）永久磁铁顺时转动至软位；c）永久磁铁任意旋转至硬位

①减振力变为“中”：当减振力从“硬”或“软”变为“中”时，电流从ECU的S_+端子流至S_-端子再流至电磁线圈，使永久磁铁沿顺时针方向转至“中”位置。

②减振力变为“软”：当减振力从“硬”或“中”变为“软”时，电流从ECU的S_-端子流至S_+端子再流至电磁线圈，使永久磁铁沿逆时针方向转至“软”位置。

③减振力变为“硬”：当减振力从“软”或“中”变为“硬”时，电流从ECU的SOL端子流至电磁线圈，使永久磁铁沿任一方向转至“硬”位置。

（3）减振器（图7-66）。

①构造。减振器的构造和运作，基本上与普通型减振器一样。与普通减振器的区别在于：其减振力能用额外的量孔的开合调节。如图7-66所示，活塞杆和旋转滑阀（与控制杆作

为一整体转动）在3个位置有量孔。当旋转滑阀转动时，量孔如图7-67所示开闭，减振力则分3级变化。

②工作过程：

a.减振力变为“软”。所有3个量孔打开，减振器油如图7-67中“软”所示流动。

b.减振力变为“中”。量孔Ⓑ打开，量孔Ⓐ和Ⓒ关闭。减振器油如图7-67中“中”所示流动。

c.减振力变为“硬”。所有3个量孔都关闭，减振器油如图7-67中“硬”所示流动。

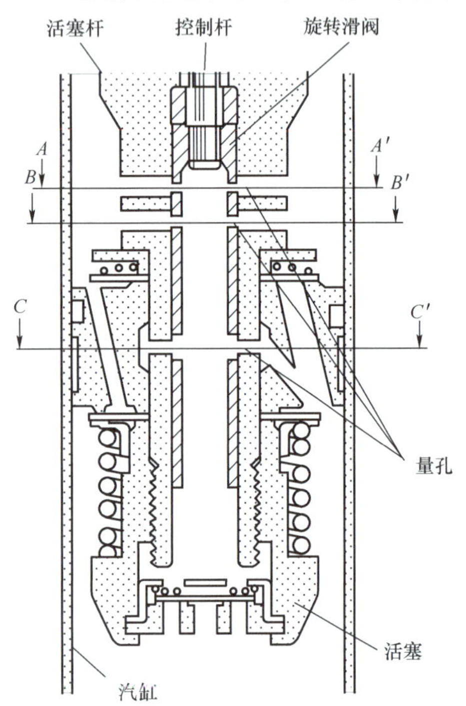

图7-66　减振器结构图

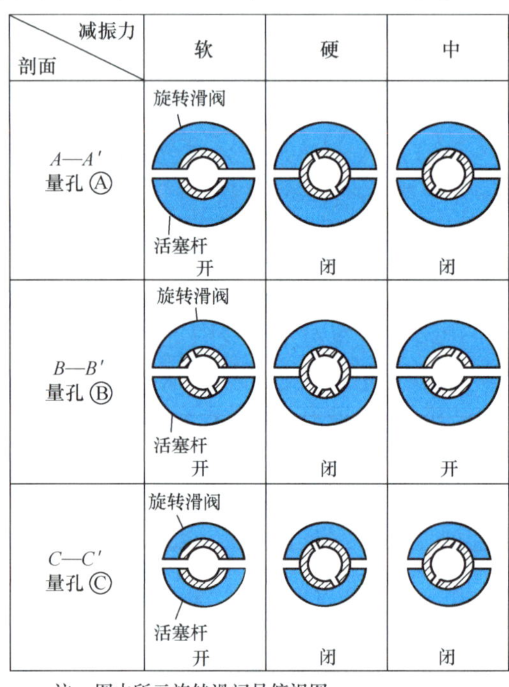

图7-67　量孔的开闭情况

（4）TEMS指示灯。这些指示灯（LED）显示当时减振器的减振力，置于组合仪表内。TEMS ECU使电流根据减振力从SL、ML或FL端子流出，接通指示灯（图7-68）。这些指示灯也用作诊断和失效保护指示灯。

点火开关接通约2s后，所有3个指示灯亮。这作为对LED是否烧坏的检查。

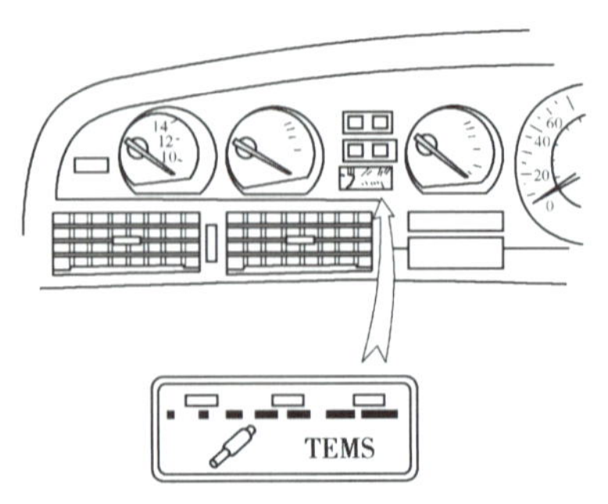

图7-68　TEMS指示灯

6.6.4　TEMS控制系统

TEMS ECU按照来自各个传感器的信号，进行下列控制：

（1）减振方式。正常行驶时，减振力是按照选择开关的方式设置确定的。当开关在NORMAL方式时，减振力为“软”；开关在SPORT方式时，减振力为“中”。

（2）防车尾下坐控制。这个控制限制起动或迅速加速时发生的车辆后端下坐。

ECU 使电流从其 SOL 端子流出，在下列情况下，将执行器设置在“硬”位置：

①ECU 判断车速在 20km/h；

②ECU 判断来自节气门位置传感器的信号，节气门开度较大或正突然打开时。

在这种情况发生约 3s 后或车速达到 50km/h 时，防车尾下坐控制取消。电流从端子 S_+ 或 S_- 流至执行器，与 TEMS 设置在“硬”以前一样。这就使减振力恢复到原来的设置。

(3)防侧倾控制。这个控制限制转弯时或沿“S”弯路行驶时的车身侧倾。

车速传感器信号输入至 ECU 的 SPD 端子，转向传感器信号输入至 ECU 的 SS_1 和 SS_2 端子，使 ECU 能判断当时车速和最大转向角。ECU 于是使电流从 SOL 端子流出，将执行器设置在“硬”位置，从而限制侧倾。

防侧倾控制在其起动约 2s 后取消，电流从端子 S_+ 或 S_- 流至执行器，与 TEMS 设置在“硬”以前一样。这就使减振力恢复到原来的设置。

但是，在减振力已经设置在“硬”位置时，如果以来回摆动方式操纵转向盘或在转弯中转向盘转得过多，则控制时间延长。

(4)防车头下沉控制。这个控制限制制动中的汽车头部下沉程度。当 ECU 判断车速在 60km/h 或以上时，如果制动信号从停车灯开关输入，ECU 就使电流从 SOL 端子流出，将执行器设置在“硬”位置，从而限制汽车头部下沉。

防车头下沉控制在停车灯熄灭约 2s 后取消，电流从端子 S_+ 或 S_- 流至执行器，与 TEMS 设置在“硬”以前一样。这就使减振力恢复到原来的设置。

(5)高速控制(仅限于“标准”方式)。它能控制提高高速行驶中的转向稳定性。

当 ECU 判断车速在 120km/h 或以上时，就使电流从 S_+ 端子流出，经执行器流至 S_- 端子，将执行器从“软”位置改变至“中”位置，以稍稍增加减振力，从而在高速时提高转向稳定性。

当车速降至 100km/h 以下时，高速控制取消，电流又开始从端子 S_- 流至执行器，与 TEMS 设置在“中”以前一样，这就使减振力恢复到原来的“软”。

(6)预防换挡时车尾下坐(A/T 车辆)。这个控制限制自动变速器车辆起动时发生的车辆后端下坐的程度。

当 ECU 判断车速低于 10km/h，并且判断换挡杆在“N”或“P”挡位时，ECU 就使电流从 SOL 端子流出，将执行器设置在“硬”位置，从而限制车辆后端下坐。

在换挡杆从“N”或“P”挡位换至另一挡位后约 5s，或车速达到不低于 15km/h 后，换挡时车尾下坐控制即取消。电流从端子 S_+ 或 S_- 流至执行器，如同 TEMS 设置在“硬”以前一样，这就将减振力恢复至原来设置。

6.6.5　故障诊断(图 7-69)

TEMS ECU 具有自我诊断功能，可通过将 T_S 端子与发动机舱的检查连接器的 E_1 端子连接，检查转向传感器电路和减振力。

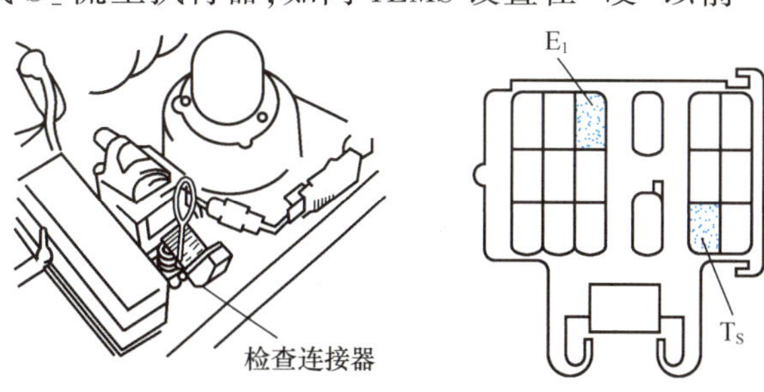

图 7-69　检查连接器

(1)转向传感器电路检查功能。首

先，将 T_S 端子与 E_1 端子连接，并接通点火开关。这就将 ECU 的 CHK 端子与车身搭铁连接，使其电压变为 0。其次，将选择器开关设置在“NORM”方式。这使蓄电池电压停止输入至 ECU 的 SW-S 端子。这两个条件满足时，ECU 就切换至转向传感器电路检查功能。

TEMS 指示灯根据转向盘的转动情况，每秒钟闪烁一次。

(2) 减振力检查功能。正常情况下减振力不能设置在“硬”位置，这一功能却能强制做到这一点，以便对其进行检查。

首先，连接 T_S 端子和 E_1 端子；然后，接通点火开关。这使 ECU 的 CHK 端子搭铁，将其电压变为 0。其次，将选择器开关设置在 SPORT 方式。这使蓄电池电压输入至 ECU 的 SW-S 端子。这两个条件满足时，电流就流至执行器，将减振器设置在“硬”位置。

将减振器设置在减振力 3 个位置中的一个以后，使车辆行驶并使其摇晃，就能检查减振力。

(3) 故障排除分析。

故障排除分析的程序：

在开始 TEMS 的故障排除分析之前，首先要进行以下初步检查，以确定故障确实发生在 TEMS 中，而不是在另一有关系统中。

①检查轮胎气压；

②检查悬架和转向杆系的润滑；

③检查底盘至地面的净高度和车轮定位；

④检查蓄电池电压，应在 12V 以上；

⑤检查所有连接器，应都牢固。

如初步检查结果都正常，用“减振力检查功能”检查减振器的减振力是否被执行器改变。

在开始故障排除分析前，还一定要透彻了解每个控制功能与传感器之间的关系（表7-4）。

每种故障的主要原因见故障排除分析一览表。

故障排除分析一览表　　表 7-4

故　障	可能原因	故　障	可能原因
TEMS 完全不工作	TEMS 指示灯电路短路或断路	防侧倾控制不工作	车速传感器电路短路或断路
	ECU 电源断路		转向传感器电路短路或断路
	执行器电路短路或断路		ECU 工作错误
	减振器工作错误	防汽车头部下沉控制不工作	停车灯开关电路错误
	ECU 工作错误		车速传感器电路短路或断路
“SPORT”方式和“NORM”方式不能转换	TEMS 指示灯电路短路或断路		ECU 工作错误
	选择器开关电路短路或断路	高速控制不工作	车速传感器电路短路或断路
	ECU 工作错误		ECU 工作错误
防车尾下坐控制不工作	车速传感器电路短路或断路	预防换挡时车尾下坐不工作	车速传感器电路短路或断路
	发动机 ECU 工作错误		空挡起动开关电路短路或断路
	节气门位置传感器工作错误		ECU 工作错误
	ECU 工作错误		

7　行驶系统的维修

7.1　车架的维修

车架常见的损伤形式有变形、裂纹、腐蚀、连接松旷。

7.1.1　车架的变形

(1)车架侧向弯曲(侧摆)。车架前部或后部的侧向弯曲通常是指车辆受到撞击使车架前后发生侧向变形的结果。在这种情况下,一侧的轴距比另一侧长。这种侧向弯曲会使汽车自行向轴距较短的一侧跑偏。完全侧向弯曲发生在车辆受撞击时,撞击点在车辆一侧中点附近。完全侧向弯曲损坏导致车架成V字形。

(2)车架向下弯曲(下陷)。车架向下弯曲通常发生在车架前部或后部直接受到撞击所致。这种情况发生时,车架边梁的前部或后部相对于车架中心有向上拱起的变形。如果车辆上一侧承受的冲击力比另一侧更多,左右侧轴距的尺寸很可能会不相同。

前横梁很可能在受撞击时向下弯曲。当这根梁下陷时,双梁臂悬架系统的上摆臂彼此靠近。如果麦弗逊式前悬架发生下陷,其滑柱顶部也会相互靠近。在这两种的任何一种前悬架中,下陷状态会使车轮顶部向内移而使外倾角变成负。

(3)车架纵弯曲。车架发生纵弯曲时,发动机舱盖与前保险杠之间的距离小于规定值,或者后轮和后保险杠距离小于规定值,即车架的纵弯曲是由于车架正前方或正后方受到撞击引起。在许多车架纵弯曲的情况下,车架的一侧或两侧的轴距变小。这种撞击可使车架侧面向外鼓起,尤其是承载式车身。在这种情况下,边梁和门框发生扭曲变形。

(4)车架菱形变形。车架菱形变形出现在车架撞击受损而不在保持相互垂直的时候。在这种情况下,车架的形状像一只四边形的框架。如果右后轮相对左右轮被撞向后方,后悬架会向后转,而这又使车辆向左转向。此外汽车转向盘必须不断向右转才能抵消左转向的侧向力。车架的菱形变形通常出现在边梁式车架的车辆上,而承载式车身的车辆很少有这种变形发生。

7.1.2　车架的裂纹

车架由于受到交变荷载的影响,容易产生裂纹。此时可采用焊修法,焊修前应清洁除锈,彻底清除接头两侧的旧漆层;在裂纹两端开坡口;选用碱性的低氢焊条。

7.1.3　车架腐蚀

车架腐蚀应涂上漆层,严重时应更换。

7.1.4　连接松旷

车架纵、横梁连接铆钉松动后,将影响车架的刚度和弹性。修理时应取掉松动的铆钉,重新铆铆钉。

7.2 车桥的维修

7.2.1 汽车前桥的维修

前桥的技术状况关系到汽车的操纵稳定性，也关系到汽车制动过程中方向的稳定性及轮胎的磨损，不但影响汽车的平均技术速度，增加驾驶员的疲劳，也影响汽车的安全运行。因此，对前桥的维修必须仔细认真，确保恢复汽车的操纵稳定性。

7.2.1.1 前桥技术状况的变化

前桥支承汽车前部的质量，承受路面传来的各种反力，尤其是行驶在不良路面上和高速行驶时，这些力构成的冲击荷载峰值很高；前桥零部件不但数量多而且铰接配合多，零件的磨损、变形会引起前轮定位失准。众所周知，汽车的操纵稳定性主要是由前轮定位保证的，前轮定位失准及其他耗损必然引起前轮摆动、前轮跑偏、转向沉重以及转向盘振抖等故障，甚至发生“甩轮”引起重大交通事故。

汽车各级维护、修理竣工，前桥技术状况必须符合《机动车运行安全技术条件》(GB 7258—2017)要求。

7.2.1.2 前桥主要零件的检修

现在汽车的前桥多采用独立悬架结构形式，因此，前桥中的主要零件包括驱动轴、轮毂、轮盘(轮辋)等。

(1)驱动轴的检修。

现以丰田轿车的前桥为例，讲述驱动轴的检修方法。驱动轴的主要损伤形式有：驱动轴橡胶护套破损漏油、球笼式等速万向节磨损松旷、驱动轴弯曲变形等。

①驱动轴橡胶防尘套的更换。

A. 驱动轴的拆卸(按如下步骤实施)。

a. 排放少许传动桥润滑油液。

b. 拆卸转向横拉杆球头销：首先按图7-70所示方法拆卸球头销锁上螺母的开口销和锁上螺母，再按图7-71所示方法用拆卸器和梅花扳手拆卸球头销。

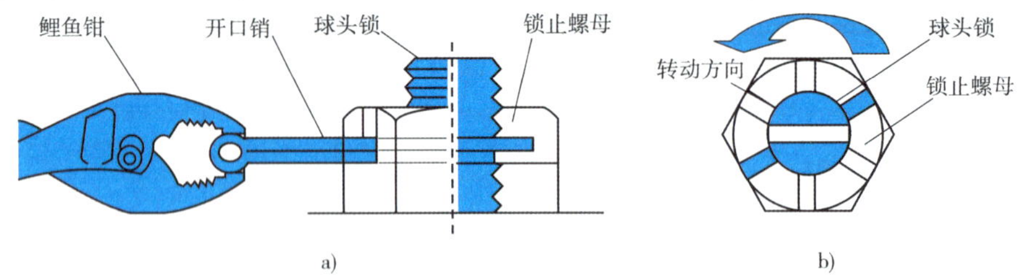

图7-70 横拉杆球头销锁止螺母的拆卸

a)球头销锁止螺母开口销的拆卸；b)球头销锁止螺母的拆卸

c. 拆卸驱动轴锁止螺母和分离驱动轴与制动盘。

d. 拆卸驱动轴总成(图7-72)。

由辅助人员将驱动轴总成抬平，维修技师将SST卡爪钩入驱动轴内侧球笼外部较深的沟槽内，并用SST滑锤的冲击力将驱动轴退出传动桥(变速器)。

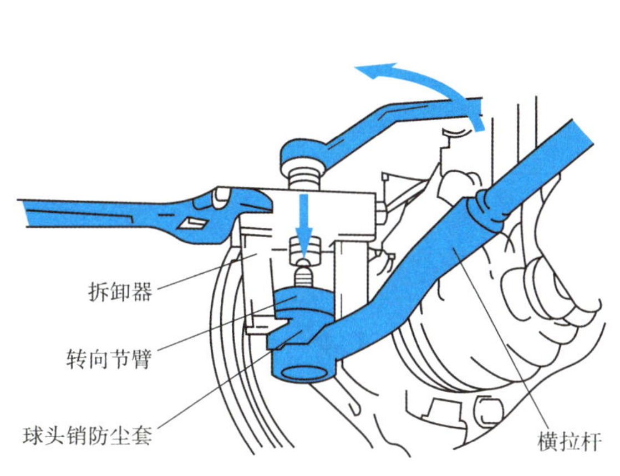

图 7-71　横拉杆球头销的拆卸

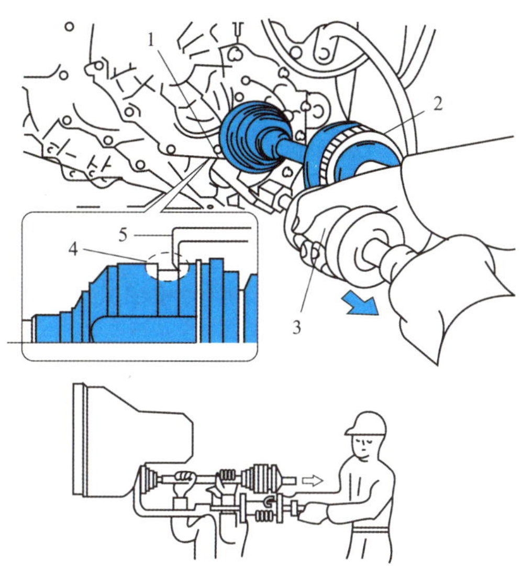

图 7-72　驱动轴的拆卸

1-SST(驱动轴拆卸工具附件);2-驱动轴;3-SST(差速器半轴齿轮拉具:滑锤);4-驱动轴内侧球笼外部沟槽;5-SST 卡爪

B. 驱动轴总成的外观检查和弯曲变形检查。

将拆卸下来的驱动轴总成放置于工作台之上,肉眼观察驱动轴外端螺纹,如图 7-73b)和图 7-73c)中箭头指示位置,有无滑牙现象,其螺纹的损伤不得超过 2 牙。用钢卷尺按图 7-73b)所示位置测量驱动轴的长度,检查判定是否存在弯曲变形。如丰田 COROLLA(ZRE151,152 系列)车型的标准参数见表 7-5。当测量值小于标准参数则存在着弯曲变形。

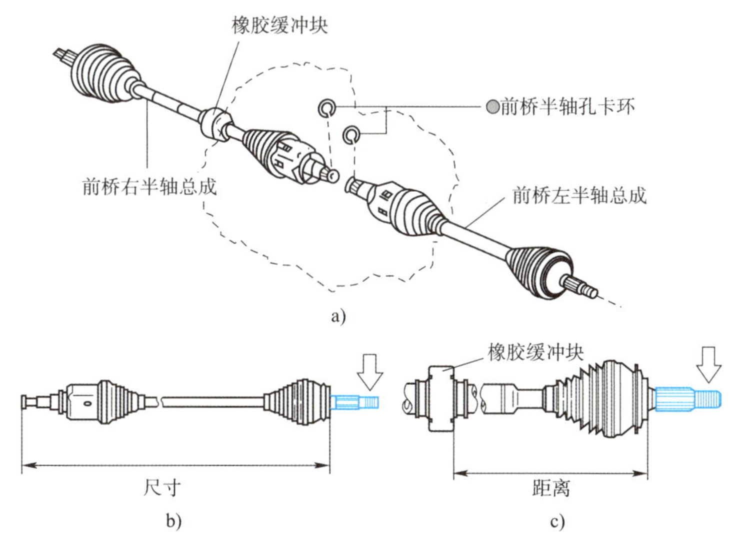

图 7-73　驱动轴的外观检查与弯曲变形检查

a)驱动轴在车上的总体布局;b)驱动轴的弯曲变形测量;c)组装时橡胶缓冲块的位置确认

丰田 **COROLLA**(ZRE151,152 系列)车型驱动轴长度标准参数　　表 7-5

车辆装用发动机类型	左侧驱动轴长度(mm)	右侧驱动轴长度(mm)
1ZR－FE	587.6	590.9
2ZR－FE	867.6	870.9
右侧驱动轴橡胶缓冲块位置确认距离(mm)		458.0～462.0

C. 驱动轴护套的更换。

a. 拆卸驱动轴橡胶护套和橡胶缓冲块卡箍,其操作方法如图 7-74 所示。

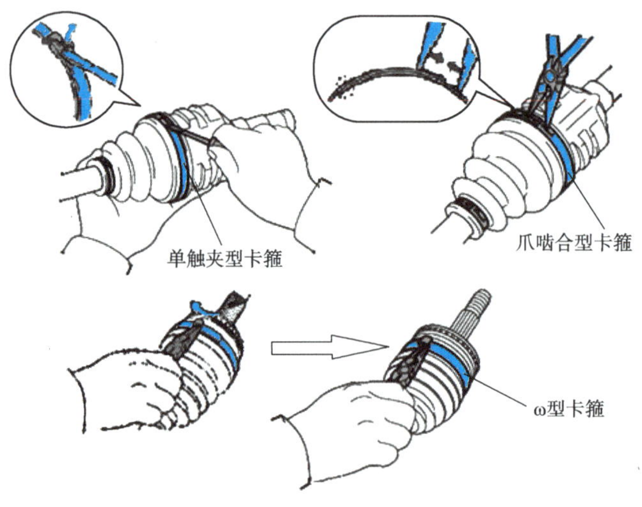

图 7-74　驱动轴橡胶护套卡箍的拆卸

b. 分离驱动轴与拆卸三脚头卡环,其方法如图 7-75 所示。注意分离驱动轴内侧球笼时,应当用记号笔在驱动轴、三脚头、球笼三个零件上做好装配记号。

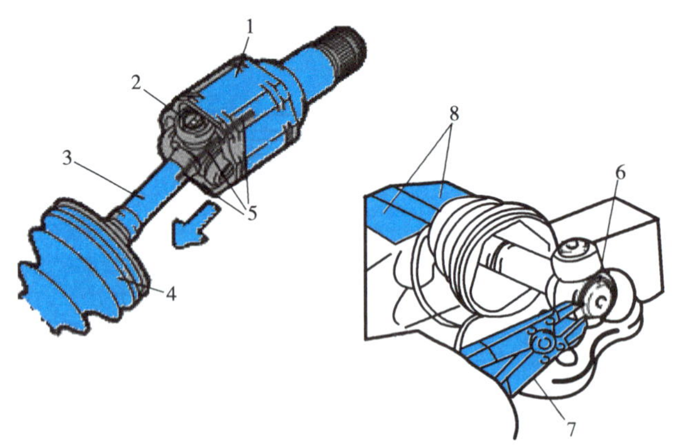

图 7-75　驱动轴的分离与三脚头卡环的拆卸

1-驱动轴内侧球笼;2-等速万向节三脚头;3-驱动轴;4-驱动轴橡胶护套;5-装配记号;6-卡环;7-SST(卡环钳);8-台虎钳钳口保护铝板

c. 拆卸驱动轴内侧等速万向节三脚头球节滚柱,其方法如图 7-76 所示。注意使用铜棒敲击时不要操作滚柱面,并且在 3 个缺口方向进行敲击。

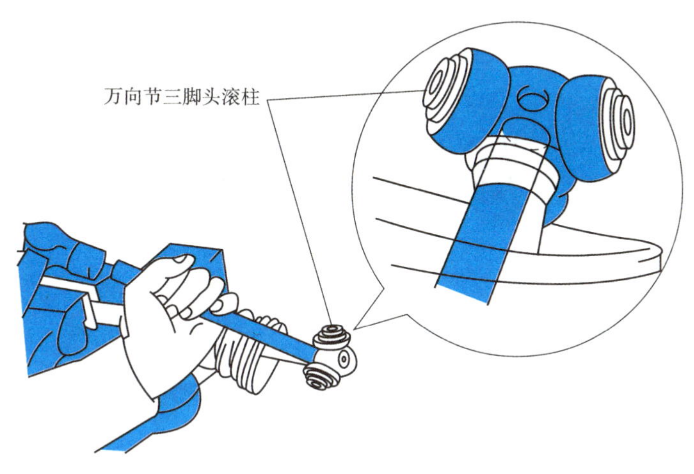

图 7-76　万向节三脚头球节滚柱的拆卸

d. 拆卸右侧半轴上的橡胶缓冲块,并拆下驱动轴外侧球笼的橡胶防尘套。

e. 安装驱动轴外侧球笼橡胶防尘套,其操作方法如图 7-77 所示。在驱动轴全部分解完毕后,清洗干净所有零件。用塑料胶带缠裹的驱动轴内侧球节端,并按图示方向装入新的橡胶防尘套,再加入定量的球节润滑脂(一支球节润滑脂牙膏筒全部加注完),并注意不要在橡胶防尘套与球笼结合面残留润滑脂,最后扣合好橡胶防尘套。注意外侧球笼一般为不可拆卸零件。

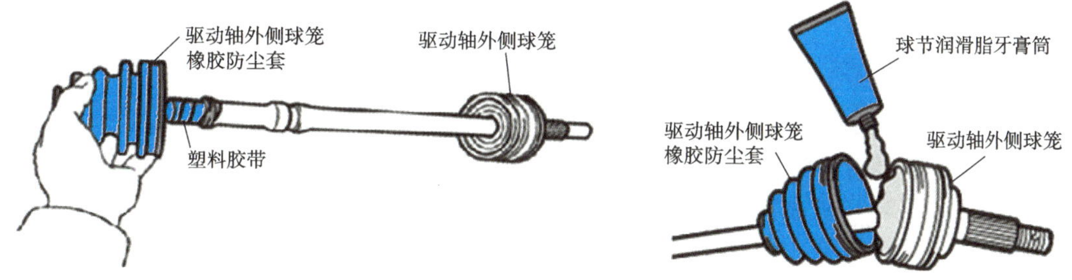

图 7-77　驱动轴外侧球笼橡胶防尘套的安装

f. 安装右侧驱动轴的橡胶缓冲块,其技术要求见表 7-5。

g. 装配驱动轴内侧三脚头球节,其操作方法如图 7-78 所示。将驱动轴夹持在台虎钳上,取下先前缠裹的塑料胶带,先放入内侧球笼橡胶防尘套,对齐装配标记放入三脚头球节,并注意其方向(如图所示,即让三脚头球节内花键略带锥形一侧向内),然后用铜棒在三脚头球节的 3 个缺口方向将其敲击到位(到位后的声音较实,且清脆),敲击时注意不要损伤球节滚柱面,再用 SST(卡环钳)安装新的卡环,并注意确认检查卡环安装到位。

h. 装配驱动轴内侧球笼,如图 7-79 所示。先将定量的球节润滑脂注入内侧球笼内,再对齐装配标记安装内侧球笼。注意在球笼与橡胶防尘套接合面上不要残留润滑脂。最后扣合好橡胶防尘套。

i. 安装橡胶防尘套和橡胶缓冲块新的卡箍。注意应将所有卡箍的搭扣朝向同一方向,并确认安装可靠。

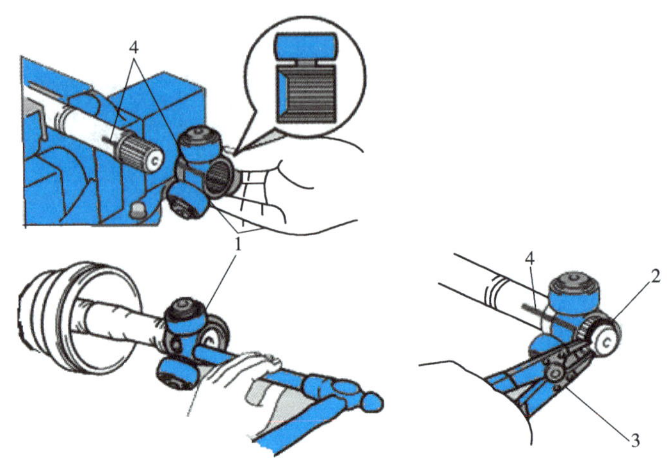

图 7-78 驱动轴内侧三脚头球节的装配

1-三脚头球节滚柱;2-卡环;3-SST(卡环钳);4-装配标记

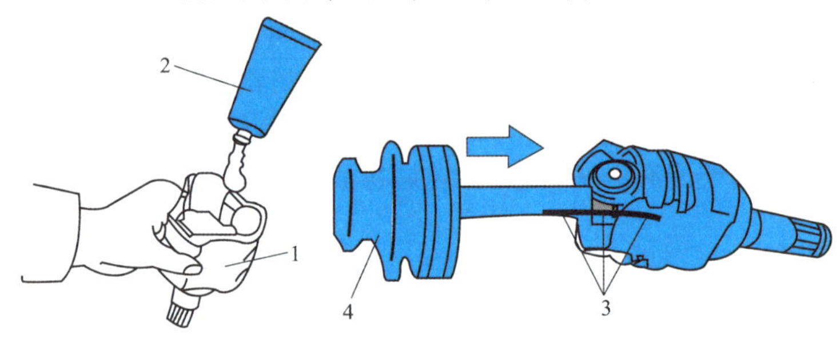

图 7-79 驱动轴内侧球笼的安装

1-驱动轴内侧球笼;2-球笼润滑脂牙膏筒;3-装配记号;4-橡胶防尘套

②驱动轴万向节磨损松旷的检修。

当从车上拆卸驱动轴总成时检查发现外侧等速万向节磨损松旷时,则更换驱动轴总成。若内侧万向节磨损松旷,则可更换三脚头球节和球笼。

(2)轮毂的检修:

①轮毂轴承承孔磨损的检修。轮毂轴承承孔与轴承的配合过盈不得小于0.009mm,轴承承孔磨损用刷镀或喷焊修理。禁止铜焊修理,铜焊层硬度过低,修复后寿命过短,不但可靠性很低,也加大了修理费用。

②轮毂变形的修理。轮毂变形会引起车轮的不平衡,加大制动鼓的全跳动误差,影响汽车的操纵性能和制动效能。轮毂变形后,以两轮毂轴承外座圈的锥面为基准,车削接合凸缘,凸缘的圆跳动公差为0.15mm。

(3)轮辋的检验:

①轮辋变形的检验。平式轮辋边缘20mm内的圆跳动公差为2.50mm,轿车深式轮辋中线上的圆跳动公差与边缘附近的圆跳动公差为2.00mm,变形后更换,以保证车轮滚动时的平稳性能并减轻轮胎的磨损。

平式轮辋的锁圈在自由状态下,对口重叠长度不得小于45mm。否则说明锁圈的收缩弹性已经衰退,在气压下有崩脱的隐患,所以必须更换,严禁用压扁的方法增加对口重叠量。

轮胎螺栓孔磨损大于 0.20mm 应进行修理或更换轮辋。

②轮辋组件的平衡。轿车的轮毂、轮辋、制动鼓组件的动不平衡量不得大于 400g · cm，车轮总成(包括轮胎)的动不平衡量应为 800 ~ 1000g · cm。汽车大修或更换车轮总成中任一部件后均应重新进行动平衡检验，维护时粘补外胎也必须重新进行总成动平衡检验。拆装中原平衡块不得拆除或移位。

7.2.2　前轮定位调整

前轮定位是保证汽车操纵稳定性的关键，还影响制动过程中汽车方向的稳定性和轮胎的耗损。转向系统、前桥、悬架乃至车架的故障都会综合影响前轮定位的准确性，造成汽车操纵性能变差。因此，前轮定位的检查与调整是汽车总装后的一项极为主要的作业。汽车二级维护时必须检查调整前轮定位。

(1)独立悬架式转向桥前束的调整。非独立悬架前桥前轮定位中的主销内倾、前轮外倾完全由前桥结构来保证，是不可调的。而主销后倾多数由前钢板弹簧在空载状态下的弧度或由钢板弹簧与前轴间的楔形垫铁保证，一般情况下也是不能调整的，只有前束通过旋转横拉杆进行调整。前桥和转向系统各部位配合间隙，两前轮轮胎的气压，主销后倾、主销内倾、前轮外倾的准确程度都会影响前束值或前束的作用。因此，调整前束之前应做好以下工作：

①检查调整好前轮、转向系各配合间隙。

②两侧前轮轮胎气压、气压差以及平衡性能应符合原厂规定，车辆左、右同名点的离地高度应相同。

③主销后倾、主销内倾和前轮外倾值应符合原厂规定，否则，应进行修理。修复后方能准确地调整前轮前束。

④调整前束前，应按技术文件之规定，紧固相关部位，确保连接可靠。

前轮前束的调整方法：

①确定两前轮上的同名点。检查前束时，必须测量两前轮上位置相同完全对称的两个点之间的距离，两个点简称“同名点”。同名点选择必须符合原厂规定，多数制造厂规定同名点在轮胎的中线上；也有少数厂家规定的同名点处在两轮胎内侧胎体或外侧胎体上；还有的规定同名点在轮辋内侧边缘上。

②将汽车置于水平地面上并支起前桥。

③调整前束尺。首先调整前束尺两条链条的长度，这一长度应等于前轮轴线的离地高度。

④用前束尺测量前束。先伸缩前束尺两个测量管，使两个水平指针指到两个同名点上。在通过两前轮公共轴线的水平面内，分别测量出两同名点在轮轴前方的距离 A 和在轮轴后方的距离 B，$B-A$ 值即为前束值。

⑤调整前束。若前束值不符合原厂规定，松开横拉杆接头，旋转横拉杆，待前束值正确后，按原厂规定的紧固力矩紧固横拉杆接头的紧固螺栓。

双横拉杆的转向桥，调整前束时，左右横拉杆应转动同样的角度，也就是左右横拉杆各自的伸长量或收缩量必须相等，否则会影响左右最大转角的正确性。

一般情况下使用普通斜交轮胎时，前束值为 5mm ± 2mm，使用子午线轮胎时，前束值为

4mm ±2mm，而欧洲型汽车使用子午线轮胎的前束值多为 0mm ±2mm。

表 7-6 为几种国产汽车的前轮定位数据。

前轮定位数据 表 7-6

车 型	主销后倾角	主销内倾角	前轮外倾角	前束(mm)
CA1091	1.5°	8°	1°	2～4
EQ1090E	2.5°	6°	1°	1～5
东风雪铁龙世嘉	5.3° ±0.5°	11.7° ±0.5°	0° ±0.5°	−2.5 ±1
上海桑塔纳	—	—	0.5° ±20′	−1～−3
南京依维柯	0.5°～1°	0°	1°	1.5～2.5
北京切诺基	7.5°	—	0	0
天津夏利	2°55′	12°	0	1

(2)独立悬架汽车前轮定位的调整。主销后倾角通过移动上摆臂在摆臂轴上的纵向位置来调整，增减套在摆臂轴上的、位于上摆臂轴与摆臂上的承孔端面间的垫片的总厚度，使上摆臂纵向位移改变主销后倾角。前轮外倾角调整时，增减上摆臂与固定支架间的垫片厚度，使上摆臂以下摆臂为支点横向位移来改变车轮外倾角，主销内倾和前轮外倾已由转向节的结构确定，不能单独调整。当主销后倾和前轮外倾调整合格后，主销内倾仍不在原厂规定值之内，说明转向节已经变形。

前束仍通过横拉杆调整。

前轮定位调整合格后，通过转向节上的最大转向角限止螺栓来分别调整左、右轮最大转向角。

有些厂牌汽车的使用说明书中，还给了前轮定位调整坐标图，方便检修人员参照坐标图增减垫片。

麦弗逊式悬架转向桥的前轮外倾、主销内倾以及主销后倾一般由结构来保证，不需要也不能进行调整。但桑塔纳轿车的前轮外倾是可以调整的，调整时，先松开下悬架臂与前轮的连接螺栓的固定螺母，将专用前轮外倾调整杆插入调整孔中，横向移动球头销，使前轮下方作轴向移动，调整前轮外倾角达到规定值(0.5° ±20′)，且两侧前轮外倾角差不得大于 15′。插入专用调整杆时，右侧的调整杆从前方插入，左侧的调整杆从后方插入。调整完之后，再检查调整前束，前束的调整仍然靠调整横拉杆的长度来实现，前束值为 −3～−1mm。待前束值调整合格后紧固并锁止球销螺母。维护时，发现轮胎单侧磨损严重，则应尽早检查调整前束。

7.3 车轮与轮胎的维修

7.3.1 轮胎的使用与检修

7.3.1.1 轮胎的使用

轮胎的合理使用是延长其使用寿命的根本途径。只有合理使用轮胎，才能防止轮胎的异常磨损，诸如爆胎、划伤、漏气等致命损伤，从而提高轮胎的行驶里程。

(1)保持轮胎气压正常。轮胎的气压是决定轮胎使用寿命和工作好坏的重要因素。轮胎的气压受充气时气压、使用条件和气体缓慢泄漏等影响。保持轮胎气压的关键是定期检查轮胎气压。检查轮胎气压,不能凭借经验,必须在轮胎处于冷状态下,使用轮胎气压表进行检查。轮胎气压略为高于标准气压时使用寿命较长,高于或低于标准气压使用寿命都会下降。

当轮胎气压过低时,造成胎侧变形加大,胎冠部向内凸起,即所谓的"桥式效应",而且胎面接地面积增大,滑移量增加,使胎肩部位磨损加剧。由于轮胎变形大,轮胎帘布层中的帘线应力增加,使得轮胎温度升高,加速橡胶老化和帘布与橡胶脱层,帘布松散,甚至帘线折断。对于一些后轮是双胎并装的汽车,其中一条轮胎气压过低,还会使另一条轮胎由于超载而损坏。此外,轮胎气压过低,会使滚动阻力增大,燃料消耗增加。可是,轮胎气压略低,有利于提高转向轮的方向稳定性。

轮胎气压过高时,轮胎内部压力增加,接地面积减少,使轮胎的胎冠部位向外凸起,造成胎冠磨损;由于轮胎的橡胶、帘布等材料过度拉伸,气压高使轮胎刚性增加,一旦遇到冲击,极易造成轮胎的爆破。可是,轮胎气压略高,有利于降低行驶阻力,节约燃料。

(2)防止轮胎超载。轮胎承受负荷的高低,对使用寿命影响较大。轮胎承受的负荷较小时,使用寿命大大提高,但是不利于提高运输生产效率。轮胎承受的负荷较大时,使用寿命随负荷的增加而缩短。其原因是轮胎超载后,帘布和帘线应力增大,容易造成帘布与橡胶层和帘线松散、折断,同时因为变形加大使轮胎接地面积增加,致使轮胎胎肩磨损加剧;轮胎超载后,变形加大使轮胎温度升高,一旦遇到障碍物时,极易引起轮胎爆破。

防止轮胎超载的关键是按标定的容载量载货载客,不准超载。另外更需要注意货物装载的平衡,否则造成偏载后的局部超载。

(3)合理搭配轮胎。合理搭配轮胎的目的是使整个汽车上的几条轮胎尽量磨损一致,使其寿命同等。搭配轮胎的原则如下:装用新轮胎时,同一车轴上应装配用一规格、结构、层级和花纹的轮胎;货车双胎并装的后轮,还需要加上同一品牌。装用成色不同的轮胎时,前轮尽量使用最好的轮胎,备用轮胎使用较好的轮胎,直径较大的轮胎应该装在双胎并装的后轮外侧,翻新轮胎不得用于转向轮。

(4)精心驾驶车辆。驾驶车辆技术的好坏,直接影响了汽车的使用寿命,轮胎也是如此。因此,精心地驾驶车辆,节胎的驾驶操作要领是:起步平稳,避免轮胎滑转;均匀加速,中速行驶,避免急加速和急减速;选择路面,避免在不良路面上行驶;转弯减速,避免转弯引起的轮胎横向滑移;以滑代制,避免紧急制动造成地面与轮胎拖磨。

另外,夏季高温行车,应防止轮胎过热和内压过高,严禁放气降压和泼水冷却,应该选择阴凉地并增加停歇时间;改道和靠边行驶时,须注意不得靠近路边或人行道行驶,以免划伤胎侧;汽车陷入泥泞路面时,应增加附着,避免轮胎空转而打滑;在冰雪路面上行驶,装用防滑链应该两边对称装用,到达不滑的路面时,应立即拆除,避免轮胎对轮胎的伤害。

(5)保持良好的底盘技术状况。轮胎的异常磨损与底盘技术状况有关,如前轮定位中的前轮外倾与前轮前束配合不当、轮辋轴承松旷、转向传动机构间隙过大、车轮不平衡、轮辋变形、悬架与车架变形或制动技术状况不良等。

前轮外倾与前轮前束配合不当将产生侧向力，使轮胎横向滑移而引起磨损。

轮辋轴承松旷、转向传动机构间隙过大、车轮不平衡、轮辋变形等，会使汽车行驶中轮胎发生纵向跳动或横向摆动，使车轮非正常磨损加剧。悬架与车架变形，将使车轮定位发生变化，使车轮着地位置发生变化或产生侧向力，引起轮胎的磨损。

当车轮制动器调整不当，各轮制动力不均匀或制动力不易解除，造成胎面磨损加剧。

7.3.1.2　轮胎的维护与换位

(1)轮胎的日常维护。日常维护包括出车前、行车中和收车后的检视。主要是检视轮胎气压和有无不正常的磨损和损伤，并及时消除造成不正常磨损和损伤的因素。轮胎日常维护的作业内容有：

①出车前检视。

a. 用气压表检查轮胎气压是否符合规定，气门嘴是否漏气，气门帽是否齐全，气门嘴是否碰擦制动鼓。

b. 检查轮胎螺母是否紧固，翼子板、挡泥板、货箱等有无碰擦轮胎现象，并设法消除。

c. 检查随车工具，如撬抬棒、千斤顶、轮胎螺母套筒扳手、气压表、手锤、挖石子钩等是否齐全。

②行驶中检视。

a. 行驶途中检视应结合途中停车、装卸等各种机会进行。停车地点应选择清洁、平坦、阴凉和不影响其他车辆通过的处所。

b. 检查轮胎螺母有无松动，翼子板、挡泥板、货箱等有无碰擦轮胎现象，并设法消除。

c. 及时发现并挖出轮胎夹石和花纹中的石子及杂物。

d. 检查轮胎气压，摸试轮胎温度。

e. 检查轮胎胎面及胎侧有无不正常的磨损和损伤，以及轮辋有无损伤。

③收车后检视。

a. 停车场地应注意干燥清洁、无油污、严寒地区应扫除停车场上的冰雪，以免轮胎与地面冻结。

b. 停车后应注意检查轮胎有无漏气现象，并查找漏气原因，予以排除。

c. 检查花纹并挖出夹石和花纹中的石子、杂物。

d. 检查轮胎螺母是否松动，备胎架装置是否牢固，以及车辆机件有无碰擦轮胎的现象。

e. 途中加换备用胎，收车后应将损坏的轮胎及时送修。如发现车辆技术状况不正常，造成轮胎不正常磨损和机械损伤，应及时查明原因，并予以排除。

(2)轮胎的一级维护。

①紧固轮胎螺母，检查气门嘴是否漏气，气门帽是否安全，如发现损坏或缺少应立即维修或补齐。

②挖出夹石和花纹中的石子、杂物，如有较深伤洞应用生胶填塞。特别是子午线胎，刺伤后如不及时修补，水气易进入胎体锈蚀钢丝帘线，造成早期损坏。

③检查轮胎磨损情况，如有不正常磨损或起鼓、变形等现象，应查找原因，予以排除。

④如需检查外胎内部，应拆卸解体，如有损伤应及时修补。

⑤检查轮胎搭配和轮辋、挡圈、锁圈是否正常。

⑥检查轮胎（包括备胎）气压，并按标准补足。

⑦检查轮胎有无与其他机件刮碰现象，备胎架是否完好、紧固。如不符合要求，应予排除。

⑧必要时（如单边偏磨严重）应进行一次轮胎换位，以保持胎面花纹磨损均匀。

完成上述作业后应填写维护记录。

（3）轮胎的二级维护。除执行一级维护的各项作业外，还应：

①拆卸轮胎，按轮胎标准测量胎面花纹磨耗、周长及断面宽的变化，作为分档和搭配的依据。

②轮胎解体检查。

a. 胎冠、胎肩、胎侧及胎内有无内伤、脱层、起鼓和变形等现象。

b. 内胎、垫带有无咬伤、折皱现象，气门嘴、气门芯是否完好。

c. 轮辋、挡圈和锁圈有无变形、锈蚀，并视情涂漆。

d. 轮辋螺栓承孔有无过度磨损或损裂现象。

③排除解体检查所发现的故障后，进行装合和充气。

④高速车应进行轮胎的动平衡。

⑤按规定进行轮胎换位。

⑥发现轮胎有不正常的磨损或损坏，应查明原因，予以排除。

完成上述作业后应填写维护记录。

（4）轮胎维护操作要点。

①充气。

a. 轮胎充气应按照该车型汽车使用说明书上规定的标准气压执行。并在冷态时用气压表测量，若在热态时测量，应略高于标准气压，取适当的修正值。气压表应定期校准，以保证读数准确。

b. 轮胎装好后，先充入少量空气。待内胎充气伸展后再继续充至要求气压。

c. 充气前应检查气门芯与气门嘴是否配合平整，并擦净灰尘。充气后应检查是否漏气，并将气门帽装紧。

d. 充入的空气不得含有水分和油雾。

e. 充气时应注意安全防护，充气开始时用手锤轻击锁圈，使其平稳嵌入轮辋槽内，以防锁圈跳出。

②轮胎换位。

a. 按时换位可使轮胎磨损均匀，均可延长20%的使用寿命，应结合车辆二级维护定期换位。在路面拱度较大的地区或夏季，轮胎磨损差别较大，可适当增加换位次数。

b. 轮胎换位方法常用的有交叉换位法和循环换位法。其轮胎的换位方法如图7-80所示。

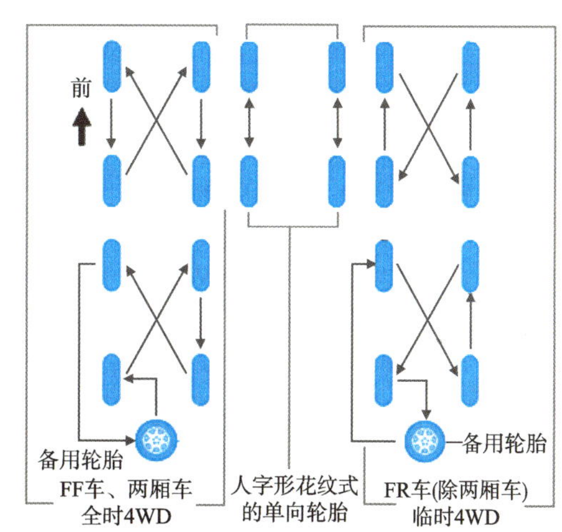

图7-80　轮胎的换位

c. 轮胎换位后，应按所换的胎位要求，重新调整气压。

③轮胎的拆装。

a. 拆装轮胎须在清洁、干燥、无油污的地面上支顶牢靠进行。

b. 拆装轮胎要用专用工具，不允许用大锤敲击或其他尖锐的用具拆胎。

c. 外胎、内胎、垫带、轮辋必须符合规格要求，才能组装。要特别注意子午线胎圈部分的完好。

d. 内胎装入外胎前，须紧固气门嘴，以防漏气，并在外胎内部和垫带上涂上滑石粉。

e. 气门嘴的位置应装在轮辋气门嘴孔中。胎侧有平衡标记（彩色胶片）的，标记应在与气门嘴相对的位置上，以便于平衡。轮辋上有平衡块的，应用动平衡机进行平衡调整。

f. 安装有向花纹的轮胎，应注意滚动方向的标记。拆装子午线胎应做记号，使安装后的子午线胎滚动方向保持不变。

g. 双胎并装时，应注意将两轮通风洞对准，两气门嘴应互隔 180°，并与制动鼓上的蹄鼓间隙视孔呈 90°角。

h. 拆装无内胎轮胎时，每次均需换上新的、完好的 O 形圈，并经植物油浸泡。

i. 无内胎轮胎胎冠有钢带时，应先把轮胎装在轮辋内，并充入 150kPa 的气压，再小心把钢带剪断取下。

j. 新装配好的无内胎轮胎，充气时应用皂水检查轮辋与胎圈 O 形圈、气门嘴垫、气门芯等处是否有漏气。

7.3.2 轮胎的检修

（1）检查胎面花纹深度。轮胎磨损过多，花纹过浅，会成为重要的不安全因素。据统计，轮胎全部问题的 90% 是发生在它的寿命最后的 10% 之内。过度磨损的轮胎，除容易爆破外，还会使汽车操纵稳定性变坏。汽车在雨中高速行驶时，由于不能把水全部从胎下排除，轮胎将在胎面与路面之间形成的水膜上滑动，致使汽车失控。花纹越浅，水滑的倾向越严重。所以日常维护和各级维护时，应检查花纹深度。根据相关资料，轿车轮胎胎冠上的花纹磨剩2 ~ 3mm 时，应停止使用，进行翻新，如图 7-81 所示。测量时应使用深度尺。

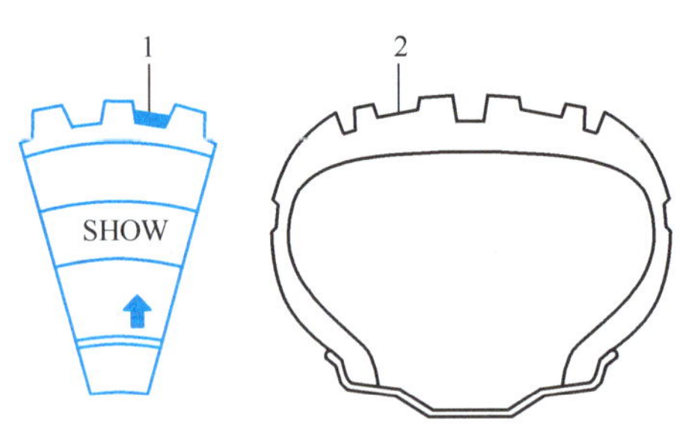

图 7-81 轮胎磨损标志

1-横向磨损标志；2-横断面上磨损标志

测量花纹深度，还可以知道轮胎成色和磨损速度是否正常。若车上装用的新胎花纹深度是 17mm，花纹磨损残留极限尺寸若为 3mm，即花纹允许磨损约 14mm。现在花纹已磨掉 7mm，说明该胎的成色是1/2。若在该车使用条件下，轮胎行驶里程定额（新胎到翻新）是 7 万 km，可以算出，每千公里花纹磨损应为 0.2mm。如果现在每千公里实际磨损量达到 0.4mm，说明只能实现轮胎行驶里程定额的一半，这种现象常被称为“吃胎”。经常测量花纹深度，可以及时发现“吃胎”现象，以便及时查明原因，予以消除。

（2）车轮与轮胎的平衡。车轮与轮胎是高速旋转组件，如果不平衡，汽车在超过某一速度行驶时，就会产生共振。特别是高速公路上行驶的车辆，可能造成轮胎爆破，引发交通事故。不平衡也会引起底盘总成零部件损伤,使转向节上的磨损增加,减振器和其他悬架元件的变形等。就车轮本身而言,由于装有气门嘴,同时还与轮胎和传动轴等传动系的旋转部件组装在一起,因此必须进行平衡,否则,不平衡在所难免。

新车上安装的车轮与轮胎都经过了平衡,随着车辆的行驶及轮胎的维护或修理,如果检查轮胎有不均匀或不规则磨损、车轮定位失准,车轮平衡维护就是必须要做的工作。平衡车轮时,沿轮辋分配配重,使它平稳滚动而无振动。有两种车轮不平衡,静不平衡和动不平衡。

①静平衡。静平衡是质量围绕车轮等量分配。静不平衡的车轮旋转时造成跳动,也称为角振动,这种情况可能引起轮胎不均匀磨损,主要原因是不平衡所产生的作用。实际上,静平衡就是在车轮静止时平衡的。不管车轮在车轴上处于任何位置都能保持不转动,就达到了静平衡。不管是将车轮垂直装在主轴或平衡机上,还是水平装在气泡式平衡机上,都应该如此。

静不平衡的车轮总有转动趋向,直到重的部分转到下方,才能静止。为了对重的部分进行平衡,将一块配重直接加到车轮重的部分的对面,这就是通过增加平衡块来保持平衡。可以将平衡块放在车轮内侧或把平衡块放在车轮外侧,还可以将重的部分的对面的车轮内外侧各放一块相等的平衡块。

②动平衡。动平衡是在中心线每一侧使质量等量分配。轮胎旋转时,没有从一侧移到另一侧的趋势。动不平衡的车轮会引起车轮摆动和磨损,关键是存在着不平衡质量所产生的力和力偶的作用。动平衡简单地说就是在运动中平衡车轮。

为纠正动不平衡,在不平衡点处,互成180°处放置相等的平衡块,一块在车轮内侧,一块在车轮外侧。这可纠正不平衡质量而致使车轮摆动的力偶作用。要注意,既要达到动平衡而又使静平衡不受影响。

做车轮动平衡需要从车上卸下轮胎(车轮组件)装到平衡机主轴上(图7-82)。必须作两个实验,一个动不平衡实验,一个静不平衡实验。放一套平衡块校正静不平衡,放另一套平衡块校正动不平衡。有时,静平衡块的适当定位也能纠正动不平衡。

有些电动机/静平衡机可用来对装在车上的车轮和轮胎进行动平衡。控制台上的开关用来设置动平衡实验或静平衡实验。当用于静平衡时,车轮旋转直到底部才停下来。

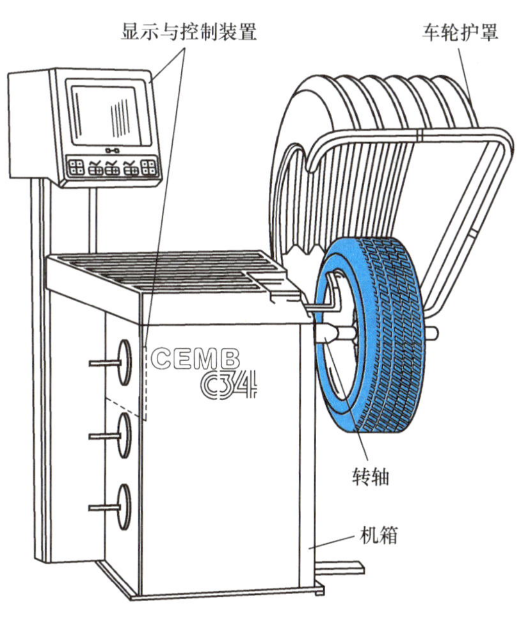

图7-82　轮胎动平衡仪

在进行动平衡时,车轮组件以高速旋转。观察平衡刻度,测出必须加的平衡块质量以及位置。按测出的质量,选择平衡快,装夹在一定的位置,这样即可使车轮/轮胎组件达到平衡。

7.4 悬架的维修

悬架技术状况变差，首先影响汽车的减振性，增加汽车的冲击荷载，加剧汽车零部件的损坏，也增加了运输中的货损货耗。更重要的是破坏了车轮正常的运动状态，造成汽车的操纵性能、制动性能变差，对交通安全构成潜在威胁。

7.4.1 悬架系统的耗损

(1)非独立悬架的耗损与维护。非独立悬架的耗损主要有钢板弹簧弹力衰退，断片和减振器失效。除增加汽车零件的冲击荷载，破坏汽车的减振性能之外，还会产生“前轮定位效应”，影响汽车的操纵性能和制动过程中方向的稳定性，加剧轮胎的磨耗。

①钢板弹簧的耗损与维护：造成钢板弹簧断片的原因除结构上形成的卷耳过渡处等部位应力集中外，与钢板热处理品质也有关系。另外，钢板弹簧定位卡缺少或固定不好，甚至形成半散片，破坏了各片的应力的合理分配，造成局部应力集中而使整架钢板弹簧弹力减退，也会由此而引起两侧钢板弹簧弹力差异过大。

钢板弹簧中心螺栓或U形固定螺栓紧固力矩不符合原厂规定，会造成逐片断裂。假若U形紧固螺栓过紧，中心螺栓固定力矩不足，应力集中断面就会集中移至U形螺栓压紧线的断面上，由此而疲劳断裂。若U形螺栓固定过松，而中心螺栓固定力矩过大，应力集中又会移至中心螺栓孔横向轴线的断面上。此断面因中心孔使截面本来就小，因此会由此引起逐片疲劳断裂。最终导致整架钢板弹簧断裂。

相当多的汽车在维修时，不向钢板弹簧片间涂抹石墨润滑脂，来减小钢板弹簧工作时层片间的摩擦系数，降低片间的摩擦温度。因钢板弹簧含碳量高，淬火临界冷却速度小。由于工作时各片的伸长量不一，片间因摩擦若产生高摩擦热，使表面工作温度过高，就很容易产生烧灼淬硬组层，就是可看到的那种硬疤，也会引起应力集中导致断片。

钢板弹簧日常维护作业是检查紧固U形紧固螺栓。紧固力矩必须符合原厂规定，绝非越紧越好。

其次是按时向钢板弹簧销加注润滑脂。若发现断片，钢板弹簧固定卡、隔套、卡子螺栓缺少时应及时进行小修。二级维护时，拆检钢板弹簧，并向片间涂抹石墨润滑脂。

钢板弹簧禁止加片。

②减振器的耗损与维护：减振器主要的耗损是缺减振油和减振器失效。行车中可用手摸减振器外壳，如果不发热说明减振器失效。

(2)独立悬架的耗损与维护。独立悬架的结构复杂，其主要耗损是转向节及其支承、定位杆系的铰销磨损过大，杆系变形、裂纹，悬架弹簧弹力衰退、断裂，减振器失效，橡胶消声垫损坏，润滑不良等等。这些耗损会引起前轮摆动，车轮反向垂直跳动，使汽车舒适性变差，转弯时车身倾斜严重，噪声过大等故障。

维护作业一般是加注润滑脂，检视杆系零件与弹簧有无断裂，检视减振消声橡胶零件的耗损状况或更换，调整各铰接部位及其他配合部位的间隙等。多数情况下与调整前轮定位合并进行。因为独立悬架的故障也往往与前轮定位失准都反映到汽车操纵的轻便性与稳定性上。

7.4.2 非独立悬架的检修

(1)钢板弹簧的检修。汽车钢板弹簧的主要损伤是钢板弹簧的断裂、弹力减弱及磨损。

用直观检视法,钢板弹簧如有裂纹、折断及厚度明显变薄等应予更换。更换新的钢板弹簧时,其长度、宽度、厚度及弧高应符合原厂规定。不得将长片裁成短片代用。

(2)减振器的维修。目前,汽车上广泛采用的是双向作用筒式减振器。减振器在使用过程中如出现油液渗漏、阀门关闭不严或不能开启等使减振效能降低或失效,应进行检修或更换。

7.4.3 独立悬架的检修

独立悬架是车桥两侧车轮各自独立地与车架或车身弹性连接,以适应路面的变化。

在悬架弹性元件一定的变形范围内,汽车两侧车轮可以单独运动,互不影响,可减少行驶时车架和车身的振动,而且可有效地防止转向轮的摆动。

使用独立悬架时,非悬挂质量小,从而可提高汽车的行驶平顺性。

独立悬架通常采用断开式车桥,发动机总成的位置降低并前移,使汽车重心下降,汽车行驶稳定性得到提高,同时能给予车轮较大的运动空间。因此,可以把悬架刚度设计得较小,使车身振动频率降低,从而改善行驶的平顺性和乘坐的舒适性。

正由于上述优点,独立悬架被广泛地应用于现代汽车上,国产轿车的前悬架都采用了独立悬架。

上海桑塔纳轿车的前悬架系统由减振支柱、横向稳定杆、下摆臂等组成,是一种车轮沿摆动的主销轴线移动的麦弗逊式独立悬架。上海桑塔纳悬架修理时,应检查各零件有无裂纹、变形和损坏,减振器是否有失效和漏油,螺旋弹簧弹力是否符合要求和有无裂纹等。如发现损坏,应予以更换。

安装时,应注意各铰接部分的装配,应保证转动灵活而无松动,安装横向稳定杆时,必须使横向稳定杆的弯曲部分向下,使安装位置留出适当的余隙,以便安装卡箍。

8 行驶系统的故障诊断

8.1 车桥的故障诊断

8.1.1 前桥的故障诊断

前桥、转向系统的故障使汽车的操纵稳定性与操纵轻便性变差。常见故障有:前轮摆动、前轮跑偏、转向盘沉重或转向盘振抖等,同时引起轮胎的异常磨损。影响汽车操纵性能,造成前桥、转向系统故障的因素很多,故障部位的判断也很困难,在判断故障时,要同时把轮胎磨损的特征也作为依据。首先要考虑前桥造成故障的原因,还要检查前轮轮胎的气压、气压差和胎面磨损的差异,前轮的平衡性能;左、右悬架的弹力,前轴(支承梁)和车架的变形;前、后桥的轴距以及平行度误差等诸因素。

8.1.2 车轮的影响

按照原厂规定检查调整轮胎的气压。轮胎的气压过高，其偏离角减小，轮胎产生的稳定力矩减小，自动回正能力减弱；轮胎的气压过低，侧向弹性增强，使偏离角增大，稳定力矩过大，车辆回正能力过强，转向后回正过猛，使转向车轮摆动剧烈，转向盘抖动。由此可见，轮胎气压过高或过低，都会引起前轮摆动或前轮跑偏，破坏汽车操纵稳定性。

然后，检验车轮的平衡性能。轮辋变形，轮毂、轮辋、制动鼓和轮胎制造以及修理、装配的误差，质量不均匀等因素，破坏了车轮组件的平衡性能，在高速时会引起严重的角振动（共振），造成前轮摆动。因此，更换车轮组件中的任一零件或修补轮胎后均应对车轮重新进行动平衡试验，维护中车轮上的平衡块不能丢失也不能移位。

8.1.3 前桥配合松旷的影响

前桥配合部位松旷，会影响前轮定位的准确性，有人称其为“前轮定位效应”。同时，也使转向振动系统的刚度及阻尼作用降低，造成汽车前轮摆动或前轮跑偏，也可能引起转向盘沉重以及转向盘振抖等故障。

转向盘的振动方式分两类：一类是在某一车速范围内产生的高频率振抖，这是由于各部配合松旷以及转向传力机构刚度不足所产生的共振而引起的转向盘振抖；另一类是车速越快振抖越烈，有时还会出现前轮在路面上滚动产生的有较明显节奏的拍击声，引起此类振抖的关键因素是前轮平衡性能过差。只要认真排除如轮辋变形等造成前轮不平衡的因素，必要时进行车轮动平衡试验，故障就可消除。

一般先检查转向盘的自由转动量。若自由转动量过大，在检查调整轮毂轴承间隙之后，拆下转向器摇臂，固定摇臂轴，再一次检查转向器的自由转动量。若自由转动量仍然过大，则检查调整转向器传动副的啮合间隙，使转向盘的自由转动量符合规定，然后装好摇臂轴并检查转向盘的自由转动量。重新装好摇臂轴之后，转向盘的自由转动量仍然过大，说明转向传动机构的配合部位，或者转向节、独立悬架的摆臂、支承杆（稳定杆）或推力杆配合松旷，应逐一检查调整。随着行驶里程的增加，各配合零件磨损增大，就会造成配合松旷而影响汽车操纵的稳定性和轻便性，所以，在各级维护中，必须认真做好此项检查调整工作。

8.1.4 前轮定位的影响

汽车操纵的稳定性主要取决于前轮定位的准确程度。汽车二级维护时，在侧滑试验台上检测汽车的侧滑量的基础上，用光学水准前轮定位仪检查调整前轮定位。

(1)前轮定位与轮胎磨损的关系。如果胎冠在整个圆周上出现从外侧依次向内的台阶形磨损，侧滑量为正值且大于5m/km，说明前束值过大；若胎冠圆周上出现依次由内侧向外侧的台阶形磨损。侧滑量为负值且大于5m/km，说明前束值过小。

独立悬架会出现侧滑量符合标准，但轮胎外侧依然发生胎面边缘圆周形磨损，甚至在汽车转弯时，轮胎与路面会产生较明显的摩擦声，转弯后转向盘自动回正作用弱。这是由于前轮外倾过大，造成严重的过度转向引起的；如果轮胎内侧胎面边缘圆周形磨损，这是前轮外倾过小，造成过度的转向不足，前轮急剧摆动而引起的。

非独立悬架调整前束，使侧滑量符合标准，而独立悬架必须先调整前轮外倾角至原厂规定值，使前束和前轮外倾相适应。

(2)前轮自动跑偏。前轮跑偏有3种情况：一种是汽车中、高速行驶时放松转向盘之后，前轮急剧跑偏，驾驶员往往必须握紧转向盘约束前轮跑偏。造成前轮急剧跑偏的主要原因是两侧前轮主销后倾差异过大，主销后倾大的一侧，路面反力形成的车轮回正能力过于强烈，使前轮急剧向主销后倾小的一侧偏转，形成前轮急剧自动跑偏的故障。独立悬架先按原厂规定检查调整主销后倾角，然后检查调整前轮外倾角，直至侧滑量符合规定，即可排除前轮剧烈跑偏的故障。

另一种是车辆直线行驶中，放松转向盘，前轮逐渐跑偏，此故障往往在较低车速时就会出现。产生前轮逐渐跑偏的主要原因是两侧前轮外倾差异过大，外倾角大的前轮所产生的绕主销回转力矩必然大于外倾角小的前轮所产生的回转力矩，使汽车方向向外倾角大的一侧跑偏。应在保持主销后倾角正确的前提下调整前轮外倾以排除故障。

第三种前轮跑偏的原因是前轮外倾值和前束值都大，产生过分的过度转向。车辆在平直路面直行时，稍打转向盘，前轮就会急速跑偏，转向盘出现漂浮感，有人也称为转向盘“发飘”。调整前轮定位时，先将两前轮外倾角调整好，然后再检查侧滑量，按侧滑量的正负再调整前束值，待侧滑量合格后，故障即可排除。

(3)前轮摆动。汽车行驶中，驾驶员未转动转向盘，但两前轮忽左忽右的摆动，使汽车忽左忽右地“蛇行”，并且转弯后转向回正能力很差，转向盘“发飘”感明显，此种故障称为前轮摆动。引起前轮摆动的主要原因是转向节主销后倾和主销内倾角过小，前桥、转向系统配合松旷引起的前束值过大。独立悬架先消除配合松旷，然后检查调整主销后倾和主销内倾或车轮外倾，再调整前束以排除故障。

(4)转向沉重。驾驶员在转向时，转动转向盘的圆周力过大，转向反应迟钝，而且转向回位性能差。产生这类故障除各部位配合过紧或卡死等原因外，还与主销后倾有关。

双侧均转向沉重，但双侧转向回正性能都好。该故障是由于两侧主销后倾角均过大，造成前轮回正力矩过大，引起转向沉重但回位迅速，严重时转向盘出现“发飘”感。如果两侧主销后倾角差异过大，甚至一侧主销后倾角为负，另一侧主销后倾角为正，就会造成单侧转向沉重，而另一侧转向回正能力很差。

8.1.5　前轴、车架变形的影响

非独立悬架的前轴变形，独立悬架支承架、摆臂、稳定杆与支承架变形，车架的变形，杆件长度不符原厂规定等，都会产生“前轮定位效应”，破坏汽车操纵的稳定性和轻便性。当消除前桥、转向系统配合松旷、配合过紧、调整前轮定位、调整轮胎气压、车轮平衡之后，汽车侧滑量仍然过大，仍不能恢复汽车操纵的稳定性，即可怀疑前轴、车架等零部件变形，必要时进行拆检或修理。

8.2　车轮与轮胎的故障诊断

8.2.1　车轮常见故障诊断

车轮常见故障为轮毂轴承过松或过紧。

轮毂轴承过松，会造成车轮摆振及行驶不稳，严重时还能使车轮甩出。此时，可将车轮支起，通过用手横向摇晃车轮，即可诊断出车轮轴承是否松旷。一旦发现轴承松旷，必须立即修理。

轮毂轴承过紧，会造成汽车行驶跑偏。全部轮毂轴承过紧时，会使汽车滑行距离明显下降。轮毂轴承过紧会使汽车经过一段行驶后，轮毂处温度明显上升，有时甚至使润滑脂溶化而容易甩入制动鼓内。将车轮支起后，转动车轮明显感到沉重。

8.2.2　轮胎常见故障诊断

发动机使驱动轮转动，从而带动轮胎旋转。这意味着轮胎属于传动系统的一部分。但轮胎还会根据转向器的运动，改变车辆的运动方向。因此，轮胎也属于转向系统的一部分。此外，由于轮胎也用于支承车重及吸收路面振动，所以，轮胎还是悬架系统的一部分。

基于上述原因，在进行轮胎的故障诊断排除分析时，一定要记住上述 3 个系统，即轮胎与车轮、转向、悬架之间的关系。同样重要的是：轮胎的使用和维护不良，也可能导致轮胎本身及相关系统的故障。因此，轮胎故障诊断排除分析的第一步，便是检查轮胎是否使用正确，维护恰当。

8.2.2.1　不正常磨损

(1)胎肩或胎面中间磨损(图 7-83)：

①集中在胎肩上或胎面中间的磨损，主要是由于未能正确保持充气压力所致。如果轮胎充气压力过低，轮胎的中间便会凹入，将荷载转移到胎肩上，使胎肩磨损快于胎面中间。

②另一方面，如果充气压力过高，轮胎中间便会凸出，承受了较大的荷载，使轮胎中间磨损快于胎肩。

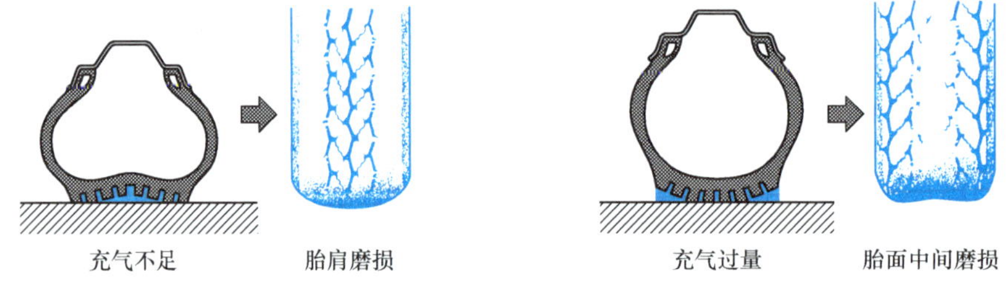

图 7-83　胎肩或胎面的磨损

(2)内侧磨损或外侧磨损(图 7-84)：

①在过高的车速下转弯，轮胎滑动，便产生了斜形磨损。这是较常见的轮胎磨损原因之一。驾驶员所能采取的唯一补救措施，就是在转弯时降低车速。

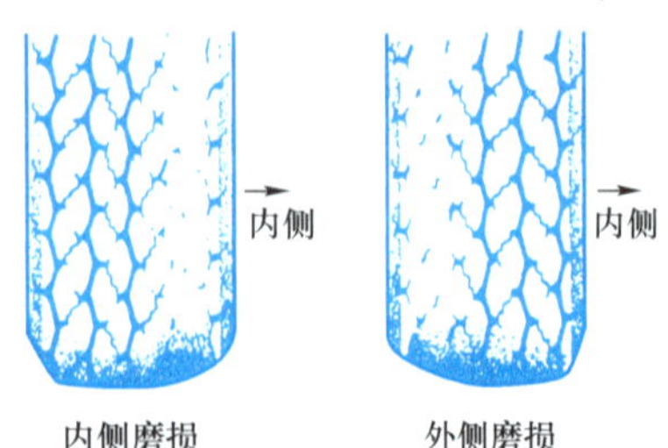

图 7-84　单侧磨损

②悬架部件变形或间隙过大，会影响前轮定位，造成不正常的轮胎磨损。

③如果轮胎面某一侧的磨损，快于另一侧的磨损，则主要原因可能是外倾角不正确。由于轮胎与路面接触面积大小因荷载而异，对具有正外倾角的轮胎而言，其外侧

直径要小于其内侧直径。因此胎面必须在路面上滑动，以便其转动距离与胎面的内侧相等。这种滑动便造成了外侧胎面的过量磨损。反之，具有负外倾角的轮胎，其内侧胎面磨损较快。

（3）前束磨损和后束磨损（羽状磨损）（图7-85）：

①胎面的羽状磨损，主要是由于前束调节不当所致，过量的前束，会迫使轮胎向外滑动，并使胎面的接触面在路面上朝内拖动，造成前束磨损。如图7-83所示，胎面呈明显的羽毛形。用手指从轮胎的内侧至外侧划过胎面，便可加以辨别。

②另一方面，过量的后束，会将轮胎向内拉动，并使胎面的接触面在路面上朝外拖动，造成如图7-85所示的后束磨损。

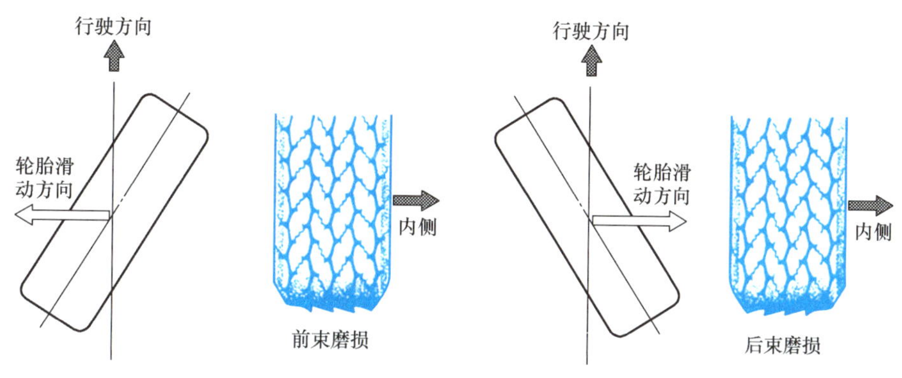

图7-85　前束磨损和后束磨损

（4）前端和后端磨损（图7-86）：

①前端和后端磨损是一种局部磨损，常常出现在具有横向花纹和区间花纹的轮胎上，胎面上的区间发生斜向磨损（与鞋跟的磨损方式相同），最终变成锯齿状。

如车辆经常在铺路道路上行驶，轮胎便会磨损较快。这是由于轮胎向上转动并离开铺面路时，胎面区间在刹那间打滑所致（由于铺面路很坚硬，当胎面区间试图掘入地面时，道路铺面不凹陷）。因此最后离开路面的胎面区间部分受到较大的磨损。

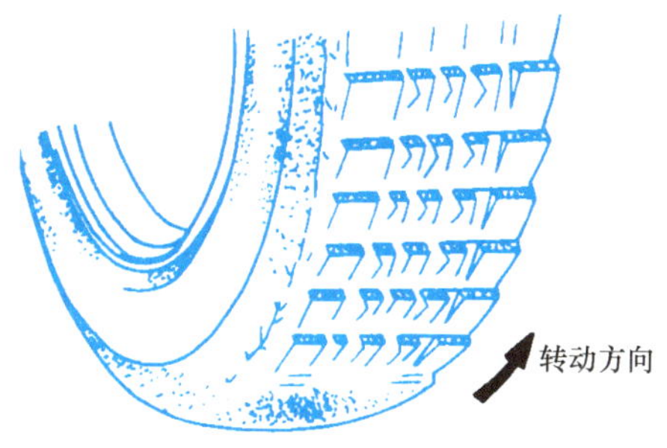

图7-86　前端和后端磨损

②具有纵向花纹的胎面，磨损时会产生波状花纹。

③非驱动轮的轮胎只受制动力的影响，而不受驱动力的影响，因此往往会有前后端形式的磨损，如反复使用和放开制动器，便会使轮胎每次发生短距离滑动而磨损，前后端磨损的形式便与这种磨损相似。

④另外，如果是驱动轮的轮胎，则驱动力所造成的磨损，会在制动力所造成的磨损的相反的方向上出现，所以驱动轮轮胎极少出现前后端磨损。大客车和大货车，由于制动时产生了大得多的摩擦力，故具有横向花纹的轮胎，便会出现与非驱动轮相似的前后端磨损。

(5)斑状磨损(环状槽形磨损)：

①环状磨损是车辆高速行驶时产生的,其特点是在胎面上出现一处或多处的杯形凹陷。

②如果车轮轴承、球节、转向横拉杆端头等部件的间隙过大,或者轴颈弯曲,则轮胎高速旋转时,便会在某些特定的点上摆振,施加产生滑动的强大摩擦力,这两者均可导致斑状磨损。

③制动鼓变形或不规则磨损,会造成按一定周期制动,导致轮胎沿圆周方向相对较宽的面积上,出现斑状磨损。

8.2.2.2　振动

振动可分为车身抖动、转向颤振和转向摆振。

(1)车身抖动。抖动的定义是:车身和转向盘的垂直振动或横向振动,同时伴随着座椅的振动。造成抖动的主要原因是:车轮总成不平衡、车轮偏摆过量及轮胎刚度的均匀性不足。因此,排除这些故障,通常便可消除车身抖动。车速在80km/h以下时,一般不会感觉到抖动。高于这一车速时,抖动现象便会明显上升,然后在某一速度上达到极点。如果车速在40～60km/h发生抖动,则一般是由于车轮总成偏摆过量或轮胎缺少均匀性所致。

抖动现象与洗衣机排水后的甩干程序所产生的振动相似。

(2)摆振。摆振的定义是:转向盘沿其转动方向出现的振动。造成摆振的主要原因是:车轮总成不平衡、偏摆过量或轮胎刚度均匀性不足。因此,排除这些故障,通常便可消除这种摆振。其他可能的原因还有:转向杆系故障、悬架系统间隙过大、车轮定位不当。

摆振可分为两种:在相对低速下(20～60km/h)持续出现的振动;只在高于80km/h的一定车速时才会出现的振动(称为"颤振")。

8.2.2.3　行驶沉重

(1)较低的充气压力会使轮胎与地面的接触面积太大,增加轮胎的行驶阻力。

(2)每种车型都有最适合其预计荷载和使用的推荐轮胎。使用刚度较强的轮胎,会导致行驶沉重。

8.2.2.4　转向沉重

引起转向沉重有以下几个原因:

(1)充气压力太低,会使胎面的接触面变宽,增加轮胎与路面之间的阻力,从而使转向迟缓。

(2)车轮定位调整不当,也会引起转向沉重。

(3)转向轴颈和转向系统出现故障,同样也会引起转向沉重。

8.2.2.5　正常行驶时,车辆跑偏

这意味着当驾驶员试图使车辆向正前方行驶时,车辆却偏离预定轨迹并向某一侧行驶。当左、右轮胎的滚动阻力相差很大,或绕左、右转向轴线作用的力矩相差很大时,最容易发生这种现象。

具体原因如下:

(1)如左、右轮胎的外径不相等,每一轮胎转动一圈的距离便不相同。为此,车辆往往会向左或右改变方向。

(2)如左、右轮胎的充气压力不同,则各轮胎的滚动阻力也会不同,车辆因此往往向左或向右改变方向。

(3)如前束或后束过量,或左、右外倾角或主销后倾角的差别太大,车辆也很可能向某一侧偏斜。

8.3　悬架系统的故障诊断

8.3.1　非独立悬架系统常见故障

(1)钢板弹簧折断。钢板弹簧折断,尤其是第一片折断,会因弹力不足等原因,使车身歪斜。前钢板弹簧一侧第一片折断时,车身在横向平面内歪斜;后钢板弹簧一侧第一片折断时,车身在纵向平面内歪斜。

(2)钢板弹簧弹力过小或刚度不一致。当某一侧的钢板弹簧由于疲劳导致弹力下降,或者更换的钢板弹簧与原弹簧刚度不一致时,会使车身歪斜。

(3)钢板弹簧销、衬套和吊耳磨损过甚。此时,会造成以下故障现象:车身歪斜(不严重),行驶跑偏,汽车行驶摆振,异响。

(4)U形螺栓松动或折断(或钢板弹簧第一片折断)。此时,会由于车辆移位歪斜,导致汽车跑偏。

8.3.2　独立悬架系统常见故障

独立悬架系统主要由螺旋弹簧、上下摆臂、横向稳定杆及减振器等组成。系统铰接点多,独立悬架常见的故障有以下几项。

8.3.2.1　现象

(1)异响,尤其在不平路面上转弯时。

(2)车身歪斜,汽车在转弯时车身过度倾斜等。

(3)前轮定位角改变。

(4)轮胎异常磨损。

(5)车辆摆振及行驶不稳。

8.3.2.2　原因

(1)螺旋弹簧弹力不足。

(2)稳定杆变形。

(3)上、下摆臂变形。

(4)各铰接点磨损、松旷。

当汽车产生上述现象时,应对悬架系统进行仔细检查,即可发现故障部位及原因。

8.3.3　减振器常见故障诊断

减振器常见的故障为衬套磨损和泄漏。衬套磨损后,因松旷易产生响声。减振器有轻微的泄漏是允许的,但泄漏过多,会使减振器失去减振作用而失效。

思考与练习

一、选择题

1. 电子控制悬架可以实现的功能是（　　）。

A. 改变发动机的功率　　B. 改变车身高度

C. 改变车轮定位的参数　　D. 改变弹簧刚度和阻尼系数

2. 轮胎上采用各种花纹的目的是（　　）。

A. 美观　　B. 散热性能好

C. 增强附着能力　　D. 提高汽车的通过能力

3. 车架的常见损伤形式有（　　）。

A. 裂纹　　B. 弯曲　　C. 扭曲　　D. 锈蚀

二、判断题（正确画✓、错误画×）

1. 汽车在转弯时，电控悬架可以增加左、右弹簧刚度以使汽车更加倾斜。（　　）

2. 奥迪轿车的后轮设置了前束角和负外倾。（　　）

3. 使用独立悬架的汽车其平顺性可以得到改善。（　　）

4. 检查螺旋弹簧的自由长度，若比标准长度减少10%，就必须更换。（　　）

5. 检查减振器时若伸张行程比压缩行程阻力小，则减振器就可以更换。（　　）

三、简答题

1. 汽车行驶系统的功用、组成是怎样的？

2. 画图说明驱动力、制动力的产生过程。行驶系统是如何传递驱动力、制动力的？

3. 悬架总成的作用是什么？它一般由哪几部分组成？

4. 比较几种弹性元件的优缺点。

5. 什么是独立悬架、非独立悬架？二者有何特点？

6. 非独立悬架系统的检修包括哪些内容？独立悬架系统的检修包括哪些内容？

7. 非独立悬架、独立悬架系统的常见故障有哪些？如何诊断排除？

8. 电子控制悬架怎样调节车身的高度？

9. 汽车行驶平顺性控制系统的工作原理是什么？它由几个部分组成？

单元八　汽车转向系统

学习目标

☞ **知识目标**

1. 简述转向系统的功用、类型、组成及工作过程；

2. 简述转向系统的角传动比、转向时车轮的运动规律；

3. 正确描述转向器的功用、类型、构造和工作原理；掌握转向操纵机构的工作原理及构造；

4. 正确描述转向传动机构的组成及构造；

5. 正确描述动力转向装置的功用、组成、类型以及液压式动力转向装置的工作原理，动力转向器的构造和工作原理，转向油泵的构造和工作原理；

6. 正确描述电子控制动力转向系统的组成和工作原理，主要总成和零部件的构造及工作原理。

☞ **能力目标**

1. 会分析转向系统常见故障的产生原因及排除方法；

2. 会做转向系统主要零部件的检修、转向系统的装配与调整工作，在此全过程中融入人民安全的理念；

3. 会分析电子控制动力转向系统常见故障的产生原因；

4. 会做转向系统的一、二级维护作业。

1 概　述

1.1 功用、类型、组成及工作过程

1.1.1 功用

汽车转向系统的功用是改变和保持汽车的行驶方向。

当汽车需要改变行驶方向时，必须使转向轮绕主销轴线偏转一定角度，直到新的行驶方向符合驾驶员的要求时，再将转向轮恢复到直线行驶位置。这种由驾驶员操纵转向轮偏转

和回位的一整套机构,称为汽车转向系统。

1.1.2 类型、组成及系统的工作过程

汽车转向系统按转向能源的不同分为机械式转向系统和动力式转向系统两大类。

机械式转向系统以驾驶员的体力作为转向能源。机械式转向系统由转向操纵机构、转向器和转向传动机构 3 大部分组成,图 8-1 所示为其一般布置情况示意图。

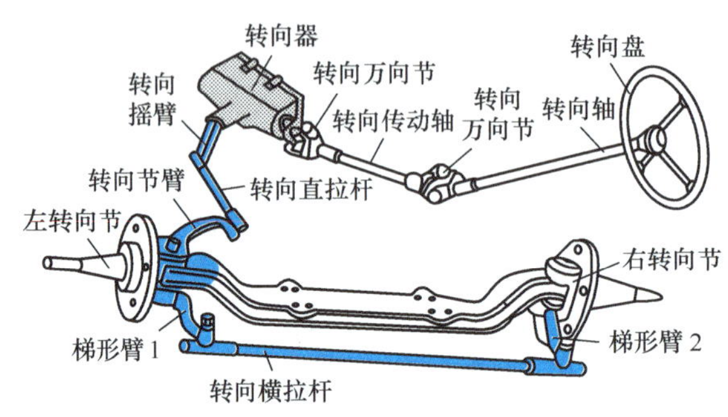

图 8-1 机械转向系示意图

汽车转向时,驾驶员转动转向盘,通过转向轴、万向节和转向传动轴,将转向力矩输入转向器。从转向盘到转向传动轴这一系列部件即属于转向操纵机构。转向器中有 1 ~2 级啮合传动副,具有减速增力作用。经转向器减速后的运动和增大后的力矩传到转向摇臂,再通过转向直拉杆传给固定于左转向节上的转向节臂,使左转向节及装于其上的左转向轮绕主销偏转。左、右梯形臂的一端分别固定在左、右转向节上,另一端则与转向横拉杆作球铰链连接。当左转向节偏转时,经梯形臂、横拉杆和梯形臂的传递,右转向节及装于其上的右转向轮随之绕主销同向偏转相应的角度。转向摇臂、转向直拉杆、转向节臂、梯形臂和转向横拉杆总称为转向传动机构。梯形臂,以及转向横拉杆和前轴构成转向梯形,其作用是在汽车转向时,使内、外转向轮按一定的规律进行偏转。

动力式转向系统兼用驾驶员体力和发动机动力作为转向能源的转向系统。动力转向系统是在机械式转向系统的基础上加设一套转向加力器而构成的。图 8-2为一种液压式动力转向系统示意图。其中,转向油罐、转向油泵、转向控制阀和转向动力缸为构成转向加力器的各部件。

采用动力式转向系统的汽车,在正常情况下转向时,驾驶员操纵机械式转向系统一方面提供转向所需的一小部分能量,另一方面则同时带动转向加力器工作,由发动机通过转向加力器提供转向所需的大部分能量。在转向加力器失效时,一般还能由驾驶员独立承担汽车转向任务。

1.2 角传动比、转向时车轮运动规律

1.2.1 角传动比

转向盘的转角与安装在转向盘同侧的转向车轮偏转角的比值,称为转向系统角传动比,用 i_W 表示。

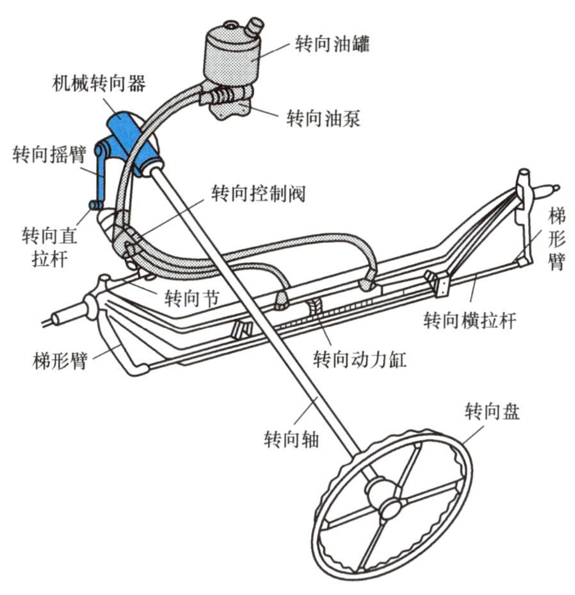

图 8-2　动力转向系示意图

1.2.2　转向时车轮运动规律

汽车转向时，内侧车轮和外侧车轮滚过的距离是不相等的。对于一般汽车而言，后桥左右两侧的驱动轮由于差速器的作用，能够以不同的转速滚过不同的距离。但前桥左右两侧的转向轮要滚过不同的距离，必然引起车轮沿路面边滚动边滑动，致使转向时的行驶阻力增大，轮胎磨损增加。为了避免这种现象，要求转向系统能保证在汽车转向时，所有车轮均作纯滚动。显然，这只有在转向时，所有车轮的轴线都交于一点方能实现。此交点 O 称为汽车的转向中心（图 8-3）。由图 8-3可见，汽车转向时内侧转向轮偏转角 β 大于外侧转向轮偏转角 α。α 与 β 的关系是：

$$\cot\alpha = \cot\beta + \frac{B}{L} \tag{8-1}$$

式中：B——两侧主销中心距（略小于转向轮轮距）；

L——汽车轴距。

这一关系是由转向梯形保证的，故式（8-1）也称为转向梯形理论特性关系式。迄今为止，所有汽车转向梯形的设计实际上都只能保证在一定的车轮偏转角范围内，使两侧车轮偏转角大体上接近以上关系式。

从转向中心 O 到外侧转向轮与地面接触点的距离 R 称为汽车转弯半径。转弯半径 R 越小，则汽车转向所需场地就越小，汽车的机动性也越好。从图 8-3 可以看出，当外侧转向轮偏转角达到最大值 α_{max}时，转弯半径 R 最小。

汽车内侧转向轮的最大偏转角一般为35°～42°。载货车的最小转弯半径一般为 7～13m。

三轴或四轴汽车转向时，与上述情况类似。

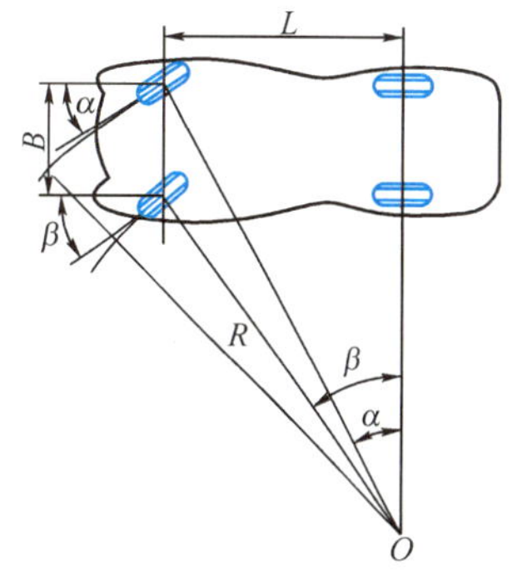

图 8-3　双轴汽车转向示意图

对于只用前桥转向的三轴汽车，由于中桥和后桥车轮的轴线总是平行的，故不存在理想的转向中心。它是用一根与中、后轮轴线等距的假想平行线 CD 与前轮轴线交于 O 点，如图 8-4a）所示，转向时所有车轮均绕 O 点滚动。在这种情况下，只有前轮作纯滚动，而中、后桥车轮在滚动的同时还伴有轻微的滑动。

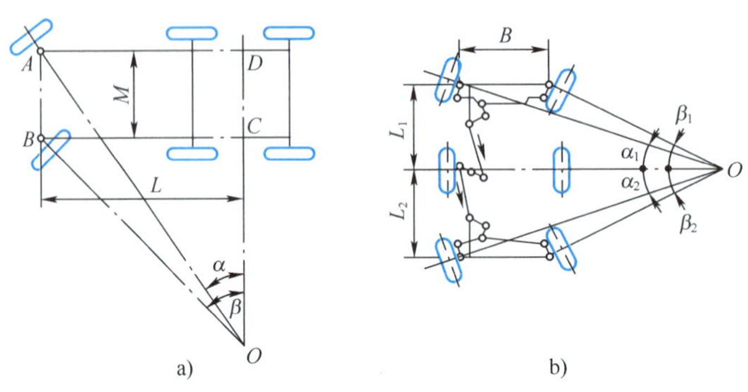

图 8-4　三轴汽车转向示意图

a）前桥转向的三轴汽车；b）一、三桥转向的三轴汽车

对于用第一、第三桥转向的三轴汽车（图8-4b），以中桥车轮轴线为基线，可分别求出第一、第三桥的转向梯形理论特性关系式（与双轴汽车相同）。若 $L_1=L_2=L/2$，则汽车的转弯半径仅为同轴距的双轴汽车的转弯半径的一半。

图 8-5 所示为双前桥转向的四轴汽车转向示意图。以第三、第四两桥轴线之间的中间平行线为基线，可求出第一桥和第二桥的转向梯形理论特性关系式分别为：

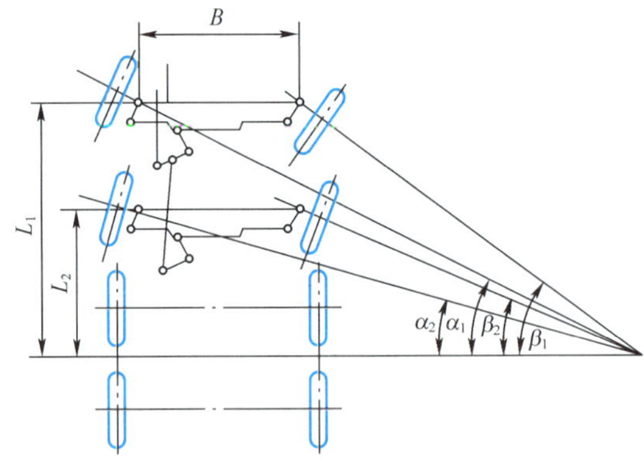

图 8-5　双前桥转向的四轴汽车转向示意图

$$\cot\alpha_1=\cot\beta_1+\frac{B_1}{L_1} \tag{8-2}$$

$$\cot\alpha_2=\cot\beta_2+\frac{B_2}{L_2} \tag{8-3}$$

显然，以上两个关系式也适用于图 8-4b）所示汽车。

2　转向器及转向操纵机构

2.1　转向器的功用、类型及传动效率

2.1.1　功用

转向器是转向系统中的减速增力传动装置。其功用是增大由转向盘传到转向节的力，并改变力的传递方向。

2.1.2　类型

转向器的种类较多，一般按转向器中啮合传动副的结构形式分类。目前应用较广泛的转向器有蜗杆曲柄指销式、循环球式和齿轮齿条式等几种。

2.1.3　转向器的传动效率

转向器的输出功率与输入功率之比称为转向器传动效率。当功率由转向盘输入，从转向摇臂输出时，所求得的传动效率称为正效率。反之，则称为逆效率。

由于转向系统各传动件之间都存在着装配间隙，而且这些间隙将随零件的磨损而增大，因此在一定的范围内转动转向盘时转向节并不随即同步转动，而是在消除这些间隙并克服机件的弹性变形后，才作相应的转动，即转向盘有一空转过程。转向盘为消除间隙、克服弹性变形所空转过的角度称为转向盘自由行程。转向盘自由行程对于缓和路面冲击及避免驾驶员过度紧张是有利的，但过大的自由行程会影响转向灵敏性。一般规定转向盘从直行中间位置向任一方向的自由行程不超过 10°～15°。当零件磨损到使转向盘的自由行程超过 25°～30°时，则必须进行调整。通常通过调整转向器传动副的啮合间隙来调整转向盘自由行程。

2.2　转向器的构造和工作原理

图 8-6a）所示为齿轮齿条式转向器。它主要由转向器壳体、转向齿轮、转向齿条等组成。转向器通过转向器壳体的两端用螺栓固定在车身（车架）上。

齿轮轴通过球轴承、滚柱轴承垂直安装在壳体中，其上端通过花键与转向轴上的万向节（图中未画出）相连，其下部是与轴制成一体的转向齿轮。转向齿轮是转向器的主动件。与它相啮合的从动件转向齿条水平布置，齿条背面装有压簧垫块。在压簧的作用下，压簧垫块将齿条压靠在齿轮上，保证两者无间隙啮合。调整螺塞可用来调整压簧的预紧力。压簧不仅起消除啮合间隙的作用，而且还是一个弹性支承，可以吸收部分振动能量，缓和冲击。

转向齿条的中部（有的是齿条两端）通过拉杆支架与左、右转向横拉杆连接，如图 8-6b）所示。转动转向盘时，转向齿轮转动，与之相啮合的转向齿条沿轴向移动，从而使左、右转向横拉杆带动转向节转动，使转向轮偏转，实现汽车转向。

齿轮齿条式转向器结构简单；传动效率高，操纵轻便；质量轻；由于不需要转向摇臂和转向直拉杆，还使转向传动机构得以简化。在有效地解决了逆传动效率高和实现转向器可变速比等技术问题后，这种转向器在前轮为独立悬架的中级以下轿车和轻型、微型货车上得以

广泛应用，如一汽大众迈腾轿车、东风雪铁龙 C5 轿车、上海大众帕萨特轿车、广汽本田冠道汽车及南京依维柯轻型货车等均采用齿轮齿条式转向器。

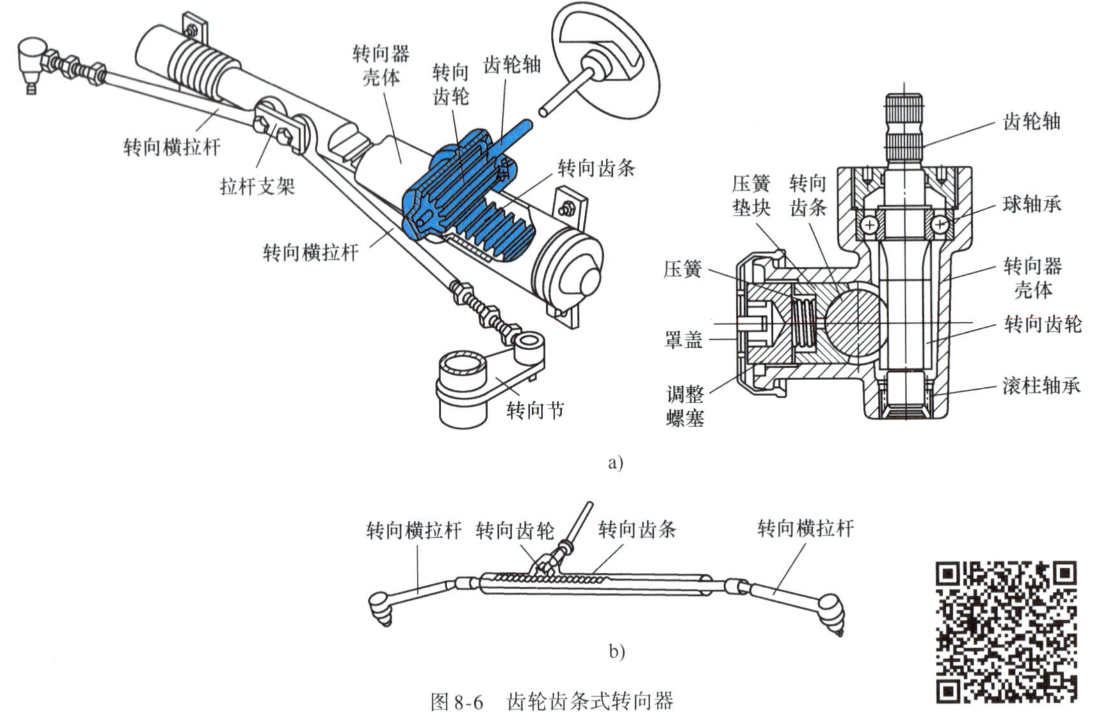

图 8-6　齿轮齿条式转向器

a）转向横拉杆与转向器齿条间的中部连接关系；b）转向横拉杆与转向器齿条两端之间的连接关系

2.3　转向操纵机构

转向操纵机构一般由转向盘 1、转向轴 15、转向柱管 2、万向节 8、11 及转向传动轴 9 等组成，如图 8-7 所示。它的主要作用是操纵转向器和转向传动机构，使转向轮偏转。

转向柱管 2 中部用橡胶垫 3 和支架 4 固定在驾驶室前围板上，下端插入铸铁支座 5 的孔中。转向柱管支座 5 固定在转向操纵机构支架 6 上。

转向轴 15 穿过转向柱管 2，其下端支承在转向柱管支座 5 中的圆锥滚子轴承（图中未画出）上，上部则通过转向轴衬套 16 支承在柱管 2 的内壁上，其上端用螺母与转向盘 1 相连接。转向盘上装有电喇叭按钮 17 及相应部件。转向轴 15 通过万向传动装置与转向器 12 中的转向蜗杆相连。下万向节 11 与转向传动轴 9 用滑动花键相连接。

为了保证驾驶员的安全，同时也为了更加舒适、可靠地操纵转向系统，现代汽车（特别是轿车）通常在转向操纵机构上增设相应的安全、调节装置。这些装置主要反映在转向轴和转向柱管的结构上。为了叙述方便，将转向轴和转向柱管统称为转向柱。

2.3.1　安全式转向柱

安全式转向柱是在转向柱上设置能量吸收装置，当汽车紧急制动或发生撞车事故时，吸收冲击能量，减轻或防止冲击对驾驶员的伤害。

图 8-8a）所示为一种用钢球连接的分开式转向柱。转向轴分为上转向轴和套在轴上的

下转向轴两部分,二者用塑料销钉连成一体。转向柱管也分为上柱管和下柱管两部分,上、下柱管之间装有钢球,下柱管的外径与上柱管的内径之间的间隙比钢球直径稍小。上、下柱管连同柱管托架通过特制橡胶垫固定在车身上,橡胶垫则利用塑料销钉与托架连接。

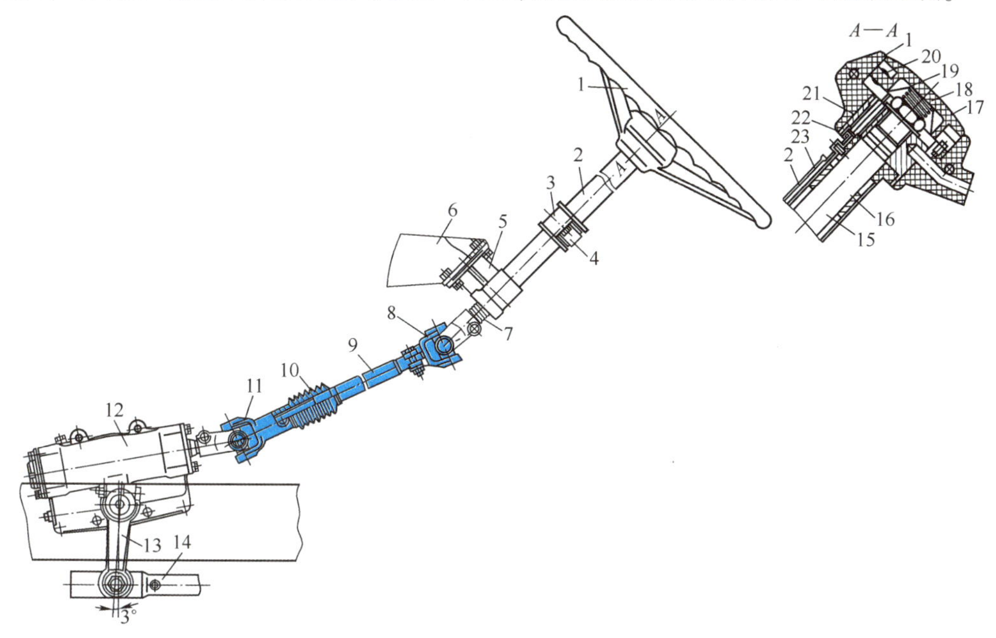

图 8-7　汽车转向操纵机构和转向器布置图

1-转向盘;2-转向柱管;3-橡胶垫;4-转向柱管支架;5-转向柱管支座;6-转向操纵机构支架;7-转向轴限位弹簧;8-上万向节;9-转向传动轴;10-花键防护套;11-下万向节;12-转向器;13-转向摇臂;14-转向直拉杆;15-转向轴;16-转向轴衬套;17-电喇叭按钮;18-电喇叭按钮搭铁弹簧;19-电喇叭按钮接触罩;20-搭铁接触板组件;21-按钮电刷组件;22-集电环组件;23-导线组件

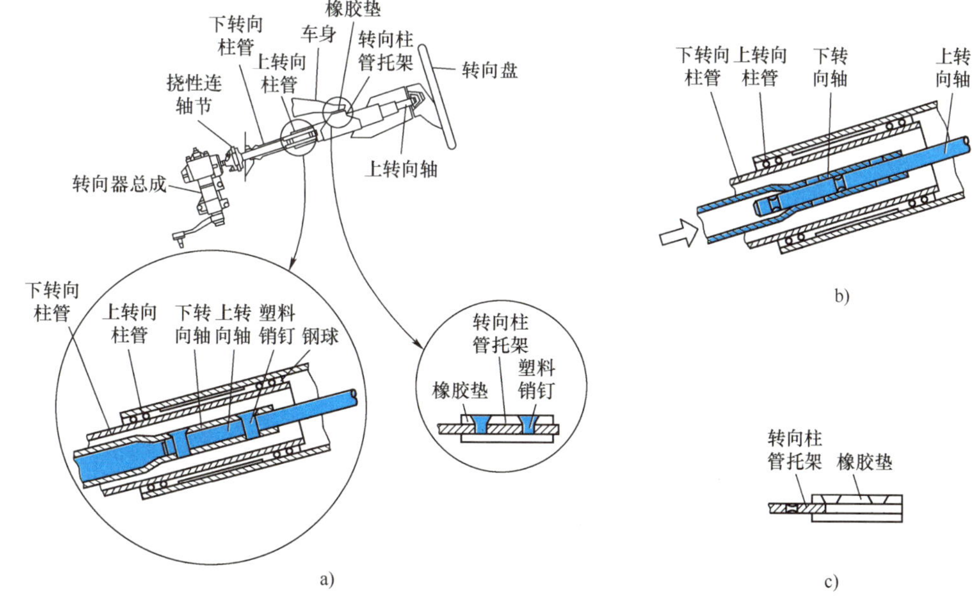

图 8-8　钢球连接分开式转向柱

a)钢球连接的分开式转向柱;b)塑料销钉被切断;c)托架脱离橡胶垫

当汽车发生碰撞时，转向器总成对转向柱施加轴向冲击力（第一次冲击），将连接上、下转向轴的塑料销钉切断，下转向轴便套在上转向轴上向上滑动，如图8-8b）所示。在这一过程中，上转向轴和上柱管的空间位置没有因冲击而上移，故可使驾驶员免受伤害。如果驾驶员的身体因惯性撞向转向盘（第二次冲击），则连接橡胶垫与柱管托架的塑料销钉被切断，托架脱离橡胶垫，如图8-8c）所示，即上转向轴和上转向柱管连同转向盘、托架一起，相对于下转向轴和下转向柱管向下滑动，从而减缓了对驾驶员胸部的冲击。在上述两次冲击过程中，上、下转向柱管之间均产生相对滑动。因为钢球的直径稍大于上、下柱管之间的间隙，所以滑动中带有对钢球的挤压，冲击能量就在这种边滑动边挤压的过程中被吸收。日本丰田汽车的一些车型采用这种装置。

2.3.2　可调节式转向柱

驾驶员不同的驾驶姿势和身材对转向盘的最佳操纵位置有不同的要求。而且，转向盘的这一位置往往会与驾驶员进、出汽车的方便性发生矛盾。为此，一些汽车装设了可调节式转向柱，使驾驶员可以在一定的范围内调节转向盘的位置。调节的形式分为倾斜角度调节和轴向位置调节两种。图8-9所示为转向盘倾斜角度的变化图，图8-10所示为轴向伸缩式转向柱。

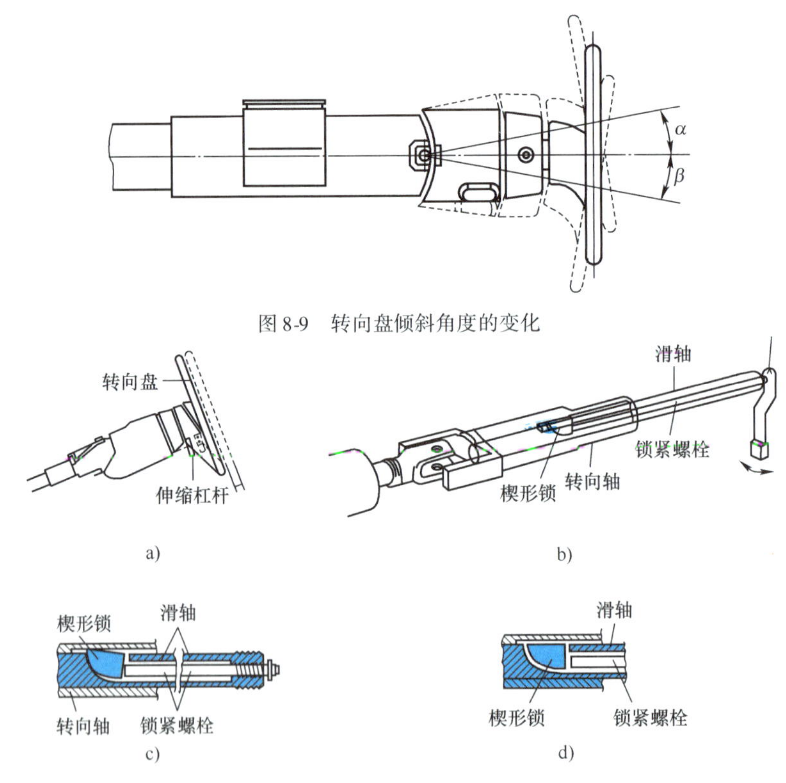

图8-9　转向盘倾斜角度的变化

图8-10　伸缩式转向柱

a）伸缩杠杆位置示意图；b）轴向伸缩式转向柱；c）楔形锁锁紧滑轴；d）滑轴在转向轴内转动并轴向移动

若需要轴向调整转向盘的位置，驾驶员可顺时针方向转动伸缩杠杆，使伸缩杠杆带动锁紧螺栓向外端移动，将螺栓内端的楔形锁松开，使滑轴能够在转向轴内转动并轴向移动。转向盘位置调好后再利用伸缩杠杆锁定。

3　转向传动机构

3.1　功用

转向传动机构的作用是将转向器输出的力和运动传给转向轮,使两侧转向轮偏转以实现汽车转向。

3.2　组成、构造

3.2.1　与非独立悬架配用的转向传动机构

与非独立悬架配用的转向传动机构如图8-11所示,它一般由转向摇臂2、转向直拉杆3、转向节臂4、两个梯形臂5和转向横拉杆6等组成。各杆件之间都采用球形铰链连接,并设有防止松脱、缓冲吸振、自动消除磨损后的间隙等结构措施。

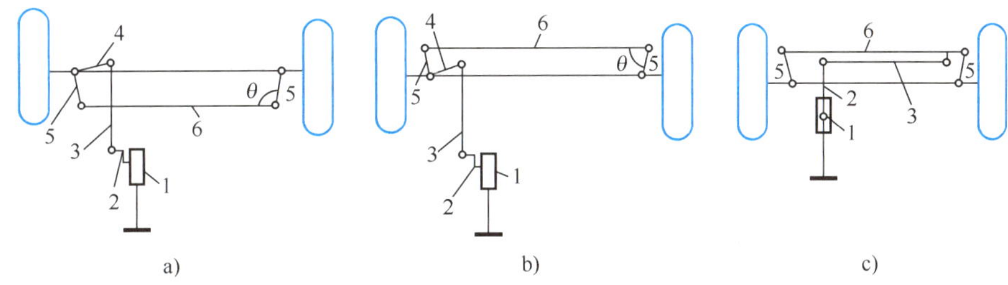

图8-11　与非独立悬架配用的转向传动机构示意图(俯视图)

a)转向梯形布置在前桥之后;b)转向梯形布置在前桥之前;c)转向直拉杆横向布置

1-转向器;2-转向摇臂;3-转向直接杆;4-转向节臂;5-梯形臂;6-转向横拉杆

当前桥仅为转向桥时,由左、右梯形臂5和转向横拉杆6组成的转向梯形一般布置在前桥之后(图8-11a),称为后置式。这种布置简单方便,且后置的横拉杆6有前面的车桥做保护,可避免直接与路面障碍物相碰撞而损坏。当发动机位置较低或前桥为转向驱动桥时,往往将转向梯形布置在前桥之前(图8-11b),称为前置式。若转向摇臂2不是在汽车纵向平面内前后摆动而是在与路面平行的平面内左右摆动(如黄河JN1181C型汽车),则可将转向直拉杆3横向布置,并借球头销直接带动转向横拉杆6,从而使左右梯形臂5转动(图8-11c)。

(1)转向摇臂。图8-12所示为常见转向摇臂的结构形式。其大端具有三角细花键锥形孔,用以与转向摇臂轴外端相连接,并用螺母固定;其小端带有球头销,以便与转向直拉杆作空间铰链连接。转向摇臂安装后从中间位置向两边摆动的角度应大致相等,故在把转向摇臂安装到摇臂轴上时,二者相应的角位置应正确。为此,常在摇臂大孔外端面上和摇臂轴的外端面上各刻有短线,或是在二者的花键部分上都少铣一个齿,作为装配标记。装配时应将标记对齐。

(2)转向直拉杆。图8-13所示为汽车的转向直拉杆。

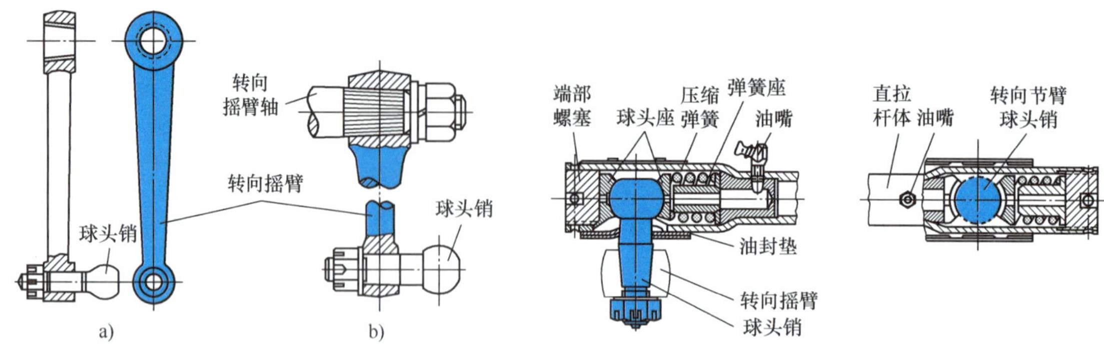

图 8-12　转向摇臂

a)转向摇臂;b)转向摇臂大端、小端

图 8-13　汽车转向直拉杆

直拉杆体由两端扩大了的钢管制成,在扩大的端部里,装有由球头销、球头座、弹簧座、压缩弹簧和螺塞等组成的球铰链。球头销的锥形部分与转向摇臂连接,并用螺母固定;其球头部分的两侧与两个球头座配合,前球头座靠在端部螺塞上,后球头座在弹簧的作用下压靠在球头上,这样,两个球头座就将球头紧紧夹持住。为保证球头与座的润滑,可从油嘴注入润滑脂。拆装时供球头出入的直拉杆体上的孔口用油封垫的护套封盖住,以防止润滑脂流出和污物侵入。

压缩弹簧能自动消除因球头与座磨损而产生的间隙,并可缓和由转向轮经转向节臂球头销传来的向前(图中为向左)的冲击。弹簧座的小端与球头座之间留有不大的间隙,作为弹簧缓冲的余地,并可限制缓冲时弹簧的压缩量(防止弹簧过载)。此外,当弹簧折断时此间隙可保证球头销不致从管孔中脱出。端部螺塞可以调整此间隙。调整间隙的同时也调整了前弹簧的预紧度,调好后用开口销固定螺塞的位置,以防松动。

为了使转向直拉杆在受到向前或向后的冲击力时,都有一个弹簧起缓冲作用,两端的压缩弹簧应装在各自球头销的同一侧。由球头销传来的向后(图中为向右)的冲击力由前压缩弹簧承受。当球头销受到向前的冲击力时,冲击力依次经前球头座、前端部螺塞、直拉杆体和后端部螺塞传给后压缩弹簧。

(3)转向横拉杆。图 8-14a)所示为汽车转向横拉杆。横拉杆体用钢管制成,其两端切有螺纹,一端为右旋,一端为左旋,与横拉杆接头旋装连接。接头的螺纹孔壁上开有轴向切口,故具有弹性,旋装到杆体上后可用螺栓夹紧。两端接头结构相同,如图 8-14b)所示。由于横拉杆体两端是正反螺纹,因此,在旋松夹紧螺栓以后,转动横拉杆体,即可改变转向横拉杆的总长度,从而调整转向轮前束。

在横拉杆两端的接头上都装有由球头销等零件组成的球形铰链。球头销的球头部分被夹在上、下球头座内,球头座用聚甲醛制成,有较好的耐磨性。球头座的形状如图 8-14c)所示。装配时上、下球头座凹凸部分互相嵌合。弹簧通过弹簧座压向球头座,以保证两球头座与球头的紧密接触,在球头和球头座磨损时能自动消除间隙,同时还起缓冲作用。弹簧的预紧力由螺塞调整。球铰上部有防尘罩,以防止尘土侵入。球头销的尾部锥形柱与转向梯形臂连接,并用螺母固定、开口销锁紧。

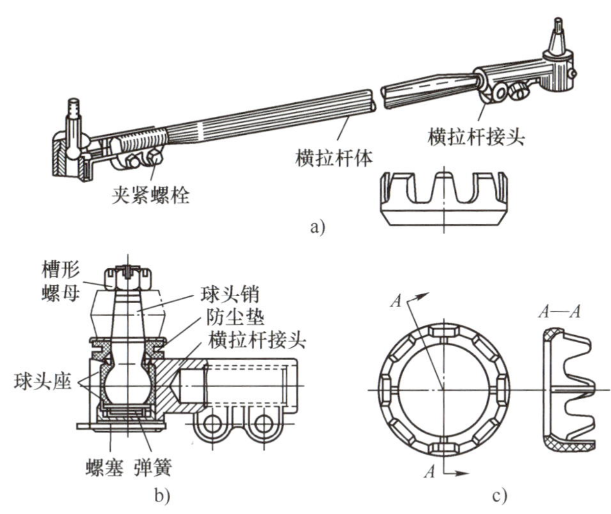

图 8-14　汽车转向横拉杆

a)转向横拉杆;b)接头;c)球头座

(4)转向节臂和梯形臂。转向节臂和梯形臂如图 8-15 所示。转向直拉杆通过转向节臂与转向节相连。转向横拉杆两端经左、右梯形臂与转向节相连。转向节臂和梯形臂带锥形柱的一端与转向节锥形孔相配合,用键防止螺母松动。臂的另一端带有锥形孔,与相应的拉杆球头销锥形柱相配合,同样用螺母紧固后插入开口销将螺母锁住。

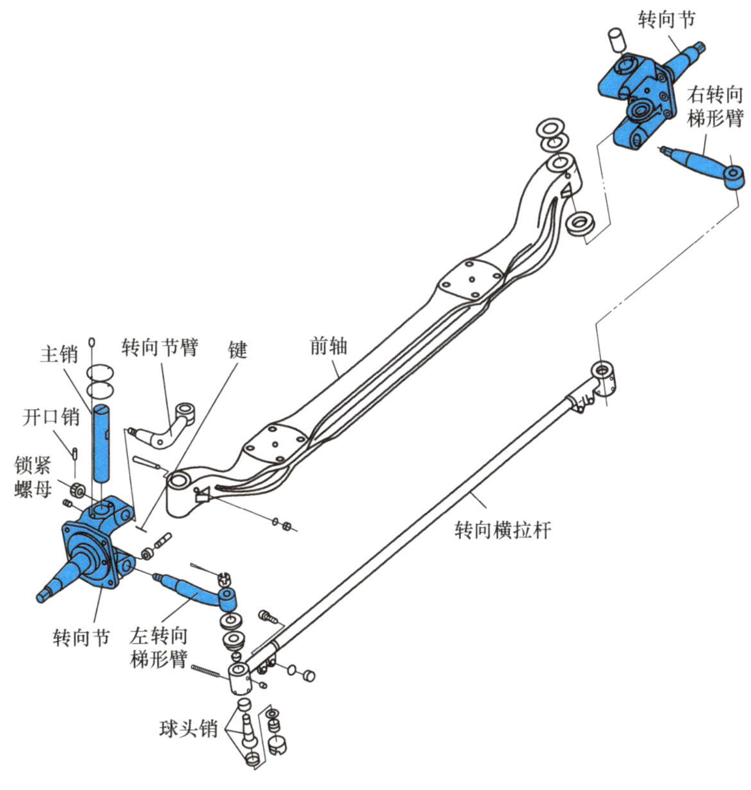

图 8-15　汽车转向节臂和梯形臂

3.2.2 与独立悬架配用的转向传动机构

当转向轮采用独立悬架时，由于每个转向轮都需要相对于车架（或车身）作独立运动，所以，转向桥必须是断开式的。与此相应，转向传动机构中的转向梯形也必须分成两段（图 8-16a）或三段（图 8-16b），转向摇臂 1 在平行于路面的平面中左右摆动，传递力和运动。

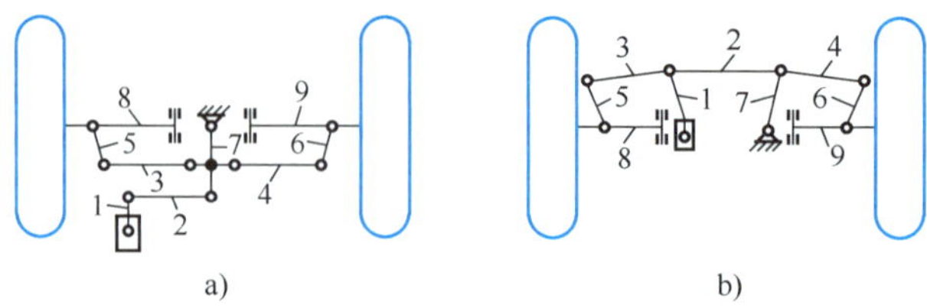

图 8-16 与独立悬架配用的转向传动机构示意图

a）两段；b）三段

1-转向摇臂；2-转向直拉杆；3-左转向横拉杆；4-右转向横拉杆；5-左梯形臂；6-右梯形臂；7-摇杆；8-悬架左摆臂；9-悬架右摆臂

转向传动机构如图 8-17 所示。转向齿条一端输出动力，输出端铣有平面并钻孔，用两个螺栓与转向支架连接。支架下端的两个孔分别与左、右转向横拉杆总成的内端相连。横拉杆外端的球头销分别与左、右转向节臂连接。通过两调节杆可以改变两根横拉杆总成的长度，以调整前束。

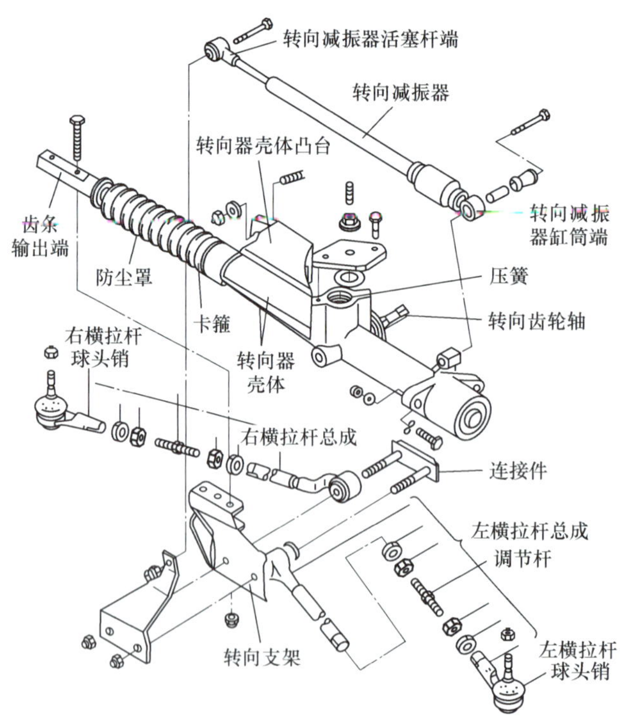

图 8-17 轿车转向器与转向横拉杆

为了避免转向轮的摆振、减缓传至转向盘上的冲击和振动，转向器上还装有转向减振器。减振器缸筒端固定在转向器壳体上；其活塞杆端经减振支架与转向齿条连接。

4 动力转向装置

4.1 功用及意义

转向轻便和转向灵敏对转向系统角传动比 i_W 的要求是互相矛盾的。在机械转向系统中,单靠选择 i_W、改善转向器本身的结构,来同时满足转向轻便和转向灵敏是很有限的。为了减轻驾驶员的疲劳强度,改善转向系统的技术性能,采用动力转向装置。采用动力转向的汽车转向时,所需的能量只有小部分是驾驶员提供的体能,而大部分是发动机驱动转向油泵旋转,将发动机输出的部分机械能转化为压力能,并在驾驶员的控制下对转向传动装置或转向器传力,从而实现转向。

4.2 组成

动力转向装置由机械转向器、转向控制阀、转向动力缸以及将发动机输出的部分机械能转换为压力能的转向油泵(或空气压缩机)、转向油罐等组成。

4.3 类型

动力转向装置按传能介质的不同,可以分为液压式和气压式两种。液压式动力转向装置按液流形式分为常流式和常压式两种,如图 8-18 和图 8-19 所示。

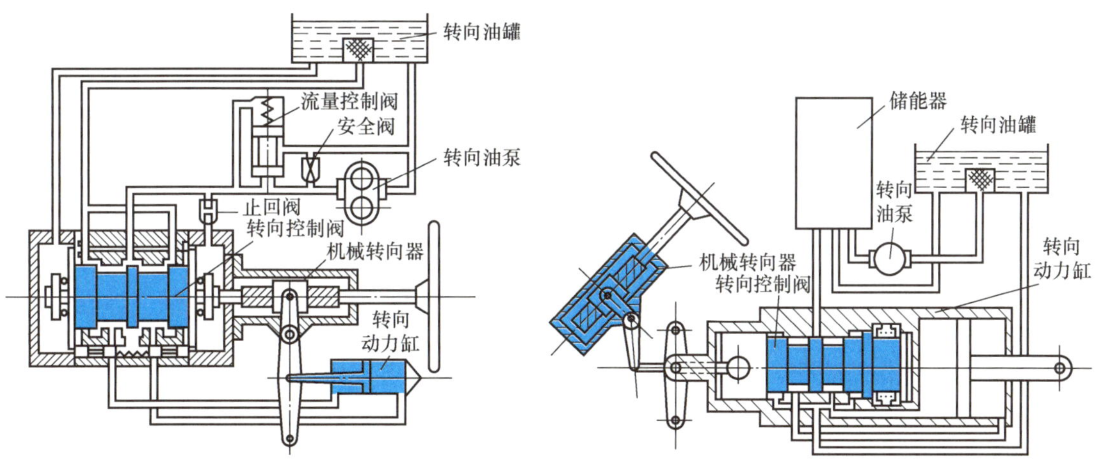

图 8-18 常流式液压动力转向装置示意图

图 8-19 常压式液压动力转向装置示意图

液压式动力转向装置按其转向控制阀阀芯的运动方式可分为滑阀式和转阀式两种形式。

4.4 液压式动力转向装置的工作原理

图 8-20 所示为液压常流滑阀式动力转向装置的工作原理图。转向油罐用来储存、滤清转向动力缸所用的油液。由发动机驱动的转向油泵将油罐内的油吸出,压送入转向控制阀,其作用是将发动机输出的部分机械能转换为油液的压力能。固装在车架(或车身)上的转向动力缸

主要由缸筒和活塞组成。活塞将动力缸分成 L、R 两腔，活塞杆的伸出端与转向摇臂中部铰接。动力缸的作用是将油液的压力能转换成机械能，实现转向加力。由阀体、滑阀、反作用柱塞和滑阀复位弹簧等组成的转向控制阀是动力缸的控制部分，用来控制油泵输出油液的流向，使转向器与动力缸协同动作。转向控制阀用油管分别与油泵、油罐和动力缸连通。

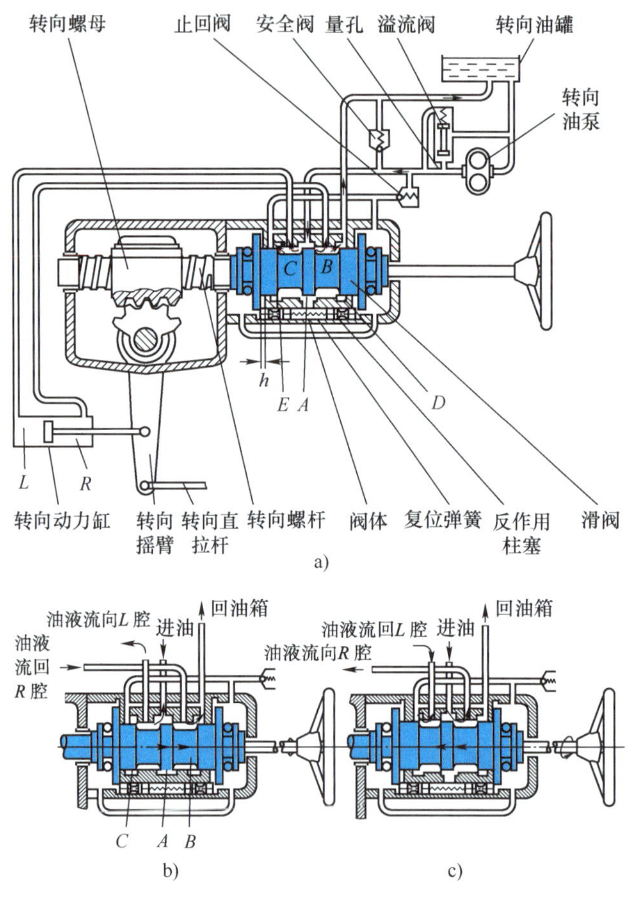

图 8-20　常流式动力转向装置工作原理图

a）直线行驶时；b）右转弯行驶时；c）左转弯行驶时

A-进油道；*B*-动力缸 *R* 腔的进、排油环槽；*C*-动力缸 *L* 腔的进、排油环槽；*D*、*E*-回油道；*L*-动力缸左腔；*R*-动力缸右腔

滑阀与阀体作间隙配合。在阀体的内圆柱面上开有三道环槽：环槽 A 是总进油道，与油泵相通；环槽 D、E 是回油道，与油罐相通。在滑阀上开有两道环槽：B 是动力缸 R 腔的进、排油环槽；C 是动力缸 L 腔的进、排油环槽。阀体内装有反作用柱塞，两个柱塞之间装有滑阀复位弹簧。滑阀通过两个轴承支承在转向轴上，它与转向螺杆的轴向相对位置固定不变。但滑阀处于中间位置（相应于汽车直线行驶的位置）时，滑阀两端与阀体的端面各保持 h 的间隙，因而滑阀随同转向螺杆可以相对于阀体自中间位置向两端作 h 的微量轴向移动。

汽车直线行驶时（图 8-20a），滑阀在复位弹簧的作用下保持在中间位置。转向控制阀内各环槽相通，自油泵输送出来的油液进入阀体环槽 A 之后，经环槽 B 和 C 分别流入动力缸的 R 腔和 L 腔，同时又经环槽 D 和 E 进入回油管道流回油罐。这时，滑阀与阀体各环槽槽肩之间的间隙大小相等，油路通畅，动力缸因其左、右两腔油压相等而不起加力作用。油泵泵出的油液仅需克服管道阻力流回油罐，故油泵负荷很小，整个系统处于低油压状态。

汽车右转向时，驾驶员通过转向盘使转向螺杆向右转动。开始时，由于转向车轮的偏转阻力很大，转向螺母暂时保持不动，而具有左旋螺纹的转向螺杆却在转向螺母的轴向反作用力推动下向右轴向移动，同时带动滑阀压缩复位弹簧向右轴向移动，消除左端间隙 h（图 8-20b）。此时环槽 C 与 E 之间、A 与 B 之间的油路通道被滑阀和阀体的相应槽肩封闭。而环槽 A 与 C 之间的油路通道增大，油泵送来的油液自环槽 A 经 C 流入动力缸的 L 腔，形成高压油区。而动力缸 R 腔的油液则经环槽 B、D 及回油管流回油罐，R 腔成为低压油区。在压力差作用下，动力缸的活塞向右移动，并通过活塞杆使转向摇臂逆时针转动，从而起转向加力作用。当这一力与驾驶员通过转向器传给摇臂的力合在一起，足以克服转向阻力时，转向螺母也就随着螺杆的转动而向左轴向移动，并通过转向直拉杆带动转向车轮向右偏转。由于动力缸 L 腔的油压很高，汽车转向主要靠活塞的推力，所以驾驶员作用于转向盘上的力就可以大为减小。

只要转向盘和转向螺杆继续转动，上述液压加力作用就一直存在。当转向盘转过一定角度保持不动时，螺杆作用于螺母的力消失，螺母不再相对于螺杆左移。但动力缸中的活塞在油压差作用下，仍继续向右移动（转向摇臂继续逆时针方向转动），从而使得转向螺母在转向摇臂上端的拨动下，带动转向螺杆及滑阀一起向左移动，直到滑阀恢复到中间稍偏右的位置。此时滑阀中间槽肩右边的缝隙小于左边的缝隙，由于节流作用，使得进入 L 腔的油压仍高于 R 腔的油压。此压力差在动力缸活塞上的作用力用来克服转向轮的回正力矩，使转向轮的偏转角维持不动，这就是转向的维持过程。如欲使转向轮进一步偏转，则须继续转动转向盘，重复上述全部过程。显然，转向轮偏转的角度不同，其回正力矩的大小也不同，相应地，转向维持过程中滑阀恢复到中间位置的偏离程度也不同。各种转向维持状态主要靠动力转向装置的作用，驾驶员只需轻轻地把住转向盘即可。

由上述可见，动力转向装置能使转向轮的偏转角随转向盘转角的增大而增大，转向盘保持不动而转向轮的偏转角也保持不动，即具有“随动”作用。动力缸只提供动力，而转向过程仍由驾驶员通过转向盘进行控制。在工作过程中，转向轮偏转的开始和终止较转向盘转动的开始和终止都略微滞后一些。

若驾驶员由前述维持转向位置松开转向盘，滑阀就会在复位弹簧的张力和反作用柱塞上油压的推力作用下回到中间位置，转向控制阀中各环槽槽肩间的缝隙相等，动力缸 L 腔与 R 腔间的油压差随之消失，动力缸停止工作，转向轮在回正力矩的作用下自动回正，并通过转向螺母带动转向螺杆反向转动，使转向盘回到直线行驶位置。在此过程中，螺母作用在螺杆上的轴向力小于复位弹簧的预紧力，故滑阀不再轴向移动，所以在转向轮自动回正过程中不会出现自动加力现象。

汽车直线行驶时，若遇路面不平，转向轮有可能左右偏转而产生振动。这种振动将迫使转向摇臂摆动，使动力缸活塞在缸筒内轴向移动，动力缸 L、R 两腔充满着的油液便对活塞移动起阻尼作用，从而吸收振动能量，减轻了转向轮的振动。若路面冲击力很大，迫使转向轮偏转（设向右偏转，而驾驶员仍保持转向盘处于直线行驶位置），此时转向螺杆将受到一个向左的轴向力，这个力使滑阀向左移动，于是反向接通动力缸油路（L 腔为低油压区，R 腔为高油压区），动力转向装置的加力方向与转向轮偏转方向相反，使转向轮回正，抵消路面冲击的影响。因此，动力转向装置中即使装用逆传动效率较高的转向器，也不会出现“打手”现象。

由以上所述可见，装用动力转向装置的汽车，仍具有保持直线行驶和转向后自动回正的能力。

汽车左转向时，驾驶员向左转动转向盘，动力转向装置的工作原理与上述相同。但开始时滑阀随同螺杆向左轴向移动，如图8-20c）所示，油液通路与右转向时相反，动力缸活塞的加力方向也与右转向时相反。

反作用柱塞的内端、复位弹簧所在的空间，在转向过程中总是与动力缸高压油腔相通，因而也充满了高压油液，此油压与转向阻力成正比，并作用在反作用柱塞的内端。所以在转向时，要使滑阀移动，驾驶员作用在转向盘上的力，不仅要克服转向器内的摩擦阻力和复位弹簧的张力，还要克服作用在柱塞上的油液压力。转向阻力增大，作用在柱塞上的油液压力也增大，驾驶员施于转向盘上的力也须相应增大。可见，转向阻力的变化体现为柱塞所受油液压力的变化，并经柱塞、转向器传到驾驶员手上，使驾驶员感觉到转向阻力的变化情况，这种作用称为“路感”。反作用柱塞即起路感作用。有些大吨位矿用车辆，由于车速较低及特定的使用条件，道路阻力变化对于驾驶员的操纵安全无大影响，为简化机构，其动力转向装置中不装设反作用柱塞，因而也就没有路感作用。

如果动力转向装置失效（如油泵不运转），则该装置不但不能使转向省力，反而会增加转向阻力。为了减小这种阻力，在转向控制阀的进油道和回油道之间，装有止回阀。在正常情况下，进油道的油压为高压，回油道则为低压，止回阀在弹簧张力和油压差作用下关闭，进、回油道互不相通。当油泵失效后靠人力强制进行转向时（设向右转，如图8-20b所示），进油道变为低压（油罐中的油液已不能通过失效的油泵流入进油道），而回油道却因动力缸中活塞移动而具有稍高于进油道的油压。进、回油道的压力差使止回阀打开，两油道相通，动力缸活塞两侧油腔也相通，油液便从动力缸受活塞挤压的R腔，流向活塞移离后产生低压的L腔。从而减小了人力转向时的油液阻力。可见止回阀的作用是将不工作的油泵短路。

动力转向装置工作时，动力缸活塞的移动速度除随转向盘的转动速度而变化外，还取决于油泵的输出油量。如果油泵输出油量不足，会使转向速度慢（转向轮的偏转明显滞后于转向盘的转动）而不灵敏，且转向沉重。若油泵输出油量过大，又会使转向过分灵敏，转向盘“发飘”。油泵的输出油量受发动机转速的影响很大。为了保证发动怠速时的供油充足，而在发动机高速运转时供油量不致过大，油路中装有量孔和溢流阀。当油泵输出油量超过一定值时，油液在量孔节流作用下产生的油压差把溢流阀打开，使多余的油液流回到油泵入口处。

安全阀的作用是限制油泵及系统内的最高压力值。

5　电子控制动力转向系统

动力转向系统转向操纵灵活、轻便，能吸收路面对前轮的冲击，因此被许多汽车使用。但传统的动力转向系统仍然存在一些缺点，如果所设计的助力放大倍数是为了适应汽车在低速行驶状态下转动转向盘的操纵力，则当汽车高速行驶时，转动转向盘的操纵力就显得太小，不利于对高速行驶的汽车进行方向控制。如果所设计的助力放大倍数是为了适应汽车在高速行驶状态下转动转向盘的操纵力，则当汽车停驶或低速行驶时，转动转向盘就显得非常吃力,即转向沉重。为了实现在各种转速下转向的操纵力都是最佳值,电子控制动力转向系统是最好的选择。它可以随行驶条件及时调整转向助力放大倍数,适合在轿车上使用。

电子控制动力转向系统简称为 EPS,即 Electronic Control Power Steering 的英文缩写。

电子控制动力转向系统可分为:电动式动力转向系统、电子—液力式动力转向系统、电动—液力式动力转向系统。

5.1　电动式动力转向系统

电动式动力转向系统主要用于轻型汽车,原因是轻型汽车发动机舱自由空间狭小,其转向助动力要求不大。如图 8-21 所示,根据其助力电动机布置位置的不同,该转向系统可以分为转向轴助力式、齿轮助力式、齿条助力式三种类型。

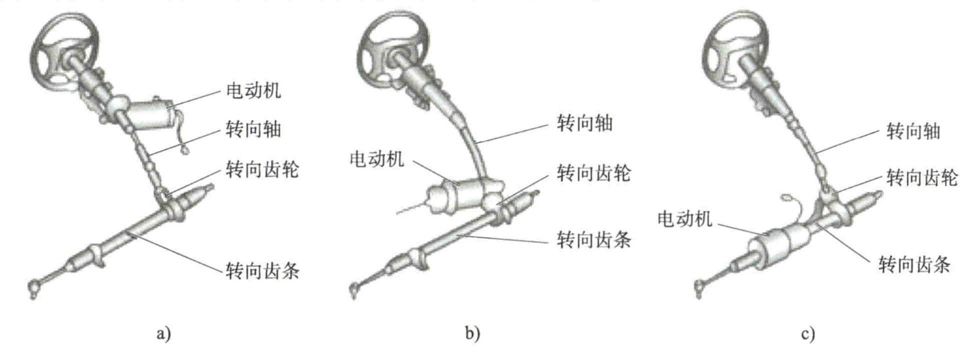

图 8-21　电动式动力转向系统类型

a)转向轴助力式;b)齿轮助力式;c)齿条助力式

5.1.1　构造

电动式动力转向系统主要由转向柱组件、电动机组件与控制系统构成。

(1)转向柱组件。转向助动力由直流电动机产生,直流电动机安装在转向柱上。

图 8-22 所示为电子助力转向系统各零件布置图。

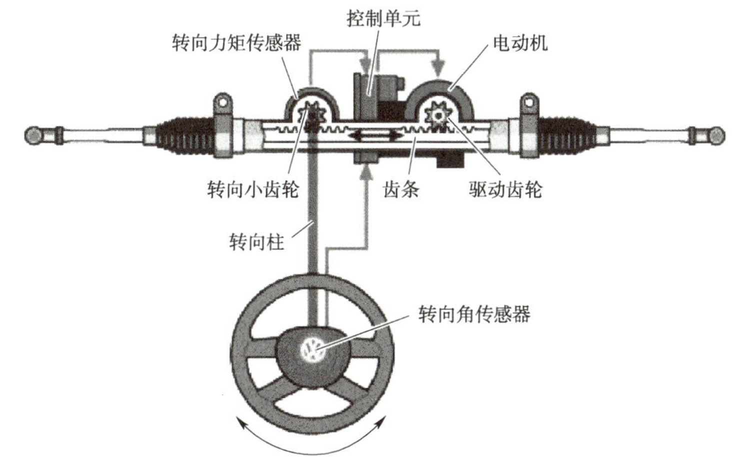

图 8-22　电子助力转向系统各零件布置图

图 8-23 所示为转向助动器的构造图。转向助动器由转向盘侧输入轴、转向齿轮箱侧输出轴以及扭杆所构成。操纵转向盘时，扭杆轻微扭转时，在输出轴与输入轴之间将产生滑动。同时，即使扭杆损伤，由于设有手动锁销，也不会导致不能转向。

(2)电动机组件。设置在转向柱上的电动机组件，由蜗轮、电磁离合器、直流电动机构成。

图 8-24 所示为电动机组件的构造。

蜗轮与固定在转向柱输出轴上的斜齿轮相啮合，它把电动机回转减速后产生的力矩传递到输出轴上。电磁离合器介于减速器与电动机之间，当离合器断电时，不能把电动机的驱动力传递给输出轴，此时手动转向发生作用。

(3)控制系统。由转向传感器、车速传感器、电子控制单元(电脑)等构成。

图 8-25 所示为转向传感器的构造。

转向传感器由电位计、集成电路 IC 部分、电流信号输出部分构成。

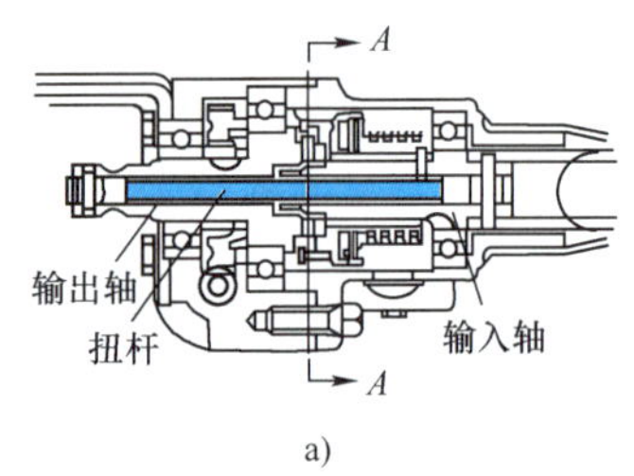

a)

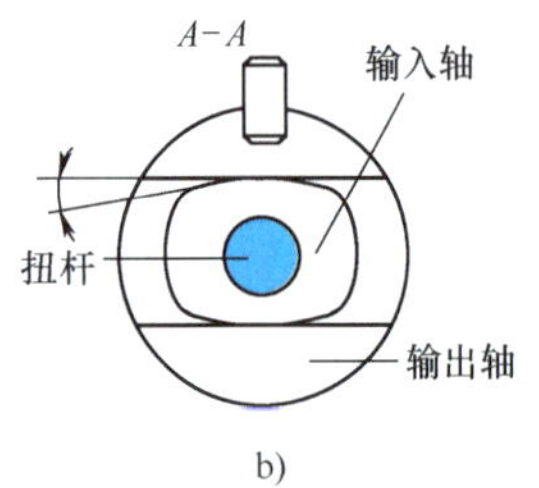

b)

图 8-23 转向助动器

a)转向助力器输入轴轴线方向剖视图；b)A-A 截面剖视图

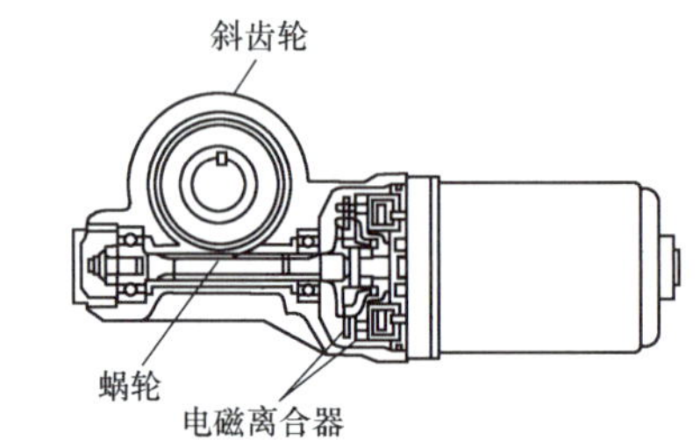

图 8-24 电动机组件

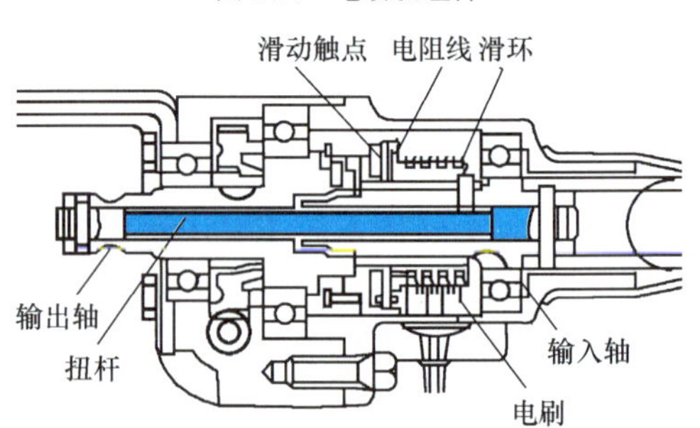

图 8-25 转向传感器

图 8-26 所示为电位计构造。

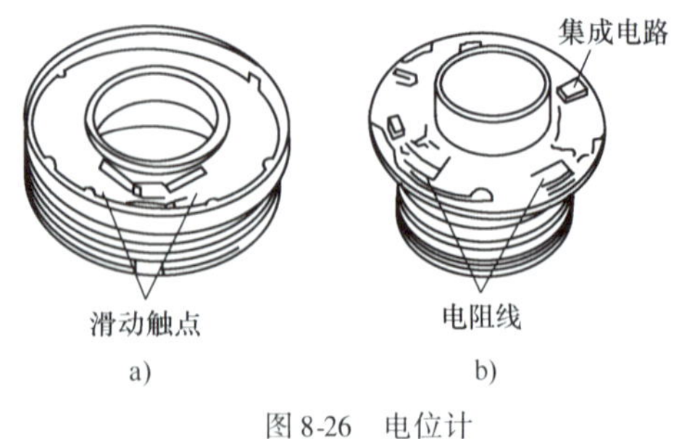

a) b)

图 8-26 电位计

a)输出轴侧；b)输入轴侧

电位计实质上是一个滑动可变电阻器，其滑动触点固定在输出轴上，电阻线(滑动部分)固定在输入轴上。当操纵转向盘时，滑动触点在电阻线上边滑动边移动，电位计的电阻值随之发生变化。这种电阻值的变化可转换成电压值的变化，经过集成电路 IC 处理最终以电流变化的形式，从滑环与电刷构成的电路输出，把转向盘操纵信号送到电脑中。

从该电流输出信号可以判断出转向盘回转方向：在设定值以上为向右旋回，在设定值以下为向左旋回。我们以此来决定电动机的回转方向。

车速传感器置于速度表内,可用数字信号输入车速状态。

转向电动机的电流,是流向电动机的驱动电流,它可作为监视电动机反转或异常状态的信号。

发电机的发生电压,可作为检查蓄电池充电状态的信号,以交流发电机 L 端子电压为输入信号。

发动机回转信号,是检查车速传感器状态的信号,从点火线圈端子处输入信号。

电子控制单元从各个传感器处接收输入信号,并且可判断转向助动力的大小与方向,向电动机发出驱动指令。它是一台微型计算机,一般安装在驾驶席下方。

5.1.2　工作原理

电子控制单元可根据车速传感器与转向传感器的输入信号,决定驱动电动机的回转力与回转方向。当车速为 0 ~ 45km/h 时,根据车速决定转向助动力。

当系统发生异常时,安全保障机能将发挥作用,切断电动机与电磁离合器电源,转为手动转向状态。

根据需要,在控制系统中也可设置故障自诊断系统。

5.1.3　使用实例

图 8-27 所示为电动式动力转向系统装车实例。

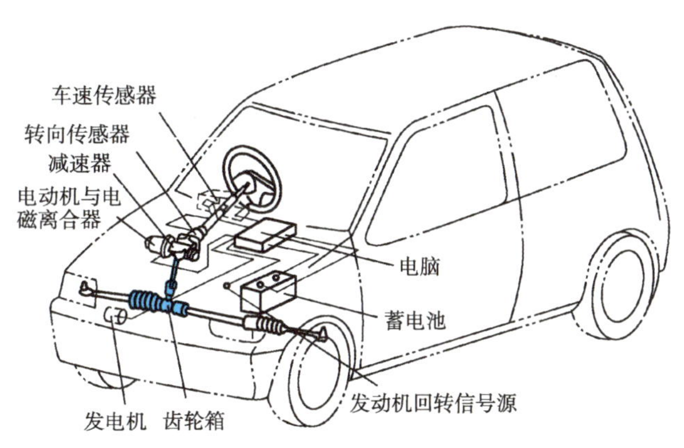

图 8-27　电动式动力转向系统装车实例

图 8-28 所示为使用实例的控制系统电路。

5.2　电子—液力式动力转向系统

电子—液力式动力转向系统,可通过控制电磁阀动作,实现动力转向液压控制回路根据车速变化:当汽车在低速时操舵力减轻,而在中低速以上随手感变化来改变操舵力大小。

图 8-29 所示为电子—液力式动力转向系统构造。它主要由油泵、电磁阀、分流阀、动力缸、转向齿轮箱与控制阀等构成。

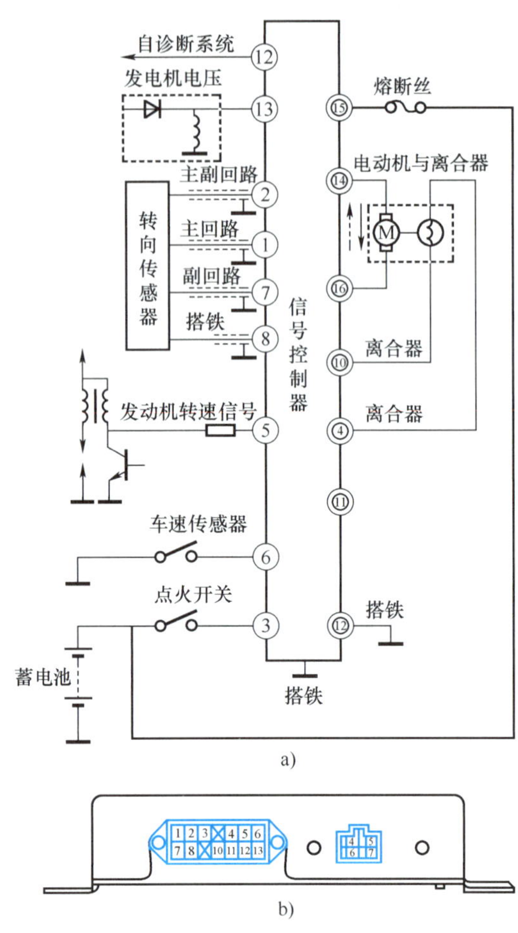

图 8-28　控制系统

a) 电路；b) 接线插座端子代号

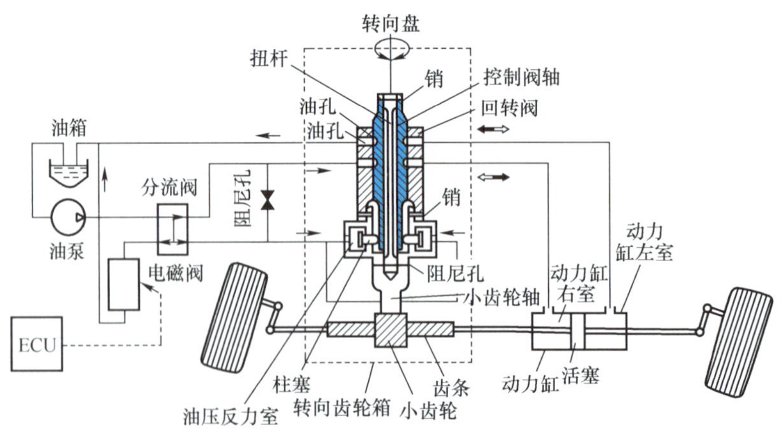

图 8-29　电子—液力式转向系统

5.2.1　构造

(1)转向齿轮箱。扭杆上端与控制阀轴、扭杆下端与小齿轮轴以销钉连接,小齿轮轴上端以销钉与回转阀连接,转向盘通过转向轴与控制阀轴连接。因此,转向盘回转力,可通过扭杆与控制阀轴传递到小齿轮。

当扭杆受到扭矩作用时,控制阀与回转阀相应发生回转运动,并使各种油孔连通状态发生变化,可控制动力缸的油压流量,变化动力缸左、右室油路通道。在油压反力室受到高压作用时,柱塞将推动控制阀轴。此时,扭杆即使受到扭矩作用,由于柱塞推力的影响,也会抑制控制阀轴与回转阀的相对回转。

(2)分流阀。分流阀具有将油泵输出的动力油分流至回转阀与电磁阀两侧的作用。即使回转阀与电磁阀侧的油压变化,分流阀也总是可以根据车速与操舵力的变化以一定流量向电磁阀侧供给油液。

(3)电磁阀。电磁阀由滑阀、电磁线圈、油路通道等构成。电磁阀油路的阻尼面积,可随电磁线圈通电电流占空比(通断比)变化。通电电流大时,滑阀被吸引,油路的阻尼面积增大,流向油箱的回流量增加。车速降低,通电电流大,阻尼面积大,油液将流回油箱,随着车速升高,电流减小,油液回流量也减少。

5.2.2　工作原理

电子—液力式转向系统具有 3 种控制状态。

电脑(ECU)根据车速传感器信号判断出车辆停止、低速状态与中高速状态,控制电磁阀通电电流大小。

(1)停车与低速状态。由于流向电磁阀通电电流大,经分流阀分流的油液通过电磁阀流回油箱,故柱塞受到的背压(油压反力室压力)小。因此,柱塞推动控制阀柱的力矩和转向盘回转力矩可在扭杆处产生较大扭矩。回转阀被固定在小齿轮轴上,控制阀随扭杆扭转作用相应回转,使两阀油孔连通,油泵输出油压作用到动力缸右室(或左室),使功率活塞左移(或右移),产生操纵助动力。

(2)中高速直行状态。车辆直行时,转向角度小,扭杆相对转矩也小,回转阀与控制阀连通的油孔开度减小,回转阀侧压力升高。由于分流阀的作用,电磁阀侧油量增加。同时,随着车速升高,通电电流减小,电磁阀阻尼面积减小,油压反力室的反压力增大,使柱塞推动控制阀轴力矩增大。这样,操纵力增加了扭杆的扭矩作用,柱塞产生的反力使手感增强,从而随手感来改变操纵力。

(3)中高速转向状态。在从存在油压反力的中高速直行状态转向时,扭杆的扭转角更加减小,回转阀与控制阀连通油孔的开孔更加减小,使回转阀侧油压进一步升高。随着该油压上升,固定阻尼孔将向油压反力室供给油液,导致柱塞推力进一步增强。这样,操纵力将随转向角度的增大而增大,从而在高速领域可获得稳定的操纵力。

5.3　电动—液力式动力转向系统

电动—液力式动力转向系统,是以电动机驱动油泵实现动力转向的装置。

5.3.1 构造

该系统由电动机—油泵组件、转向传感器、动力转向齿轮箱、电子控制单元与功率控制器等构成，如图 8-30、图 8-31 所示。

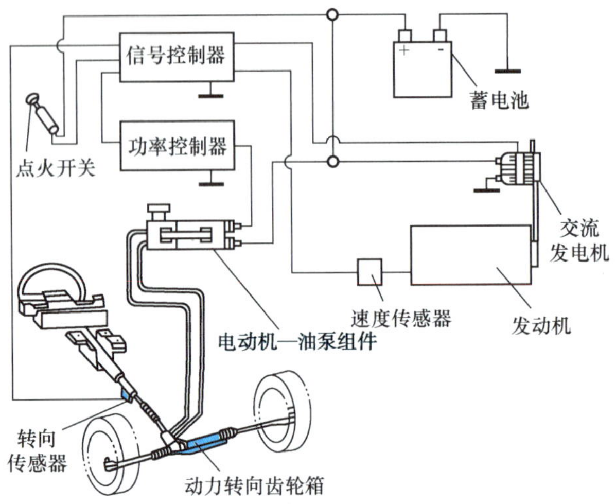

图 8-30 电动—液力式转向系统构造(1)

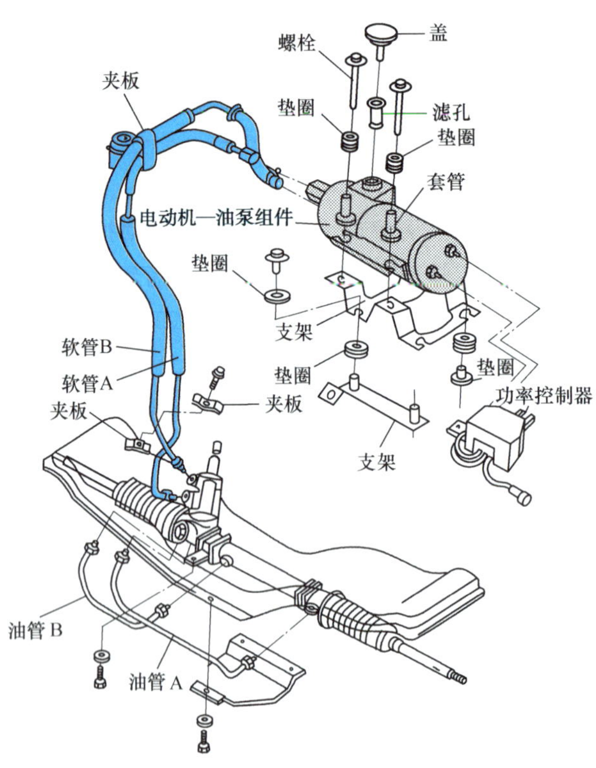

图 8-31 电动—液力式转向系统构造(2)

(1)电动机—油泵组件。该电动机—油泵组件与电子燃油喷射系统采用的电动燃油泵结构相同，如图 8-32 所示。

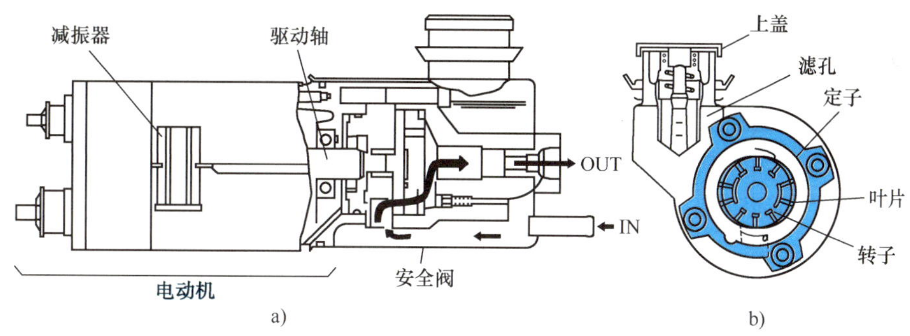

图 8-32　电动机—油泵组件构造

a)主视图;b)剖视图

(2)转向齿轮箱。该转向齿轮箱与一般动力转向齿轮箱结构大体相同。

(3)控制系统。控制系统的构成如图 8-33 所示。

在电子控制单元(CPU)内,已存储有根据试验获得的不同运转条件下的控制方法,从而可从传感器输入信号判定行驶状况,计算出应向电动机提供的驱动电流,向功率控制器发出驱动信号。同时,控制系统异常时,可向驾驶员发出警报信号,并使安全保障机能发挥作用,确保转向操作处于正常状态。

正常电子控制单元安装在后行李舱内,如图 8-34 所示。

功率控制器接受信号控制器指令,调整油泵驱动电动机的供给电流,实现对系统油压的控制。图 8-35 所示为功率控制器内部电路,图 8-36 所示为功率控制器安装位置。

转向传感器可以把转向盘动作状况转换为电信号,并输出到电子控制单元去。图 8-37 所示为转向传感器安装位置,图 8-38 所示为转向传感器构造。转向传感器安装在转向柱下端,其内部有光电耦合器。

电动—液力式动力转向系统使用普通动力转向系统用动力油,要求其低温流动性好。

5.3.2　工作原理

电动—液力式动力转向系统采用车速感应式控制方式,其转向助动力随车速提高而减小。同时,根据运行道路条件,设计了不同控制模式。可根据 20s 内的平均车速与平均转向角度判定车辆当前运行道路条件。变换控制模式最多需要 1.1s,可避免助动力的急剧变化。

表 8-1 为运行道路条件与助动力关系。

运行道路条件与助动力关系　　表 8-1

道路条件	车　速	转向角度	非控制状态操纵力特性	助动力控制程度
市区街道	低	少→多	速度低导致平均操纵力大	100% 助动力
郊区街道	中	少	适当	较市区街道小
屈曲道路	中	中→多	转向角度大导致操纵力亦大	较郊区街道小
高速公路	高	少	轻	助动力最小

控制系统具有自诊断与安全保障功能。当控制系统发生异常时,可使组合仪表板上的报警指示灯亮,向驾驶员发出警告。安全保障功能由后备系统实行,电动机驱动电流大于 100A,且持续 10s 以上,电源电压低于 9V 且持续 1s 以上,后备系统都将进入工作状态,确保车辆仍然保持基本运行状态。

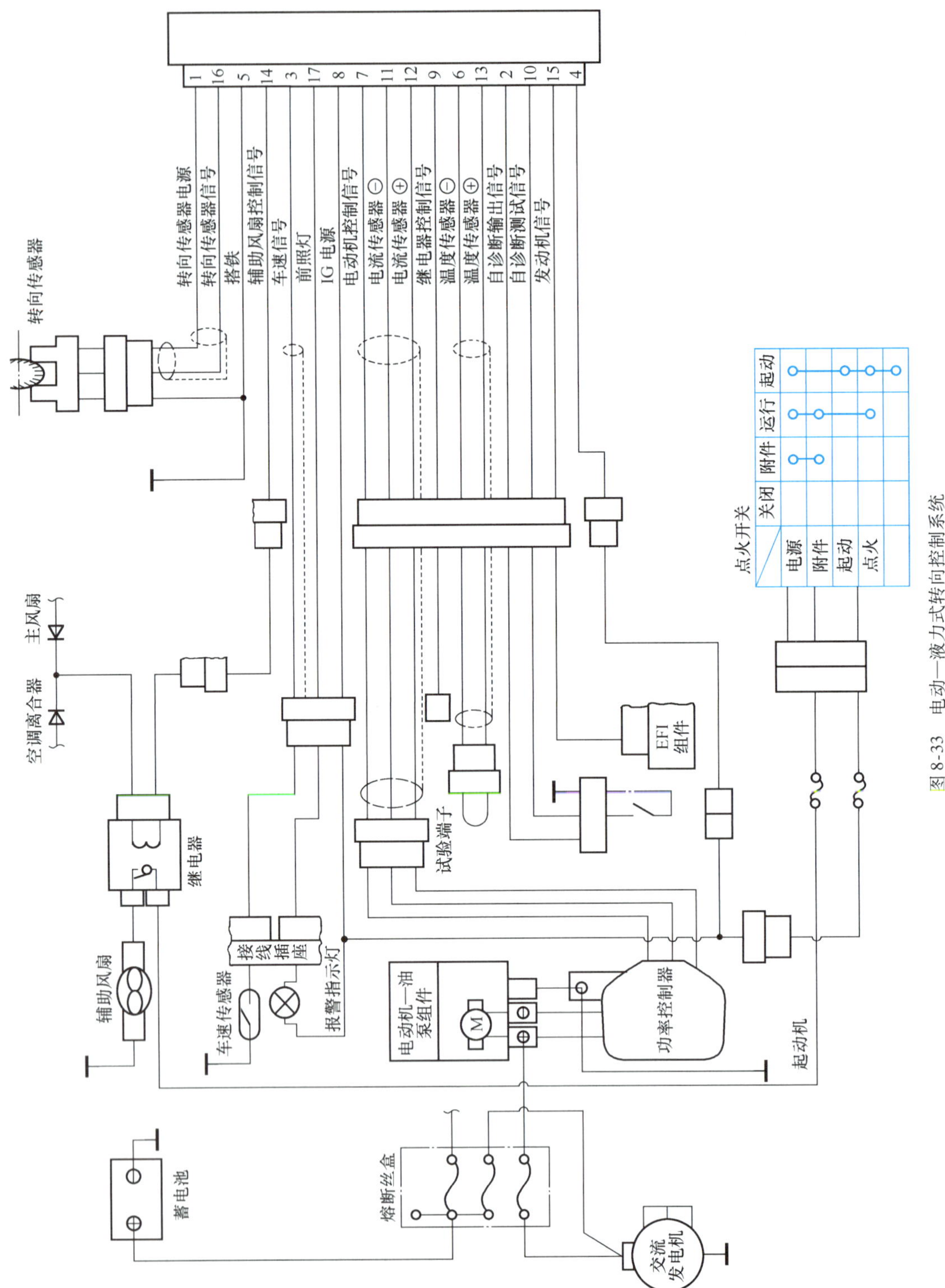
1
16
5
14
3
17
8
7
11
12
9
6
13
2
10
15
4
转向传感器电源
转向传感器信号
搭铁
辅助风扇控制信号
车速信号
前照灯
IG 电源
电动机控制信号
电流传感器 ⊖
电流传感器 ⊕
继电器控制信号
温度传感器 ⊖
温度传感器 ⊕
自诊断输出信号
自诊断测试信号
发动机信号
转向传感器
主风扇
空调离合器
继电器
辅助风扇
车速传感器
接线插座
报警指示灯
试验端子
EFI 组件
电动机—油泵组件
M
功率控制器
起动机
点火开关
关闭
附件
运行
起动
电源
附件
起动
点火
熔断丝盒
蓄电池
交流发电机
图 8-33　电动—液力式转向控制系统

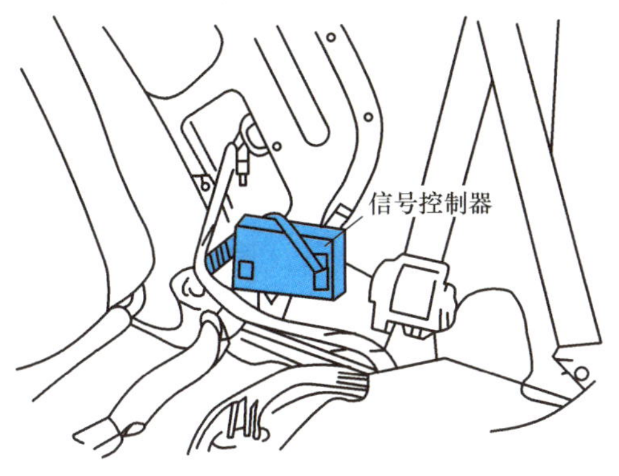

图 8-34　信号控制器安装位置

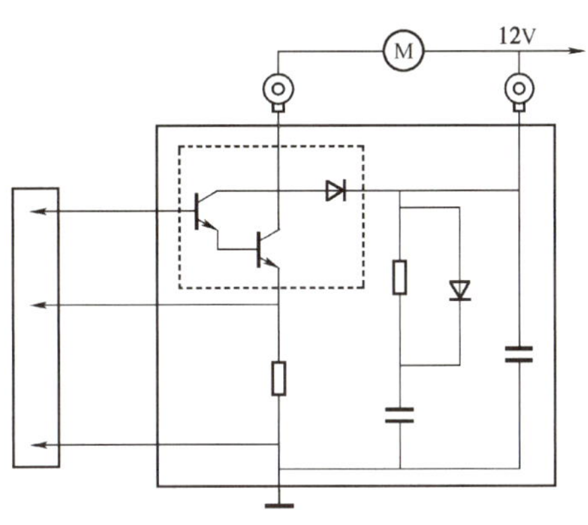

图 8-35　功率控制器内部电路

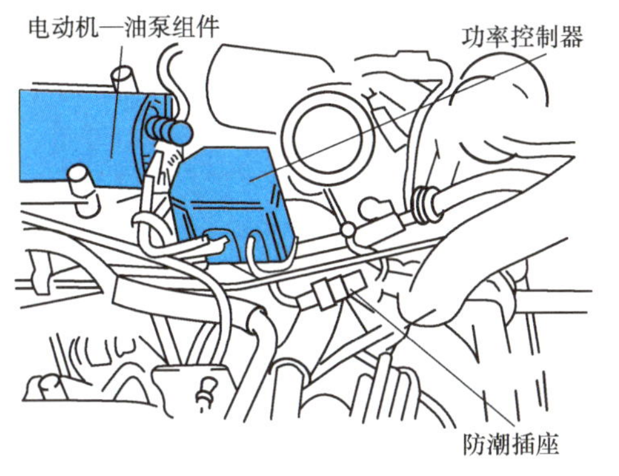

图 8-36　功率控制器安装位置

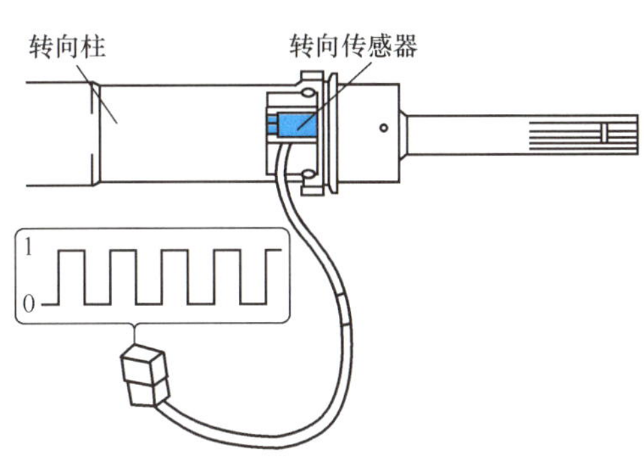

图 8-37　转向传感器位置

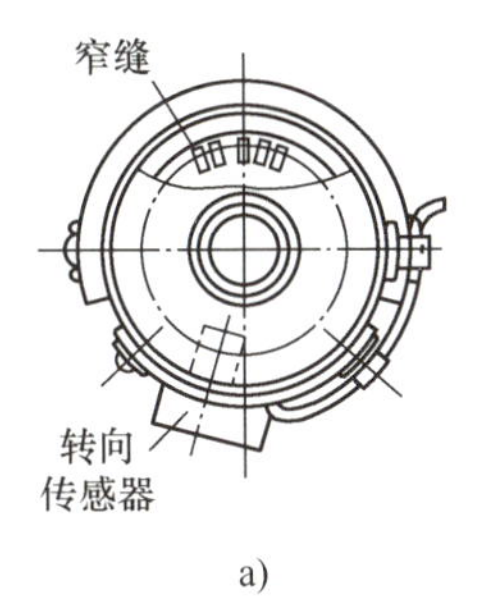

a)

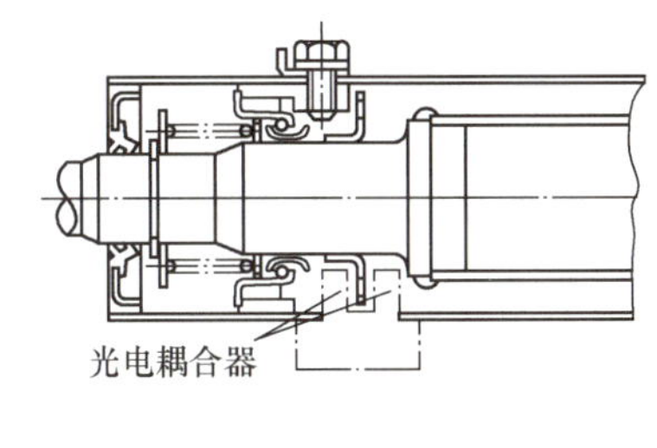

b)

图 8-38　转向传感器构造

a)俯视图;b)主视图

图 8-39 为报警指示灯位置。

5.3.3　使用实例

图 8-40 为电动—液力式动力转向系统装车使用实例。

5.4　电子控制动力转向系统故障诊断

电子控制动力转向系统一般都具有故障自诊断功能,以监测、诊断系统的工作情况。当系统出现故障时,电子控制单元将其故障信息以代码形式显示出来,使维修人员快速、准确地判断出故障类型及故障部位。下面介绍几种车型电子控制动力转向系统的故障自诊断测试方法及故障代码内容。

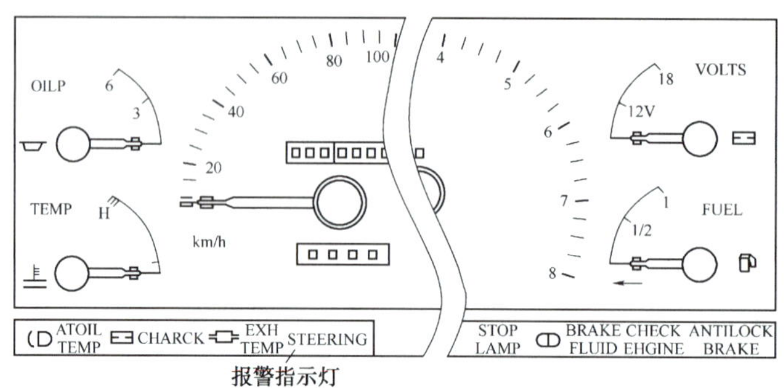

图 8-39 报警指示灯

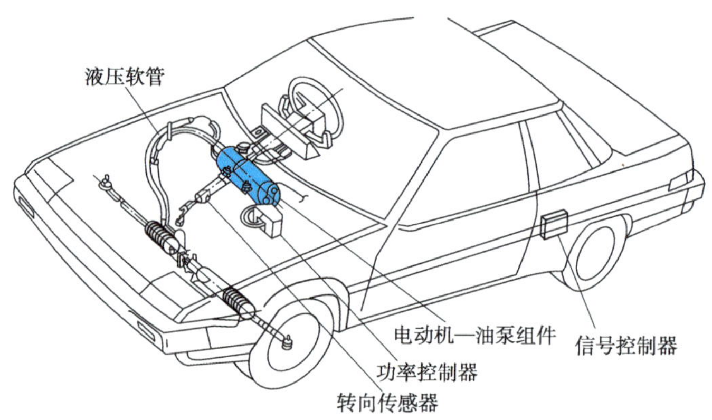

图 8-40 电动—液力式转向系统装车使用实例

5.4.1 奔驰 W140 动力转向系统

故障码读取与排除方法：

(1)将点火开关 KEY 转至 ON。

(2)诊断插座如图 8-41 所示。在 2 号与 6 号端子之间跨接 LED 灯。

(3)将“C”脚跨接搭铁 4s 后取开，从 LED 灯读取故障码闪烁信号。

(4)等待 4s 后，再将“C”脚跨接搭铁 8s 以上。

(5)重复步骤(3)、(4)直到故障码重新显示，即完成故障码读取。

(6)将点火开关 KEY 转至 OFF 时，30s 以上即可清除故障码。

故障代码见表 8-2。

5.4.2 三菱轿车动力转向系统

故障码读取与清除方法：

(1)点火开关 KEY 转至 OFF。

(2)诊断插座如图 8-42 所示。将 12 端子诊断插座的管脚 10 与管脚 12 用 LED 灯跨接。

奔驰 W140 动力转向系统故障代码及内容　　表 8-2

故障码	内　容	故障码	内　容
1	系统正常	6	无法取得所有车速信号
2	PML 控制电脑(N49/1)	7	变速器车速信号传感器回路(L2)
3	左后车速信号(由 ABS 电脑#1/6 来或由 ASR 电脑#1/28 来)到#1/30 脚	8	车速控制动力转向阀线路短路到电源(T10)
		9	车速控制动力转向阀线路短路
4	右后车速信号(由 ABS/ASR 电脑#1/26 来)到 AML#1/7 脚	10	车速控制动力转向阀线路搭铁
5	差速器车速信号到 PML#1/30 脚(N30/1)	11	PML 电源来至 BASE 电脑或主继电器#87 电源线有一条短路

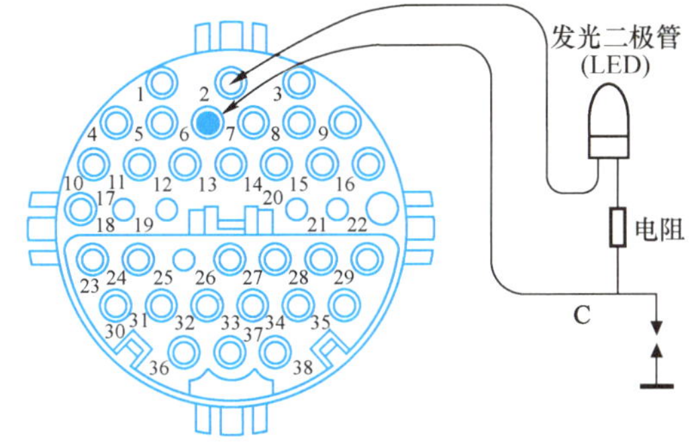

图 8-41　奔驰车 38 孔诊断插座

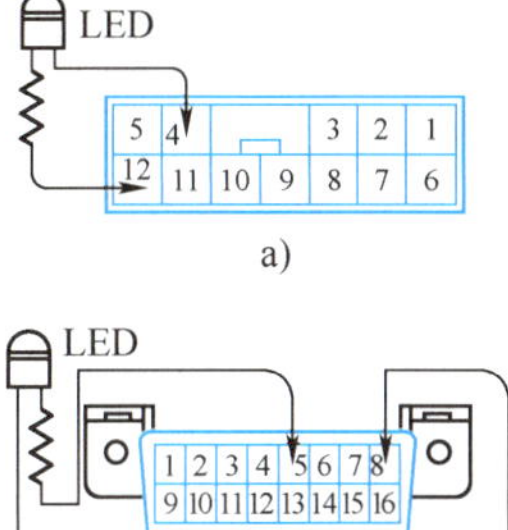

图 8-42　三菱车系诊断插座

a)考试诊断插座;b)新的 OBD-II 型诊断插座

(3)点火开关 KEY 转至 ON。

(4)读取 LED 灯闪烁的故障码。

(5)拆开蓄电池负极搭铁 15s 以上再装回,即可清除故障码。

三菱车故障代码见表 8-3。

三菱轿车动力转向系统故障码及内容　　表 8-3

故障码	内　容	故障码	内　容
11	EPS 主电脑电源不良	13	EPS 电磁阀工作不良
12	VSS 车速信号不良	14	EPS 主电脑故障

6　转向系统的维修

6.1　转向系统的维护

6.1.1　转向系的一级维护

检查转向器、转向摇臂、转向直拉杆的连接情况,并紧固各部连接螺栓,检查转向器有无漏油情况。

检查前轴及转向节主销的间隙。

检查转向盘的自由行程。

检查转向器各齿轮油油平面，视需要添加齿轮油。

6.1.2 转向系的二级维护

完成一级维护的内容。

检查转向节主销与前工字梁配合情况，检查转向节及横、直拉杆各球头销技术状况。

视情况拆检转向器总成。

6.2 机械式转向系的维修

6.2.1 循环球机械转向器的维修

6.2.1.1 循环球机械转向器主要零件的检修

(1)转向器壳体的检修：

①壳体、侧盖产生裂纹需更换，二者接合平面的平面度公差为0.10mm。

②修整壳体变形。壳体变形 的特点是摇臂轴轴承承孔的公共轴线对于转向螺杆两轴承承孔公共轴线的垂直度误差逾限(公差为0.04～0.06mm)，两轴线的轴心距变大(公差为0.10mm)。壳体变形不但会引起转向沉重的故障，同时减少了转向器传动副传动间隙可调整的次数，缩短了转向器的使用寿命。修整变形时，先修整接合平面；然后更换摇臂轴衬套，在图8-43所示的镗模上镗削摇臂轴衬套，利用镗模校正两衬套的同轴度(公差为0.10mm)和两轴线的垂直度与轴心距。

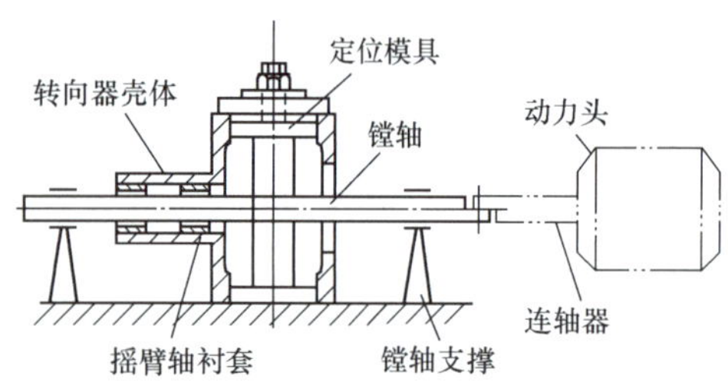

图8-43 摇臂轴衬套镗模

摇臂轴衬套镗削后与摇臂的配合间隙较原厂规定其增大量不得大于0.005mm，使用滚针轴承其配合间隙不得大于0.10mm。汽车二级维护时应检查摇臂轴与衬套的配合间隙，使用限度：轿车为0.15mm，载货汽车为0.20mm。配合间隙逾限后更换衬套，衬套与承孔的配合过盈为0.110～0.051mm。

(2)转向螺杆与转向螺母的检修：

①转向螺杆与转向螺母的钢球滚道无疲劳磨损、划痕等耗损，钢球与滚道的配合间隙不得大于0.10mm。检验钢球与滚道配合间隙的方法有两种：一种方法是把转向螺母夹持固定后，把转向螺杆旋转到一端止点，然后检验转向螺杆另一端的摆动量，其摆动量不得大于0.10mm，转向螺杆的轴向窜动量也不得大于0.10mm。另一种方法是将转向螺杆和转向螺母配合副清洗干净后，把转向螺杆垂直提起，转向螺母在重力作用下，应能平稳地旋转下落，说明配合副的传动间隙合格。若无其他耗损，传动副组件一般不进行拆检。

②总成修理时，应检查转向螺杆的隐伤，若产生隐伤、滚道疲劳剥落、三角键有台阶形磨损或扭曲，应更换。

③转向螺杆的支承轴颈若产生疲劳磨损，会引起明显的转向盘沉重、转向迟钝，可按原厂规定的锥角磨削修整轴颈，然后刷镀修复。实践证明，其耐久性可达10万km以上。

(3)摇臂轴的检修：

①总成大修时，必须进行隐伤检验，产生裂纹后更换，不许焊修。

②轴端花键出现台阶形磨损、扭曲变形,应更换。

③支承轴颈磨损逾限,但无其他耗损可进行刷镀修复或喷焊修复。

6.2.1.2　循环球转向器的装配与调整

(1)安装转向螺杆组件。转向螺杆螺母组件在维修时一般不拆散。若拆散重新组装时,先平稳地逐个装入钢球,装钢球的过程中,转向螺杆和转向螺母不要相对运动,必要时,只能稍许转动转向螺母(图8-44)或用塑料棒将钢球轻轻冲进滚道内;然后给装满钢球的导管口涂压润滑脂防止钢球脱出,用导管卡将导管固定在转向螺母上。所装钢球的直径和数量必须符合原厂规定。

(2)装入钢球后,转向螺母的轴向窜动量不得大于0.10mm。

(3)将轴承内圈压在转向螺杆的轴颈上。

(4)组装摇臂轴,如图8-45所示。

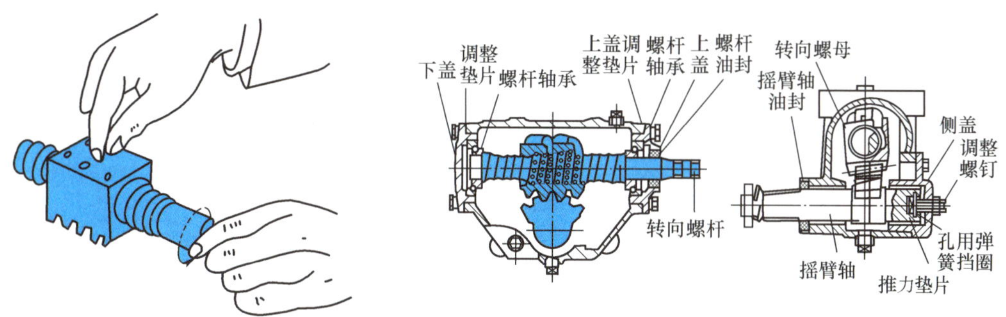

图8-44　钢球的装入

图8-45　循环球式转向器装配图

①检查用于转向螺母与齿扇啮合间隙的调整螺钉的轴向间隙,此间隙若大于0.12mm,在调整螺钉与摇臂上的承孔端面间加推力垫片调整。

②摇臂轴承预润滑之后,将摇臂装入壳体内。并按顺序装入推力垫片、调整螺钉、垫圈、孔用弹性挡圈。

(5)安装转向器下盖、上盖:

①把轴承装入下盖承孔中,如图8-45所示。

②安装调整垫片和下盖,从壳体孔中放入转向螺杆组件,安装下盖,装下盖之前在接合平面上涂以密封胶。

③把轴承外圈和转向螺杆油封压入上盖,并装入上盖调整垫片和上盖。

④通过增减下盖调整垫片或用下盖上的调整螺塞调整转向螺杆的轴承紧度。然后检查转向盘的转向力矩,一般为0.6~0.9N·m。

(6)安装转向器侧盖:

①给油封涂密封胶后,油封唇口向内,均匀地压入壳体上的承孔内。

②将转向螺母移至中间位置(转向器总圈数的1/2),使扇形齿的中间齿与转向螺母的中间齿相啮合,装入摇臂轴组件。

③侧盖密封垫涂以密封胶,安装、紧固。

(7)调整转向器转向间隙:

①使转向器的传动副处于中间位置(直形位置)。

②通过调整螺钉,调整转向器传动副的啮合间隙,在直行位置上应呈无间隙啮合。

③中间位置上,转向器转动力矩应为1.5~2.0N·m。转向器转动力矩调整合格后,按规定扭矩锁紧调整螺钉。

(8)安装摇臂时,应注意摇臂与摇臂轴二者的装配记号对正,应特别注意摇臂固定螺母应确实做到紧固、锁止可靠。

(9)按原厂规定加注润滑油。

(10)有条件时,应检查转向器反驱动力矩(转向轴处于空载状态时,使摇臂轴转动的力矩)。转向器的反驱动力矩应符合原厂规定。

6.2.2 蜗杆曲柄指销式转向器的维修

蜗杆曲柄指销式转向器传动效率较高,转向轻便、而且结构简单,调整方便。EQ1090型汽车采用了此种转向器。

(1)拆卸:

①拆下侧盖时,应先拆下双头螺栓及其余的固定螺栓。

②拔出摇臂轴。

③拆卸转向螺杆下轴承盖及其附件,取出转向螺杆。

④拆下转向螺杆上轴承盖组件。

拆卸转向器时,不能用汽油或煤油清洗橡胶类密封件,禁止用蒸汽或碱溶液清洗轴承;接合平面上的纸垫及固态胶状物必须清除干净,必要时可用木棒、塑料棒冲击拆卸零件,不得用榔头直接敲击,防止砸伤零件表面。

(2)主要零件的检修:

①转向螺杆的检修:

a.传动副已丧失传动间隙调整能力时更换。

b.滚道表面严重磨损或出现严重压痕、疲劳剥落和裂纹等耗损时更换。

c.轴承轴颈出现疲劳磨损,磨削后刷镀修复。

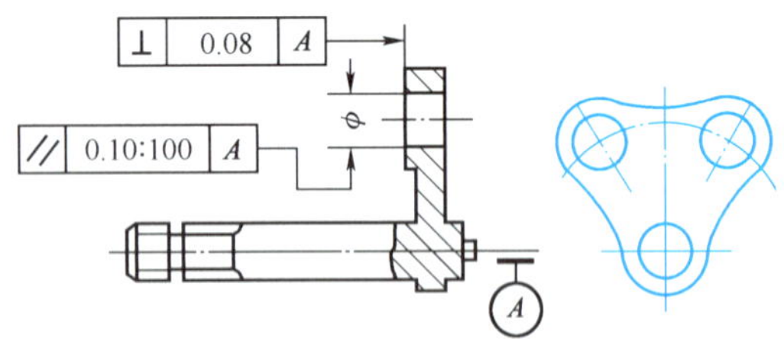

图8-46 摇臂轴的技术要求

②摇臂轴的检修,如图8-46所示:

a.扇形块、花键出现明显的扭曲时更换。ϕ42mm两孔的轴线与ϕ35mm轴的轴线的平行度误差不得大于0.10:100mm;ϕ42mm两孔端面在同一平面里的位置度误差不得大于0.08mm;花键安装记号(刻线)与扇形块中线之夹角不超过13°。

b.摇臂轴任何部位出现裂纹都应更换,禁止焊修。

c.支承轴颈磨损逾限,刷镀修理或更换。

③检查主销轴承组件:

a.主销头部产生疲劳剥落或已经产生偏磨或破裂,更换组件。

b.用两个手指捏住主销头部转动,应转动自如,主销在轴承内若有轴向窜动,视情况进行调整。

④摇臂轴衬套间隙使用限度为0.20mm。

(3)转向器的装配。如图8-47所示,装配前应复查所更换的零件和修复零件,复检合格的零件清洗后用压缩空气吹干。在装配中,应尽可能地使用专用工具,相关螺栓、螺母的紧固转矩应符合原厂规定。

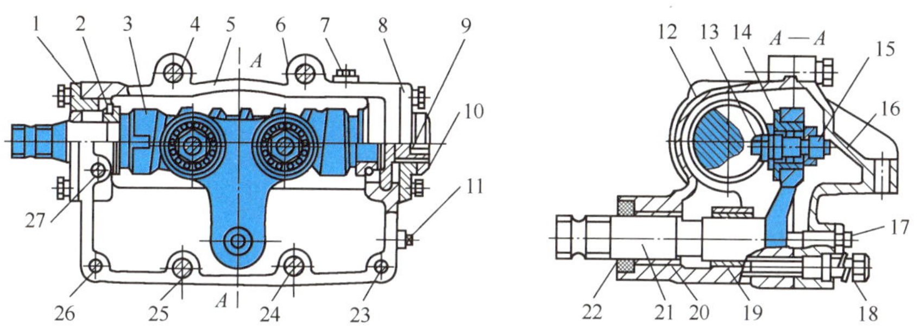

图8-47　双销式转向器

1-上盖;2、14-轴承;3-转向螺杆;4、6-六方头长螺栓;5、12-壳体;7-加油孔螺塞;8-下盖;9、17-调整螺钉;10-锁止螺母;11-放油螺塞;13-主销;15-固定螺母;16-侧盖;18-锁止螺母;19、20-摇臂轴衬套;21-摇臂轴;22-油封;23、26、27-六方头短螺栓;24、25-双头螺柱

①安装转向器下盖:

a.先把轴承的外座圈压入壳体,有滚道的一面沉入壳体下端面距离为12.5~13.0mm。

b.把O形密封圈压入轴承垫块的槽内,而且密封圈不得产生扭曲,不得损伤密封圈外缘,防止漏油。

c.安装下盖,下盖中心的凸台向外。

d.在下盖上面装好调整螺钉和锁止螺母,下盖紧固螺栓暂勿完全拧紧,待上盖紧固螺栓紧固后再完全紧固下盖紧固螺栓。

②安装转向螺杆:

a.将轴承和内圈压入转向螺杆的上、下支承轴颈。

b.把转向螺杆放入壳体。

c.放入上轴承保持架。

③安装上盖:

a.先把上轴承外座圈压入壳体上端承孔内,外座圈平面沉入承孔与壳体上端面距离为12.5~13.0mm。

b.换装上盖O形密封圈和上盖油封。

c.将原调整垫片按原有的顺序和数量放回转向器上盖。该调整垫片是用来调整转向螺杆中点位置的,制造厂家已经调好,维修时不需要重新调整,仍需保持原调整垫片的总厚度。

d.紧固上盖固定螺栓。

e.将下盖固定螺栓拧紧。

④检查调整转向螺杆轴承预紧度,用下盖上的调整螺钉进行调整,轴承紧度合格时,转向螺杆的转动力矩符合原厂规定(EQ1090型汽车转向器为1.0~1.7N·m)。调整结束,锁

紧锁止螺母。

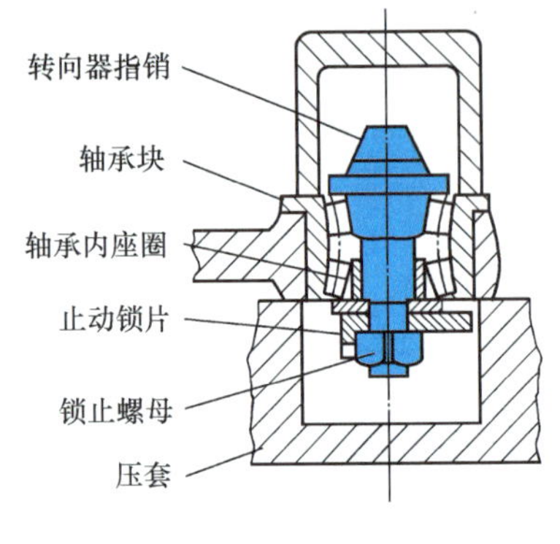

图 8-48　主销组件压装

⑤组装主销:

a. 主销必须成对更换,防止造成左、右转向间隙不等,引起转向力不均匀的故障,还应同时更换主销轴承。

b. 按图 8-48 所示组装主销与轴承组件,再用专用压套压住轴承外圈将组件压入(压出)承孔。

⑥将摇臂轴组件预润滑后,装入壳体,使主销与转向螺杆啮合,啮合后转向螺杆应转动自如,转动总圈数不少于 8 圈。

⑦安装侧盖,注意 2 个双头螺柱要旋入指定的螺孔内。

⑧调整传动间隙,使摇臂轴与转向螺杆必须处于中间位置。然后手握转向螺杆端部来回转动,通过调整螺钉调整主销的啮合间隙直至有摩擦力矩的感觉为止,此时转向螺杆的转动力矩应不大于 2.7N · m。若转向螺杆的中点位置不准确,变更上盖垫片总厚度进行调整。

汽车在二级维护时应检查调整转向器转动间隙。

(4)安装摇臂:

①摇臂与摇臂轴的安装标记要对正。

②摇臂紧固螺母的紧固力矩应符合原厂规定,而且锁止可靠。

③按原厂规定加注润滑油。改装车若转向器的安装角度有所变化,加注润滑油的容量必须满足转向螺杆上端轴承的润滑需要。

6.2.3　齿轮齿条式机械转向器的维修

齿轮齿条式机械转向器因其结构简单,可靠性好;转向结构又几乎完全封闭,维修工作量少,也便于独立悬架的布置;转向齿条和转向齿轮直接啮合,无需中间传动,因此,操纵的灵敏性很好;同时转向齿条的节距由齿条端头起至齿条中心逐渐由大变小,转向齿轮与转向齿条的啮合深度逐渐变大,在转向盘转动量相同的条件下,齿条的移动距离在靠近齿条端头要比靠近齿条中心部位稍短些,从而使转向力变化微小,使转向器转矩传递性能好,而且转向非常轻便,将转向器的这种传动比称为“可变传动比”。因此,轿车已经广泛采用可变传动比的齿轮齿条式转向器,如图 8-49 所示。

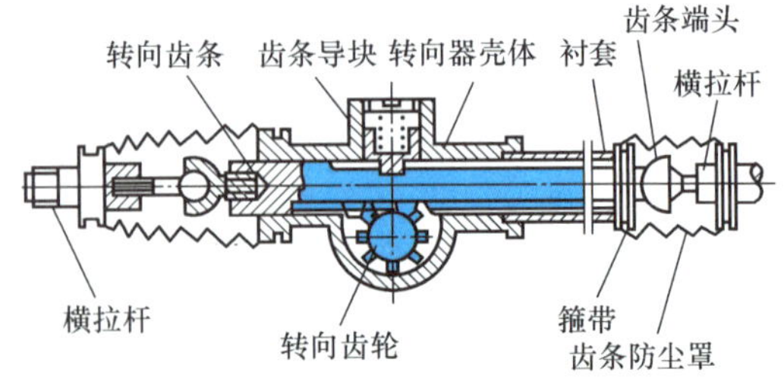

图 8-49　齿轮齿条式转向器

(1)拆卸。拆卸分解中,应先在转向齿条端头与横拉杆连接处打上安装标记;然后,拆卸转向齿条端头,但不能碰伤转向齿条的外表面;拆下转向齿条导块组件后,拉住转向齿条,使齿对准转向齿轮,再拆卸转向齿轮;最后抽出转向齿条。抽出时,注意不能让转向齿条转动,防止碰伤齿面。

(2)主要零件的检修:

①零件出现裂纹应更换,横拉杆、齿条在总成修理时应进行隐伤检验。

②转向齿条的直线度误差不得大于0.30mm。

③齿面上无疲劳剥蚀及严重的磨损,若出现左右大转角时转向沉重,且又无法调整时应更换。

④更换转向齿轮轴承。

(3)齿轮齿条式机械转向器(图8-50)的装配与调整。

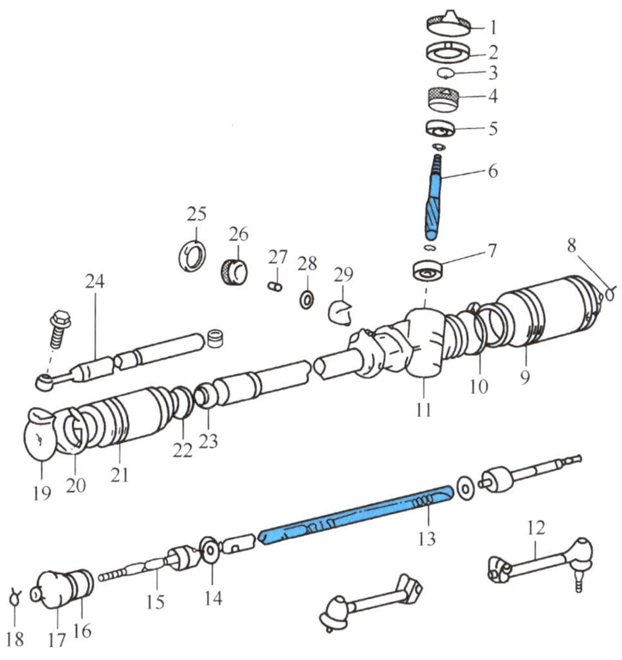

图8-50 齿轮齿条式机械转向器分解图

1-防尘罩;2-锁紧螺母;3-油封;4-调整螺塞;5-上轴承;6-转向齿轮;7-下轴承;8-夹子;9-齿条防尘罩;10-箍带;11-齿条壳体;12-横拉杆;13-转向齿条;14-垫圈;15-齿条端头;16-固定环;17-防尘罩、21;18-夹子;19-减振器支架;20-防尘罩护圈;22-箍带;23-齿条衬套;24-转向减振器;25-螺母;26-弹簧帽;27-弹簧;28-隔环;29-齿条导块

①安装转向齿轮6。

a.将上轴承5和下轴承7压在转向齿轮轴颈上,轴承内座圈与齿端之间应装好隔圈。

b.把油封3压入调整螺塞4。

c.将转向齿轮及轴承一块压入壳体11。

d.装上调整螺塞及油封,并调整转向齿轮轴承紧度。手感应无轴向窜动,转动自如,转向齿轮的转动力矩符合原厂规定,一般约为0.5N·m。

e.按原厂规定力矩紧固锁紧螺母2,并装好防尘罩1。

②装入转向齿条13。

③安装齿条衬套23,转向齿条与衬套的配合间隙不得大于0.15mm。

④装入转向齿条导块29、隔环28、导块压紧弹簧27、调整螺塞(弹簧帽)26及锁紧螺母25。

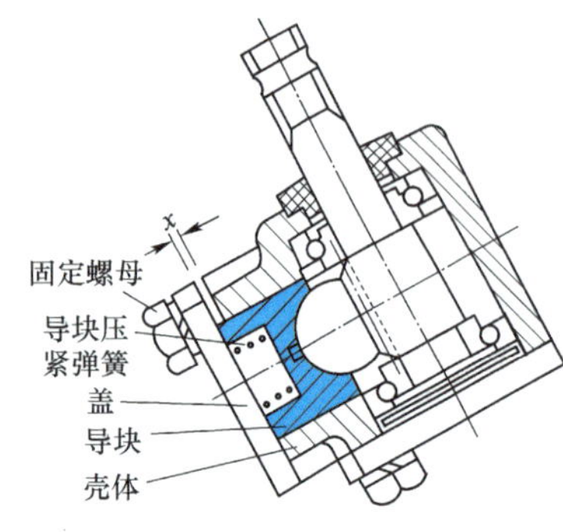

图8-51 预紧力调整机构

⑤调整转向齿条与转向齿轮的啮合间隙,也称为“转向齿条的预紧力”,其调整机构如图8-51所示。因结构的差异,调整方法也有所不同。但常见的有两类:一种方法是改变转向齿条导块。与盖之间的垫片厚度来调整转向齿条与转向齿轮轮齿的啮合深度,完成预紧力的调整;另一种方法是用盖上的调整螺塞改变转向齿条导块与弹簧座之间的间隙值,完成啮合深度,即预紧力的调整。

图8-51所示的结构形式,其预紧力的调整步骤是:先不装弹簧以及壳体与盖之间的垫片,进行x值的调整,使转向齿轮轴上的转动力矩为1~2N·m;然后用塞尺测量x值;第三步在x值上加0.05~0.13mm,此值就是应加垫片的总厚度,也就是转向齿条和转向齿轮合格的啮合间隙所要求的垫片总厚度。

结构有弹簧座时,先旋转盖上的调整螺塞,使弹簧座与导块接触,再将调整螺塞旋出30°~60°之后,检查转向齿轮轴的转动力矩,如此重复操作,直至转向齿轮的转动力矩符合原厂规定,最后紧固锁紧螺母。

⑥安装垫圈14和转向齿条端头15(图8-50)时,应特别注意转向齿条端头和齿条的连接必须紧固、锁止可靠。

⑦安装横拉杆和横拉杆端头,并按原厂规定检查调整左、右横拉杆12的长度,以保证转向轮前束正确;另外,横拉杆端头球销的夹角应符合原厂规定;调整合格后,必须按原厂规定的转矩紧固并锁止横拉杆夹子。

6.3 动力转向装置的维修

动力转向系统是兼用驾驶员体力和发动机动力为能源的转向系统,广泛采用机械转向器、转向动力缸和转向控制阀三者合成一体的整体式转向器。这种动力转向器的结构紧凑、质量轻、传动效率高、操纵轻便、反应灵敏、寿命长且易于调整,能满足在高速公路上高速行驶的需要。但是结构复杂,制造精度高。图8-52所示为循环球转阀整体式动力转向器。

6.3.1 动力转向器的检修

(1)动力转向器拆卸注意事项。在拆卸分解之前,应先放掉润滑油,检查转向器的转动力矩,若转动力矩不符合原厂规定又无法调整时,应考虑更换转向器总成。在360°位置时,将枢轴7(图8-52)分别向左、向右从头至尾地转动数次,在360°处的转动力矩一般应为0.7~1.2N·m。然后在正中位置测量转动力矩,所谓正中位置就是枢轴从闭锁状态转过一圈再加上360°,正中位置的转动力矩应比360°处的转动力矩大0.1~0.4N·m。否则,调整转向器传动副的啮合间隙,当转动力矩已无法调整到规定的范围时,可以考虑更换转向器总成或拆散进行检修。拆散时,先将壳体可靠地夹持在虎钳上。如图8-52所示,拆卸顺序如下:

①拆卸摇臂轴。将摇臂轴上的扇形齿置于中间位置,先拆下摇臂轴油封;接着拆下侧盖

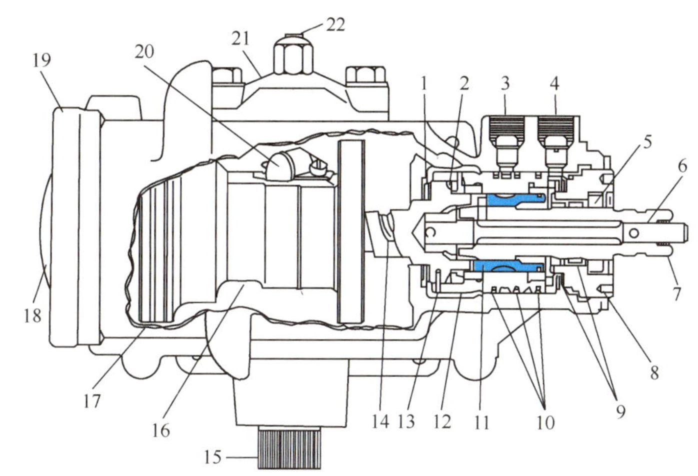

图 8-52　循环球转阀整体式动力转向器

1-推力轴承;2-密封圈;3-进油口;4-出油口;5-油封;6-扭杆;7-枢轴;8-调整螺塞;9-轴承;10-密封圈;11-滑阀;12-阀体;13-定位销;14-转向螺杆;15-摇臂轴;16-转向齿条活塞;17-齿条活塞密封圈;18-端盖;19-壳体;20-钢球导管;21-侧盖;22-调整螺栓

固定螺栓,将摇臂轴压出约 20mm;然后给摇臂轴支承轴颈端套上约 0.1mm 厚的塑料筒,用手抓住侧盖抽出摇臂轴,同时用另一只手从另一端压入塑料筒,防止轴承滚棒散落到壳体内,引起拆卸不便。若是滑动轴承(衬套),就不需加塑料筒了。

②拆前端盖 18。用冲头冲击前端盖 18 的弹簧挡圈,然后逆时针转动控制阀阀芯的枢轴 7,取下前盖。

③拆卸转向齿条活塞 16。把有外花键的专有心轴从前端插入转向齿条活塞 16 的中心孔,直至顶住转向螺杆 14 的端部。然后逆时针转动控制阀阀芯枢轴 7,将专用心轴、齿条活塞 16、钢球作为一个组件整体取出。

④拆卸调整螺塞 8(上端盖)。应先在螺塞和壳体上作对位标记,以便装配时易于保证滑阀的轴向间隙。然后用专用扳手插入螺塞端面上的拆卸孔内,拆下调整螺塞,拆下时应防止损坏调整螺塞。

⑤拆下阀体 12。滑阀 11 与阀体 12 都是精密零件,其公差为 0.0025mm,并且经过严格的平衡,在拆卸中不得磕碰,以防止损伤零件表面,拆下后应合理地堆放在清洁处。

⑥拆下所有的橡胶类密封元件。

(2)动力转向器零件的检验:

①滑阀与阀体的定位孔出现裂纹、明显的磨损,滑阀在阀体内发卡,应更换阀体组件,如图 8-53 所示。

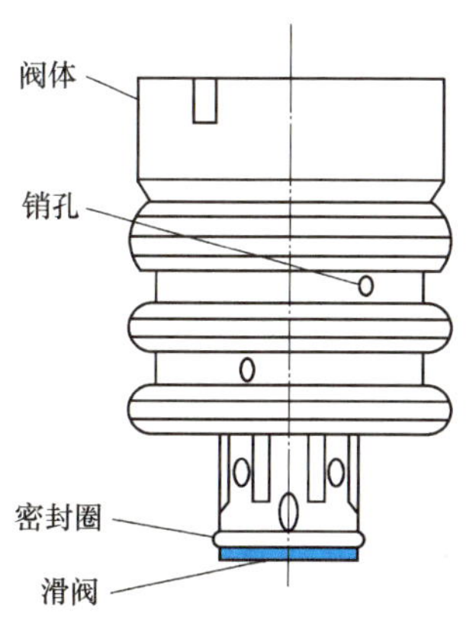

图 8-53　转向控制阀的检验

②输入轴配合表面不得有明显的磨痕、划伤和毛刺,否则,应更换。

③修理时,必须更换所有的橡胶类密封元件。

④壳体上的球堵、堵盖之类的密封件不得有渗漏现象。

(3)动力转向器(图8-54)的装配：

①装配前,应将各零件清洗干净,并用压缩空气吹干,不得用其他织物擦拭。

②组装转向螺杆、齿条活塞组件：

a. 将转向螺杆装入齿条活塞4中,然后将黑色间隔钢球和白色承载钢球间隔从齿条活塞背上的两个钢球导孔装入滚道。

b. 将钢球装满钢球导管7,再将导管插入导孔,按规定转矩用导管夹8固定好导管。

c. 将专用心轴从齿条活塞前端装入齿条活塞,直至顶住转向螺杆31。

③安装阀体21与螺杆,阀体上的凹槽与螺杆的定位销必须对准。

④安装阀芯28,输入轴20,并装好推力轴承33及所有的橡胶密封圈和聚四氟乙烯密封圈。

⑤把阀体推入转向器壳体10中,把专用心轴与齿条活塞一并装入壳体,待与螺杆啮合后,顺时针转动输入轴20,将齿条活塞拉入壳体后,再取出专用心轴。

⑥安装调整螺塞39,并调整好调整螺塞的预紧度。

⑦安装摇臂轴组件,注意对正安装记号和按规定力矩紧固侧盖。并注意用适当厚度的垫片调整"T"形销与销槽之间的间隙,达到控制摇臂轴轴向窜动量的目的。

⑧调整摇臂轴扇形齿与齿条活塞的啮合间隙,检验输入轴的转动力矩应符合原厂规定。

6.3.2 转向油泵的检修

汽车的动力转向系统所用的转向油泵多为叶片式油泵,这种油泵具有结构紧凑、质量轻、性能稳定、转速范围大、效率高、可靠耐用、维修方便等特点。因此,动力转向系统广泛采用叶片式转向油泵来保证动力转向系统的工作压力。叶片式转向油泵俗称刮片泵,主要部件包括壳体、转子、叶片、凸轮环、流量控制阀和储油罐等,如图8-55所示。

(1)叶片式转向油泵的拆卸。转向油泵壳体接合面、泵轴、储液罐与泵的连接处、流量控制阀等部位出现渗漏时,应拆卸分解转向油泵,进行检修。

①将泵内机械油排放干净后,从发动机上拆下转向油泵。

②拆散转向油泵时应在前、后壳体接合面处打上装配记号后,再拆开壳体。

③在拆下偏心壳时,务必使叶片不要脱开转子。

④拆下卡环和油封时应使用专用工具。

⑤拆下转子时,必须打上包括转子旋转方向的安装记号,皮带轮也应打上安装记号后,才能拆下皮带轮及转子轴。

(2)转向油泵的检修：

①更换油封和橡胶类密封圈。

②叶片与转子上的滑槽表面应无划痕、烧灼以及疲劳磨损;其配合间隙一般应不大于0.035mm;叶片磨损后的高度与厚度不得小于原厂规定的使用限度。否则更换叶片或总成。

③转子轴径向配合间隙为0.03~0.05mm,间隙过大,应视情况更换轴承。

④转子与凸轮环的配合间隙约为0.06mm。工作面上应光滑,无疲劳磨损和划痕等缺陷。转子与凸轮环一般为非互换性配合,若间隙过大,通常更换总成。

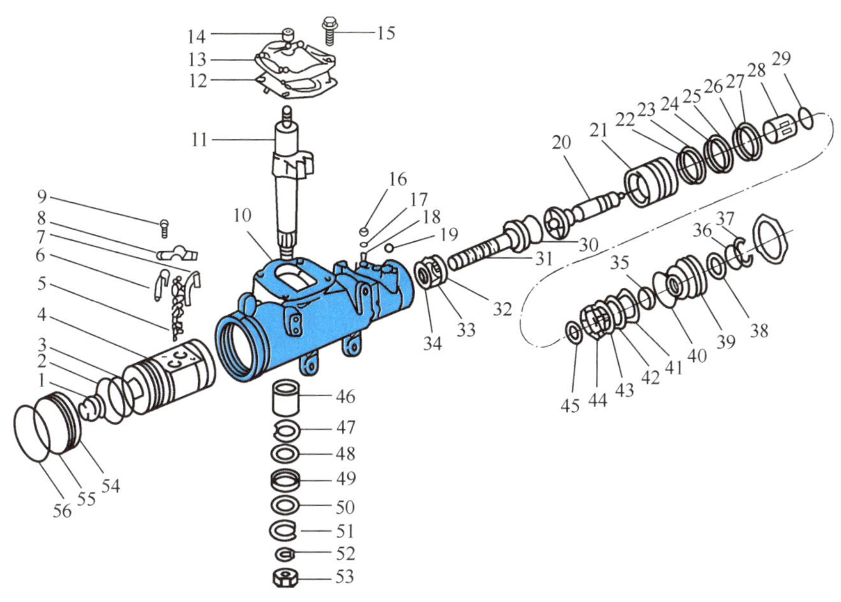

图 8-54　循环球式动力转向器的组成

1-活塞端堵头;2-聚四氟乙烯密封环;3、29、30、40、54-O 形密封环;4-齿条活塞;5-钢球;6-钢球导管(半边);7-钢球导管(另半边);8-导管固定夹;9-导管固定夹螺栓;10-转向器壳体;11-摇臂轴;12-侧盖衬垫;13-侧盖;14-锁紧螺母;15-螺栓;16-软管接头座;17-止回阀;18-弹簧;19-软管接头座;20-输入轴总成;21-阀体;22、26-密封圈;23、25、27-聚四氟乙烯密封圈;24-密封圈;28-阀芯;31-转向螺杆;32-锥形推力轴承座圈;33、42-推力轴承;34-轴承座圈;35、46-滚针轴承;36-防尘密封圈;37、51、56-卡环;38-油封;39-调整螺塞;41-大推力挡圈;43-小推力轴承;44-隔圈;45-卡圈;47、49-单唇油封;48、50-支承挡圈;52-垫圈;53-螺母;55-壳体前端盖

⑤皮带轮有缺损或其他原因而丧失平衡性能之后,应更换。

⑥流量阀弹簧的弹力或自由长度应符合原厂规定;并应检修流量阀球阀的密封性,检验时,先堵塞进液孔,然后从旁通孔通入 0.39 ~ 0.49MPa 的压缩空气,其出孔处不得漏气。否则,更换流量阀。

(3)转向油泵的装配。转向油泵附流量阀在装配时,必须保持严格的清洁;不得因装配工作而损伤叶片、转子、凸轮环等精密零件的工作面;零件的装配标记和平衡标记相对应且位置正确;要求密封严格的接合面及其他密封部位,必须在衬垫上涂抹密封胶。

转向油泵装配后应进行部件性能试验,即功率—流量试验,试验规范应符合原厂规定,无部件性能试验条件时,必须进行动力转向系统性能的试验。

6.3.3　动力转向系统的试验与调整

动力转向系统装配完毕后,应进行油量、油压试验,排除系统内的空气,调整转向油泵皮带紧度等作业,以保证动力转向系统良好的工作性能。无动力转向系统试验台时,可进行就车试验,就车试验按下列程序进行。

(1)检查调整轮胎气压。

(2)检查调整转向桥、转向系统各部位配合间隙以及转向盘的自由转动量。

(3)检查调整转向车轮定位。

(4)检查调整转向油泵皮带张力。以原厂规定的压力(约 98N),在皮带中部按下皮带,皮带

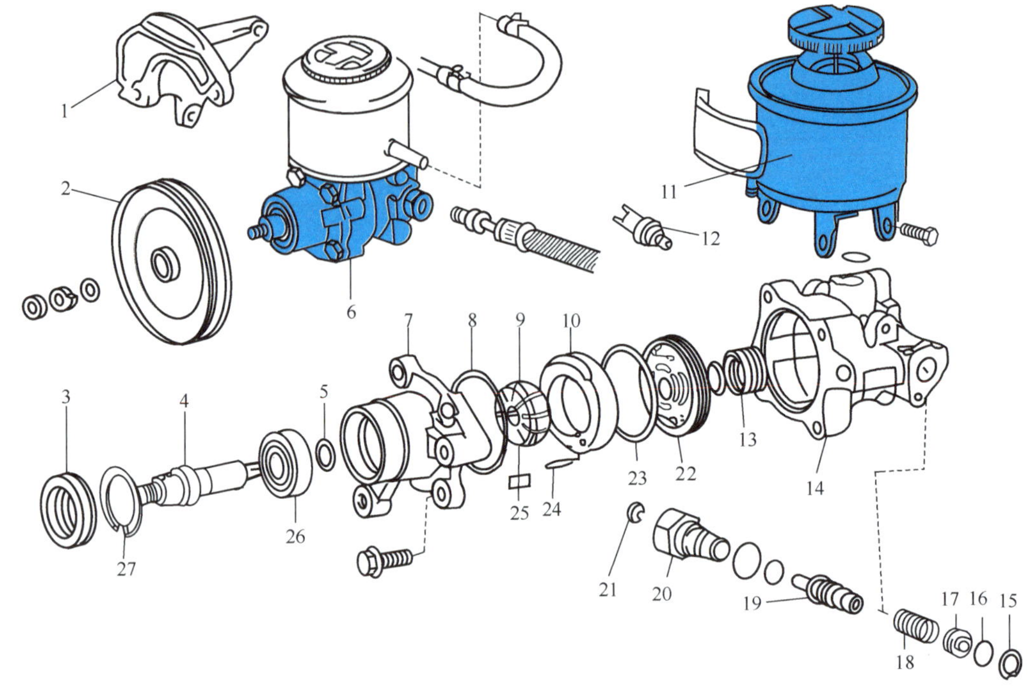

图8-55　叶片式转向油泵

1-支架;2-皮带轮;3-油封;4-转子轴;5、15-卡环;6-泵;7-前壳;8、16、23-密封圈;9-转子;10-凸轮环;11-储液罐;12-通风阀;13、18-弹簧;14-后壳体;17-弹簧座;19-流量控制阀;20-阀座;21-接头座;22-后板;24-直销;25-叶片;26-轴承;27-锁环

的挠度应符合原厂规定,一般新皮带挠度为7~9mm,在用皮带轮挠度在10~12mm范围内。

(5)检查发动机怠速提高能力。在发动机性能正常、怠速稳定的条件下,转向盘转至极限位置;此时,夹紧空气量控制阀软管,发动机转速应急速下降;放松空气量控制阀软管时,发动机转速应急速上升。

(6)检查储油罐液位:

①保持转向车轮与地面接触,在发动机维持怠速转动(约1000r/min)条件下,将转向盘反复从一侧极限位置转至另一侧极限位置,使液压油的温度升至323~353K。

②储油罐中油面应在上下限标线(或HOT和COLD)之间,且油中无气泡。

③检查各部确无泄漏后,若需补给液压油,按原厂规定牌号补给液压油。

④更换液压油的程序。若需要更换液压油,先顶起转向桥,从储油罐及回油管排出旧油;使发动机怠速运转(约1000r/min),排放旧液压油,同时将转向盘向左、向右反复转到极限位置,直至旧液压油排尽后1~2s,再加注新液压油。

(7)动力转向系统中空气的排放。动力转向系统更换液压油之后和检查储油罐中油位时发现有气泡冒出,说明系统内已渗入了空气,将会引起转向沉重、前轮摆动、转向油泵产生噪声等故障,必须将系统内的空气排放干净。排放程序如下:

①架起转向桥。

②发动机怠速运转(1000r/min),反复向左、向右转动转向盘到极限位置,直至储油罐内无泡沫冒出并消除乳化现象,表明液力转向系统内的空气已基本排净。

③发动机刚刚熄灭火后，储油罐中应无气泡，液面不得超过上限，停机5min之后，液面应升高约5mm。

(8)检查动力转向系统的油压。动力转向系统的油压，可以表征转向油泵和流量控制阀的技术状况。为了检查系统油压，在检查储油罐液位之前，应在系统内装入油压测试器，油压测量器由油压表和截止阀并联而成，如图8-56所示。

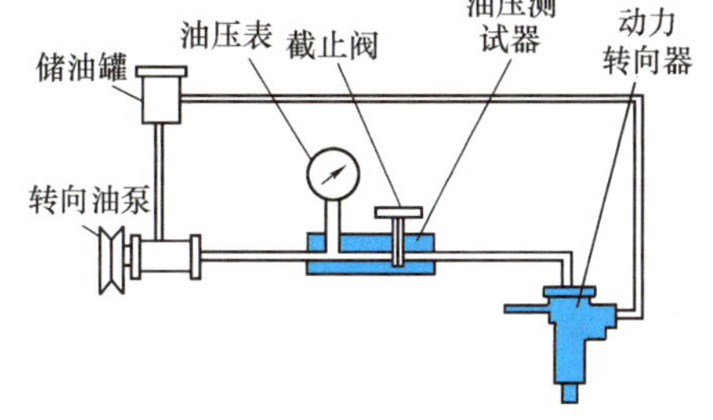

图8-56　油压测试器接入系统

①将油压测试器串联在动力转向器的进油管道上。

②转动转向盘，使转向车轮向右转至极限位置。

③起动发动机，使其转速稳定在1500～1600r/min。

④关闭截止阀，油压表指示压力应符合原厂规定(一般不低于7MPa)。截止阀关闭时间不宜超过10s，以免对转向油泵造成不良影响。

(9)测量动力转向器的有效油压：

①发动机维持怠速转动。

②截止阀完全打开，将转向盘转至极限位置，此时油压表指示压力应符合原厂规定(一般不小于7MPa)。若油压过低或油压表指针抖动，说明转向器内部有泄漏。

(10)检验流量控制阀的工作性能。检查流量控制阀工作性能的方法有两种：一种方法是检验发动机在怠速范围内急加速时系统内的油压回降情况；另一种方法是检验无负荷时的油压差。

①检查系统油压降：

a. 仍将油压测试器安装在动力转向器的进油管道上，使发动机处于稳定怠速工况。

b. 用截止阀开度调整油压表指示油压为3MPa。

c. 转向盘不动，在怠速范围内急加速，指示压力应随发动机转速增大而提高。

d. 突然放松加速踏板，使发动机恢复稳定怠速工况，油压表指示油压仍能恢复到3MPa，说明流量控制阀性能可靠。否则，表明流量控制阀卡死或堵塞，进行检修或更换流量控制阀。

②流量无负荷油压差：

a. 完全打开截止阀。

b. 分别测量发动机转速在1000r/min和3000r/min两个转速下的油压差应小于0.49MPa，表明流量控制阀性能良好，动作灵活。否则，表明流量控制阀需检修或更换。

(11)系统防过载装置的调整。系统防过载装置由转向器限位螺栓和车轮最大转向角限位螺栓组成。前者用于限制扇形齿即摇臂轴的最大摆角，后者用于限制转向时转向轮的最大转角。要求在转向盘转到左、右极限位置时摇臂轴先碰抵转向器限位螺钉之后，转向节才碰抵最大转向角限位螺栓，防止转向车轮转角过大，造成液力转向系统油压突然过高而产生过载，损坏密封件或使管道胀裂。调整程序如下：

①油压测试器仍然装在液力转向器进油管路上，并使发动机继续处在稳定怠速工况。

②松开转向器限位螺栓，再将转向盘转至一侧极限位置。

③将转向器限位螺栓拧进至与齿扇刚刚接触后，再退回约 1/3 圈，此时指示油压应在 0～2MPa 范围内。

④调整最大转向角限位螺栓，使转向轮与最大转向角限位螺栓抵触时，指示油压应不小于 7MPa。

(12)检查动力转向器的回油压力。把油压测试器装在动力转向器回油管路中，发动机处于怠速工况，此时指示油压应小于 0.5MPa。若回油压力过大，会造成转向盘自动向左方转动，说明回油管堵塞或压瘪，回油阻力过大。

(13)测量转向力：

①落下前桥，使汽车停放在平坦地面上，两转向车轮处于平行位置。

②发动机怠速运转。

③测量转向盘从直行(中间位置)向左、向右转动转向盘所需的力矩。装有安全气囊的动力转向系，其转向盘周缘的转动力一般不大于 39N，无安全气囊的一般不大于 7.5N。

7 转向系统的故障诊断

汽车转向系统技术状况的好坏对汽车的行驶安全有着重要的影响。在对转向系统故障进行诊断时，除考虑转向系统方面的原因外，还应考虑行驶系统方面的原因。

7.1 机械式转向系统的故障诊断

7.1.1 转向沉重

7.1.1.1 现象

在汽车转向转动转向盘时，感到比平时沉重费力。

7.1.1.2 原因

由于各部间隙过紧、运动机件变形、缺油以及其他方面的原因，造成机件运动阻力增大甚至运动发卡所致，具体原因如下：

(1)转向器方面。啮合间隙过小；转向器各轴承轴向间隙过小；转向器缺油；转向轴弯曲、柱管凹陷导致与转向轴碰擦等。

(2)转向传动机构方面。各拉杆球头销配合处过紧，或者缺油；横、直拉杆或者转向节变形；转向节推力轴承缺油、损坏，或者轴承轴向间隙过小。

(3)其他方面原因。前轮胎气压过低；前轮定位失准；前轮毂轴承过紧；前桥或者车架变形。

7.1.1.3 故障诊断与排除方法

应先诊断出故障的大概原因，再进一步继续诊断。

(1)大概诊断。顶起前桥，使前轮悬空，转动转向盘。若感到明显轻便省力，则故障在前轮、前桥或车架。若转向仍然沉重费力，应将垂臂拆下，继续转动转向盘，若明显轻便省力，则故障在转向传动机构；若仍沉重费力，则故障在转向器。

(2)转向器检查。若故障在转向器，则应对转向器进行检查。先检查外部转向轴，有无变形凹陷等。再检查啮合间隙是否过小,轴承间隙是否过小,是否缺油,有无异响等。

(3)转向传动机构检查。检查各部连接处是否过紧而运动发卡,检查各拉杆及转向节有无变形,检查转向节主销轴向间隙是否过小。

(4)其他方面检查。检查轮胎气压、轮毂轴承松紧程度,前轮定位等。必要时,应对前轮及车架是否变形进行检查。

7.1.2 转向不灵敏,操纵不稳定

7.1.2.1 现象

操纵转向盘时感觉旷量很大,需用较大幅度转动转向盘,才能控制汽车行驶方向;汽车在直线行驶时又感到行驶不稳。

7.1.2.2 原因

由于磨损和松动导致的各部间隙过大所致,主要有以下原因:

(1)转向器啮合间隙过大,安装松动。

(2)转向轴与转向盘配合松动。

(3)转向传动机构各球头销处配合松动。

(4)前轮毂轴承间隙过大。

(5)汽车前轮前束过大。

7.1.2.3 故障诊断与排除方法

采用分段方法,诊断出何处间隙过大。

(1)应先检查转向盘的自由转动量,若过大,说明转向系统内存在间隙过大的故障;若正常,故障原因可能是前轮毂轴承间隙过大、主销与转向节衬套孔间隙过大、主销与转向节轴向间隙过大及前束过大等原因。

(2)一人原地转动转向盘,另一人观察垂臂摆动,当垂臂开始摆动时转向盘自由转动量不大,说明是转向传动机构松旷;否则,是转向器松旷。

(3)检查前轮毂轴承、主销等处,找出松旷部位。

(4)必要时应检查前束,前束值过大时,伴随有轮胎异常磨损。

7.1.3 汽车行驶跑偏

7.1.3.1 现象

汽车在直线行驶时,驾驶员需不断向一边轻拉转向盘,方能保持直线行驶,否则,汽车自动向另一边跑偏。

7.1.3.2 原因

主要由于汽车左右两边几何尺寸或滚动阻力不相等所致,具体原因如下:

(1)左右两轮气压不等、轮胎磨损情况及规格不等,造成滚动半径不等,汽车自动向滚动半径小的一边跑偏。

(2)两前轮的定位角不等。

(3)两前轮轮毂轴承的松紧程度不等。

(4)一边车轮的制动器拖滞。

(5)车架变形，一边钢板弹簧折断或过软，某一车桥歪斜等。

(6)前束值不准，过大或者过小。

7.1.3.3　故障诊断与排除方法

(1)应先检查跑偏一侧的车轮毂和制动器是否温度过高，若温度过高，则为轮毂轴承过紧和制动拖滞。

(2)检查轮胎气压和轮毂轴承松紧程度。

(3)新换轮胎出现跑偏，多为轮胎规格不等。

(4)检查钢板弹簧有无松动、断裂，车桥有无歪斜移位，车架有无变形等。

(5)检查前轮定位情况。

7.1.4　汽车高速摆振

7.1.4.1　现象

汽车出现转向盘发抖，车头在横向平面内左右振动、行驶不稳等现象，有下面两种情况：

(1)在高速范围内某一转速时出现。

(2)转速越高，上述现象越厉害。

7.1.4.2　原因

(1)前轮动不平衡。

(2)前轮辋变形。

(3)转向传动机构运动的干涉。

(4)车架、车桥变形。

(5)悬架装置出现故障，如左、右悬架刚度不等，减振器失效，导向装置失效等。

7.1.4.3　故障诊断与排除方法

(1)若摆振随车速提高而增大，多为车轮动不平衡和轮辋变形所致，应检查轮胎平衡和轮辋变形情况。

(2)若在某一转速时摆振出现，则情况比较复杂，应对转向系统、前桥及悬架等进行全面检查，以发现造成摆振的原因。

7.1.5　转向发卡

7.1.5.1　现象

在转动转向盘时，某一位置出现卡滞，必须费较大力气方能通过，有时甚至完全不能转动。

7.1.5.2　原因

(1)转向器内异物掉入。

(2)循环球式转向器的钢球破裂。

(3)转向器轴承破裂。

(4)啮合间隙调整不当。

7.1.5.3　故障诊断与排除方法

通过对转向器检查，可发现造成转向器发卡的原因。

7.2 动力转向装置常见故障

由于动力转向系统的广泛使用,对其常见故障的研究也是必要的。下面就动力转向系统的常见故障作分析。

7.2.1　转向沉重或助力不足

主要原因是:

(1)转向油泵皮带松弛。

(2)储液罐内油面过低。

(3)转向器内部泄漏量过大。

(4)转向油泵磨损严重,导致压力过低或者油液泄漏过甚。

(5)转向控制阀发卡。

7.2.2　转向盘回正过度

主要原因是:

(1)转向液压系统内有空气。

(2)转向器固定松动。

(3)转向器啮合间隙过大。

7.2.3　转向时有噪声

转向器发出严重的“嘶嘶”声时,是由于控制阀性能不良所致。尤其当转向盘处于极限位置时或原地转动转向盘更为明显。

当油面过低时,油泵会在工作时吸进空气而产生噪声。

油泵皮带过松,也会使油泵发出“嘶嘶”的皮带啸叫声。

7.2.4　发动机工作时转向,转向盘颤抖或振动

主要原因是:

(1)油面过低。

(2)油泵皮带松弛。

(3)油泵泵油压力不足。

(4)转向油泵流量控制阀卡住。

7.2.5　左右转向时轻重不同

主要原因是:

(1)控制阀的滑阀偏离中间位置。

(2)滑阀内有脏物,使左右移动时阻力不一样。

7.2.6　转向盘不能自动回到中间位置

主要原因是:

(1)转向油泵流量控制阀有卡滞。

(2)转向器转阀有阻塞或卡滞。

(3)回油软管扭曲阻塞。

(4)转向系统其他方面故障等。

7.2.7 转向时转向盘瞬间转向力增大

主要原因是：

(1)油面低。

(2)转向泵皮带打滑。

(3)转向泵内泄漏量过大。

思考与练习

一、选择题

1. 转向器的调整项目有(　　)。

A. 转向半径　　B. 啮合间隙

C. 自由行程　　D. 轴承预紧力

2. 改变转向横拉杆的总长度，可以改变(　　)的值。

A. 车轮外倾　　B. 前束

C. 主销　　D. 车轮转角

3. 在安装摇臂时，需要注意的事项是(　　)。

A. 按原厂规定加注润滑油　　B. 安装标记要对正

C. 紧固螺母应符合原厂规定

二、判断题(正确画✓、错误画×)

1. 转向盘自由行程的调整主要是通过改变车轮的最大转向角实现的。(　　)

2. 汽车的转弯半径是指从转向中心到内侧转向轮与地面接触点的距离。(　　)

3. 蜗杆曲柄指销式转向器在结构上的特点是有两极传动副。(　　)

4. 滑阀式转向器比转阀式转向器灵敏度高。(　　)

5. 动力转向系统在调整检验时，须检查轮胎气压。(　　)

三、简答题

1. 机械转向系统的组成是什么？

2. 什么是转向器的传动效率？什么是转向盘的自由行程？

3. 与独立悬架、非独立悬架配用的转向传动机构各自有何特点？

4. 动力转向系统由几部分组成？各组成的作用是什么？

5. 电子控制动力转向系统的构造及工作原理是怎样的？

6. 四轮转向控制系统的工作原理是怎样的？它由几部分组成？

单元九　汽车制动系统

学习目标

☞ **知识目标**

1. 简述制动系统的功用、组成，正确描述其结构和工作原理；
2. 正确描述制动器、制动传动装置的类型、结构特点，简述其工作原理；
3. 正确描述辅助制动装置与制动力分配调节装置的类型、结构特点及工作原理；
4. 正确描述防抱死制动系统(ABS)的功用、类型、结构特点及工作原理；
5. 简述驱动防滑转控制系统(ASR)的功用、结构特点及工作原理；
6. 简述制动系统的维护、检修及故障诊断的基本理论知识。

☞ **能力目标**

1. 会做制动系统二级维护作业，能进行各总成的拆装、零件检修；
2. 会分析制动系统的常见故障成因，能进行故障诊断与排除，在实施过程中坚持安全第一、预防为主的理念。

1 概　　述

1.1 功用

使行驶中的汽车减速甚至停车，使下坡行驶的汽车速度保持稳定，以及使已停驶的汽车保持不动，这些作用统称为汽车制动。汽车制动系统是指在汽车上设置的一套(或多套)能由驾驶员控制的，产生与汽车行驶方向相反外力的专门装置。其功用是：使行驶中的汽车按照驾驶员的要求进行适时减速、停车或驻车，以及保持汽车下坡行驶速度的稳定性。

1.2 组成及类型

1.2.1 任何制动系统都由以下4部分组成

(1)供能装置。供能装置包括供给、调节制动所需能量以及改善传能介质状态的各种部件。人的肌体可作制动能源。

(2)控制装置。控制装置包括产生制动动作和控制制动效果的各种部件，如图 9-1 所示的制动踏板。

(3)传动装置。传动装置包括将制动能量传输到制动器的各个部件及管路，如图 9-1 所示的制动主缸、轮缸及连接管路。

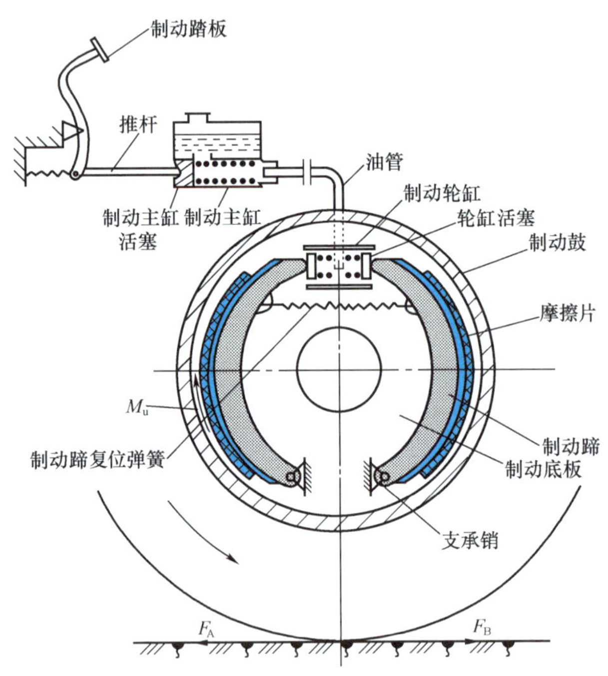

图 9-1　鼓式车轮制动器制动系统工作原理

(4)制动器。制动器是产生阻碍车辆运动或运动趋势的力的部件。一般通过固定元件与旋转元件工作表面之间的摩擦作用来实现。

较完善的制动系统还具有制动力调节装置、报警装置、压力保护装置等附加装置。

1.2.2　分类

汽车制动系统按功用可分为行车制动系统、驻车制动系统、第二制动系统、辅助制动系统。行车制动系统是使行驶中的汽车减速甚至停车的一套专门装置，在行车过程中经常使用。驻车制动系统是使已停驶的汽车驻留原地不动的一套装置。第二制动系统是在行车制动系统失效的情况下保证汽车仍能实现减速或停车的一套装置。辅助制动系统是在汽车下长坡时用以稳定车速的一套装置。例如经常在山区行驶的汽车，若单靠行车制动装置来限制汽车下长坡的车速，将导致制动器过热而降低制动效能，甚至完全失效，故还应增设辅助制动装置。行车制动系统和驻车制动系统作为每辆汽车制动系统的最低装备，部分汽车还设有辅助制动系统和第二制动系统。

按制动能源可分为人力制动系统、动力制动系统、伺服制动系统。人力制动系统以驾驶员的肌体作为唯一的制动能源。动力制动系统完全靠发动机的动力转化而成的气压或液压形式的势能进行制动。伺服制动系统兼用人力和发动机动力进行制动。现代轿车较少采用动力制动系统。

按制动能量传输方式，制动系统还可分为机械式、液压式和气压式等。

1.3 工作原理

1.3.1 基本结构

图 9-1 所示为一简单的液压制动系统，制动鼓固定在轮毂上并随车轮一起旋转，其内圆柱面为工作表面。在固定不动的制动底板上装有两个固定的支承销，两块外圆面铆有摩擦片的弧形制动蹄下端装在支承销上，制动蹄可沿支承销轴线转动。制动蹄上端用复位弹簧拉紧并压靠在制动轮缸内的活塞上。制动轮缸装在制动底板上，用油管与装在车架上的制动主缸相连，主缸中的活塞可由驾驶员通过制动踏板来操纵。

1.3.2 制动作用的产生

行驶的汽车要实现减速、停车，必须借助路面强制地对汽车车轮产生行驶方向相反的外力，即制动力。

不制动时，制动鼓的内圆柱面与摩擦片之间保留一定的间隙，使制动鼓可以随车轮一起旋转。

制动时，驾驶员踩下制动踏板，推杆便推动制动主缸活塞，迫使制动油液经油管进入制动轮缸，油液压力使制动轮缸活塞克服复位弹簧的拉力推动制动蹄绕支承销转动，上端向外张开，消除制动蹄与制动鼓之间的间隙后压紧在制动鼓上。这样不旋转的制动蹄摩擦片对旋转着的制动鼓就产生一个摩擦力矩 M_u，其方向与车轮旋转方向相反，其大小取决于制动轮缸活塞的张开力、制动蹄鼓间的摩擦系数及制动鼓和制动蹄的尺寸。制动鼓将力矩 M_u 传至车轮，由于车轮与路面的附着作用，车轮即对路面作用一个向前的周向力 F_A，同时，路面也给车轮一个向后的切向反作用力 F_B，即车轮受到的路面制动力。各车轮所受路面制动力之和就是汽车受到的总制动力，它由车轮经车桥和悬架传给车架及车身，迫使整个汽车产生一定的减速度，制动力越大，减速度越大。

放松制动踏板，在复位弹簧作用下，制动蹄与制动鼓的间隙又得以恢复，从而解除制动。

1.3.3 对制动系统的基本要求

为了保证汽车在安全的条件下发挥其高速行驶的能力，制动系统必须满足下列要求：

(1)具有良好的制动性能。制动性能包括制动效能、制动效能的恒定性、制动时的方向稳定性 3 个方面。制动效能的评价指标有制动距离、制动减速度、制动力和制动时间。制动效能的恒定性指抗“热衰退”和抗“水衰退”能力。制动时的方向稳定性是指制动时保持原有行驶方向的能力，即不跑偏、不侧滑。

(2)操纵轻便。

(3)制动平顺性好。制动力矩能迅速而平稳的增加，也能迅速而彻底的解除。

(4)对有挂车的制动系统，还要求挂车的制动作用略早于主车；挂车自行脱钩时能自动进行应急制动。

2 制 动 器

目前各类汽车所用的摩擦制动器可分为鼓式制动器和盘式制动器两大类。前者的摩擦副中的旋转元件为制动鼓，其工作面为圆柱面；后者的旋转元件为圆盘状的制动盘，其工作面为圆盘端面。

旋转元件固装在车轮或半轴上，即制动力矩分别作用于两侧车轮上的制动器称为车轮制动器。旋转元件固装在传动系统的传动轴上，其制动力矩须经过驱动桥再分配到两侧车轮上的制动器称为中央制动器。车轮制动器一般用于行车制动，部分汽车的后轮制动器兼用于驻车制动。中央制动器一般只用于驻车制动。

2.1 鼓式车轮制动器

鼓式车轮制动器有内张型和外束型，前者以制动鼓的内圆柱面为工作表面，在汽车上应用广泛。按张开机构不同，鼓式车轮制动器又可分为轮缸式车轮制动器、凸轮式车轮制动器和楔式车轮制动器；根据制动过程中两制动蹄产生制动力矩的不同，鼓式车轮制动器可分为领从蹄式、双领蹄式、双向双领蹄式、双从蹄式、单向自增力式和双向自增力式等几种形式。本教材只介绍领从蹄式制动器。

(1) 基本结构及原理。图9-2所示为领从蹄式制动器示意图，其结构特点是两制动蹄的支承点都位于蹄的一端，两支承点与张开力作用点的布置都是轴对称式；轮缸中两活塞的直径相等。汽车前进时制动鼓按图示箭头方向旋转，当汽车制动时，前后制动蹄在制动轮缸活塞推力作用下分别绕其下端的支点旋转，由于前蹄在张开时的旋转方向与制动鼓旋转方向相同，称之为领蹄。反之，后蹄的张开方向与制动鼓旋转方向相反，称之为从蹄。

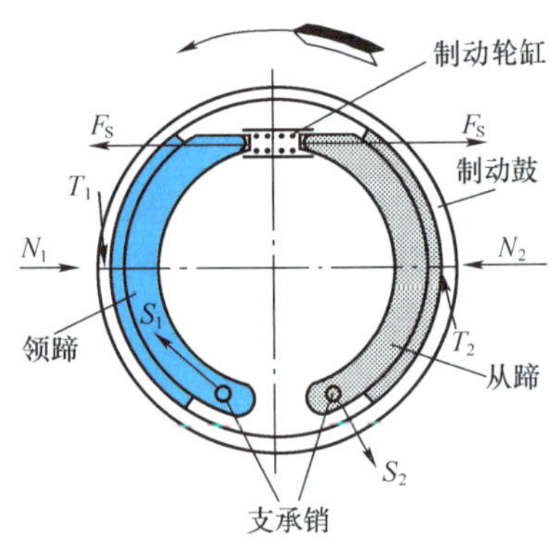

图9-2 领从蹄式制动器示意图

在制动过程中，制动鼓对两制动蹄作用的微元法向反力和切向反力可分别等效为 N_1、N_2 和 T_1、T_2，为解释方便，假设力的作用点如图9-2所示。两蹄上的这些力分别由其支点的支承反力 S_1、S_2 所平衡。由图可见，领蹄上的切向合力的作用结果使领蹄在制动鼓上压得更紧，表明领蹄具有“增势”作用。与此相反，从蹄具有“减势”作用。因此，虽然领从蹄所受促动力 F_S 相等，但由于 $N_1 > N_2$，领从蹄所产生的制动力矩不等，一般情况下领蹄产生的制动力矩约为从蹄制动力矩的2～2.5倍。倒车制动时，制动鼓旋转方向相反，后蹄变成领蹄，前蹄变成从蹄，但整个制动器的制动效能还是同前进制动时一样，这个特点称为制动器的制动效能“对称”。

领从蹄式制动器存在两个问题：其一是在两蹄摩擦片工作面积相等的情况下，由于领蹄与从蹄所受法向反力不等，领蹄摩擦片上的单位压力较大，因而磨损较严重，两蹄寿命不等。其二是由于制动蹄对制动鼓施加的法向力不相平衡，则两蹄法向力之和只能由车轮轮毂轴承的反力来平衡，这就对轮毂轴承造成了附加径向荷载，使其寿命缩短。凡制动鼓所受来自两蹄的法向力不能互相平衡的制动器称为非平衡式制动器。

(2)典型结构介绍。

①传统的领从蹄式车轮制动器。该车轮制动器包括固定部分、旋转部分、张开机构、定位调整机械4大部分,其结构如图9-3所示。

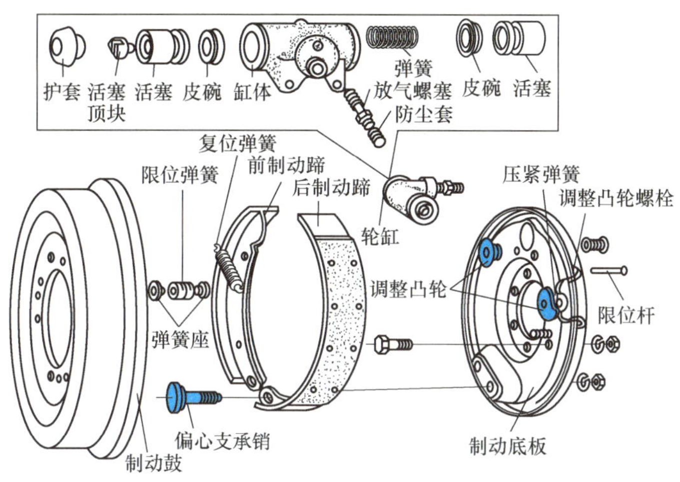

图9-3　领从蹄式车轮制动器

固定部分为制动底板和制动蹄。冲压成形的制动底板用螺栓与后驱动桥壳上的凸缘连接。制动底板外缘的翻边扣在制动鼓的敞口端,并有一定的缝隙,从而在不妨碍制动鼓转动的情况下减少泥水和灰尘的侵入,使摩擦表面保持干净。前后两制动蹄用钢板焊接成T形截面,蹄腹板下端孔分别与支承销上的偏心轴颈作间隙配合,上端顶靠在轮缸的活塞顶块上。制动蹄的外圆面上,用埋头铝铆钉铆接摩擦片,铆钉头部埋入深度约为新摩擦片厚度的一半。为了提高摩擦片的利用率,有的轻型车采用树脂粘结剂将摩擦片与制动蹄粘结。摩擦片一般用石棉纤维及其他物质混合压制成。

作为旋转部分的制动鼓用耐磨的灰铸铁制成,它以鼓盘中部的止口和端面定位,并用螺栓固定在车轮轮毂的凸缘上,随同车轮旋转。在制动鼓敞口端的外圆柱面上制有凸起的加强盘,防止在制动蹄压向制动鼓时制动鼓变成喇叭口形状。制动鼓腹板边缘处开有一个检查孔,用以检查制动蹄摩擦片与制动鼓之间的间隙,这一间隙以下简称为制动间隙。

张开机构主要元件为轮缸,用螺钉固定在制动底板上。顶块与活塞压合为一体,制动蹄腹板的上端松嵌入顶块的直槽中,制动蹄靠活塞在轮缸内的位移来张开。两个活塞的直径相同,故液压张开机构使两个蹄片张开的推力始终相等。为防止在连续制动时制动鼓产生的高温对轮缸的热辐射,减小使制动液汽化的可能,有些轮缸的外面装有一个隔热罩。

定位调整机构用以保持和调整制动蹄和鼓正确的相对位置。制动底板上装有两个调整凸轮,用压紧弹簧使凸轮固定在调整好的任何位置上。调整凸轮的工作表面由许多首尾相连的内凹圆弧组成。两制动蹄由复位弹簧拉紧,并以焊接在腹板上的锁销靠紧在凸轮工作面的某一圆弧槽中,这样可更好地保持凸轮的正确位置和制动器间隙。限位杆用穿过制动底板和制动蹄腹板上的大孔将弹簧压缩,使制动蹄的腹板紧靠在限位杆的端部,以防止制动蹄轴向窜动。制动器在不工作时,制动蹄与制动鼓之间应有合适的间隙,即制动器间隙,其设定值由汽车制造厂规定,一般为

0.25 ~0.5mm。在使用过程中制动间隙将发生变化,为确保制动器的正常工作,需对其间隙进行调整。传统的领从蹄式制动器有两处调整部位:一处是调整凸轮,转动调整凸轮可使制动蹄内外摆动;另一处是制动蹄的偏心支承销,转动偏心支承销,可使蹄上下、内外移动,不仅能改变制动器间隙,还能使摩擦副的实际工作区域发生变化,有利于蹄鼓全面贴合。在支承销的尾端有偏心支承销的轴线偏移标记,两标记相对时为制动蹄收拢到最小位置。

②乘用车后轮制动器。图 9-4 所示为乘用车后轮制动器,制动底板用螺栓固定在后桥轴端支承座上,制动轮缸用螺钉固定在制动底板上方。制动蹄采用了浮式支承,制动蹄稳定销、稳定弹簧及弹簧座将制动蹄紧压在制动底板的带储油孔的支承平面上,防止制动蹄轴向窜动。制动蹄的两端做成圆弧形,制动蹄复位弹簧分别将两个制动蹄上端贴靠在制动轮缸左右活塞带耳槽的支承块上,下端贴靠在制动底板上的支承座上,并用止挡板轴向限位,制动蹄可以沿支承座和轮缸活塞的支承块作一定的浮动。制动蹄可以自动定心,以保证与制动鼓全面接触。前制动蹄上固定有斜楔支承,它用来支承调节间隙用的楔形调节块。摩擦衬片用空心铆钉与制动蹄铆接在一起,铆钉头端埋入摩擦片中,深度约为新摩擦片的 2/3。

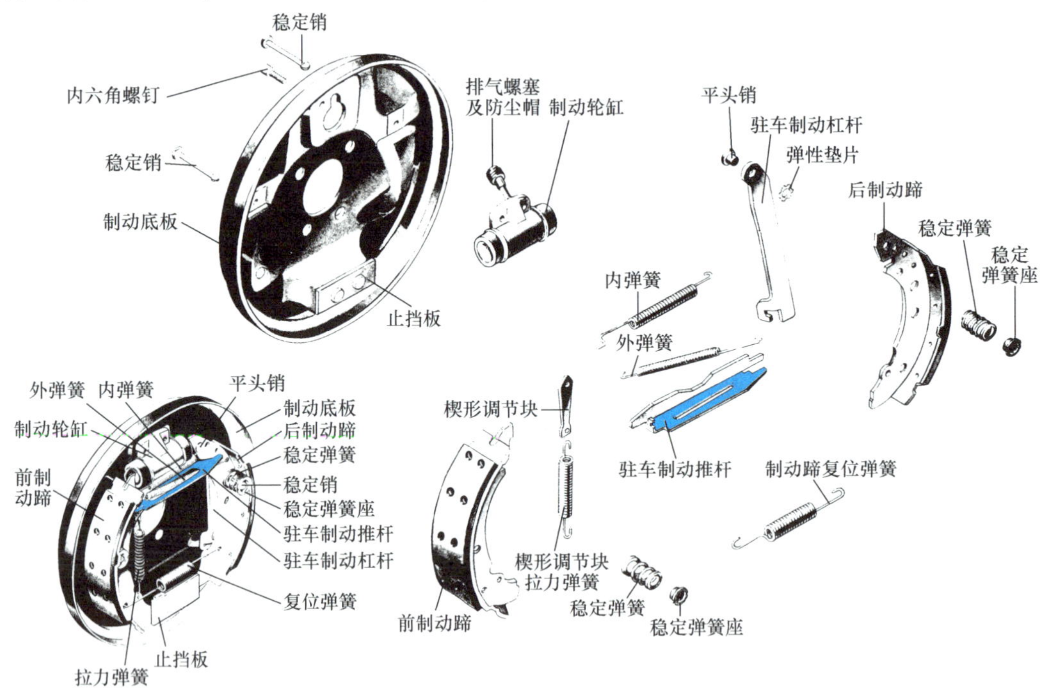

图 9-4　乘用车后轮制动器

驻车制动杠杆上端用平头销与后制动蹄相连,其上部卡入驻车制动推杆右端的切槽中,作为中间支点,下端做成钩形,与驻车制动钢索相连。前、后制动蹄的腹板卡在驻车制动推杆两端的切槽中。

驻车制动时,将车厢内的驻车制动杆拉到制动位置,制动钢索将制动杠杆下端向前拉,使之绕上端支点(平头销)转动,制动杠杆在转动过程中,其中间支点推动驻车制动推杆向左移动,将前制动蹄压向制动鼓,直到前制动蹄压到制动鼓后,推杆停止移动,则制动杠杆的中间支点成为继续转动的新支点,于是制动杠杆的上端右移,使后制动蹄压靠到制动鼓上。钢索拉得越紧，摩擦片对制动鼓的压力也越大，制动鼓与摩擦片之间产生的摩擦力矩也越大。解除驻车制动时，松开驻车制动杆，在复位弹簧的作用下，驻车制动杆、制动蹄均回复原位。

部分乘用车后轮制动器的制动间隙是自动调整的，在装配时不需要调整间隙，只需在安装到汽车上后经过一次完全制动，即可以将间隙调整到设定值。如图 9-4 所示，驻车制动推杆内弹簧的左端钩在前制动蹄的腹板上，而右端则钩在推杆的右弯舌上，弹簧弹力将间隙自调装置的楔形调节块紧紧压靠在前制动蹄的斜楔支承上，即将推杆紧压在前制动蹄上。驻车制动推杆外弹簧左端钩在推杆的左弯舌上，而右端钩在后制动蹄的腹板上，在弹簧弹力作用下，驻车制动杠杆顶靠在推杆右端缺口左端，在驻车制动推杆与右端缺口右端有一个间隙 S，该间隙为制动器设定间隙，如图 9-5 所示。

在正常制动间隙下制动时，由于驻车制动推杆内弹簧的刚度设计得比外弹簧大，外弹簧被拉伸，内弹簧不被拉伸，所以驻车制动推杆始终压住楔形块与制动蹄一起向左运动。驻车制动杠杆用平头销压铆在制动蹄的腹板上，可以绕销轴自由摆动。在制动蹄转动时，随着制动间隙增加（由磨损引起），制动杠杆与推杆原接触处逐渐分开，而与推杆右端缺口的右端距离则越来越小，但是只要制动间隙不超过 S 值，制动杠杆就不会与推杆右端缺口的右端接触，在这种情况下不会发生间隙调整。

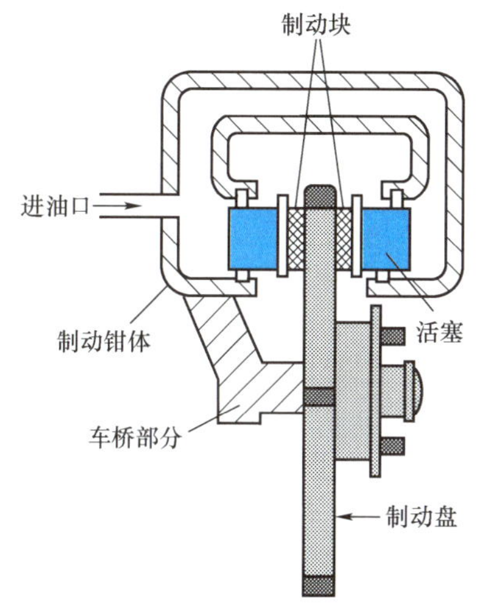

图 9-5　定钳盘式制动器结构示意图

当制动间隙增加超过 S 时进行行车制动，活塞推动前制动蹄向左方转动，这时在内弹簧作用下带动楔形块和制动压杆向左移动。而后制动蹄向右方转动时，制动杠杆移动了 S 距离后将与推杆右端缺口右端接触，驻车制动杠杆带动推杆一起向右移动，内弹簧被拉伸，这样推杆和楔形块之间便产生了间隙。在楔形块拉力弹簧的作用下，将楔形块往下拉，直到消除间隙。解除制动时，在制动蹄复位弹簧的作用下虽然制动蹄要复位，但由于楔形块已下行填补了超过间隙 S 部分的间隙，因此，左右制动蹄已不可能恢复到制动前的位置。于是原来由于磨损变大的制动间隙便得到了补偿，恢复到初始的设置值。制动时，这个过程反复进行，实现了制动间隙的自动调整。

2.2　盘式车轮制动器

盘式车轮制动器摩擦副中的旋转元件是以端面为工作面的金属圆盘，称为制动盘。根据其固定元件的结构形式，盘式车轮制动器可分为钳盘式制动器与全盘式制动器。钳盘式制动器广泛应用在轿车和轻型货车上。根据制动盘结构，主要有实心盘式制动器和空心盘式制动器，多数轿车采用的是前轮安装空心盘式制动器，后轮安装实心盘式制动器。

钳盘式制动器的固定元件为制动钳和制动块（由金属背板和摩擦片组成）。钳盘式制动器按制动钳固定在支架上的结构形式又可分为定钳盘式和浮钳盘式两种。图 9-5 所示为定钳盘式制动器的结构示意图，跨置在制动盘上的制动钳体固定安装在车桥上，它既不能旋转也不能沿制动盘轴线方向移动，其内的两个活塞分别位于制动盘的两侧。制动时，制动油液由制动主缸（制动总泵）经进油口进入钳体中两个相通的液压腔中（相当于制动轮缸），将两侧的制动块压向与车轮固定连接的制动盘，从而产生制动力。图9-6为浮钳盘式制动器的结构示意图，制动钳体通过导向销与车桥相连，可以相对于制动盘轴向移动。制动钳体只在制动盘的内侧设置油缸，而外侧的制动块则附装在钳体上。制动时，来自制动主缸的液压油通过进油口进入制动油缸，推动活塞及其上的制动块向右移动，并压到制动盘上，于是制动盘给活塞一个向左的反作用力，使得活塞连同制动钳体整体沿导向销向左移动，直到制动盘右侧的制动块也压紧在制动盘上。此时，两侧的制动块都压在制动盘上，夹住制动盘使其制动。

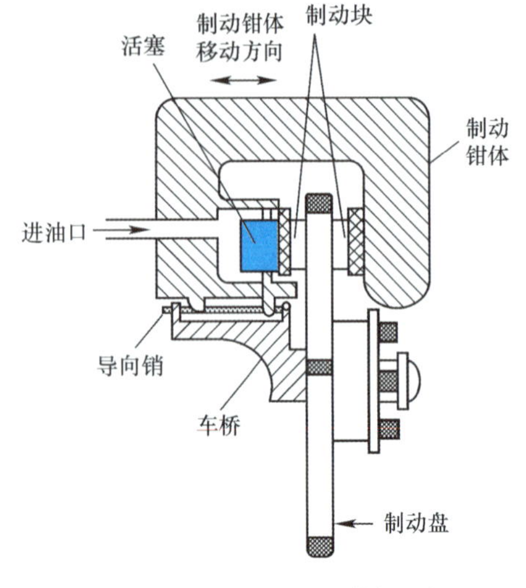

图9-6　浮钳盘式制动器结构示意图

全盘式制动器固定元件的金属背板和摩擦块都做成圆盘形，因而其制动盘的全部工作面可同时与摩擦块接触。钳盘式制动器目前被各级轿车和轻型货车用作车轮制动器；只有少数汽车（主要是重型汽车）采用全盘式制动器，本书只介绍钳盘式制动器。

2.2.1　定钳盘式制动器

定钳盘式制动器的制动钳结构复杂、尺寸过大；热负荷大时，油缸（特别是外侧油缸）和跨越制动盘的油管或油道中的制动液容易受热汽化；若兼用于驻车制动，则必须加装一个机械促动的驻车制动钳。这些缺点使得定钳盘式制动器难以适应现代汽车的使用要求，故现在已少用。

2.2.2　浮钳盘式制动器

帕萨特轿车前轮制动器即为浮钳盘式制动器，如图9-7所示。制动钳壳体用螺栓与支架相连，螺栓同时兼作导向销，支架固定在前悬架总成轮毂轴承座凸缘上。壳体可沿导向销与支架作轴向相对移动。两制动块装在支架上，用保持弹簧卡住，使两制动块可以在支架上作轴向移动，但不会上下窜动。制动盘装在两制动块之间，并通过轮胎螺栓固定在前轮毂上。制动块由无石棉的材料制成的摩擦块与钢制背板牢牢黏合而成。制动钳只在制动盘内侧设有油缸。制动时活塞在制动液压力作用下，推动内制动块压向制动盘内侧面，制动钳上的反力使制动钳壳体向内侧移动，从而带动外制动块压向制动盘外侧面。于是内、外摩擦块将制动盘的两端面紧紧夹住，实现了制动。

这种浮钳盘式制动器具有热稳定性和水稳定性均好的优点，而且结构简单、造价低廉。浮钳的结构还有利于整个制动器靠近车轮轮辐布置，使转向主销的下端点外移，实现负的偏移距（指主销延长线接地点在车轮接地点的外侧），提高汽车抗制动跑偏能力。

帕萨特轿车前轮盘式制动器利用活塞矩形密封圈的弹性变形实现制动间隙的自动调整，其原理如图9-8所示。矩形密封圈嵌在制动钳油缸的矩形槽内，密封圈刃边与活塞外圆

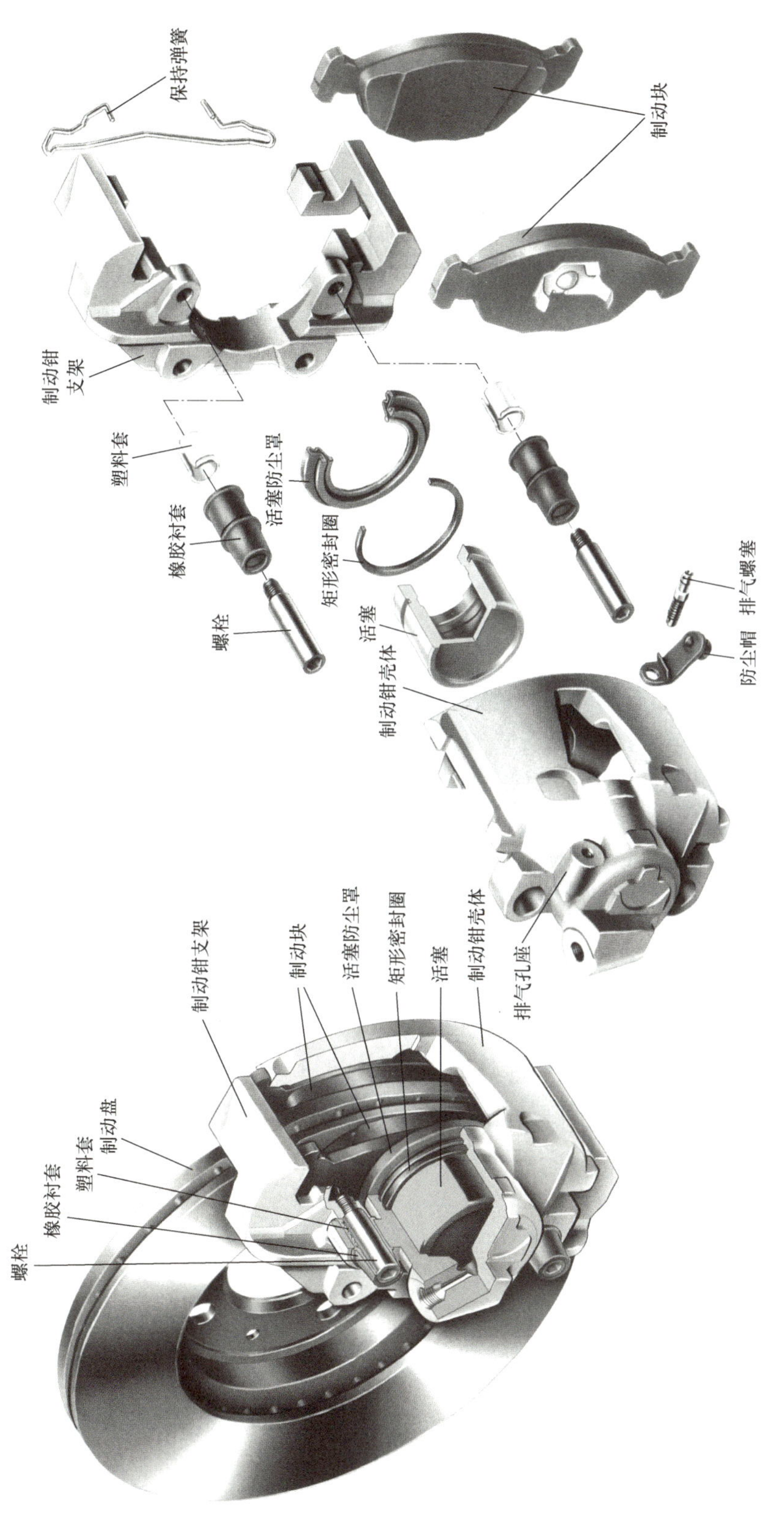

图 9-7　帕萨特轿车前轮制动器

配合较紧，制动时刃边在摩擦作用下随活塞移动，使密封圈发生弹性变形，相应于极限摩擦力的密封圈极限变形量 δ，应等于制动器间隙为设定值时完全制动所需的活塞行程(图 9-8a)。解除制动时，密封 = 圈恢复变形，活塞在密封圈弹力作用下退回原位(图 9-8b)。当制动盘与摩擦块磨损后引起的制动间隙超过设定值时，则制动时活塞密封圈变形量达到极限值 δ 后，活塞仍可在液压作用下，克服密封圈的摩擦力而继续移动，直到实现完全制动为止。解除制动后，制动器间隙即恢复到设定值，因活塞密封圈将活塞拉回的距离仍然等于 δ。活塞密封圈兼起活塞复位弹簧和一次调准式间隙自调装置的作用。

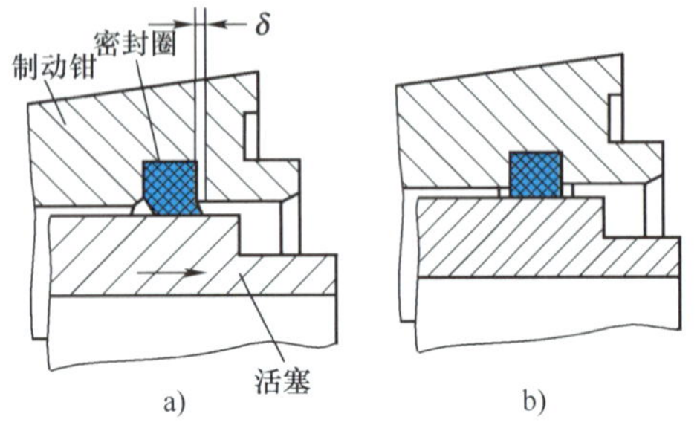

图 9-8　帕萨特轿车前轮盘式制动器制动间隙自动调整装置
a) 制动状态；b) 不制动状态

帕萨特轿车后轮制动器的制动盘为实心盘，特点是结构简单、加工方便、质量轻；前轮制动器的制动盘为空心盘，它具有更好的散热效果，进一步提高了热稳定性。两种制动器制动盘的允许磨损极限都是 2mm，而相应的摩擦块的磨损极限是 7mm。

2.2.3　制动块磨损报警装置

许多盘式制动器上装有制动摩擦块磨损报警装置，它用来提醒驾驶员制动块上的摩擦块需要更换。该装置的传感器有声音式、电子式和触觉式 3 种。

声音传感器式如图 9-9 所示，这种系统在制动摩擦块的背板上装有一小弹簧片，其端部到制动盘的距离刚好为摩擦块的磨损极限，当摩擦块磨损到需更换时，弹簧片与制动盘接触发出刺耳的尖叫声，警告驾驶员需要维修制动系统。

电子传感器式在摩擦块内预埋了电路触点，当摩擦块磨损到触点外露接触制动盘时，形成电流回路接通仪表板上的警告灯，告知驾驶员摩擦块需更换。

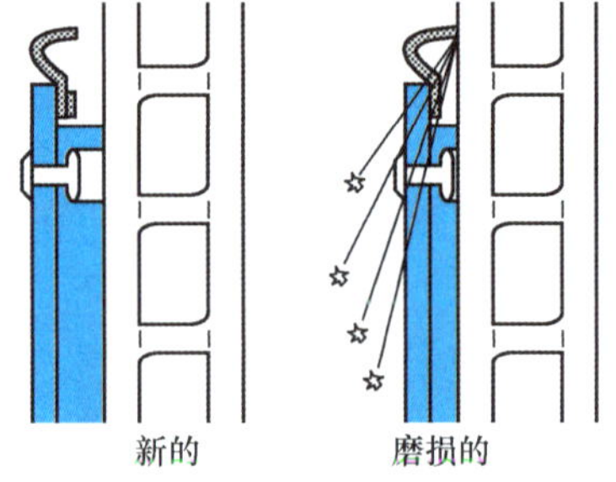

图 9-9　声音式制动块磨损报警装置

触觉传感器式在制动盘表面有一传感器，摩擦块也有一传感器。当摩擦块磨损到两个传感器接触时，踏板产生脉动，警告驾驶员维修制动系统。

2.2.4　盘式制动器的特点

盘式制动器与鼓式制动器相比较，有以下优点：

(1) 制动盘暴露在空气中，散热能力强。特别是采用空心式制动盘，空气可以流经内部，加强散热。

(2) 浸水后制动效能降低较少，而且只需经一两次制动即可恢复正常。

(3) 制动效能较稳定、平顺性好。

(4) 制动盘沿厚度方向的热膨胀量极小，不会像制动鼓的热膨胀那样使制动器间隙明显增加而导制动踏板行程过大。此外，也便于装设间隙自调装置。

(5) 结构简单，摩擦块安装更换容易，维修方便。

盘式制动器的缺点：

(1)因制动时无助势作用，故要求管路液压比鼓式制动器高，一般要用伺服装置和采用较大直径的油缸。

(2)防污性能差，制动块摩擦面积小，磨损较快。

(3)兼用于驻车制动时，需要加装的驻车制动传动装置较鼓式制动器复杂，因而在后轮上的应用受到限制。

2.3　驻车制动装置

2.3.1　驻车制动装置的功用

驻车制动装置的功用是使停驶后的汽车驻留原地不动；便于坡道起步；当行车制动效能失效后临时使用或配合行车制动器进行紧急制动。驻车制动，俗称“手刹”。

2.3.2　驻车制动装置的类型

驻车制动按操作方式分为手制动、脚控式和电子驻车三种。

驻车制动装置按其安装位置可分为中央制动式和车轮制动式两种。前者制动器安装在变速器输出轴；后者与车轮制动器共用一个制动器总成，只是传动机构是相互独立的，现代轿车普遍采用此种类型。

2.3.3　电子驻车制动

电子驻车制动(EPB)，是由电子控制方式实现停车制动的技术，其工作原理与机械式驻车制动相同，只不过控制方式由之前的机械式驻车制动的制动拉杆变成了电子按钮。其将行车制动过程中的临时性制动和停车后的长时性制动结合在一起，并且由电子控制方式实现停车制动的一套系统。

以迈腾轿车为例，其电子驻车系统主要有驻车控制单元J540，ABS控制单元J104、驻车制动器按钮E538和自动驻车按钮E540、左后轮制动执行器(含制动电动机V282)、右后轮制动执行器(含制动电动机V283)、驻车制动装置指示灯K118、电子机械式驻车制动系统故障指示灯K214等组成，如图9-10所示。

通过按下驻车制动按钮E538(图9-11)，激活EPB电控单元，使位于两个后轮的驻车制动电动机运转，施加一定的制动力，同时EPB指示灯点亮。

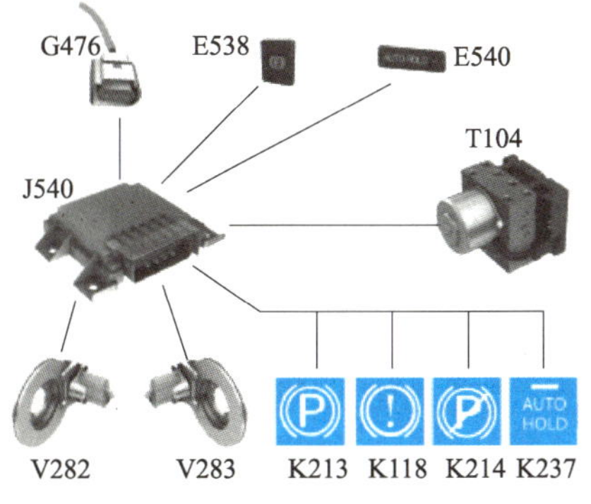

图9-10　电子驻车制动系统组成

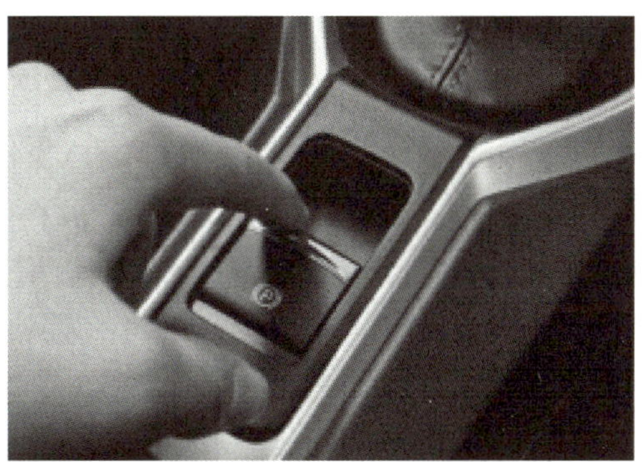

图9-11　电子驻车制动按钮

2.3.4 车轮制动式驻车制动装置

车轮制动式驻车制动装置根据制动器类型有鼓式和盘式两大类,鼓式车轮制动式驻车制动装置前已述及,此处仅介绍在盘式车轮制动器上布置的驻车制动装置。

2.3.4.1 凸轮促动式驻车制动装置

图 9-12 所示为一种带凸轮促动机构的盘式制动器的浮式制动钳。自调螺杆穿过制动钳体的孔旋装在切有粗牙螺纹的自调螺母中,螺母凸缘的左边部分被扭簧紧箍着。扭簧的一端固定在活塞上,而另一端则自由地抵靠螺母凸缘。推力球轴承固定在螺母凸缘的右侧,并被固定在活塞上的挡片封闭。轴承与挡片之间的装配间隙即等于制动器间隙为标准值时完全制动所需的活塞行程。膜片弹簧使螺杆右端斜面与驻车制动杠杆的凸轮斜面始终贴合。

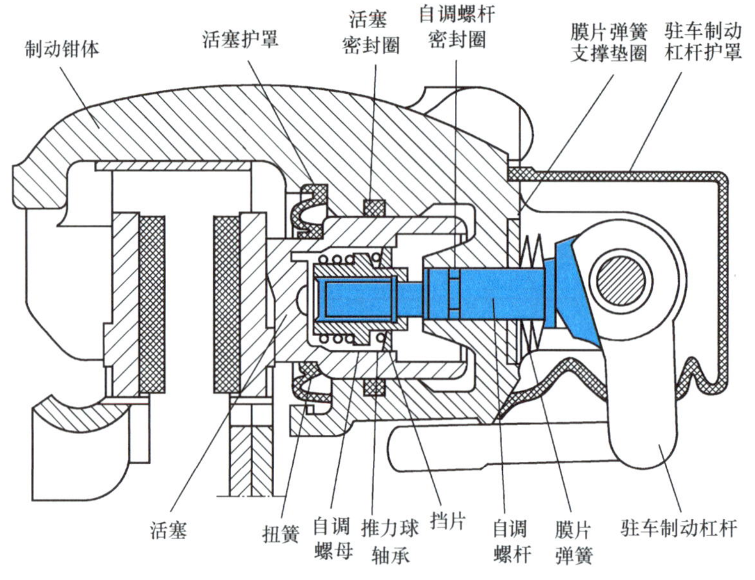

图 9-12 带凸轮促动机构的浮式制动钳

施行驻车制动时,在驻车制动杠杆的凸轮推动下,自调螺杆连同自调螺母一直左移到螺母接触活塞的底部。此时,由于扭簧的障碍,自调螺母不可能倒转着相对于螺杆向右移动,于是轴向推力便通过活塞传到制动块上而实现制动。解除驻车制动时,自调螺杆在膜片弹簧的作用下,随着驻车制动杠杆复位。

制动间隙的自动调整。在制动间隙大于标准值的情况下实行行车制动时,活塞在液压作用下左移。到挡片与轴承间的间隙消失后,活塞所受液压推力便通过推力轴承作用在自调螺母凸缘上。因为自调螺杆受凸轮斜面和膜片弹簧的限制,不能转动,也不能轴向移动,所以这一轴向推力便迫使自调螺母转动,并且随活塞相对于螺杆左移到制动器过量间隙消失为止。此时扭簧张开,且其自调螺杆密封圈直径略有增大。撤除液压后,活塞密封圈使活塞退回到制动器间隙等于标准值的位置,而扭簧的自由端则由于所受摩擦力矩的消失而转回原位。这样,自调螺母保持在制动前的轴向位置不动,从而保证了挡片与推力轴承之间的间隙为原值。

2.3.4.2 钢球促动式驻车制动机构

带钢球促动机构的浮式制动钳如图 9-13 所示。驻车制动杠杆用螺栓固定在凸缘短轴上,凸缘短轴和凸缘螺杆的凸缘端面上各有 3 个倾斜凹坑,二者通过凹坑中的钢球传力,凸缘螺杆通过粗牙螺纹拧在活塞组件的螺母上。进行驻车制动时,拉索拉动驻车制动杠杆摆动,凸缘短轴也随之转动,于是钢球在倾斜凹坑内滚动,同时推动凸缘螺杆带动活塞组件移动,压向制动盘实现制动。

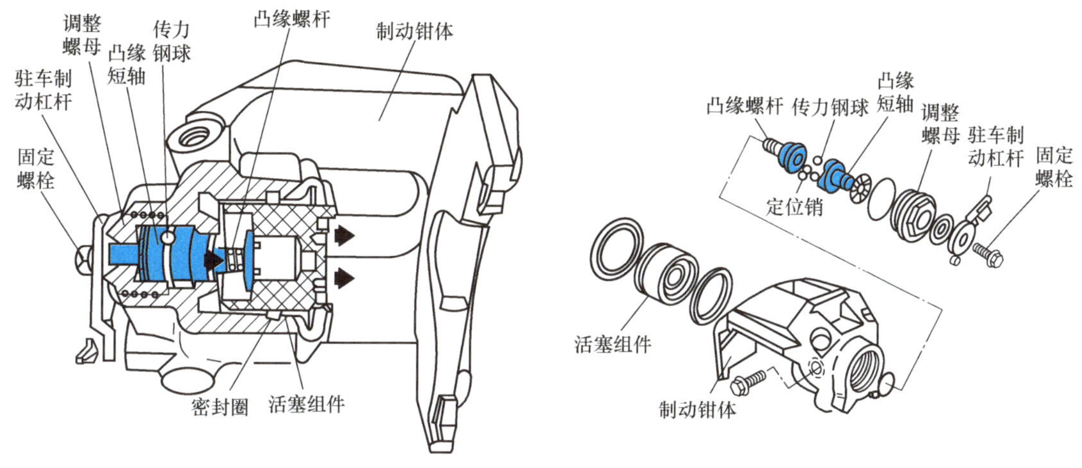

图 9-13　带钢球促动机构的浮式制动钳

2.3.4.3　偏心轴和推杆促动式驻车机构

如图 9-14 所示,在制动钳体的右端装有杠杆轴壳体,杠杆轴插入杠杆轴壳体中。杠杆轴上有一个偏心孔,孔的中心线与杠杆轴中心线垂直但不相交,两中心线之间存在偏置距。推杆的一端插在杠杆轴上的偏心孔中,另一端插在自调螺杆前端的凹槽中。自调螺杆通过多头螺纹与活塞组件中的螺母相连。进行驻车制动时,拉索通过驻车制动杠杆带动杠杆轴转动,从而通过推杆推动自调螺杆和活塞组件向左移动实现制动。

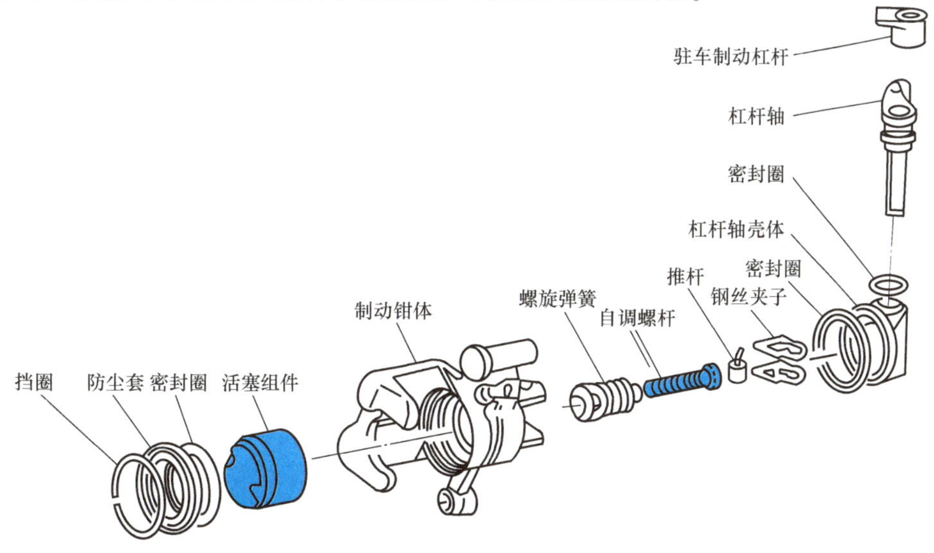

图 9-14　带偏心轴和推杆促动机构的制动钳

3 制动供能、控制、传动装置

3.1 人力制动系统

人力制动系统的制动能源仅仅是驾驶员的肌体。按其传动装置的结构形式，人力制动系统有机械式和液压式两种。

3.1.1 人力机械式制动系统

人力机械式制动系统通常用于汽车的驻车制动，图 9-15 所示为乘用车驻车制动装置的操纵机构，包括传动机构和锁止机构，传动机构由驻车制动杆、拉杆、调整拉杆及驻车制动拉索组成。改变拉杆和调整拉杆之间的相对位置可以调整驻车制动杆的工作行程。

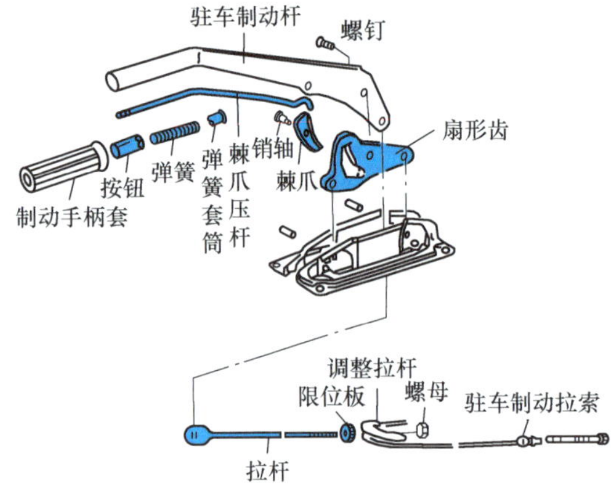

图 9-15 乘用车驻车制动操纵机构

3.1.2 人力液压式制动系统

3.1.2.1 基本组成和原理

人力液压式制动系统以制动液为介质，将驾驶员施加的控制力通过装在车架上的主缸由机械能转换为液压能，再通过装在车轮制动器内的轮缸将液压能转换为机械能，促使制动器进入工作状态。

图 9-16 所示为人力液压制动系统的基本组成和回路。制动踏板机构和制动主缸都装在车架上。因车轮是通过弹性悬架与车架联系的，而且有的还是转向轮，主缸与轮缸的相对位置经常变化，故主缸与轮缸间的连接油管除金属管（铜管）外，还有特制的橡胶制动软管。各液压元件之间及各段油管之间还有各种管接头。

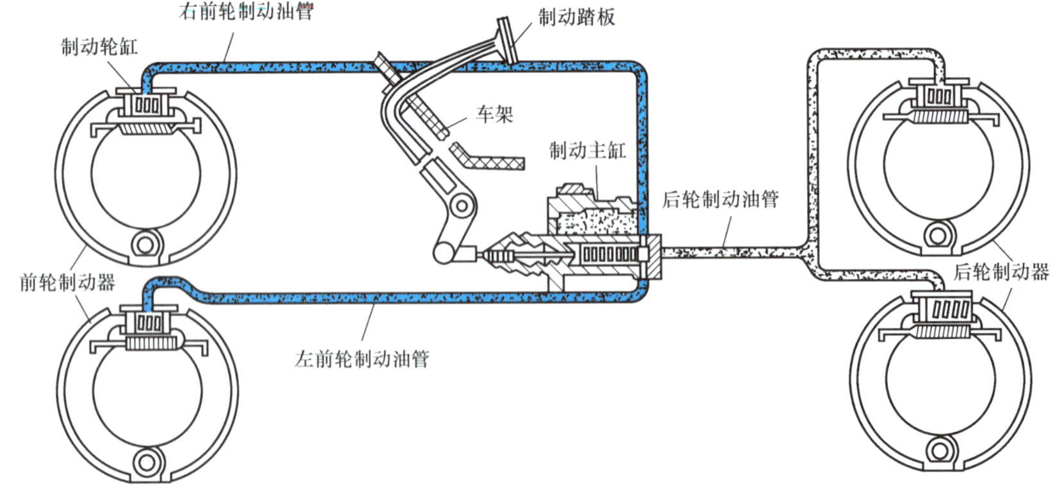

图 9-16 双管路人力液压制动系统的基本组成和回路示意图

踩下制动踏板，制动主缸即将制动液经油管压入前、后制动轮缸，将制动蹄推向制动鼓。在制动器间隙消失之前，管路中的液压不可能很高，仅足以平衡制动蹄复位弹簧的张力以及油液在管路中的流动阻力。在制动器间隙消失并开始产生制动力矩时，液压与制动踏板力方能继续增长，直到完全制动。从开始制动到完全制动的过程中，由于在液压作用下，油管（主要是橡胶软管）的弹性膨胀变形和摩擦元件的弹性压缩变形，制动踏板和轮缸活塞都可以继续移动一段距离。放开制动踏板，制动蹄和轮缸活塞在复位弹簧作用下复位，将制动液压回主缸。

显然，管路液压和制动器产生的制动力矩是与制动踏板力成线性关系的。若轮胎与路面间的附着力足够，则汽车所受到的制动力也与踏板力成线性关系。制动系统的这项性能称为制动踏板感（或称路感），驾驶员可以此直接感觉到汽车制动强度，以便及时加以必要的控制和调节。

液压系统中若有空气侵入，将严重影响液压的升高，甚至使液压系统完全失效。因此，在结构上必须采取措施以防止空气侵入，并便于将已侵入的空气排出。

为了提高汽车行驶的安全性，并根据交通法规的要求，现代汽车的行车制动系统都采用了双回路制动系统。目前采用双回路液压制动系统的几乎都是伺服制动系统或动力制动系统。但是，在某些微型或轻型汽车上，为使其结构简单，仍采用双回路人力液压制动系统，如图 9-16 所示。

双回路是指利用彼此独立的双腔制动主缸，通过两套独立管路，分别控制两桥或三桥的车轮制动器，其特点是若其中一套管路发生故障而失效时，另一套管路仍能继续起制动作用，从而提高了汽车制动的可靠性和行驶安全性。双管路的布置方案应用较为广泛的有一轴对一轴型（Ⅱ）和交叉（X）型，如图 9-17 所示。

一轴对一轴型（Ⅱ）：一个车桥一套管路，这种布置形式最为简单，可与单轮缸鼓式制动器配合使用，其缺点是当一套管路失效时，前后桥制动力分配的比值被破坏。这种布置多用于发动机前置、后轮驱动汽车，如南京依维柯等。

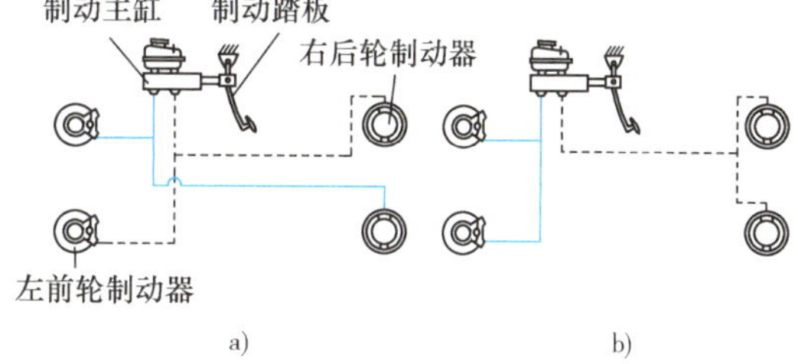

图 9-17　双管路液压制动传动装置的布置形式

a）交叉型（X 型）；b）一轴对一轴型（Ⅱ）

交叉（X）型：前后轴对角线方向上的两个车轮共用一套管路，在任一管路失效时，剩余总制动力都能保持在正常值的 50%，且前后轴制动力分配比值保持不变，有利于提高制动稳定性。这种布置形式多用于发动机前置、前轮驱动的轿车上，如大众帕萨特、迈腾等。

3.1.2.2　主要部件的结构

（1）制动主缸。制动主缸又称制动总泵，其作用是将踏板输入的机械能转换成液压能。

对应于双回路制动系统，制动主缸常用串列双腔制式（图 9-18）。目前，国内轿车及大多数国外轿车都采用等径制动主缸，即制动主缸前后两腔的缸径相同，而某些国外轿车上装用了异径制动主缸，即制动主缸前后两腔的缸径不相等。

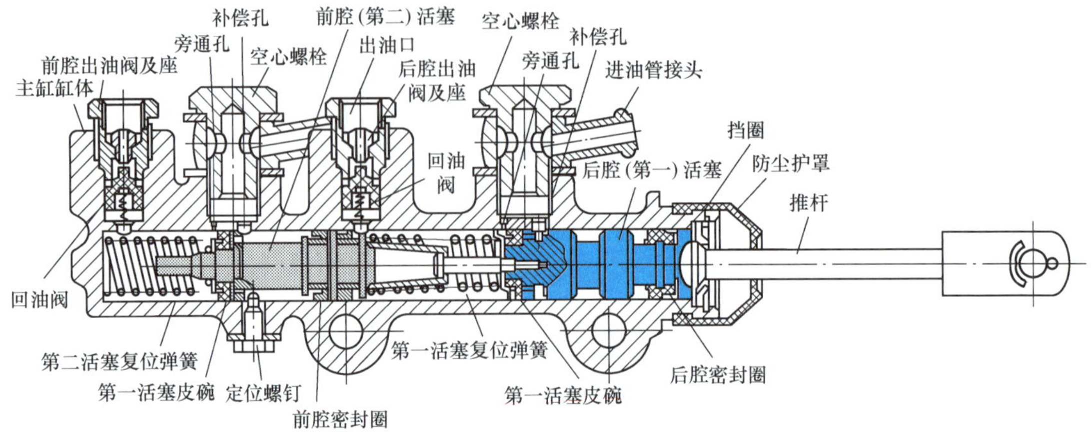

图9-18　串列双腔等径制动主缸

储液罐（图中未标出）中的油液经每一腔的空心螺栓（其内腔形成储液室）和各自的旁通孔、补偿孔流入主缸前、后腔。在主缸前、后工作腔内产生的液压分别经各自的出油阀和各自的管路传到前、后轮制动器的轮缸。

不制动时，推杆球头端与活塞之间保留有一定的间隙，以保证活塞在弹簧的作用下完全回复到最右端位置，前、后两工作腔内的活塞头部与皮碗正好位于前、后腔内各自的旁通孔和补偿孔之间。制动时，为了消除推杆球头与活塞之间的间隙所需的制动踏板行程，称为制动踏板自由行程。

当踩下制动踏板时，制动踏板传动机构通过推杆推动后腔（第一）活塞前移，到皮碗掩盖住旁通孔后，此腔液压升高。在后腔液压和后腔活塞复位弹簧力的作用下，推动前腔活塞向前移动，前腔压力也随之升高。当继续下踩制动踏板时，前、后腔的液压继续升高，使前、后轮制动器制动。

解除踏板力后，制动踏板机构、主缸前后腔活塞和轮缸活塞，在各自的复位弹簧作用下复位，管路中的制动液借其压力推开回油阀门流回主缸，于是解除制动。

当迅速放开制动踏板时，由于油液的黏性和管路阻力的影响，油液不能及时流回主缸并填充因活塞右移而让出的空间，因而在旁通孔开启之前，压油腔中产生一定的真空度。此时进油腔液压高于压油腔，因而进油腔的油液便从前、后腔活塞的前密封皮碗的边缘与缸壁间的间隙流入各自的压油腔以填补真空。与此同时，储液室中的油液经补偿孔流入各自的进油腔。活塞完全复位后，旁通孔已开放，由制动管路继续流回主缸而显多余的油液便可经前、后腔的旁通孔流回储液室。液压系统中因密封不良而产生的制动液泄漏及因温度变化而引起的制动液膨胀或收缩，都可以通过补偿孔和旁通孔得到补偿。当制动器间隙过大或液压系统进入空气，致使踏板踩到极限位置仍感到制动力不足时，可迅速放松制动踏板随即再踩下，如此反复几次，使压入管路中的油液增多，油压升高，以进一步加大制动力。

若与前腔连接的制动管路损坏漏油时，则在踩下制动踏板时只有后腔中能建立液压，前腔中无压力。此时在液压差作用下，前腔活塞迅速前移到前缸活塞前端顶到主缸缸体上。此后，后腔工作腔中液压方能升高到制动所需的值。

若与后腔连接的制动管路损坏漏油，则在踩下制动踏板时，因后缸工作腔中不能建立液压，起先只是后腔（第一）活塞前移，而不能推动前腔（第二）活塞；但在后缸活塞直接顶触前缸活塞时，前缸活塞前移，使前缸工作腔建立必要的液压而制动。

由上述可见，双回路液压制动系统中任一回路失效时，主缸仍能工作，只是所需制动踏板行程加大，将导致汽车的制动距离增长，制动效能降低。

（2）制动轮缸。制动轮缸又称制动分泵，其作用是把油液压力转变为轮缸活塞的推力，推动制动蹄压靠在制动鼓上，产生制动作用。制动轮缸有双活塞式和单活塞式两种。图 9-19 所示的是奥迪轿车所采用的双活塞式制动轮缸。

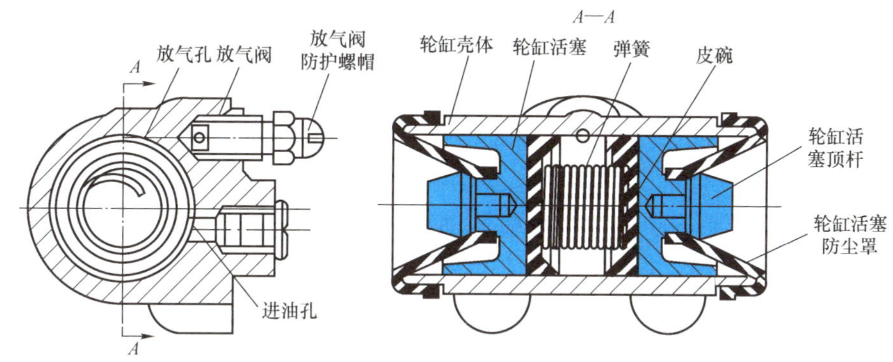

图 9-19　双活塞式制动轮缸

缸体用螺栓固定在制动底板上，缸内有两个活塞，二者之间的内腔由两个皮碗密封。制动时，制动液自油管接头和进油孔进入，活塞在液压力作用下向外移动，通过顶块推动制动蹄。弹簧保证皮碗、活塞、制动蹄紧密接触，并保持两活塞之间的进油间隙。防护罩除防尘外，还可防止水分进入，以免活塞和轮缸生锈而卡住。在轮缸缸体上方还装有放气阀，以便放出液压系统中的空气。

图 9-20 所示为单活塞式制动轮缸。为缩小轴向尺寸，液压腔密封件不用抵靠活塞端面的皮碗，而采用装在活塞导向面上切槽内的皮圈，进油间隙靠活塞端面的凸台保持。放气阀的中部有螺纹，尾部有密封锥面，平时旋紧压靠在阀座上。与密封锥面相连的圆柱面两侧有径向孔，与阀中心的轴向孔相通。需要放气时，先取下橡胶护罩，再连踩几下制动踏板，对缸内空气加压，然后踩下制动踏板不动，将放气阀旋出少许，空气即可排出，待空气排出，将放气阀旋闭后再放松制动踏板。如此反复直到空气排尽。

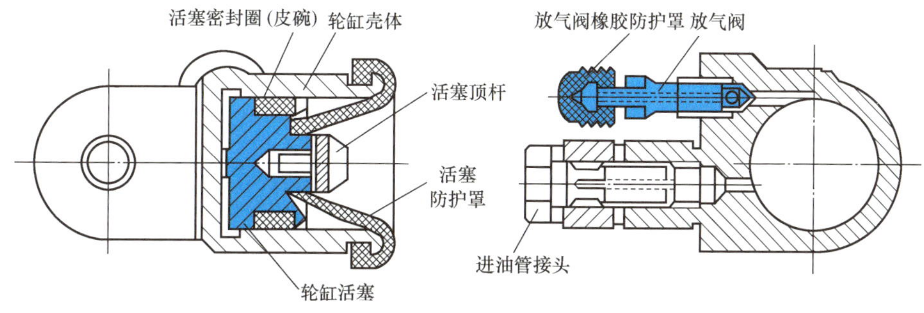

图 9-20　单活塞式制动轮缸

3.1.2.3　制动液

(1)使用要求。制动液是液压制动系统的重要组成部分,其品质好坏对制动系统的工作可靠性影响很大,其性能要求如下:

①高沸点,高温下不易汽化,否则易产生气阻,使制动系统失效;

②低温下有良好的流动性;

③不会使与之经常接触的金属件腐蚀,橡胶件膨胀、变硬和损坏;

④良好的润滑作用;

⑤吸水性差而溶水性好。

(2)制动液的标准。为保证汽车行驶安全,各国不断制定、修订汽车制动液标准。

①国外汽车制动液标准。国外汽车制动液有代表性的标准是美国联邦政府运输安全部(DOT)制定的联邦机动车辆安全标准(FMVSS),具体是 FMVSS NO. 116 DOT3,DOT4,DOT5,这是世界公认的汽车制动液通用标准。

②我国汽车制动液标准。我国汽车制动液标准为《机动车辆制动液》(GB 12981—2012),该标准按机动车辆安全使用要求将制动液分为 HZY3、HZY4、HZY5 三个级别,分别对应 DOT3、DOT4 和 DOT5。各级制动液主要特性和推荐使用范围见表 9-1。目前大多数轿车都采用 DOT4 型制动液。

汽车制动液的主要性能及推荐使用范围　　表 9-1

级　别	主 要 特 性	推荐使用范围
HZY3	具有良好的高温抗气阻性和优良的低温流动性	相当于 DOT3 的水平,我国广大地区使用
HZY4	具有优良的高温抗气阻性和良好的低温流动性	相当于 DOT4 的水平,我国广大地区使用
HZY5	具有优异的高温抗气阻性和低温流动性	相当于 DOT5 的水平,供特殊要求车辆使用

(3)制动液的选用。

①汽车制动液的选择。

汽车制动液的选择应坚持两条原则:一是选择合成制动液;二是品质等级以 FMSSNO. 116DOT标准为准。

②制动液的使用。制动液的更换以汽车的行驶里程或时间确定,一般行驶里程超过 3 万 km 或时间超过 2 年需更换。

汽车制动液使用应注意下列事项:不同规格的制动液不能混用;防止水分或矿物油混入;制动缸橡胶皮碗不可长时间暴露放置在空气中;汽车制动液多以有机溶剂制成,易挥发、易燃,因此,管理和使用中要注意防火;避免制动液进入眼睛;避免制动液溢洒到漆膜表面,若出现该种情况立即用冷水冲洗。

3.2　伺服制动系统

伺服制动系统兼用人体和发动机作为制动能源,在正常情况下,制动能量大部分由动力伺服系统供给,可以减轻驾驶员施加于制动踏板上的力,增加车轮制动力,达到操纵轻便、制动可靠的目的。在动力伺服系统失效时,伺服制动转变为人力制动。

常见伺服制动系统以发动机工作时在进气管中形成的真空(或利用真空泵产生的真空)为伺服能量。它可分为增压式和助力式两种形式。增压式是通过增压器将制动主缸的液压进一步增加,增压器装在主缸之后;助力式是通过助力器来帮助制动踏板对制动主缸产生推力,助力器装在踏板与主缸之间。目前轿车主要采用助力式伺服制动系统,增压式在此不再详细介绍。

图 9-21 所示为部分乘用车真空助力式液压制动传动装置管路布置图。真空助力器装在主缸前,利用发动机进气管产生的真空对驾驶员的踏板力增压。

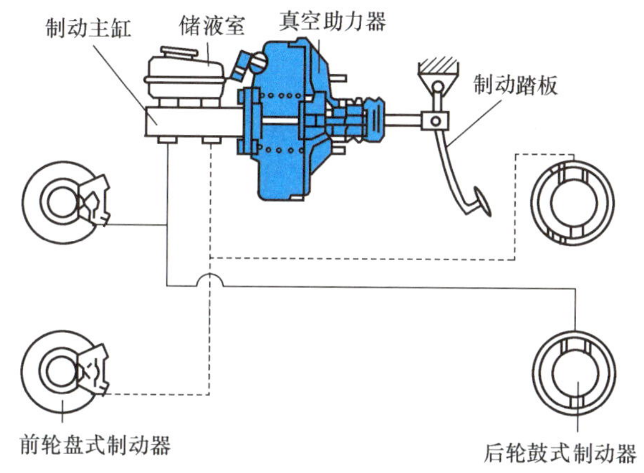

图 9-21　部分乘用车真空助力式液压制动传动装置管路布置图

图 9-22a)为乘用车所用的真空助力器结构图,图 9-22b)、c)为放大的控制阀。助力器右端通过螺栓与车身的前围板固定,并借调整叉口与制动踏板机构连接,左端与主缸连接。膜片及控制阀将助力器分成前后两个腔室,前腔经真空止回阀 32 通向发动机进气管。控制阀体上通道 *A* 连通加力气室前腔和控制阀腔;通道 *B* 连通加力气室后腔和控制阀腔。带有密封套的橡胶阀门 8 既与在阀体 5 上加工出来的阀座组成真空阀,又与铰链杆 34 的右端面组成大气阀。外界空气可经滤环滤清后通过大气阀、*B* 通道进入助力器的后腔。

未踩下制动踏板时(图 9-22b),弹簧 16 将推杆 15 及铰链杆 34 推至右极限位置,橡胶阀门 8 在弹簧 9 的作用下紧贴铰链杆 34 的右端面,真空阀开启,大气阀关闭。助力器的前、后两腔经通道 *A*、控制阀腔和通道 *B* 互相连通,并与大气隔绝。发动机运转后,真空止回阀被吸开,加力气室左、右两腔内都有一定的真空度。

刚踩下制动踏板时,加力气室尚未起作用,阀体 5 固定不动,来自制动踏板机构的控制力可以推动推杆 10 和铰链杆 34 相对于阀体 5 左移,当与橡胶反作用盘 14 之间的间隙消除后,控制力便经反作用盘、推杆 15 和 18 传给制动主缸。此时,主缸内的制动液以一定压力流入制动轮缸。与此同时,阀门 8 也在弹簧 9 作用下左移,直至与控制阀体 5 上的真空阀接触,使通道 *A* 和 *B* 隔断。然后,推杆 10 继续推动铰连杆 34 左移到其后端面离开阀门 8 一定距离。于是外界空气经过滤环、控制阀腔和通道 *B* 充入助力气室的后腔,使其中真空度降低，在加力气室前、后腔之间产生一个压力差，推动主缸活塞增加制动压力。在此过程中，膜片与阀座也不断左移，直到阀门重新与大气阀座接触而达到平衡状态为止。因此，在任何一个平衡状态下，加力气室后腔中的稳定真空度均与制动踏板行程成递增函数关系，从而体现控制阀的随动作用。

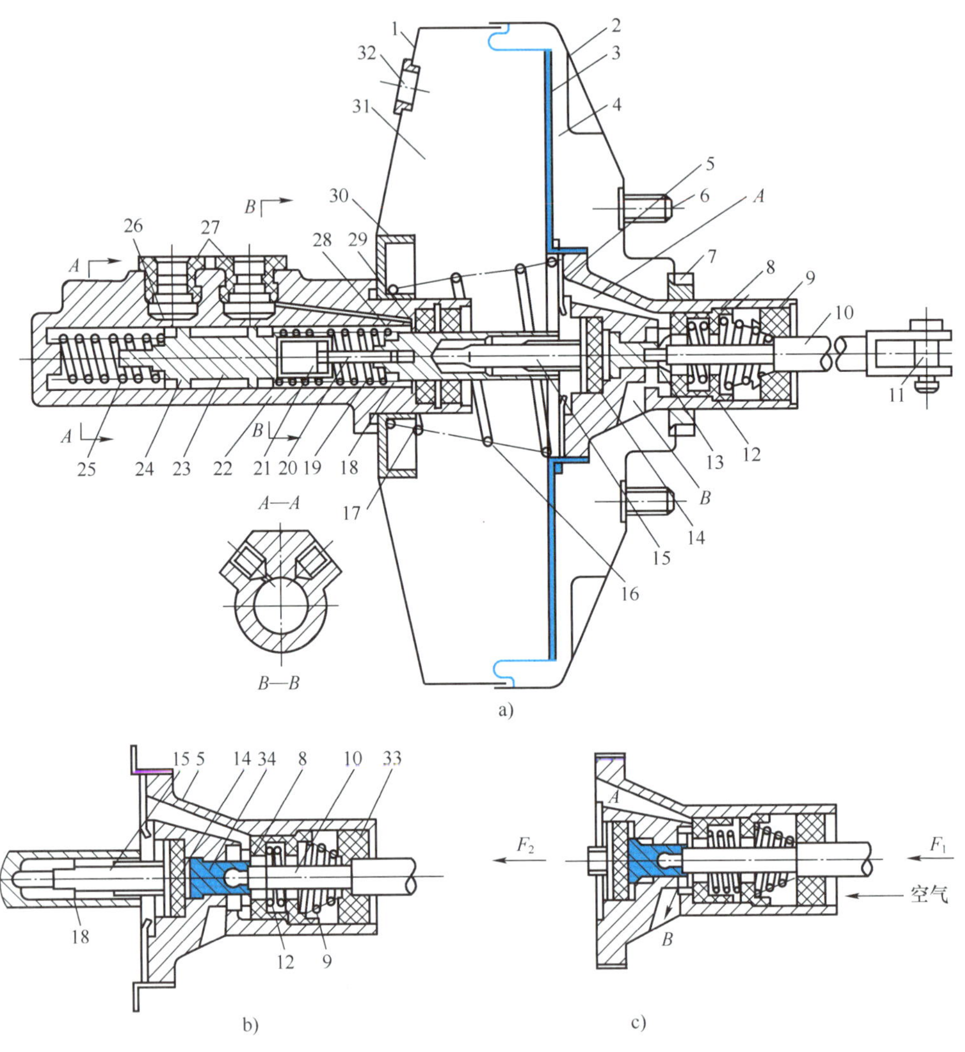

图 9-22　乘用车真空助力器结构图

1-前壳体；2-后壳体；3-气室膜片隔板；4-后气室；5-控制阀体；6、20-螺栓；7-密封套；8-橡胶阀门；9、12、16、19、25-弹簧；10-推杆；11-销；13-球铰链；14-橡胶式反作用盘；15-后推杆；17-油封；18-前推杆；21-弹簧座；22-制动主缸；23-活塞；24-小孔；26-过滤器；27-密封套；28-进油孔；29-补偿孔；30-连接盘；31-前气室；32-真空止回阀；33-空气滤清器；34-铰链杆

加力气室两腔真空度差值造成的作用力，除一部分用来平衡复位弹簧 16 的力以外，其余部分都作用在反作用盘上。因此制动主缸推杆所受的力为阀体 5 和铰链杆 34 二者所施作用力之和。经反作用盘反馈过来的力，使得驾驶员有一定的踏板感。

4　车轮防抱死制动系统(ABS)

4.1　概述

4.1.1　功用

前已述及,当车轮抱死滑移时,车轮与路面间的侧向附着力将完全消失。如果是前轮制动到抱死滑移而后轮还在滚动,汽车将失去转向能力;如果是后轮制动到抱死滑移而前轮还在滚动,即使受到不大的侧向干扰力,汽车将产生甩尾现象。这些都极易造成严重交通事故。因此,汽车在制动时不希望车轮制动到抱死状态,而是希望车轮制动到边滚边滑的状态。滑动成分的多少用汽车行驶时实际车速与车轮瞬时圆周速度之间的差异来评价,即车轮滑动率,用 S 表示。其计算公式为:

$$S = \frac{v - v_{W}}{v} \times 100\% = \frac{v - r_0\omega}{v} \times 100\% \tag{9-1}$$

式中:S——滑移率;

v——汽车相对地面的移动速度(m/s);

v_{W}——车轮瞬时圆周速度(m/s);

r_0——车轮的工作半径(m);

ω——车轮角速度(rad/s)。

车轮完全抱死时,$S = 100\%$;车轮纯滚动时,$S = 0$。

干燥硬实路面上的地面附着系数与滑移率之间的关系如图 9-23 所示。

从图 9-23 中的曲线可知,当车轮滑移率在 15% ~20% 时,纵向附着系数最大,可得到最大的制动力。同时横向附着系数也保持较大值,使汽车具有良好的抗侧滑能力及制动时的转向操纵能力,因而得到最佳的制动效果。所以为了充分发挥轮胎与路面间的这种潜在附着能力,目前在大多数汽车上装备了车轮防抱死制动系统。

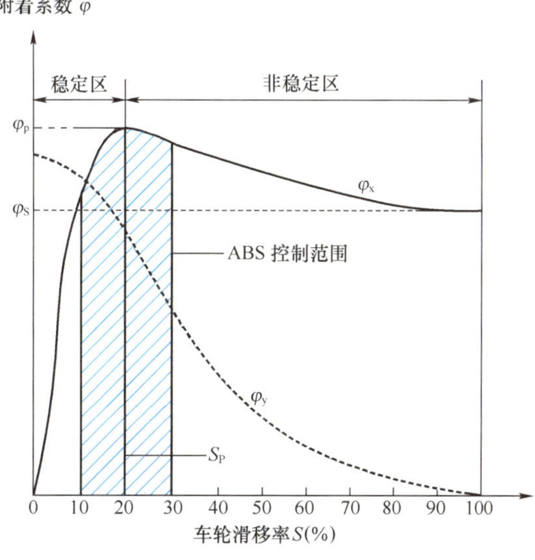

图 9-23　滑移率与地面附着系数关系

车轮防抱死制动系统(Anti-Lock Brake System)，简称 ABS 或 ALB，它是汽车上的一种主动安全装置。其作用是在汽车制动时，自动调节制动力的大小，避免车轮完全抱死在路面上产生拖滑，使车轮处于边滚边滑的状态，以保证车轮与地面间有最好的附着状态，从而缩短制动距离，提高汽车制动过程中的方向稳定性及转向操纵能力，使汽车制动更为安全有效。

4.1.2 基本组成及原理

4.1.2.1 基本组成

车轮防抱死制动系统由传统的普通制动系统和防止车轮抱死的电子控制系统组成，下面提到的 ABS 单指电子控制系统。电子控制系统一般由传感器、电子控制器(ECU)、执行器及警告灯等组成，其中传感器主要指车轮转速传感器，执行器主要指制动压力调节器，如图 9-24 所示。

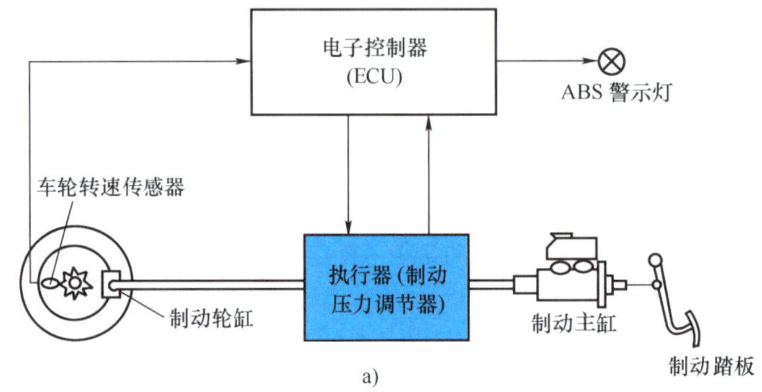

a)

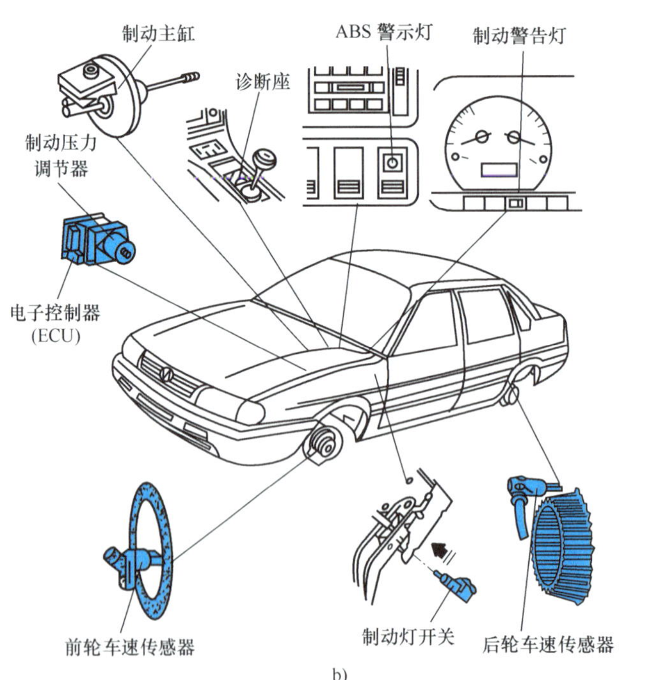

b)

图 9-24 防抱死制动系统(ABS)的基本组成

a)原理框图；b)ABS 元件图

(1)车轮转速传感器:车轮转速传感器是 ABS 中最主要的一个传感器,其作用是检测车轮速度信号,简称轮速传感器。

(2)电子控制器:ABS 电子控制器,常用 ECU 表示,俗称 ABS 电脑。它是系统的神经中枢,接受传感器信号,通过计算、分析、判断后对执行器发出控制指令,另外还有监测功能。

(3)制动压力调节器:制动压力调节器的作用是接受 ECU 的指令,驱动调节器中的电磁阀动作(或电动机转动),调节制动轮缸的制动压力,使车轮始终处于边滚边滑状态。

(4)警告灯:警告灯包括仪表板上的制动警告灯和 ABS 警告灯。制动警告灯为红色,通常用 BRAKE 做标识,由制动液面开关、驻车制动开关及制动液压开关并联控制;ABS 警告灯为黄色,由 ABS 电子控制器控制,通常用 ABS、ALB 或 ANTILOCK 做标识。ABS 具有失效保护和自诊断功能,当 ECU 监测到系统出现故障时,将自动关闭 ABS,恢复常规制动;存储故障信息,并将 ABS 警告灯点亮,提示驾驶员尽快进行修理。

4.1.2.2　基本原理

在一般的制动情况下,驾驶员踩在制动踏板上的力较小,车轮不会被抱死,ABS 不工作,这时就如常规的制动系统,制动力完全由驾驶员踩在制动踏板上的力来控制。当在紧急制动或松滑路面制动时,ABS 将工作,如图 9-25 所示,制动开始时,制动压力急剧升高,车轮速度迅速下降,车轮的滑移率在极短时间到达稳定区,当轮速传感器检测到车轮的滑移率刚刚超过 S_P 出现抱死趋势时,ABS 控制器输出信号到制动压力调节器降低制动压力,减小车轮制动力矩,使车轮滑移率恢复到靠近稳定界限 S_P 的稳定区域内,保持压力,车轮速度上升。当车轮的加速度超过某一值时,再次将制动压力提高到使车轮滑移率稍微超过稳定界限,保持压力,车轮速度又下降。ABS 按上述“压力降低—压力保持—压力升高—压力保持—压力降低”循环反复将车轮滑移率控制在 S_P 附近的狭小范围内,以获得最佳的制动效能和制动时的方向稳定性和转向操纵能力。需要指出的是,为避免 ABS 在较低的车速下制动时因制动压力的循环调节而延长制动距离,ABS 有最低工作车速的限制,一般来说当汽车行驶速度超过 8km/h 时,ABS 才起作用。

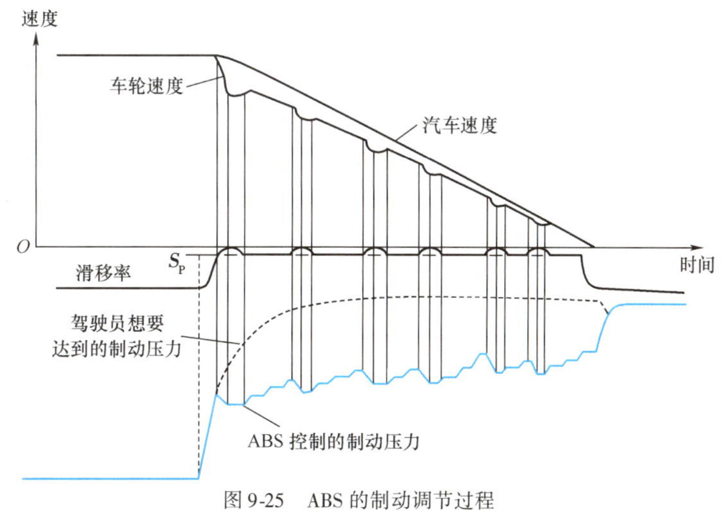

图 9-25　ABS 的制动调节过程

4.1.3　分类

(1)按控制方式分。ABS 按控制方式可分为预测控制方式和模仿控制方式两种。

预测控制方式是预先规定控制参数和设定值等控制条件，然后根据检测的实际参数与设定值进行比较，对制动过程进行控制。根据控制参数不同，预测控制又可分为以车轮减速度为控制参数，以车轮滑移率为控制参数，以车轮减速度和车轮加速度为控制参数及以车轮减速度、加速度和滑移率为控制参数4种。目前多数车辆采用第4种。

模仿控制是在控制过程中，记录前一控制周期（从制动减压到增压中）的各种参数，再按照这些参数值规定出下一个控制周期的控制条件。无论汽车在什么路面或行驶条件下，都能把车轮的旋转状态控制在非常狭窄的滑移率变化范围内，实现近似理想的控制。但在控制时需要准确和实时测定汽车瞬时速度，目前能满足控制要求的传感器如多普勒雷达，其成本高，技术复杂，故此种控制方式很少采用。

（2）按控制通道及传感器数分。在ABS中，能够独立进行制动压力调节的制动管路称为通道。如果某个车轮的制动压力占用一个控制通道，可以单独进行调节，称为独立控制或单轮控制。如果两个车轮的制动压力是一同进行调节的，称为同时控制或一同控制。在两个车轮一同控制时，有低选择和高选择两种。如果以保证附着系数较小的车轮不发生抱死为原则进行制动压力调节，这两个车轮就是按低选择原则一同控制；如果以保证附着系数较高的车轮不发生抱死为原则进行制动压力调节，这两个车轮就是按高选择原则一同控制。

根据通道数，ABS可分为4通道、3通道、2通道和1通道4种。根据传感器数，ABS又可分为4传感器ABS和3传感器ABS两种。目前汽车上应用较多的为3通道（前轮独立控制、后轮低选择控制）4传感器式ABS、3通道3传感器式ABS和4通道4传感器式ABS，它们的示意图如图9-26和图9-27所示。

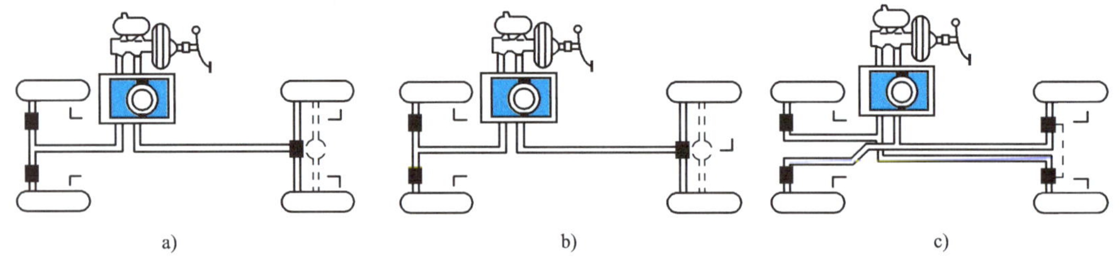

图9-26　3通道式ABS

a）3通道4传感器式ABS（双管路Ⅱ形布置）；b）3通道3传感器式ABS；c）3通道4传感器式ABS（双管路X形布置）

▬压力调节分装置；└轮速传感器

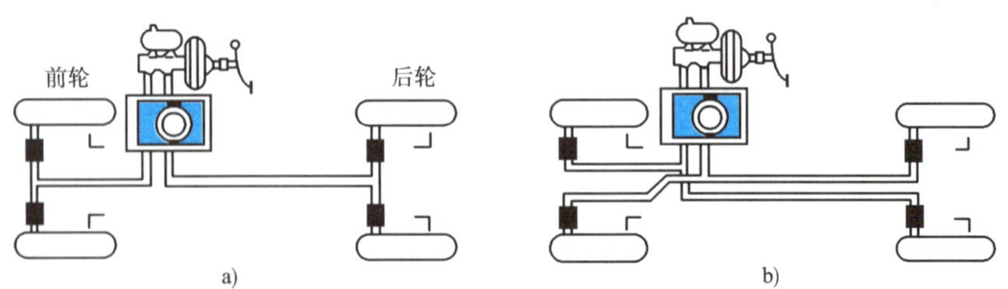

图9-27　4通道4传感器式ABS

a）双管路Ⅱ形布置；b）双管路X形布置

▬压力调节分装置；└轮速传感器

3通道式ABS与4通道式ABS比较而言，前者制动距离较短（尤其是前轮驱动汽车），操纵性和稳定性好;后者制动距离最短,操纵性最好,但在不对称路面上的稳定性较差。因此目前轿车上使用的 ABS 多为 3 通道 4 传感器式,如雷克萨斯等。

4.2 主要部件的结构与工作原理

4.2.1 传感器

ABS 传感器主要是轮速传感器,部分车辆还有汽车减速度传感器、横向加速度传感器及一些开关信号。

4.2.1.1 轮速传感器

轮速传感器的作用是检测车轮运动状态,获得车轮的转速信号。一般安装在车轮处,但有些驱动车轮的轮速传感器则设置在主减速器或变速器中。轮速传感器的结构形式主要有电磁感应式和霍尔效应式,目前用得最多的是电磁感应式,下面仅对电磁感应式结构原理作介绍。

(1)结构。电磁式轮速传感器由传感头和齿圈(转子)两部分组成,如图 9-28 所示。传感头是一个静止部件,一般安装在车轮附近不随车轮转动的部件上,如转向节、半轴套管等。传感头由永磁体、感应线圈、极轴等组成,密封在一个抗腐蚀的外壳内。极轴一端与永磁体相连,另一端靠近齿圈,距齿顶为 0.5 ~ 2mm,永磁体通过极轴延伸到齿圈,并与齿圈构成磁回路。感应线圈套在极柱外面。齿圈一般安装在随车轮一同旋转的部件上,如轮毂、制动盘、半轴等。

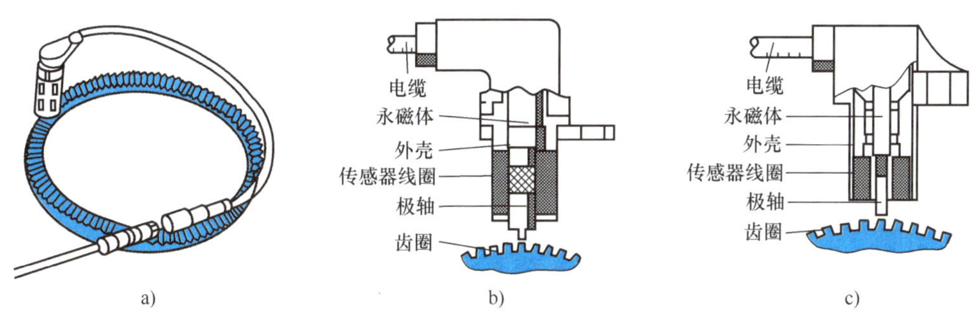

图 9-28　轮速传感器外形及结构简图

a)传感器外形;b)凿式极轴轮速传感器;c)柱式极轴轮速传感器

(2)原理。如图 9-29 所示,传感器的永磁体具有一定的磁场,其磁力线经极轴→磁隙(极轴与齿圈之间的间隙)→齿圈→空间→永磁体构成回路。当齿圈随车轮一同旋转时,齿顶和齿槽交替对向极轴。当齿顶对向极轴时,磁隙最小,磁路磁阻最小,通过感应线圈的磁通最大;当齿槽对向极轴时,磁隙最大,磁路磁阻最大,通过感应线圈的磁通最小,磁通呈周期性变化,在感应线圈的两端便产生交变电压信号,通过线圈末端的电缆将此信号送到控制器。交变电压信号的频率与齿圈的齿数和转速成正比,因齿圈的齿数一定,因而轮速传感器输出的交流电压信号频率只与相应的车轮转速成正比,控制器的运算电路即可以根据信号的频率求出车轮的转速。电磁感应式传感器的信号电压幅值也取决于磁通变化率,与轮速成正比,车速低于 15km/h 时,信号较弱,这是该类型传感器的弱点,但其结构简单、坚固耐用,特别适于汽车行驶的恶劣环境,仍被广泛采用。

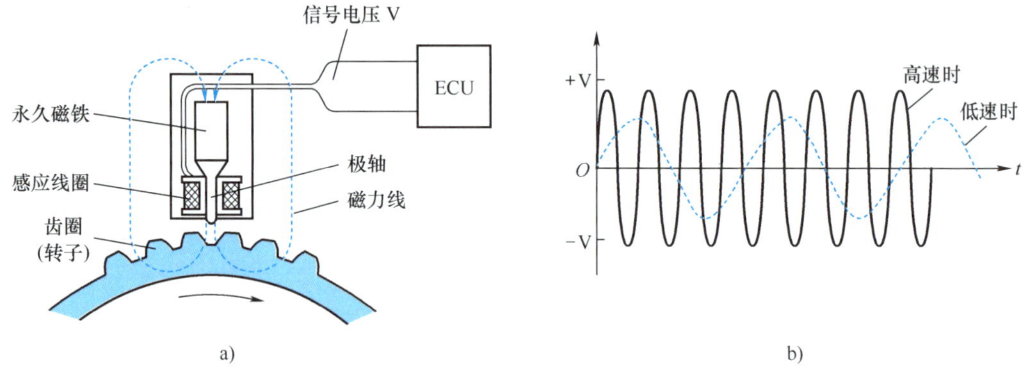

图9-29 轮速传感器原理图

(3)种类与安装。电磁式轮速传感器根据极轴的端部形状可分为凿式、圆柱式和菱形式3种。安装方式主要有径向和轴向两种，图9-30a)所示为凿式轮速传感器，属于径向安装方式；图9-30b)、c)所示的菱形和圆柱形轮速传感器属于轴向安装方式。

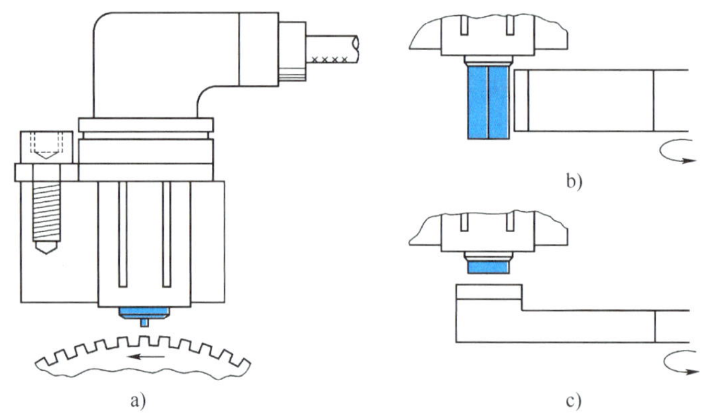

图9-30 不同轮速传感器的安装方式

a)凿式轮速传感器；b)菱形式轮速传感器；c)圆柱式轮速传感器

4.2.1.2 减速度传感器

目前在一些四轮驱动的汽车上，还装有汽车减速度传感器，又称G传感器。其作用是在汽车制动时，获得汽车减速度信号，用以判定路面附着系数的高低情况：汽车减速度大，则路面附着系数高；汽车减速度小，则路面附着系数低。减速度传感器有光电式、水银式、差动变压器式和半导体式等。

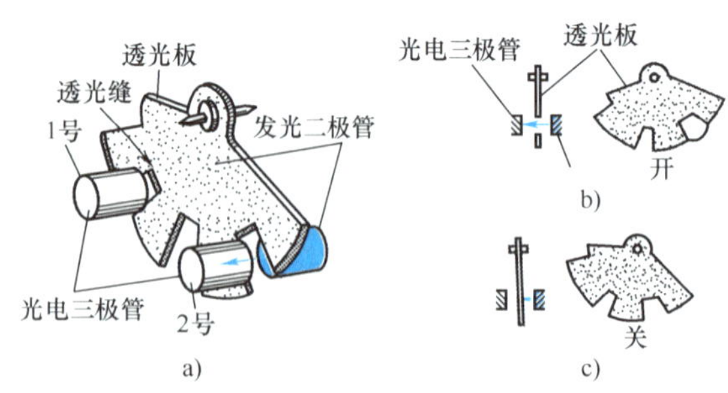

图9-31 光电式减速度传感器

a)整体结构；b)透光时(开)；c)遮光时(关)

光电式减速度传感器的基本结构如图9-31所示，由2个发光二极管、2个光电三极管、1个透光板和1个信号电路(图中未画出)组成。汽车行驶时，透光板则随着减速度的变化沿汽车的纵轴摆动，减速度越大，透光板摆动位置越大，由于透光板的位置不同，光电三极管上接收到的光线不同，使光电三极管形成开和关两种状态。两个发光二极管和两个光电三极管的组合作用,可将汽车的减速度区分为4个等级,将此信号送入电子控制器就能感知路面附着系数情况。

此外,有些高级轿车和跑车上还装有横向加速度传感器,也称为横向加速度开关,用于检测汽车横向加速度范围,从而修正制动控制指令,以便调节左右车轮制动轮缸的制动压力,使ABS更有效的工作。

4.2.2　电子控制器

ABS电子控制器(ECU)是ABS的控制中枢。其主要功用是接收轮速传感器及其他传感器输入的信号,进行放大、计算、比较,按照特定的控制逻辑,分析判断后输出控制指令,控制制动压力调节器执行压力调节任务。如图9-32所示,ABS ECU主要包括输入级电路、计算电路、输出级电路及安全保护电路。安全保护电路由电源监控、故障记忆、继电器驱动和ABS警告灯驱动等电路组成,当发现影响ABS正常工作的故障时,能根据微处理器的指令切断有关继电器的电源电路,ABS停止工作,恢复常规制动功能,起到失效保护作用,并将故障信息以代码形式存储在ECU存储器内,同时使仪表板上的ABS警告灯点亮,提醒驾驶员。

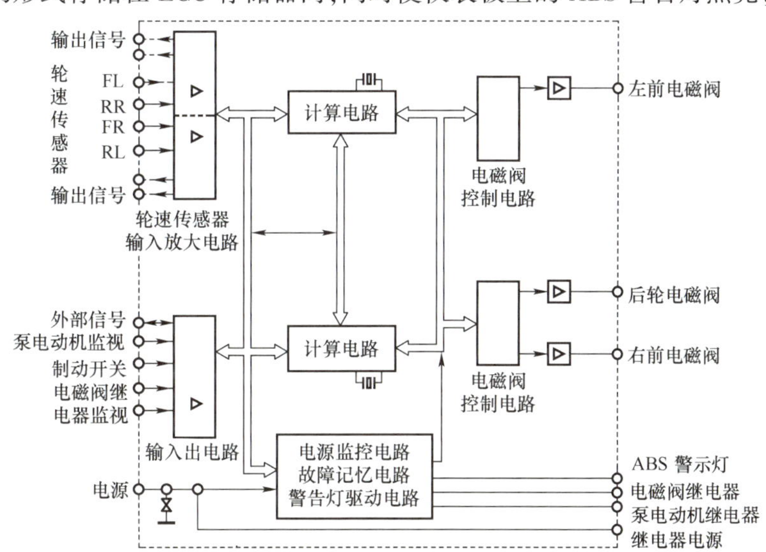

图9-32　ABS控制器(ECU)内部电路(3通道4传感器式)

4.2.3　制动压力调节器

制动压力调节器一般设在制动主缸与车轮制动轮缸之间,其主要任务是根据ABS ECU的控制指令,自动调节制动轮缸的制动压力。

4.2.3.1　分类

(1)根据动力源分。根据动力源可将制动压力调节器分为液压式和气压式两种。液压式主要用在轿车和一些轻型载货汽车上;气压式主要用在大型客车和载货汽车上。

(2)根据结构关系分。根据制动压力调节器与制动主缸的结构关系,制动压力调节器可分为整体式和分离式两种。整体式制动调节器与制动主缸制成一体;分离式制动压力调节器自成一体,通过制动管路与制动主缸相连。前者结构紧凑,管路接头少,但成本高;后者在汽车上布置灵活,对汽车结构改动小,成本较低,但管路复杂,接头较多。

(3)根据调压方式分。根据调压方式可将制动压力调节器分为流通式和变容式两种。流通式又称循环流通式,通过电磁阀直接控制轮缸的制动压力;变容式又称容积变化式,电磁阀间接改变轮缸的制动压力。

4.2.3.2 基本结构及原理

(1)液压式制动压力调节器。

①循环流通式压力调节器。该类型压力调节器的基本组成包括电磁阀、低压蓄能器(储液器)及电动回油泵。

电磁阀串联在制动主缸和制动轮缸间,每一通道可以是一个3位3通电磁阀,也可以是两个2位2通电磁阀。

图9-33所示为3位3通电磁阀的结构图,图9-34所示为2位2通电磁阀结构图。电磁阀的作用是根据需要控制轮缸与主缸相通(增压),或与储液器相通(减压),或都不通(保持)。电磁阀不通电时,轮缸始终与主缸相通,确保ABS失效后制动系统按常规系统工作。

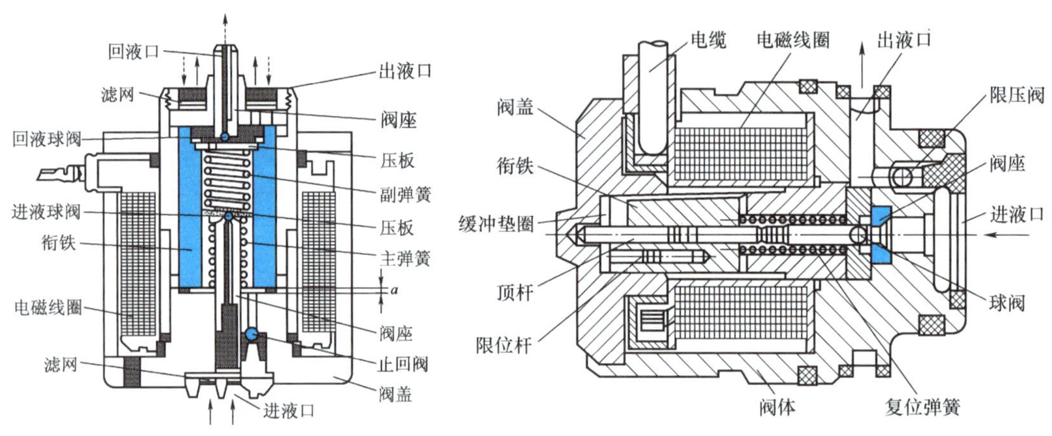

图9-33 3位3通(电磁阀)　　图9-34 2位2通电磁阀(常开)

回油泵的作用:一是当电磁阀在“减压”过程中,将从制动轮缸流出的制动液经储液器及时泵回主缸;二是在ABS工作后的增压过程将低压储液器中的制动液泵到轮缸。低压蓄能器的作用是暂时储存由轮缸中流出的制动液,减小压力调节过程中的脉动现象。

此种压力调节方式在BOSCH、TEVES ABS上广泛运用。

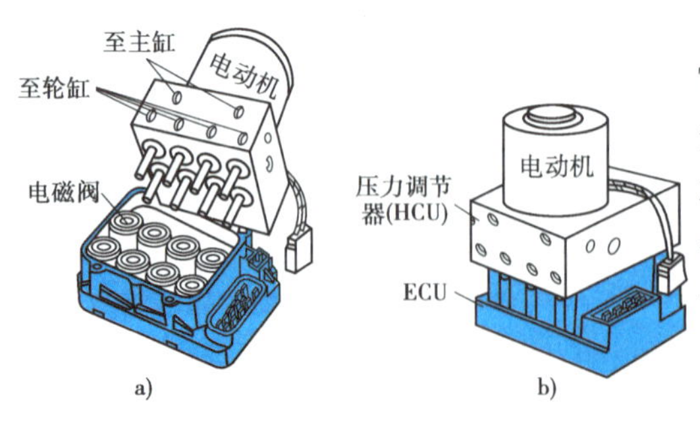

图9-35 ABS压力调节器外形图
a)组合前;b)组合后

如图9-35所示,ABS压力调节器为TEVES MK201型,与ABS ECU组合为一体后安装于制动主缸与轮缸之间。液控单元的基本组成包括电磁阀、回油泵及低压储液器。每个轮缸两个2位2通电磁阀,其中一个是常开进油阀,另一个是常闭出油阀。

压力调节器的工作原理如下:

常规制动:如图9-36所示,踩下制动踏板,ABS尚未工作时,两电磁阀均不通电,进油电磁阀处于开启状态,出油电磁阀处于关闭状态,制动轮缸与低压储液罐隔离,与制动主缸相通。制动主缸里的制动液被压入轮缸产生制动。

压力保持:如图 9-37 所示,当 ABS ECU 通过轮速传感器检测到车轮的减速度达到设定值时,进油电磁阀通电关闭,出油电磁阀仍处于断电关闭状态,轮缸里的制动液处于不流通状态,制动压力保持不变。

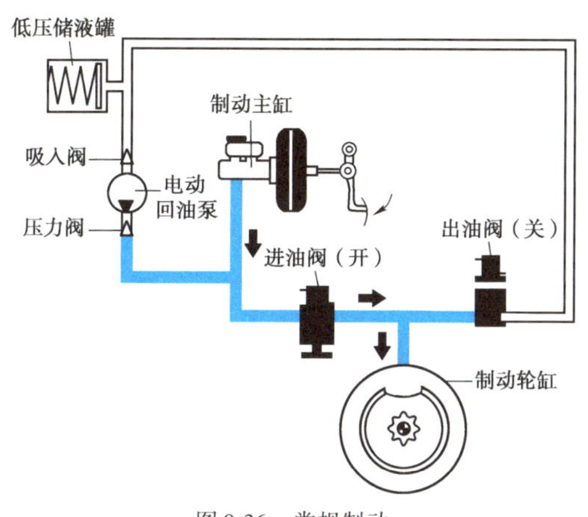

图 9-36　常规制动

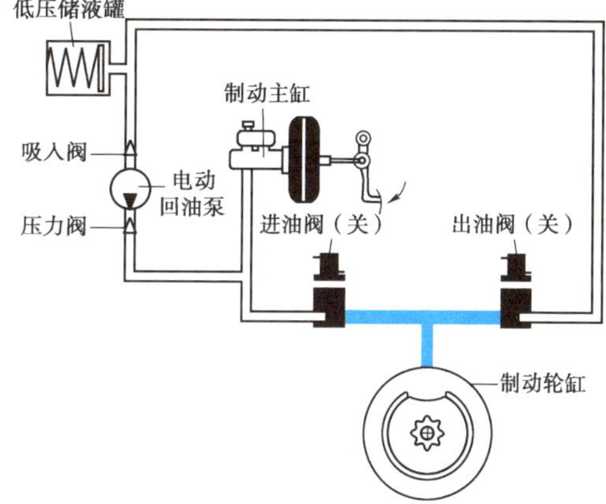

图 9-37　压力保持

压力减小:如图 9-38 所示,当 ABS ECU 通过轮速传感器检测到车轮趋于抱死时,进、出油阀均通电,制动轮缸与低压储液罐相通,制动轮缸里的制动液在制动蹄复位弹簧作用下流到低压储液罐,制动压力减小。同时,电动回油泵通电运转及时将制动液泵回主缸,制动踏板有回弹感。当制动压力减小到车轮的滑移率在设定范围内时,进油阀通电,出油阀断电,制动压力保持不变。

压力增高:如图 9-39 所示,当 ABS ECU 通过轮速传感器检测到车轮的加速度达到设定值时,进、出油阀均断电,进油阀开启,出油阀关闭,同时电动回油泵通电,将低压储液罐里的制动液泵到制动轮缸,制动压力增高。

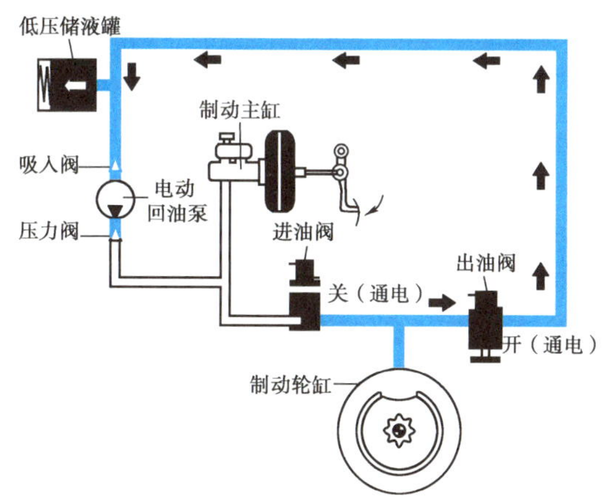

图 9-38　压力减小

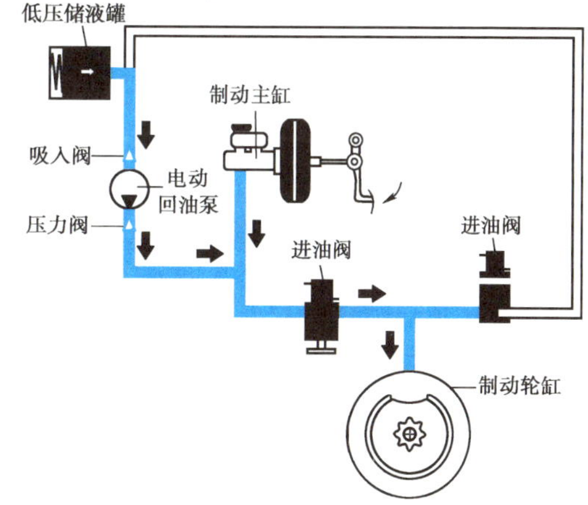

图 9-39　压力增高

ABS 压力调节器以 5 ~6 次/s 的频率按上述“压力增高→压力保持→压力减小→压力保持→压力增高”的循环对制动压力进行调节,直到停车。

②变容式压力调节器。变容式压力调节器根据变容方式又可分为高压制动液控制式(如本田 ABS)、电动机控制式(如 DELCO ABS)和动力转向液压油控制(如日本皇冠 ABS)

等。变容式压力调节器的特点是：ABS 工作时，首先将制动轮缸与主缸隔离，然后使到制动轮缸的管路容积发生变化而调压，容积增大，实现制动压力减小；容积减小，实现制动压力增大；容积不变，压力保持。

a. 本田 ABS 压力调节器：如图 9-40 所示，本田 ABS 压力调节器属于 3 通道、分离式。主要由 ABS 油泵和 ABS 电动机、压力开关、高压蓄能器、电磁阀、控制活塞组件、截流阀等组成。ABS 油泵及电动机用于提供控制用的高压制动液；高压蓄能器用于蓄存高压制动液；压力开关用于监测蓄能器中的压力，随时以 ON 或 OFF 信号形式向 ECU 发送信号，ECU 以此控制油泵运转或停转；电磁阀用于转换高压控制油路，进油电磁阀常开，出油电磁阀常闭；控制活塞组件通过高压制动液改变活塞位置而改变管路容积，从而达到调压；截流阀在 ABS 工作时隔离制动主缸。

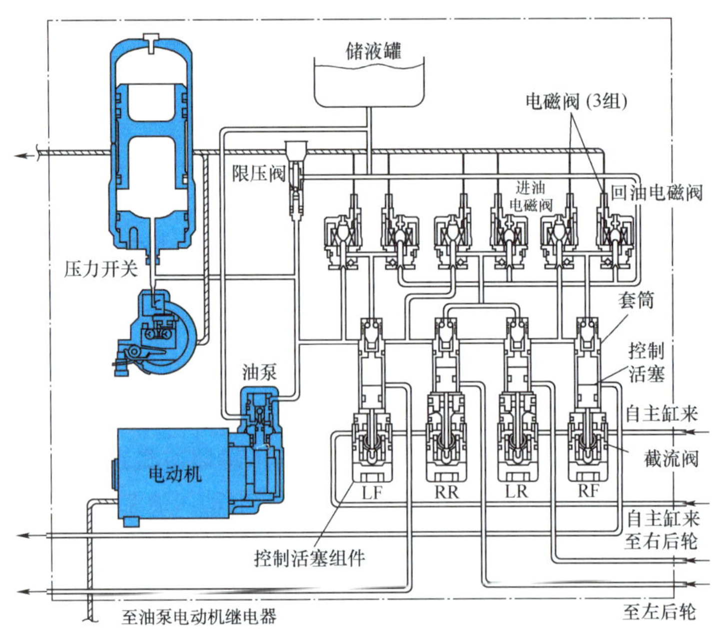

图 9-40　本田 ABS 压力调节器结构简图

以一个车轮为例说明其工作过程。如图 9-41 所示，在普通制动状态下，当 ABS 未工作时，进油电磁阀断电处于开启状态，出油电磁阀断电处于关闭状态，蓄能器中的高压制动液经进油电磁阀进入控制套筒与活塞之间的背压室内使活塞推动截流阀移动。由于高压制动液也传至套筒与壳体间的 *A* 室中，于是套筒就将截流阀的阀座推向截流阀，设计上保证截流阀此时开启，系统处于普通制动状态，来自主缸的制动液经截流阀、控制套筒与壳体间缝隙、油管，进入轮缸产生制动作用。

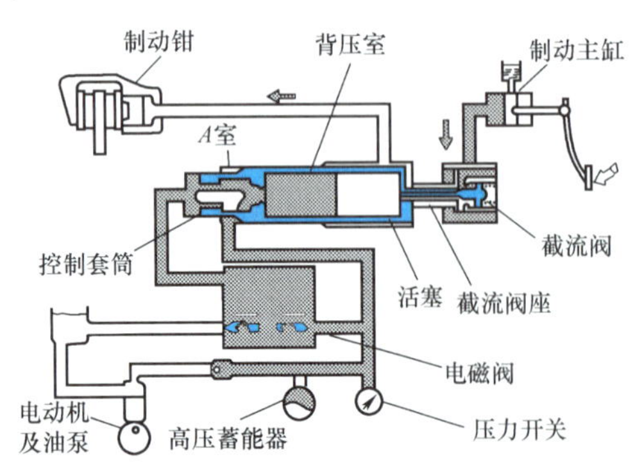

图 9-41　普通制动工作状态

ABS 工作。当 ECU 通过轮速传感器检测到车轮快抱死时，发出指令将进油电磁阀关闭，出油电磁阀打开。于是背压室内的高压制动液被释放回储液罐，轮缸油压使控制活塞左移，截流阀在复位弹簧作用下也随之左移，由于此时 A 室内仍有高压，截流阀座保持原位，截流阀左移至抵靠到阀座后将主缸与轮缸间油路隔断，控制活塞继续左移使活塞右部（减压室）容积增大，压力减小。当 ECU 测得制动轮缸压力下降，使车轮加速度超过限值时，进油电磁阀断电开启，出油电磁阀断电关闭。于是高压制动液又进入背压室，活塞被推向减压室，制动液压升高，制动力再次增大。当主缸侧的压力较低时，随着活塞的移动，截流阀轻轻开启，制动轮缸液压传至主缸，此时可感觉到踏板回弹。

当压力由于油道泄漏而下降时，A 室中的压力下降，截流阀座和套筒向 A 室的方向返回，于是套筒端部的阀关闭，将背压室堵住并阻止活塞移动。由于截流阀随着截流阀座的左移而开启，从而将主缸与制动轮缸的油道连通，以确保高压控制油路泄漏后能保持普通制动系统工作状态。

b. 达科 ABSVI 压力调节器：达科ABSVI 压力调节器属于整体式、3 通道系统，两前轮单独调节，后轮低选择调节，其外形如图 9-42 所示。

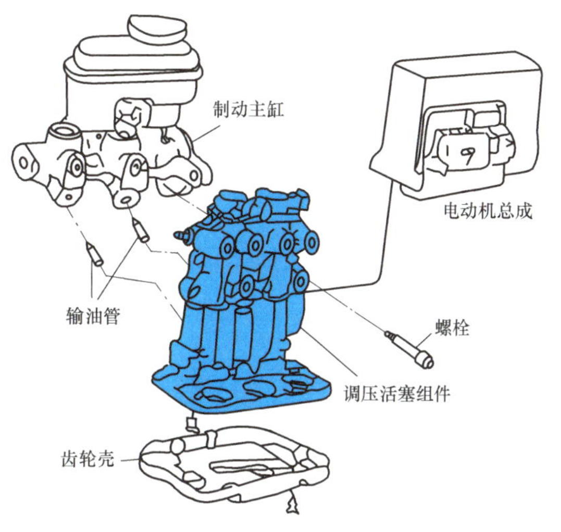

图 9-42　达科 ABSVI 压力调节器外形图

前轮压力调节装置，如图 9-43 所示，两前轮采用相同结构的两套调压装置独立进行工作，其基本组成包括串在主缸与轮缸间的呈并联关系的一个电磁阀及止回球阀、调压活塞、丝杆螺母、减速齿轮、电动机及电磁制动器（EMB）。电磁阀断电处于开启状态，电磁制动器断电处于制动状态。当车轮快抱死时，电子控制器发出指令使电磁阀通电将主缸隔断，电磁制动器通电松开电动机轴，电动机通电旋转，通过减速齿轮和丝杆螺母使调压活塞下移，球阀关闭，这样主缸通往轮缸的油路被完全切断。调压活塞在电动机带动下继续下移，活塞上方的调压室容积增大，制动压力减小。当电子控制器判定需要保持右前轮制动轮缸压力时，电子控制器使电动机断电停转，活塞保持在调压缸中某一位置，调压室容积不变，制动压力保持。当电子控制器检测到车轮的加速度超过限值时，电子控制器又使电动机以相反方向转动而带动活塞上移，调压室容积减小，压力增大。当电子控制器判定需要迅速增大制动压力时，电子控制器会控制电动机继续转动，使活塞顶端打开单向球阀，或使电磁阀断电开启，系统恢复到常规制动状态，直到具有足够的制动压力使车轮再趋于抱死时，ABS 又重复上述“压力减小→压力保持→压力增大”工作循环。

后轮制动压力调节装置如图 9-44 所示，后轮压力调节装置结构比前轮简单，没有电磁阀和电磁制动器（EMB），电动机的固定靠机械式膨胀弹簧制动装置（ESB）。后轮制动压力调节装置的工作原理与前轮基本相同，只不过后轮压力调节器靠 1 个电动机带动 2 个活塞上下移动，使 2 个调压室容积同时变化，对 2 个后轮同时进行“压力减小→压力保持→压力增大”的工作循环控制。

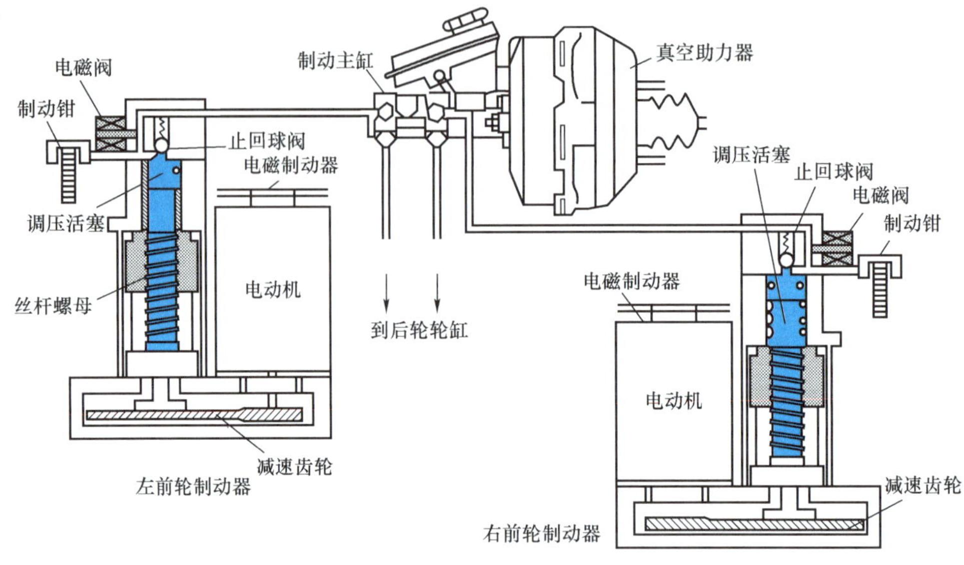

图 9-43　前轮制动压力调节器

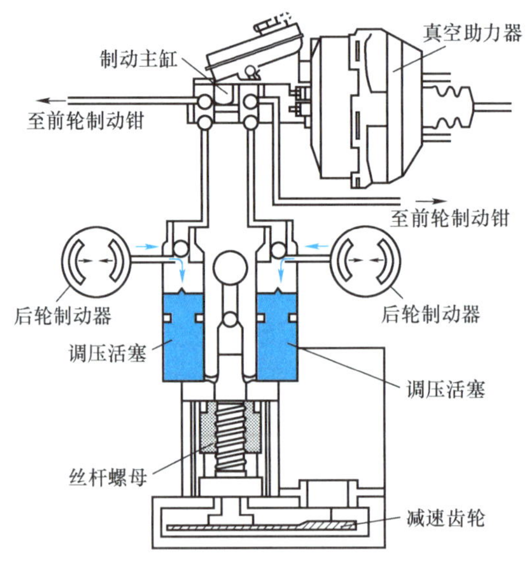

图 9-44　达科 ABS 后轮制动压力调节器

(2)气压式制动压力调节器。图 9-45 所示为直接控制式气压制动系统压力调节器的结构原理。它主要由一个进气膜片隔离阀和一个膜片排气阀及两个电磁阀组成,进气膜片隔离阀用来控制从制动继动阀进入的空气,排气膜片阀用来排去制动控制气室的空气,电磁阀的作用是控制各相应膜片阀的背压。各电磁阀的控制状态见表 9-2。

图 9-46 所示为动力气室输出液压控制方式压力调节器结构原理。其工作特点是以空气作为控制媒介,利用两个电磁阀控制空气压力,从而控制动力气室的输出液压。它由带液压缸和气压缸的壳体及控制气压缸压力的电磁阀组成。气压缸的进、排气由两个电磁阀来控制,改变气压缸的压力可使液压缸容积发生变化,从而改变制动轮缸的制动液压力。

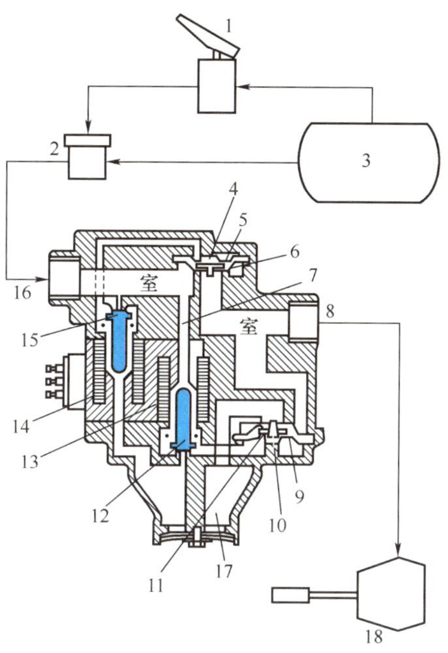

图 9-45　直控式气压制动压力调节器结构原理图

1-制动控制阀;2-继动阀;3-储气筒;4-导气室;5-膜片;6-进气阀;7-导气孔;8-出气口;9-膜片;10-导气室;11-排气阀;12-排气电磁阀;13、14-线圈;15-进气电磁阀;16-进气口;17-排气口;18-制动气室

直控式气压制动系统调节器电磁阀控制状态　　表 9-2

状　态	控制进气膜片隔离阀背压的电磁阀	控制膜片排气阀背压的电磁阀
增压状态	关	关
保压状态	开	关
减压状态	开	开

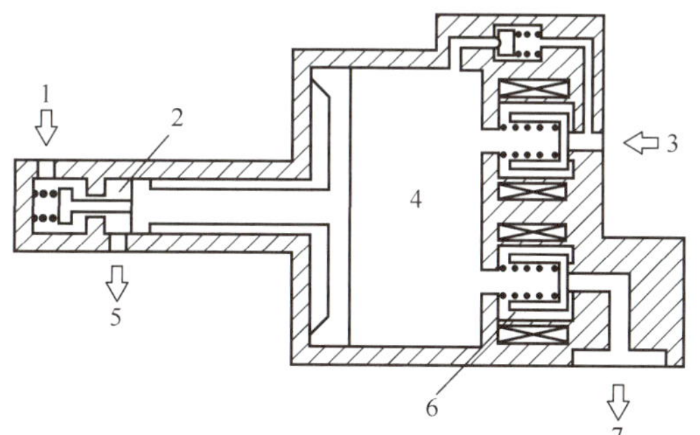

图 9-46　动力气室输出液压控制方式压力调节器结构原理图

1-来自动力气室;2-液压缸;3-来自制动控制阀;4-空气缸;5-通向制动轮缸;6-电磁阀;7-排气口

5　驱动防滑控制系统(ASR)

ASR 和 ABS 都是控制车轮和路面之间的滑移率,ASR 利用 ABS 的传统部件,在加速过程中,如果一个或数个车轮滑动,ASR 作用于制动器和发动机转矩。ASR 控制汽车的牵引力和可控制性。

5.1 ASR 的工作原理

ASR 作为一个电子控制系统，其组成包括传感器、ECU 和执行器。此系统传感器主要是轮速传感器；ASR 无单独 ECU，相应功能用 ABS 或 ESP 的 ECU 进行管理；其执行器主要是制动压力调节器和发动机输出功率调节装置。

轮速传感器将车轮转速信息转变为电信号，输送给电控单元，电控单元根据轮速信息计算车轮的滑移率，若滑移率超限，控制器会根据节气门开度信号、发动机转速信号、转向信号等因素确定控制方式，输出控制信号，使相应的执行器动作，将驱动轮的滑移率控制在目标范围。

5.2 ASR 的控制方式

目前，ASR 常用的控制方式有两种。

1）发动机输出功率控制

在汽车起步加速时，ASR 输出控制信号，控制发动机输出功率，以抑制驱动轮滑转。常用的方法有：减少喷油量、推迟点火时间、节气门位置的调整及辅助控制装置。

2）驱动轮制动控制

直接对发生滑移的驱动轮加以控制。普遍由与 ABS 或 ESP 组合的 ECU 进行管理。

6 电子稳定系统（ESP）

电子稳定系统，又称 ESP（Electronic Stability Programme），属于车辆的主动安全系统，也可称之为动态驾驶控制系统。狭义的 ESP 指的是在汽车急转弯时通过对制动系统、发动机等实施控制从而保持车身稳定，改善汽车操纵性。在转向过度或转向不足的情形下效果更加明显。广义的 ESP 包含了汽车防抱死制动系统（ABS）、电子制动力分配系统（REF 或 EBD）、弯道辅助（CSC）、紧急制动辅助（AFU）、坡道起步辅助（ADEC）、驱动车轮打滑控制（ASR）、减速时的轨迹控制等子功能。减速时的轨迹控制又称发动机阻力矩控制系统或加速防滑系统（MSR）。本教材只介绍狭义 ESP。

6.1 ESP 的功用

（1）实时监控：系统能够实时监控驾驶员的操控动作、路面反应、汽车运动状态等信息，并不断向发动机 ECU 和制动系统发出指令。

（2）主动干预：系统通过主动调控发动机的转速，并调整改变每个车轮的驱动力和制动力，来修正车辆的转向不足和转向过度。

（3）预警提醒：当驾驶员操作不当或路面状况异常时，系统会以警告灯闪烁的形式提醒驾驶员。

6.2 ESP 的组成

ESP 一般由传感器、ECU、执行器和警告装置组成。其中传感器有轮速传感器、转向盘转角传感器和三相传感器,三相传感器又称陀螺仪(集成了横向加速度传感器、纵向加速度传感器和横摆率传感器)。横摆率传感器又称偏航率传感器。

其中三相传感器一般安装在车辆中心部位,也有部分车辆三相传感器集成在 ESP 电控单元内。

6.2.1　横向加速度传感器

该传感器用于接收是否有侧向力以及该侧向力大小的信息,侧向力总是试图使车辆脱离原行驶路线。

缺少横向加速度信息,控制单元就无法计算车辆的实际状态,ESP 就会失效。

6.2.2　横摆率传感器

横摆率传感器又称偏航率传感器。此传感器用于检测汽车横摆率(车辆绕垂直轴旋转的角速度),衡量转向过度与转向不足。当 ECU 确定预期的横摆率和传感器实际测量的数值不符时,会启动稳定性控制系统。

6.2.3　纵向加速度传感器

纵向加速度传感器就是常说的坡度传感器,用于检测坡度信息。坡道起步辅助系统、电子驻车制动、自适应巡航控制系统需使用此信息完成相应功能。

6.3　ESP 工作原理

车辆在转弯过程中会出现打滑现象,后轮打滑会产生转向过度,前轮打滑会产生转向不足。当出现以上现象时,ESP 会参与调节,避免转向不足和转向过度,使车辆安全行驶。

电子控制单元通过转向盘转角传感器确定驾驶员想要的行驶方向;通过轮速传感器和三相传感器来计算车辆的实际行驶方向。当系统检测到车辆实际行驶轨迹和驾驶员需求不符时,ESP 会发出请求减小发动机转矩。如果系统仍检测到车轮滑移,则 ESP 将实行主动制动进行干预。

6.3.1　转向过度

在车辆行驶过程中,转向盘转角传感器向 ECU 发送驾驶员转动转向盘(也就是想要转向)的信息,横摆率传感器检测到车辆开始打转,同时车辆后端开始产生滑移,确定车辆此时转向过度,如图 9-47 所示。此时 ESP 会把制动力施加到外侧前轮,使车辆转弯力减小,同时后轮打滑现象也会减弱。

6.3.2　转向不足

在车辆行驶过程中,转向盘转角传感器向 ECU 发送驾驶员转动转向盘(也就是想要转向)的信息,横摆率传感器检测到车辆开始打转,同时车辆前端开始产生滑移,确定车辆此时转向不足,如图 9-48 所示。此时 ESP 会把制动力施加到内侧后轮,使车辆转弯力减小,同时后轮打滑现象也会减弱。

ESP 在调节转向过度和转向不足时,有可能会造成转向不足和转向过度,需要进项第二阶段调节,最终保证车辆按正常轨迹行驶。

在车辆制动过程中也有可能造成转向过度和转向不足,ESP 也会进行相应调节。

车辆上一般都设有 ESP 开关,驾驶员可以通过此开关关闭 ESP,此时只是关闭了 ESP 调节转向不足和转向过度的相关功能,其他相关功能会持续工作。车速超过 50km/h 时,ESP 会自动激活,参与调节。

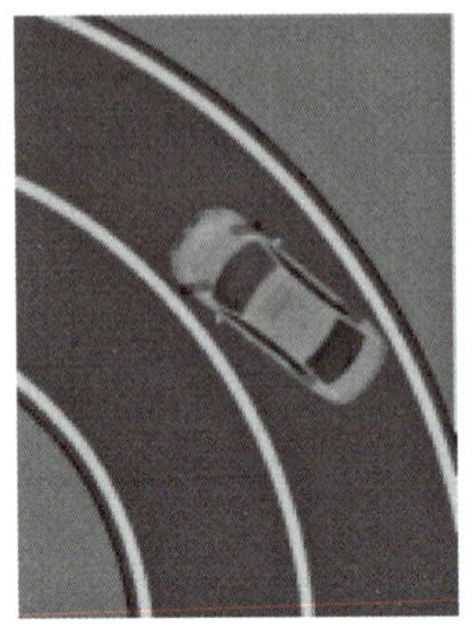
图 9-47　转向过度

图 9-48　转向不足

6.4　ESP 和 ABS 液压回路(拓展内容)

ABS 和 ESP 液压回路如图 9-49 所示。

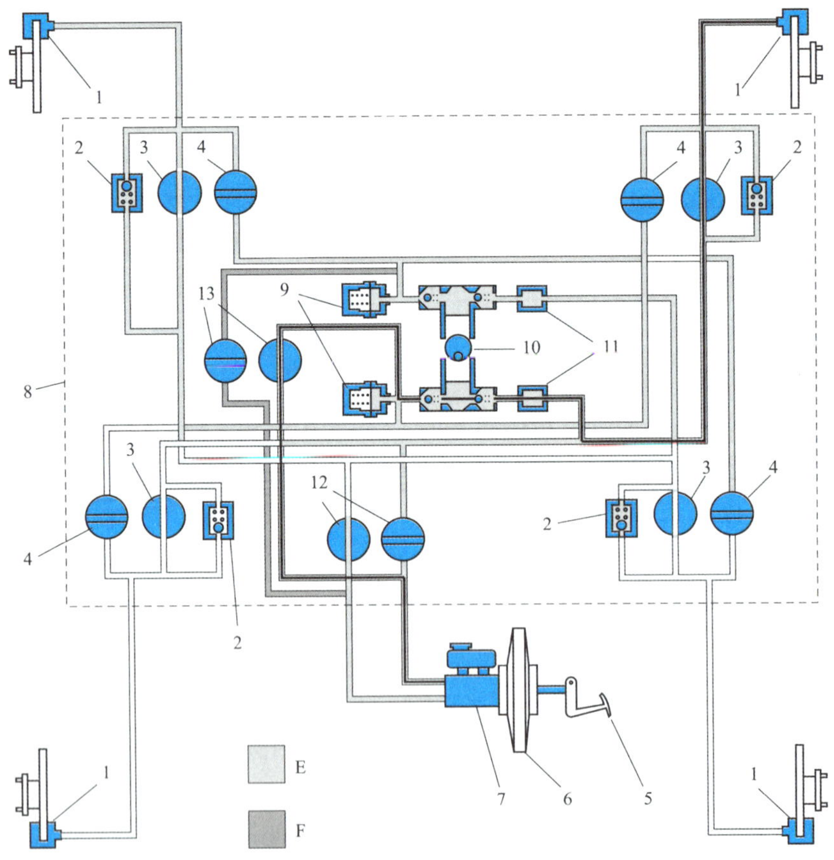

图 9-49　ABS 和 ESP 液压回路

E-ABS 调节回路;F-ESP 调节回路;1-制动钳;2-制动阀;3-输入电磁阀;4-排出电磁阀;5-制动踏板;6-制动助力器;7-制动主缸;8-调节单元;9-蓄能器;10-回油泵;11-脉冲减振器;12-转换电磁阀;13-主电磁阀

在制动过程中,如果ESP系统检测到有转向不足或转向过度情况出现,ESP调节回路会抱死对应车轮,同时ESP电控单元通过车载网络,通知发动机ECU,降低发动机输出转矩。

制动过程中,若无方向修正需求,ABS回路正常调节,避免出现制动抱死现象。

7　制动系统的维修

7.1　车轮制动器的维修

7.1.1　车轮制动器的维护

汽车每次二级维护时,都应进行下列有关车轮制动器的作业项目。

(1)拆检各车轮制动器,检查制动鼓和制动蹄技术状况。要求制动鼓内圆柱面的圆度误差、圆柱度误差及径向全跳动符合标准;制动鼓、制动蹄和制动蹄衬片不得有裂纹;摩擦片铆钉头的沉入量不得小于0.5mm,摩擦片表面应清洁无油污。

(2)检查和润滑制动蹄支承销,不得有发卡和锈蚀,制动蹄在支承销上应转动自如。

(3)按规定对轮毂补给润滑脂。

(4)车轮制动器装复后,按规定调整制动蹄与制动鼓的间隙。

7.1.2　鼓式车轮制动器的检修

7.1.2.1　主要零件的检修

(1)制动鼓。制动鼓的常见损伤主要是工作表面的磨损、变形和裂纹。

①制动鼓不得有任何性质的裂纹,否则换新。

②制动鼓内圆柱面的圆度误差不得大于0.15mm,圆柱度误差不得大于0.05mm,直径不得超过表9-3规定的极限值。进口汽车制动鼓内圆柱面一般都标有允许最大直径,超过规定应更换。

制动鼓内径的极限值　　表9-3

项　目	车　型			
	CA1091	EQ1090E	北京切诺基	桑塔纳2000GSI
标准直径(mm)	420	420	254	200
极限直径(mm)	425	424	255.5	201

③制动鼓内圆工作表面对旋转轴线的径向全跳动误差不得大于0.10mm。制动鼓圆度、圆柱度、径向全跳动误差超过规定时,应对制动鼓进行镗削。镗削后的制动鼓内径不得超过极限值,同轴两侧制动鼓的直径差应小于1mm。

制动鼓内圆表面的镗削,应在专用的制动鼓镗削机上进行。将制动鼓装在轮毂上,以轮毂内外轴承外座圈内锥面的公共轴线为基准配镗。因此,镗削前应检查两轴承内锥面的滚道有无斑点、剥落、松旷,轮毂承孔有无损伤等,若需更换轴承,应在轴承更换以后再进行镗削。

(2)制动蹄。制动蹄的常见损伤形式为摩擦片磨损、龟裂、制动蹄支承孔的磨损等。

①制动蹄不得有裂纹和变形,支承销孔与支承销的配合应符合原设计规定。

②制动蹄衬片的磨损不得超过规定值。当铆钉头的沉入量小于0.5mm时，衬片龟裂和严重油污时，应更换衬片。衬片与制动蹄应严密贴合。不得垫入石棉垫以免影响摩擦热的散失，其局部最大的缝隙不得超过0.10mm。制动蹄衬片采用粘结方式的，当衬片的磨损量超过规定值时，应更换新的制动蹄组件，或在原蹄上用树脂粘结新摩擦衬片修复。

③制动蹄片修复后，应修整制动蹄衬片与制动鼓的初始贴合面积。对于领从蹄式制动蹄，初始贴合面积为60%，对于双领蹄式制动蹄，初始贴合面积不小于75%；且制动蹄与制动鼓的接触印迹应两端重，中间轻，即通常说的"吃两头，靠中间"，如不符合要求，应进行修整。最后，在制动蹄衬片的两端加工出较大的倒角，以免蹄片犯卡，影响制动蹄的贴合。

④制动蹄复位弹簧相邻两圈的间隙大于0.10mm，说明弹力衰退应换新。两端拉钩断裂后，不许重新弯钩继续使用。否则，将会引起两侧车轮制动器拖滞，特别是微型汽车对复位弹簧的弹力差异过大所引起的制动跑偏和制动甩尾尤为明显。因此，制动蹄复位弹簧的弹力衰退或断裂，必须换新。

7.1.2.2　鼓式车轮制动器的调整

车轮制动器的调整分局部调整和全面调整两种。局部调整只需调整制动蹄的张开端，通常用于车辆在运行过程中因蹄鼓的间隙变大而进行的调整。全面调整需同时调整制动蹄片两端（张开端和支承端）的位置，通常用于更换制动蹄衬片或镗削制动鼓后，为保证制动蹄与制动鼓的正确接触而进行的调整。对于不设置固定端的自动增力式车轮制动器而言，没有全面调整和局部调整之分。

（1）液压制动系统鼓式车轮制动器（领从蹄、双领蹄式）的调整。以某越野车的车轮制动器为例，前轮为单向双领蹄式，后轮为领从蹄式，前后制动器的调整方法相同。

其局部调整的步骤如下：

①顶起车轮，一边转动车轮，一边向外转动调整凸轮螺栓，直至制动蹄压紧制动鼓为止。转动车轮时，应有一定的方向，即调整前轮两蹄和后轮的前制动蹄时向前转动车轮；调整后轮后制动蹄时向后转动车轮。

②向内转动调整凸轮螺栓，直至车轮能自由转动而制动蹄与制动鼓不碰擦。

③用同样的方法调整其他调整凸轮螺栓。

④用塞尺检查蹄鼓间隙应符合规定。

全面调整的方法如下：

①按局部调整的方法转动调整凸轮螺栓至制动鼓不能转动为止。

②向能够转动支承销的方向转动支承销。

③重复上述的①、②两步，直至调整凸轮螺栓与支承销均不能转动为止。

④锁紧支承销后，向内转动调整凸轮螺栓，直至车轮能自由转动且制动蹄与制动鼓不碰擦。

⑤用检视孔用塞尺测量蹄鼓间隙。支承销端为0.15mm，张开端为0.3mm。

⑥用同样方法调整其他制动器。

7.1.3　盘式车轮制动器的检修

7.1.3.1　主要零件的检修

（1）制动盘。

①制动盘不得有裂纹,否则应更换。

②制动盘的工作表面有轻微锈斑、划痕和沟槽,可用砂磨清除。

③制动盘的工作表面如有严重磨损或划痕时,可进行车削。但车削后的极限值,应不小于原厂的规定,如帕萨特标准厚度为20mm,磨损极限为17.8mm;一汽奥迪标准厚度为22mm,磨损极限为20mm。车削后的制动盘端面,应在距制动盘外缘10mm处测量端面圆跳动,其误差应不大0.1mm。否则,将会引起故障,降低制动效能。

(2)制动块。浮钳盘式制动器的制动块总成的摩擦块与摩擦块背板均采用粘结方式连接,为一次性使用件。如有损坏或摩擦块的厚度小于极限值时(如帕萨特制动块总厚度低于7mm时),应更换新的制动块总成。

在许多车辆上采用了报警装置,当摩擦块磨损至一定程度时,报警簧片与旋转的制动盘接触,就会发出尖叫声。簧片与制动盘的接触不会对盘造成损伤。但是如再继续使用,摩擦块过度磨损至摩擦块背板露出,就会损伤制动盘。因此,当簧片发出尖叫声,应及时更换制动块。

7.1.3.2　盘式制动器的装配

由于新制动块总成比旧件的厚度大,在装配制动块前应将制动钳的活塞推回一定距离。为减小推压活塞复位时的阻力,可将制动钳上的放气螺钉拧开。

组装时,应注意润滑制动钳的滑轨或滑销。装复后,在踩下几次制动踏板后,检查制动盘的运转是否有较大阻力。

浮钳式车轮制动器的间隙可自动调整,所以在维修中,没有制动间隙调整的作业项目。

7.2　液压制动传动装置的维修

7.2.1　维护

液压制动系统的维护包括检查管路渗漏、排空气和制动踏板的调整等几个方面的内容。

7.2.1.1　管路检查

整个制动系统的管路接头应无凹瘪、严重锈蚀、裂纹现象,连接应可靠无渗漏。金属管路用的管夹固定牢靠,不得与车架及其他部件相碰擦,在行车过程中不得产生较大振幅的振抖。制动软管应舒展,无折叠、脱皮、老化、膨胀等缺陷,否则,应采用相应的措施进行维修。

7.2.1.2　排空气

制动系统中渗入空气,会影响制动效果。在维修过程中,由于拆检液压系统、接头松动或制动液不足等原因,造成空气进入管路时,应及时将系统中的空气排出。

制动系统空气排气工作必须由两人配合完成,具体排放步骤如下:

(1)一人在驾驶室内连续踩制动踏板数次,直到制动踏板变硬踩不下去为止,然后踩住不动。

(2)另一人在车下,将放气螺钉旋松,让空气与一部分制动液排出(为避免制动液溅洒,应用透明橡胶管一端接放气螺钉,另一端接盛液器),待踏板降低到底时拧紧放气螺钉,松开踏板。

(3)重复(1)、(2)两步,直到放气螺钉处排出的全是制动液为止。

(4)检查并拧紧所有放气螺钉。检查并加注主缸制动液位到标准液位。

排空气过程中的注意事项：

(1)排空气前，储液罐应加入足够的制动液，并注意制动液的清洁，防止灰尘和水分进入制动液。此外，制动液对涂层的腐蚀性很大，要避免制动液滴溅在油漆表面上。

(2)排空气的顺序对于大多数车辆而言，先从离制动主缸最远的轮缸开始按由远到近的顺序排气。对于装有真空增压器的应先从离制动主缸最近地方开始，然后再排离制动主缸最远的轮缸的空气。

(3)排空气过程中应注意随时检查主缸液位，及时补充。

(4)在放气螺钉未拧紧以前，切不可抬起制动踏板，否则，空气又会侵入。

7.2.1.3　制动踏板调整

轿车的制动器均采用带有真空助力的液压系统，制动踏板调整包括踏板自由高度的调整、自由行程的调整和剩余高度的调整等。

(1)制动踏板自由高度的调整。制动踏板的自由高度为解除制动时踏板的高度，其测量基准为去除驾驶室内地毯等覆盖后的车厢底板。

揭开制动踏板下的地板覆盖物，测量制动踏板高度。如高度与该车型的原设计规定不符合，应进行调整。首先，拆下制动灯导线，拧松制动灯开关锁紧螺母，视调整要求将制动灯开关旋进或旋出。用直尺测量制动踏板高度，直到调整至标准值为止。其次，锁紧制动灯锁紧螺母。检查制动灯开关与制动踏板的接触情况，应确保制动灯熄灭。

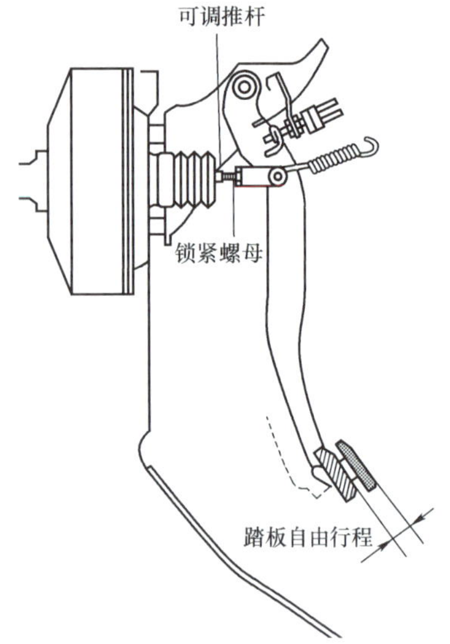

图9-50　制动踏板自由高度及自由行程的检查

调整制动踏板自由高度后，必须按下述步骤调整制动踏板的自由行程。因为制动踏板位置移动后，推杆的长度没变，会使制动踏板自由行程变化。

(2)制动踏板自由行程的调整。在发动机不工作的状态下，反复踩制动踏板多次，将真空助力器内的残余真空释放。

用手轻推制动踏板，直至感到有阻力为止，此位置与制动踏板自由高度之差即为制动踏板自由行程，如图9-50所示。

如制动踏板自由行程超过规定，可拧松推杆的锁紧螺母，转动推杆调整至符合规定为止。拧紧锁紧螺母，复查自由行程是否正确。

复查制动踏板自由高度，检查制动灯是否能正常工作。

(3)制动踏板剩余高度的检查。用掩木塞在前后轮下，松开驻车制动器操纵杆，起动发动机运转2min。用490N的力踩下制动踏板，测量此时制动踏板至地板之间的距离，即为制动踏板的剩余高度。如踏板的剩余高度低于该车型的标准值，说明制动器蹄鼓间隙过大，应按车轮制动器有关内容进行蹄鼓间隙的调整。

7.2.2　主要零件的检修

7.2.2.1　制动主缸和轮缸的检修

(1)检验。

①总成解体时，应注意制动主缸缸体外部有无渗漏处。如有裂纹或气孔应更换。

②检查缸筒内表面，允许内表面有轻微变色。若有划痕、阶梯形磨损或锈蚀现象应换新。制动主缸的圆柱度误差值超过 0.02mm，主缸与活塞的配合间隙大于 0.15mm 时，应更换加大尺寸的活塞或更换壳体。

③复位弹簧的弹力必须符合该车型的使用要求，否则应换新。

④大修时，必须更换活塞和所有橡胶密封件。

(2)制动主缸和轮缸的装配。

①认真清洗缸体，尤其是主缸的补偿孔和回油孔一定要保持畅通。

②装配时，在缸筒内表面及活塞总成涂一层干净的制动液。安装活塞时，不得用任何工具，以免划伤缸筒。

③装配后用推杆推动活塞多次，检查活塞能否灵活回位。

7.2.2.2　真空助力器的检修

(1)真空助力器的检验。真空助力器的检查方法有就车检验法和仪表检验法两种。就车检验法是一种定性检查，操作简便。仪表检验则是一种定量检测，将测得的不同真空度下各种踏板力对应的制动压力与原厂标准比较，以确定其性能。下面介绍就车检验法：

①发动机熄火后，踩几次制动踏板，消除助力器内原有的真空。踩下踏板(处于工作行程范围)并保持不起动发动机，制动踏板应能稍向下移动。

②发动机运转数分钟后熄火，用同样的力量踩下制动踏板数次，制动踏板的剩余高度应一次比一次升高。

③在发动机运转时，踩下制动踏板不动，将发动机熄火。在 30s 内，制动踏板高度不允许下降。

(2)真空助力器的检修。目前轿车采用的真空助力器有可拆卸式及不可拆卸式两种。一汽奥迪轿车的真空助力器为不可拆卸式结构。

不可拆卸式的真空助力器应在专门台架上进行总成的性能试验，损坏则更换。对可拆卸式的真空助力器可用如图 9-51 所示的专用工具进行拆卸检修。

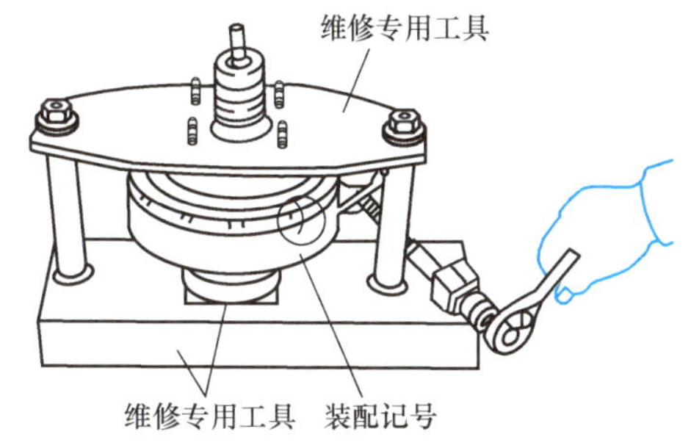

图 9-51　真空助力器的拆装

拆卸前，应在前后壳体上做好标记，以便装配。真空助力器的主要损伤是密封不良和膜片破裂。因此，解体后的修理主要是更换壳体上的密封件、膜片及检验止回阀。止回阀可用嘴从其两侧吹吸来检验，必要时换新。

装配时，在膜片与壳体之间及所有运动零件表面涂以专用润滑脂(装于配件包装内)，按装配标记装复。装配后，应按原车型技术条件的要求调整制动主缸活塞推杆的长度。

7.3　驻车制动系统的检修

7.3.1　机械式驻车制动系统的检修

利用车轮(基本全部是后轮)制动器充当驻车制动器的车辆，如果操纵机构为机械式的，检修调整时，将两后轮顶起离开地面，然后将驻车制动杆拉到起作用位置（各车型要求不完全相同，一般为从完全释放位置拉起 1 ~ 4 响），调整传动拉锁或拉杆使车轮完全抱死时锁紧调整螺母。然后进行性能检查，如果还不合格则重新调整。

7.3.2 电子驻车制动检查

若车辆采用电子驻车制动，需检查释放和激活驻车制动时，后轮是否完全转动自由或完全抱死，同时还需要检查驻车制动拉手或按钮上的指示灯及仪表上对应指示灯能否正常熄灭和点亮。

7.4 ABS 的维修

7.4.1 ABS 使用与检修的一般注意事项

(1)紧急制动时，制动踏板应踩住不放；ABS 工作时踏板有振颤感，听到工作噪声属正常现象。

(2)压力调节器与动力转向共用一个油泵的 ABS。发动机起动时，制动踏板会上升；发动机熄火时，制动踏板会下降；制动时转方向，转向盘会有轻微振动。

(3)制动液应及时检查、补充，并按厂家规定周期进行更换。更换制动液时应注意正确选用制动液的型号，并注意保持器皿清洁。

(4)制动系统出现制动不良故障时，应先判断故障是在常规制动系统还是在 ABS，其方法是断开 ABS 电子控制器线束，让系统以普通制动系统工作，若情况改善，则为 ABS 故障。

(5)制动系统空气的排除方法与常规制动系统的空气排除方法一般不同，且不同类型的 ABS，其放气的顺序和程序也可能不同，在进行空气排除时，应按照相应的维护手册所要求的方法和顺序进行。

(6)避免制动液溅到车身上，因为制动液会腐蚀油漆；如制动液已接触到油漆，应立即用清水冲洗。

(7)轮速传感器拆卸时应避免碰撞及敲击，安装时应固定可靠、间隙合适，确保其清洁无油污及脏物。

(8)轮速传感器、压力调节器、电子控制器等元件发生损坏，一般进行换件修理。

(9)对于装有高压蓄能器的 ABS，拆卸前要先卸压（卸压方法参见维修手册），以免高压制动液喷出伤人；安装系统时，未装完不能接通点火开关，以免电动油泵通电泵油。

(10)在点火开关接通的情况下，不能随意断开 12V 用电设备，以免产生瞬时浪涌电压损坏电子控制器。

(11)在进行车身电焊操作、烤漆时，应拆下电子控制器。

(12)拆下电子控制器之前应断开蓄电池线（断蓄电池线前应了解该车电控系统的特点，如有无音响、防盗密码等），并做好防静电措施。

7.4.2 ABS 检修的一般程序

不同车型，甚至同一系列不同年代生产的汽车，由于装用的 ABS 型号不同，其检修方法及步骤均不尽相同。ABS 检修的一般程序如图 9-52 所示。

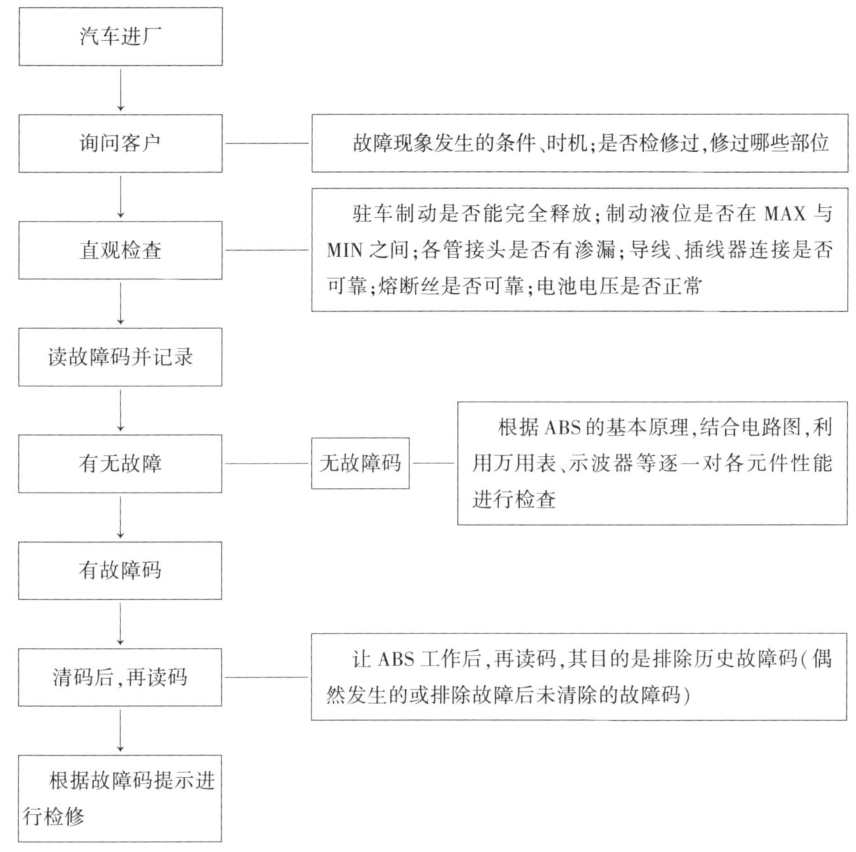
汽车进厂
询问客户
故障现象发生的条件、时机;是否检修过,修过哪些部位
直观检查
驻车制动是否能完全释放;制动液位是否在MAX与MIN之间;各管接头是否有渗漏;导线、插线器连接是否可靠;熔断丝是否可靠;电池电压是否正常
读故障码并记录
有无故障
无故障码
根据ABS的基本原理,结合电路图,利用万用表、示波器等逐一对各元件性能进行检查
有故障码
清码后,再读码
让ABS工作后,再读码,其目的是排除历史故障码(偶然发生的或排除故障后未清除的故障码)
根据故障码提示进行检修

图9-52　ABS检修的一般程序

7.4.3　ABS主要部件的检修

7.4.3.1　车轮转速传感器的检查

轮速传感器的常见故障是无信号电压、信号电压低及变化异常等。检查方法如下。

(1)直观检查:主要检查传感器安装固定有无松动;导线及插接器有无松脱、裸露;齿圈有无损伤及脏物;转动车轮检查齿圈的摆动量(轴向摆动误差应不大于0.3mm)等。

(2)传感器间隙检查:用非磁性塞尺测量传感头与齿圈之间的间隙应符合车辆之规定值。

(3)传感器电阻检查:对于电磁感应式传感器可利用万用表的电阻挡测量线圈阻值,一般为1kΩ左右。

(4)测传感器的输出电压:当车轮转动时,传感器应有电压输出,且与车轮的转速成正比。

(5)测量传感器的输出波形:正常的信号电压波形应是均匀的正弦电压波形,峰值应符合要求。

7.4.3.2　ABS控制器的检查

(1)检查ABS控制器的线束插头应无松动,接触良好;管脚应无腐蚀,否则应清除干净。

(2)检查ABS控制器的输入电源及搭铁情况。

(3)直接用替换法进行试验。

需要指出的是:ABS控制器并不容易损坏,不要轻易更换,应仔细做好上述(1)、(2)步检查。

7.4.3.3 制动压力调节器的检查

制动压力调节器常见的故障是电磁阀、油泵不工作、电磁阀泄漏等。

(1)检查电磁阀线圈的电阻,应符合要求。

(2)对电磁阀、油泵进行通电试验应能听到动作声。

(3)可用专门的ABS测试设备进行测试。

(4)通过汽车诊断电脑(解码器)的"执行元件测试"功能进行测试。

7.4.3.4 继电器的检查。ABS装用的继电器主要有控制ABS工作电源的主继电器、电磁阀继电器、油泵继电器等。继电器的常见故障是触点接触不良、线圈断路或短路等,检查方法如下:

(1)用万用表测量线圈电阻,阻值应正常。

(2)通电检查,用万用表测量两触头间电阻值,不通电时为无穷大,通电时应为0。

(3)继电器触头接触情况也可以通过测量触头的电压降进行判断,如工作时电压降超过0.5V,则说明接触不良。

8 制动系统的故障诊断

汽车制动系统的常见故障有制动不灵、制动失效、制动跑偏和制动拖滞等。

8.1 液压制动系统

8.1.1 制动不灵

8.1.1.1 现象

汽车制动时,驾驶员感到减速度不足;汽车紧急制动时,制动距离太长。

8.1.1.2 原因

(1)制动主缸、轮缸、管路或管接头漏油。

(2)主缸储液室(罐)存油不足或无油。

(3)制动液变质(变稀或变稠)或管路内壁积垢太厚。

(4)制动液中有空气。

(5)主缸、轮缸皮碗、活塞或缸筒磨损过度。

(6)主缸进油孔、补偿孔或储液室(罐)通气孔堵塞。

(7)主缸出油阀、回油阀不密封;活塞复位弹簧预紧力太小;活塞前端贯通小孔堵塞或主缸皮碗发黏、发胀。

(8)轮缸皮碗发黏、发胀。

(9)增压器或助力器效能不佳或失效。

(10)油管凹瘪或软管内孔不畅通。

(11)制动踏板自由行程太大。

(12)制动蹄摩擦片与制动鼓(盘)贴合面不佳或制动间隙调整不当。

(13)制动蹄摩擦片品质欠佳或使用中表面硬化、烧焦、油污及铆钉头露出。

(14)制动鼓磨损过甚或制动时变形。

(15)制动油管工作时胀大。

8.1.1.3　诊断方法

(1)踩下制动踏板,若制动踏板位置太低,则连续两次或几次踩制动踏板,若其高度随之增高且制动效能好转,则应检查制动踏板自由行程及制动器间隙。

(2)维持制动时踏板的高度,若缓慢或迅速下降,说明制动管路某处破裂、接头密封不良、轮缸皮碗密封不良或主缸皮碗、皮圈密封不良等。可首先踩下制动踏板,观察有无制动液渗漏部位。若外部正常,则应检查修理主缸故障。

(3)连续几脚制动时,制动踏板高度仍过低,并且在第一脚制动后,感到主缸活塞未复位,踩下制动踏板即有主缸推杆与活塞碰击响声,系主缸皮碗破裂或其复位弹簧太软。

(4)连续几次制动时,制动踏板高度稍有增高,并有弹性感,说明制动管路中渗入空气。

(5)连续几次制动时,踏板均被踩到底,并感到制动踏板毫无反力,说明主缸储液室内制动液严重亏缺。

(6)连续几次制动时,制动踏板高度低而软,系主缸进油孔或储液室螺塞通气孔堵塞。

(7)一脚或两脚制动时,制动踏板高度适当,但太硬且制动效能不良。首先,应检查真空助力器的工作性能;其次,检查油管是否老化、凹瘪,制动液是否太稠;最后,检查制动器各轮摩擦片驱动端与鼓的间隙是否小于另一端,若间隙正常,则需检查鼓与摩擦片表面状况。

8.1.2　制动失效

8.1.2.1　现象

踩下制动踏板,车辆不减速,即使连续几脚制动也无明显减速作用。

8.1.2.2　原因

(1)主缸内无制动液。

(2)主缸皮碗严重破裂或制动系统有严重的泄漏之处。

(3)制动软管或金属管断裂。

(4)制动踏板至主缸的连接脱开。

8.1.2.3　诊断方法

首先检查主缸储液室内制动液是否充足,若不足,则观察泄漏之处。若主缸推杆防尘套处的制动液泄漏严重,多属主缸皮碗踩翻或严重损坏,若车轮制动鼓边缘有大量制动液,则说明该轮轮缸皮碗压翻或严重破损。

8.1.3　制动跑偏

8.1.3.1　现象

汽车制动时,车辆行驶方向发生偏斜。

8.1.3.2　原因

汽车制动跑偏的根本原因是左右制动力不等,具体表现在:

(1)左右车轮制动摩擦片与材料不一或新旧程度不一。

(2)左右车轮制动摩擦片与制动鼓(盘)的接触面积、位置不一样或制动间隙不等。

(3)左右车轮轮缸的技术状况不一,造成起作用时间或张开力大小不等。

(4)左右车轮制动蹄复位弹簧拉力不一。

(5)左右车轮轮胎气压、直径、花纹或花纹深度不一。

(6)左右车轮制动鼓的厚度、直径、工作中的变形程度和工作面的粗糙度不一。

(7)单边制动管凹瘪,阻塞或漏油;单边制动管路或轮缸内有气阻。

(8)单边制动蹄与支承销配合紧或锈蚀。

(9)车架车桥在水平平面内弯曲,车架两边的轴距不等或前钢板弹簧刚度不等。

8.1.3.3 诊断方法

汽车路试制动,根据轮胎印迹(非 ABS 车辆或 ABS 不工作时)情况查明制动效能不良的车轮。可先检查该轮制动管路是否漏油、轮胎气压是否充足,若正常则检查制动蹄与制动鼓的间隙是否符合规定,否则予以调整;如仍无效,可检查轮缸内是否渗入空气,若无渗入空气,则应拆下制动鼓,按原因逐一检查制动器各件。

若各轮拖印基本符合要求,但制动仍跑偏,说明故障不在制动系统,应检查车架和前轴的技术状况。

8.1.4 制动拖滞

8.1.4.1 现象

抬起制动踏板后,全部或个别车轮的制动作用不能立即完全解除,以致影响了车辆重新起步,加速行驶或滑行。

8.1.4.2 原因

(1)制动踏板无自由行程。

(2)制动踏板与其轴的配合缺油、锈污或制动踏板复位弹簧脱落、拉断及拉力太小等。

(3)主缸活塞复位弹簧折断或顶紧力太小;皮碗的长度太大或皮碗发胀、发黏;补偿孔被污物堵塞。

(4)轮缸皮碗发胀、发黏或活塞发卡。

(5)制动蹄复位弹簧脱落、折断或弹力下降。

(6)制动蹄与支承销锈污。

(7)制动蹄与制动鼓(盘)的间隙调整不当,制动放松后仍局部摩擦。

(8)通往各轮缸的油管凹瘪或堵塞。

(9)不制动时增压器辅助缸活塞中心孔打不开。

(10)轮毂轴承松旷。

8.1.4.3 诊断方法

先判断故障是在主缸还是车轮制动器。行车中出现拖滞,若所有制动鼓均过热,表明主缸有故障。若个别制动鼓过热,则属于该轮制动器工作不良。维修作业后出现制动拖滞,可将汽车举升,变速器置于空挡并放松驻车制动器操纵杆,然后转动各车轮再踏下制动踏板。若抬起制动踏板后,各轮均难以立即扳转,则故障在主缸,如个别轮不能立即转动,说明该轮制动器有故障。

(1)若故障在主缸时,应先检查制动踏板自由行程。若自由行程正常,可拆下主缸储液盖,反复踩下、放松制动踏板,观察回油情况,如不回油,为回油孔堵塞。如回油缓慢,可检查制动液是否太脏、黏度太大。如制动液清澈,则应拆检主缸。

(2)个别车轮制动器拖滞,可架起该车轮,旋松其轮缸放气螺钉,如制动液随之急速喷出且车轮即刻旋转自如,说明该轮制动管路堵塞,轮缸未能回油。如旋转车轮仍拖滞,可检查制动间隙。如上述均正常,则检修轮缸。

8.2　ABS 故障诊断

8.2.1　ABS 自诊断

ABS 自诊断是依靠其电子控制器(ECU)对系统外部电路进行自检,若发现异常,电脑则将其故障信息存储,并点亮 ABS 警告灯。ABS 的自检又包括静态(点火开关接通,汽车不行驶)和动态(汽车行驶)两种情况。

(1)静态自检。点火开关一接通,ABS 电子控制器(ECU)立即对其外部电路进行自检,仪表板上的制动警告灯和 ABS 警告灯亮起,若系统正常(放松手制动),警告灯 2 ~3s 内熄灭,自检过程完成;若系统不正常,警告灯将持续亮起,ECU 将故障信息以代码形式存储,同时关闭 ABS 系统,提示驾驶员应进行检修。

(2)动态自检。汽车行驶达到一定车速后(因车而异),系统将对诸如电磁阀、回油泵、轮速传感器等进行自检,若发现异常,则点亮 ABS 警告灯,存储故障码,关闭 ABS。

8.2.2　人工诊断

ABS 的人工诊断包含人工获取故障信息(人工调码)和使用常规设备(如万用表)进行故障点的查找两方面的内容。

人工调码可通过以下几种渠道进行:通过 ABS 警告灯的闪烁频率读取;通过电子控制器盒上的二极管灯读取;通过自制的发光二极管灯读取;通过自动空调面板读取等。人工读码的基本步骤是先将自诊断座的某些脚短接(如丰田车短接 TC 与 E_1),然后根据警告灯的闪烁规律读取,但具体方法及故障码的含义因车而异,操作者需参考维修手册。

当 ABS 警告灯点亮后,又无诊断检测设备可帮助诊断故障原因时,可使用常规设备(如万用表)进行故障点的查找和排除。使用这种方法进行 ABS 的故障诊断和检修,可借助人工调码及参考维修手册先明确故障点位置和原因,再进一步查找;或者在弄清 ABS 工作原理和电路连接关系后,再使用万用表对其外部电路进行检查(如测量回油泵线圈、轮速传感器的电阻,连接线路的通断、有无短路等),查明故障原因并予以检修。

8.2.3　仪器诊断

ABS 的仪器诊断是利用故障诊断仪(解码器)与车载电脑建立信息通信,读取自诊断信息及对车载电脑进行控制操作等,但许多元件故障的验证仍然需用万用表进行。

以某大众车型 ABS 某一轮速传感器故障为例加以说明。

诊断可使用大众公司的专用解码器,也可采用通用型的解码器,如深圳威宁达公司生产的金德 K81。使用大众系列专用解码器 V. A. G1552 进行故障诊断的步骤如下：

(1)用诊断测试线连接好汽车诊断座和测试仪主机，仪器电源自动接通，屏幕显示如下：

```
                                                  HELP
INSERT   ADDRESS   WORD:XX
```

(2)打开点火开关，输入 ABS ECU 的地址码“03”，并按下仪器面板上的 Q 键予以确认。右上角显示“HELP”表示可按面板上的帮助键查询地址码。

(3)按方向键“→”进入功能选择菜单，屏幕显示如下：

```
                                                  HELP
SELECT   FUNCTION:XX
```

(4)输入两位数字功能代码按 Q 键确认，V. A. G1552 的常用功能代码含义见表 9-4。如需读取故障码按“02”后再按“Q”键，屏幕显示如下：

```
                                                     →
2   FAULTS   RECOGNISED
```

按方向键“→”显示故障码代号，再按“→”显示故障信息，直至全部信息读取完毕。

(5)记下读出的故障码，退回到功能菜单选择功能“05”清除故障码。

(6)重启点火开关(有条件最好进行汽车制动路试)后再读，若开始读出的两个故障码有一个消失，则可能该故障码是历史故障码(曾经发生过故障但目前无故障，有可能是维修后未清码，也可能是偶发性故障)，而另一个故障码指示的故障可能真实存在，需对照电路图用万用表进行检查。

(7)选择功能“06”退出当前诊断系统，屏幕显示如步骤(1)。

还可使用故障诊断仪的数据流读取、执行元件动作测试、控制单元编码等操作。

V. A. G1552 常用功能代码含义 表 9-4

代码	01	02	03	04	05
功能	查询控制单元版本信息	读故障码	执行元件动作测试	基本设置	清除故障码
代码	06	07	08	10	11
功能	退出	控制单元编码	读数据流	通道匹配	登录

思考与练习

一、思考题

1. 为什么领从蹄式制动器前后两制动蹄不能互换？

2. 为什么制动时后轮不能先于前轮抱死？

3. 为什么轿车和跑车上越来越多地采用四轮盘式制动？

4. 为什么现在已很少用石棉作制动蹄的摩擦材料？

5. 对于常规液压制动系统,驾驶员在紧急制动时感到制动强度不够时,可连续踩几下,而 ABS 装置在紧急制动时不能,为什么?

6. 为什么未装 ABS 的汽车在冰雪路面上只能点制动?

二、选择题

1. 兼用人的肌体和发动机动力作为制动能源的制动系统有(　　)。

A. 真空增压式伺服制动系统　　B. 气压式制动系统

C. 气顶液式制动系统　　D. 排气缓速式辅助制动系统

2. 轮缸式制动器制动力取决于(　　)。

A. 制动轮缸活塞直径　　B. 踏板力

C. 制动蹄摩擦衬片材料　　D. A、B、C

3. 目前在轿车上运用较为广泛的盘式制动器是(　　)。

A. 定钳盘式制动器　　B. 浮钳盘式制动器　　C. 全盘式制动器

4. 达科 ABS 属于(　　)。

A. 循环流通式　　B. 容积可变式

5. 对液压制动系统活塞皮碗的清洗,应用(　　)进行清洗。

A. 汽油　　B. 金属清洗剂

C. 碱溶液　　D. 制动液或酒精

6. 磁电式轮速传感器输出信号为(　　)信号,信号大小(　　)转速影响。

A. 数字,不受　　B. 模拟,受

C. 数字,受　　D. 模拟,不受

7. ECU 线束连接情况下,点火开关打开,用万用表测出其搭铁端子搭铁电压为 1.5V,说明该搭铁线(　　)。

A. 正常　　B. 断路

C. 短路　　D. 接触不良

三、判断题(正确画✓、错误画×)

1. 汽车制动时后轮轴荷将向前轮转移,所以一般汽车的前轮制动强度比后轮大。(　　)

2. DOT3 型制动液的沸点比 DOT5 型制动液沸点高。(　　)

3. 串联活塞式制动主缸一般应用于单回路系统。(　　)

4. 踏板力或踏板行程越大,制动效果越明显。(　　)

5. 盘式制动器的制动间隙可人工进行调整。(　　)

6. 真空助力式液压制动系统真空助力器安装在制动主缸与轮缸之间。(　　)

7. 循环流通式 ABS 油泵与容积可变式 ABS 油泵其功用相同。(　　)

8. 驻车制动装置都是用手进行操纵的。(　　)

9. 左右车轮制动器间隙不等将导致制动跑偏。(　　)

10. 用脚踏住真空助力液压制动系统制动踏板,起动发动机,若踏板下降说明真空助力器工作正常。(　　)

11. 目前汽车双回路制动系统布置形式常见的有X型和Ⅱ型。(　　)

四、简答题

1. 汽车制动系统的作用是什么？主要由哪几部分组成？有些什么类型？

2. 什么是领蹄、从蹄？

3. 说明领从蹄式制动器的工作原理。

4. 盘式车轮制动器最常用的是什么形式？有哪些基本组成？盘式车轮制动器有何特点？

5. 驻车制动有几种形式？分别列出一种所应用的车型，并说明调整部位。

6. 如何装配浮钳盘式车轮制动器？

7. 如何检修制动主缸、轮缸？

8. 试述常规液压制动系统的空气排放方法。

9. 什么是ABS？为什么要装用ABS？ABS的基本组成包括哪些部件？

10. 有人说“ABS在任何条件下都有利”，判断正误并说明理由。

11. 如何检查轮速传感器？

12. 如何检查继电器？画简图说明。

参考文献

[1] 周林福.汽车底盘构造与维修[M].北京:人民交通出版社,2004.
[2] 杨维和.汽车构造[M].北京:人民交通出版社,1998.
[3] 史文库.汽车构造[M].6版.北京:人民交通出版社,2013.
[4] 吴玉基.汽车自动变速器构造与维修[M].北京:人民交通出版社,2002.
[5] 屠卫星.汽车底盘构造与维修[M].北京:人民交通出版社,2001.
[6] 王颖.上海赛欧轿车使用与维修[M].北京:人民交通出版社,2002.
[7] 申华颖.丰田汽车TOYOTA底盘和车体维修手册[M].成都:四川科学技术出版社,1991.
[8] 唐明.自动变速器故障诊断手册[M].沈阳:辽宁科学技术出版社,2001.
[9] 刘雅琴.上海桑塔纳轿车结构图册[M].上海:上海科学技术出版社,1997.
[10] 北京吉普车有限公司.北京吉普车切诺基汽车结构图册[M].北京:机械工业出版社,1994.
[11] 广州市交通委员会.汽车维修工中级培训教材[M].北京:人民交通出版社,2002.
[12] 王家青,孟华霞,陆志琴.汽车底盘构造与维修[M].3版.北京:人民交通出版社股份有限公司,2016.
[13] 中华人民共和国国家标准.轿车轮胎规格、尺寸、气压与负荷:GB/T 2978—2014[S].北京:中国标准出版社,2014.